W0088680

EREIGNISSE

die Deutschland veränderten

EREIGNISSE
die Deutschland veränderten

100 GESCHICHTEN AUS DER DEUTSCHEN GESCHICHTE

Reader's Digest

DEUTSCHLAND · SCHWEIZ · ÖSTERREICH

Autoren
Kontor für Geschichte Christiane Schröder, Holger Sonnabend, Christian Sepp, Verena Weidenbach, Jörg Handstein, Ewald Tange, contentplus pr+publishing Holger Hühn, Sandra Schaeff

Projektabwicklung: bookwise GmbH, München
Grafik: Cordula Schaaf

Reader's Digest
Konzeption: Jens Firsching
Redaktion: Falko Spiller
Grafik: Cornelia Hammer
Bildredaktion: Christina Horut
Prepress: Andreas Engländer
Produktion: Andreas Schabert

Ressort Buch
Redaktionsdirektorin: Suzanne Koranyi-Esser
Redaktionsleiterin: Dr. Renate Mangold
Art Director: Susanne Hauser

Operations
Leitung Produktion Buch: Norbert Baier

Reproduktion: Meyle + Müller GmbH + Co. KG, Pforzheim
Druck und Binden: Leo Paper Ltd, Hong Kong

© 2008 Reader's Digest – Deutschland, Schweiz, Österreich
Verlag Das Beste GmbH – Stuttgart, Zürich, Wien

Das Werk einschließlich seiner Teile ist urheberrechtlich geschützt. Jede Verwendung außerhalb der Grenzen des Urheberrechtsgesetzes ist ohne Zustimmung des Verlags unzulässig und strafbar. Das gilt insbesondere für Vervielfältigungen, Übersetzungen, Mikroverfilmungen und die Verarbeitung in elektronischen Systemen.

GR 1260/L

Printed in China

ISBN 978-3-89915-448-1

Besuchen Sie uns im Internet
www.readersdigest.de

Über dieses Buch

Es lebe das freie, das einige Deutschland!" Mit diesen Worten schloss der Publizist Philipp Jakob Siebenpfeiffer seine Rede zur Eröffnung des Hambacher Festes, auf dem sich 1832 die demokratischen Kräfte Deutschlands zu einer lautstarken Kundgebung trafen. Heute haben sich Siebenpfeiffers Hoffnungen erfüllt, und die Deutschen leben in Frieden, Einheit und Freiheit. Doch der Weg dorthin war lang, die Geschichte unseres Landes wechselhaft – oft glücklich, doch viele Male auch überschattet von Katastrophen, Kriegen, Gewalt und Ungerechtigkeit.

Für die Menschen einer Epoche bestand und besteht die Geschichte nicht aus Theorien oder Systemen, sondern aus Ereignissen. Manche dieser Geschehnisse brechen einfach über sie herein, wie die Pest im Mittelalter, manche haben die Menschen selbst herbeigeführt, wie etwa den glücklichen Fall der Mauer im Jahr 1989. Diesem Erlebnis Geschichte versucht dieses Buch gerecht zu werden. 100 Ereignisse aus 1200 Jahren stehen stellvertretend für das, was die Deutschen erlebten, und für den langen Weg, den sie im Lauf der Geschichte beschritten haben.

Die Redaktion

INHALT

800–1254

Mächtige Kaiser – starke Päpste

Wann die Geschichte Deutschlands beginnt, ist bis heute umstritten. Doch als Karl der Große das Kaisertum im Abendland einführt und seine Nachfolger ein Ostfränkisches Reich schaffen, sind die Fundamente gelegt für ein gemeinsames Staatswesen der deutschsprachigen Völker in der Mitte Europas. Kaiser und Päpste bestimmen jahrhundertelang das Geschick der Menschen, die tief im christlichen Glauben und der mittelalterlichen Gesellschaftsordnung verankert sind.

Die Provinzen seines Reiches in Gestalt von vier Frauen huldigen Otto II. auf dem Kaiserthron.

Eine Kaiserkrone für das christliche Abendland

800
25. DEZEMBER

Auf dem Höhepunkt seiner Macht erhielt der fränkische König Karl I. im Petersdom zu Rom vom Papst die Kaiserkrone. Aus seinem riesigen Reich sollte einmal Deutschland hervorgehen.

Rom am 25. Dezember im Jahr 800: Im alten Petersdom wird die Weihnachtsmesse, einer der Höhepunkte des christlichen Kirchenjahrs, zelebriert. Doch dieses Mal erstrahlt die Kirche in glanzvollerem Licht als sonst, denn neben der Messzeremonie wird ein zweites weihevolles Ereignis gefeiert: Der fränkische König Karl I. erhebt sich gerade vom Gebet vor dem Grab des heiligen Petrus, da schreitet Papst Leo III. auf ihn zu und setzt ihm eine Krone auf das Haupt: „Dem erhabenen Karl, dem von Gott gekrönten und friedenbringenden Kaiser der Römer, Leben und Sieg!", ruft das anwesende Volk. So heißt es in einem zeitgenössischen Bericht, der weiter erzählt, dass der Papst dem neuen Kaiser anschließend den Fußfall erwies. Eine neue Macht hatte sich damit im Abendland etabliert, die später die Keimzelle für Deutschland, Frankreich und die übrigen Staaten Mitteleuropas bildete. Doch aller Ehrerbietung und allem Prunk der Zeremonie zum Trotz, so weiß man

aus anderer Quelle, grollte Karl dem Kirchenoberhaupt nach der Messe, denn es ärgerte ihn, dass sich Papst Leo III. als „Kaisermacher" präsentierte und sich so den Anschein der überlegenen Position gegeben hatte.

Protokollarische Feinheiten

Dabei standen die Machtverhältnisse eigentlich zugunsten des Franken, wie es sich bei der Begrüßung von König und Papst auf der Via Nomentana deutlich offenbart hatte: Aus Richtung Norden hatte sich Karl I. der Ewigen Stadt genähert. In seinem Gefolge befanden sich zwei Söhne, etliche Töchter und enge Vertraute sowie eine große Dienerschaft. Aus Rom machte sich Papst Leo III. in die Gegenrichtung auf, denn im Mittelalter gebot es das Protokoll, hohen Gästen das letzte Stück des Weges entgegenzukommen. Auch der Heilige Vater befand sich vermutlich in Begleitung eines großen und farbenprächtig gekleideten Anhangs zu Pferd.

Im Beisein zahlreicher Bischöfe und weltlicher Würdenträger krönte Papst Leo III. den fränkischen König Karl I. zum Kaiser.

So empfing er den fränkischen Herrscher mit allen Würden in Mentana. Das Zusammentreffen an jenem Ort hatte eine hohe symbolische Aussagekraft: Der Papst begrüßte seinen Gast nicht am ersten Meilenstein vor Rom, wie es Karl als Schutzherrn der Stadt gebührte, auch nicht am sechsten, wie es einem Kaiser zustand, nein: Mentana lag zwölf Meilen außerhalb Roms!

Der Papst in höchsten Nöten

Leo III. und Karl I. waren sich bereits im Vorjahr persönlich begegnet, denn der Papst hatte nach einem missglückten Attentat in Karls Paderborner Pfalz Schutz gesucht. In Rom stand eine starke Opposition gegen ihn, die ihm Ämterverkauf, Meineid und Ausschweifungen vorwarf. Auf offener Straße wurde er angegriffen und musste ernsthaft um sein Leben bangen. Doch wer durfte überhaupt über den Pontifex maximus richten? Infrage kam allenfalls das weltliche Oberhaupt der christlichen Völker – bis zu jener Zeit der in Konstantinopel regierende Kaiser des Oströmischen Reiches. Dies war 799 die umstrittene Kaiserin Eirene. Sie, eine Frau, sollte über das weitere Schicksal des Papstes befinden? Das war damals unvorstellbar. Leo kehrte mit einer hochkarätigen Gesandtschaft fränkischer Würdenträger nach Rom zurück und nahm den Heiligen Stuhl wieder ein. Karl reiste im Lauf des Jahres 800 selbst in die Stadt am Tiber. Unter seinem Vorsitz fasste eine Synode den Beschluss, dass ein Papst über jeden irdischen Richterspruch erhaben sei. Leo III. schwor einen Selbstreinigungseid, den er zum Zeichen seiner Unschuld am 23. Dezember 800 vor der Synode ablegte.

Die Reichskirche

Das Verhältnis von weltlicher zu geistlicher Macht gestaltete sich aus vielerlei Gründen keineswegs einfach, und eine strikte Trennung der beiden Bereiche, wie wir sie heute kennen, gab es noch nicht. Die Institution der Reichskirche war nicht vom Staat abgegrenzt. Ihr geistliches Oberhaupt war zwar der Papst, doch organisatorische und rechtliche Befugnisse lagen in den Händen des weltlichen Machthabers. Karl erließ daher Kirchengesetze, saß Synoden vor und bestellte mit den Erzbischöfen, Bischöfen und Äbten die kirchliche Führungselite. Im Lauf der Jahrhunderte gelang es den Päpsten zusehends, Machtbefugnisse an sich zu reißen. Um das Recht, Bischöfe einzusetzen, entbrannte ein heftiger Streit, der nach dem Namen des Verfahrens Investiturstreit genannt wird. Die Waagschalen wogten hin und her, geschickte Kaiser vereinigten nochmals große Macht auf sich, doch die Entwicklung zu einer größeren Spaltung von Kirche und Reich war unaufhaltsam.

Alt Sankt Peter, die Vorgängerkirche des heutigen Petersdoms, wurde zur Zeit Konstantins I. über dem Grab des heiligen Petrus errichtet. Im Mittelalter schloss sich an die Basilika ein Atrium an.

> *Sterben soll, wer die vierzigtägigen Fasten in Verachtung des christlichen Glaubens vor Ostern bricht und Fleisch isst.*
>
> [Aus dem Statut zur Besetzung Sachsens]

Karl der Große

747	Karl I. der Große wird als ältester Sohn des späteren fränkischen Königs Pippin des Jüngeren und seiner Frau Bertrada geboren.
771	Karl wird nach dem Tod von Vater und Bruder alleiniger König des Fränkischen Reiches.
772–804	In den Sachsenkriegen verleibt Karl das Gebiet zwischen Nordsee und Harz, Elbe und Rhein seinem Reich ein. Die unterworfene Bevölkerung wird zwangschristianisiert.
seit 794	Aachen, seit 769 als Pfalzort ausgebaut, wird zum bevorzugten Aufenthaltsort des Königs.
800	Kaiserkrönung in Rom.
813	Karl ernennt seinen Sohn Ludwig den Frommen zum Nachfolger. Er krönt ihn in Aachen ohne Mitwirkung des Papstes zum Mitkaiser.
814	Karl stirbt und wird in der Aachener Pfalzkapelle beigesetzt.

Die Wiederherstellung des Römischen Reiches

Spätestens mit dem denkwürdigen Weihnachtsmorgen des Jahres 800 war Karl in die Fußstapfen der römischen Imperatoren getreten. Sein Äußeres passte ganz zum Bild eines Kaisers: Mit über 1,90 m war Karl ein für seine Zeit ungewöhnlich großer Mann, eine Ehrfurcht gebietende Erscheinung. Die Cäsarenwürde reklamierte zwar bereits der byzantinische Kaiser für sich, doch inzwischen hatten sich das Oströmische Reich und das christliche Abendland zunehmend entfremdet. De facto war Karl am Ende des 8. Jh. neben dem Kaiser in Byzanz und dem Kalifen in Bagdad einer der drei großen Herrscher der im Abendland bekannten Welt. Was ihm fehlte, war einzig ein angemessener Titel, und den hatte er am 25. Dezember 800 erhalten. Neue Machtbefugnisse waren damit nicht verknüpft, doch die Zeitgenossen verbanden den Kaisertitel mit der Wiederherstellung des römischen Imperiums und dem Übergang der Kaiserwürde vom Oströmischen auf das Fränkische Reich. Natürlich konnten sie nicht wissen, welche Bedeutung die Krönung auf lange Sicht haben würde. Auch wenn die von Karl begründete Dynastie der Karolinger

Die Karlsbüste, die die Hirnschale Karls des Großen aufnehmen sollte, wurde von Karl IV. 1349 anlässlich seiner Krönung zum König in Aachen in Auftrag gegeben.

in naher Zukunft abgelöst werden und sein Reich zerfallen sollte, hielt sich die Institution des westlichen Kaisers über Jahrhunderte und war sehr bald an die deutsche Königswürde geknüpft. Auch die religiöse Überhöhung der Kaiserherrschaft, symbolisiert durch die Verleihung der Krone durch den Papst in Rom, blieb während des gesamten Mittelalters erhalten.

Grundstein für das spätere Deutschland

Zur Wiederaufnahme des Imperiumgedankens gehörte auch die Ausdehnung des Herrschaftsgebiets. Karl erweiterte seine Einflusssphäre um das langobardische Reich in Oberitalien, das Herzogtum Bayern sowie die sogenannten „tiutschen Lande" der damals noch heidnischen Sachsen. Vordringlich war ihm dort die Zwangschristianisierung. Auf die Ausübung heidnischer Bräuche stand wie auf den Widerstand gegen die Franken die Todesstrafe. Dennoch tobten vor allem in Sachsen immer wieder Aufstände. Karl begegnete jeder Erhebung gegen seine Herrschaft mit großer Härte. Mit Ausnahme Skandinaviens hatte der Frankenkaiser am Ende seiner Regierungszeit alle germanischen Stammesgebiete in das Fränkische Reich eingegliedert, sodass im Osten Elbe und Saale die Grenze seines Reiches markierten. Auf diese Weise legte er den Grundstein für das spätere ostfränkisch-sächsische Reich, aus dem sich einmal Deutschland herausbilden sollte.

Reformen im Inneren

Im Inneren des Reiches bemühte sich Karl um die Verbesserung fehlerhafter Zustände, er nannte das auf Latein „correctio". Im Ackerbau sollte die Dreifelderwirtschaft die Ernteerträge steigern und Hungersnöte von den Untertanen abwenden. Die Niederschrift der bestehenden Gesetze erhöhte die Rechtssicherheit. Grafen vertraten die Regierungsgewalt in ihren Bezirken, Königsboten überprüften regelmäßig deren Amtsführung. Das bestehende Lehnswesen, ein dichtes Beziehungsgeflecht gegenseitiger Treueverpflichtungen zwischen dem König und den Adligen auf der Basis von verliehenem Grundbesitz, wurde weiter ausgefeilt. Ganz oben auf Karls Agenda stand der Aufbau einer effizienten Verwaltung. Dies bedingte die schriftliche Fixierung wesentlicher Fakten. Schriftkundig waren im frühen Mittelalter nur Geistliche. So besetzte er die Hofkapelle genannte Staatskanzlei mit Klerikern. Die Erfahrung zeigte aber, dass sich fernab des Hofes etliche kirchliche Würdenträger zwar gerne irdischen Genüssen hingaben, doch ihren Aufgaben nicht immer nachzukommen vermochten. Abhilfe sollte unter anderem die Hebung ihres Bildungsniveaus schaffen.

Die Bildungsreform

Zu diesem Zweck richtete Karl die Hofschule ein. Sie bildete den Nachwuchs der Hofkapelle sowie Lehrkräfte für die neu gegründeten Dom- und Klosterschulen aus. Hier drückten nicht nur Söhne der Vornehmen des Reiches die Schulbank, sondern – zu Karls Zeit revolutionär – auch talentierte Bauernsöhne. Unterrichtet wurden sie von bedeutenden Gelehrten: dem Angelsachsen Alkuin, dem Langobarden Paulus Diaconus, den Franken Angilbert und Einhard und vielen anderen.

Obwohl Karls Bildungsreform dem Christentum verpflichtet war, beschäftigten sich Schüler, Lehrer und der König selbst auch mit den Schriften der antiken Gelehrten. So vervollkommneten sie ihre Lateinkenntnisse, verbesserten ihren Schreibstil, schärften ihren Geist und ihre Argumentationsfähigkeit. Zentrale Texte wurden emsig in den Skriptorien der Klöster kopiert. Dabei entwickelte sich die schnell zu schreibende und flüssig zu lesende Kleinschreibschrift, die karolingische Minuskel. Auch Kunst, Literatur und Architektur erfuhren in der Karolingischen Renaissance einen Aufschwung.

Aachen wird Herrschaftszentrum

Karl hatte zunächst keinen festen Hof, sondern zog mit seiner Familie und seinem Gefolge zwischen mehreren Pfalzen im Reich umher. Hier verbrachte er insbesondere die Wintermonate, wenn die unpassierbaren Wege Reisen unmöglich machten. Doch bald hielt er sich vorzugsweise in Aachen auf. Den Umbau der Pfalz zu einer prachtvollen Residenz finanzierte er zum

787 begannen die Bauarbeiten an der Pfalzkapelle in Aachen, dem bedeutendsten Bauwerk, das Karl hier errichten ließ. Im Inneren befindet sich Karls Kaiserthron.

Teil mit jenen Reichtümern, die er anderen Volksstämmen in Kriegen abgewonnen hatte. So wurde die Pfalzkapelle, ein achteckiges Gebäude, das heute den Kern des Aachener Doms bildet, im Jahr 805 geweiht. Der Zentralbau mit einer umlaufenden Empore, auf der mutmaßlich Karls Thron stand, wurde von einer hohen Kuppel überwölbt. Vorbild für diese Art der Architektur waren vor allem oströmische Kaiserkirchen, allen voran die Kirche San Vitale in Ravenna. Die Kapelle wurde auf das Prächtigste mit antiken Bauteilen aus Italien, darunter kostbare Marmorsäulen, ausgestattet und erhielt die ersten Bronzetüren diesseits der Alpen. Seit sich Otto I. 936 in Aachen krönen ließ, blieb die Stadt bis 1531 Krönungsort der deutschen Könige.

Trotz Verbesserungen in der Landwirtschaft blieb das Leben der Bauern hart. Mühsam bestellten sie mit Ochsengespann und Pflug die Äcker.

Meilenstein auf dem Weg zu einem deutschen Reich

843
11. AUGUST

Die Enkel Karls des Großen teilten sich im Vertrag von Verdun die Herrschaft über das fränkische Territorium. Damit leiteten sie die dauerhafte Trennung zwischen Ost- und Westfränkischem Reich ein.

Per Handschlag besiegelten die Brüder Lothar, Karl und Ludwig in Verdun ihr Abkommen. Die Zeremonie wurde öffentlich inszeniert und durch hochrangige Würdenträger bezeugt.

Im Sommer 843 strömten unzählige Adlige, Bischöfe und Äbte aus dem ganzen Fränkischen Reich in die blühende Bischofs- und Fernhandelsstadt Verdun. Anlass ihrer Reise war ein Gipfeltreffen der Mächtigen der Zeit, Kaiser Lothars I. und seiner Brüder Karl II. des Kahlen sowie Ludwig (II.) des Deutschen. Diese Herrscher beendeten hier, vor den Augen und Ohren ihrer versammelten Gefolgsleute, jahrelange Erbschaftsstreitereien und legten ihre Einigung in einem Vertrag nieder. Dabei handelte

es sich keineswegs um ein pures Familientreffen, denn die frühmittelalterlichen Regenten konnten nur im Einverständnis mit ihrem Herrschaftsverband handeln, der aus den höchsten Vertretern von Adel und Kirche bestand. Diese geistlichen und weltlichen Fürsten vertraten überall im Land die Macht des Königs und stellten ihm im Kriegsfall Streitkräfte zur Verfügung. Doch ihre Lage hatte sich verändert: Anders als Karl der Große unternahmen seine Nachkommen keine ausgedehnten Feldzüge jenseits der Reichsgrenzen mehr. Dadurch war den Adligen die Möglichkeit genommen, Reichtum und Macht außerhalb des Fränkischen Reiches durch Kriegsbeute zu gewinnen. Umso mehr konkurrierten sie auf heimischem Boden und beeinflussten die Politik in ihrem eigenen Interesse, sei es durch Intrigen oder durch offene Bündnisse. Die weltlichen Großen hofften, bei Reichsteilungen auf der Seite des Gewinners zu stehen und reich belohnt zu werden. Die Vertreter der Kirche aber hielten energisch an der Reichseinheit fest, da diese ihrer Institution mehr Macht und Einfluss versprach.

Fränkischer Erbstreit

Ludwig I. der Fromme, einziger Erbe von Karl dem Großen, hatte noch vor seinem Tod die Erbteile für seine drei Söhne festgelegt. Nach fränkischem Recht stand jedem von ihnen ein Anteil am Erbe zu. Seinem erstgeborenen Sohn Lothar I. versprach Ludwig I. mit der Kaiserkrone die Oberhoheit über das Reich nach seinem Tod. Pippin I. und Ludwig stellte er Aquitanien bzw. Bayern als Unterkönigreiche in Aussicht. Der Familienfrieden der Karolinger geriet

Straßburger Eide

Das Bündnis zwischen Karl und Ludwig gegen Lothar wurde in den Straßburger Eiden bekräftigt. Ludwig schwor in der Sprache von Karls Untertanen, also auf Altfranzösisch, während Karl sich des Althochdeutschen bediente. Die Untergebenen leisteten den Eid in ihrer eigenen Sprache. Die Eide wurden auch deshalb in der gesprochenen Sprache festgehalten, weil bei Schwüren der genaue Wortlaut besonders wichtig war. Das zweisprachige Dokument bezeugt damit als älteste volkssprachlich überlieferte Urkunde die sprachliche Trennung zwischen Ost- und Westfränkischem Reich.

tren Aachen und Rom von Italien über die Provence und Burgund bis nach Friesland erstreckte. Damit befanden sich die beiden wichtigsten Städte der weltlichen wie geistlichen Macht in seinem Herrschaftsgebiet. Doch der Vorteil erwies sich als wesentlich geringer als gedacht. Sein gewähltes Reich war in viele Territorien zersplittert, seine Untertanen sprachen viele verschiedene Sprachen, und die Grenzen waren lang, sodass das Gebiet militärisch schwer zu verteidigen war. Lothars Bruder Karl erhielt alles Land westlich einer Linie, die etwa den Flüssen Schelde, Maas, Saône und Rhone folgte: das spätere Westfränkische Reich. Ludwigs Gebiet, das spätere Ostfränkische Reich, lag östlich von Rhein und Aare. Dieser Reichsteil war wirtschaftlich und kulturell am wenigsten entwickelt. Zum Ausgleich erhielt Ludwig links des Rheins die bedeutenden Bischofsstädte Mainz, Worms und Speyer mit wertvollen Weinbergen im Umland.

» Ihr Berge und Hügel, ihr Wälder und Flüsse, betrauert das Volk der Franken, das jetzt im Staub versunken liegt. «

[Florus von Lyon, Gefolgsmann des westfränkischen Erzbischofs Agobard]

Ludwig der Deutsche

Zu seinen Lebzeiten wurde Ludwigs Name nicht mit einer Ordnungszahl versehen, mit der er eindeutig benannt werden konnte. Den Namen Ludwig II. führte bereits sein Neffe, der Sohn Kaiser Lothars I. Um den ostfränkischen Herrscher von seinen Namensvettern zu unterscheiden, wurde er in westfränkischen Quellen als „deutscher König" oder „König Deutschlands", vereinzelt auch schon als „Ludwig der Deutsche" bezeichnet. Dieser Beiname setzte sich aber erst um 1843 endgültig in Deutschland durch, als national gesinnte Kreise mit der Wiederkehr des Vertrags von Verdun den vermeintlich tausendsten Geburtstag des Deutschen Reiches feierten. Dies war allerdings ein Irrtum, denn 843 gab es Deutschland noch nicht. Ludwig (II.) hatte weniger Schwierigkeiten als seine Brüder, in seinem Reichsteil Fuß zu fassen. Schon lange Zeit war er als

aus den Fugen, als Ludwig in zweiter Ehe Vater eines weiteren Sohnes, Karl, wurde. In rasch wechselnden Konstellationen verbündeten sich Vater und Söhne mit- und gegeneinander. Nach vielem Hin und Her traf im Juni 841 im burgundischen Fontenoy das Heer von Lothar auf die waffenstarrenden Mannen von Karl und Ludwig (II.). Jede Seite soll 150 000 Mann aufgeboten haben. Ein Großteil der fränkischen Führungsschicht verlor dabei das Leben. Ludwig und Karl entschieden die Schlacht für sich. Im Februar 842 schworen sie in Straßburg, sich zukünftig unverbrüchlich beizustehen und kein Abkommen mit Lothar zu treffen, das dem jeweils anderen Bruder zum Nachteil gereichte. Im Anschluss beteuerten die anwesenden Gefolgsleute von Ludwig und Karl, ihren Herrn bei einem eventuellen Eidbruch nicht gegen seinen Bruder zu unterstützen.

Die Erbteilung

Die Entschlossenheit von Ludwig und Karl und vor allem ihre vereinigte Streitmacht veranlassten Lothar zum Einlenken und führten zum Vertrag von Verdun. Man teilte das Fränkische Reich in drei von Norden nach Süden verlaufende Streifen. Lothar als Ältester und Träger der Kaiserkrone wählte als Erster und entschied sich für das Mittelreich, das sich um die Zen-

Ludwig der Deutsche, der das Ostfränkische Reich regierte, mit den Zeichen seiner Macht: Krone, Reichsapfel und Schwert.

In der Schlacht bei Löwen an der Dyle besiegte Arnulf von Kärnten, ein Enkel Ludwigs des Deutschen, 891 die Normannen, die das Ostfrankenreich endgültig verließen.

Regent über Bayern eingesetzt. Er hatte dort die Regierung übernommen und verlässliche Bündnisse mit den Großen im Land schließen können. Obwohl er selten persönlich in Schwaben, Sachsen oder Thüringen anwesend war, focht auch hier niemand seine Herrschaft an. Zwar reklamierten die sächsischen Stämme noch immer einige Selbstständigkeit, doch Ludwigs lange und geschickte Herrschaft trug dazu bei, dass sich Bayern, Sachsen, Franken, Alemannen und andere im Lauf der Zeit mit dem Reich identifizierten und so seine einzelnen Teile zu einem Ganzen verschmolzen.

Unser gemeinschaftliches Reich

Mit der Verdunschen Teilung „unter Brüdern" hatten sich die drei Karolinger nicht von der Idee eines geschlossenen fränkischen Reiches verabschiedet. Sie begriffen es lediglich als in drei Zuständigkeitsbereichen organisiert, sprachen aber weiterhin von „unserem gemeinschaftlichen Reich" und nannten sich alle „Könige der Franken". Konkrete Pläne für die Zukunft – etwa zu weiteren Teilungen oder einer Wiedervereinigung – schmiedeten sie nicht.

Dass sich in der Folge aus dem West- und dem Ostfränkischen Reich Frankreich und Deutschland herauskristallisieren würden, während das Mittelreich nicht überdauerte, ahnten die brüderlichen Herrscher keineswegs.

Kurz vor seinem Tod teilte Lothar I. das mittlere Reich unter seinen drei Söhnen, um es dem Zugriff seiner Brüder zu entziehen. Italien übertrug er seinem Ältesten, Ludwig II., dem auch die Kaiserkrone zufiel. Lothar II. erhielt die Nordhälfte, die von den Alpen bis zur Nordsee reichte und später nach ihm Lotharingien genannt wurde. Die Provence und Burgund gingen zunächst an Lothars dritten und jüngsten Sohn Karl und wurden nach dessen Tod unter seinen Brüdern aufgeteilt.

Etwas später sah es noch einmal für kurze Zeit so aus, als würde das Fränkische Reich wieder von einer Hand regiert werden. Viele westfränkische Große waren unzufrieden mit der Herrschaft Karls des Kahlen und ermutigten daher Ludwig (II.) 858, auch die Regentschaft im Westen des Reiches einzunehmen. Schnell blies jenem jedoch der Wind ins Gesicht: Vor allem die Vertreter der Kirche verurteilten den Bruch des Friedenseids und setzten sich für das Fortbestehen der Reichsteilung ein. Ihrer Meinung nach laufe diese zwar dem Reichsgedanken zuwider, habe aber bisher für Frieden gesorgt. Ludwig fand keine Gefolgschaft im Westfränkischen Reich und zog sich im Januar 859 in den Osten zurück.

Die Säulen und Kapitelle an der Torhalle der ehemaligen Reichsabtei Lorsch veweisen auf römische Vorbilder. Das Bauwerk wurde zur Grablege mehrerer Karolinger.

Als Lothar II. 869 kinderlos starb, weckte dies Begehrlichkeiten bei seinen fränkischen Onkeln. Nach zähen Verhandlungen teilten die Halbbrüder Karl der Kahle und Ludwig (II.) 870 Lotharingien mit dem Vertrag von Meerssen unter sich auf. Das Ostfränkische Reich trat Gebiete um Lyon und Vienne ab, wurde aber um Ländereien östlich von Maas, oberer Mosel und Saône erweitert. Damit erhielt es die wirtschaftlich wichtigen Städte Metz und Aachen sowie Holland und das Elsass. Die Grenzlinie entsprach im Wesentlichen der Sprachgrenze und berücksichtigte keine politischen oder kirchlichen Zusammenhänge.

Als Ludwig (II.) 876 starb, fiel sein Reich an seine drei Söhne. Sogleich versuchte Karl der Kahle, auch die Osthälfte Lotharingiens seinem Westfränkischen Reich einzuverleiben. Doch er unterlag noch im selben Jahr in einer Schlacht seinem Neffen Ludwig III. dem Jüngeren. Dieser wiederum hätte nach Karls Tod gerne für seine noch unmündigen Cousins die Herrschaft über das Westfränkische Reich übernommen. Als Preis für seinen Verzicht ließ er sich 880 im Vertrag von Ribemont das westliche Lotharingien übertragen. Jetzt war das ganze Mittelreich dem Ostfränkischen Reich angegliedert. Vom ehemaligen Kaiserreich Lothars I. blieb nur der Name der heutigen Region Lothringen.

Das endgültige Aus für das Fränkische Reich

Von den Söhnen Ludwigs (II.) starben Ludwig III. und sein Bruder Karlmann bald, sodass Karl III. der Dicke ab 882 das Ostfränkische Reich allein beherrschte. Im Vorjahr war es ihm als erstem ostfränkischem König gelungen, sich zum Kaiser krönen zu lassen. 885 trugen ihm die Westfranken nach Aussterben ihrer Herrscherlinie als letztem legitimem Nachfahren Karls des Großen ihre Königskrone an. Noch einmal vereinte ein Karolinger alle Reichsteile unter einem Zepter. Doch die Einigung war nur von kurzer Dauer, denn Karl war bei Weitem kein so begnadeter Herrscher wie sein Urgroßvater. Den verschiedenen Interessen in Ost und West wusste er nicht gerecht zu werden. Vor allem gelang es ihm nicht, die Normannen abzuwehren, die nicht nur an den Küsten der fränkischen Reiche plünderten, sondern auf den großen Flüssen bis tief ins Landesinnere vorstießen, um dort in blitzartigen Überfällen die Städte zu brandschatzen. 887 offenbarte sich auf einer Reichsversammlung die Regierungsunfähigkeit Karls. Sein Neffe Arnulf, Herzog von Kärnten, stürzte ihn mit Waffengewalt. Karl wurde verbannt und starb wenige Wochen

Die Verdunsche Teilung 843

- Reich Ludwigs des Deutschen
- Reich Kaiser Lothars I.
- Reich Karls des Kahlen

OSTSEE
NORDSEE
Hamburg
Magdeburg
Lüttich · Köln · Fulda
Cambrai · Aachen
Paris · Worms
Verdun · Regensburg · Prag
Nantes · Straßburg · Donau
ATLANTISCHER OZEAN
Chur
Bordeaux · Genf
Mailand · Venedig
Ravenna
KIRCHEN-
Narbonne
Korsika · STAAT · Rom
MITTELMEER
Seine · Loire · Rhein · Rhône · Ebro · Po
0 300 km

später. An seiner Stelle erkämpfte Arnulf kurz darauf die italienische Krone und konnte sich 896 die Kaiserkrone sichern. 891 errang er zudem einen zumindest moralischen Sieg über die Normannen, als sie im nunmehr zwölften Jahr ihrer Raubzüge nahe der flandrischen Stadt Löwen ihr Winterlager an der Dyle errichten wollten. Tatsächlich besiegt hat sie erst eine Missernte im Herbst des Folgejahrs, die die Normannen angesichts der drohenden Hungersnot nach England ausweichen ließ.

Nach Arnulfs Tod folgte ihm sein erst siebenjähriger Sohn Ludwig IV. das Kind, auf den Thron. Als dieser 911 im Alter von 18 Jahren starb, erlosch die Linie der ostfränkischen Karolinger. Nach der karolingischen Erbfolge hätte die Krone jetzt auf den westfränkischen König Karl den Einfältigen übergehen müssen. Die ostfränkischen Großen entschieden anders: Sie ernannten Konrad den Jüngeren zum Nachfolger. Dieser Sprössling eines mächtigen Adelsgeschlechts war Herzog von Franken und hatte als Ratgeber von Ludwig dem Kind bereits die Geschicke des Ostfränkischen Reiches an entscheidender Stelle mitgelenkt. Karl der Einfältige war zu dieser ersten Königswahl in der ostfränkischen Geschichte nicht einmal eingeladen worden. Das Fränkische Reich war endgültig geteilt und sollte nicht wieder vereinigt werden.

Eine neue Dynastie formt das Heilige Römische Reich

936
7. AUGUST

Otto I., bedeutendster Vertreter der ottonischen Dynastie, wurde in Aachen zum König gekrönt. Er festigte die Stellung des ostfränkischen Königs und holte die begehrte Kaiserkrone aus Italien.

Zur Krönung in der Stadt Karls des Großen erschien Otto in fränkischer Tracht, obwohl er sich sonst nach sächsischer Manier kleidete: ein erster Hinweis auf die großen Pläne des 23-Jährigen. Die Herzöge und die Ersten der Grafen mit einer Schar der vornehmsten Vasallen versammelten sich in dem Säulenhof, der mit der Basilika Karls des Großen verbunden war, und setzten den neuen Herrscher auf den hier aufgestellten Thron. Sie huldigten ihm, gelobten ihm ihre Treue, versprachen ihm Hilfe gegen alle seine Feinde und machten ihn so nach ihrem Brauch zum König. Dann geleitete der Erzbischof von Mainz Otto in die Kirche, und das dort versammelte Volk bestätigte die Wahl der Fürsten durch das Heben der rechten Hand. Auf diese Akklamation folgte die kirchliche Weihe. Unter Hinweis auf seine neuen Pflichten, nämlich alle Widersacher der Christen zu bekämpfen und mit „väterlicher Zucht" die Untertanen zu leiten, reichten die Erzbischöfe von Mainz und Köln Otto das königliche Schwert, legten ihm einen Mantel um, übergaben ihm die Reichsinsignien und salbten ihn. Dann verfolgte Otto vom Thron Karls des Großen auf der Empore aus die Krönungsmesse. Zum Abschluss lud er Bischöfe, Adlige und das Volk in die Pfalz zum Krönungsmahl. Solche Tafeln festigten im Mittelalter miteinander geschlossene Bündnisse.

Nun geschah etwas, was es bei bisherigen Krönungen nicht gegeben hatte: Die Herzöge von Lothringen, Franken, Schwaben und Bayern übernahmen symbolisch die Hofämter als Kämmerer, Mundschenk, Truchsess und Marschall, wofür Otto sie großzügig beschenkte.

Indem Otto an seinem Krönungstag den wichtigsten Herzögen die Hofämter übertrug, versinnbildlichte er zweierlei: Er erwies ihnen seine

Im Rahmen der Investitur setzte der König, wie hier Otto I., einen Bischof feierlich in sein Amt ein und überreichte ihm als Zeichen seiner bischöflichen Würde den Krummstab.

Die Ottonen

919 Wahl von Heinrich I. dem Vogler (876–936) zum ostfränkischen König.

936 Erhebung von Otto I. dem Großen (912–973) zum König in Aachen.

962 Otto I. wird als erster Ottone in Rom zum Kaiser gekrönt, das Datum wird oft als Geburtsstunde des Heiligen Römischen Reiches angesehen.

seit 973 Regentschaft von Kaiser Otto II. (955–983), der sich im Innern gegen Heinrich den Zänker sowie nach außen gegen die Dänen und Westfranken durchsetzt und die Verhältnisse im deutschen Südosten neu ordnet.

983– 994 Die Regentschaft für Otto III. üben seine Mutter Theophanu, seine Großmutter Adelheid von Burgund und seine Tante Mathilde, Äbtissin von Quedlinburg, aus.

1024 Mit dem Tod Kaiser Heinrichs II., einem Urgroßneffen von Heinrich I., stirbt die Dynastie der Ottonen aus.

Ehrerbietung, denn nicht jeder durfte diese Ämter ausüben, und versprach auch fortan reiche Entlohnung für ihre Dienste. Er behandelte sie aber, anders als sein Vater Heinrich I., nicht mehr als Freunde auf gleicher Augenhöhe, sondern als Untertanen.

Schulterschluss mit der Reichskirche

Ottos selbstbewusster Machtanspruch führte zwangsläufig zu Empörung und einigen Aufständen, die bis in die Mitte des 10. Jh. immer wieder aufflackerten. Brüder und Neffen sahen sich um ihr Erbe gebracht, Große des Reiches fühlten sich zurückgesetzt.

Eine wichtige Stütze Ottos I. und seiner Nachfolger war die Reichskirche. Hierzu gehörten die Kirchen, Klöster und Bistümer, die auf königlichem Boden errichtet und mit königlichem Grundbesitz ausgestattet worden waren, beispielsweise die Erzbistümer Köln, Mainz, Trier, Salzburg und Hamburg-Bremen, fast alle Bistümer, außerdem berühmte Klosterstätten wie Fulda, Hersfeld, Quedlinburg, Lorsch und Sankt Gallen. Sie unterstanden der unmittelbaren Herrschaft des Königs, beteten für ihn und seine Familie, beherbergten ihn bei seinen Reisen durch das Reich und stellten im Kriegsfall sogar Panzerreiter für ihn bereit.

Als Gesalbter galt der König als Gottes Stellvertreter auf Erden. Dies befähigte ihn zur Investitur, also zur Einsetzung der höchsten kirchlichen Amtsträger, der Erzbischöfe, Bischöfe und Äbte. Zwar widersprach diese Praxis dem älteren, schriftlich fixierten Kirchenrecht, doch nahm niemand daran Anstoß. Es war naheliegend, dass der König verlässliche Männer aus seinem Umfeld bevorzugte und sie oft auch mit politischen Aufgaben betraute. Die Einbindung der im Zölibat lebenden Kirchenmänner bot einen weiteren Vorteil: Da sie ohne rechtmäßige Erben verstarben, erhob niemand Anspruch auf ihre Nachfolge oder ihr Erbe. Somit konnte der König in jedem Fall schweren Konflikten aus dem Weg gehen.

Magdeburg, die neue Metropole der Deutschen

So betitelte der Slawen-Missionar Bruno von Querfurt in der zweiten Hälfte des 10. Jh. beeindruckt die Stadt, die ihren Aufschwung erst ab 937 genommen hatte. In diesem Jahr hatte Otto I. das Benediktinerstift St. Mauritius gegründet. Um von hier aus die neuen slawischen Gebiete dauerhaft zu missionieren, machte Otto I. Magdeburg später zum Sitz eines neuen Erzbistums. St. Mauritius wertete er mit der Überführung des Leibes des heiligen Mauritius um eine hochwertige Reliquie auf. In der Kirche selbst wurden die edelsten Materialien – Marmor, Gold und Edelsteine – verbaut, die man zum Teil aus Italien heranschaffen ließ. Neben Magdeburg entwickelten sich auch Brandenburg, Meißen und Quedlinburg, dessen bekanntes Damenstift Otto I. mit reichem Landbesitz ausstattete, zu bedeutenden Orten im östlichen Reichsgebiet.

Deckel und Wände des um 870 entstandenen Servatiusreliquiars Ottos I. bestehen aus geschnitztem Elfenbein. Die Kostbarkeit gehört zum Quedlinburger Domschatz.

Otto I. machte Quedlinburg zu einem der Hauptorte in Sachsen. In der über der Stadt thronenden Stiftskirche St. Servatius feierten die ottonischen Herrscher Ostern.

Die Schlacht auf dem Lechfeld

Seit Ende des 9. Jh. fielen immer wieder Reiter der heidnischen Magyaren aus Ungarn ins Ostfränkische Reich ein. 954 drangen Kriegerhorden, eine Spur der Verwüstung hinter sich lassend, quer durch das Reich bis tief in den Westen vor. Im August 955 stellten sich Ottos Mannen, 20 000 an der Zahl, einer enormen Übermacht von 50 000 Magyaren auf dem Lechfeld bei Augsburg. Ob es das gemeinsame Fasten am Vortag war, die gegenseitige Treueverpflichtung der ostfränkischen Truppen oder die Heilige Lanze – wichtigstes Kleinod des Reiches, das angeblich einen Nagel vom Kreuz Christi enthielt –, die Otto mit in den Kampf führte: Die Magyaren wurden ein für alle Mal vernichtend geschlagen und stellten zukünftig ihre verheerenden Plünderungszüge ein. Der kaum für möglich gehaltene Sieg festigte Ottos Position im Reich. Nur göttlicher Beistand konnte seine Überlegenheit hervorgerufen haben – ein Zeichen für seine Zeitgenossen, dass er über den königsgleichen Fürsten in seinem Reich stand und zur Vorherrschaft berufen war.

Schwaben, Franken, Bayern und Sachsen kämpften gemeinsam in der blutigen Schlacht auf dem Lechfeld, die sie aufgrund ihrer überlegenen Taktik für sich entschieden.

Die reich mit Perlen und Edelsteinen geschmückte Kaiserkrone wurde um 962 für Otto I. angefertigt und gehörte fortan zu den Reichskleinodien.

Die deutsche Ostsiedlung

Heinrich I. hatte östlich der Elbe die ersten slawischen Stämme unterworfen. Otto I. setzte die Eroberungsfeldzüge seines Vaters fort und besiegte weitere nordwestslawische Stämme in einem Gebiet vom heutigen Schleswig-Holstein im Norden bis zur Lausitz und der Gegend um Meißen und Zeitz im Süden. Damit verschob er die Ostgrenze des Reiches allmählich bis zur Oder. Slawischer Grundbesitz blieb in der Hand seiner ursprünglichen Herren, die jetzt aber Tribut zahlen mussten. Herrenloses Land nahm Otto als Königsgut in Besitz und richtete sogenannte Grenzmarken, vorgeschobene Ländereien unter der Leitung verbündeter oder befreundeter Fürsten, ein. Ostfranken besiedelten die neuen Gebiete und erschlossen sie wirtschaftlich und kulturell, erster Höhepunkt der deutschen Ostsiedlung, die bis zur Mitte des 14. Jh. währte. Im Gegenzug erhielten sie Privilegien und Grundbesitz. Auch der böhmische Herrscher Boleslav I., der lange die Oberhoheit des Kaisers nicht anerkennen wollte und ihm zähe Kämpfe lieferte, huldigte Otto I. 954.

Imposante Bauten und filigrane Kostbarkeiten

Unter den Ottonen erlebte die bildende Kunst eine hohe Blüte. Imposante Kirchen, weitläufige Klosteranlagen, kostbar verzierte Reliquienschreine, aber auch farbenprächtige Buchmalereien und eindrucksvoll gestaltete Holzplastiken entstanden. Der burgundische Mönch Radulf Glaber beobachtete in der ersten Hälfte des 11. Jh.: „Als das dritte Jahr nach dem Jahr 1000 ins Land zog, wurden fast auf der ganzen Erde die Kirchen umgebaut; nicht etwa wegen Baufälligkeit – die meisten waren sogar recht gut erhalten –, sondern weil jede christliche Gemeinde, von glühendem Wetteifer erfasst, eine noch prächtigere besitzen wollte als die Nachbargemeinden."

Mittelalterliche Kunst diente überwiegend sakralen Zwecken. Gleichwohl entstanden zum persönlichen Schmuck der Großen und ihrer Frauen prächtige Preziosen aus geschnitztem Elfenbein, Gold und Edelsteinen. Zu den Höhepunkten der ottonischen Kunst gehören Emaille-Arbeiten, bei denen auf einer Trägerplatte aus Gold oder einem weniger wertvollen Material kleine Metallstege aufgebracht werden, in deren Zwischenräumen buntes, geschmolzenes Glas eingelassen ist.

Auf nach Italien!

Anders als sein Vater richtete Otto I. seinen Blick nach Italien. Dort trug der König des Langobardischen Reiches die Kaiserkrone, die Otto für sich erobern wollte. Als der langobardische König Lothar 950 starb, setzte Markgraf Berengar von Ivrea, der als Schattenkönig hinter Lothar die Fäden in der Hand gehalten hatte, Lothars Witwe Adelheid von Burgund gefangen und ließ sich selbst zum König krönen. Daraufhin rüstete der verwitwete Otto 951 zu seinem ersten Italienzug, eroberte Pavia und heiratete Adelheid. Eine Anfrage in Rom, sich bei dieser Gelegenheit zum Kaiser krönen zu lassen, lehnte der Papst ab – vielleicht wäre ihm ein Kaiser Otto zu mächtig gewesen.

962 wendete sich das Blatt. Papst Johannes XII. war in Bedrängnis geraten, ihm wurden amouröse Abenteuer nachgesagt. Er rief Otto nach Rom und krönte ihn und seine Frau am 2. Februar zu Kaiser und Kaiserin. Die Zeremonie war bis ins Detail genau geplant und voller Symbolik. So verharrte Otto eine Weile auf einer purpurfarbenen Porphyrscheibe inmitten des Kirchenschiffs. Die Farbe Purpur war im Oströmischen Reich der Kaiserfamilie vorbehalten – und deren hohe Würde reklamierte jetzt Otto auch für sich. Byzanz erkannte die Kaiser-

krönung im Übrigen ohne jeden Widerspruch an, was spätestens 972 durch die Heirat zwischen Ottos gleichnamigem Sohn und der byzantinischen Kaisernichte Theophanu nochmals besiegelt wurde. Die achteckige Form der zu Ottos Kaiserkrönung angefertigten Krone ging ebenfalls auf byzantinische Einflüsse zurück. Sie blieb bis 1806 die Kaiserkrone des Heiligen Römischen Reiches, das erst seit dem 15. Jh. den Zusatz „Deutscher Nation" trug.

Zwei Seiten der Kaiserkrone

Mit seiner Krönung hatte Otto I. das Recht erwirkt, dass zukünftig jeder neu gewählte Papst vom Kaiser in seinem Amt bestätigt werden musste. Er griff in seinen letzten Regierungsjahren vehement in die Angelegenheiten Roms ein. Sein Enkel Otto III. wollte die Ewige Stadt sogar zum Mittelpunkt seines Reiches machen. Durch die intensiven Kontakte in den Süden erhielt das kulturell recht provinzielle Ostfränkische Reich zahlreiche neue Impulse aus Italien und auch aus Byzanz, das Besitzungen im Süden des italienischen Stiefels hatte.

Die italienische Herkunft der Kaiserkrone führte aber dazu, dass sich die Könige des Ostfränkischen bzw. späteren Deutschen Reiches im Gegensatz zu den englischen oder französischen Machthabern nicht als deutsche Könige begriffen, sondern als „Könige der Römer". Dies erschwerte es, dass das Reich und seine Bewohner eine Identität als Nation ausbildeten.

Die kostbare Buchmalerei zeigt Otto III., einen der Nachfolger Ottos des Großen, herrschaftlich thronend zwischen zwei weltlichen und zwei geistlichen Standesvertretern.

Ein salischer König setzt deutliche Akzente

1024
4. SEPTEMBER

Aus der ersten Stichwahl des Reiches ging Konrad II. als König hervor, das Jahrhundert der Salier brach an. Konrad entwickelte selbstbewusst ein neues königliches Machtverständnis.

Als am 4. September 1024 der Salier Konrad von einer großen Reichsversammlung in Kamba zum König gewählt wurde, lag der Tod König Heinrichs II., des letzten Herrschers aus dem Geschlecht der Ottonen, gerade einmal zwei Monate zurück. Da das Ostfränkische Reich keine festgeschriebene Thronfolge kannte, war den Großen im Reich klar, dass sie sich schnell über eine Nachfolge verständigen mussten, sonst hätte das Herrschaftsvakuum leicht zu Machtkämpfen und schlimmstenfalls zum Zerfall des Reiches führen können.

Kamba lag gegenüber von Oppenheim am Rhein. Hier, in der Ebene zwischen Mainz und Worms, konnten die zahlreichen Abgesandten aus allen Teilen des Reiches ihre Lager aufschlagen und sich zu letzten Besprechungen auf eine

der vorgelagerten Inseln zurückziehen. Immerhin galt es, erstmalig in einer Stichwahl über zwei Kandidaten abzustimmen. Als Königsanwärter standen sich die beiden Cousins Konrad der Ältere und Konrad der Jüngere, beide aus dem Geschlecht der Salier, gegenüber.

Trotz der Vorverhandlungen gab es Differenzen. Die Lothringer lagerten auf der anderen Rheinseite, während die Sachsen erst gar keine Vertreter entsandt hatten. Am Wahltag gab zuerst Aribo, Erzbischof von Mainz, seine Entscheidung bekannt, dann folgten die anderen Kirchenfürsten und die Adligen. Der ältere Konrad überzeugte durch sein Auftreten. Außerdem war er mit Gisela von Limburg verheiratet, die Erbin des Herzogtums Schwaben war und Erbansprüche auf das Königreich

„An Konrads Sattel hängen die Steigbügel Karls des Großen.“

[Überlieferung des Volksmunds durch den Historiografen Wipo, 11. Jh.]

Ansicht einer idealen Stadt im 11. Jh. Ähnlich sahen auch die von den Saliern ausgebauten Städte Speyer, Worms und Mainz aus.

Burgund besaß. Das Paar hatte schon einen Sohn und Thronerben. Einstimmig fiel die Wahl jedoch nur deshalb aus, weil der Kölner Erzbischof und die Lothringer vorzeitig die Versammlung verlassen hatten. Die Gefolgsleute stimmten dem Entscheid durch den „Vollbort", das lautstarke Schlagen der Schwerter auf die Schilde, zu. Aus diesem Prozedere entwickelte sich die Königskur des Heiligen Römischen Reiches.

Der Königsumritt

Nach der Wahl begab sich Konrad mit großem Gefolge nach Mainz, wo Aribo ihn salbte und krönte. Allerdings weigerte dieser sich, auch Gisela zu krönen, da sie um mehrere Ecken mit Konrad verwandt war. Anschließend brach er zum Reichsumritt auf. Diese merowingische Tradition aus dem 6. Jh. hatte sein Vorgänger wiederbelebt. In Köln krönte Aribos Amtsbruder Pilgrim, ursprünglich Parteigänger des jüngeren Konrad, Gisela. Dies war ein kluger

Schachzug, eine Wiedergutmachung für die anfängliche Opposition gegen Konrad II. und ein Pluspunkt im Kampf mit dem Erzbischof von Mainz um die geistliche Vorherrschaft. Anschließend nahm Konrad in Aachen den Thron Karls des Großen in Besitz, dessen Machtfülle, aber auch dessen Sinn für Gerechtigkeit er sich zum Vorbild nahm. Im Kampf um das burgundische Erbe der Königin Gisela unterlag ihr Sohn aus erster Ehe, Ernst II. von Schwaben, Konrads Sohn Heinrich III. Ernst II. wurde 1030 ermordet.

Drei Säulen der Macht

Konrad II. stützte sich noch machtbewusster als zuvor die Ottonen auf die Reichskirche und zentralisierte die Königsmacht zulasten der Fürsten. Zielstrebig übertrug er vakante Herzogtümer seinem 1026 zum Nachfolger designierten Sohn Heinrich III.
Schließlich installierte er eine dritte Machtsäule: die Ministerialen. Diese einst unfreien Dienstmannen, eine Art höhere Beamte, verwalteten den Königsbesitz und wurden im Gegenzug mit Lehen belohnt. Sie bildeten ab dem 13. Jh. den niederen Adel aus.

Vom Kuhdorf zur Großstadt

Um eine würdevolle Grablege für sich und seine Familie zu schaffen, legte Konrad 1027 den Grundstein für einen neuen Dom in Speyer. Die alte Römerstadt war zur Bedeutungslosigkeit herabgesunken. Ihre Einwohnerschaft zählte nur noch um die 500 Seelen. Der spätere Bischof Walther von Speyer jubilierte: „Oh glückliches Kuhdorf, ausgezeichnet durch so einen bedeutenden Herrn." Der Dom wurde 1061 unter Konrads Enkel Heinrich IV. geweiht und knapp 20 Jahre später bedeutend vergrößert, ein steinernes Argument im Kampf zwischen Kaiser und Papst um die Vorherrschaft über die Kirche.
Neben Konrad und Gisela fanden sieben weitere Herrscherpaare ihre letzte Ruhestätte in der Krypta des Doms. Auch sonst bauten die Salier Speyer, ähnlich wie auch Worms und andere Städte am Rhein, nach ihren Wünschen um und legten die riesige Hauptstraße, Via Triumphalis genannt, an.

Im Kampf um das burgundische Erbe wird Herzog Ernst II. von Schwaben, ein Stiefsohn Konrads II., in der Nähe der Burg Falkenstein ermordet.

Der Dom zu Speyer: Grablege der Salier, bedeutendstes romanisches Bauwerk in Deutschland und Symbol des mittelalterlichen Kaisertums.

Die Salier

944 Konrad der Rote, ein Urgroßvater Konrads II., wird Herzog von Lothringen und gewinnt damit den Anschluss an die politische Führungsschicht im Reich.

978 Otto von Worms, Sohn Konrads des Roten, qualifiziert sich mit der Kärntner Herzogwürde für den Reichsfürstenstand.

1024 Konrad II. wird zum König gewählt.

1039 Heinrich III. tritt die Regentschaft an.

1056 Die Witwe Heinrichs III., Königin Agnes, übernimmt für ihren Sohn Heinrich IV. das Regiment.

1065 Heinrich IV. wird selbstständiger Herrscher.

1104 Beginn der Auseinandersetzungen zwischen Heinrich IV. und seinem Sohn Heinrich V.

1106 Heinrich V. besteigt den Thron.

1125 Mit dem Tod Heinrichs V. erlischt die Dynastie der Salier.

Ein Steigbügel aus der Zeit des frühen Mittelalters erinnert an die Strapazen, die auch hochgestellte Persönlichkeiten auf ihren langen Reisen von Pfalz zu Pfalz zu erleiden hatten.

Prachtvoll gewandet zogen der König und sein Gefolge durch die Städte entlang ihres Weges. Für die Bewohner gab der herrschaftliche Zug ein einzigartiges und unvergessliches Spektakel ab. Pferde hatten nur Könige und hochgestellte Mitreisende. Der weitaus größte Teil des Gefolges musste zu Fuß gehen. Daher war die Reisegeschwindigkeit nicht besonders hoch.

Herrschen im Pferdesattel

Mittelalterliche Herrscher regierten ein Reich ohne Hauptstadt. Ob Karolinger oder Ottonen, ob Salier oder Staufer, sie alle waren ständig unterwegs, um ihre Herrschaft auszuüben. Denn dies war nur an dem Ort möglich, an dem der König wirklich präsent war. Während seines Aufenthalts sprach er Recht, stellte Urkunden aus und kontrollierte daneben die lokalen Fürsten. Die Reiseroute orientierte sich an politischen Erfordernissen, aber auch am Kirchenjahr und an bestimmten Jahrtagen. So verbrachten die Herrscher gerne das Weihnachts- oder Osterfest auf einer bestimmten Pfalz, wie die Stützpunkte der Könige genannt werden. Mit auf die Reise ging auch der gesamte Königshof, zu dem die Inhaber der Hofämter, Geistliche sowie zahlreiche Bedienstete und regionale Würdenträger zählten.

Zur Bequemlichkeit der hohen Damen gab es Sänften, die von Pferden oder Bediensteten getragen werden mussten. Reisten die Damen nicht im Wagen oder in der Sänfte, sondern waren hoch zu Ross unterwegs, ritten sie meist sogenannte Zelter. Das waren edle und leichte Reitpferde, die wegen ihres besonders ruhigen Passgangs von Frauen geschätzt wurden.

Die Könige und Kaiser des Mittelalters kannten keine feste Residenz. Zwar war Aachen der bevorzugte Krönungsort, seine Amtsgeschäfte führte der König aber unterwegs. Um in möglichst weiten Teilen seines Reiches Präsenz zu demonstrieren, erbauten die Herrscher sogenannte Pfalzen wie hier in Goslar. Dort blieben sie für jeweils einige Wochen oder Monate, bevor sie sich auf den beschwerlichen Weg zur nächsten Pfalz oder Bischofsstadt machten.

Ein mittelalterlicher Zug bestand aus einem Tross von Versorgungsfahrzeugen und Reisewagen, die von Pferden oder Ochsen gezogen wurden.

Der Gang nach Canossa als politischer Schachzug

1077 JANUAR

Der Bußgang Heinrichs IV. entschärfte vorübergehend einen Macht-kampf zwischen König und Papst. Langfristig mündete er in einer neuen Standortbestimmung von weltlicher und geistlicher Herrschaft.

Im außergewöhnlich harten Winter 1076/77 kämpfte sich der deutsche König Heinrich IV. mit seinem Gefolge über die Alpen. Auf den vereisten Hängen krochen die Männer „auf Händen und Füßen, zuweilen fielen sie und rutschten ein langes Stück hinunter, schließlich

Heinrich IV. wartet im Burghof von Canossa. Seiner königlichen Gewänder beraubt, hofft er auf die ersehnte und politisch notwendige Loslösung vom päpstlichen Bann.

aber erreichten sie doch unter großer Lebensge-fahr endlich die Ebene", schilderte ein Zeitge-nosse den Zug des Königs. Die Königin und die anderen Frauen im Gefolge zog man auf Rinderhäuten die Berge hinab. Die Pferde lie-ßen die Männer teils mithilfe von speziellen Vorrichtungen hinunter, teils schleiften sie sie mit zusammengebundenen Füßen hinab. Viele starben, viele wurden schwer verletzt, und nur ganz wenige entkamen heil den Gefahren. Auf seinem weiteren Weg durch Oberitalien sam-melte Heinrich bewaffnete Anhänger um sich. Sein Ziel war die stark befestigte Burg Canossa im nördlichen Apennin. Hierhin, auf den Besitz der Markgräfin Mathilde von Tuszien, hatte sich Papst Gregor VII. zurückgezogen, als er von der Alpenüberquerung seines königlichen Widersachers gehört hatte.

Am 20. Januar führte Heinrich seine Truppen in die Nähe Canossas. Dort traf er sich mit Mathilde, einer der mächtigsten Fürstinnen Italiens, und dem Abt Hugo von Cluny – bei-de waren enge Vertraute Gregors – zu Gesprä-chen, denn der König steckte in der Bredouille: Der Papst hatte ihn für abgesetzt erklärt und mit dem Kirchenbann belegt. In wenigen Wo-chen würden die Reichsfürsten über Heinrichs Zukunft beraten. Doch ein König, der nicht der christlichen Gemeinschaft angehörte, war in der Welt des Mittelalters nicht akzeptabel.

König im Büßergewand

So legte Heinrich am 25. Januar ein Gewand aus kratziger Wolle an und erschien vor dem Burgtor. Da die Burg dreifach von Mauern um-geben war, wurde er in den zweiten Mauerring eingelassen, während sein ganzes Gefolge zu-rückblieb. Hier stand er nun, nachdem er die königlichen Gewänder abgelegt hatte, ohne alle Abzeichen der königlichen Würde, ohne die geringste Pracht zur Schau zu stellen, barfuß und mit leerem Magen vom Morgen bis zum Abend. Ebenso verhielt es sich am zweiten und am dritten Tag. Endlich am vierten Tag konnte

Mittelalterliche Bußrituale

Buße war dann nötig, wenn sich der Mensch durch sündhaftes Handeln von Gott entfernt hatte. Der Sünder erreichte durch ein Werk der Wiedergutmachung oder die Ableistung einer von der Kirche auferlegten Strafe Vergebung. Zu den Bußpraktiken des Mittelalters zählte auch die öffentliche Selbstgeißelung, die im 13. und 14. Jh. von den Flagellanten, einer Laienbewegung, ausgeübt wurde. Die Geißler zogen in großen Gruppen durch das Land und schlossen sich zu Bruderschaften zusammen, die sich mehr und mehr der Kontrolle der Kirche entzogen und schließlich verboten wurden.

Heinrichs Widersacher Papst Gregor VII. verbot nun Laien jegliche Investitur und drohte bei Missachtung den Ausschluss aus der Kirchengemeinschaft, die Exkommunikation, an. Den gekrönten Häuptern, die aufgrund ihrer Salbung eine Mittelstellung zwischen dem Klerus und den Laien in Anspruch nahmen, sprach er alle sakralen Würden ab, womit er sie sich deutlich unterordnete. Unterschiedliche Personalvorstellungen von Gregor und Heinrich bei der Besetzung des Mailänder Erzbistums lösten eine Eskalation der Ereignisse aus. Nachdem die wichtigsten deutschen Bischöfe auf einer Synode in Worms dem Papst den Gehorsam aufgekündigt hatten, griff Gregor VII. zu seinem härtesten Gegenmittel: Er erklärte Heinrich IV. für abgesetzt, exkommunizierte ihn und löste seine Untertanen vom Treueeid.

Ein König in Nöten

Den Fürsten kam der Papstspruch sehr gelegen. Ähnlich wie seine Vorgänger hatte sich Heinrich seit seinem Regierungsantritt durch den kompromisslosen Ausbau seiner Macht unbeliebt gemacht. Nach der Exkommunikation distanzierten sich zunächst die Bischöfe von Heinrich. Auch die weltlichen Fürsten wollten ihn nicht mehr als ihren Herrscher anerkennen, sollte es ihm nicht gelingen, den päpstlichen Bann rückgängig zu machen. Schon bald wollten sie über eine eventuelle neue Königswahl entscheiden. Dem König blieb nichts anderes als der Gang nach Canossa, der sich vor diesem Hintergrund nicht mehr als reumütige Buße, sondern als äußerst kluger Schachzug entpuppt, mit dem Heinrich seine Handlungsfähigkeit wiederherstellte.

> *Als die Nachricht vom Bann über den König zu den Ohren des Volkes gelangte, da erzitterte unser ganzer römischer Erdkreis!*
>
> [Der Reformer Bonizo von Sutri]

sich auch der Papst seiner christlichen Pflicht, einem Reuigen zu vergeben, nicht mehr verschließen. Er ließ Heinrich vor, löste ihn vom Bann und nahm ihn damit wieder in die Gemeinschaft der Gläubigen auf.

Papst und König kreuzen die Klingen

Der spektakuläre Gang nach Canossa war Höhepunkt in einem Kampf zwischen Papst und König, der um 1070 begonnen hatte und erst 1122 mit dem Wormser Konkordat endete. Die Päpste bekämpften dabei zwei Missstände: die Einsetzung von Geistlichen durch nichtklerikale Laien und den Handel mit kirchlichen Ämtern. Entgegen des Kirchenrechts bestellten die Herren vom König bis zum adligen Grundherrn geistliche Würdenträger in ihrem Machtbereich nach eigenem Ermessen. In der Amtseinführung, der Investitur, übergaben sie ihnen symbolisch einen Ring und einen Stab, wie ihn die Bischöfe bei ihrer kirchlichen Weihe erhielten. Kirchenherren und Geistliche profitierten von diesem Verfahren: Die einen stützten ihre Herrschaft auf wohlgesinnte Männer, die anderen gaben Teile ihres Kirchenguts selber als Lehen aus und wurden Grundherren. Es kam zur Simonie, dem Kauf und Verkauf von Kirchenämtern. Das Nachsehen hatte der Papst.

Die Ruinen der Burg von Canossa thronen hoch über der Ebene des Po. Zur Zeit Heinrichs IV. gehörte der herrschaftliche Besitz zu den weitläufigen Mathildischen Gütern.

Alpenüberquerungen waren im Mittelalter eine gefährliche und zeitraubende Angelegenheit. Wilde Gebirgsbäche und hohe Pässe mussten mühsam bezwungen werden.

Das verdoppelte Reich

Heinrichs Erfolg in Canossa behob nicht den Unmut der Fürsten. Sie wählten im März 1077 mit dem schwäbischen Herzog Rudolf von Rheinfelden den ersten Gegenkönig der deutschen Geschichte. Um sicherzustellen, dass dieser die Ansprüche weltlicher und geistlicher Fürsten beachten und den Konsens mit ihnen suchen würde, verlangten sie zuvor Garantien. So sagte Rudolf die kirchliche Wahl der Bischöfe ohne weltliche Einmischung zu und verzichtete darauf, seinen Sohn als Nachfolger zu bestimmen. Erstmals hatten die Fürsten ihren Anspruch auf freie Königswahl durchgesetzt. Daran und an der Abnahme von Wahlversprechen hielten sie auch zukünftig fest. Heinrich entzog seinem Kontrahenten mitsamt allen, die ihn unterstützten, alle Lehen und verhängte die Todesstrafe über sie.

Eine Spaltung seines Vaterlands konnte er nicht verhindern. Rudolf brachte insbesondere die Fürsten hinter sich. Auf Heinrichs Seite schlugen sich diejenigen, die unter ihm sozial aufgestiegen waren, nämlich der kleine Adel, der niedere Klerus und die Ministerialen. Die folgenden Monate waren von scheiternden Verhandlungen und mörderischen Schlachten, denen ganze Bauernheere zum Opfer fielen, gezeichnet. 1080 gab Papst Gregor seine bisherige Neutralität in der Königsfrage auf und exkommunizierte Heinrich von Neuem. Heinrichtreue Bischöfe erhoben darauf Clemens III. zum Gegenpapst.

Im Oktober desselben Jahres starb Rudolf, unmittelbar nachdem er auf dem Schlachtfeld seine rechte Hand verloren hatte – die Hand, mit der er vor langer Zeit Heinrich die Treue geschworen hatte. Die Anhänger Heinrichs deuteten dies als göttliche Bestrafung des Eidbrüchigen. Die Fürsten erhoben nach längerer Überlegung Hermann von Salm zum neuen Gegenkönig, der aber keinen nachhaltigen Einfluss gewann. Heinrich hingegen erklomm noch einmal die Höhen der Macht. 1084 krönte ihn Clemens zum Kaiser.

Tiefer Fall

Heinrich gewann sein Ansehen bei den Fürsten zurück und sicherte die Thronfolge seiner Familie, indem er 1087 seinen ältesten Sohn Konrad zum König krönen ließ. Dennoch waren seine Gegner nicht völlig bezwungen. Auf Wunsch des Papstes heirateten die 43-jährige Mathilde von Tuszien und der 18-jährige Welf V., Sohn des bayerischen Herzogs Welf IV., und schlossen ein Bündnis mit oberitalienischen Städten. Dies bedrohte Heinrichs Macht an der süddeutsch-oberitalienischen Nahtstelle des Reiches so sehr, dass er mit Truppen über die Alpen zog. Ohne dort Nennenswertes zu erreichen, saß Heinrich volle drei Jahre in Italien fest und galt zeitweise sogar als verschollen: Welf IV. verwehrte ihm die Rückkehr, indem er die Alpenpässe sperrte. Währenddessen braute sich in Deutschland neues Unheil zusammen. Zunächst lief Konrad 1093 zum Papst über und ließ sich zum König von Italien krönen. Urban II. hatte ihm Unterstützung und die Kaiserkrone versprochen, ließ ihn jedoch fallen, weil Konrad unbeachtet blieb. 1094 verließ Heinrichs zweite Frau Praxedis, nach der Hochzeit auch Adelheid genannt, ihren Gatten nach kurzer, wenig harmonischer Ehe und beschuldigte ihn schwerer Vergehen. So soll er sie zum Beischlaf mit ihrem Schwiegersohn Konrad gezwungen haben. Erneut bannte der Papst den Kaiser. 1097 kehrte Heinrich aus Italien zurück. Ihm gelang die Aussöhnung mit den Welfen, und er gewann erneut das Wohlwollen der Fürsten im Lande. Sie stimmten Konrads Absetzung und der Erhebung seines jüngeren Bruders Heinrich zum Mitkönig zu. Noch einmal schien die Ordnung wiederhergestellt.

Erbitterte Rivalen

Doch unter der Oberfläche brodelte es. Einige Große des Reichs grollten darüber, dass der Kaiser seine Ministerialen bevorzuge, andere verübelten ihm, dass er sich nicht um einen Ausgleich mit dem Papst bemühte. Als Vater und Sohn im Herbst 1104 gemeinsam gen Sachsen ritten, setzte sich der Junior unterwegs nach Bayern ab, sammelte eine Fürstenopposition um sich und nahm Kontakt zum Papst auf. Die unausweichlich scheinende Schlacht zwischen

Vater und Sohn blieb jedoch aus, weil sich die Fürsten auf beiden Seiten dazu nicht bereitfanden. Als sich der Kaiser Ende 1105 zu einer von dem Empörer einberufenen Reichsversammlung begab, ließ dieser ihn auf dem Weg gefangen nehmen. Er zwang den Vater, sein Amt niederzulegen und ihm die Reichskleinodien auszuhändigen. Nach einigen Monaten Haft gelang dem abgesetzten Kaiser die Flucht.

Bevor Heinrich IV. gegen den Sohn vorgehen konnte, starb er 1106 im Alter von 55 Jahren in Lüttich und wurde im dortigen Dom beigesetzt. Da er sich vor seinem Tod nicht aus dem Kirchenbann befreit hatte, verhängten die Bischöfe diesen auch über den Dom. So wurde der Leichnam nach Speyer überführt. Nach dem Bann auch dieser Grabkirche wurde der Sarg erneut geborgen und in eine noch ungeweihte Kapelle verbracht. Schließlich bewirkte Heinrich V. beim Papst die Lösung des toten Vaters vom Kirchenbann. An seinem fünften Todestag fand Heinrich IV. seine letzte Ruhe in der salischen Familiengruft in Speyer.

Eine neue Ordnung

Im selben Jahr, 1111, suchten Krone und Kirche im Vorfeld der Kaiserkrönung Heinrichs V. auf höchster Ebene eine Einigung für die noch immer ungelösten Fragen rund um Investitur und Ämterhandel. Ihr Vorschlag: Die Kirche solle in Deutschland und Italien alle seit Karl dem Großen erhaltenen Reichsgüter – Städte, Herzogtümer, Markgrafschaften, Münz-, Zoll-, Marktrechte und anderes mehr – wieder der

Krone zurückgeben. Im Gegenzug verzichtete Heinrich V. fortan auf Investituren. Als diese Vereinbarung unmittelbar vor der Krönungszeremonie verlesen wurde, brach ein solcher Tumult unter den überraschten Prälaten aus, dass die Krönung abgebrochen und erst Wochen später vollzogen wurde.

Doch der geplatzte Kompromiss hatte in die richtige Richtung gewiesen. Im September 1122 beendeten Kaiser Heinrich V. und Papst Calixt II. in Worms mit zwei kurzen Urkunden den Investiturstreit.

Das Wormser Konkordat hielt fest, dass fortan kirchliche Würdenträger nach dem Kirchenrecht gewählt wurden und danach vom König die mit ihrem Amt verbundenen weltlichen Besitztümer zum Lehen erhielten. Diese strikte Trennung von geistlichen und weltlichen Gütern garantierte nun eine präzise Abgrenzung der zuvor nur ungenügend bestimmten Herrschaftsbeziehungen zwischen Krone und Kirche. Mit dem Wormser Konkordat erhob sich das Papsttum an die erste Stelle der mittelalterlichen Weltordnung. Die sakrale Würde der Krone dagegen hatte einen empfindlichen Schlag erhalten. Doch der Machtkampf zwischen Kaiser und Papst dauerte an.

Die schlichte Grabkrone Heinrichs IV. wurde aus einfachem Kupferblech gefertigt. Sie ist eine der wenigen erhaltenen Grabkronen des Mittelalters.

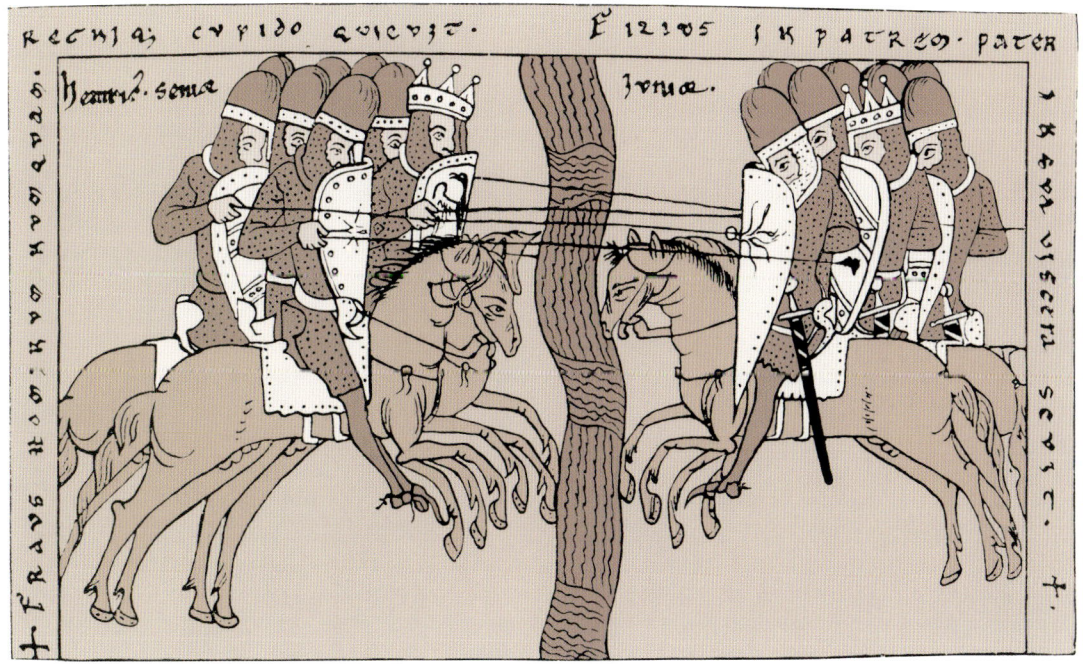

Im Kampf Vater gegen Sohn standen sich Heinrich IV. und Heinrich V. seit 1104 gegenüber. Der Streit wurde erst durch den Tod des Vaters 1106 beigelegt.

Friedrich I. Barbarossa wird deutscher König

1152
5. MÄRZ

Friedrich I. aus dem Geschlecht der von 1138 bis 1250 regierenden Staufer wurde zum König gewählt. In einer Zeit der Stabilität und kulturellen Blüte band er Italien wieder enger an das Reich.

Friedrich I. legte den Schwerpunkt seiner Politik nach Norditalien. Im Streit mit den lombardischen Städten eroberte er Mailand 1158 während des Zweiten Italienzugs.

Knapp drei Wochen nach dem Tod des ersten staufischen Königs, Konrad III., bestimmten die Reichsfürsten in Frankfurt am Main ihr neues Oberhaupt. Sie entschieden sich für Friedrich III., Herzog von Schwaben und Neffe Konrads. Vier Tage später ließ er sich als Friedrich I. „am rechten Ort", im Aachener Dom, krönen. Seine Haarfarbe trug ihm den Beinamen „Barbarossa", Rotbart, ein. Friedrich gewann seine Wahl insbesondere mit den Stimmen der Welfen. Eigentlich waren sie die großen Gegenspieler der Staufer und hatten früher selbst auf den Königsthron spekuliert. Ihre Konfrontation mit König und Fürsten hatte sie 1137 jedoch um alle Lehen gebracht. Friedrich als Sohn eines Staufers und einer Welfin galt als „Eckstein" zwischen beiden Familien, dem ein

Interessensausgleich gelingen könnte. In der Tat fand der neue König Kompromisse und belehnte seinen Onkel Welf VI. und seinen Cousin Heinrich den Löwen wieder großzügig. Der Machtanspruch dieses Heinrichs war aber nur vorübergehend befriedigt. Als der Löwe seinem König 1174 und 1176 wichtige militärische Unterstützung verweigerte, überspannte er den Bogen. Friedrich verhängte 1180 die Reichsacht über ihn.

Keine Wolke am Himmel

Barbarossa war einer der wenigen mittelalterlichen Herrscher, die kaum mit Opposition zu kämpfen hatten. Er war nicht nur um das eigene Ansehen und seine Einkünfte besorgt, sondern respektierte auch den Rang und die Interessen seiner Fürsten. 1152 stärkte er die Ordnung im Reich mit dem Ulmer Landfrieden. Er regelte die Bestrafungen für Mord und Diebstahl und setzte Höchstpreise für Getreide fest. Später stellte Friedrich die in seinem Reich lebenden Juden unter seinen Schutz. Zu seiner Zeit entfaltete sich auch die höfische Kultur mit dem Minnesang und den Dichtungen um Abenteuer, Liebe und Ehre der Ritter. Auf glanzvollen Hoffesten mit großen Turnieren zeigte sich die ritterliche Lebenswelt von ihrer prächtigsten Seite. So pries Bischof Otto von Freising, einer der bedeutendsten Geschichtsschreiber des Mittelalters, den „wolkenlosen Himmel des Friedens" über dem deutschen Reich seines Neffen.

Friedrich I. Barbarossa

um 1122	Friedrich wird als Sohn des Staufers Herzog Friedrich II. von Schwaben und der Welfin Judith geboren.
1147	Er wird als Friedrich III. Herzog von Schwaben und bricht mit seinem Onkel, König Konrad III., zum Zweiten Kreuzzug auf.
1152	Wahl zum deutschen König.
1155	Krönung durch Papst Hadrian IV. zum Kaiser des Heiligen Römischen Reiches im Petersdom zu Rom.
1156	Heirat in zweiter Ehe mit der burgundischen Prinzessin Beatrix.
1165	Heiligsprechung Karls des Großen zum Reichsheiligen in Aachen, wodurch Friedrich eine bessere Legitimationsbasis für seine Herrschaft im Reich erhält.
1178	Krönung zum König von Burgund.
1189	Aufbruch zum Dritten Kreuzzug, auf dem Friedrich 1190 im Fluss Saleph (Anatolien) ertrinkt.

1154 brach Friedrich Barbarossa zu seiner ersten von insgesamt sechs Italienfahrten auf, sein eigentliches Ziel war die Kaiserkrone. Bereits das erste Zusammentreffen mit dem Papst war spannungsgeladen. Der Begrüßung fehle es an der nötigen Demut, befand der Heilige Vater und verweigerte den rituellen Friedenskuss. Die Begegnung wurde nach einigen Tagen neu inszeniert, der Weg zur Kaiserkrone war frei. Der nächste Eklat folgte 1157. Barbarossas Kanzler übersetzte auf einem Hoftag eine mehrdeutige Wendung aus einem Brief des Papstes so, dass der Kaiser als dessen Lehnsmann dastand. Mit Mühe hinderte Barbarossa die aufgebrachten Fürsten, die apostolischen Gesandten zu erschlagen. Einer dieser Gesandten bestieg 1159 als Alexander III. den Heiligen Stuhl, während eine kaiserfreundliche Minderheit einen Gegenpapst erhob. Barbarossa unternahm nichts, um diese Spaltung der Kirche aufzulösen, sodass das Alexandrinische Schisma fast zwei Jahrzehnte lang bestand. Erst im Jahr 1177 feierten Papst und Kaiser in Venedig ihre Versöhnung.

Herausforderungen in Italien

In den Mittelpunkt seiner Politik rückte Friedrich die Apennin-Halbinsel. Infolge von Kreuzzügen und Orienthandel waren die norditalienischen Städte reich geworden. Ihre Stadtoberen verfolgten selbstbewusst eine königsferne Politik. Innerhalb der Stadtstaaten beanspruchte Mailand die Führungsrolle. Um ein deutliches Zeichen zu setzen, ließ Friedrich die hoch entwickelte Stadt 1162 zerstören. Aufgrund der hohen Steuern, die Friedrich von den Städten verlangte, schlossen sich diese 1168 zum Lombardischen Bund zusammen und brachten Barbarossa 1176 eine empfindliche militärische Niederlage bei. 1183 balancierten der Städtebund und der Kaiser ihr künftiges Miteinander im Frieden von Konstanz vertraglich aus. Im Süden des Stiefels lag das Königreich Sizilien, das auf dem Festland bis an den Kirchenstaat heranreichte und das ein normannischer König regierte. Das vom Klima begünstigte Land brachte üppige Ernten, arabische und byzantinische Einflüsse hatten eine reiche Kultur hinterlassen. So verwundert es nicht, dass Sizilien hart umkämpft war. 1184 gelang Barbarossa ein diplomatischer Coup: Er verlobte seinen ältesten Sohn, Heinrich VI., mit Konstanze, der Tante des normannischen Königs Wilhelm II. 1186 wurde geheiratet, 1189 Sizilien geerbt. Barbarossas Enkel, Friedrich II., festigte die staufische Hoheit über Sizilien, das er zu seinem Lebensmittelpunkt machte.

Das berühmte Kopfreliquiar mit seinem Bildnis machte Friedrich seinem Taufpaten Otto von Cappenberg zum Geschenk. Antike Kaiserdarstellungen dienten als Vorbilder.

Ein Bad im Fluss Saleph wurde Friedrich zum Verhängnis: Erhitzt vom anstrengenden Ritt, wollte er sich im eiskalten Wasser erfrischen und erlitt dabei wahrscheinlich einen Herzinfarkt.

Die Geburtsstunde der Hanse auf der Insel Gotland

1161

Mit der Besiegelung des Artlenburger Privilegs entstand die „Gemeinschaft der Gotland besuchenden Kaufleute", aus der die politisch und wirtschaftlich bedeutende Hanse hervorging.

Im Herbst 1161 siegelte der Herzog von Sachsen, Heinrich der Löwe, das Artlenburger Privileg. Kraft landesherrlicher Autorität beendete er damit gewalttätige Konflikte zwischen deutschen Kaufleuten, die Gotland bereisten, auf der einen und Kaufleuten aus Gotland auf der anderen Seite. Er verpflichtete die Gotländer, ihren Handel in Sachsen zukünftig nur noch über Lübeck abzuwickeln, und sagte ihnen dafür den Schutz ihrer Person und ihres Eigentums sowie Handels- und Zollfreiheiten zu. Weitaus wichtiger: Ebenso großzügige Bedingungen handelte er für die deutschen Kaufleute auf Gotland aus. Sie, deren vorherige Organisationsform im Dunklen liegt, wurden hier erstmals urkundlich „Gemeinschaft der Gotland besuchenden Kaufleute aus dem Römischen Reich" genannt.

Handel auf der Ostsee

Die schwedische Insel Gotland hatte sich dank ihrer Küstennähe zum bedeutendsten Knotenpunkt im Tausch von orientalischen und europäischen Waren entwickelt, denn bis weit in das 14. Jh. hinein mieden die Seefahrer, soweit es ging, das offene Meer. Kaufleute aus Gotland brachten aus ihrer Handelsniederlassung im russischen Nowgorod edle Pelze mit, aber auch Wachs für die in den christlichen Gottesdiensten unverzichtbaren Kerzen. Skandinavier landeten neben Erz Hering und Stockfisch an, ein unentbehrliches Nahrungsmittel für die jährlich 140 Fastentage. Russische Fernhändler handelten mit Bauholz, orientalischen Gewürzen, Apothekenpflanzen und Seide, deutsche Kaufleute brachten Tuche aus Flandern

und Friesland, Keramik, Salz, Metallwaren und Wein zu Markt. „Die Gotländer haben so reichlich Gold, sie können es kaum überschauen. Die Schweine fressen aus silbernem Trog, mit Goldspindeln spinnen die Frauen", fasste eine zeitgenössische Chronik die Handelserfolge Gotlands zusammen.

Infolge des Artlenburger Privilegs ließen sich deutsche Kaufleute im gotländischen Visby nieder. Gemeinsam mit Händlern aus Gotland fuhren sie nach Nowgorod, England und Norwegen. Die von Reise zu Reise neu gebildeten Fahrtgemeinschaften wurden nach dem althochdeutschen Wort für Schar „Hanse" genannt. Um die Wende zum 13. Jh. entstand in Nowgorod der erste deutsche Handelshof mit Wohnstuben, Versammlungsräumen, einem Brauhaus und einer Kirche, die vor allem als Lager diente. Durch Verträge mit den Landesherren entstanden bald drei weitere Handelskontore im norwegischen Bergen, in London und in Brügge, daneben unzählige kleinere Handelsniederlassungen.

Lübeck als Ursprung aller Hansestädte

Der internationale Handel wurde immer bedeutender, denn die Bevölkerung wuchs sprunghaft, allein im deutschen Reich von etwa 3,5 Mio. Menschen um das Jahr 1000 um das Vierfache bis zum Jahr 1300. Eine der beiden wichtigen Handelszonen der Zeit verband über das Mittelmeer Byzanz mit den oberitalienischen Städten, im Zentrum der anderen lag Lübeck. Von hier war es nur ein Sprung nach Gotland, hier endete auch die wichtige Nord-Süd-Achse von Köln über Dortmund, Bremen und Hamburg zur Ostsee. Hamburg stellte den Anschluss an die Fernhandelswege nach Friesland, Flandern und England her.

Von der Stadt an der Trave aus erschlossen die deutschen Kaufleute den Ostseeraum. Dank ihrer Kapitalkraft, ihres genossenschaftlichen Zusammenschlusses und ihrer dickbauchigen

Als Symbol für die Handelsziele in Nordosteuropa wählte die Lübecker Kaufmannsgesellschaft der Nowgorodfahrer einen bärtigen Russen für ihr Wappenschild.

Schiffe, der Koggen, verdrängten sie die internationale Konkurrenz von allen bedeutenden Handelsplätzen. Im baltischen Raum stießen christliche Missionare mit den Händlern vor. Die Handelsschiffe beförderten die zur Bekehrung der Slawen einberufenen Kreuzfahrer, ihre Eigner ließen sich nach erfolgreicher Mission in neu gegründeten Städten nieder: 1201 in Riga, 1224 in Dorpat, 1230 in Reval. Lübecker Kaufleute und der Deutsche Orden arbeiteten sich in gleicher Weise bei der Missionierung Preußens zu. Außer Danzig, Elbing, Memel und Königsberg entstand so eine Vielzahl weiterer Städte entlang der südlichen Ostseeküste. Dann erschlossen sich die „Osterlinge", wie die Ostseekaufleute im Westen genannt wurden, die Nordsee mit ihren Handelsplätzen in Flandern und England. Noch dominierten Bremen, Köln und Westfalen den Handel, doch bald überflügelten Lübeck und seine neu gegründeten Partnerstädte die Konkurrenz. In England punkteten sie mit russischen Pelzen; das dicht mit Städten durchsetzte Flandern versorgten sie mit Getreide.

Von der Kaufmannshanse zur Städtehanse

Im 13. Jh. hatte die Macht des Königs, insbesondere im Norden des Reiches, einen Tiefpunkt erreicht. Einzelne Handelsstädte schlossen Bündnisse, um ihre Landtransporte zu sichern. Daraus entwickelte sich ein locker zusammengehaltener Städtebund, der sich 1356 auf seinem ersten überregionalen Treffen, dem Hansetag, erstmals Bund „van der düdeschen

Handelswege und Städte der Hanse

Bergen
Oslo
Stockholm
Nowgorod
Reval
NORDSEE
Gotland
Visby
Riga
OSTSEE
Kopenhagen
Malmö
Flensburg
Lübeck
Stralsund
Königsberg
London
Bremen
Hamburg
Danzig
Stettin
Brügge
Dortmund
Stendal
Thorn
Köln
Braunschweig

— Handelswege in Nord- und Ostsee
● Hansestadt
● Hansekontor
○ Hanseniederlassung

hanse" nannte. Während seiner Blütezeit gehörten ihm 200 Städte an, um die 1000 Schiffe reisten in seinem Auftrag sogar bis Spanien und Portugal. Die Hanse wurde zur politischen Macht, die für den Erhalt ihrer Vorrechte Handelssperren errichtete und Kriege führte.

Mit der Entdeckung Amerikas und des Seewegs nach Asien verschoben sich internationale Handelsflüsse. Der Dreißigjährige Krieg brachte zudem den nationalen Güteraustausch zum Erliegen. In der Folge schrumpfte mit der Zahl der Mitglieder auch die Bedeutung der Hanse. Zum letzten Hansetag 1699 erschienen noch neun einsame Delegierte.

In den dickbauchigen und hochseetauglichen Koggen konnten die Hansekaufleute große Mengen Handelsgut über die Ostsee transportieren.

Eine Doppelwahl führt zum deutschen Thronstreit

1198

Aus Uneinigkeit wählten die deutschen Fürsten mit Otto IV. und Philipp von Schwaben zwei Könige. Erst eine Schlacht beendete 16 Jahre später den Machtkampf zwischen Welfen und Staufern.

Mühlhausen, 8. März 1198: Eine große Anzahl von Reichsfürsten erhob Herzog Philipp von Schwaben aus dem Haus der Staufer zum neuen König. Unter den Wählern befanden sich die Erzbischöfe von Magdeburg und Salzburg sowie die Herzöge von Sachsen und Bayern. – Köln, 9. Juni 1198: Eine kleinere Anzahl von Reichsfürsten erhob Otto IV., Herzog von Aquitanien aus dem Haus der Welfen, zum neuen König. Unter den Wählern befanden sich der Erzbischof von Köln und einige rheinische Grafen. Im Juli krönte der Kölner Erzbischof Otto in Aachen. Eigens dafür ließ Otto neue Reichsinsignien – Krone, Schwert und Reichsapfel – und einen neuen Ornat anfertigen, denn die von König zu König weitergegebenen Herrschaftsattribute befanden sich in den Händen der Staufer. Mit ihnen krönte der Erzbischof des burgundischen Tarantaise Philipp im Sep-

tember in Mainz. Kein deutscher Kirchenfürst hatte es gewagt, sich dieses Vorrecht des Mainzer Erzbischofs, der sich gerade für einen Kreuzzug einschiffte, anzueignen. Anschließend zeigten beide Könige, wie es die Tradition wollte, dem Papst ihre Wahl an. Ihre Schreiben spiegelten deutlich die Machtverhältnisse wider: Otto bat den Heiligen Vater um Einladung zur Kaiserkrönung und versprach im Gegenzug, alle Rechte der Kirche zu achten. Philipp hingegen informierte ihn schlichtweg, dass er demnächst in Rom zur Krönung erscheinen werde. Volle Legitimität konnte keiner der Könige für sich beanspruchen. Zwar folgte das Wahlverfahren noch ungeschriebenen und damit auch variablen Bräuchen, doch eines war klar: Der eine trug die falsche Krone, der andere war weder am richtigen Ort gewählt noch vom richtigen Mann am richtigen Platz gekrönt worden.

Tragisches Ende eines deutschen Königs durch einen Ehrenmord: Otto von Wittelsbach erschlug Philipp von Schwaben 1207 mit dem Schwert.

Macht und Mammon

Kaiser Heinrich VI. hatte seinen Fürsten den Plan unterbreitet, die Königswürde wie in Frankreich erblich zu machen, und sie sogleich seinen ungetauften, zweijährigen Sohn Friedrich zum Nachfolger wählen lassen. Nach Heinrichs unerwartetem Tod 1197 machte sich sein Bruder, Philipp von Schwaben, unverzüglich auf den Weg, um den Thronerben von Sizilien nach Deutschland zu holen. Unverrichteter Dinge kam er zurück, denn Aufstände in Oberitalien hatten seine Reise in den Süden verhindert. Die Großen im Reich sahen sich nach einem neuen

Mainz war 1198 einer der Krönungsorte, doch leider nicht der „rechte Ort". Nur Aachen bot einem deutschen König die volle Legitimation.

König um. Aus dem Geschlecht der Staufer schien nur Philipp für das hohe Amt geeignet. Viele hegten aber nach Heinrichs Erbreichsplan, der ihnen die Mitbestimmungsmöglichkeit nähme, Misstrauen gegen die Staufer. Gegenkandidaten standen kaum zur Auswahl. Da brachte der englische König Richard I. Löwenherz, der als Lehnsmann des Deutschen Reiches ebenfalls zur Wahl eingeladen worden war, seinen Neffen Otto ins Gespräch. Dieser war nach dem Sturz seines Vaters Heinrich des Löwen in England unter Richards Obhut aufgewachsen. Rasch gaben die Herzöge von Bayern und Sachsen ihre Opposition gegen die Staufer auf, denn ein Welfe an der Macht würde sich sicherlich die seinem Vater entzogenen Herzogtümer wieder aneignen wollen. Der hoch verschuldete Kölner Erzbischof, der seinen Mainzer Amtsbruder als Erzkanzler im Reich vertrat, neigte Otto zu. Der Onkel hatte angedeutet, die Wahl seines Zöglings mit großzügigen Geldspenden zu unterstützen.

Die englische Geldquelle versiegt

Was tun? Das Nächstliegende war, den anderen durch militärische Ausfälle in sein Gebiet zu schwächen. Dieser mittelalterlichen Form der Konfliktlösung bedienten sich beide Herrscher reichlich, doch erfolglos. Bewährt war auch, die Parteigänger des Gegners durch Rangerhöhungen und großzügige Geschenke für sich zu gewinnen. Viele Adlige wechselten im Lauf der kommenden Jahre mehrfach die Seite – nicht nur aus Treulosigkeit, sondern auch im Bemühen, das eigene kleine Herrschaftsgebiet durch die Unterstützung des jeweils als richtiger Kö-

nig erscheinenden Mannes stabil zu halten. Entscheidende Hilfe erhielt Philipp vom französischen König Philipp II. aus dem Haus der Kapetinger, einem erbitterten Gegenspieler von Richard Löwenherz im Streit um englischen Besitz auf französischem Territorium. Nach Richards Tod 1199 floss englisches Gold und Silber erst nur noch spärlich, dann gar nicht mehr in Ottos Schatullen – Folge eines Zugeständnisses, das Richards Nachfolger Johann Ohneland in einem Friedensvertrag mit Frankreich gemacht hatte. Jetzt blieb Otto nur noch eine Instanz: der Heilige Stuhl.

Ewiges Hin und Her

Papst Innozenz III. hatte zunächst nicht Partei ergriffen und nur hinter den Kulissen mit beiden Seiten verhandelt. Als Otto offiziell seine Unterstützung erbat, wog der Papst genau ab: Philipp missachtete seiner Meinung nach seit jeher die Rechte der Kirche, ganz anders hingegen Otto. Also sei er der Würdigere, zumal seine Königsweihe am rechten Ort durch den

> *» Wenngleich Freunde und Verwandte Dich verließen, haben wir treu in der Liebe zu dir ausgeharrt. «*
>
> [Papst Innozenz III. an Otto IV., 1208]

Bericht zur Wahl Friedrichs II.

Nachdem im Verlaufe der Zeit unzählige Fälle von Krieg und Feindschaft mit Drangsal und Unheil aller Art unsere Harfe in Klage und unseren Reigen in Trauer verkehrt hatten, versammelten sich die Fürsten des Reiches in einer Stadt der östlichen Provinz zu einer Beratung. Da erwogen sie die unpassenden Sitten des Kaisers, die nach ihrer Meinung sehr wenig für den kaiserlichen Hof passten. Demzufolge musste er nach Verlauf einer kurzen Zeit bemerken, dass seine Ehre auf eben diesem Fürstentage eine Einbuße und sein ganzes Glück einen Rückgang erlitten habe. Denn nachdem sie zu einem Entschluss gekommen waren, einigten und verbanden sie sich durch einen feierlichen Eid gegen Otto.

Erfurter Peterschronik, 1211

rechten Mann stattgefunden hatte. Bevor der Papst den Welfen im Juli 1201 als legitimen König des Heiligen Römischen Reiches anerkannte, leistete Otto IV. in Neuss den Eid, seine Italienpolitik im Einklang mit den Interessen der Kirche zu betreiben. Philipp und seine Anhänger wurden mit dem Kirchenbann belegt. Die deutschen Fürsten blieben von dieser Entscheidung recht unbeeindruckt; nur wenige fielen von Philipp ab.

Bewegung in die Situation kam 1204 durch eine veränderte Konstellation zwischen den Kapetingern und den englischen Plantagenets. Der französische König verdrängte Johann Ohneland aus der Normandie. Dies schwächte Ottos Position erneut. Sogar sein eigener Bruder und der Kölner Erzbischof liefen jetzt zu Philipp über. Adolf von Köln krönte, salbte und weihte Philipp 1205 ein zweites Mal – persönlich und am „rechten Ort" in Aachen, um ganz klare Verhältnisse zu schaffen. Jetzt wagte Philipp die offene Schlacht. Im Sommer 1206 kämpfte er in Wassenberg gegen Otto IV. Der verwundete Welfe zog sich in sein sächsisches Heimatgebiet zurück. Die Machtverhältnisse im Reich waren nun endlich eindeutig.

Der Papst vermittelte zwischen beiden Potentaten. Nach langem Sträuben stimmte Otto im Mai 1208 einer Lösung zu, in der er Philipp als König anerkannte, die ihm selbst aber durch eine Ehe mit Philipps kleiner Tochter Beatrix und die Ernennung zum Herzog von Schwaben die Gelegenheit bot, sein Gesicht zu wahren. Doch Otto brauchte nicht auf seine Königswürde zu verzichten. Sein Gegenspieler fiel im Juni 1208 einem Attentat durch den bayerischen Pfalzgrafen Otto von Wittelsbach zum Opfer. Philipp hatte oft die Kunststücke bewundert, die Otto mit seinem Schwert vollbrachte. Als der Wittelsbacher jetzt seine Waffe zog, winkte Philipp jedoch ab. „Das wird kein Spiel!", soll Otto gerufen haben und verletzte den König tödlich. Vielleicht nahm er Rache, weil Philipp zwei seiner Eheprojekte scheitern ließ, vielleicht handelte er im Auftrag politischer Verschwörer; eine eindeutige Antwort geben die Quellen nicht.

Ottos kurzes Glück

Innozenz setzte sich wieder für Otto ein. Dieser hatte bis zum Herbst alle Fürsten für sich eingenommen: „Am Fest des heiligen Martin wurde ein feierlicher Hoftag in Frankfurt gehalten, wo anerkanntermaßen fünfundfünfzig Fürsten zusammengekommen waren, von denen allen König Otto in erwünschter Eintracht und einstimmiger Eingebung zum König erklärt und glücklich zum Königtum erhoben wurde", hielt die

Papst Innozenz III. wusste seinen Vorteil aus dem Streit Welfen gegen Staufer zu schlagen, er dehnte den pästlichen Territorialbesitz bis zur Adria aus.

Otto IV. und die mit ihm verbündeten Engländer standen 1214 in der Schlacht von Bouvines dem französischen König Philipp II. gegenüber.

Kölner Königschronik für das Jahr 1208 fest. Um Staufer und Welfen weiter auszusöhnen, ordnete Otto die Verfolgung des Königsmörders an und verlobte sich, wie es sein verstorbener Konkurrent beabsichtigt hatte, mit dessen zehnjähriger Tochter. Eine gute Wahl des 33-Jährigen. Im März 1209 bekräftigte Otto seinen Neusser Eid, im Oktober nahm er die Kaiserkrone in Empfang. Jetzt war der Welfe Kaiser in staufischer Tradition und forderte unverzüglich die Rechte des Reiches in Italien sowie die Herrschaft über Sizilien ein. Otto wandte sich mit seinem Heer nach Süden. Der Papst fühlte sich hintergangen und unterwarf ihn dem strengsten Kirchenbann, der nur auf dem Totenbett wieder gelöst werden konnte. Den deutschen Adel erinnerte er unter Einflussnahme des französischen Königs Philipp II. an den mittlerweile volljährigen Friedrich, den sie vor vielen Jahren zum König gewählt hatten. Einige einflussreiche Fürsten wandten sich von ihrem jetzt als Ketzer geltenden Kaiser ab und proklamierten Friedrich als Nachfolger. Der junge „Pfaffenkaiser", wie seine Gegner ihn verächtlich nannten, nahm die Herausforderung an. Ein Wettlauf nach Deutschland begann. Friedrich II. erreichte Konstanz wenige Stunden vor Otto. Ein päpstlicher Gesandter bewirkte, dass sich die Tore jenem öffneten, diesem jedoch verschlossen blieben. Mithilfe von großzügigen Geldgeschenken, die der französische König dem jungen Staufer zur Verfügung stellte, wuchs seine Anhängerschaft unter den Fürsten schnell. Als er im Dezember 1212 in Frankfurt am Main zum König gewählt und, weil Aachen noch in Ottos Händen war, in Mainz mit nachgebildeten Insignien gekrönt wurde, war die welfische Macht auf ihren ursprünglichen Kern am Niederrhein und in Sachsen zusammengeschmolzen. Den Preis für die Unterstützung Papst Innozenz' III. im Streit um den deutschen Thron bezahlte Friedrich ein Jahr später. In der Goldbulle von Eger bestätigte er weitreichende Zugeständnisse an die römische Kurie. So erkannte er die päpstliche Lehnshoheit über Sizilien und die territoriale Ausweitung des Kichenstaats an und verpflichtete sich zur Hilfe bei der Ketzerbekämpfung.

Gebrochene Schwingen

Und noch einmal strahlte der englisch-französische Streit bis nach Deutschland aus. 1214 schickte Johann Ohneland sich an, in Frankreich verlorenes Terrain zurückzuerobern. An seiner Seite zog auch sein Neffe Otto IV. in den Kampf gegen Philipp II., den Verbündeten Friedrichs. Sollte der Kapetinger unterliegen,

könnten sich die Machtverhältnisse im Heiligen Römischen Reich nochmals wenden. Ein heißer Julisonntag im flandrischen Bouvines machte Ottos Wünsche zunichte: Er vergab den Sieg durch eine übereilte Flucht, nachdem sein Pferd verwundet worden war. Philipp II. erbeutete Ottos Feldzeichen, einen mechanischen Drachen, auf dem die vergoldete Skulptur eines Reichsadlers mit weit ausgebreiteten Schwingen thronte, und das von einer Quadriga in die Schlacht gezogen wurde. Mit gebrochenen Schwingen übersandte er Friedrich das Feldzeichen. Der Konflikt zwischen Staufern und Welfen war endgültig entschieden. Friedrich II. ließ sich im Juli 1215 in Aachen nochmals zum König krönen und legte gleichzeitig ein Kreuzzugsversprechen für das Jahr 1219 ab. Otto zog sich nach der verlorenen Schlacht von Bouvines auf die Harzburg bei Braunschweig zurück. Bis zu seinem Tod 1218 führte er den Kaisertitel, fand aber über Braunschweig hinaus kein Gehör mehr.

Der weitere Ausbau der Staufermacht

Allein mit der Königswürde gab sich Friedrich II. nicht zufrieden, er wollte mehr. Bereits seit 1211 trug er zwar den Titel „Erwählter Römischer Kaiser", die Krönung stand jedoch noch aus. Entgegen früheren Versprechungen holte Friedrich zunächst seinen unmündigen Sohn Heinrich nach Deutschland, übertrug ihm das Herzogtum Schwaben und das Rektorat über Burgund und ließ ihn im April 1220 zum deutschen König wählen. Nachdem er Heinrich der Obhut des Kölner Erzbischofs übergeben hatte, brach er noch im Sommer mit einer kleinen Streitmacht nach Italien auf. Seine Kaiserkrönung erreichte Friedrich durch das Zugeständnis, er werde Sizilien lediglich mit der Legitimation durch das Erbe seiner Mutter, nicht aber kraft des Kaisertitels regieren. Am 22. November 1220 war es so weit: Papst Honorius III., der Nachfolger Innozenz' III., krönte Friedrich im Petersdom zu Rom zum Kaiser. Kurz darauf kehrte der Staufer nach Sizilien zurück und nahm energisch den Ausbau eines straffen Herrschaftssystems in Angriff.

Friedrich II. konnte auf die Unterstützung seines ehemaligen Vormunds, Papst Innozenz' III., zählen. Seine Wahl besiegelte endgültig den Sieg der Staufer über die Welfen.

Die Goldbulle von Rimini – ein Staat wird geboren

1226 MÄRZ

Kaiser Friedrich II. gab dem Deutschen Orden grünes Licht, im prußischen Niemandsland an der Ostseeküste einen der reichsten und einflussreichsten Staaten Europas zu schaffen.

Hermann von Salza, 1209–39 Hochmeister des Deutschen Ordens, war ein kluger Politiker. Mit der von ihm initiierten Bulle sicherte er dem Orden einen eigenen Staat.

Im März 1226 erließ Kaiser Friedrich II. die Goldenen Bulle von Rimini, in der er verordnete: „Gott hat unser Kaisertum über alle Könige der Erde erhöht, damit Sein Name in dieser Welt verherrlicht und der Glaube unter den Heidenvölkern verbreitet werde. So haben wir unsere Sorge und Aufmerksamkeit der Unterwerfung wie der Bekehrung der Heidenvölker zuzuwenden."

Deshalb sollten die Brüder des Deutschen Ordens unter der Führung ihres Hochmeisters Hermann von Salza die Mühe auf sich nehmen und bei der nächsten günstigen Gelegenheit in das Prußenland einziehen und es besetzen, dort „gute Gepflogenheiten" einführen und Gesetze erlassen, die der Stärkung des christlichen Glaubens zu dienen hatten. Dafür überließ der Kaiser den Brüdern all jene Gebiete, die sie in Prußen erobern konnten – ohne übergeordnete Obrigkeit, mit uneingeschränkten Herrschaftsrechten, wozu u. a. das Zoll-, Münz- und Marktrecht sowie die Gerichtshoheit gehörten, und allen damit verbundenen Einnahmen. Damit wurde der Deutsche Orden zum Landesherrn in Prußen.

Generös verschenkte Friedrich II. ein von Heiden besiedeltes Gebiet, das noch nicht christianisiert war und deshalb als Niemandsland galt. Als seine Kanzlei 1235 darüber die Urkunde ausstellte, deren Siegel von einer Goldkapsel umschlossen ist, und sie um neun Jahre zurückdatierte, hatte der Deutsche Orden schon längst Fakten geschaffen.

„Helfen, Heilen, Wehren" – der Deutsche Orden

Der Orden war noch jung, als er an der Weichsel einen eigenen Staat aufbaute. Im Heiligen Land hatte er ein Spital für deutsche Kreuzfahrer geführt. Weil im Kampf gegen die „Ungläubigen" jede Hand gebraucht wurde, wurde aus der Spitalgemeinschaft ein von Kaiser und Papst anerkannter Ritterorden, dessen Mitglieder fortan auch zum Schwert griffen. Für seine Verdienste erhielt er reichen Grundbesitz im ganzen Heiligen Römischen Reich und noch weit darüber hinaus.

Der Goldbulle war bereits ein erster Einsatz der Deutschritter in Europa vorausgegangen: Der ungarische König stellte ihnen Land in Aussicht, wenn sie das Königreich gegen heidnische Nachbarn schützten. Allerdings gingen Orden und Monarch im Streit und ohne die versprochene Landübertragung auseinander. Unmittelbar darauf kam der Herzog von Masowien auf Hermann von Salza zu. Ihm setzten Einfälle heidnischer Prußen in sein Territorium im Norden Polens arg zu. Der Herzog sagte den Deutschrittern für ihre Dienste das umkämpfte Kulmerland zu. Um nicht wie in Ungarn übervorteilt zu werden, ließ sich der Orden diese Überlassung sowie die weiteren Eroberungen östlich des Heiligen Römischen Reiches von Papst und Kaiser bestätigen.

Der Aufbau des Ordensstaats

1230 errichteten die Ordensritter ihren ersten Stützpunkt an der Weichsel, aus dem später die Stadt Thorn emporwuchs. Mit tatkräftiger Unterstützung von Kreuzfahrern – nicht jeder mittelalterliche Kreuzzug führte in das Heilige Land – und Truppen aus Masowien war das Kulmerland innerhalb von drei Jahren in deutscher Hand. Dann griff der Orden östlich auf prußisches Gebiet über. Trotz Gegenwehr, blutiger Aufstände und einiger Rückschläge unterwarfen die schwer gepanzerten Deutschritter bis 1285 das Land bis zur Memel.

Zweites Kernland des Deutschen Ordens wurde Livland im Nordosten Prußens. Die 1252 gegründete Stadt Memel verband die beiden Ordensländer. Zu Beginn des 14. Jh. griffen die kriegerisch-frommen Brüder im Westen auf das slawische Herzogtum Pommerellen rund um Danzig aus. Der Konflikt mit dem jetzt von der Ostsee abgeschnittenen Königreich Polen war vorprogrammiert. Noch konnten sich die Deutschritter ihrer Gegner aber bestens erwehren. Gut 100 Jahre später gebot der Orden auch über Gotland, Estland und die Neumark östlich der Oder. Er war auf dem Höhepunkt seiner Macht.

Ein dichtes Netz von allein 60 Ordensburgen in Prußen, darunter die Marienburg als Hauptsitz, sicherte das christianisierte Land. Der Rodung und Trockenlegung von riesigen Wäldern und Sümpfen folgten 90 Stadt- und fast 2000 Dorfgründungen. Hier lebten Prußen und Siedler aus dem alten Reich. Letzteren war es durch das immense Bevölkerungswachstum nach der Jahrtausendwende in der alten Heimat zu eng geworden; günstiges Land und Steuerbefreiungen im Osten versprachen eine bessere Existenz. Ernteüberschüsse, vor allem beim Getreide, machten den Ordensstaat zu einer bedeutenden Handelsmacht im Ostseeraum. Danzig, Elbing, Königsberg, Kulm und andere Städte wurden einflussreiche Mitglieder der Hanse. Nach nicht einmal 200 Jahren hatte der Orden seine politische Herrschaft fest verankert, einen Staat von internationalem Ansehen geschaffen und von der Weichsel bis zum Finnischen Meerbusen eine florierende Wirtschaft aufgebaut.

Langsamer Niedergang

Dieser Erfolg musste Neider auf den Plan rufen. 1386 heirateten der Litauer Großfürst und die polnische Königin, Nachbarn und mächtige Gegner des Ordens. Sie brachen 1410 in der Schlacht von Tannenberg den Mythos von der Unbesiegbarkeit der Deutschherren. Bis auf wenige Ausnahmen kam die gesamte Führungsschicht des Ordens, darunter Hochmeister Ulrich von Jungingen, in den blutigen Kämpfen ums Leben. Der Orden hielt zwar den Kern seines Gebiets, musste aber hohe Entschädigungen zahlen. Den äußeren Schwierigkeiten folgten innere Differenzen auf dem Fuß. Der Orden rüstete zu weiteren Schlachten und erhob von seinen Untertanen erstmals Steuern – das Kriegsgeschäft ging allmählich auf teure Söldner mit Feuerwaffen über. Patriziat und Landadel widersetzten sich diesen Forderungen. Sie schlossen sich zum Preußischen Bund zusammen, verbündeten sich mit Polen und setzten dem Orden im Dreizehnjährigen Krieg hart zu. Im Zweiten Frieden von Thorn 1466 verlor er das westliche Preußen mit Pommerellen, dem Ermland sowie dem Kulmerland an Polen und musste den polnischen König als Landesherrn über sein übriges Gebiet anerkennen.

Die Geschichte des Ordensstaats endete, als Hochmeister Albrecht von Brandenburg-Ansbach 1525 zum neuen protestantischen Glauben übertrat und Ostpreußen dem polnischen König übergab, der ihn anschließend als weltlichen Herzog einsetzte. 1561 verlor der Orden Estland, Livland und Kurland und wurde auf seine Besitzungen im alten Reich beschränkt.

„Wir fügen dem hinzu, dass dieser Meister und seine Nachfolger in ihren Ländern die Obrigkeitsrechte haben."

[Friedrich II. in der Goldbulle]

Die Schlacht bei Tannenberg leitete den Niedergang des Deutschen Ordens ein. Dem polnisch-litauischen Aufgebot mussten sich die Ordensritter geschlagen geben.

Nur die Burgherren nächtigten in solch großzügigen Betten, die in den Kemenaten, den einzigen beheizbaren Räumen der Burg, standen. Das reich verzierte Äußere barg oft ein Bettgestell mit Spanngurten oder Seilen in der Mitte, die federn konnten.

Die Küche lag meist im Erdgeschoss des Palas. Gekocht wurde an riesigen Herden, die so groß waren, dass ganze Ochsen gebraten werden konnten.

Das Leben auf einer Burg

Burgen wurden im Mittelalter als Herrensitze und Herrschaftszeichen errichtet. Oft befanden sie sich auf einer Bergspitze oder einem Bergrücken, denn diese ließen sich besonders gut verteidigen. Größe und Ausstattung einer Burg drückten aber auch die Macht ihres Besitzers aus. Je mächtiger der Burgherr war, desto gewaltiger war auch die gesamte Burganlage. Sie schützte den Besitzer, seine Familie und das Gefolge gegen innere und äußere Feinde und bot auch den Menschen aus der Nachbarschaft bei Fehden und im Kriegsfall einen Schutzraum. Neben der festen Burgmauer, den Wehrgängen und dem alles überragenden Bergfried gab es deshalb Wohn- und Wirtschaftsgebäude und Gärten im Bereich der Vorburg. Seinen Höhepunkt erreichte der Burgenbau im 12. und 13. Jh. während der Blüte des Rittertums. In Deutschland wurde über die Hälfte aller mittelalterlichen Burgen, d. h. gut 15 000, während der Stauferherrschaft im Zeitraum von 1150 bis 1250 erbaut.

Zur höfischen Kultur zählten vor allem Dichtung und Musik. Der hochmittelalterliche Minnesang verband die ritterliche Tugendlehre mit der Verehrung der edlen Burgfrauen. Dichter wie Walther von der Vogelweide schufen Gedichte, die noch heute anrühren können. Andere Schriftsteller schrieben lange Versromane über die keltische Arthussage, mit deren Vortrag man sich die langen Abende verkürzte.

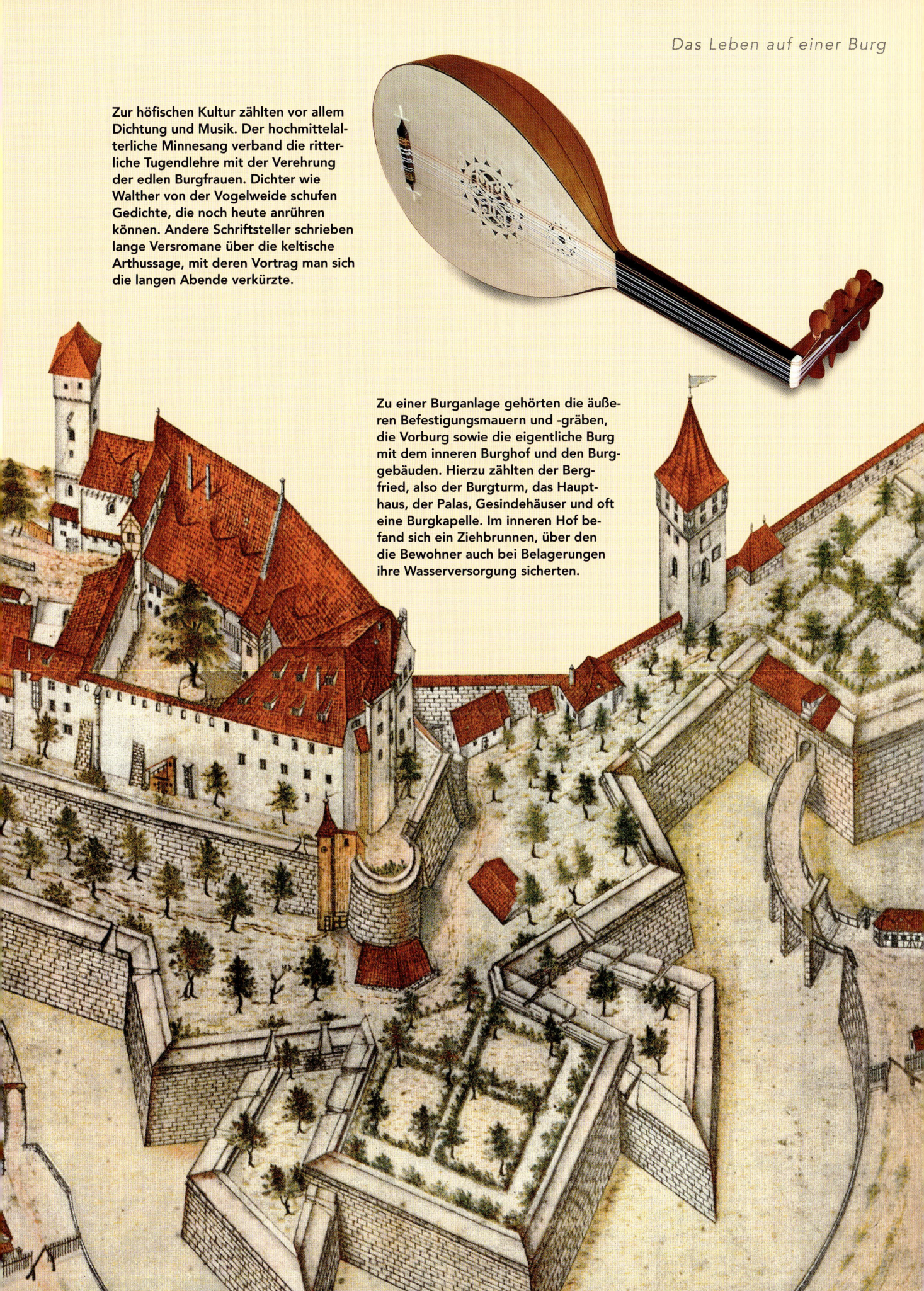

Zu einer Burganlage gehörten die äußeren Befestigungsmauern und -gräben, die Vorburg sowie die eigentliche Burg mit dem inneren Burghof und den Burggebäuden. Hierzu zählten der Bergfried, also der Burgturm, das Haupthaus, der Palas, Gesindehäuser und oft eine Burgkapelle. Im inneren Hof befand sich ein Ziehbrunnen, über den die Bewohner auch bei Belagerungen ihre Wasserversorgung sicherten.

Ein Statut vergrößert die Macht der Fürsten

1231
1. MAI

König Heinrich (VII.) verbriefte den Fürsten zahlreiche Rechte, die langfristig die Krone schwächten und dem König selbst zum Verhängnis wurden.

Im Frühsommer des Jahres 1231 hatte König Heinrich (VII.) einen der unregelmäßig stattfindenden Hoftage einberaumt, um mit seinen Fürsten Reichsangelegenheiten zu beraten. Im Verlauf dieses Hoftags unterzeichnete der Herrscher am 1. Mai ein folgenschweres Gesetz, das die Königsmacht und die Rechte der städtischen Bürgerschaften deutlich beschränkte. Ein ähnliches Treffen im Januar zuvor war – für den Herrscher höchst peinlich – wegen mangelnden Zuspruchs ohne Ergebnis abgebrochen worden. Im Mai 1232 bestätigte Heinrichs Vater, Kaiser Friedrich II., im italienischen Cividale das „Statutum zugunsten der Fürsten" mit nur kleinen Änderungen im Detail.

In 23 Artikeln klärte die Urkunde, wem fortan bestimmte Rechte zustünden: Weder der König noch sonst jemand durfte mehr auf kirchlichem Grundbesitz Burgen oder Städte errichten. Neu angelegte Märkte durften nicht in Konkurrenz zu bestehenden Marktorten treten, bestehende Straßen nur mit Einwilligung ihrer Benutzer verlegt werden. Für Unfreie, die unter fürstlicher Hoheit standen, und Dienstmannen der Kirche erging ein Zuzugsverbot in die

sogenannten Reichsstädte, die nur der Krone untertan waren. Darüber hinaus garantierte das Statut, dass der König zukünftig weder in die Gesetzgebung noch in die Gerichtsbarkeit der Fürsten eingriff.

Neue Machtverhältnisse

Das Statut trug eigentlich nur der veränderten Wirklichkeit Rechnung. In den zurückliegenden Jahrzehnten – vor allem nach der Königsdoppelwahl von 1198 – traten die Fürsten viel selbstbewusster gegenüber der Zentralgewalt auf. Hand in Hand mit den Machtbefugnissen änderten sich die Herrschaftsverhältnisse. Mittelalterliche Herrschaft umfasste die Verfügungsgewalt über Menschen, Dinge und Rechte. Noch im 11. Jh. hatten König, Kirche, Fürsten und Grundherren nebeneinander verschiedene Rechte innerhalb ein und desselben Landstrichs inne: Dieser zog bestimmte Steuern ein, jener saß zu Gericht, ein Dritter erhob Wegezölle usw. Über mehrere Generationen hinweg strebten die verschiedenen Machthaber

Friedrich II. war eine der schillerndsten Figuren seiner Zeit – als Herrscher machtbewusst, zugleich aber auch den Wissenschaften zugetan. Er selbst schrieb ein Buch über die Falknerei.

danach, die unterschiedlichen Rechte in ihrer Hand zu bündeln, um ihre Herrschaft zu verdichten.

Vorschub leisteten den Reichsfürsten seit Barbarossas Zeiten die Konflikte des Kaisers mit den oberitalienischen Städten und mit dem Papst in Rom. Die militärische, diplomatische und finanzielle Unterstützung der Fürsten belohnte der König mit Zugeständnissen: „Je größere Treue der Fürsten wir an uns erkannt haben, desto nachdrücklicher bemühen wir uns darum, stets auf ihr Fortkommen bedacht zu sein", heißt es am Ende von Friedrichs II. „Vertrag mit den geistlichen Fürsten". So behauptete sich der Hochadel in seinen allmählich erblichen Lehen, errichtete dort eine feste Herrschaft und zog zunehmend traditionelle Rechte des Königs an sich.

Bestätigung des Bestehenden

Zu diesen sogenannten Regalien gehörten beispielsweise die Blut- oder hohe Gerichtsbarkeit bei Kapitalverbrechen sowie das Recht, Burgen anzulegen, Münzen zu schlagen und auszugeben oder Marktplätze zu gründen. Regalien demonstrierten nicht nur Machtbesitz, sondern zahlten sich für ihren Inhaber auch in klingender Münze aus, waren sie doch mit Steuern, Zöllen und anderen Einnahmen verknüpft. Das Geld wurde immer wichtiger: Die auf Tausch basierende Naturalwirtschaft war im zunehmenden Fernhandel und in den prosperierenden Städten nicht mehr praktikabel.

Das Statut zugunsten der Fürsten spiegelte diese Entwicklungen wider. Neue Tatsachen schuf es eigentlich nicht: Die Adligen bekamen 1231 im Prinzip nur solche Rechte verbrieft, die sie schon längst schleichend errungen hatten. Viele hatte Kaiser Friedrich II. den kirchlichen Herrschern bereits 1220 zugestanden.

Zwischen allen Stühlen

Was war damals geschehen? In diesem Jahr rüstete sich Friedrich zum Romzug, der ihm die Kaiserkrone bringen sollte. Zuvor musste er jedoch dem Papst versprechen, die „staufische Zange" um den Kirchenstaat zu lösen und die Regierung Siziliens mit dem Tag der Kaiserkrönung seinem Sohn zu übergeben. Doch Friedrich hatte umdisponiert und wollte Sizilien für sich behalten und seinen Erstgeborenen als Herrscher in den deutschen Landen einsetzen. Die Fürsten waren wenig begeistert. Friedrich brachte nur dadurch genügend Königswähler zusammen, dass er den geistlichen Fürsten in einem Vertrag 1220 Königsrechte übertrug, die er bislang einzelnen Fürsten überlassen hatte.

Der staufische Adler auf dem Grabschmuck Friedrichs erster Gattin, der Kaiserin Konstanze, die 1222 starb.

Friedrich II.

1194 Geburt Friedrichs II. in Jesi bei Ancona.

1212–1220 Erster Deutschland-Aufenthalt des zukünftigen Königs.

1220 Friedrich wird im November in Rom durch Papst Honorius III. zum Kaiser gekrönt.

1228 Führung des Fünften Kreuzzugs.

1229 Krönung zum König von Jerusalem.

1235– Zweiter Deutschland-Aufenthalt.

1245 Papst Innozenz IV. setzt den Kaiser nach zweimaliger Bannung ab, Wahl von Gegenkönigen in Deutschland, militärische Kämpfe mit Papst und italienischen Städten.

1246 Schreibt das Buch „Über die Kunst mit Vögeln zu jagen" über die Falkenjagd.

1250 Friedrich II. stirbt nach aufreibenden Kämpfen gegen Papst Innozenz IV. im Dezember auf Castel Fiorentino in Apulien.

So wurde der neunjährige Heinrich im gleichen Jahr König der Deutschen. Die Regierungsgeschäfte führten von Friedrich benannte Männer. Auch nachdem Heinrich sich mit 18 Jahren von der Vormundschaft befreit hatte, mischte sich der Kaiser aus der Ferne regelmäßig in die Regierung seines Sohnes ein. Viele Bittsteller nutzten die ungeklärten Zuständigkeiten zwischen König und Kaiser für ihre Zwecke: Am Königshof abgewiesene Interessenten ließen sich mehr als einmal die erbetenen Privilegien vom Kaiser erteilen.

Vater und Sohn lag in erster Linie an den Interessen der Krone, doch sie gingen höchst unterschiedlich vor. Der politisch erfahrene Kaiser wusste um die Macht der Fürsten, die erst ihn anstelle Kaiser Ottos IV. und später seinen Sohn gewählt hatten. Er achtete da-

Das Statutum mit dem kaiserlichen Siegel gestand den Fürsten einige zusätzliche Rechte zu, darunter solche der Rechtsprechung und der Steuerprivilegien.

rauf, seine Ansprüche geschickt unter Wahrung des geltenden Rechtes durchzusetzen. Heinrich hingegen gab eine unglückliche Figur ab, wie ihm der Dichter Walther von der Vogelweide zur Zeit des Statutums 1231 bescheinigte: „Du bist eigenwillig und krumm herangewachsen; niemand kann dich mehr gerade biegen." Um die Kräfte im Reich in der Balance zu halten, förderte Heinrich die Städte und geriet in Widerspruch zu den Fürsten. Die unterschiedlichen Amtsauffassungen vermischten sich mit einem tragischen Vater-Sohn-Konflikt.

Nur der Schatten eines Königs

Das Statutum ging den Fürsten nicht weit genug. Den Streit zwischen Vater und Sohn ausnutzend, beschwerte sich Bischof Siegfried von Regensburg beim Kaiser über Heinrich. Viele Fürsten schlossen sich ihm im Frühsommer 1232 auf einem Hoftag in Italien an. Heinrich war diesem zunächst ferngeblieben und erschien erst nach einer unmissverständlichen Aufforderung in Cividale.

Das erste Wiedersehen von Vater und Sohn nach zwölf Jahren verlief unerfreulich, denn Friedrich maßregelte Heinrich vor den versammelten Fürsten und verpflichtete ihn zum unbedingten Gehorsam gegenüber dem Kaiser. Per Eid musste der Sohn schwören, dass er dem Kirchenbann verfalle, sollte er jemals wieder Friedrichs Missfallen erregen. Dann bestätigte der Kaiser den Fürsten das errungene Statut – er benötigte ihre Hilfe, weil eine weitere militä-

rische Auseinandersetzung mit den lombardischen Städten unmittelbar bevorstand –, schwächte dessen ursprüngliche Zugeständnisse allerdings etwas zugunsten der Krone ab. Zurück in Deutschland, sank Heinrich zum Schattenkönig herab. Er machte die Zugeständnisse an die Städte rückgängig und gewährte Bischof Siegfried „wegen der vielen guten Dienste, welche er meinem Vater und mir erst kürzlich geleistet hat", auf Lebenszeit die in Regensburg erhobene Judensteuer.

Der Vater-Sohn-Konflikt eskaliert

Die italienische Lektion hatte Heinrichs Unabhängigkeitsstreben nicht völlig gebrochen. Als Abweichler der Kirchenlehre, sogenannte Ketzer, auch in Deutschland im Auftrag des Papstes mit aller Härte bestraft wurden, rief Heinrich zu Besonnenheit, Vernunft und Gerechtigkeit auf und erließ 1234 Verfügungen gegen willkürliche Verfolgungen. Damit setzte er sich in Widerspruch zu seinem Vater, der gerade mit dem Apostolischen Stuhl ein Bündnis gegen die oberitalienischen Städte schmiedete, und wurde vom Papst gebannt. Entgegen seines Eides von Cividale rüstete Heinrich zum bewaffneten Aufstand gegen den übermächtigen Vater. Auf der wenig erfolgreichen Suche nach Bündnispartnern nahm er auch Kontakt zu dessen Erzfeinden, den lombardischen Städten, auf. 1235 kam Friedrich nach Deutschland, um diesen Hochverrat zu ahnden. Raffiniert strich er seine

> *„Jeder Fürst soll seine Freiheiten nach der bewährten Gewohnheit seines Landes unangefochten genießen."*
>
> [Statut zugunsten der Fürsten]

Friedrich II. verlegte seinen Schwerpunkt nach Süditalien, vor allem nach Sizilien und Apulien. Dort schuf er großartige Bauten, wie etwa das Castel del Monte.

Heinrich (VII.) hatte als Herrscher kein Glück. Seine Abhängigkeit von Friedrich II. schwächte seine Position, schließlich fiel er bei seinem Vater in Ungnade.

Macht heraus, ohne mit den Waffen zu klirren: „Wie es der kaiserlichen Erhabenheit ansteht, nahte er sich in großer Glorie, und es folgten ihm viele Gespanne, beladen mit Gold und Silber, feinem Batist und Purpurstoffen, mit Gemmen und köstlichem Gerät. Er führte Kamele, Maultiere und Dromedare mit sich, Affen und Leoparden, zahlreiche Sarazenen und dunkelhäutige Äthiopier, die sich auf mancherlei Künste verstanden und als Wachen dienten." Dieser Anblick – oder die bloße Kunde davon – und die Kenntnis des gewaltigen Ruhmes und der Macht des Kaisers versetzten die Anhänger Heinrichs in Angst und Schrecken.

Heinrich am Ende

Gesandte Heinrichs baten um Gnade, doch der Vater versagte seinem Sohn sogar ein persönliches Zusammentreffen – ein böses Omen! Schließlich sprach er das Urteil über ihn: unwiderrufliche Absetzung, lebenslängliche Gefangenschaft! Heinrich fristete die nächsten Jahre in italienischen Verliesen. 1242 stürzte er sich auf dem Weg in einen anderen Kerker in Selbstmordabsichten in einen Abgrund und starb wenige Tage später. Friedrich teilte den Tod seines Erstgeborenen in einem Rundschreiben mit: „Mitleid des zärtlichen Vaters überwindet das Urteil des strengen Richters: Heinrichs Unseres Erstgeborenen Verhängnis müssen Wir betrauern und aus dem Innersten heraus führt die Natur der Tränen Flut, die drinnen verschlossen hielt der Schmerz der Beleidigung und der Gerechtigkeit Starre."

Spürbare Folgen bis heute

Persönlich hatte Heinrich das Gegenteil dessen erreicht, was er beabsichtigte: Er schwächte die Königsmacht, statt sie zu stärken. Zwar hatte das Statut zugunsten der Fürsten einen wichtigen Anteil an Heinrichs Scheitern, aber es begründete keineswegs die nicht mehr aufzuhaltende Unabhängigkeit der Fürsten. Solange die Staufer bis zu Friedrichs Tod 1250 regierten, beriefen sich allerdings weder Kaiser noch Fürsten in ihrem Konkurrenzkampf auf das Statut. Im Gegenteil: Bereits 1235 schränkte der von Friedrich II. erlassene Mainzer Landfrieden einzelne Vorrechte der Fürsten wieder ein. Dennoch erwies sich das Statut als ein wichtiges Puzzlestück in der weiteren Entwicklung Deutschlands und diente den Fürsten nach 1250 als Argumentationshilfe bei der Durchsetzung ihrer Forderungen.

Bis zum 14. Jh. bildeten sie zulasten der Königsmacht stabile Landeshoheiten heraus, während sich zeitgleich die meisten Monarchen des späteren Europa an die Spitze zentralistischer Einheitsstaaten setzten. Beim großen Nachbarn Frankreich gelang es dem König sogar, die Erbmonarchie durchzusetzen. Der englische König musste zwar den selbstbewussten Adel in seine Regierung einbinden, dieser entwickelte aber darüber hinaus keine Absichten, selbstständige regionale Einheiten zu bilden. Bis heute hat sich in Deutschland – stärker als in den meisten anderen europäischen Staaten – eine föderalistische Struktur erhalten, die im Prinzip auf das Mittelalter zurückgeht.

Das Statutum gestand den Fürsten die Rechtsprechung zu. Fixierte Gesetze gab es nicht. Ein erstes Rechtsbuch war der Sachsenspiegel (um 1225), der das Gewohnheitsrecht beschrieb.

Ein Wunder nach verlorener Schlacht

1241
9. APRIL

Auf ihrem Eroberungszug gen Westen errangen die Mongolen im schlesischen Liegnitz einen überlegenen Sieg. Nur ein Zufall stoppte ihr weiteres Vordringen in das christliche Abendland.

> *Dies sind Leute, die, wenn sie ergrimmen, durch ihre eigenen Schwerter sterben.*
>
> [Großkhan Ögödei, 1235]

Die Schlacht bei Liegnitz war ein Desaster für das christliche Heer. Mit dem abgetrennten Kopf Herzog Heinrichs zeigten sich die Mongolen später vor den Toren der Stadt.

Zu Beginn der zweiten Aprilwoche des Jahres 1241 war der schlesische Herzog Heinrich II. der Fromme auf seiner Burg Liegnitz im Nordwesten seines Herzogtums in arger Bedrängnis: Mongolische Heerscharen verwüsteten seit Kurzem Osteuropa. Jetzt näherte sich ihm eine Teilstreitmacht der riesigen Goldenen Horde in rasantem Tempo. Der böhmische König Wenzel hatte militärischen Beistand zugesagt, aber die Ankunft seiner Truppen war ungewiss. Heinrich wagte die Schlacht und stellte sich den Feinden am Morgen des 9. April unweit von Liegnitz mit etwa 1000 bis 2000 polnischen und deutschen Kämpfern sowie Ordensrittern entgegen. Die wenigsten erlebten noch den Sonnenuntergang – das Heer der Steppenreiter war viel größer und taktisch weit überlegen. Nach der ersten Begegnung der Kämpfer täuschte es seine Flucht vor. Die nachsetzenden, schon siegesge-wissen Schlesier gaben ihre Kampfformation auf. Wie aus dem Nichts wurden sie von mongolischen Kriegern aus dem Hinterhalt umzingelt. Ein dichter Pfeilhagel dieser virtuosen Bogenschützen setzte die Pferde außer Gefecht. Die abgeworfenen Reiter in ihren schweren Eisenrüstungen waren ungelenk und eine leichte Beute für die Mongolen. Das Heer wurde komplett aufgerieben. An der Stelle auf dem Schlachtfeld, an der Heinrichs enthaupteter Leichnam gefunden wurde, ließen seine Mutter, die später heiliggesprochene Hedwig von Andechs, und seine Witwe Anna eine Propstei errichten.

Ignoranz des Westens

1206 hatte Dschingis Khan, der Weltherrscher, die Nomadenstämme im Nordosten der heutigen Mongolischen Republik unter seiner Herrschaft vereinigt. Sein Name war Programm: Alle Völker der Erde sollten sich den Mongolen unterwerfen oder würden vernichtet. Ein straff organisiertes Heer aus mehreren Hunderttausend wendiger, gut trainierter Reiter eroberte mit Teilen Chinas, Asiens und Persiens ein Weltreich. 1236 brach die Goldene Horde in Richtung Westen auf. Bald hatte sie die russischen Fürstentümer erobert. Die Gerüchte über ihre Brandschatzungen und Gräueltaten versetzten ganz Europa in Angst. Schickte Gott die der Hölle, dem Tartaros, entsprungenen Tartaren der Christenheit als Strafe für ihre Sünden? Zwar rief die Kirche zum Kreuzzug auf, und Kaiser Friedrich II. forderte seine Fürsten mit

Die Mongolenangriffe

1236 Beginn des Feldzugs nach Westen, Sieg der Mongolen über Wolgabulgaren und Kumanen.

1238 Zerstörung von Moskau durch die Goldene Horde unter Batu Khan.

1240 Endgültige Niederwerfung der russischen Fürstentümer durch Zerstörung der „goldenen Stadt" Kiew, der „Mutter der russischen Städte".

1241 Feldzug gegen Ungarn mit Teilheeren gegen Schlesien und Böhmen, im März Brandschatzung Krakaus, die Einwohner Breslaus zünden einen Monat später selbst ihre Stadt an, die Mongolen ziehen vorbei; im Dezember des Jahres Zerstörung von Buda und Pest.

1242 Vormarsch an die Adriaküste bis nach Split und Dubrovnik.

seit 1259 Erneut kleinere Einfälle in Polen, Ungarn, Litauen, Bulgarien und in der Walachei.

flammenden Worten zur Gegenwehr, doch Taten folgten nicht. Kaiser und Papst maßen ihrem Konflikt mehr Wichtigkeit bei als den Ereignissen hinter der östlichen Reichsgrenze.

Noch einmal davongekommen

Nach dem Sieg von Liegnitz wandten sich die Mongolen südwärts über Mähren nach Ungarn, wo ihre Hauptstreitmacht kämpfte. Dank eines vorzüglichen Nachrichtenwesens kannten sie alle Schwachstellen und möglichen Bündnispartner ihrer Gegner. Deshalb hatte der Ausfall nach Schlesien nur eine Flanke des Hauptheeres schützen und die Ungarn von möglicher Hilfe abschneiden sollen. Zwei Tage nach den Schlesiern waren auch die Magyaren besiegt, und die Mongolen begannen mit der systematischen Besetzung des Landes. Sicherlich hätte das Abendland seine Gleichgültigkeit gegenüber der Goldenen Horde teuer bezahlen müssen, wenn diese nicht Anfang 1242 – nur wenige Tagesritte von Wien entfernt – überraschend abgezogen wäre. Monate später erfuhr Europa den Grund für dieses vermeintliche Wunder: Der Tod des Großkhans rief alle Heerführer in die Heimat zurück, um einen Nachfolger zu bestimmen. Mehrmals erschienen die Mongolen im 13. Jh. noch vor den Toren Europas, doch ihre Erfolgswelle war gebrochen.

Wiederaufbau in Schlesien

Nach dem Tod Heinrichs II. begannen alle schlesischen Fürstentümer, unter großer Beteiligung deutscher Siedler die Kriegsschäden Stück für Stück zu beheben. Schon Herzog Heinrich I., Vater von Heinrich dem Frommen, hatte gezielt deutsche Kolonisten in sein Land gerufen, die sich vor allem im Sudetenvorland und links der Oder niedergelassen hatten. Nach 1241 warben die regierenden Piasten noch intensiver um Deutsche, um die Bevölkerungsverluste nach den Mongoleneinfällen auszugleichen, und siedelten sie rechts der Oder an. Die Einwanderer brachten eisenbewehrte Ackergeräte, neue Anbaumethoden und ertragreiches Saatgut mit. Auch ihre Kenntnisse im Bergbau waren hoch geschätzt. Sie legten planmäßig neue Dörfer und Städte an. Bis zum Ende des 13. Jh. veränderten allein 130 neue Städte das Siedlungsbild Schlesiens grundlegend. Unter dem Mongolensturm zerstörte Zentren wie Krakau oder Breslau wurden nach geometrischen, großzügig bemessenen Grundrissen als Planstädte neu errichtet. Bald pulsierte hier wieder urbanes Leben. Breslau entwickelte sich zu einer bedeutenden Hansestadt. Alle neuen Gemeinwesen erhielten deutsches Recht, das mehr persönliche Freiheiten als das alte polnische Recht gewährte. Es wurde nach 1241 auf nahezu alle Städte und Dörfer des Landes übertragen. Viele Alteingesessene übernahmen die Sprache der Einwanderer, die diese ebenso wie ihre Kultur beibehielten. Obwohl sie nur einen kleinen Teil der gesamten Bevölkerung ausmachten, überformten die Neuankömmlinge im Laufe der Zeit das ganze Land und bewirkten in nahezu allen Lebensbereichen einen grundlegenden Wandel.

Batu Khan war mongolischer Teilherrscher und ein Enkel des legendären Dschingis Khan. Mit seiner Goldenen Horde versetzte er Europa in Angst und Schrecken.

1254 – 1517

Aufbruch in die Neuzeit

Eine Zeit des Umbruchs erfasst Mitte des 13. Jh. das Heilige Römische Reich Deutscher Nation. Die althergebrachten Ordnungen brechen auf: Die Städte emanzipieren sich, die ersten Universitäten lassen die Wissenschaften erblühen, und neben König, Klerus und Adel gewinnen bürgerliche Händler und Handwerker an Ansehen. Während Pest und Missernten großes Leid über die Menschen bringen, zeigt sich am Ende der Epoche der Dunststreif einer Revolution am Horizont: Die Reformation beginnt.

Der gotische Spitzbogen ersetzt den älteren Rundbogen. Überall stehen die Zeichen auf Aufbruch.

Morgenröte einer neuen Dynastie in Deutschland

1273
1. OKTOBER

Über zwei Jahrzehnte regierten profillose Könige. Rudolf I., der erste Habsburger auf dem Thron, stellte die Weichen, die seine Familie zur bedeutendsten Dynastie des Heiligen Römischen Reiches machten.

In blumigen Worten zeigten die Kurfürsten mitten im Herbst dem Papst an, dass sie gerade in Frankfurt am Main Rudolf von Habsburg zum römisch-deutschen König gewählt und noch im gleichen Monat in Aachen gekrönt hatten: „Das Land lag kläglich und jämmerlich bis heute. Doch seht, nun kommt die Frühlingszeit, und aus dem Schoße der Erde sprießen die Halme guter Hoffnung." Etwa eineinhalb Jahre war der Thron nach dem Tod seines Vorgängers unbesetzt geblieben, weil die Königswähler sich nicht auf einen Kandidaten einigen konnten. Allmählich waren sie unter Druck geraten: Verschiedene Städte hatten versichert, nur ein einhellig gewähltes Oberhaupt zu akzeptieren, und der Papst hatte gedroht, selbst einen König zu ernennen, sollten die Fürsten nicht bald eine Entscheidung treffen. So erreichte den 55-jährigen habsburgischen Grafen die Kunde von seiner Wahl, als er gerade den Sitz des Basler Bischofs belagerte. Stadt und Bischof konnten gegen einen gewählten König keinen Krieg führen und streckten die Waffen. Rudolf zog triumphierend in Basel ein.

„Herrgott im Himmel, sitze fest, sonst nimmt dir dieser Rudolf deinen Platz!"

[Der Basler Bischof zur Wahl Rudolfs I.]

Mit Stärke in eine neue Zeit

Eine neue Ära brach an. Rudolf I. unterschied sich grundlegend von seinen schwachen Vorgängern, die nach der umstrittenen Absetzung Kaiser Friedrichs II. im Jahr 1245 bzw. seinem Tod 1250 in der Zeit des sogenannten Interregnums zum Teil nicht einmal ihr Reich besucht hatten. Mit dem neuen König trat die Dynastie der Habsburger in die vorderste Reihe des Reichs. Ihr Stammsitz lag im heute schweizerischen Aargau. Rudolf hatte seinen Besitz durch Kauf, Tausch und Erbschaften geschickt verdoppelt. Zum Zeitpunkt seiner Wahl beherrschte er ein fast zusammenhängendes Gebiet, das sich vom Elsass bis zum Breisgau und von dort aus in den Aargau, Zürichgau und Thurgau erstreckte. In seinem Territorium lag der Gotthardpass, das neben dem Brenner wichtigste Nadelöhr zwischen

Deutschland und Italien. Zwar war Rudolf kein Reichsfürst, aber der bedeutendste Landesherr im alemannischen Südwesten.

„Mehrer des Reiches"

Es war eine unstrittige Aufgabe des Königs, die Güter des Reiches zu schützen und zu vermehren. Dazu zählten nicht nur die Königsdomänen mit ihren landwirtschaftlichen Erträgen, sondern auch Burgen zur Sicherung der Herrschaft sowie über 100 prosperierende Städte. Nach dem Ende der Stauferherrschaft hatten viele Fürsten das Machtvakuum genutzt, um sich Rechte und Erträge aus Königsgut einzuverleiben. Deshalb erteilten die Kurfürsten Rudolf bei seiner Wahl die Aufgabe, das während des Interregnums entfremdete Gut wieder zurückzuführen. Zwar hatten sich auch die Kurfürsten selbst fleißig bedient, doch sie ließen sich vor der Wahl

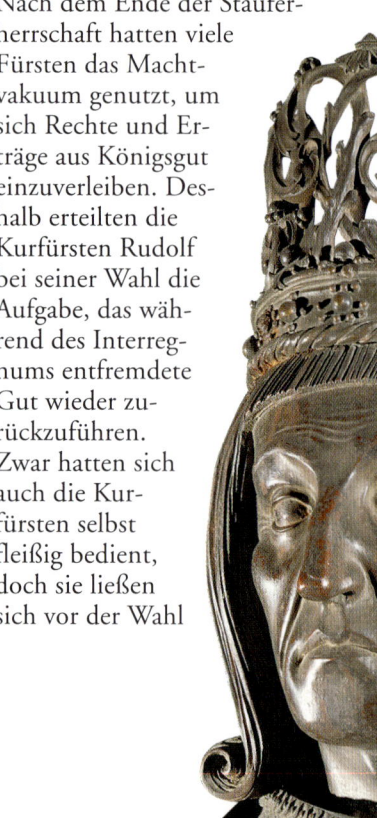

Rudolf I. von Habsburg, römisch-deutscher König (1273–91), als Bronzestandbild am Grabmal Kaiser Maximilians I. in der Hofkirche zu Innsbruck.

Der Einzug Rudolfs von Habsburg in Basel. Nach Rudolfs Wahl zum König 1273 musste die Stadt den Widerstand gegen die Habsburger aufgeben.

schriftlich versichern, dass ihre eigenen neuen Errungenschaften unangetastet blieben. Rudolf prüfte systematisch alle Verkäufe oder Schenkungen von Reichsgütern und Königsrechten seit 1245. Für diese Bestandsaufnahme, vor allem aber für die ausstehenden Rückforderungen und für die zukünftige Verwaltung brauchte er Männer mit guten Kenntnissen der örtlichen Verhältnisse in allen Landesteilen. Darum schuf er im Süden und Westen seines Reiches Landvogteien, an deren Spitze er enge Vertraute setzte. Im königsfernen Norden ernannte Rudolf die Fürsten, deren Territorien an sein Reichsgut angrenzten, zu seinen Statthaltern. Natürlich wusste er, dass diese im Zweifelsfall eher ihre eigenen Belange wahren würden als seine, aber Rudolf profitierte von den Statthaltern auf andere Weise: Er gewann ihr Wohlwollen für die bevorstehende Auseinandersetzung mit seinem größten Konkurrenten.

Der ärgste Widersacher

Ottokar II., König von Böhmen und Markgraf von Mähren, hatte mehrfach selbst auf die römisch-deutsche Krone, gar auf die Kaiserkrone spekuliert. Als Erzschenk bekleidete er eines der vier Hofämter und war zudem einer der sieben Kurfürsten, die seit der Mitte des 13. Jh. den römisch-deutschen König wählten. Während des Interregnums hatte er sich mit den Herzogtümern Österreich, Steiermark, Kärnten, Krain

und Windische Mark belehnen lassen. Damit gebot der mächtigste Fürst im Heiligen Römischen Reich über ein Gebiet, das sich vom Erzgebirge bis zur Adria hinunterzog. Sein Hof war der prächtigste in ganz Europa und Mittelpunkt eines reichen kulturellen Lebens.

Von Rudolfs Wahl hatten die anderen Kurfürsten den „goldenen König" ausgeschlossen, um ihren Wahlkonsens nicht zu gefährden, sodass er im Nachhinein den Entscheid anfocht, wenn auch vergeblich. Nicht etwa gekränkte Eitelkeit leitete ihn, sondern ein handfestes materielles Interesse: Die Rückführung des Reichsguts schmerzte ihn von allen Betroffenen am stärksten, denn seine Belehnung mit den Herzogtümern war ohne Zustimmung der anderen Kurfürsten geschehen und darum jetzt nicht mehr rechtsgültig.

Sieg mit einem Trick

Ottokar schmähte seinen neuen Herrn als armen Mann von dunkler, niederer Herkunft und verweigerte ihm die Huldigung. Dafür verhängte der Reichstag die Acht über ihn und schließlich die Aberacht, eine verschärfte Form der Acht. Der Böhme verfiel dem Kirchenbann, durfte von jedermann getötet werden und verlor so lange sein Erzamt und seine Lehen, bis er sich einem Gericht stellte. Flugs rüstete Rudolf zum Feldzug. Zur Entscheidungsschlacht kam es nicht, denn Ottokars Gefolgsleute liefen zum deutschen König über. Zähneknirschend unterwarf sich Ottokar seinem Kontrahenten im Herbst 1276. So wurde er zwar aus Acht und Bann gelöst und erhielt seine Lehen Böhmen und Mähren zurück, doch die fünf Herzogtümer waren für ihn verloren. Unverzüglich mobilisierte er eine neue Opposition gegen „den unersättlichen Deutschen", denn Rudolf sann nach Wegen, im Südosten des Reiches Besitz zu erlangen. Da seine Machtfülle bereits Neider auf den Plan gerufen hatte, ging er aber im Verborgenen vor. Seine Chance kam, als Anhänger von Ottokar sich 1278 gegen Rudolfs Landvögte erhoben. Mit nur wenigen eingeweihten Fürsten brach der König nach Österreich auf. Dort forderte er Ottokar im August 1278 auf dem Marchfeld nordwestlich von Wien zu der alles entscheidenden Schlacht heraus. Seinen Sieg verdankte er einem Kniff, der freilich gegen den ritterlichen Ehrenkodex verstieß: Während des Kampfgetümmels warf er eine frische Nachhut aus der Rückhand in die Schlacht. Ottokar fiel, jedoch nicht auf dem Schlachtfeld,

sondern auf der Flucht; er wurde von österreichischen Rittern aus persönlicher Feindschaft erschlagen.

Das Wohl der Familie

Rudolf ging sofort daran, sich das Erbe seines getöteten Rivalen zu sichern. Er besetzte die Markgrafschaft Mähren und marschierte gegen Prag. Doch Kunigunde, die Witwe Ottokars, zog ihm mit ihren beiden Kindern entgegen und suchte ihn in seinem Feldlager in der Nähe von Kuttenberg auf. Hier wurde ein Friedensvertrag geschlossen, in dem Kunigunde auf die Rechte ihrer Kinder verzichtete. Rudolf jedoch wusste, dass er ohne die Unterstützung der böhmischen Großen das neu erworbene Herrschaftsgebiet nicht würde halten können. Geschickt nutzte er seine Verfügungsgewalt über Ottokars ehemalige Territorien. Böhmen und Mähren beließ er dessen Erben, dem siebenjährigen Wenzel II. Den Einfluss auf diese Länder sicherte sich Rudolf durch eine Doppelhochzeit. Er verheiratete Wenzel mit seiner gleichaltrigen Tochter Guta und stiftete gleichzeitig eine Ehe zwischen seinem jüngsten Sohn, dem achtjährigen Rudolf, und Wenzels kaum älterer Schwester, Agnes von Böhmen.

Wieder einmal zeigte sich, wie meisterhaft Rudolf politisches Kapital aus seiner großen Kinderschar zu schlagen wusste. Noch am Abend seiner Krönung hatte er zwei Töchter mit Kurfürsten vermählt, bis 1285 waren alle vier weltlichen Kurfürsten seine Schwiegersöhne geworden. Die verabredete Einheirat seines Lieblingssohns Hartmann in das englische Königshaus scheiterte nur an dessen frühen Tod. Seine vier weiteren Kinder, die das heiratsfähige Alter erreichten, brachte er ebenfalls dynastisch wirkungsvoll unter die Haube. Als 66-jähriger Witwer ehelichte er selbst die nur 14-jährige Isabella, Tochter des Herzogs von Burgund, wodurch er ein Verwandter des französischen Königshauses wurde.

Land und Steuern

Nach langem Zögern stimmten die Kurfürsten zu, dass Rudolf Ottokars heimgefallene Lehen Österreich und Steiermark gemeinsam an seinen erstgeborenen und seinen jüngsten Sohn, Albrecht und Rudolf, vergab. Damit erhob der Senior seine Sprösslinge nicht nur zu Reichsfürsten, sondern legte vor allem, weit entfernt vom ursprünglichen habsburgischen Besitz, den Grundstein für eine neue Hausmacht. Sie lag nicht nur geographisch günstig, sondern besserte auch die Bilanz des Königs erheblich auf: Alle Reichsstädte zusammen zahlten Steuern

Rudolf I. von Habsburg belehnte seine Söhne Albrecht und Rudolf auf dem Reichstag zu Augsburg 1282 mit den Herzogtümern Österreich und Steiermark und machte sie zu Reichsfürsten.

Habsburger

Durch geschickt geschlossene Ehen gewannen die Habsburger u. a. die Wenzels- und die Stephanskrone, sodass Rudolfs Ausspruch „Du, glückliches Österreich, heirate!" zum geflügelten Wort wurde. Die Habsburger waren eine Großmacht, die im 16. und 17. Jh. auch Spanien und Portugal mit den zugehörigen Überseekolonien beherrschte. Mit einer kurzen Unterbrechung stellten sie von 1438 bis 1806 alle Könige bzw. Kaiser des Heiligen Römischen Reiches Deutscher Nation. Von 1804 bis 1918 regierten habsburgische Kaiser die k. u. k. Donaumonarchie Österreich-Ungarn.

von etwa 8000 Mark Silber, das entsprach mehr als 1,8 t des Edelmetalls. Die südwestdeutschen habsburgischen Besitzungen warfen jährlich 7000 Mark Silber ab, Österreich und die Steiermark aber ganze 18 000 Mark!

Frieden im Reich

Anders als seine Vorgänger zelebrierte Rudolf keinen Pomp und Prunk um seine Person, sondern gab sich schlicht und leutselig. Die große Bürgernähe Rudolfs war es vielleicht auch, die ihn unmittelbar nach seiner Wahl ein Vorhaben ankündigen ließ, das auch dem einfachen Bauern, dem Pilger, dem Juden und dem Kaufmann zugutekam: Er wollte die innere Sicherheit des Reiches stärken. Obwohl Friedrich II. bereits 1235 mit dem Mainzer Landfrieden sozusagen das erste Grundgesetz des römisch-deutschen Reiches erlassen hatte, lag die Durchsetzung eines überall und jederzeit geltenden Rechtes noch immer im Argen. Wer es sich leisten konnte, setzte sein tatsächliches oder vermeintliches Recht unter Berufung auf das Fehderecht auf eigene Faust durch, statt das Hofgericht anzurufen. Fortschrittlich waren regionale Landfrieden, die Fürsten, Grundherren oder Städte für eine befristete Dauer im kleinen Rahmen besiegelten. Schnell aber torpedierte eine der Parteien den Vertrag, sobald er ihre eigenen

Interessen schmälerte. Zunächst gelang es Rudolf angesichts der vielen kleinen Machthaber im Reich nur, verschiedene regionale Landfrieden, beispielsweise für Bayern, Franken oder Thüringen, durchzusetzen. 1287 schließlich verbot ein allgemeiner Landfrieden reichsweit die Selbstjustiz. Landvögte und Hofrichter bemühten sich zukünftig um die zuverlässige Umsetzung des Gesetzes.

Gesicherte Zukunft

Welche Bilanz mag Rudolf gezogen haben, als er 1291 starb? Kaum ein Herrscher vor ihm hinterließ ein derart geordnetes Reich, das er zudem wieder zu einer ernst zu nehmenden Kraft in Europa aufgebaut hatte. Seiner Familie ebnete er den Weg, zur wichtigsten Dynastie des Heiligen Römischen Reiches aufzusteigen. Allerdings war ihm die Kaiserkrone verwehrt geblieben, denn die acht Päpste seiner Regierungszeit waren entweder während der Verhandlungen verstorben oder hatten unzumutbare Bedingungen gestellt. Ohne die höchste Würde aber fehlte Rudolf das Prestige, seinen letzten ihn überlebenden Sohn, Albrecht von Österreich, zu seinem Nachfolger wählen zu lassen. Statt seiner hievten die Kurfürsten den Grafen Adolf von Nassau auf den Thron, nachdem sie ihm große Zugeständnisse abgerungen hatten. Dieser König handelte jedoch selbstbewusster als gewünscht, sodass die Fürsten ihn nach nur sechsjähriger Amtszeit absetzten und doch den mächtigen österreichischen Herzog zu ihrem Oberhaupt wählten. Als Feldherr, Diplomat, und Ehestifter konnte Albrecht I. die habsburgische Hausmacht weiter vergrößern und war auf bestem Wege, eine dauerhafte Erbmonarchie für seine Familie durchzusetzen. Seine Ermordung im Jahr 1308 vereitelte diesen Plan nur vorübergehend. In den folgenden Jahrzehnten konnten die Habsburger weitere Gebiete unter ihre Herrschaft bringen.

Mit Albrecht I. – hier mit Krone und Reichsapfel – als Nachfolger Rudolfs I. festigten die Habsburger ihren Anspruch auf den deutschen Königsthron.

Letzte Ritterschlacht auf deutschem Boden

1322
28. SEPTEMBER

König Ludwig IV. der Bayer bezwang in der Schlacht von Mühldorf seinen Gegenkönig Friedrich den Schönen. Einen noch größeren Sieg errang er mit gänzlich anderen Mitteln über den Papst.

Am Abend des 27. Septembers 1322 marschierte das Kriegsvolk Ludwigs IV. des Bayern entlang des oberbayrischen Flüsschens Isen in der Nähe von Mühldorf am Inn auf. Der Wittelsbacher bot so nach Rittermanier seinem Gegner, dem Habsburger Friedrich dem Schönen, die Schlacht an. Dieser nahm an. Am nächsten Morgen bezogen die Heere Position. Ludwig befehligte 1800 Ritter sowie 4000 Mann Fußvolk und Schützen; Friedrich unterstanden 1400 „Helme", 5000 berittene Ungarn und Kumanen und ebenfalls Fußvolk. Vergeblich erwartete er seinen Bruder Leopold mit weiteren Kämpfern, um Ludwig in die sprichwörtliche Zange zu nehmen – die Bayern hatten seine Kuriere abgefangen. Bald nach der ersten Angriffswelle lösten sich die Heere in die für Ritterschlachten typischen Einzelkämpfe auf. Mittags zeichnete sich ein

Vorteil für die österreichische Seite ab, dann aber wendeten aus dem Rückhalt angreifende Nürnberger das Blatt.

Aufbesserung der Kriegskasse

Bis zum Abend waren über 1000 österreichische Adlige gefangen genommen. Sie brachten den Siegern reiches Lösegeld. Ludwig begrüßte Friedrich ironisch mit den Worten: „Herr Vetter, wie gern sehen wir Euch hier!" Dank ihrer nahen Verwandtschaft und gemeinsam verbrachter Kinderjahre verlebte der Unterlegene seine 28-monatige Gefangenschaft mit eigener Dienerschaft und eigener Verpflegung recht kommod. Mit „wertlosen" Gefangenen wurde kurzer Prozess gemacht; eine bayerische Chronik vermeldete knapp: „In großer Zahl aber fand man abgehauene Köpfe, Hände, Arme,

In der Schlacht von Mühldorf standen sich Ludwig der Bayer und Friedrich der Schöne, die als Freunde gemeinsam erzogen worden waren, im Streit gegenüber.

Füße, Schenkel." Mühldorf sah die letzte große deutsche Ritterschlacht. Panzerreiter konnten sich nicht mehr gegen die wendigen Fußtruppen mit Hellebarden und gegen Feuerwaffen behaupten.

Ein Querdenker

Friedrichs Brüder kämpften nach dessen Sturz weiter gegen Ludwig. Dieser konterte mit einem verblüffenden Schachzug: Er teilte seinen Thron mit Friedrich! Mit ausgefeilten Verträgen befriedete dieses Doppelkönigtum die Habsburger, nahm den Fürsten die Furcht vor einem allzu mächtigen König und ließ vor allem Papst Johannes XXII. ins Leere laufen, der versuchte, beide Könige gegeneinander auszuspielen. Zwar hatte er sich nach der Doppelwahl zunächst bedeckt gehalten. Als Ludwig jedoch nach Mühldorf die Reichsrechte in Italien wahrnehmen wollte, sprach Johannes ihm die Legitimität ab und bannte Ludwig den Bayern, wie er ihn verächtlich nannte.

Unbeeindruckt ließ der Bayer sich 1328 in Rom durch städtische Amtsträger zum Kaiser krönen. Ein unerhörtes Vorgehen, das simpel und zugleich revolutionär war: Warum Kraft in einer unendlichen Geschichte verschwenden, wenn man die Gegenseite einfach vor die Tür setzen konnte? Zumal sich Kurfürsten, Adel, Bischöfe und Städte hinter den frisch gebackenen Kaiser stellten. Kurze Zeit später erklärte Ludwig Johannes XXII. sogar für abgesetzt und erhob Nikolaus V. zum Gegenpapst.

Hohe Gipfel …

Kurz nach Ludwigs Rückkehr aus Rom starb Friedrich der Schöne 1330. Der frisch erhobene Kaiser machte München zur ersten Residenzstadt des Alten Reiches und förderte sie tatkräftig. England und Frankreich umwarben den Kaiser als Bündnispartner. Ludwig aber konzentrierte sich jetzt, auf dem Höhepunkt seiner Macht, auf den Ausbau seiner Hausmacht. Obwohl schon die Übertragung der Mark Brandenburg an seinen Sohn 1323 den Unmut der Fürsten hervorgerufen hatte, zog der Kaiser 1340 Niederbayern an sich. Dann kränkte er die Luxemburger, die dritte königsfähige Dynastie im Reich: Er ermutigte Tirols Erbin Margarete Maultasch, ihren ungeliebten Luxemburger Gatten aus seinen Tiroler Burgen auszuschließen. Er verließ das Land, die Ehe wurde geschieden, Margarete wenige Monate später Ludwigs Schwiegertochter. Den Fürsten blieb das Lachen im Halse stecken. Als 1345 der Graf von Holland-Hennegau starb, heiratete Ludwig in zweiter Ehe dessen Tochter und übernahm Holland, Seeland und Friesland.

… tiefer Fall

Das Maß war voll: Fünf Kurfürsten setzten 1346 den böhmischen Königssohn Karl IV. auf den Thron, wobei der neue Papst Clemens VI., ein Jugendfreund Karls, sie tatkräftig unterstützte. Zum Gegenkönig herabgesunken, starb Ludwig IV. im Folgejahr. Die Wittelsbacher verloren rasch den größten Teil der neu gewonnenen Territorien wieder. Sie blieben aber eine der bedeutenden Dynastien des Alten Reiches und herrschten zeitweise auch darüber hinaus.

Die berühmte Ettaler Madonna brachte Ludwig der Bayer aus Italien mit in seine Heimat. In Rom hatte er sich zum Kaiser krönen lassen und den Gegenpapst Nikolaus V. ins Amt gehoben.

Mit Ludwig dem Bayern festigte das Haus Wittelsbach seine Machtstellung als gleichberechtigte Größe neben den Habsburgern und den Luxemburgern.

Die Wittelsbacher

um 1000	Die Geschichte der Wittelsbacher beginnt mit Otto I. von Scheyern.
1224	Otto V. von Scheyern verlegt seine Residenz auf die Burg Wittelsbach.
1314	Ludwig der Bayer wird einen Tag nach Friedrich dem Schönen zum König gewählt.
1400– 1410	Ruprecht I. ist König des Heiligen Römischen Reiches.
1440	Der Wittelsbacher Christoph III. wird König von Dänemark, Schweden und Norwegen.
1583– 1761	Alle Erzbischöfe und Kurfürsten von Köln entstammen der Wittelsbacher Dynastie.
1623	Herzog Maximilian I. von Bayern erhält die pfälzische Kurwürde.
1742	Karl VII. wird Kaiser des Heiligen Römischen Reiches Deutscher Nation.
1806– 1918	Wittelsbacher regieren das zum Königreich aufgestiegene ehemalige Herzogtum Bayern.

Seit der zweiten Hälfte des 15. Jh. wurde mit dem heiligen Rochus ein neuer Schutzpatron gegen die Pest verehrt. Der Legende nach infizierte sich der französische Adlige auf einer Pilgerreise nach Rom mit der Pest, wurde von einem Engel geheilt und gründete ein Pestspital.

Das Mittelalter kannte noch keine Antibiotika. Man versuchte, der Krankheit auf anderem Weg Herr zu werden. Hier schneidet ein Nürnberger Pestarzt bei einem Patienten die charakteristischen Beulen auf, um so die Infektion zu stoppen. Oft starb der Erkrankte dennoch.

Während der verheerenden Pestepidemie bildeten sich vielerorts Geißlergesellschaften. Die Flagellanten peitschten sich öffentlich aus und hofften, so die Pest abwenden zu können.

Die Pest suchte jeden heim, egal ob reich oder arm, ob jung oder alt. Die bildende Kunst verarbeitete den Schrecken in solchen Szenarien, in denen der Tod die Oberhand behält.

Der Schwarze Tod geht um!

Schwarzer Tod – Geißel der Menschheit. Wie in ganz Europa wütete um die Mitte des 14. Jh. auch in weiten Teilen Deutschlands die Pest. Der Pestbazillus, der 1347 mit Handelsschiffen aus Asien eingeschleppt wurde, verbreitete sich in Windeseile. Einmal infiziert, starben die Menschen binnen weniger Tage einen qualvollen Tod. Antibiotika kannten die Ärzte damals noch nicht, und die katastrophalen hygienischen Bedingungen in den Städten taten ihr Übriges, um die Ausbreitung der Krankheit zu befördern. Innerhalb von fünf Jahren waren ganze Landstriche entvölkert. Die erste und zugleich schlimmste Pestepidemie hatte Dörfer ausgelöscht und je nach Gebiet 25–40 % der Bevölkerung das Leben gekostet. Die Überlebenden blieben zumeist tief verunsichert und mutlos zurück.

Da die Pest unaufhaltsam im Land wütete, gab es bald nicht mehr genug Särge, um die unzähligen Leichen zu bestatten. Die Toten mussten möglichst schnell in Massengräbern beigesetzt werden. So versuchte man, meist erfolglos, die weitere Ausbreitung der Pest zu verhindern.

Ratten spielten bei der Übertragung des Pesterregers eine wichtige Rolle. Über die Ratte und den Rattenfloh gelangte der Bazillus zum Menschen, der sich so infizierte.

Die erste Universität im Heiligen Römischen Reich

1348
7. APRIL

König Karl IV. wusste, dass Bildung sich rechnet. Er eröffnete in Prag die erste Universität im deutschsprachigen Raum und brachte damit eine ganze Welle von Hochschulgründungen ins Rollen.

Im April 1348 siegelte die Kanzlei von König Karl IV. eine Urkunde mit einer Goldbulle: Geschraubt heißt es in diesem bedeutsamen Schriftstück, „dass unsere treu ergebenen Landeskinder, die unaufhörlich nach den Früchten der Wissenschaften verlangen", sich nicht gezwungen sehen sollen, „um fremde Unterstützung zu betteln, sondern im Königreich selbst den Tisch der Labung vorfinden". So gründete der böhmische und römisch-deutsche König in

Der Rektor der Prager Universität im Gespräch mit Studenten aus aller Herren Länder; im Hintergrund sieht man die Stadtburg Hradschin.

seiner Hauptstadt Prag die erste Universität des Heiligen Römischen Reiches. Jetzt konnten seine Untertanen akademische Würden erlangen, die über die theologische Unterweisung heimischer Dom- und Klosterschulen hinausgingen, ohne dafür nach Italien, Frankreich, Spanien oder England zu gehen.

Karl wusste, welche Vorteile die Ansiedlung einer Universität brachte, denn er war in Paris erzogen worden, das neben dem italienischen Bologna die bedeutendste europäische Hochschule beherbergte. Zu Recht versprach er sich von der neuen Lehranstalt Ruhm für sich, ihren Gründer, und für die Stadt. Denn hoch qualifizierte und angesehene Berater am Hof sorgten für Ansehen, und Hunderte von auswärtigen Studenten, die wohnen, essen, sich kleiden und Bücher kaufen mussten, brachten Geld in den städtischen Wirtschaftskreislauf.

Anstrengende Vorarbeit

Bereits zu Beginn des Jahres 1347, wenige Wochen nach seiner Wahl zum deutschen König, hatte Karl von Papst Clemens VI. das notwendige Privileg zur Universitätsgründung erhalten. Seitdem waren arbeitsreiche Monate vergangen. Prag bot sich als Standort an, denn es war mit seinen etwa 40 000 Einwohnern eine der größten und glänzendsten Städte des Alten Reiches. Dennoch mussten aus dem Nichts heraus die Finanzen bereitgestellt, Räumlichkeiten gesucht, die innere Ordnung der Universität geschaffen und schließlich der Lehrkörper sowie eine ausreichende Zahl von Studenten angeworben werden. Kanzler der neuen Institution wurde der Prager Erzbischof, der selber in Italien studiert hatte und die Satzungen der Universität ausarbeitete.

Bescheidene Anfänge

Der Papst, der die Kontrolle über alle schulischen Einrichtungen beanspruchte, hatte der neuen Universität erlaubt, ein Generalstudium einzurichten. So bot die Karls-Universität alle

Studiengänge der damaligen Zeit an: die freien Künste, Artes liberales genannt, die als Basisstudium das grundlegende Wissen der Zeit vermittelten und auf die drei höheren Fakultäten Medizin, Jura und Theologie vorbereiteten. Ein Teil der Lehrkräfte musste anfänglich aus dem Ausland angeworben werden. Dank der Verbindungen studierter Böhmen nach Italien kamen je ein italienischer Jurist und ein Mediziner nach Prag. Beide Männer erhielten ein Salär, für das Karl eine Sondersteuer von der Geistlichkeit erhob. Die Theologiestudenten wurden anfangs von Mönchen unterwiesen, die von ihren Klosterpfründen lebten und der Universitätskasse nicht zur Last fielen. Die Lehre in den freien Künsten übernahmen Studenten der höheren Fakultäten.

Studenten und Professoren organisierten sich – nach Pariser Vorbild – ihrem Herkunftsort gemäß in vier „Nationen". Die „böhmische Nation", die in der Anfangszeit etwa ein Fünftel der Studentenschaft ausmachte, setzte sich aus Böhmen, Mährern, Ungarn und in Böhmen lebenden Deutschen zusammen. Die „polnische Nation" schloss die Studenten aus dem Baltikum, dem Ordensstaat und Schlesien ein. Zur „bayerischen Nation"

Karl IV.

1316	Geburt als Sohn des böhmischen Königs Johann von Luxemburg unter dem Namen Wenzel.
1323–	Erziehung in Paris am Hof seines
1330	Onkels König Karl IV. von Frankreich.
seit	Aufenthalt in Oberitalien als Statt-
1331	halter seines Vaters.
1333	Rückkehr nach Böhmen und Ernennung zum Markgrafen von Mähren.
1341	Der erblindete Johann überträgt seinem Sohn die Regierungsgeschäfte.
1347	Wenzel übernimmt als Karl I. die böhmische Krone.
1349	Die Wittelsbacher erheben Günther von Schwarzburg zum Gegenkönig, der aber nach wenigen Monaten auf seinen Titel verzichtet.
1355	Krönung zum König von Italien und als Karl IV. zum römisch-deutschen Kaiser.
1365	Krönung zum König von Burgund.
1378	Karl stirbt in Prag.

zählten alle, die aus dem Süden und Westen des Reiches stammten, auch Österreicher, Schweizer oder Niederländer. Die „sächsische Nation" umfasste alle Nord- und Ostdeutschen sowie die Skandinavier. Die Zugehörigkeit zur Nation war wichtiger als die besuchte Fakultät, denn die Nationen besetzten entsprechend ihrer Größe alle Ausschüsse der Universität.

Zwischen Armut und Ruhm

1366 verbesserte Karl das Einkommen der akademischen Lehrer bedeutend. Er begründete das nach ihm benannte Kolleg, das zwölf Lehrern der artistischen Fakultät Unterkunft bot, und überschrieb den Kollegiaten für ihren Lebensunterhalt die Einkünfte aus sechs Dörfern. In den folgenden Jahrzehnten stifteten andere Herrscher und Herrscherinnen weitere Kollegs für akademische Lehrer oder bedürftige Studenten. Des Weiteren vergab Karl elf der zwölf

Allegorische Darstellung der sieben freien Künste, wie man die Hauptfächer der mittelalterlichen Gelehrsamkeit nannte. Sie bildeten den Grundstock des Studienangebots.

> **"*Die Liebe zu geistiger Arbeit, woran ich beharrlich festgehalten habe, will ich nicht verschweigen.*"**
>
> [Karl IV. in seiner Autobiografie]

Weit entfernt von den überfüllten heutigen Hochschulen, waren die Seminare des Mittelalters einem kleinen privilegierten Kreis vorbehalten.

Kanonikerpfründe am Prager Allerheiligenstift an Universitätslehrer. Damit band er sie eng an sich, denn die Stiftsangehörigen bildeten seine Hofgeistlichkeit. Die Gründer späterer Universitäten taten es ihm gleich und beriefen die Professoren als Ratgeber, Geistliche oder Leibärzte an ihren Hof.

Mancher akademische Lehrer besserte sein schmales Gehalt auf, indem er ergänzend zum Unterhalt von universitären Kollegs und Bursen, einer Art Studentenwohnheim, privat Studenten in sein Haus aufnahm. Wer – wie der Wittenberger Professor Philipp Melanchthon, ein Weggefährte Martin Luthers – auch das Brau- und Schankrecht besaß, konnte ein noch beträchtlicheres Zubrot verdienen.

Studentenleben

Rund vier Fünftel der Studentenschaft schrieb sich für das Studium der freien Künste ein. Es verlangte keine bestimmte Vorbildung und ersetzte oftmals eine höhere Schulbildung. So waren die meisten „Scholaren" dieser Fakultät sehr jung, manchmal erst 14 Jahre alt. Ange-

hörige der niederen Geistlichkeit hingegen, die es nach mehr Wissen dürstete, waren schon gestandene Männer. Außer Adligen, Klerikern und Söhnen des städtischen Bürgertums besuchten auch Bauernsöhne und junge Männer aus dem städtischen Handwerkermilieu die Universität. Wie im richtigen Leben blieben den Erstgenannten in den Hörsälen die vorderen Reihen vorbehalten, alle anderen mussten sich mit einem der hinteren Plätze zufriedengeben. Die Studentenbude war in der Anfangszeit der Prager Universität noch nicht gang und gäbe. Stattdessen schloss sich jeder Student einem Lehrer seiner Wahl an, um in dieser akademischen „Familie" zu arbeiten und zu leben. Wenn ein neuer Student das erste Mal einen Hörsaal betrat, erwarteten ihn seine Mitstudenten mit derben Späßen auf seine Kosten.

Die Universität war ein kleiner Kosmos für sich. Ihre Angehörigen unterstanden nicht der städtischen Obrigkeit, sondern nur dem Rektor und Kanzler der Universität. Außerdem durften sie feste und vor allem flüssige Nahrungsmittel steuerfrei einkaufen. Die Kombination von beidem erweckte bei den braven Stadtbürgern zwangsläufig den Eindruck, dass vielen das Probieren von Wein, Weib und Gesang über das Studieren ging. Wer es gar zu toll trieb, wurde im universitätseigenen Karzer wieder zur Räson gebracht.

Mief unter den Talaren?

Die Prager Lehrpläne glichen denen anderer europäischer Universitäten fast aufs Haar. Einigen Freigeistern zum Trotz sollte ein Studium die geltende Wahrheit weitergeben, statt neue Gedankengänge zu eröffnen, eine zwangsläufige Folge der engen Bindung von Kirche und Bildung. Die Kunst des Argumentierens und Diskutierens wurde zwar gelehrt, aber die Ergebnisse dieser Auseinandersetzungen standen von vorneherein fest. Während sich im Reich erst zu Beginn des 16. Jh. mit den Geistesströmungen von Renaissance, Humanismus und Reformation die Starrheit der universitären Lehre löste, erbebte Prag erstmals etwa 100 Jahre zuvor unter seinem Rektor Jan Hus.

Akademische Würden

Viele Studenten blieben nur ein, zwei Jahre an der Universität. Wer sich zur Prüfung anmeldete, musste den Besuch der vorgeschriebenen Lehrveranstaltungen und seine eheliche Geburt nachweisen. Dann musste er schwören, ein schlechtes Ergebnis nicht an seinen Prüfern zu rächen. Nach bestandenem Examen kamen immense Ausgaben auf den frisch gebackenen Akademiker zu: Die Professoren erwarteten für sich und ihre akademische Familie freigiebige Geschenke und üppige Festgelage. Schnell kostete ein Doktorhut daher genauso viel wie das ganze Studium.

Magister der freien Künste konnten ihre Studien an einer höheren Fakultät fortsetzen und dabei selbst im Basisstudium lehren. Zunehmend fanden sie ihr Auskommen in neu gegründeten Stadt- oder Bürgerschulen oder als Privatlehrer bei Adel und Patriziat. Die ersten Medizinergenerationen hatten die geringsten Karrierechancen, denn sie wurden nur theoretisch ausgebildet. Kranke vertrauten sich lieber den praktisch erfahrenen Badern, Salbern, Barbieren, Schäfern, Hebammen oder Henkern an. Theologen und Juristen aber eröffneten sich glänzende Aussichten in den Bereichen Verwaltung und Wirtschaft.

Ende der Gemeinschaft

Gerne drohten Professoren und Studenten mit ihrem „Auszug", um gegen unliebsame Forderungen und Beschlüsse zu protestieren. Als Karls Nachfolger Wenzel 1409 die in der Stiftungsurkunde verbrieften inneren Freiheiten der Universität verletzte und der böhmischen Nation fortan drei Stimmen einräumte, verließen tatsächlich etwa 1000 deutsche Magister und Scholaren Prag. Die meisten gingen nach Leipzig. Dort gründete der Markgraf von Mei-

ßen, ein alter Widersacher des böhmischen Königs, eine neue Universität – europaweit die letzte Institution, die abwandernde Protestierer ins Leben gerufen hatten. Die höheren Fakultäten in Prag bluteten vorübergehend aus. Der dahinterstehende Nationenkonflikt blühte auf, seit die Kurfürsten Wenzel im Jahr 1400 die römisch-deutsche Krone entzogen hatten, viele Deutsche aber weiterhin hohe Ämter in Böhmen bekleideten. Auch an der Universität fühlten sich die Böhmen angesichts der alten Stimmverhältnisse von den drei deutschen Nationen zunehmend übervorteilt. Ein Streit an der theologischen Fakultät entzündete das Pulverfass. Viele böhmische Professoren stimmten dem in Oxford lehrenden Kirchenkritiker John Wyclif zu. Die deutschen Kollegen verhinderten mit ihrer Stimmenmehrheit, seine Lehren in Prag aufzunehmen.

Eine Bildungsoffensive im Alten Reich

1365 gründete der österreichische Herzog Rudolf IV., ein Schwiegersohn Karls, in Wien die zweite Universität im deutschsprachigen Raum. Bis zu Beginn des 16. Jh. entstanden dann in Basel, Erfurt, Frankfurt/Oder, Greifswald, Heidelberg, Köln, Mainz, Tübingen, Wittenberg und anderen Städten vierzehn weitere Hochschulen in rasantem Tempo. Viele dieser Universitäten profitierten von der Kirchenspaltung der Jahre 1378 bis 1417, als je ein Papst in Avignon und in Rom Anspruch auf die Kirchenführung erhob. Beide vergaben im Kampf um Anhänger großzügig Gründungsprivilegien. Jetzt suchten immer mehr Studenten direkt vor ihrer Haustür die akademischen Weihen. Die Internationalität der Universitäten nahm in der Folgezeit zusehends ab.

Schon bald entstanden weitere Universitäten im Deutschen Reich wie Wien und Heidelberg. Auch Tübingen (im Bild) folgte im späten 15. Jh.

Auch den Astronomen Johannes Kepler (1571–1630) zog es in die Wissensstadt Prag. Seine Berechnungen bestätigten die Annahmen von Kopernikus und damit das heliozentrische Weltbild.

Die Goldene Bulle als wichtiges Grundgesetz

1356
10. JANUAR

Ein Hoftag in Nürnberg verabschiedete ein Gesetz, das endgültig das Wahlkönigtum verankerte und den Kurfürsten eine herausragende Position im Heiligen Römischen Reich zusprach.

Die Goldene Bulle ordnete die Machtbefugnisse der Kurfürsten und des Königs neu.

Gerade mit der Kaiserkrone aus Rom zurückgekehrt, berief Karl IV. zum 11. November 1355 einen Hoftag in Nürnberg ein. Seine Fürsten lehrten ihn, sich trotz höchster Würden nicht zu mächtig zu fühlen: Bis Ende Dezember tröpfelte eine nur kleine Schar von Teilnehmern ein. Karl hatte etliche Punkte auf die Tagesordnung gesetzt: Über Verbesserungen des Münzwesens im Reich wollte er sprechen, über Wegezölle und Rechtssicherheit, über die Rolle der Kurfürsten bei Königswahlen und schließlich über das Prozedere bei diesen Wahlen. Die wesentlichen Verhandlungsergebnisse wurden in einer Urkunde mit 21 Kapiteln zusammengefasst, die die Teilnehmer des Hoftags im Januar 1356 annahmen. Ein Blick auf die Kapitelüberschriften lässt ahnen, dass während der vorangegangenen Wochen vor allem um die beiden letztgenannten Punkte gerungen worden war, ohne sie abschließend behandelt zu haben.

Deshalb lud Karl Ende des Jahres zu einem weiteren Hoftag nach Metz ein. Diesmal erschienen fast alle Großen seines Reiches, die Entscheidungen des Nürnberger Hoftags hatten offenbar den richtigen Nerv getroffen. Der französische Thronfolger und ein päpstlicher Legat beehrten den Hoftag mit ihrer Anwesenheit. Am Weihnachtstag las der Kaiser selbst, im vollen Ornat, das Evangelium. Darauf folgte ein feierliches Hochamt mit allen Erzbischöfen und Bischöfen des Reiches. Dann wurden weitere zehn Kapitel der Nürnberger Urkunde hinzugefügt, die Karl „Unser keiserliches Rechtsbuch" nannte und die wegen ihres Siegels in goldener Kapsel seit 1400 Goldene Bulle heißt. Die Chronisten zeigten sich weniger von dem Gesetzeswerk beeindruckt als von den Feierlichkeiten, mit denen der Hoftag endete. Kaiser, Kaiserin und Fürsten zeigten sich, je nach Rang auf verschieden hohen Tribünen, bei dem allergrößten Festmahl, „das nach niemandes Erinnerung seinesgleichen hatte", wie der Prager Historiograf Beneš von Weitmühl, ein Augenzeuge, berichtete.

Aus Erfahrung klug

Obwohl die Goldene Bulle unmittelbar nach dem Metzer Hoftag mehrfach und mit prächtigen Malereien geschmückt ausgefertigt wurde, konnten die Zeitgenossen nur schwer das Besondere des Gesetzes erkennen. Denn die Bulle fixierte in weiten Teilen „nur" ungeschriebene Regelungen, die sich schon seit Längerem herausgebildet hatten. Erst in späteren Zeiten zeigte sich ihre große Bedeutung. Sie wurde 1474 als erstes Reichsgesetz gedruckt, 1519 als Reichsgrundgesetz anerkannt und verbot unter anderem Fehden und Wucher. Außerdem untersagte sie Städten, das Bürgerrecht an Personen zu verleihen, die außerhalb ihrer Mauern lebten. Vor allem aber legte die Urkunde bis auf das i-Tüpfelchen fest, wie zukünftig der König gewählt werden sollte.

Seit seinen Kindertagen hatte das Heilige Römische Reich seinen Herrscher gewählt. Während anfangs noch eine unbestimmte, vielleicht sogar zufällig zusammengesetzte Gruppe von Wählern den König erhob, engte sich diese Gruppe während des 12. Jh. auf die Reichsfürsten und im Lauf des 13. Jh. auf ein Kurfürstenkollegium ein. Doch dieses ungeschriebene Gewohnheitsrecht barg noch viele Unklarheiten: Wer war Kurfürst? Galt die Stimmenmehrheit, oder musste eine Entscheidung einstimmig fallen? Karl IV. hatte die möglichen Turbulenzen eines unklaren Wahlverfahrens am eigenen Leib erfahren: Er begann seine Regierungszeit als Gegenkönig Kaiser Ludwigs IV. des Bayern und musste sich zwischenzeitlich mit dem Gegenkönig Günther von Schwarzburg auseinandersetzen. Auch die Reichsfürsten wussten, wie das Reich in der Vergangenheit unter Doppelkönigen gelitten hatte, und drängten auf klare Verhältnisse.

Striktes Reglement

Jetzt stand es schwarz auf weiß fest: Von den schätzungsweise 120 Reichsfürsten, etwa drei Viertel von ihnen im geistlichen Stand, bildeten die drei Erzbischöfe von Mainz, Trier und Köln sowie auf weltlicher Seite der König von Böhmen, der Herzog von Sachsen, der Pfalzgraf bei Rhein sowie der Markgraf von Brandenburg das Kurfürstenkollegium. Dem Mainzer Erzbischof oblagen die Einladung und Leitung einer Wahl, sein Kölner Kollege hatte das Krönungsrecht. Der Pfalzgraf bei Rhein fungierte in der Zeit zwischen Tod und Neuwahl eines Königs als Reichsverweser, also als Statthalter. Damit war garantiert, dass das Reich nie ohne Regierungsoberhaupt war.

Minutiös regelte die Urkunde, wie nach dem Tod eines Königs zu verfahren war, damit das Räderwerk der Reichsregierung sich bald wieder drehen konnte. Sobald dem Mainzer Erzbischof das Ableben seines Monarchen zu Ohren kam, musste er innerhalb von dreißig Tagen seine Kurkollegen nach Frankfurt einladen. Die Mainstadt war seit Friedrich I. Barbarossas Krönung 1152 mehrfach Gastgeberin dieses würdevollen Aktes gewesen und wird es fortan – mit einer Ausnahme – bis 1806 bleiben. Innerhalb von drei Monaten nach der Einladung mussten sich alle sieben Wahlmänner einfinden; jeder durfte höchstens zweihundert Mann im Gefolge haben. Jedes Territorium, das sie auf ihrer Reise durchquerten, hatte ihnen freies Geleit zu gewähren; die Stadt musste während der Wahlversammlung alle Fremden aus ihren Mauern weisen.

Am Morgen nach Ankunft des letzten Kurfürsten begaben sich alle sieben Männer in den „Dom", die Bartholomäuskirche. Mit Ausnahme einiger weniger Begleiter und Notare wurden alle anderen Menschen aus der Kirche verwiesen. Eine Messe sollte die Herzen der Wähler für den Heiligen Geist öffnen und sie zur richtigen Wahl leiten. Damit sich ihre Entscheidung für den rechten Mann nicht ungebührlich in die Länge zog, setzte die Goldene Bulle den Kurfürsten – allesamt leiblichen Genüssen durchaus zugetan – ein unangenehmes Ultimatum: Sollten sie nicht innerhalb von 30 Tagen zu einem Entschluss gelangt sein, würden sie bis zum Ende ihrer Verhandlungen nur noch mit Wasser und Brot versorgt werden. Wenn sich

Karl IV. von Luxemburg, ursprünglich Wenzel, als Sandsteinskulptur am Südwestpfeiler des Hohen Turmes des Stephansdoms in Wien.

Nürnberg gehörte zu den größten deutschen Städten im Mittelalter. Laut Bulle musste jeder neu gewählte König hier seinen ersten Hoftag abhalten.

Ordenliche ... bildung der siben Churfürstliche. Session vnd derselben ... er/so sie im Heyligen Römischen Reich/neben der Kayserlichen Mayestat haben.

Karl IV. und die Kurfürsten: die Erzbischöfe von Trier, Köln und Mainz sowie der König von Böhmen, der Pfalzgraf bei Rhein, der Herzog von Sachsen und der Markgraf von Brandenburg.

schließlich eine Entscheidung abgezeichnet hatte, begab sich der Mainzer Erzbischof als Wahlleiter in die Bücherei der Kirche. Einzeln, in genau festgelegter Reihenfolge, rief er die Kurfürsten zu sich und befragte sie nach ihrem Entschluss. Als Letzter gab er sein Votum ab; er war also bei einer Stimmengleichheit das Zünglein an der Waage. Dann wurde die Kirche geöffnet und das Wahlergebnis dem anwesenden Volk verkündet.

Krönung in Aachen und der erste Hoftag in Nürnberg

Die Wahl des Monarchen war zum entscheidenden Teil der Königserhebung geworden; bis zur Krönung vergingen jetzt manchmal einige Jahre. Trotzdem behielten Krönung und Thronsetzung weiterhin einen hohen symbolischen Stellenwert, denn hier zeigte sich der erste Mann des Reiches öffentlich als würdiger Herrscher und festigte seine Autorität. Nach wie vor zog er dafür nach Aachen. In einem genau festgelegten Zeremoniell warf er sich in der Krönungsmesse mehrfach demütig der vollen Länge nach auf den Boden, bis er schließlich gesalbt wurde, aus den Händen der Erzbischöfe die Reichsinsignien empfing, den Karlsthron bestieg – ein Seitenhieb auf den französischen Konkurrenten, der sich gerne als einziger Erbe der Karolinger präsentiert hätte – und etliche Adlige zum Ritter schlug.

Schließlich wies die Goldene Bulle noch einer dritten Stadt im Reich eine herausragende Rolle

zu. Jeder erste Hoftag eines neuen Königs musste in Nürnberg stattfinden. Bei jedem Reichstag holten die Kurfürsten in aller Herrgottsfrühe ihren König aus seinem Quartier ab. Die ganze Gruppe ritt dann zum Versammlungsort, wobei die Goldene Bulle genau festlegte, welche Reihenfolge einzuhalten war und welcher Kurfürst die Siegel, das Zepter oder das Reichsschwert trug.

Die Kurfürsten als „Säulen und Flanken des Reiches"

Über die Königswahl hinaus sollten sich die Kurfürsten als Mitverantwortliche des Reiches verstehen. Überaus modern mutet der letzte Artikel der Goldenen Bulle an, der die Kurfürsten verpflichtete, ihre Erben vom siebten Lebensjahr an in Latein, Italienisch und Tschechisch unterrichten zu lassen, „damit sie mehr Leute verstehen und von mehr Leuten verstanden werden, wenn sie bei der Fürsorge für die Bedürfnisse so vieler der kaiserlichen Majestät beistehen und einen Teil ihrer Regierungssorgen tragen". Zwar spielten sich die in der Bulle vorgesehenen jährlichen, vierwöchigen Beratungen von Fürsten und Monarch nicht ein, dennoch lenkten die Kurfürsten durchaus die Reichsgeschicke mit. Sie leiteten aus ihrem Königswahlrecht auch den Anspruch ab, als unfähig erachtete Könige zu entthronen – dieses Schicksal ereilte 1400 erstmals Karls Sohn und Nachfolger Wenzel. Wenn der König Reichsgut im großen Stil vergab, ließen die Empfänger sich die

> *Wenn nun die Kurfürsten ihren Eid geleistet haben, sollen sie zur Wahl schreiten.*

[Goldene Bulle, Kapitel 2]

Richtigkeit des Geschäfts durch kurfürstliche Willebriefe bestätigen. 1489 schließlich formierten sich die Kurfürsten auf den Reichstagen als eigene, dritte Körperschaft, die neben den Fürsten und den Städten getrennt beriet und abstimmte.

Wertvolle Privilegien

Die weit reichenden Privilegien, welche die Kurfürsten in der Vergangenheit bereits errungen hatten, ließen sie in der Goldenen Bulle ein für alle Mal festschreiben. Sie standen im Rang über allen anderen Reichsfürsten und erhielten bei allen öffentlichen Veranstaltungen, seien es politische Versammlungen oder Festmahle, besondere Plätze in nächster Umgebung des Herrschers. Darüber hinaus sicherten sie sich nicht nur dauerhaft bislang erhaltenes Reichsgut, sondern für die Zukunft auch einen Teil der königlichen Rechte und Einkünfte. Dazu gehörten beispielsweise die uneingeschränkte Gerichtshoheit in ihrem Territorium, alle Erträge aus Berg- und Salzbergwerken sowie das von Juden gezahlte Schutzgeld.

Die weltlichen Kurfürsten ließen sich auch das traditionelle, prestigeträchtige Recht, die vier Erzämter am Hofe auszuüben, bestätigen. Im Interesse des Reiches errangen sie sogar ein Vorrecht, um das jede adlige Familie sie glühend beneidete: Um die Stabilität der Siebenergruppe zu wahren, musste ein Kurfürstentum fortan im Erbfall ungeteilt an den ältesten Sohn übergehen. Von dieser Vorschrift profitierte auch Kaiser Karl IV., sicherte sie doch seiner Familie, den Luxemburgern, die böhmische Krone.

Abwege eines Neiders

Nicht jeder bedeutende Reichsfürst war mit einer Kurwürde bedacht worden. Der Habsburger Herzog Rudolf IV. von Österreich wollte sich mit einem Platz in der zweiten Reihe nicht zufriedengeben. Er zauberte um 1359 eine Urkunde aus dem Hut, die augenscheinlich Kaiser Friedrich I. Barbarossa seinem Geschlecht ausgestellt hatte und die bezeugen sollte, dass den Habsburgern der erste Rang vor allen anderen Fürstenhäusern zukäme. Pech für Rudolf, dass sein Schwiegervater Karl gute Bekanntschaft mit dem Juristen, Dichter und Humanisten Petrarca pflegte: Dieser entlarvte die Urkunde aufgrund ihrer modernen Sprachwendungen als Fälschung.

Absage an starke Männer

Es ist kaum vorstellbar: Der Papst findet in der Goldenen Bulle keine Erwähnung! Die alte Streitfrage, an welche Bedingungen der Papst die Anerkennung des römisch-deutschen Königs und die Verleihung der Kaiserwürden knüpfen könnte, spart die Urkunde schlichtweg aus. Selbstbewusst, wie es bereits Karls Vorgänger Ludwig vorgemacht hatte, sicherte sich Karl IV. die Kaiserkrone, denn es galt weiterhin: Mit der Wahl des deutsch-römischen Königs stand auch der künftige Kaiser des christlichen Abendlandes fest.

Die Goldene Bulle band König und Kurfürsten eng aneinander. Gerne hätte Karl die Erbfolge für die römisch-deutsche Krone durchgesetzt, scheiterte aber am entschiedenen Widerstand der Fürsten. Die gewonnenen Privilegien machten diese im Gegenteil zu kleinen Mitkönigen. Das wiederum festigte unwiderruflich die schon lange eingeschlagene Entwicklung des Heiligen Römischen Reiches: Es wuchs zu einem Bündnis starker Kleinstaaten unter einem gemeinsamen Dach heran, statt sich auf ein einziges, starkes Machtzentrum hin auszurichten. Die Goldene Bulle sorgte somit einerseits für erstaunliche Beständigkeit, andererseits verhinderte sie die Weiterentwicklung politischer Strukturen, die in anderen Ländern den Weg in den Parlamentarismus ebnete.

Friedrich V., Kurfürst von der Pfalz. Er verlor als kurzzeitiger Gegenkönig Friedrich I. von Böhmen (1619/20) seine Kurfürstenwürde.

Dieser Kurfürstenhumpen aus dem späten 17. Jh., geschmückt mit der Darstellung des Reiterzugs der Kurfürsten, entstand in Franken.

Kampf um städtische Freiheiten in Schwaben

1376
4. JULI

Vierzehn schwäbische Reichsstädte schlossen sich zusammen, um sich gemeinsam der königlichen Politik zu widersetzen. Einiger Achtungserfolge zum Trotz siegten am Ende die Landesfürsten.

Wenzel, deutscher König aus dem Hause Luxemburg, bürdete den Städten hohe Abgaben auf. Dagegen wehrten sich die Reichsstädte mit der Gründung eines Bundes.

Das Maß war voll. Die Stadtväter von Biberach, Buchhorn, Isny, Konstanz, Leutkirch, Lindau, Memmingen, Ravensburg, Reutlingen, Rottweil, Sankt Gallen, Überlingen und Wangen schlossen sich unter der Führung Ulms im Sommer 1376 zum Schwäbischen Bund zusammen. Gemeinsam wollten sie sich zur Wehr setzen, sollte irgendjemand die Freiheiten oder Rechte eines Mitglieds gefährden. Diese harmlos klingende Absichtserklärung barg explosiven Zündstoff: Sie kündigte Widerstand gegen den König und die Landesherren an.

Alle Bündnispartner waren Reichsstädte, die in der Vergangenheit große Freiheiten genossen hatten. Kein Landesherr machte ihnen Vorschriften oder forderte einen Teil der Gewinne aus dem florierenden Handwerk und Handel. Ihre Vorrechte hatten sich die Reichsstädte seit ihrer Gründung im 12. und 13. Jh. von den Königen und Kaisern wieder und wieder bestätigen lassen, doch jetzt waren sie in größter Gefahr: Kaiser Karl IV. war notorisch knapp bei Kasse und verpfändete deshalb seine Städte an betuchte Adlige. Da ihm meistens das Geld fehlte, sie wieder auszulösen, bedeutete dies das Ende der städtischen Freiheiten und die Unterordnung unter einen Landesherrn. Jüngst hatte der Kaiser den Wittelsbachern für 200 000 Gulden die Mark Brandenburg abgekauft. Um diese Summe aufzubringen, wollte er die Steuern seiner Reichsstädte empfindlich erhöhen und vier von ihnen an die bayerischen Herzöge verpfänden.

Die Macht der Städte

Der Schwäbische Bund verdoppelte innerhalb eines Jahres seine Mitgliederzahl. Mangels anderer Mitsprachemöglichkeiten hatten sich Städtebündnisse in der Vergangenheit als wirksame politische Protestform erwiesen. Sie fingen aber auch Mängel der Reichsverwaltung auf, indem sie beispielsweise Handelswege sicherten. Nur wenige Bündnisse fanden die Zustimmung der Herrschenden, den meisten war die geballte Macht der Städte und vor allem der Reichsstädte ein Dorn im Auge. Der Mainzer Landfrieden von 1235 und die Goldene Bulle verboten Städtebünde sogar ausdrücklich.

Städtekrieg in Süddeutschland

Aus Protest gegen Karls Finanzpolitik verweigerten einige Reichsstädte seinem Sohn Wenzel die Huldigung, nachdem dieser am 6. Juli 1376 gekrönt worden war. Karl verhängte die Acht über sie und erklärte ihnen den Krieg. Dabei konnte er auf die tatkräftige Unterstützung der Herzöge von Bayern und des Grafen Eberhard II. von Württemberg bauen. Alle waren benachbarte Landesherren der widerspenstigen Städte. Noch 1376 belagerten Truppen der Obrigkeit Ulm, das am Knotenpunkt bedeutender Fernwege lag und durch den Handel mit Salz und Tuchen reich geworden war. Die Anführerin des Bundes hielt stand. Ermutigt fielen Städter in die benachbarten Adelsterritorien ein, um dort Vieh zu rauben und Schaden anzurichten. Ein Trupp Reutlinger wurde im Mai 1377 bei der Rückkehr von solch einem Ausfall von Eberhards Sohn, Graf Ulrich von Württemberg, gestellt. Die Städter behaupteten sich überlegen gegen Ulrichs Ritter. Karl lenkte ein, hob die Acht gegen die Bundesmitglieder auf und versprach, seine Städte zukünftig weder zu verkaufen noch zu verpfänden.

Eine dritte Kriegspartei

Die Lage blieb dennoch angespannt, weil die 1379 gegründete „Gesellschaft mit dem Löwen" die Bühne betrat. Sie umschloss Angehörige des zumeist niederen Adels und der Ritterschaft. Gemeinschaftlich fochten sie um den Erhalt ihres Ansehens und um ihren Lebenszweck. Seit einer Weile schon unterlagen sie nämlich auf dem Schlachtfeld den neuen Kriegsmethoden. Ihre Herrschaftsbereiche hatten sich mächtigere Adlige einverleibt, und die großen Geldströme des städtischen Handels flossen an ihnen vorbei. In ihrer Not verlegten sich viele auf die Raubritterei und Fehdezüge, stießen aber zunehmend auf städtische Gegenwehr. Bald überzogen verschiedene Adelsgesellschaften den gesamten südwestdeutschen Raum mit einem dichten Netz.

Weitere Bündnisse und entscheidende Niederlagen

Als Mitglieder der „Löwen" 1381 Frankfurt belagerten, schlossen sich vierzehn rheinische Reichsstädte zum Zweiten Rheinischen Städtebund zusammen. Dann vereinigten sich rheinische, schwäbische und elsässische Städte zum Süddeutschen Städtebund. Die Städte waren auf der Höhe ihrer Macht, als König Wenzel den Rheinischen Bund 1384 in der Heidelberger Stallung anerkannte. Der Süddeutsche Bund erweiterte sich 1385 durch ein Bündnis mit Bern, Solothurn, Zürich und Zug zum Konstanzer Bund. Die Eidgenossen wollten sich mit ihrem Beitritt gegen Begehrlichkeiten vonseiten der Habsburger zur Wehr setzen. Kämpfe, Waffenstillstände und Verhandlungen wechsel-

ten in rascher Folge. Der Höhepunkt der Auseinandersetzungen war 1388 erreicht, nachdem die bayerischen Herzöge einen städtefreundlichen Bischof entführt hatten. Augsburger und Ulmer Kriegshaufen zogen westwärts und hinterließen in Dörfern und auf Feldern eine Spur der Verwüstung. In dem nahe Stuttgart gelegenen Döffingen wurden sie von fürstlicher und adliger Soldateska vernichtend geschlagen. Wenige Wochen später unterlagen die rheinischen Städte bei Worms. Die Geschlossenheit der Städte brach auseinander.

Friede im Land

König und Fürsten diktierten 1389 auf einem Reichstag in Eger einen Friedensschluss. Erstmals wurden regionale Behörden eingerichtet, um Raub, Mord, Gefangennahmen und unrechte Fehden zu verfolgen. Unter Leitung königlicher Obmänner wirkten Fürsten und Städte gemeinsam in diesen Behörden mit. Adelsgesellschaften und Fürstenvereinigungen blieben unangetastet, den Städten verbot der Egerer Reichslandfrieden erneut jegliches Bündnis. Obwohl sie dieses Verbot schnell wieder brachen, hatten sie den Gipfel ihrer Macht überschritten. Adelsgesellschaften hingegen wurden zu einer neuen politischen Größe im Heiligen Römischen Reich.

> *Wenn irgendein Herr die Städte dieser Gemeinschaft in Not bringen würde, wollen wir zu Hilfe kommen, als ob es unsere eigene Sache wäre.*
>
> [Bundesbrief vom 4. Juli 1376]

Die Reichsstädte

Die Bürger der Reichsstädte hatten nur den König über sich. Alle Belange innerhalb ihrer Mauern regelten sie selbst. Als bedeutende Steuerzahler waren die zeitweise über 100 Reichsstädte wichtigster Teil des Reichsguts. Etwa drei Viertel von ihnen lagen im Südwesten des Reiches, vor allem in Franken, Schwaben und im Elsass. Einige, wie Frankfurt am Main oder Nürnberg, bauten ansehnliche eigene Herrschaften in ihrem Umland auf. Reichs- und Freistädte, die ihren bischöflichen Stadtherrn und die Reichsabgaben abgeschüttelt hatten, verschmolzen in der Sammelbezeichnung „freie Reichsstädte". Sie bildeten seit 1489 auf den Reichstagen das Städtekollegium.

Lukratives Geschäft – ein Franke erhält Brandenburg

1411
8. JULI

König Sigismund übertrug dem Nürnberger Burggrafen Friedrich VI. die Mark Brandenburg. Dies war die Eintrittskarte für die Hohenzollern in die vorderste Reihe der europäischen Dynastien.

Im Nordosten des Reiches bestand dringender Handlungsbedarf. König Sigismund brauchte eine starke Hand in der Mark Brandenburg. Das Kurfürstentum war nämlich nach dem Tod Jobsts von Mähren, der den Landstrich zu Lehen hatte, schutzlos seinen eroberungslustigen Nachbarn Polen, Pommern und Mecklenburg ausgeliefert. Sigismund fand die benötigte starke Hand in Friedrich VI., dem Burggrafen von Nürnberg. Im

Friedrich I. von Hohenzollern, Burggraf von Nürnberg, erhält während des Konstanzer Konzils von König Sigismund die Mark Brandenburg als Lehen.

Juli des Jahres ernannte er ihn zum obersten Hauptmann und Landverweser der Mark Brandenburg und übertrug ihm jegliche Regierungsgewalt. Dazu ließ er den 50-jährigen Burggrafen vor sich niederknien und den feierlichen Lehnseid schwören. Mit Friedrich hatte Sigismund nicht nur einen seiner engsten und fähigsten Berater mit einer heiklen Mission betraut, er stand auch tief in der Schuld des Hohenzollern. Just im Vorjahr hatte er bei der Königswahl als Vertreter der brandenburgischen Kurstimme mit politischem Geschick maßgeblich dafür gesorgt, dass Sigismund mit einem knappen Vorsprung die Krone eroberte.

Anarchische Zustände

Die Mark Brandenburg galt als wirtschaftlich ruiniert und unregierbar. Seit rund 100 Jahren war sie von landesfremden Lehnsherren, die weite Teile des Besitzes verpfändet hatten, mehr schlecht als recht beherrscht worden. Viele einheimische Adlige hatten sich das Machtvakuum zunutze gemacht und zogen marodierend als Raubritter umher. So hatten die Quitzows gemeinsam mit dem Grafen von Lindow im Barnim, einer Landschaft nordöstlich von Berlin, 22 Dörfer gebrandschatzt und wenig später dem Bischof von Lebus 56 Pferde gestohlen. Auch die benachbarten Fürsten ergriffen fleißig die günstige Gelegenheit, sich selbst Teile der Mark einzuverleiben.

Friedrich entsandte zunächst einen Unterhauptmann nach Brandenburg, um die Herrschaft in Besitz zu nehmen und die landesherrlichen Pfänder auszulösen. Als dieser erfolglos blieb, reiste Friedrich selbst an. Unbeeindruckt von dem starken Aufgebot fränkischer Soldaten an seiner Seite, verweigerten etliche Adlige unter der Führung der Quitzows dem neuen Machthaber die Huldigung. Sie waren weder bereit, ihre widerrechtlich erlangte Macht aufzugeben, noch wollten sie sich Friedrichs fränkischen Vertrauten unterordnen. Nur einige Städte fanden sich dazu bereit, dem Franken zu huldigen.

Die Hohenzollern

1061 Erste urkundliche Erwähnung der Zollern, deren Stammburg am Rand der Schwäbischen Alb auf dem Bergkegel Zoller liegt.

1192 Der Kaiser ernennt die Grafen von Zollern zu Burggrafen von Nürnberg.

1363 Erhebung in den Reichsfürstenstand.

1525 Unter Albrecht von Brandenburg-Ansbach, dem letzten Hochmeister des Ordensstaats, wird dessen ost-preußischer Teil zum Herzogtum Preußen und in Personalunion vom Kurfürsten von Brandenburg regiert.

1701 Kaiser Karl VI. erhöht die Kurfürsten von Brandenburg zu Königen in Preußen.

1871 Der preußische König Wilhelm I. wird erster Kaiser des Deutschen Reiches.

1918 Kaiser Wilhelm II. dankt nach dem verlorenen Ersten Weltkrieg und der Novemberrevolution ab.

Teile und herrsche

Zunächst neutralisierte Friedrich seine Nachbarn. Den Erzbischof von Magdeburg sowie die Herzöge von Mecklenburg, Anhalt, Pommern-Wolgast und Glogau bewegte er kraft seines diplomatischen Geschicks, sich aus der Mark herauszuhalten. Mit dem Herzog von Braunschweig-Lüneburg schloss er nach einer Geldzahlung des Königs ein Stillhalteabkommen ab. Dem Herzog von Pommern-Stettin jedoch, der seine Pfänder in der Uckermark und die damit verknüpfte Macht nicht wieder hergeben wollte, begegnete Friedrich mit Waffengewalt. Sein Sieg am Kremmer Damm veranlasste etliche Adlige, flugs auf seine Seite zu wechseln.

Mit seinen Gegnern im Inneren verfuhr Friedrich auf die gleiche Weise. Wer auf Diplomatie nicht reagierte, bekam seine eiserne Faust zu spüren. Fränkische Truppen belagerten die Burgen der Widerständigen. Dabei setzten sie modernstes Kriegsgerät ein: Geschütze. Außerdem lieh er sich vom Deutschen Orden die „faule Grete", die mächtigste Kanone ihrer Zeit. Unter der Wucht der steinernen Geschosse brachen erst die Mauern, dann der Widerstand. Im Frühjahr 1414 diktierte Friedrich einen Landfrieden, der dem Adel sämtliche Fehden untersagte. Zugleich zeigte er sich kompromissbereit und band ihn zunehmend

in seine Verwaltung ein. Außerdem zwang ihn seine Finanznot, wieder Teile seines Besitzes zu verpfänden. Diese Abhängigkeit trug zur weiteren Annäherung beider Seiten bei.

Macht- und Grenzkämpfe

Der König würdigte seine Erfolge, indem er ihm die Mark 1415 auf Widerruf und 1417 schließlich ohne Einschränkungen als erbliches Lehen übertrug. Als Markgraf und Kurfürst von Brandenburg nahm Friedrich I., wie er jetzt hieß, auch die Lehnshoheit über Pommern und Mecklenburg wahr. Diese Machtkonzentration bewegte das Erzbistum Magdeburg, die Herzogtümer Pommern, Mecklenburg und Polen sowie den König der skandinavischen Union 1420 zu einem Angriff auf die Mark. Friedrich wehrte zunächst die Mecklenburger ab und besiegte kurze Zeit später in einer dreitägigen Schlacht bei Angermünde die Pommern und Polen. Trotz eines Waffenstillstands blieb es an den Grenzen unruhig. 1425 steckte Friedrich sogar eine Niederlage gegen Pommern, Polen und Mecklenburg ein. Zudem trübte die Verlobung seines Sohnes mit der Tochter des polnischen Königs das Verhältnis des Kurfürsten zu Sigismund. Der König trug nämlich auch die ungarische Krone und sah ein polnisch-brandenburgischen Bündnis nur ungern direkt vor seiner Haustür. 1426 kehrte Friedrich I. Brandenburg den Rücken. Wenige Wochen später söhnte er sich mit seinem König aus und trat wieder in den Reichsdienst ein. Sein zweiter Sohn Friedrich setzte seit 1437 zunächst als Statthalter, dann als Markgraf und Kurfürst erfolgreich die Politik des Vaters fort. Durch sein straffes Regiment erwarb er sich bald den Beinamen der Eiserne.

Das Wappen der Hohenzollern um 1495. Das Herrscherhaus wurde später im Osten Deutschlands zum beherrschenden Machtfaktor.

Friedrich I. bei der Belagerung der quitzowschen Burg Friesack. Der Kampf gegen die Raubritter gehörte zu den Aufgaben des neuen Kurfürsten.

Lodernde Flammen auf dem Konstanzer Konzil

1415
6. JULI

Der Tod des Kirchenkritikers Jan Hus löste eine Revolution in Böhmen aus, die in den Hussitenkriegen mündete. Militärisch erfolglos, verbesserte das Reich seine Verwaltung und siegte in Verhandlungen.

Auf dem Konstanzer Konzil wurde Jan Hus als Ketzer verbrannt. Die katholischen Mächte führten später Kreuzzüge gegen die Hussiten.

Am Morgen des 6. Juli 1415 fanden sich im Münster von Konstanz geistliche und weltliche Würdenträger aus dem ganzen christlichen Abendland ein. Ihr Blick fiel auf ein hohes Holzgerüst inmitten des Kirchenraums, das eigens für diesen Tag errichtet worden war. Das Gerüst musste Jan Hus erklimmen und hier, von jedem Platz in der Kirche aus gut sichtbar, nochmals den Schuldspruch hören, der knapp vier Wochen zuvor über ihn verhängt worden war: Ein Ketzer sei er und müsse deshalb auf dem Scheiterhaufen sterben, in der vermeintlich reinigenden Kraft des Feuers, das seine Seele retten solle. Ein letztes Mal bekam der bekannte böhmische Prediger Messgewänder angelegt und den Abendmahlkelch in die Hand gedrückt, nur um unmittelbar darauf Stück für Stück seiner priesterlichen Würde beraubt zu werden. Dann wurde ihm ein mit einer Teufelsfratze bemalter Hut auf den Kopf gesetzt, und der Scharfrichter schritt zur Tat. Eine große, schaulustige Menge begleitete Hus auf seinem letzten Gang vor die Tore der Stadt zum Scheiterhaufen. Singend und betend starb er den Flammentod. Gerichtsschergen achteten darauf, dass jedes Knöchelchen des Böhmen verbrannte, und zerstreuten seine Asche über dem Bodensee. Kein sterblicher Überrest von Hus sollte als Reliquie verehrt werden können.

Ein kritischer Geist

Hus hatte an der Prager Universität Theologie studiert. In der Stadt lagen die Gegensätze zwischen Arm und Reich, Macht und Ohnmacht offen auf der Hand und führten insbesondere unter den tschechischen Theologiestudenten, die oft aus einfachen Verhältnissen stammten, zu Unmut. Auch Hus wurde zu einem scharfen Kritiker der bestehenden Verhältnisse und schloss sich einer Reformbewegung an, die zunächst für die Rückkehr der Kirche zum biblischen Armutsgebot und für mehr soziale Gerechtigkeit eintrat.

Rasch verband sie mit ihren Forderungen ein nationales Element und verlangte die Entmachtung der deutschen Oberschicht in Böhmen. Sinnfälligen Ausdruck fand die Bewegung im „Laienkelch", der beim Abendmahl allen Gläubigen gespendet wurde, während die Amtskirche nur Klerikern den Wein reichte. Seit 1402 predigte Hus in der Bethlehemskapelle, einer der größten Kirchen Prags. Das Volk strömte in die Gottesdienste, die der leidenschaftliche Redner nicht in der Gelehrtensprache Latein, sondern auf Tschechisch hielt. Hus sparte dabei nicht mit Kritik an den Verhältnissen.

Mit mobilen Öfen, in denen vor allem Brot gebacken wurde, stellte man die Versorgung der Teilnehmer auf dem lange währenden Konstanzer Konzil sicher.

Beginnende Unruhen

1409 brach in Prag der offene Konflikt aus. Der Erzbischof ließ die Schriften des Kirchenkritikers Wyclif, die großen Einfluss auf die Reformer hatten, öffentlich verbrennen. Drei junge Handwerker, die öffentlich gegen den Ablasshandel protestiert hatten, wurden hingerichtet. Der Papst verbot alle Volkspredigten außerhalb bestimmter Gotteshäuser. Hus, unerschrockener Wortführer der Reformbewegung, sprach nun allen geistlichen Würdenträgern einschließlich des Papstes jegliche Glaubwürdigkeit und Autorität ab. Daraufhin wurde er erst gebannt und dann exkommuniziert. Der böhmische König und einstige Weggefährten aus der Universität fielen von ihm ab, aber weite Teile des Volkes und des Adels blieben auf seiner Seite. Schlussendlich verbot der Papst mit einem Interdikt jegliche kirchliche Amtshandlung in Prag: Die Kirchenglocken verstummten, die Toten mussten ohne Sakramente bestattet werden, die Priester nahmen keine Beichte mehr ab und verweigerten das Abendmahl. Jeder Einzelne war davon betroffen, denn ungeachtet aller Kritik gab die Kirche dem Leben Halt.

Das Konzil von Konstanz

Allerdings war sie seit dem Abendländischen Schisma unter zwei rivalisierenden Päpsten – seit Kurzem sogar unter dreien – zerrissen. Deshalb lud der deutsche König Sigismund zu einem Konzil nach Konstanz ein. Die Päpste, zahllose Kardinäle, Erzbischöfe und Bischöfe, weltliche Fürsten, Adlige in großer Zahl sowie Universitätsgelehrte reisten Ende 1414 an den Bodensee. Drei Punkte standen auf der Tagesordnung: die Beendung des Schismas, die Beilegung der Unruhen in Böhmen und die Reformbedürftigkeit der Kirche. Zum zweiten Punkt sollte Hus gehört werden. Obwohl ihm

Sigismund freies Geleit für die Hin- und Rückreise zugesichert hatte, wurde der streitbare Böhme kurz nach seiner Ankunft in Konstanz eingekerkert. In Verhören hielt er unbeirrt an seinen Positionen fest und besiegelte damit sein Schicksal. Am 8. Juni 1415 fiel der Schuldspruch, am gleichen Tag wurden seine Schriften im Innenhof des Münsters verbrannt. Bis zur Vollstreckung des Urteils versuchten nicht nur Freunde, sondern auch Gegner, den Unbeugsamen zum Widerruf zu bewegen, denn ein Märtyrer würde den Unruhen in Böhmen nur neuen Auftrieb geben.

Eine Revolution bricht aus

Wider Erwarten kam es erst 1419 zum offenen Widerstand in Böhmen. Auslöser war der Umstand, dass König Wenzel alle Hus-Anhänger ihrer Ämter enthob. Als neu ernannte Magistrate vom Rathausfenster aus die Hussiten verhöhnten, stürmten diese erbost das ehrwürdige Gebäude und warfen sieben Ratsherren aus

Das Kreuzzugsheer kämpft gegen die Hussiten. Die Hussitenkriege zogen sich von 1419 bis 1434 hin. Schließlich setzten sich die kaiserlichpäpstlichen Kräfte durch.

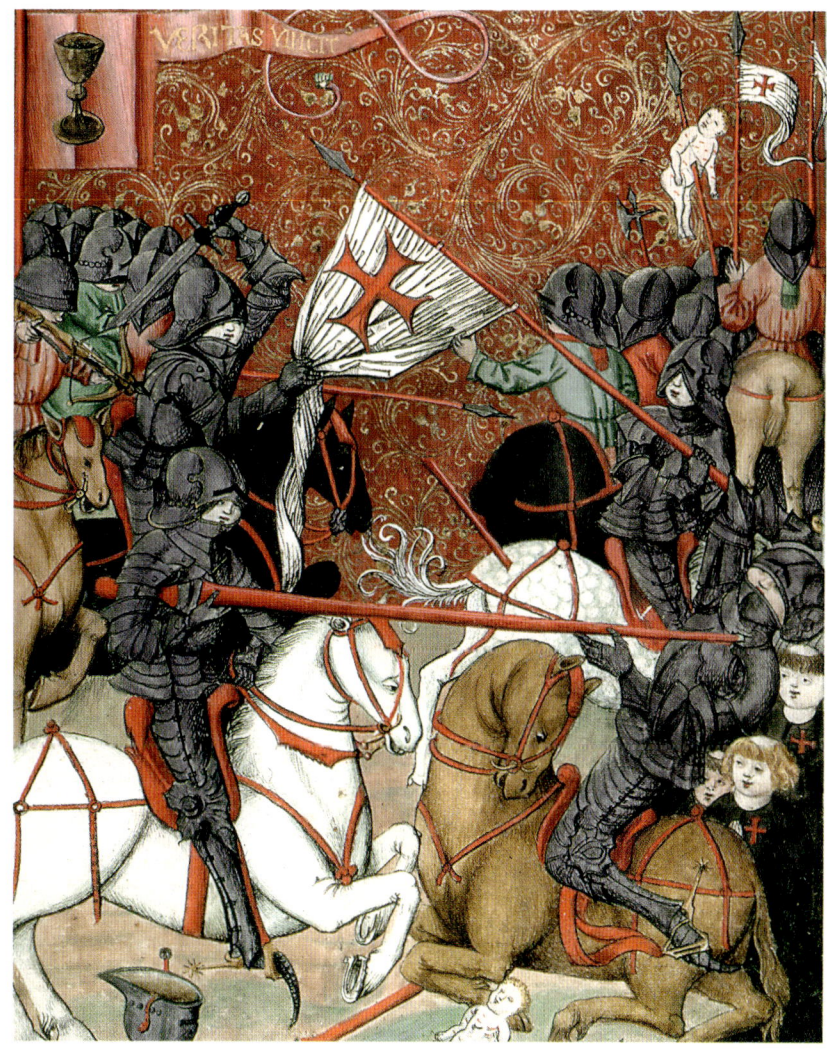

dem Fenster – eine symbolische Kampfansage. Wenig später starb Wenzel. Seine Krone sollte seinem Bruder Sigismund, dem deutschen Herrscher, zufallen. Doch Sigismund galt in Böhmen als Hus' eigentlicher Mörder, denn er hatte diesen nicht sicher von Konstanz nach Prag zurückgeleitet. Außerdem hatten böhmische Adlige zufällig gehört, wie Sigismund am Rande des Konzils abfällig über Hus geredet hatte. Damit war er für sie unglaubwürdig geworden. In einem mehrwöchigen Volksaufstand zerstörten Hussiten die Gotteshäuser, deren Prediger den Laienkelch verweigerten. Sie schmähten Sigismund öffentlich als größten Feind Böhmens und verhinderten seine Thronbesteigung. Daraufhin schmiedete er eine Allianz mit dem Papst. Dieser rief im Frühjahr 1420 einen ersten Kreuzzug gegen die Aufständischen aus, und Sigismund marschierte unter Waffen in Böhmen ein. Er konnte sich zwar im Dom der Prager Burg krönen lassen, die von Hussiten beherrschte Stadt aber nicht einnehmen.

„Die Hussiten kommen!"

Unter Führung des Adligen Jan Žižka, des ehemaligen Prager Burghauptmanns, zogen radikale Hussiten nun nach Südböhmen. Auf einem Berg nahe der Stadt Ústí bauten sie ein streng religiöses Gemeinwesen auf, das sie nach dem biblischen Berg Tabor benannten. Von hier aus organisierte Jan Žižka bis zu seinem Tod 1424 erfolgreich den militärischen Widerstand gegen die königlich-katholischen Kreuzfahrer. Er brachte ihnen eine empfindliche Niederlage nach der anderen bei. Als äußerst wirksames Verteidigungsmittel erwies sich dabei die von Žižka entwickelte Wagenburg, die dem hussitischen Volksheer genügend Schutz gegen die schwer bewaffneten Reichstruppen bot. Bald verwischten jedoch die Grenzen zwischen Freund und Feind, denn die hussitische Bewegung zerfiel in mehrere Lager von gemäßigt bis fanatisch. Žižkas Taboriten bekämpften seit 1423 auch die vor allem in Prag ansässigen maßvolleren Glaubensgenossen und überzogen bald ganz Böhmen und Mähren mit Mord und Totschlag.

Unter seinem Nachfolger Andreas Prokop fielen die Taboriten schließlich in die benachbarten Länder ein. 1425 stießen sie erstmals mordend und brandschatzend nach Schlesien und Niederösterreich vor. Als 1427 ein vierter Kreuzzug gegen die Hussiten schmählich gescheitert war, trugen diese den Glaubenskampf noch offensiver über Böhmens Grenzen hinweg. Bis 1431 verbreiteten sie auch in der Oberpfalz, in Franken, Sachsen, Ungarn, Polen, der Lausitz und der Mark Brandenburg Angst und Schrecken.

Hilflosigkeit im Reich

Schon die ersten Niederlagen der Kreuzzugstruppen hatten Besorgnis im deutschen Teil des Reiches ausgelöst. Im Sommer 1422 forderte ein Reichstag von ausnahmslos jedem Reichsglied Truppen für den Kampf gegen die Gotteskrieger. Dieser Beschluss galt erstmals auch für die Reichsfürsten und die Reichsstädte, die überhaupt keinen Vertreter zur Versammlung entsandt hatten. Da es aber keine detaillierte Auflistung aller Fürsten, Adligen und Städte im Reich gab, war der Erlass kaum umzuset-

Typische Wagenburg eines Hussitenheers. Unter der Anleitung ihres Anführers Jan Žižka entwickelten die Hussiten diese Aufstellung zu einer Verteidigungsformation.

Jan Hus

um 1370	Jan Hus wird als Sohn kleiner Leute im südböhmischen Husinec („Gänsestadt") geboren.
1386	Beginn des Studiums in Prag.
1402	Hus wird Professor an der theologischen Fakultät der Universität Prag.
1409	Nach dem Auszug der deutschen Professoren und Studenten aus Prag übernimmt er das Rektorat der Universität.
1410	Hus kommt in den Kirchenbann, wird aber noch von König Wenzel unterstützt.
1413	In seinem Traktat „Über die Kirche" entwickelt er einen Kirchenbegriff, der sich allein auf die Bibel stützt, und gerät in Widerspruch zur Kirche.
1414	Unter der Zusicherung freien Geleits reist er zum Konzil nach Konstanz und wird dort in allen 39 Anklagepunkten für schuldig befunden.
1415	Tod auf dem Scheiterhaufen.

zen. In aller Eile wurde daher die erste sogenannte Reichsmatrikel zusammengestellt. Es handelte sich dabei um ein Verzeichnis aller Reichsstände, in dem die für das Reichsheer zu stellenden Truppenzahlen und die finanziellen Leistungen für den Unterhalt des Heeres festgehalten wurden.

In diesen Krisenjahren war Sigismund nur selten in seinem Reich. Vielmehr hielt er sich in Feldlagern auf und leitete seine Krönung zum Kaiser in die Wege. So kam er weder seinen Aufgaben in Deutschland nach noch verzeichnete er Erfolge in Böhmen. Zwangsläufig geriet sein Thron zeitweise ins Wanken. Nur die innere Uneinigkeit des Kurfürstenkollegiums bewahrte ihn trotz zweier Anläufe vor der Absetzung. Die häufige Abwesenheit des Königs führte auch zu einer Verselbstständigung der Reichstage, die mit seiner Zustimmung häufig ohne ihn zusammentraten. Die Reichsmatrikel und die herrscherlosen Reichstage waren ein Grund dafür, dass Reichsfürsten und Reichsstädte sich später zusammentaten und die politische Verantwortung an sich zogen.

Die wiederholten Fehlschläge des königlichen Heeres im Kampf gegen die Hussiten veranlassten die Reichsversammlung 1427, den „Hussitenpfennig" einzuführen. Mit dieser ersten allgemeinen Einkommensteuer in der Geschichte des Heiligen Römischen Reiches sollte ein neues, schlagkräftiges Heer finanziert werden. Die Steuer konnte jedoch nicht wirklich durchgesetzt werden, da sowohl ein funktionierendes Steuereinzugswesen als auch die notwendige Zahlungsmoral fehlten.

Verhandlungen

1431 endete der fünfte und letzte Kreuzzug gegen die Hussiten erneut blamabel. Eine 50 000 Mann starke Taboritentruppe unter Prokop schlug bei der westböhmischen Stadt Domažlice (Taus), einer Hussitenhochburg, große Teile eines dreimal so großen Kreuzzugheeres in die Flucht und metzelte diejenigen, die nicht rechtzeitig davonkamen, blutig nieder. Nach dem offensichtlichen Versagen aller militärischen Mittel setzten Krone und Kirche auf dem gerade begonnenen Basler Konzil auf die Diplomatie. 1433 stimmte eine Delegation gemäßigter Hussiten einem Friedensschluss zu, obwohl sie von ihren Forderungen lediglich eine einzige, nämlich die Ausübung des Laienkelchs, durchsetzen konnte.

Den Taboriten ging der Friedensschluss nicht weit genug. Doch ihr Kriegsglück wendete sich nun. Den ersten Sieg gegen ein kleineres Hussitenheer heimste Pfalzgraf Johann von Pfalz-Neumarkt, genannt die „Hussitengeißel", im Herbst 1433 ein. In der Schlacht von Lipan im Mai 1434 wurde der größte Teil der hussitischen Truppen aufgerieben. Ein letztes Gefecht verloren sie im Herbst 1434. Jetzt wurden die Basler Verhandlungsergebnisse allgemein in Böhmen akzeptiert. 1436 konnte Sigismund, der mittlerweile zum Kaiser gekrönt war, in Prag einziehen. Doch angesichts des frisch gewonnenen tschechischen Selbstbewusstseins schaffte er es nicht mehr, die Kluft zwischen sich und dem böhmischen Volk zu überbrücken. Trotz der einsetzenden Rekatholisierung des Landes erlangte die Goldene Stadt, die unter Kaiser Karl IV. zum Zentrum des Heiligen Römischen Reiches aufgestiegen war, ihre einstmalige Stellung nicht zurück. Der Geist von Jan Hus aber lebte weiter. Die Reformer des 16. Jh. wie Luther oder Müntzer beriefen sich ausdrücklich auf ihn.

> *„Einem irrenden Papst Widerstand leisten ist soviel wie dem Herrn Christus gehorchen."*
>
> [Jan Hus, „Über die Kirche", 1413]

Die Wenzelskrone steht für die Eigenständigkeit des Königreichs Böhmen. Der Legende nach soll jeder, der sie zu Unrecht trägt, eines gewaltsamen Todes sterben.

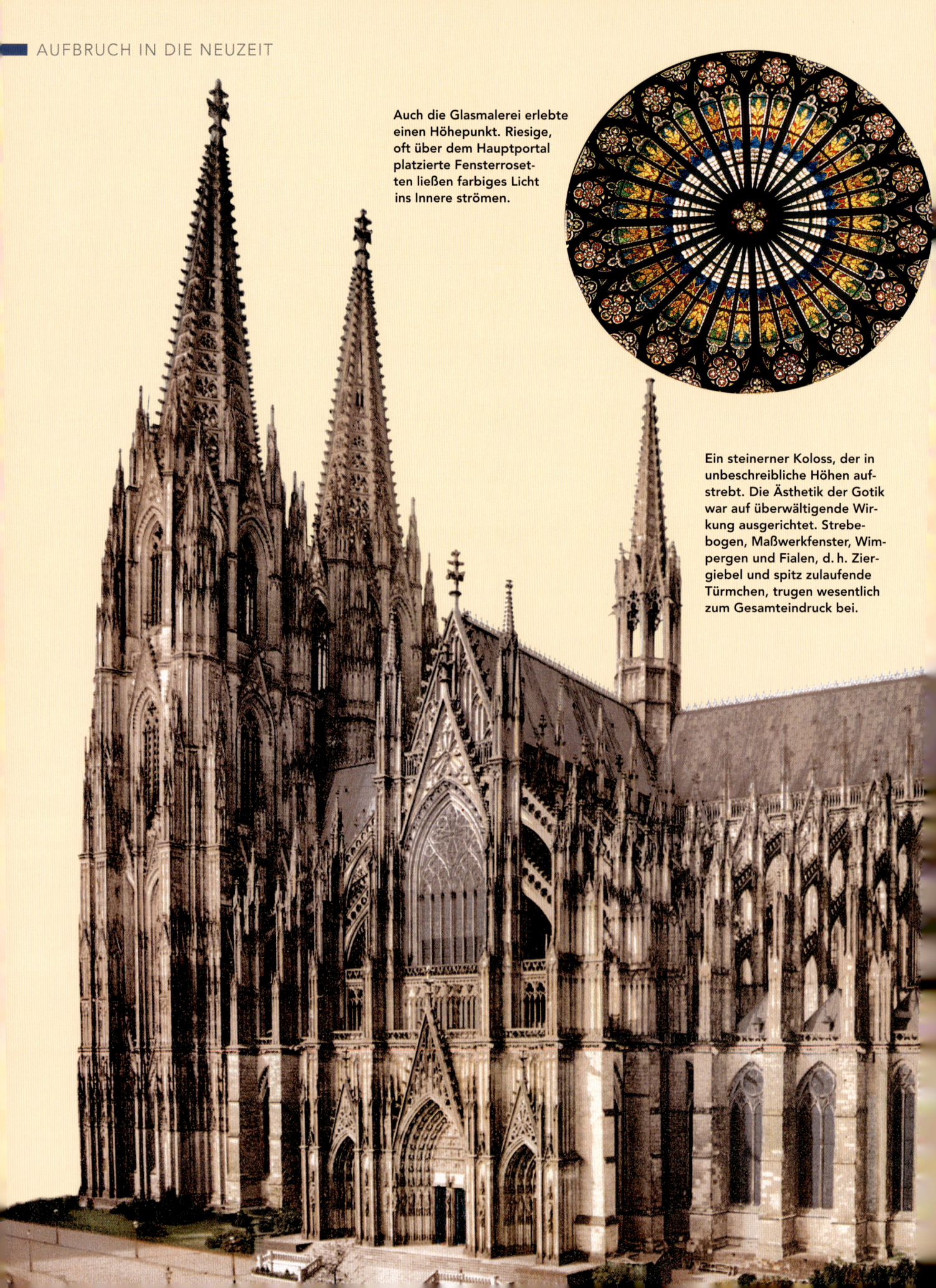

Auch die Glasmalerei erlebte einen Höhepunkt. Riesige, oft über dem Hauptportal platzierte Fensterrosetten ließen farbiges Licht ins Innere strömen.

Ein steinerner Koloss, der in unbeschreibliche Höhen aufstrebt. Die Ästhetik der Gotik war auf überwältigende Wirkung ausgerichtet. Strebebogen, Maßwerkfenster, Wimpergen und Fialen, d. h. Ziergiebel und spitz zulaufende Türmchen, trugen wesentlich zum Gesamteindruck bei.

Gotische Kathedralen – Monumente aus Stein

Gemeinsam erschufen Architekten, Handwerker und Künstler das Gesamtkunstwerk des Mittelalters, die gotische Kathedrale. Auf riesigen Baustellen, den sogenannten Bauhütten, entstanden wahre Gebirge aus Stein. Architektur, Plastik und Glasmalerei waren in perfektem Zusammenspiel vereint. Ausgehend von Frankreich, setzte sich der neue gotische Baustil ab dem 13. Jh. auch in Deutschland durch. Gewaltige Kirchen wie das Freiburger oder Ulmer Münster wurden in jahrzehntelanger Arbeit errichtet. Das Kreuzrippengewölbe ermöglichte es, die vormals geschlossenen Wände in einem filigranen System von Säulen und großflächigen Maßwerkfenstern aufzulösen. Dadurch wirkten die Kirchengebäude leicht und lichtdurchflutet. Wen wundert es da, dass die Kathedralen auch als Symbol des Himmlischen Jerusalem gesehen wurden.

Der Spitzbogen war das bestimmende Stilmittel der gotischen Architektur. Die statische Neuerung des Kreuzrippengewölbes ermöglichte gegenüber den Rundbogen der Romanik eine sehr viel freiere Gestaltung und damit eine enorme Erhöhung und Öffnung des Raumes.

Die Bauhütten des Mittelalters arbeiteten mit einfachen, aber effektiven Mitteln. Dazu gehörten Flaschenzüge und Hebekräne. Die Bauzeit betrug oft Jahrzehnte. Hohe Kosten, bautechnische Schwierigkeiten und wechselnde politische oder religiöse Verhältnisse ließen den Bau stocken. Viele Kathedralen wurden erst im 19. Jh. fertiggestellt.

Innen wichen die großflächigen Wandbemalungen, die in der Romanik üblich gewesen waren, einer neuen Art der Ausstattungskunst: Kostbare Flügelaltäre wie hier der Genter Altar wurden nicht nur im Presbyterium, sondern auch in den vielen Nischen der Seitenschiffe eingerichtet.

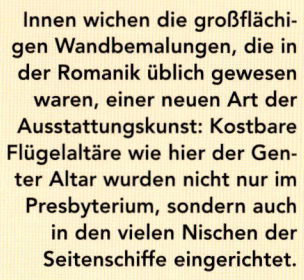

Johannes Gutenberg druckt die erste Bibel

1455

Eine technische Neuerung sorgte für die Umwälzung der politischen, gesellschaftlichen und wirtschaftlichen Verhältnisse. Der Buchdruck führte Deutschland in ein neues Zeitalter der Kommunikation.

Eine Buchdruckerwerkstatt an der Wende vom 15. zum 16. Jh. Die Erfindung Gutenbergs hatte sich mit großer Geschwindigkeit in ganz Deutschland ausgebreitet.

und künstlerische Perfektion gelegt. Er präsentierte dem staunenden Publikum eine dicke Bibel in zwei Bänden auf insgesamt 1282 Druckseiten mit jeweils 42 Zeilen. Bei der Wahl der Buchstaben hatte sich Gutenberg an den zeitgenössischen Prachthandschriften orientiert. Johannes Gutenberg war kein weltfremder Tüftler. Er dachte auch in wirtschaftlichen Kategorien und hatte sich nicht ohne Grund für sein Meisterstück gerade die Bibel reserviert. Das „Buch der Bücher" versprach den größten Umsatz, denn ungeachtet aller Querelen, die es in der Kirche gab, waren die meisten Deutschen streng religiös. Seinen Geschäftssinn hatte Gutenberg auch dadurch unter Beweis gestellt, dass er sich noch während der Arbeiten an der Bibel an einem einträglichen Handel beteiligte. Die Kirche verteilte damals unter den Gläubigen sogenannte Ablassbriefe, mit denen Kriege gegen die türkischen Osmanen finanziert werden sollten. 1453 hatten die Türken Konstantinopel erobert und damit die machtpolitischen Verhältnisse im Vorderen Orient auf den Kopf gestellt. Das Angebot der Kirchenoberen, diese Ablassbriefe herzustellen, nahm Gutenberg dankbar an, und so verließen Tausende frisch gedruckte Exemplare die gutenbergsche Druckerei zu Mainz.

Geheimsache Buchdruck

Voraussetzung für diese beginnende Massenproduktion von Büchern, Ablasszetteln und Flugschriften war die epochale Erfindung des Buchdrucks mit beweglichen Lettern, die sich unter dramatischen Begleitumständen vollzog. Das steht fest, auch wenn die historischen Nachrichten über Gutenberg, der eigentlich Gensfleisch hieß, sonst nur spärlich fließen. Wie weit er mit seinen Bemühungen um eine Verbesserung der Druckkunst bereits während eines früheren Aufenthalts in Straßburg kam, ist nicht genau bekannt. Jedenfalls tauchte er einige Zeit später wieder in seiner Heimatstadt Mainz auf, den Kopf voller Ideen, jedoch mit ziemlich leerer

Johannes Gutenberg, der berühmte Pionier einer neuen Welt der Medien, hatte sich den Druck der Bibel als Aushängeschild und Visitenkarte auserkoren. Die Gutenberg-Bibel wurde nach einer etwa zweijährigen Produktionszeit 1455 vollendet. Mindestens sechs Setzer waren an der Herstellung beteiligt. Die neue Bibel, die nun auf den Markt kam, stellte tatsächlich alles bisher Bekannte in den Schatten. Gutenberg hatte großen Wert auf technische

Kasse. So wandte er sich an den wohlhabenden Mainzer Geschäftsmann Johann Fust mit der Bitte um einen Kredit. Fust zögerte nicht, die Rolle des Geldgebers zu übernehmen, griff tief in die Tasche und stattete den finanzschwachen Erfinder mit der stattlichen Summe von 800 Gulden aus. Jetzt stürzte sich Gutenberg mit Feuereifer in die Arbeit. Anfangs benutzte er das Mainzer Elternhaus als Werkstatt, später zog er in den Hof zum Humbrecht. Tag und Nacht dachte er an nichts anderes als an die Revolution des Buchdrucks. Nur wenige waren in seine kühnen Planungen eingeweiht. Neben Fust und den Angestellten in der Werkstatt gehörte dazu ein alter Bekannter aus Straßburger Zeiten. Der Handwerker und Ingenieur Konrad Saspach wurde zu einem der wichtigsten Helfer Gutenbergs. Er war es, der für Gutenberg eine neuartige Druckerpresse konstruierte, die gegenüber herkömmlichen Geräten den Vorteil aufwies, dass man mit ihr das Papier beidseitig bedrucken konnte.

Entscheidend für Gutenbergs Erfolg aber war die Entwicklung von beweglichen Lettern aus Metall. Hier dürfte es sich um seine ureigenste Erfindung gehandelt haben. Im Prinzip war das Verfahren simpel. So wurden die geschnittenen Buchstaben in einen Kupferblock geschlagen. Auf diese Weise entstanden als Gussform die Matrizen, die der Drucker mit einer Lösung aus Blei, Zinn, Antimon und etwas Kupfer füllte. Dann wurden die fertigen Lettern in Setzkästen montiert und mit Druckerschwärze gefärbt. Der große Vorteil dieses Verfahrens lag auf der Hand: Die beweglichen Buchstaben konnte man, im Gegensatz zu herkömmlichen Praktiken, immer wieder neu verwenden und schnell zu beliebig vielen Texten kombinieren. Gutenbergs letztlich erfolgreiche Experimente verschlangen viel Geld. Noch einmal musste er den Gönner Fust um finanzielle Unterstützung angehen. Wieder griff ihm der Geschäftsmann unter die Arme. Danach stand der Erfinder bei seinem Sponsor mit weiteren 800 Gulden in der Kreide und musste zudem Fust als Mitinhaber in seiner Druckerei akzeptieren. Doch Gutenberg verschwendete zu diesem Zeitpunkt keinen Gedanken an die möglichen Folgen dieser Abhängigkeit. Vielmehr brauchte er das Geld, um mit der neuen Drucktechnik sein Meisterwerk aus der Taufe zu heben.

Der Absturz

Kurze Zeit, bevor Gutenberg die ersten gedruckten Bibeln fertigstellen konnte, geriet er in ernsthafte Schwierigkeiten. Grund waren Auseinandersetzungen mit seinem Gönner und Kompagnon Fust. Die genauen Hintergründe lassen sich nicht eindeutig rekonstruieren. Gutenberg erscheint bei diesem Streit allgemein in einem besseren Licht, als es der Wirklichkeit

Johannes Gutenberg in seiner Straßburger Zeit. Hier schuf er viele technische Voraussetzungen für seine Mainzer Erfindung.

Die berühmte Gutenberg-Bibel. Von insgesamt 180 Exemplaren wurden 150 auf Papier und 30 auf Pergament gedruckt, nur 48 blieben erhalten.

„Mehr als das Blei in den Kugeln hat das Blei in den Setzkästen die Welt verändert.“

[Georg Christoph Lichtenberg, 18. Jh.]

entsprochen haben dürfte. Vielleicht hat er sich sogar die Unterschlagung von Geldern zuschulden kommen lassen. Jedenfalls reichte Fust Klage auf Rückzahlung seines Darlehens ein. Der Prozess endete für Gutenberg mit einer Katastrophe. Das Gericht gab seinem Widersacher Fust auf der ganzen Linie recht und übertrug ihm die Druckerei und damit auch das Verfügungsrecht über die in der Herstellung befindlichen Bibeln.

Aufgrund dieser unschönen Ereignisse konnte Gutenberg den Ruhm der „Gutenberg-Bibel" nicht auskosten. Fust führte das Geschäft zusammen mit Gutenbergs ehemaligem Mitarbeiter Peter Schöffer weiter. Fust und Schöffer waren es auch, die für die weitere Verbreitung der Bibel Sorge trugen. Die erste Auflage hatte noch eine bescheidene Zahl von 180 Exemplaren. Bald aber verkaufte sich die gedruckte Heilige Schrift massenhaft und wurde zu einem Bestseller. Dank des von Gutenberg entwickelten Know-how produzierten Fust und Schöffer in der Folgezeit einige herausragende Werke der frühen Druckkunst wie das prachtvolle „Mainzer Psalterium" von 1457, bei dem erstmals der Farbdruck zum Einsatz kam.

Der Meister selbst verschwand praktisch mittellos in der Versenkung. Doch halfen ihm Freunde und Gönner wieder auf die Beine. Bald konnte er sich wieder eine kleine Druckerei leisten, musste allerdings bereits kurze Zeit später Konkurs anmelden. Seinen Lebensabend verbrachte Gutenberg dennoch recht komfortabel

mit einer Pension des Erzbischofs von Mainz. Am 3. Februar 1468 starb er fast 80-jährig im Hof zum Algesheimer und wurde in der später zerstörten Kirche des heiligen Franziskus in Mainz begraben.

Siegeszug einer Erfindung

Persönlich hatte Gutenberg aufgrund dieser unangenehmen Vorkommnisse wenig von seinen Erfindungen. Doch die von ihm begründete Druckkunst mit beweglichen Lettern trat noch zu seinen Lebzeiten ihren unaufhaltsamen Siegeszug an. Kaum eine andere Erfindung hatte bis dahin das Leben der Menschen in vergleichbarer Weise verändert wie das Druckverfahren Gutenbergs. Texte aller Art fanden von nun an massenhaft Verbreitung. An den Universitäten erlebten die Bibliotheken einen enormen Zuwachs ihrer Bestände. Auch für die Studierenden war der Erwerb von Büchern jetzt kein Luxus mehr. Wer des Lesens kundig war, hatte keine Schwierigkeiten mehr, sich überall preisgünstigen Lesestoff zu besorgen.

Überall in Deutschland und Europa schossen seit dem Ende des 15. Jh. Druckereien wie Pilze aus dem Boden. Schon gegen 1500 produzierten Gutenbergs Erben in ganz Europa 40 000 Bücher mit einer Gesamtauflage von mehr als 10 Mio. Exemplaren. Auch in technologischer Hinsicht gab es rasante Fortschritte. Zwar blieb das von Gutenberg entwickelte Druckverfahren praktisch unverändert, bald aber war man darüber hinaus in der Lage, farbig bebilderte Prachtbände auf den Markt zu bringen. Herausragend war die 1493 in Nürnberg erschienene Chronik des Humanisten Hartmann Schedel, die rund 1800 farbige Illustrationen, darunter zahlreiche Landkarten und Stadtansichten, enthielt. Damit war die „Schedelsche Weltchronik" das umfangreichste Druckerzeugnis ihrer Zeit.

Die Kupferstecherei

Und auch die Kunstszene begann sich für Gutenbergs Errungenschaften zu interessieren. Der Nürnberger Verleger Anton Koberger erkannte als einer der Ersten in seiner Branche die ungeahnten Möglichkeiten, die sich aus der neuen Drucktechnik in Verbindung mit Kunst ergaben. So brachte er 1498 die Apokalypse mit 15 Holzschnitten seines Mitbürgers Albrecht Dürer heraus. Dürer selbst verbesserte die damals noch junge Technik des Kupferstichs und schuf berühmte Kunstwerke wie „Melancholia" oder „Ritter, Tod und Teufel". Kupferstiche eigneten sich hervorragend für die Illustration von Büchern, Polemiken und Flugschriften, weil sie

Der Setzkasten enthielt in fester Ordnung die Bleilettern, die der Drucker zum Setzen der Seiten benötigte. Dieser stammt aus dem Gutenberg-Museum in Mainz.

Die Skriptorien

Vor der Erfindung des Buchdrucks waren es vor allem die Klöster, die sich um die Vervielfältigung von Texten verdient machten. In den Skriptorien, den Schreibstuben, waren die Mönche damit beschäftigt, in zeitraubender Arbeit die Texte per Hand zu kopieren. Auf diese Weise entstanden wertvolle, mit prachtvollen Illustrationen versehene Ausgaben. Auch das Binden der Bücher gehörte zum Geschäft der Mönche. Produziert wurden Bücher aber meistens nur für den Eigenbedarf.

Details weitaus präziser und besser abbildeten als der bis dahin gängige Holzschnitt. Vollendete Meister des Kupferstichs waren im 16. und 17. Jh. Vater und Sohn Merian, die die Technik durch ein spezielles Verfahren, die Radierung, verbesserten. Bekannt wurden die Merians vor allem durch ihre topographischen Ansichten.

Die Reformation als Medienereignis

Es liegt auf der Hand, dass sich die Revolution der Medienlandschaft auch auf das politische Geschehen auswirkte. Wenige Jahrzehnte nach dem Tod Gutenbergs hatte der Reformator Martin Luther mit seinen aufrüttelnden Thesen nur deswegen eine so große Resonanz, weil er sich des gedruckten Wortes bedienen und damit eine breite Öffentlichkeit erreichen konnte. Seine deutsche Bibelübersetzung wurde zum Verkaufsschlager des 16. Jh. Bis zu Luthers Tod im Jahr 1546 gingen von seiner Bibel in den unterschiedlichsten Ausgaben fast 750 000 Exemplare über den Ladentisch. Auch andere Reformatoren wie Philipp Melanchthon oder Johannes Bugenhagen nutzten den Buchdruck als vergleichsweise billige Art und Weise der Wissensvermittlung, um ihre protestantischen Glaubenslehren zu verbreiten. Über Tausende von Flugblättern und diverse Streitschriften gelangten erstmals auch einfache Leute an wichtige Informationen, die ihnen zuvor vorenthalten waren. Ohne die massenhafte Herstellung von Druckerzeugnissen hätten sich die Ideen der Reformatoren sicher nicht in einem solch rasanten Tempo in den Köpfen der Menschen festgesetzt. Die Reformation war damit wohl auch eines der ersten Medienereignisse.

Zensur und Zeitungswesen

Vielen deutschen Fürsten waren die neuen Massenmedien ein Dorn im Auge. Neue Ideen und gar solche, die in gedruckter Form die Massen erreichten, brachten möglicherweise Unruhe ins Land. Wen wundert es da, dass die Obrigkeit als Hüter der bestehenden Ordnung mit Zensur und Bücherverbrennungen immer wieder versuchte, die Entwicklung in Richtung Informationsgesellschaft aufzuhalten. Wirklich erfolgreich waren Kaiser, Kirche und Fürsten dabei nicht. Spätestens, als zu Beginn des 17. Jh. in Deutschland die ersten Zeitungen gedruckt wurden, mussten sie einsehen, dass sie das Rad der Geschichte, das Gutenberg einst angestoßen hatte, nicht mehr zurückdrehen konnten. Alle, die sich für die neuesten politischen Entwicklungen interessierten, waren nun nicht mehr auf mündliche Berichte von Reisenden angewiesen, sondern konnten ihre Neugier mit einem Blick in die Nachrichtenblätter befriedigen. Die erste Wochenzeitung war die von dem Drucker Johann Carolus in Straßburg herausgegebene „Relation aller Fürnemmen und Gedenckwürdigen Historien", die erstmals 1605 erschien. Vier Jahrer später kam in Wolfenbüttel die erste Nummer des „Aviso" heraus, der ebenfalls einmal pro Woche über die neuesten Ereignisse informierte. Unter dem Titel „Einkommende Zeitungen" wurde schließlich 1650 in Leipzig die erste deutschsprachige Tageszeitung mit sechs Ausgaben in der Woche gedruckt. So umfangreich wie unsere heutigen Zeitungen waren diese ersten Blätter zwar nicht – meist hatten sie nur vier bis acht Seiten –, aber sie lieferten ihren interessierten Lesern immerhin die neuesten Nachrichten aus dem Bereich der Außenpolitik. Lokale Ereignisse hingegen wurden vor allem in kleineren Städten meist schneller durch Ausrufe bekannt gemacht. Doch die Zeitung eroberte Deutschland in rasantem Tempo. Bereits gegen Ende des 17. Jh. gab es rund 60 Nachrichtenblätter, die gut 250 000 Leser erreichten.

In solche Handgießgeräte spannte Gutenberg die Matrize ein, um sie mit der Legierung aus Blei, Zinn, Wismut und Antimon auszugießen.

Eine Liebesheirat stärkt die Macht der Habsburger

1477
19. AUGUST

Im Jahre 1477 heiratete der Kaisersohn Maximilian von Österreich Maria von Burgund, die reichste Erbin des Mittelalters. Damit leiteten die Habsburger ihren Aufstieg zur europäischen Großmacht ein.

Im August 1477 zog Maximilian von Österreich mit seinem prächtigen Gefolge bei Sonnenuntergang in Gent, der Residenzstadt der burgundischen Herzöge, ein. „Wie ein Erzengel" habe der Bräutigam ausgesehen, behauptete später ein Augenzeuge. Maximilian trug einen goldenen Panzer, sein blondes Haar wurde geziert von einem Diadem aus kostbaren Edelsteinen und Perlen, und auf seiner Brust haftete das samtschwarze Wappenkreuz Burgunds. Hinter dem Kaisersohn zog ein Gefolge von 1000 Mann in die Stadt ein: Fürsten, Freiherren, Bischöfe und Ritter in schimmernden Rüstungen mit federgezierten Helmen und flatternden Fahnen trabten durch die menschengefüllten Straßen. Auf der Freitreppe des herzoglichen Palastes erwartete Maria von Burgund ihren zukünftigen Ehemann. Nachdem Maximilian sich durch die Menschenmenge im fackelbestrahlten Hof gekämpft hatte, standen sich zwei Menschen gegenüber, die sich in ihrem Leben noch nie gesehen hatten. Maria war zu diesem Zeitpunkt 20 Jahre alt und wurde ob ihrer ausnehmenden Schönheit und Sanftheit gerühmt. Die Herzogstochter hatte bisher ein behütetes Leben geführt, das hauptsächlich aus Musik, Handarbeiten und Falkenjagd bestand. Maximilian war zwei Jahre jünger als seine Braut. Mit seinen lebhaften, strahlenden Augen und seinem charmanten Wesen bestach der junge Mann die Zeitgenossen und glich seine feh-

Das Brautpaar, verziert mit Perlen und Edelsteinen – eine kunstvolle Brosche als Geschenk zur Verlobung von Kaiser Maximilian I. und Maria von Burgund.

lende Weltläufigkeit aus. Versteinert stand das Paar voreinander und starrte sich an – „blaß wie der Tod", wie ein Augenzeuge berichtet. Obwohl die Heirat aus rein politischen Zwecken von den Eltern eingefädelt wurde, war es Liebe auf den ersten Blick.

Prunkvolle Hochzeit

Die Verständigung zwischen den beiden Verlobten fiel schwer, sprach doch keiner die Sprache des anderen. Die Kommunikation beschränkte sich so zunächst auf Zeichen. Noch am selben Abend wurde der Ehekontrakt unterzeichnet, und die Braut erhielt von ihrem Bräutigam einen prachtvollen Edelstein. Der Tag klang mit einem Bankett im Prunksaal des Palastes aus. Die eigentliche Vermählung fand am nächsten Morgen in der Schlosskirche statt. Maria wählte zu diesem Anlass ein goldbesticktes Gewand, ihre Taille wurde von einer juwelenbesetzten Schärpe geziert, und auf ihrem Kopf trug sie die goldene Krone Burgunds. Die anschließenden Feierlichkeiten dauerten den ganzen Tag über an. Am Abend wurden die beiden Jungvermählten einer lustvollen Sitte jener Tage folgend von der ganzen Gesellschaft zu Bett gebracht. Zehn Monate später brachte Maria von Burgund in Brügge einen Knaben zur Welt.

Zahlreiche Hindernisse

Allerdings war es ein langer und steiniger Weg bis zu dieser Liebesheirat: Maria war von klein auf ein begehrtes Objekt auf dem europäischen Heiratsmarkt. Neben Frankreich, Spanien und England traten auch schon früh die Habsburger auf den Plan. Maximilian war erst sechs Jahre alt, als sein Vater Kaiser Friedrich III. eine Heirat seines Sohnes mit der burgundischen Prinzessin ins Auge fasste. Aber Marias Vater, Herzog Karl der Kühne von Burgund, war sich der Chance bewusst, sein kostbares Kind so teuer als möglich zu verkaufen: So verlangte er von Friedrich III. als Gegenleistung für die Eheschließung die Erhebung Burgunds zum König-

Maximilian I.

1459 Maximilian von Österreich wird als einziger Sohn Kaiser Friedrichs III. in Wiener Neustadt geboren.

1477 Heirat mit Maria von Burgund.

1479 Sieg über den französischen König Ludwig XI. bei Guinegate.

1482 Marias früher Tod verschlechtert Maximilians Position gegenüber Frankreich und den niederländischen Ständen; Friede von Arras.

1486 Wahl und Krönung zum römischen König.

1491 Der Friede von Pressburg sichert Maximilian Erbansprüche auf die ungarische Krone.

1493 Maximilian tritt die Nachfolge seines verstorbenen Vaters an und verheiratet sich mit Bianca Maria Sforza.

1508 Maximilian nimmt den Titel »Erwählter römischer Kaiser« an, eine Krönung zum Kaiser erfolgt nicht.

1519 Tod im oberösterreichischen Wels.

Der König von Frankreich, Ludwig XI., von seinen Feinden die „weltumfangende Spinne" genannt, war der Erste, der zum Schlag ausholte. Er gab seiner Armee den Befehl, sofort in Burgund einzufallen, und plante, seinen minderjährigen und verkrüppelten Sohn mit Maria zu verheiraten. Denn Burgund war ein reiches Erbe. Durch geschickte Heirats- und Territorialpolitik wuchs es innerhalb weniger Jahrzehnte zu einem großen Machtkomplex heran, der schließlich von der Scheldemündung bis zum Jura und zur Loire reichte. Außerdem erlebte das Abendland in Burgund eine prachtvolle Spätblüte höfischer Kultur. Seine größte Macht und Ausdehnung erreichte das Reich unter der Herrschaft von Karl dem Kühnen, der eine Verbindung zwischen seinen getrennten Besitzungen anstrebte, dem niederländisch-luxemburgischen Machtkomplex und dem Herzogtum und der Freigrafschaft Burgund. Doch dies misslang, und mit seinem Tod fiel das ungefestigte Machtgefüge auseinander.

Glückliche Ehejahre

Obwohl Maria von Burgund und Maximilian von Österreich weit voneinander entfernt aufgewachsen waren und verschiedene Sprachen sprachen, entdeckten sie doch durch die gemeinsamen Bande ihrer höfischen Erziehung Hunderte Dinge, die sie miteinander teilen konnten. Jeder begann den anderen seine Sprache zu lehren. Maximilian, der an dem kargen

> *Eine ewige und unerschütterliche Liebe verband die beiden in solch süßer und liebender Harmonie.*
>
> [Jean Molinet, Hofchronist von Burgund]

Maximilian I. mit seiner Frau Maria, seinem Sohn Philipp und seinen Enkelkindern Ferdinand, Ludwig und Karl, der ihm als römisch-deutscher Kaiser nachfolgte.

reich und seine Bestellung zum Nachfolger als Kaiser des Heiligen Römischen Reiches. Nach gescheiterten Verhandlungen im Jahr 1473 stimmte Karl der Kühne schließlich 1476 der Hochzeit seiner Tochter mit Maximilian von Österreich zu. Anfang des Jahres 1477 wurden seine Truppen bei der Belagerung der lothringischen Stadt Nancy von den feindlichen Eidgenossen überrascht. Erst Tage nach der Schlacht fanden Gefolgsleute die Leiche des Herzogs in einem zugefrorenen Weiher. Der nackte Leichnam Karls des Kühnen war bereits von Wölfen halb aufgefressen worden.

Das reiche Burgund

Nach dem Tod des Herzogs entspann sich ein wahres Drama von geheimen und blutrünstigen Machenschaften um die Person der jungen Erbin.

Das kaiserliche Wappenschild Maximilians I. bestand aus dem Doppeladler mit österreichischem Brustschild und der Prunkkette des Ordens vom Goldenen Vlies.

Hof seines Vaters in Wien aufgewachsen war, schwelgte in dem Luxus und der Lebensfreude des burgundischen Hofes. In den Palästen von Gent, Brügge und Brüssel hatten die Burgunderherzöge Schätze angehäuft, die das Herz des Erzherzogs höherschlagen ließen. Die Zwinger waren von Tieren bevölkert, die der österreichische Prinz nie zuvor gesehen hatte: Löwen und Leoparden, Elefanten, Bären, Kamele und Affen. So oft sie Zeit fanden, ritten Maximilian und Maria auf die Jagd, die eine große Leidenschaft der beiden war. Die tiefe Zuneigung, welche die beiden jungen Menschen füreinander hegten, wurde zu einer Legende: „En vous me fye – Auf dich vertraue ich" wählte Maria als Motto für ihr Siegel. Getrübt wurden die glücklichen Jahre nur durch den andauernden Streit mit dem König von Frankreich um das burgundische Erbe, der sich in einen quälenden Kleinkrieg verwandelte.

Jähes Ende

Maria schenkte ihrem Gemahl innerhalb kurzer Zeit zwei Kinder, 1478 den Sohn Philipp und 1480 die Tochter Margarete. Ein Jahr später starb ein weiterer Knabe nach nur wenigen Wochen. Anfang 1482 war sie abermals in freudiger Erwartung, als sie an einem frostigen Märztag zusammen mit Maximilian und ihrem Gefolge zur Reiherjagd in ein Moor nahe von Brügge aufbrach. Mitten im Jagdgeschehen

strauchelte plötzlich Marias Pferd beim Sprung über einen Graben. Ross und Reiterin überschlugen sich, und das Tier begrub die Herzogin unter sich. Schwer verletzt brachte man Maria in ein nahe gelegenes Schloss. Nach drei qualvollen Wochen erlag sie kaum 25 Jahre alt am 27. März 1482 ihren inneren Verletzungen. Ihren Tod verwand Maximilian zeit seines Lebens nicht.

Kampf um das Erbe

Unmittelbar nach dem Tode Marias gaben Maximilians neue Untertanen ihm zu verstehen, dass er für sie ein fremder Niemand sei, der Witwer ihrer Prinzessin und der Vater ihres Prinzen – aber um das Wohlergehen der Kinder wollten sich die Stände selber kümmern. Der Adel und die Handelsstädte, darunter Gent, verbanden sich noch 1482 mit Frankreich und zwangen ihn im Dezember zur Unterzeichnung des Vertrages von Arras. In diesem wurde Frankreich zugestanden, die besetzten Gebiete behalten zu dürfen. Als Unterpfand wurde Maximilians erst zweijährige Tochter Margarete dem französischen Thronfolger Karl als Braut ausgeliefert. Tatenlos musste der Vater zusehen, wie seine Tochter nach Frankreich gebracht wurde und dort als Braut des Mannes aufwuchs, der einst ihre Mutter hätte heiraten sollen.

Doch das Blatt wendete sich wieder: Die treu gebliebenen Gebiete Burgunds eilten Maximilian zu Hilfe und schlugen die Rebellion in Gent nieder. 1486 schließlich wurde Maximilian in Frankfurt am Main mit Unterstützung seines Vaters zum römischen König gewählt und in Aachen gekrönt. Damit sicherte er seiner Familie zumindest die Erbfolge im Reich. Die Kämpfe um das burgundische Erbe zwischen Frankreich und den Habsburgern zogen sich aber weiter hin. Nachdem Maximilian nach der Königskrönung in die rebellischen Niederlande zurückgekehrt war, wurde er sogar in Brügge gefangen gesetzt und an Leib und Leben bedroht. Nur das beherzte

Gent, Ort der Hochzeitsfeierlichkeiten, gehörte im 15. Jh. zum Herzogtum Burgund. Nach dem Tod Marias fiel es an das Haus Habsburg.

Einschreiten Kaiser Friedrichs III. befreite ihn aus dieser misslichen Lage. Maximilian zog sich in das sichere Österreich zurück und brachte seinen erbenlosen Vetter Sigismund den Münzreichen dazu, ihm Tirol und Vorderösterreich abzutreten. Nachdem Maximilian seit 1490 auch weite Teile Niederösterreichs erobert hatte, sicherte er sich ein Jahr später im Frieden von Pressburg auch den Erbanspruch auf die ungarische Krone.

Im Nordwesten war ihm ein derartiges Glück nicht beschieden. Verwöhnt von den Erfolgen im Südosten, ging Maximilian daran, seinen Erzfeind Frankreich weiter einzukreisen. Er vermählte sich in Abwesenheit mit Herzogin Anna von der Bretagne. Der französische König Karl VIII. fiel draufhin in der Bretagne ein, eroberte das Herzogtum, ließ die noch nicht vollzogene Ehe auflösen und heiratete Anna selbst. Kriegsmüde stimmte Maximilian schließlich im Frühling 1493 einer Einigung zu. Mit dem Vertrag von Senlis wurde Margarete freigegeben, und der französische König musste auf ihre Mitgift verzichten. Maximilian erhielt fast alle Gebiete aus dem Erbe seiner Frau zurück. Nur das Herzogtum Burgund und die Picardie sowie Mâcon, Auxerre und Bar-sur-Seine wurden in dem Vertrag stillschweigend übergangen und verblieben so bei Frankreich.

Ein weiterer Kriegsschauplatz

Karl VIII. gab sich mit diesem Gebietszugewinn jedoch nicht zufrieden. Denn die Frage nach der Vorherrschaft in Europa entschied sich nicht nur in Burgund und den Niederlanden, sondern auch in Italien. Auch hier wollte Maximilian seine Reichsrechte wahren. Er heiratete 1493 die Mailänderin Bianca Maria Sforza, belehnte ihren Onkel Lodovico il Moro mit dem Herzogtum Mailand und gewann damit, neben einer reichen Mitgift von 400 000 Gulden, einen mächtigen Bundesgenossen in Oberitalien. Als Karl VIII. im darauffolgenden Jahr in Italien einfiel und das Königreich Neapel eroberte, schloss sich Maximilian im März 1495 mit der Republik Venedig, dem Herzog von Mailand, Papst Alexander VI. und König Ferdinand II. von Aragon zur Heiligen Liga von Venedig zusammen und marschierte gegen den französischen König. Karl musste daraufhin seinen Italienfeldzug abbrechen.

Habsburger an der Macht

Mit der Erbschaft von Burgund begann der Aufstieg der Habsburger zur mächtigsten und einflussreichsten Dynastie in Europa. Die neu erworbenen Gebiete waren nicht nur wirt-

schaftlich, sondern auch kulturell führend. Allerdings erbten die Habsburger mit diesem Reichtum auch den alten Widerstreit zwischen den Königen von Frankreich und den Herzögen von Burgund. Dieser Gegensatz dominierte die europäische Geschichte der nächsten Jahrzehnte und belastete die Beziehungen bis weit in das 19. Jh. hinein. Der habsburgisch-französische Konflikt verschärfte sich noch durch die enge Verbindung der Habsburger mit Spanien. Maximilian war es noch zu Zeiten der Heiligen Liga gelungen, seine Tochter Margarete mit dem Erben der Kronen von Aragon und Kastilien und nach dessen Tod seinen Sohn Philipp mit der spanischen Thronerbin zu verheiraten. Dies sicherte den Habsburgern Anfang des 16. Jh. die spanische Krone. Bei der Teilung des ins Riesenhafte angewachsenen Reiches Mitte des 16. Jh. fiel die burgundische Erbmasse an die spanische Linie der Habsburger.

Die Heilige Liga unter Führung Maximilians I. kämpfte in Italien gegen die Vorherrschaft Frankreichs. Giorgio Vasari malte dazu dieses Fresko im Florentiner Palazzo Vecchio.

Der Postreiter zwischen Innsbruck und Mechelen

1490

Der erste reguläre Postdienst verband die weit auseinanderliegenden habsburgischen Residenzen Innsbruck und Mechelen bei Brüssel miteinander. Er markiert den Beginn des deutschen Postwesens.

Fünf Uhr in der Früh am Ortsrand von Rheinhausen bei Speyer: Ein Bauer lief über den Hof zum Stall. Nichts war normalerweise zu dieser Tageszeit zu hören als das Geschrei des Hahnes oder das Gezänk von Katzen. Plötzlich schreckte er auf: Trappelte da nicht ein Pferd auf dem Weg vor seinem Hof? Neugierig blickte er nach draußen, und tatsächlich, da preschte ein Mann in der Morgendämmerung im schnellen Trab ins Dorf hinein. Verwundert rieb sich der Bauer die Augen, doch nun fiel es ihm wieder ein: Ah, das wird der Postreiter sein, für den in den letzten Tagen eine Station im Dorf gebaut worden war!

Ab geht die Post!

Wir schreiben das Jahr 1490 und erleben eine der einschneidendsten Veränderungen im Leben der Menschen, die das späte 15. Jh. mit sich brachte. Die Hast, mit welcher der Postreiter eben an dem Bauern vorbeistürmte, wird bei diesem ähnliche Empfindungen geweckt haben wie die ersten Eisenbahnen bei den Menschen im 19. Jh., Empfindungen, die wir auch selbst noch kennen: Die modernen, hektischen Zeiten! Alles muss immer schneller gehen! Doch wozu brauchte man den Postreiter eigentlich? Benötigte ein Transportgut, das ein Bote von Augsburg nach Trier bringen sollte, im Mittelalter noch 16 Tage, waren es nach der Einrichtung von Postlinien nur noch drei! War ein Dekret des Kaisers, der gerade in Innsbruck weilte, oft noch wochenlang nicht in alle Winkel seines Reiches vorgedrungen, verbreiteten sich nun die Nachrichten in Windeseile. Durch die Verkürzung der Transportzeiten brachte dieser erste große Postkurs die europäischen Länder zwischen Nordsee und Mittelmeer einander näher. Dem zuverlässigen, regelmäßigen Briefverkehr folgte die Entwicklung des Zeitungswesens und des Postkutschendienstes, zugänglich für jedermann zu jederzeit, eine umwälzende Entwicklung für das europäische Verkehrswesen.

Expressroute

Diese Revolution begann also 1490 mit der Einrichtung des ersten Postkurierdienstes im Habsburger Reich. Zunächst wurden in Abständen von etwa fünf Meilen – das entspricht 28 km – Poststationen zwischen den beiden Habsburger Residenzen Mechelen bei Brüssel und Innsbruck angelegt. Von Mechelen aus führte der Weg über Trier oder über das Rheintal an Koblenz vorbei nach Rheinhausen bei Speyer, überschritt dort den Rhein, passierte über Cannstatt den Südwesten Deutschlands. Der Kurs führte dann über Memmingen oder über Augsburg weiter nach Füssen und von dort

Mit dem Posthorn kündigten sich die Kuriere frühzeitig an, sodass in der Poststation der nächste Reiter für einen fliegenden Wechsel sorgen konnte.

WIEN

Kurierdienste

1490 Zwischen Mechelen und Innsbruck wird die erste Postlinie in Deutschland eingerichtet. Mit dem Aufbau wird die oberitalienische Familie Taxis beauftragt. Die Strecke führt über Trier oder Koblenz nach Rheinhausen bei Speyer und von dort über Füssen nach Innsbruck.

1501 Die Taxis verlegen das Zentrum der Post von Innsbruck nach Brüssel, wo Franz von Taxis von Erzherzog Philipp zum Hofpostmeister ernannt wird.

1505 Franz von Taxis erhält den Auftrag, ein internationales Postsystem aufzubauen.

1516 Mit Karl V. vereinbart Franz von Taxis weitere Beförderungsrechte. Auch Italien wird dabei in das taxissche Beförderungssystem eingegliedert.

Mit Einrichtung der Post schnellte die Verkehrsgeschwindigkeit in die Höhe. Anstatt der 25 km, die man im Mittelalter am Tag durchschnittlich bewältigen konnte, legte man nun 100 bis 150 km zurück. Ein weiterer Vorteil war, dass die Beförderungsdauer der Briefsendungen exakt berechnet werden konnte.

Habsburger Entwicklungen

„Du, glückliches Österreich, heirate" – was das geflügelte Wort sagen will: Die Habsburger-Dynastie vergrößerte ihr Herrschaftsgebiet nicht so sehr durch Kriege und Okkupationen, sondern vor allem durch eine äußerst geschickte und glückliche Erbfolgepolitik.

Und so war auch die Tatsache, dass das organisierte Postwesen an der Zeitenwende zwischen Mittelalter und Neuzeit entstand, auf das Engste mit der Entstehung des habsburgischen Imperiums verknüpft. 1477 hatte der Habsburger Erzherzog Maximilian von Österreich Maria von Burgund, die alleinige Erbin eines großen und reichen Länderkomplexes – ungefähr das Gebiet der heutigen Beneluxstaaten –, geheiratet. Im Jahr 1490 übernahm Maximilian, der 1486 zum römisch-deutschen König gewählt worden war, zudem von seinem Vetter, Erzherzog Sigismund dem Münzreichen, die Regentschaft über die reiche Grafschaft Tirol mit der

Franz von Taxis, der erste Hofpostmeister im Dienst der Habsburger.

nach Innsbruck. Die Kuriere hatten sage und schreibe eine Strecke von insgesamt 1024 km zu bewältigen. Da die meisten Reichsstädte die Errichtung eines Postamts in ihren Mauern nicht gestatteten, stieg an ihrer Stelle eine Reihe von Dörfern zu wichtigen Poststationen auf.

Cito, cito, cito, citissimo …

„Schnell, schnell, schnell, so schnell, als ob du fliegen würdest …", so stand es auf den ersten „Post-Stundenpässen" von 1490, mit deren Hilfe die Boten kontrolliert wurden. Sie mussten genau Rechenschaft ablegen, wo, wann und von wem sie eine Briefsendung empfangen und wann sie diese weitergeleitet hatten. Mit einem laut tönenden Signalhorn machten die schnellen Reiter schon von Weitem auf sich aufmerksam. So wussten Fährleute, Stadtwächter oder die nächste Poststation immer rechtzeitig, wann mit ihrem Kommen zu rechnen war.

Der stafettenartig organisierte Beförderungsdienst arbeitete Tag und Nacht. Es gab keine Essens- oder Schlafenspausen. Sobald ein Postreiter ruhen musste, wurden die Briefe durch den nächsten Reiter weiterbefördert. Vor allem im Winter leisteten die Kuriere Erstaunliches, denn die Straßen waren so gut wie nicht ausgebaut, und die Witterung tat ihr Übriges, um Ross und Reiter zuzusetzen.

Erste Postroute im Habsburger Land

Meilensteine verrieten den Postreitern stets, wie weit sie noch zu reiten hatten.

Hauptstadt Innsbruck. Um das so entstandene Landesgebiet mit seinen zwei Zentren, Niederlande und Österreich, regieren zu können, reichte die bestehende Infrastruktur nicht mehr aus. Ein neues Kommunikationssystem musste her, das mit den Schätzen der Herren von Tirol finanziert wurde.

Die Taxis kommen ins Spiel

Zu diesem Zweck beauftragte man die oberitalienische Familie Taxis mit der Einrichtung des habsburgischen Postwesens. Mitglieder der weit verzweigten Familie hatten sich bereits durch ihre Organisationskunst im italienischen Nachrichtenwesen einen Namen gemacht. So waren ihre früheren Auftraggeber keine Geringeren als die päpstliche Kurie und die Republik Venedig. Eine zentrale Rolle bei der Einrichtung des habsburgischen Postsystems spielte Franz von Taxis (um 1459–1517), der als „Erfinder" der Post gilt. Auf den italienischen Ursprung der Taxis verweisen einige seltsame deutsche postalische Begriffe wie etwa das „Felleisen", das sich vom italienischen Wort „vaglia" ableitet und den verschließbaren Briefsack bezeichnet, den der Postreiter hinter sich auf dem Pferd befestigte.

Im Auftrag Maximilians I. baute Franz von Taxis gemeinsam mit seinem Bruder Janetto den Kurierdienst weiter aus. Es entstanden neue Verbindungen zwischen Wien und Freiburg und von Innsbruck über den Brenner nach Italien. Derartige Unternehmungen verschlangen allerdings Unsummen von Geld, die Maximilian nicht immer ohne weiteres aufbringen konnte. Der chronisch an Geldnot leidende Herrscher sah sich immer öfter gezwungen, Schlösser und ganze Ländereien an die Gebrüder Taxis zu verpfänden. Als auch dies nicht mehr ausreichte, suchten sich die Taxis einen finanzkräftigeren Zahlmeister. Sie fanden ihn in Maximilians Sohn Philipp dem Schönen, der seit

Philipp der Schöne, Sohn Kaiser Maximilians, setzte sich für den Ausbau der Postreiterdienste ein und beauftragte Franz von Taxis mit dieser Aufgabe.

1494 in den Niederlanden regierte und über üppigere Geldquellen verfügte als sein Vater. Kurz entschlossen, wechselte Franz von Taxis seinen Auftraggeber, packte seine Siebensachen und ging um 1500 nach Brüssel, wo er von Philipp dem Schönen zum Hofpostmeister ernannt wurde. Bereits fünf Jahre später war er zum Generalpostmeister aufgestiegen und hatte sich obendrein das Postmonopol in den habsburgischen Landen gesichert. Dafür gab Franz von Taxis umfangreiche Garantien: Ein Brief zwischen Innsbruck und Mechelen durfte nicht länger als fünf Tage unterwegs sein, im Winter auch sechs, und niemand außer dem Absender und dem Adressaten sollte die Briefe lesen können. Die Wahrung des Briefgeheimnisses und die zugesicherte Einhaltung der Beförderungsdauer hatten Philipp den Schönen zusätzliche 800 000 Mark gekostet.

Hoch auf dem gelben Wagen

Mit dem Geld ging Franz von Taxis daran, sein Postimperium weiter auszubauen. Geschäftstüchtig und weitsichtig wie er war, erkannte er recht bald, dass die Zukunft auch in der Personenbeförderung lag. Das Reisen in damaliger Zeit war beschwerlich und zeitraubend. Ob

Bauer oder Edelmann, der Reisende kämpfte sich zu Fuß oder zu Pferd über holprige, teils unpassierbare Straßen und war dabei auf sich allein gestellt. Öffentliche Verkehrsmittel gab es noch nicht. Dies änderte sich 1516, als ein Vertrag zwischen Franz von Taxis und Kaiser Karl V., dem Enkel Maximilians I., erstmals die Beförderung von Amtspersonen auf bestimmten Postlinien erlaubte. Das Zeitalter der Postkutsche brach an. Da die Menschen zunehmend mobiler wurden und nach bequemeren Reisemöglichkeiten verlangten, erhielt gut 100 Jahre später Reichsgeneralpostmeister Lamoral von Taxis das Privileg, jetzt auch Privatpersonen befördern zu dürfen.

Die Postkutschen transportierten neben Reisenden und den amtlichen Schreiben der Habsburger auch immer mehr Privatpost. Die Gebühren, die für den Transport entrichtet werden mussten, waren eine weitere lukrative Einnahmequelle für das taxissche Postunternehmen. Der Preis richtete sich wie heute nach dem Gewicht der Sendung, der Entfernung und der gewünschten Beförderungsdauer. Besonders eilige Briefe konnten schon damals gegen eine höhere Gebühr mit der Extrapost verschickt werden. Eine besonders fixe Reiterstaffel bemühte sich dann um die umgehende Zustellung. Bis ins 19. Jh. hinein sollte die Postkutsche das wichtigste öffentliche Verkehrsmittel bleiben. Erst durch die Eisenbahn wurde sie ab den 1830er-Jahren allmählich abgelöst.

Kampf dem taxisschen Postmonopol

Als Kaiser Rudolf II. 1595 Leonhard von Taxis zum Generalpostmeister im Reich ernannte und ihm damit das Postmonopol über das gesamte Reichsgebiet übertrug, kam es zum Streit. Die Staaten im Norden und Osten des Reiches und die Reichsstädte, in die die taxisschen Postlinien bisher nicht vorgedrungen waren, widersetzten sich. Die Reichsfürsten sahen sich durch die Entscheidung in ihrer landesherrlichen Souveränität angegriffen. Erst nach zähen Verhandlungen stimmten sie zu, taxissche Postlinien und Poststationen in ihren Ländern zu dulden, sofern sie auch weiterhin eigene Postdienste unterhalten durften. Vor allem Kurfürst Friedrich Wilhelm von Brandenburg setzte sich mit seinen Forderungen durch: Er untersagte den Taxis schlichtweg, in Brandenburg Briefe, Waren und Reisende zu befördern. Hier gab es fortan eine eigene staatliche Landespost, die Brandenburgisch-Preußische Post.

Da es dem Kaiser nicht möglich war, ein einheitliches System dauerhaft durchzusetzen,

einigte man sich auf einen Kompromiss: Den Süden und Westen des Reiches dominierte weiterhin die taxissche Reichspost, der Norden und Osten durfte hingegen eigene Landespostdienste einrichten und ausbauen. Damit waren die Weichen zunächst gestellt: In Deutschland sollte es bis ins 19. Jh. neben einer Vielzahl von Einzelstaaten auch eine Vielzahl von Postdiensten geben.

Die Reichspost

Die Kleinstaaterei im Bereich des Postwesens brachte zunehmend Probleme mit sich. Durch die unterschiedliche Organisationsstruktur der einzelnen Postdienste kam es zu erheblichen Behinderungen im deutschen Postverkehr. Verspätungen von Postkutschen waren an der Tagesordnung, an den Landesgrenzen blieben Postsäcke einfach unbefördert in den Stationen liegen, wichtige Briefe wurden falsch oder gar nicht zugestellt. Die Verhältnisse waren für ein Land, in das die Industrialisierung Einzug gehalten hatte, schlichtweg untragbar. Nach dem Sieg über Österreich versuchte man 1866 zumindest in Preußen, Abhilfe zu schaffen. Innerhalb des Norddeutschen Bundes wurden alle deutschen Postverwaltungen, mit Ausnahme der Verwaltungen von Baden, Württemberg und Bayern, zu einer einheitlichen Bundespost zusammengeschlossen. Damit endete das Zeitalter der privaten Postunternehmen. Auch die Taxis, die sich seit ihrer Erhebung in den Reichsfürstenstand

Thurn und Taxis nannten, traten ihr Familienunternehmen gegen eine Abfindung von 3 Mio. Talern an den preußischen Staat ab. Eine weitere Vereinheitlichung brachte die Reichsgründung 1871. Bis auf Bayern und Württemberg, die noch bis 1920 ihre eigenen Verwaltungsvorschriften beibehielten, war nun die Kaiserliche Reichspost für ganz Deutschland zuständig. Neue Medien wie die Telegrafie und das Telefon trugen in der Folgezeit wesentlich dazu bei, die Kommunikation zu vereinfachen. Was als herrschaftlicher Kurierdienst begonnen hatte, wurde nun zum Kommunikationsmittel der Massen.

> *Wer ans Ziel kommen will, kann mit der Postkutsche fahren, aber wer richtig reisen will, soll zu Fuß gehen.*

[Jean-Jacques Rousseau]

Aus dem Postreitersystem entwickelte sich das Postwesen mit Postkutschen. Briefkästen ermöglichten den einfachen Briefverkehr zwischen Bürgern.

Reform durch Maximilian I. auf dem Reichstag in Worms

1495

In Worms stritten König und Reichsstände fünf Monate lang über eine Reform des Reiches. Am Ende musste sich Maximilian I. den Wünschen der Fürsten beugen, weil er Geld für Kriege brauchte.

Im Jahr 1495 beherbergte Worms für längere Zeit einen prominenten Gast. Fast sechs Monate verbrachte König Maximilian I. in der alten Reichsstadt am Rhein. Als Tag der Ankunft verzeichnen die Chroniken den 18. März. Die Abreise fand in der Nacht vom 11. auf den 12. September statt. Dazwischen lagen Monate des erbitterten Feilschens und Verhandelns mit den Größen des Reiches. Sofort nach Maximilians Eintreffen war ein Reichstag anberaumt worden, dessen Ausgang der König aus dem Haus Habsburg mit einigem Bangen entgegengesehen hatte. Denn auf der Tagesordnung standen eine ganze Reihe von brisanten Themen. Die Verhandlungen konnten sich also durchaus schwierig gestalten.

Kaiser „Maximilian I. der letzte Ritter". Diesen Namen erhielt er wegen seiner Vorliebe für ritterliche Tugenden. Prachtvoll zeigte ihn Rubens gut 100 Jahre nach seinem Tod.

Sieg der Stände

Als der Reichstag am 13. August offiziell beendet wurde, gab es bei allen Beteiligten keine Zweifel, einem denkwürdigen Ereignis beigewohnt zu haben. Nicht der König, sondern das Reich hatte in der Machtprobe von Worms gesiegt. Auch deswegen blieb Maximilian nach Abschluss des Reichstags noch einige Wochen in der Stadt. Bei seiner Lieblingsbeschäftigung, dem Turnierkampf mit Lanze und Schwert, fand der König Ablenkung und Zerstreuung. Für den 26. August notierten die Wormser Chroniken einen Sieg Maximilians über den burgundischen Ritter Claude de Vaudrey, errungen auf dem Turnierplatz am Obermarkt. Dieser Erfolg konnte den „letzten Ritter", wie man ihn wegen seiner Vorliebe für alte höfische Ideale nannte, aber nicht über die bittere Niederlage, die er auf dem Reichstag hatte einstecken müssen, hinwegtrösten.

Der Reichstag von Worms hatte länger als üblich gedauert. Die Teilnehmer nutzten solche Treffen gerne zur Pflege gesellschaftlicher Kontakte, und deswegen wurde zwischen den Sitzungen nicht selten ausgiebig getafelt und gefeiert. Der Wormser Reichstag von 1495 stellte in dieser Hinsicht keine Ausnahme dar. Doch in der Summe wurde in Worms mehr getagt als getanzt. Was die Kurfürsten, die Bischöfe, die Territorialherren und alle anderen wichtigen Persönlichkeiten des Reiches in Worms planten, war praktisch ein Generalangriff auf die Macht der deutschen Krone. Endlich wollten sie die Rechte und Befugnisse erhalten, die man ihnen schon so lange versprochen und doch immer wieder verweigert hatte.

Reichstagsstadt Worms

WORMATIA.

Unter den deutschen Städten, die im Mittelalter und in der Frühen Neuzeit als Schauplätze für Reichstage ausgewählt wurden, nimmt Worms eine klare Spitzenposition ein. Bis zum Anfang des 16. Jh. fanden hier über 100 Reichstage statt. Als Tagungsorte kamen lediglich Bischofsstädte und Freie Reichsstädte infrage. Der einflussreiche Erzbischof von Mainz und sein pfälzischer Kurfürsten-Kollege in Heidelberg setzten sich wegen der kurzen Anreisewege regelmäßig für Worms ein.

Ein König in Schwierigkeiten

Die Gelegenheit, dem König einschneidende Reformen abzutrotzen, war günstig. Denn vor Maximilian türmte sich ein Berg von Problemen auf. Besonders schmerzlich war der Umstand, dass die Kasse des Habsburgers unter chronischer Ebbe litt. Dabei stand er gerade jetzt vor großen militärischen Herausforderungen. Mit den Franzosen gab es Schwierigkeiten, ebenso mit den Osmanen, die sich nach der Eroberung von Konstantinopel im Jahr 1453 zur neuen Großmacht im Osten aufgeschwungen hatten. Um die anstehenden Feldzüge überhaupt finanzieren zu können, brauchte Maximilian die Hilfe der Reichsstände. Diese wiederum waren fest entschlossen, ihre Unterstützung an die Bedingung zu knüpfen, dass der König der angestrebten Reichsreform zustimmte. Und so war Maximilian mit Magenschmerzen, aber auch mit vielen Vorschlägen im Gepäck nach Worms gereist. Sie brachten ihm den Ruf eines großen, wenn auch unfreiwilligen Reformers unter den deutschen Königen ein.
Zu ihrem Wortführer hatten die Reichsstände Berthold von Henneberg bestimmt. Der selbstbewusste Erzbischof von Mainz erwies sich für Maximilian als ein unangenehmer Gegenspieler. Nach zähen Verhandlungen wurde am 7. August 1495 endlich der Durchbruch erreicht.

Die Fürsten genehmigten dem Monarchen die Gelder für den geplanten Krieg, der König setzte zwei Tage später seine Unterschrift unter die neuen Gesetze.

Ende der Fehden

Kernstück der Reform war der Ewige Landfrieden. Damit sollte im Reich endlich mehr Rechtssicherheit geschaffen werden. Bis dahin herrschte überall noch das Fehderecht. Nach dem Willen der Wormser Reformer durften nicht länger das Recht des Stärkeren und das Argument der Faust gelten. Diese Absicht wurde im ersten der zwölf Paragrafen des Dokuments deutlich formuliert: „Von dem Tage der Verkündigung ab darf niemand, wessen Würde, Standes und Wesens er auch sei, den anderen befehden, bekriegen, berauben noch auch einige Schlösser, Städte, Märkte ersteigen oder ohne des anderen Willen mit gewaltiger Tat freventlich einnehmen oder gefährlich mit Brand oder in anderem Wege beschädigen."
Bei Zuwiderhandlungen drohte das neue Gesetz mit der Reichsacht. Schon bald wurden die positiven Auswirkungen der neuen Ordnung spürbar. Händler und Reisende mussten unterwegs nicht mehr wie zuvor um ihre Sicherheit bangen. Die Folge war ein deutlicher wirtschaftlicher Aufschwung. Indem die Reformer den Landfrieden als „ewig" bezeichneten, brachten sie die Hoffnung zum Ausdruck, dass damit nicht nur für den Augenblick, sondern auch für alle Zeiten der Selbstjustiz ein Riegel vorgeschoben worden war. Tatsächlich blieb der Ewige Landfrieden von 1495 über Jahrhunderte hinweg Rechtsgrundlage im Deutschen Reich.

Neues Gericht

Eng verbunden mit dem Ewigen Landfrieden war die Einrichtung des Reichskammergerichts als oberster Gerichtsbehörde in Angelegenheiten des Reiches. Über dieses Zugeständnis war König Maximilian besonders unglücklich, denn er verlor auf diese Weise die Oberhoheit über die Rechtsprechung. Doch die Bevölkerung wusste die Vorteile eines

Ein ungeheurer Wust von Akten lag aufgeschwollen und wuchs jährlich.

[Goethe über das Reichskammergericht, 1814]

Das Reichskammergericht wurde nach dem Reichstag in Worms eingerichtet. Es befand sich erst in Speyer, später in Wetzlar; hier arbeitete im 18. Jh. Goethe kurz als Assessor.

Der „Gemeine Pfennig" wurde von Maximilian eingeführt, um Geld für die Kriege gegen die Osmanen und Frankreich in die Staatskasse zu spülen.

Der Rathaussaal in Regensburg war ab 1663 ständiger Sitz des Reichstags. Zuvor war dieser in unregelmäßigen Abständen einberufen worden.

ständig erreichbaren Gerichtshofs zu schätzen. Der König war viel unterwegs und häufig nicht anwesend, wenn sein Schiedsspruch gefragt war. Nun aber gab es eine feste Anlaufstelle. Die adligen Richter wurden zwar vom König ernannt, waren ansonsten aber in ihrem Urteil frei. Allerdings mussten sich die Menschen daran gewöhnen, dass dieses Reichskammergericht mehrfach den Standort wechselte. Zuerst war es für kurze Zeit in Frankfurt am Main ansässig, dann zog es nach Worms um. Ab 1527 war es in Speyer beheimatet und von 1693 bis zum Ende des Heiligen Römischen Reiches im Jahr 1806 in Wetzlar. 1772 machte der junge Goethe ein juristisches Praktikum am Reichskammergericht und beklagte sich bitter über die umständliche Arbeitsweise der dortigen Hüter von Recht und Ordnung.

Steuer für alle

Eine dritte große Errungenschaft des Wormser Reichstags von 1495 war die Einführung des Gemeinen Pfennigs. „Gemein" bedeutete in diesem Fall, dass es sich um eine allgemeine, nicht nur auf bestimmte Personenkreise beschränkte Abgabe handelte. Diese erste Reichssteuer im großen Stil war ein Zugeständnis an den geplagten König, der damit in die Lage versetzt werden sollte, seine kostspieligen Kriege zu bezahlen. Zugleich waren die Einnahmen dazu

gedacht, den Unterhalt des neuen Reichskammergerichts zu finanzieren. Bei der Bevölkerung stieß dieser Beschluss auf wenig Gegenliebe, denn alle Untertanen über 15 Jahren wurde jetzt zur Kasse gebeten. Immerhin hatte sich der Reichstag Mühe geben, die Höhe der Steuer den jeweiligen Einkommensverhältnissen anzupassen. Wer ein Vermögen von über 500 Gulden besaß, musste jährlich einen halben Gulden an den Staat abführen. Spitzenverdiener, die über ein Vermögen von mehr als 1000 Gulden verfügten, mussten sich pro Jahr von einem Gulden trennen. Wer unter der Grenze von 500 Gulden lag, konnte nicht aufatmen, denn das Reich verlangte auch von den Ärmeren den 24. Teil eines Guldens.

Die Erwartung des Königs, der Gemeine Pfennig würde regelmäßig Geld in die maroden Kassen spülen, erfüllte sich nicht. Schuld am Scheitern der Reform war jedoch nicht eine schlechte Zahlungsmoral der Untertanen. Vielmehr fehlten die organisatorischen Voraussetzungen für das Eintreiben der Steuern. Zwar wurde ein Gremium von sieben Reichsschatzmeistern eingesetzt, doch vor Ort fühlte sich keiner zuständig. Die Dorfpfarrer, die man mit dieser Aufgabe betraute, waren deutlich überfordert und zeigten darüber hinaus auch kein großes Interesse, in ihren Gemeinden Geld für den König und seine Kriege einzusammeln. Der Eifer des Adels, die Krone in dieser Angelegenheit zu unterstützen, hielt sich ebenfalls in Grenzen.

Schweizer Sonderweg

So war die große Steuerreform, für die man eine Probephase von vier Jahren festgelegt hatte, von vornherein zum Scheitern verurteilt. Zehn Jahre nach dem Wormser Reichstag wurde das Experiment wieder beendet. Nicht zuletzt aus Protest gegen diese Steuer schied die Schweizer Eidgenossenschaft 1499 offiziell aus dem deutschen Reichsverband aus. Vorausgegangen war der sogenannte Schwabenkrieg, in dem der Schwäbische Bund König Maximilian in seiner Eigenschaft als Haupt des Hauses Habsburg gegen die abtrünnigen Eidgenossen unterstützt hatte. Der Austritt der stolzen Schweizer aus dem Heiligen Römischen Reich Deutscher Nation wurde

durch den Basler Frieden vom 22. September 1499 endgültig besiegelt. Die Eidgenossen gingen fortan ihre eigenen Wege.

Aufgewerteter Reichstag

Auf die Tagesordnung des Wormser Reichstags hatten die Reichsstände auch den Reichstag selbst gesetzt. Für die Großen im Reich war der Reichstag schon immer ein wichtiges Instrument zur Kontrolle des Königs gewesen. Sechs Jahre vor Worms hatte man bereits wichtige Entscheidungen getroffen. Der Reichstag gliederte sich seit 1489 in die drei Gremien des Kurfürstenrats, des Reichsfürstenrats und des Städterats. Das Recht, den Reichstag einzuberufen, war allerdings nach wie vor dem König vorbehalten. In Worms drängten die Meinungsführer um den allgegenwärtigen Mainzer Erzbischof Berthold von Henneberg auf mehr Planungssicherheit. Das Ergebnis kam den Wünschen der Reichsstände entgegen. Künftig sollte die Versammlung mindstens einmal im Jahr zusammenkommen.

Mit dieser Regelmäßigkeit wollten die Fürsten königlicher Willkür bei der Einberufung einen Riegel vorschieben. Worms stellte eine wichtige Etappe bei der Entwicklung des Reichstags zu einer festen Einrichtung der Verfassung dar. Einen vorläufigen Abschluss erreichte dieser Prozess mit der Gründung des Immerwährenden Reichstags 1663. Seither wurde der Reichstag nicht mehr eigens einberufen, sondern tagte als dauerhafter Kongress in Regensburg.

Regiment und Reichskreise

Der Katalog an Forderungen, die die Stände in Worms dem König präsentierten, enthielt auch das Stichwort „Reichsregiment". Widerwillig musste Maximilian der Gründung einer ständigen Regierung zustimmen, an der Vetreter der Reichsstände und der Reichsstädte beteiligt waren. In Worms wurden die Weichen für diese Regelung gestellt, fünf Jahre später erfolgte auf dem Reichstag von Augsburg die offizielle Bestätigung. Aber bereits zwei Jahre später musste das neue, in Nürnberg angesiedelte Gremium seine Arbeit aus finanziellen Gründen wieder einstellen. Von Dauer war dagegen die 1495 beschlossene Einteilung des Reiches in einzelne Kreise, die als Verwaltungsorgane dienen sollten. Zu den ursprünglichen Reichskreisen Franken, Schwaben, Bayern, Oberrhein, Westfalen und Niedersachsen traten bis 1512 noch Burgund, Österreich, Kurrhein und Obersachsen hinzu. So hielten sich bei der Reichsreform von 1495 Erfolg und Misserfolg die Waage.

In den Schwabenkriegen kämpften die Schweizer gegen die Habsburger. Im Endeffekt konnten die Eidgenossen ihre Unabhängigkeit bewahren.

1517 – 1648

Reformation und Glaubenskriege

Als sich zu Beginn des 16. Jh. ein Mönch aus Wittenberg gegen korrupte Zustände in der katholischen Kirche zur Wehr setzt, ahnt niemand, welchen Flächenbrand er binnen Kurzem damit auslöst. Martin Luthers wortgewaltige und dank der Erfindung des Buchdrucks schnell verbreitete reformatorische Schriften entzweien das Land und die Menschen. Mit der Katastrophe des Dreißigjährigen Krieges vollendet sich die bis dahin größte Umwälzung in der Geschichte Deutschlands.

Das Werk und die beeindruckende Person des Reformators Martin Luther verändern Deutschland.

Martin Luthers 95 Thesen leiten die Reformation ein

1517
31. OKTOBER

Der Anschlag der 95 Thesen an der Schlosskirche von Wittenberg hat wahrscheinlich nie stattgefunden. Dennoch leitete Martin Luthers Reformvorschlag die konfessionelle Spaltung Deutschlands ein.

Die Legende will es so: Am 31. Oktober 1517 gegen 12 Uhr mittags marschierte Martin Luther zielstrebig auf die Schlosskirche von Wittenberg zu. Vor der Kirche angekommen, holte der knapp 35-jährige Doktor und Professor der Theologie ein Plakat aus seinem Mantel und befestigte es mit einigen energischen Hammerschlägen am Portal des Gotteshauses. Rasch versammelte sich eine neugierige Menge von Menschen. Wer Latein konnte, begriff sofort die Brisanz des Textes. Das Schriftstück enthielt eine auf 95 Thesen verteilte Kampfansage an die allmächtige Kirche. Auf diese Weise begann die für Deutschland und Europa folgenreiche Reformation. Ob sich die Geschichte tatsächlich so abgespielt hat, kann man allerdings mit Fug und Recht bezweifeln. Zwar war es zu Luthers Zeiten in akademischen Kreisen nicht unüblich, durch öffentlichen Anschlag seine Meinung kundzutun und gleichzeitig zur Disputation einzuladen. Doch gibt es keinen gesicherten Hinweis darauf, dass Luther am 31. Oktober 1517 wirklich diesen Weg gewählt hat, um sein Unbehagen am Kurs der Kirche auszudrücken. Der Reformator selbst hat nie von einer solchen Aktion gesprochen. Erst sein späterer Mitstreiter Philipp Melanchthon verbreitete die Version vom Anschlag der 95 Thesen an der Wittenberger Schlosskirche. Der berühmte Humanist und Theologe konnte es aber auch nicht genau wissen, denn er wurde erst ein Jahr später als Professor für griechische Sprache an die Universität von Wittenberg berufen.

Tetzel beim Ablasshandel: Luthers Abkehr von der römisch-katholischen Kirche entzündete sich an der Praxis, Bußen gegen Geld zu erleichtern.

Botschaft an den Erzbischof

Sicher ist auf jeden Fall, dass der streitbare Luther am 31. Oktober 1517 seine aus Sicht der Kirche revolutionären Ansichten mitsamt den Thesen an Albrecht von Brandenburg schickte. Der Erzbischof von Mainz war damals der einflussreichste Kirchenfürst in Deutschland. Ihn zu einer Stellungnahme aufzufordern und nach Möglichkeit zu einem Streitgespräch zu bewegen war Luthers Hauptanliegen. Albrecht hielt sich jedoch erst einmal ziemlich bedeckt, setzte an der Universität Mainz eine Untersuchungskommission ein und informierte zur Sicherheit auch den Papst in Rom.

Vielleicht wäre die Aktion des mutigen Luther nur ein Sturm im Wasserglas geblieben, hätten sich seine Thesen nicht wie ein Lauffeuer verbreitet. Denn nicht nur dem Erzbischof, sondern auch einigen Freunden und Bekannten hatte er den Text zukommen lassen. Sie waren es, die für die Verbreitung in der Öffentlichkeit sorgten. Dank des erst vor kurzer Zeit erfundenen Buchdrucks kursierten in ganz Deutschland Pamphlete mit deutschen Übersetzungen von Luthers Abrechnung mit der Kirche.

Gute Geschäfte

Seit Ende 1517 war Luther zu seiner eigenen Überraschung in aller Munde. Nun wurde auch die Kirche hellhörig. Und man schaute etwas genauer hin, was der gelehrte Theologe aus Wittenberg eigentlich geschrieben hatte. Entzündet hatte sich dessen Kritik am florierenden Ablasshandel der Kirche. Gegen die Zahlung einer Geldsumme konnten sich die Gläubigen von ihren Sünden freikaufen. Nichts fürchteten die Menschen mehr als das Fegefeuer, und mit einem Ablassbrief in den Händen hofften sie, die Aufenthaltsdauer in dieser Bußanstalt für irdische Verfehlungen verkürzen zu können. Die Kirche verdiente an dieser Praxis prächtig. Luther erlebte selbst mit, wie das System des Ablasshandels von dem Dominikanermönch Johannes Tetzel zur Perfektion gebracht wurde. Seinen Unmut erregte nicht allein der Missbrauch der Bußregeln, sondern auch der Umstand, dass mit den eingenommenen Geldern Kirchenbauten und Kriegszüge finanziert wurden. So hatte Papst Leo X. mit den Ablassgeldern die Renovierung der Peterskirche in Rom bezahlt.

Buße und Demut

Luther antwortete auf diese aus seiner Sicht untragbaren Verhältnisse mit einer Botschaft, die zu einer der Kernaussagen der Reformation werden sollte: Mit Geld kann sich der Mensch sein Seelenheil nicht erkaufen. Vielmehr bedarf es dazu der Demut vor dem allmächtigen Gott und seinem unergründlichen Ratschluss. Der Mensch darf nicht versuchen, seinem Glück nachzuhelfen. Er hat das gerechte Urteil Gottes gläubig hinzunehmen. „Jeder wahre Christ, sei er lebendig oder tot, hat Anteil an allen Gütern Christi und der Kirche, auch ohne Ablassbriefe", besagte die 37. These. Und die 62. der Thesen lautete: „Der rechte wahre Schatz der Kirche ist das heilige Evangelium der Herrlichkeit und Gnade Gottes." Auch der Papst und die anderen kirchlichen Autoritäten wurden von Luther nicht verschont. Nicht die Kirchenfürsten seien der wahre Quell des Glaubens, sondern einzig und allein die Heilige Schrift.

Großer Zulauf

Wegen des ungeheuren Aufsehens, die Luthers Thesen in der Öffentlichkeit erregten, sah sich die Kirche zu raschem Handeln gezwungen. Jetzt nahmen die Dinge ihren Lauf, die schließlich zur Spaltung der Kirche und zur Entstehung der protestantischen Konfession führten. Luther hatte diese Trennung nicht beabsichtigt. Ihm war es allein darauf angekommen, die ka-

tholische Kirche zu reformieren und wieder auf den rechten Weg zu bringen. Doch viele Gläubige hatten schon lange kein Vertrauen mehr in die Kirche. Ihnen hatte Luther mit seinen Lehren aus dem Herzen gesprochen. Auch bei vielen Theologen genoss der Reformator große Sympathien. Schließlich signalisierten einige Reichsfürsten mehr oder weniger deutlich ihre Unterstützung. Sie erblickten in den Aktivitäten des Wittenberger Geistlichen die Chance, sich von der Vorherrschaft der katholischen Habs-

Martin Luther

1483 Martin Luther wird in Eisleben als Sohn eines Bergmanns geboren.

1505 Eintritt in das Erfurter Eremiten-Augustinerkloster und Beginn des Theologiestudiums.

1507 Priesterweihe.

1508 Beginn seiner Lehrtätigkeit an der Universität Wittenberg.

1512 Promotion zum Doktor der Theologie in Wittenberg.

1517 Luther formuliert seine Thesen zur Reform der katholischen Kirche.

1520 Papst Leo X. verhängt den Kirchenbann über Luther.

1521 Auf dem Wormser Reichstag wird die Reichsacht ausgesprochen; Beginn seines Aufenthalts auf der Wartburg.

1525 Heirat mit der früheren Nonne Katharina von Bora.

1546 Martin Luther stirbt in seiner Heimatstadt Eisleben.

> *Der Glaube bringt den Menschen zu Gott, die Liebe bringt ihn zu den Menschen.*
>
> [Martin Luther]

Luther auf dem Reichstag in Worms. Die berühmten Worte „Hier stehe ich und kann nicht anders" sind bloße Legende. Doch standhaft blieb Luther auf jeden Fall.

Martin Luther als Junker Jörg auf der Wartburg, an der Übersetzung des Neuen Testaments arbeitend. Ein Jahr lang fand er hier Schutz vor der Verfolgung.

burger, den Kaisern des Heiligen Römischen Reiches, zu befreien.

Gegen den Papst

Zunächst jedoch begann eine Kampagne gegen Luther mit dem Ziel, ihn zur Rücknahme seiner provozierenden Thesen zu bewegen. Als Erstes strengte man einen Prozess wegen Ketzerei an. Dieser fand im Oktober 1518 in Augsburg statt. Luther blieb standhaft und lehnte den geforderten Widerruf ab. Weil sein Landesherr, Kurfürst Friedrich III. von Sachsen, eine schützende Hand über den Reformator hielt, blieb er von einer Auslieferung nach Rom verschont. Luther ließ sich nicht beeindrucken und nahm den Fehdehandschuh der Kirche auf. Im Juli 1519 führte er in Leipzig ein Streitgespräch mit dem Theologieprofessor Johann Eck. Im Verlauf dieser Auseinandersetzung stellte er die Autorität und die Unfehlbarkeit des Papstes infrage. Zudem brachte er die kirchlichen Vertreter mit der Behauptung in Rage, dass sich auch Konzilien irren könnten, so wie es etwa beim Konstanzer Konzil im Falle des Jan Hus gewesen sei.

Jetzt war das Tischtuch endgültig zerrissen. In einer Bulle vom 15. Juni 1520 forderte Rom den Abtrünnigen ultimativ auf, innerhalb von 60 Tagen seine Ansichten zu widerrufen. Luther reagierte mit einer publizistischen Gegenoffensive. In kurzen Abständen veröffentlichte er die Schriften „An den christlichen Adel deutscher Nation", „Von der babylonischen Gefangenschaft der Kirche" und „Von der Freiheit des Christenmenschen". Im letzten Werk unterstrich er nochmals, dass nur der Glaube den Menschen zur Freiheit gelangen lassen könne.

Der Papst macht ernst

Zum Überlaufen brachte Luther das Fass, als er am 10. Dezember 1520 in einer spektakulären Aktion die päpstliche Bulle vor dem Elstertor in Wittenberg verbrannte. Der Papst verhängte umgehend den Kirchenbann. Luther war damit aus der Gemeinschaft der Christen ausgeschlos-

sen. Sein Landesherr, Kurfürst Friedrich, arrangierte im April 1521 einen Auftritt seines prominenten Untertanen vor dem Reichstag in Worms. Dort sollte er die Gelegenheit bekommen, sich vor den Reichsfürsten zu rechtfertigen. Den Vorsitz bei dieser denkwürdigen Veranstaltung führte der fromme Kaiser Karl V., damals gerade 21 Jahre alt.

Luther enttäuschte die große Schar seiner Anhänger nicht. Auch vor der erlauchten Versammlung in Worms blieb er unbeugsam. Erneut lehnte er es strikt ab, seine Lehren zu widerrufen. Am 18. April 1521 sprach Luther die entscheidenden Sätze: „Sofern ich nicht durch das Zeugnis der Heiligen Schrift oder vernünftige Gründe überzeugt werde –, denn weder dem Papst noch den Konzilien allein vermag ich zu glauben, da es feststeht, dass sie wiederholt geirrt und sich selbst widersprochen haben – so bin ich gebunden durch die Texte, auf die ich mich gestützt, und ist mein Gewissen im Wort Gottes gefangen, und darum kann und will ich nichts widerrufen, weil gegen das Gewissen zu handeln weder sicher noch heilsam ist. Gott helfe mir, amen!"

Asyl auf der Wartburg

Die Bitte um göttlichen Beistand war nicht vergebens. Zwar verhängte der Reichstag erwartungsgemäß die Reichsacht über den rebellischen Theologen, doch da war Luther schon abgereist. Und er konnte sich einmal mehr auf seinen Landesherrn Friedrich III. verlassen. Man hatte Luther freies Geleit zugesichert, doch der Kurfürst traute den Versprechungen nicht. Helfer täuschten eine Entführung des Reformators vor und brachten ihm im Auftrag Friedrichs auf die Wartburg bei Eisenach. Hier lebte Luther mehrere Monate lang unter dem Inkognito „Junker Jörg" und verbrachte die Zeit damit, das Neue Testament aus dem Lateinischen ins Deutsche zu übersetzen.

Die Reformation ufert aus

Sorgen bereiteten ihm jedoch manche Folgen der von ihm angestoßenen Bewegung. Es war ganz und gar nicht in seinem Sinne, dass sich die Reformation zu radikalisieren begann. Vielen Anhängern Luthers gingen seine Forderungen nicht weit genug. Gläubige boykottierten die Gottesdienste, Priester gingen die Ehe ein, Klöster wurden geschlossen. Die Landesherren waren zunächst unschlüssig und warteten die weitere Entwicklung ab. Der bekennende Lutheraner Thomas Müntzer wandelte die Lehren in die Forderung um, das Reich Gottes bereits auf Erden zu verwirklichen. Bald darauf wurde

er zu einem der wichtigsten Anführer im Bauernkrieg. Luther lehnte diese bewaffnete Auseinandersetzung mit Nachdruck ab, konnte aber nicht verhindern, dass sich die revoltierenden Bauern auf seine Thesen beriefen.
Trotz der Reichsacht kehrte Luther im März 1522 nach Wittenberg zurück, um die Wogen zu glätten. Tatsächlich gelang es ihm, dort eine fanatische Gruppe von Reformern im Zaum zu halten, die sich eine gewaltsame Veränderung des Gottesdienstes auf die Fahnen geschrieben hatte. Aber die Reformation hatte längst ihre eigene Dynamik entwickelt, und nicht überall konnte Luther direkt eingreifen. Dafür bekannten sich immer mehr Landesfürsten offen zu der von Luther gepredigten Konfession. In Kursachsen wurden bereits 1526 regelmäßige Visitationen von Schulen und Kirche durchgeführt. Die katholische Kirche verlor auch in dem Maß an Boden, wie sich allmählich eigene „evangelische" Landeskirchen ausbildeten. Mittlerweile schwappte die Reformation über die engeren Grenzen des Reiches. In der Schweiz waren es Zwingli und Calvin, die erfolgreich reformatorisches Gedankengut verbreiteten.

Weichenstellen in Speyer

Die konfessionelle Spaltung Deutschlands war nicht mehr aufzuhalten. Das zeigte sich in aller Deutlichkeit 1526 auf dem Reichstag von Speyer. Zuvor war eine bedrohliche Situation entstanden, weil sich die Gegner der Reformation im Dessauer Bündnis zusammengeschlossen hatten, um die alte Lehre zu verteidigen. Als Reaktion darauf bildeten die Anhänger der Reformation um den Kurfürsten Johann von Sachsen und den Landgrafen Philipp von Hessen den Torgauer Bund. Auf dem Reichstag wurde beschlossen, den Reichsfürsten und den Reichsstädten die Entscheidung über die konfessionelle Ausrichtung selbst zu überlassen. Die katholischen Landesherren fürchteten um ihren Einfluss und rückten umso enger zusammen. Auf dem Reichstag, der im April 1529 wieder in Speyer stattfand, stand das Thema Reformation einmal mehr ganz oben auf der Tagesordnung. Ferdinand, der Bruder und Vertreter Kaiser Karls V., drängte mit aller Macht auf ein Ende der Reformation. Daraufhin formulierten fünf Reichsfürsten und die Vertreter von 14 Reichsstädten eine gemeinsame Protestnote: „In den Angelegenheiten, die Gottes Ehre sowie unserer Seelen Heil und Seligkeit angehen, muss ein jeder für sich selbst vor Gott stehen und Rechenschaft geben." Mit diesem Protestschreiben war die Bezeichnung „Protestanten" für die Anhänger von Luthers Lehre geboren.

Der Kaiser greift ein

Angesichts des massiven Widerstands gab sich Kaiser Karl V. kompromissbereit. Dies geschah freilich nicht aus Überzeugung, sondern aus politischen Gründen. Denn der Monarch war durch Kriege gegen Frankreich und die Abwehr der Türken stark beansprucht und konnte sich nur wenig um die Reichsangelegenheiten kümmern. Zudem geriet er auch in den Gegenwind katholischer Fürsten, denen der Habsburger inzwischen zu mächtig geworden war. Auf dem Augsburger Reichstag 1530 war der Kaiser persönlich anwesend und nahm das von Philipp Melanchthon für die Protestanten formulierte Augsburgische Bekenntnis in Empfang. Damit war die religiöse Spaltung Deutschlands endgültig besiegelt. Der Bruch zwischen Katholiken und Protestanten war nicht mehr zu kitten. Alle Bemühungen, die Reformation mit militärischen Mitteln zu stoppen, blieben erfolglos. Als Martin Luther 1546 in Eisleben starb, hatte seine Lehre längst ihren Siegeszug angetreten.

Der Papst als Antichrist, der weltliche Herrscher in Demut. Antipapistische Karikaturen wie diese von Lukas Cranach verbreiteten den Gegensatz der Konfessionen.

Die Fugger finanzieren die Kaiserwahl Karls V.

1519
28. JUNI

Zwei fremde Herrscher wetteiferten um die Krone im Deutschen Reich. Mit dem Geld des Augsburger Bankhauses Fugger überzeugte schließlich der Habsburger Karl V. das Wahlgremium.

Karl V. wurde als junger Mann zunächst spanischer König und 1519 römisch-deutscher Kaiser. Seine Wahl kostete die Habsburger viel Geld, das die Fugger vorstreckten.

"Wenn Glauben und Treue aus der ganzen Welt vertrieben und flüchtig wären, so will ich sie beherbergen."

[Kaiser Karl V.]

König und Kaiser

Die Wahl in Frankfurt war angesetzt geworden, weil Kaiser Maximilian am 12. Januar 1519 gestorben war. Nun ging es um die Neubesetzung des vakanten deutschen Thrones. Der junge Karl machte keinen Hehl aus seinem Anspruch, die Nachfolge seines Großvaters anzutreten. Der Posten des deutschen Königs war umso attraktiver, als damit automatisch der Titel des Kaisers verknüpft war. Dem glücklichen Gewinner der Wahl winkte die Chance, mit einer einzigen Prozedur nicht nur deutscher König, sondern auch Kaiser des Heiligen Römischen Reiches Deutscher Nation zu werden.

Diese Aussicht lockte auch den französischen König Franz I. Gerne folgte er der Aufforderung einiger Reichsfürsten, sich als Kandidat zur Verfügung zu stellen. Dafür hatte er durchaus eigennützige Motive. Mit einer erheblichen Portion Misstrauen hatte man bisher in Pariser Hofkreisen die Großmachtpolitik der Habsburger verfolgt, denn nach dem Tod Maximilians verfügte Karl bereits über umfangreiche Besitzungen in Europa. Neben Spanien und den österreichischen Erbländern gehörten dazu Burgund, die Niederlande sowie Neapel und Sizilien. War Karl nun auch noch Inhaber der deutschen Königskrone, konnte er für Frankreich zu einer ernsthaften Gefahr werden.

Geld für die Kurfürsten

Mit der Frankfurter Wahl war ein beispielloses Werben um die Gunst der sieben Kurfürsten verbunden. Weil es um viel ging, scheuten die Kandidaten keine Kosten und Mühen. Zwar hatte sich das erlauchte Gremium der Königsmacher auch zu früheren Zeiten für Geschenke und Bestechungsgelder empfänglich gezeigt, doch der Wahlkampf von 1519 stellte alles bisher Gewesene in den Schatten. Immer tiefer griffen Karl und Franz in die Schatullen, bis sie merkten, dass ihre finanziellen Mittel erschöpft waren. Also musste man sich Geldgeber suchen. Franz fand einen Helfer in Papst Leo X., der die

Die frohe Botschaft erreichte den neuen Herrscher im fernen Barcelona. Am 28. Juni 1519 trafen die in Frankfurt versammelten deutschen Kurfürsten endlich eine Entscheidung und wählten Karl I., König von Spanien, einstimmig als Karl V. zum deutschen König. Dieser hatte damals, obwohl gerade einmal 19 Jahre alt, bereits eine bewegte Laufbahn hinter sich. Von Haus aus war er kein Spanier, sondern Habsburger. Sein Großvater Maximilian hatte im Heiligen Römischen Reich die Kaiserwürde erlangt und der Familie durch geschickte Heiratspolitik eine bedeutende Stellung verschafft. Sein Vater Philipp der Schöne heiratete Johanna die Wahnsinnige von Kastilien, die Tochter des Königs Ferdinand II. von Aragon. Aus dieser Ehe gingen die beiden Söhne Karl und Ferdinand hervor. Nach dem Tod des Vaters und des Großvaters mütterlicherseits bestieg Karl 1516 im Alter von 16 Jahren den spanischen Thron.

In der Schlacht bei Pavia kämpfte das Heer Karls V. gegen die Streitmacht Franz' I. von Frankreich um die Vorherrschaft in Italien und Europa.

Wahl Karls unbedingt verhindern wollte. Die Anhänger Karls richteten den Blick nach Augsburg. Bald konnten sie nach Spanien melden, dass man mit den Fuggern handelseinig geworden war. Karl hatte die Kontaktaufnahme zu dem reichen Handelshaus mit gemischten Gefühlen gestattet, denn insgeheim fürchtete er eine zu starke Abhängigkeit von der Hochfinanz. Doch hatten die Fugger inzwischen einen legendären Ruf. Wo immer die Agenten Karls mit ihren Geldern unterwegs waren, forderten die Empfänger als Sicherheit eine Bürgschaft von Jakob Fugger, dem Chef des Augsburger Handels- und Bankhauses.

Augsburger Finanzimperium

Bereits Karls Großvater Maximilian hatte mit den Fuggern gute Geschäfte gemacht. Die Bankiers versahen den Kaiser mit Geld, dieser versorgte sie im Gegenzug mit der Übertragung von Bergwerksrechten in Tirol, Kärnten, Spanien und Ungarn. Die Augsburger Familie verfügte auf diese Weise über das Kupfermonopol in Europa. Mit seinem ausgesprochenen Gespür für immer neue Einnahmequellen beteiligte sich Jakob Fugger auch am einträglichen Gewürzhandel mit Indien und China. So waren die Fugger in der Lage, den Wahlkampf Karls großzügig zu finanzieren. 852 189 Gulden investierte das Haus Habsburg in die Kampagne, davon stammten 543 585 Gulden aus den Kassen der Fugger. Der enorme Aufwand der Habsburger zahlte sich aus, die Wahl war gewonnen. Die Fugger hatten in eindrucksvoller Weise ihre Rolle als Sponsoren der Mächtigen unter Be-

weis gestellt. Als Jakob Fugger 1525 starb, belief sich das Vermögen der geschäftstüchtigen Familie auf 2 Mio. Gulden. Die Nachfolge als Leiter des Unternehmens trat sein Neffe Anton Fugger an. Wie der Onkel hatte er bei seinen Aktivitäten eine glückliche Hand. Die Bilanzen wiesen neue Rekordziffern aus, nicht zuletzt dank der Ausweitung der Geschäfte auf den neu entdeckten südamerikanischen Markt, wo man sich auf die Ausbeutung von Quecksilbervorkommen konzentrierte. Und nach wie vor investierten die Fugger ihre Reichtümer in die Politik. Inzwischen gehörten sogar Päpste zu den dankbaren Empfängern von Krediten. Karl revanchierte sich 1530 für die munter sprudelnden Finanzhilfen und erhob die Familie in den

Der Reichtum der Fugger

Die Fugger führten minutiös Buch über ihre Reichtümer:

Bergwerke und Bergwerksanteile in Ungarn und Tirol: 270 000 Gulden

Bargeld: 50 000 Gulden

Sonstige Immobilien: 150 000 Gulden

Waren (Kupferlager): 380 000 Gulden

Ausstände (u. a. Kaiserwahl): 1 650 000 Gulden

Privatkonten Gesellschafter: 430 000 Gulden

Schwebende Geschäfte: 70 000 Gulden

Aktiva: 3 000 000 Gulden

Passiva: 870 000 Gulden

Aus der Bilanz des Handelshauses Fugger, 1522

Nach der Königswahl vergingen elf Jahre, bis Karl am 24. Februar 1530 von Papst Clemens VII. in Bologna zum Kaiser gekrönt wurde.

Stand von Reichsgrafen. Jedoch vollzogen die Fugger bald einen Kurswechsel. Statt gekrönte Häupter zu finanzieren oder sich in großen Handelsgeschäften zu engagieren, zogen sie den Erwerb von Ländereien vor. Auch auf diesem Gebiet blieb ihnen der Erfolg treu. Anton Fugger hinterließ bei seinem Tod im Jahre 1560 die stattliche Barsumme von 6 Mio. Goldkronen. Doch damit hatten die Fugger den Zenit ihrer Macht erreicht. In der Folgezeit begann ihr Stern zu sinken. Die schlechte Zahlungsmoral alter Schuldner war dafür ebenso verantwortlich wie mangelndes kaufmännisches Talent bei den Nachfolgern Anton Fuggers. Am Ende des 16. Jh. hatte das Haus Fugger seine führende Position eingebüßt. In Erinnerung blieben die Augsburger aber nicht allein als die Architekten einer zukunfts-

weisenden Allianz zwischen Politik und Hochfinanz. Bereits im Wahljahr 1519 gründete Jakob Fugger in seiner Heimatstadt mit der Fuggerei eine Siedlung für die Ärmsten der Gesellschaft. Auf diese Weise gingen die Fugger auch als Pioniere des sozialen Wohnungsbaus in die Geschichte ein.

Fesseln für den König

Karl V. hatte seine Wahl nicht allein den exzellenten Beziehungen zu den Fuggern zu verdanken. Vielmehr waren seine Vertrauensleute bei den Verhandlungen mit den Kurfürsten zu weitgehenden Zugeständnissen gezwungen worden. Die hohen Herren wollten sichergehen, dass sich der ohnehin schon mächtige Habsburger nicht ganz ihrer Kontrolle entzog. Mit Genugtuung nahmen die Kurfürsten die Wahlkapitulation Karls entgegen. Diese beinhaltete die Zusicherung des künftigen Herrschers, seine Residenz im Reich zu nehmen, Reichstage nur innerhalb des Reichsgebiets abzuhalten und Reichsämter nur an Deutsche zu vergeben. Weiterhin sollten Bündnisse mit auswärtigen Mächten nur mit Zustimmung der Kurfürsten geschlossen werden.

Regent mit hehren Zielen

Trotz des erzwungenen Bekenntnisses zu Deutschland betrat Karl den Boden des Reiches erst 15 Monate nach seiner Wahl. Am 23. Oktober 1520 krönte ihn der Erzbischof von Köln im Aachener Dom zum deutschen König. Bald mussten die Deutschen erkennen, dass ihr neuer König in universalen Dimensionen dachte und eine universelle Herrschaft beanspruchte. Wie sein Großvater Maximilian strebte er von Anfang an den Kaisertitel an. 1530 ließ er sich, als letzter deutscher König, vom Papst offiziell in Bologna zum Kaiser des Heiligen Römischen Reiches krönen. Entgegen den Versicherungen in seiner Wahlkapitulation betrachtete Karl V. weniger Deutschland als vielmehr Europa und die Welt als seine Bühne. Die Regelung der Angelegenheiten im Reich überließ er seinem Bruder Ferdinand, der 1531 zum König gewählt wurde. Ferdinand wurden auch die österreichischen Erblande übertragen, sodass die Habsburger nun in eine spanische und eine österreichische Linie zerfielen. Karl hingegen hatte sich wiederholt der Opposition deutscher Fürsten zu erwehren, wodurch seine Stellung im Reich erheblich geschwächt wurde. Nicht zuletzt wegen dieser Schwierigkeiten legte er 1556 freiwillig die Kaiserkrone nieder und verbrachte die restlichen Jahre seines Lebens in einem spanischen Kloster.

Das Reich Karls V.

Reichsgebiete Karls V. außerhalb des Deutschen Reichs

Gebiet des Deutschen Reichs unter Karl V.

0   300 km

NORDSEE   OSTSEE

DÄNEMARK

ENGLAND

London   Hamburg   Elbe

NIEDER-   Wittenberg   POLEN

Gent   Köln   SCHLESIEN

LANDE   Worms   Prag

Paris   Nürnberg   MÄHREN

Seine   Donau   ÖSTERR. UNGARN

BURGUND   Rhein   Augsburg   Wien

ATLANTISCHER

OZEAN

Loire

FRANKREICH   VENEDIG   KROATIEN

Rhône   MAILAND   OSMANISCHES

Po   REICH

Florenz   KIRCHEN-

STAAT

Ebro   Rom   NEAPEL

PORTUGAL   Madrid   Neapel

SPANIEN   SARDINIEN

MITTELMEER   SIZILIEN

Kampf um die Vorherrschaft in Europa

Außenpolitisch war Karl V. in Auseinandersetzungen mit Frankreich verstrickt. Vier Kriege führte er zwischen 1521 und 1544 gegen den alten Rivalen Franz I., den er bei der Wahl zum deutschen König ausgestochen hatte. Dieser verbündete sich mit den protestantischen Reichsfürsten und brachte den Kaiser damit in arge Bedrängnis. Besonders umkämpft war Italien, denn hier machten beide Seiten Herrschaftsansprüche geltend. 1521 eroberte Karl das reiche Mailand, das zuvor in französischer Hand gewesen war. Franz I. holte zum Gegenschlag aus, marschierte 1524 in Oberitalien ein und belagerte mit einer gewaltigen Streitmacht die kaiserlichen Truppen in Pavia. Am 24. Februar 1525, dem Geburtstag Karls V., errangen deutsche und italienische Landsknechtverbände einen überragenden Sieg über die französische Armee. Franz I. wurde gefangen gesetzt und musste im Januar 1526 dem Friedensvertrag von Madrid zustimmen. Kaum freigelassen, widerrief er den Friedensschluss und ging ein Bündnis mit den Städten Mailand, Florenz und Genua gegen den Kaiser ein. Die Streitigkeiten zwischen Karl V. und Franz I. wuchsen sich zum Dauerkonflikt aus. Erst 1544 glätteten sich die Wogen, als schließlich im Frieden von Crépy die gegenseitigen Gebietsansprüche geregelt werden konnten.

Die Franzosen waren nicht die einzigen Gegner, die Kaiser Karl zu schaffen machten. Sorgen bereitete ihm auch das unaufhaltsame Vorrücken der Osmanen, die mit aller Kraft Richtung Westen drängten und 1529 erstmals vor den Toren Wiens, der aufstrebenden Residenzstadt der Habsburger, standen. Seinem hehren Ziel, in Europa die absolute Vormachtstellung zu erringen und das mittelalterliche Heilige Römische Reich wieder zu errichten, kam Karl V. zeitlebens kaum näher.

Herrscher der Welt

Trost fand der bedrängte Herrscher allerdings in dem Umstand, dass er ein riesiges Reich regierte, in dem – wie er selbst sagte – „nie die Sonne unterging". Während seiner Regierungszeit wurde mit der Eroberung von Mexiko 1521 und Peru 1533 der Grundstein für das spanische Kolonialreich in Amerika gelegt. Von den spektakulären Eroberungen seiner Konquistadoren profitierte Karl zunächst, sanierte er doch mit den unermesslichen Schätzen, die aus der Neuen Welt nach Spanien strömten, den maroden Staatshaushalt. Der spätere Staatsbankrott unter seinem Sohn Philipp II. konnte aber dennoch nicht abgewendet werden. Die enormen Ausmaße seines Reiches und sein stetiges Engagement in der Außenpolitik ließen Karl V. zudem einen Unruheherd im Innern des Reiches fast übersehen: die beginnende Reformation.

Die spanischen Kolonien brachten große Reichtümer ins Reich Karls V. Das Gold der Inka war geradezu legendär.

Innerhalb des Reiches verlagerte sich das Machtzentrum zunehmend in die Hofburg nach Wien.

Die Gründung des Seehaufens im Bauernkrieg

1525
21. FEBRUAR

Am Bodensee beschlossen die Bauern den Aufstand. Sechs Monate lang hielten daraufhin bewaffnete Bauernscharen Deutschland in Atem. Im Vertrauen auf die Bibel kämpften sie für mehr Gerechtigkeit.

Der Krieg der Mäuse gegen die Katzen. Ein Flugblatt zeigt als Allegorie auf den Bauernkrieg die Tyrannei der Katzen (Fürsten) über die Mäuse (Bauern) sowie deren Rache.

Bis 1525 war die große Geschichte an Rappertsweiler spurlos vorübergegangen. Doch in jenem Jahr rückte der kleine Ort am Bodensee plötzlich in den Mittelpunkt des Interesses. Am 21. Februar versammelten sich hier die Bauern aus der Umgebung und schmiedeten Pläne, um ihre bedrückende Lage endlich zu verbessern. Am Ende der Besprechungen stand der einmütige Beschluss zum Widerstand. Das war die Geburtsstunde des Seehaufens, wie die Bauern von Rappertsweiler das Heer nannten, mit dem sie in den bewaffneten Kampf gegen ihre Unterdrücker ziehen wollten.

Quellen des Zorns

Es gärte und brodelte in dieser Zeit nicht nur am Bodensee. Auch in anderen Gebieten Süddeutschlands machte sich unter der bäuerlichen Bevölkerung eine Welle der Empörung breit. Zielscheibe des Unmuts waren die adligen Grundherren, die von den Bauern hohe Abgaben kassierten. Ein großer Teil der Landbevölkerung hatte darüber hinaus das harte Los der Leibeigenschaft zu ertragen. Aber auch Bauern, denen es besserging, schlossen sich den Aufständischen an. Sie sahen sich durch den Adel in ihrer politischen und rechtlichen Unabhängig-

Thomas Müntzer

um 1489	Thomas Müntzer wird in Stolberg/Harz als Sohn eines Handwerkers geboren.
1506	Beginn des Theologiestudiums in Leipzig, 1512 Wechsel an die Universität Frankfurt/Oder.
1513	Priesterweihe in der Diözese Halberstadt.
1520	Müntzer schließt sich dem Reformator Luther an und wird Prediger in Zwickau.
1521	Im „Prager Manifest" formuliert er die Grundlagen seiner Lehre vom Reich Gottes auf Erden.
1524	Luther bricht mit Müntzer, der zum bewaffneten Widerstand gegen die Obrigkeit in Thüringen aufruft.
Mai 1525	Nach der Schlacht bei Frankenhausen wird Müntzer gefangen genommen und nach einem unter der Folter abgelegten Geständnis in Mühlhausen hingerichtet.

Gegenschlag der Obrigkeit

Der Adel war alarmiert. Die Bauern und ihre Anhänger mussten schnellstens in die Schranken verwiesen werden. Die süddeutschen Fürsten und Ritter funktionierten den einige Jahrzehnte zuvor gegründeten Schwäbischen Bund in eine Waffe gegen die aufmüpfige Bauernschaft um. Angesichts der geballten Macht des Gegners erklärten sich die Anführer der Aufständischen zu Verhandlungen bereit. Als aber radikale Bauern in der Zwischenzeit Burgen und Schlösser stürmten, schlug der Schwäbische Bund zurück. Bei Leipheim in der Nähe von Ulm erlitt das schlecht ausgerüstete Bauernheer Anfang April 1525 eine schwere Niederlage. Die Haufen lösten sich auf, nachdem ihnen die Sieger Straffreiheit zugesagt hatten. Damit hatte der Bauernkrieg in Schwaben bereits sein Ende gefunden. In anderen Teilen Deutschlands tobte er unvermindert weiter, doch letztlich hatten auch hier die militärisch unerfahrenen Bauern keine Chance. Im Juni 1525 mussten die fränkischen Haufen die Waffen strecken. Und auch das Bauernparlament in Heilbronn stellte seine Arbeit bald wieder ein.

Kampf für das Reich Gottes auf Erden

Dramatisch gestaltete sich die Entwicklung in Thüringen und Sachsen. In Thomas Müntzer fanden die Bauern einen ebenso mitreißenden wie wagemutigen Anführer. Der radikale Anhänger Luthers träumte von der Verwirklichung eines irdischen Gottesreichs. Die Bauern gewann er mit der Vision von einer gerechten Gesellschaftsordnung. Mit der Niederlage in der blutigen Schlacht bei Frankenhausen am 6. Mai 1525 gegen die Truppen des Kurfürsten Johann von Sachsen und des Landgrafen Philipp von Hessen endete Müntzers Kampf. Als Rädelsführer wurde er nach der Schlacht hingerichtet. Im Juli 1525 erloschen die letzten Funken der gescheiterten Rebellion. Kurzfristig hatte sich die Lage der Bauern durch die obrigkeitlichen Strafgerichte verschlechtert. Aber erstmals in der deutschen Geschichte hatten sie sich deutlich zu Wort gemeldet.

> *Als Adam grub und Eva spann, wo war denn da der Edelmann?*
>
> [Schlachtgesang aus dem Bauernkrieg]

Ein aufständischer Bauer trägt die Freiheitsfahne. Unerschrocken zogen die Haufen gegen die sehr viel besser ausgerüsteten fürstlichen Soldatenheere.

keit bedroht. Die Fürsten machten sich anfangs keine Sorgen. Unruhen hatte es schließlich immer wieder gegeben. Bald musste die Obrigkeit aber erkennen, dass die Lage diesmal ernster war. Fast gleichzeitig mit dem Seehaufe entstanden in Schwaben zwei weitere Organisationen, der Baltringer Haufe in Biberach und der Allgäuer Haufe in Kempten. Mit dem Seehaufe schlossen sie sich noch im Februar 1525 zur Christlichen Vereinigung zusammen.

Manifest des Widerstands

Ebenfalls in den letzten Februartagen veröffentlichten die rebellierenden Bauern die „Zwölf Artikel der Bauernschaft in Schwaben". Nach dem Vorbild des Reformators Martin Luther beriefen sich die Bauern bei ihren Forderungen auf die Bibel. Sie verlangten die Aufhebung der Leibeigenschaft, das Ende der Frondienste und das Recht der freien Pfarrerwahl.

Der Text wurde rasch in ganz Deutschland bekannt. Innerhalb kürzester Zeit schlossen sich Handwerker, Kaufleute und Geistliche den Haufen an. Auch räumlich breitete sich die Bewegung schnell über die Grenzen Schwabens aus. Bald machten Meldungen von Bauernaufständen in der Pfalz, in Franken und in Thüringen die Runde. Auch im Elsass, in Tirol und in der Steiermark begann es zu rumoren.

Die Türken stehen vor den Toren Wiens

1529

Dem Versuch der Türken, Wien zu erobern, folgten Jahrzehnte kriegerischer Auseinandersetzungen zwischen Habsburgern und Osmanen. Die Entscheidung fiel erst bei einer zweiten Belagerung der Stadt.

Am 21. September 1529 befand sich ganz Wien in heller Aufregung. Vor den Toren der Donaumetropole, dem Zentrum des mächtigen Reiches der Habsburgerkaiser, erschien an diesem Tag die gefürchtete Armee der Türken. Auf Befehl von Sultan Süleyman dem Prächtigen schlugen die Soldaten und der umfangreiche Tross ihre Zelte rings um die Mauern der Stadt auf. Die Wiener machten sich keine Illusionen.

Der Sultan war gekommen, um die Stadt zu erobern. Viele Einwohner hatten beim Herannahen der osmanischen Gotteskrieger die Flucht ergriffen. In der Stadt gab es nur eine kleine Garnison von 20 000 Mann, die den 150 000 bestens ausgebildeten Kämpfern des Sultans hoffnungslos unterlegen sein mussten. Nur 72 Kanonen standen zur Abwehr der Angreifer aus dem fernen Konstantinopel bereit.

Rundansicht der Stadt Wien zur Zeit der ersten Belagerung durch die Türken unter Süleyman 1529. Im Zentrum gut zu erkennen: der Stephansdom.

Quälende Belagerung

Vom Kaiser war keine Hilfe zu erwarten. Karl V. befand sich im Krieg mit Frankreich. Und seinem Bruder Ferdinand, den er mit der Verwaltung und dem Schutz des Reiches beauftragt hatte, war es nicht gelungen, auswärtige Hilfe zu mobilisieren. Dennoch war der Kommandant der Stadt, Niklas Graf Salm, fest zum Widerstand entschlossen. Er ließ zunächst sämtliche Gebäude außerhalb der Stadtmauer niederreißen, um ein freies Schussfeld zu haben und den Angreifern jegliche Deckungsmöglichkeit zu nehmen. Außerdem wurden mehrere Tausend Frauen und Kinder evakuiert, die jedoch auf dem Weg an einen sicheren Ort den osmanischen Truppen in die Hände fielen und versklavt oder zu Tode gefoltert wurden. Als der siegessichere Sultan eine Delegation in die belagerte Stadt schickte und zur so-

Grausame Kriegführung

Als die türkischen Soldaten Richtung Westen marschierten, eilte ihnen der Ruf der furchtbaren Grausamkeit voraus. Tatsächlich gingen die muslimischen Kämpfer Sultan Süleymans mit ihren Gegnern nicht zimperlich um. Und auch die Zivilbevölkerung hatte unter ihren Übergriffen erheblich zu leiden. Allerdings wurde die von den Türken ausgehende Gefahr in den zeitgenössischen Berichten häufig stark überzeichnet. So sollte die Rolle der Habsburger als Retter des christlichen Abendlands besonders herausgestellt werden.

fortigen Kapitulation aufforderte, holte er sich jedoch eine Abfuhr. Jetzt begann eine fast vierwöchige Belagerung. Immer wieder versuchten die Türken, die Stadt zu erstürmen. Aufgrund des starken Regens beim Anmarsch hatten sie aber ihre schweren Geschütze nicht mitführen können. Sie bedienten sich deshalb einer ganz neuen Waffe. Doch gelang es ihnen nicht, die Mauern mithilfe der pulvergeladenen Minen zum Einstürzen zu bringen.

Süleyman und die osmanischen Generäle waren nicht auf eine längere Belagerung eingerichtet. Allmählich gingen ihnen die Lebensmittel aus. Zudem begann es erneut ununterbrochen zu regnen und dann unerwartet früh im Jahr zu schneien. Unter den türkischen Soldaten fing es an zu rumoren. Die Elitetruppe der Janitscharen forderte eine sofortige Entscheidung. Am 14. Oktober startete der Sultan eine letzte große Offensive. Den Janitscharen gelang es, das Kärntnertor zu sprengen und damit eine Bresche in die Verteidigungsanlagen zu schlagen. In dieser kritischen Lage war das Glück den Wienern hold. Denn nun versperrte der Schutt der Mauern den Türken den Weg in die Stadt. Zudem waren die Österreicher und ihre Söldnertruppen mit ihren Piken und vor allem mit ihren Arkebusen im Vergleich zu den Osmanen sehr modern ausgerüstet und konnten

sich erfolgreich zur Wehr setzen. Die Einnahme von Wien, das Süleyman zeitlebens als zu erobernden „goldenen Apfel" betrachtete, war endgültig gescheitert. Der Sultan brach die Belagerung ab und zog sich in der Nacht zum 15. Oktober mit seinen Truppen in Richtung Heimat zurück.

Unsichere Lage

In Wien war die Erleichterung groß. Und auch im übrigen Deutschland vernahm man die Nachrichten aus dem Osten des Reiches mit großer Freude. Viele hatten in den Wochen und Monaten zuvor das Schreckgespenst einer türkischen Invasion im christlichen Abendland an die Wand gemalt. Immerhin stand man einer Supermacht gegenüber, die damals große Teile des Vorderen Orients und der östlichen Mittelmeerwelt beherrschte. Doch die Euphorie im Westen war nicht von langer Dauer. Mit der erfolgreichen Verteidigung von Wien war die Bedrohung noch längst nicht beseitigt. Jederzeit konnten die Scharen des Sultans einen neuen und dieses Mal vielleicht verheerenden Angriff unternehmen. Im Reich war man für eine solche Attacke nur unzureichend gerüstet. Kaiser Karl V. war nach wie vor durch die Kriege gegen die Franzosen gebunden. Zudem streckte der französische König Franz I. seine Fühler aus, um sich mit den Türken gegen den deutschen Kaiser zu verbünden. Zu allem Überfluss sorgte die Reformation im Reich für eine politische Spaltung. Die protestantischen Fürsten zeigten wenig Neigung, dem Kaiser und dessen Stellvertreter Ferdinand bei den außenpolitischen Herausforderungen hilfreich zur Seite zu stehen. Sie witterten die Chance, ihre Stellung gegenüber dem bedrängten Kaiser zu verbessern. Und weil Karl und Ferdinand sich auch nach 1529 auf die Außenpolitik zu konzentrieren hatten, konnte die Reformation in Deutschland immer mehr Fuß fassen. So hatte der muslimische Angriff auf Wien die konfessionelle Spaltung Deutschlands durchaus beschleunigt.

» Wenn die Türken im Fortzug sind, so säubern die Tartaren zwei Tagesreisen zuvor das Land. «

[Beschreibung des türkischen Vormarschs, 1684]

Süleyman der Prächtige, Sultan des Osmanischen Reiches. Unter seiner Führung gelangte das türkische Heer durch Ungarn bis vor die Tore Wiens.

Die Kämpfe gehen weiter

Der Kaiser konnte die Türkenfrage nicht länger vernachlässigen. Immerhin waren die Osmanen aufgrund ihrer expansiven Politik zu direkten Nachbarn der Habsburger im Osten geworden. Drei Jahre vor der Belagerung Wiens hatte der Sultan Ungarn erobert. Für Ferdinand bedeutete dies, dass jetzt die Sicherung der Grenzen oberste Priorität hatte. 1533 schlossen die Habsburger mit den Türken einen Vertrag über die Aufteilung Ungarns. Den Osten des Landes musste Ferdinand einem einheimischen Vasallen der Osmanen überlassen. Die Gefahr war damit allerdings noch keineswegs beseitigt. 1535 einigte sich Süleyman mit dem französischen König Franz I. auf ein offizielles Abkommen, das die Stimmung am Kaiserhof nicht eben verbesserte. Das freundschaftliche Bündnis zwischen der Hohen Pforte, wie sich die osmanische Regierung auch nannte, und dem Pariser Königshaus bedeutete für das Deutsche Reich einen möglichen Kampf an zwei Fronten. 1541 wurde aus dem kalten Krieg ein heißer Kampf. Anlass war der dauernde Zankapfel Ungarn. Beide Seiten versuchten ihre Ansprüche mit militärischer Gewalt durchzusetzen. Die Jahre bis 1566 waren von nahezu ununterbrochenen militärischen Auseinandersetzungen geprägt, die keiner Seite entscheidende Vorteile brachten. 1547 konnten die Türken einen Pres-

tigegewinn verbuchen, als sich Kaiser Ferdinand dazu bereit erklären musste, als Gegenleistung für den Waffenstillstand einen jährlichen Tribut in Höhe von 30 000 Goldgulden in die Kasse des Sultans zu zahlen. Um das Geld aufzubringen, wälzte der Kaiser die Last auf die Bevölkerung ab, der nun eine als „Türkenhilfe" bezeichnete Sondersteuer auferlegt wurde.

Machtverlust der Osmanen

1562 bestieg auf der Habsburger Seite Maximilian II., der Sohn Ferdinands I., den Thron. Doch auch ihm war nicht viel Glück beschieden. Als Süleyman der Prächtige im September 1566 kurz nach der Eroberung der Burg Szigetvár im südwestlichen Ungarn starb, sonnten sich die Türken im Glanz seiner großen Erfolge. Doch bald sollte sich zeigen, dass die Osmanen mit der Herrschaft Süleymans den Zenit ihrer Macht schon fast überschritten hatten. Den Nachfolgern Süleymans machten zunehmend innere und äußere Schwierigkeiten zu schaffen. Ein Hoffnungsschimmer war aus Sicht der westlichen Gegner die Niederlage der türkischen Flotte in der Seeschlacht von Lepanto. Zwar waren die Deutschen an diesem Gefecht im Jahr 1571 nicht direkt beteiligt, denn es war eine „Heilige Liga", geschmiedet zwischen dem Papst, den Venezianern und den Spaniern, die den osmanischen Geschwadern in den Gewässern vor Korinth eine empfindliche Niederlage bereitete. Aber Kaiser und Fürsten setzten nun darauf, dass die Türken, die bei Lepanto den Nimbus der Unbesiegbarkeit verloren hatten, gegenüber dem Deutschen Reich einen maßvolleren Kurs fahren würden.

Auf Friedenskurs

Das Osmanische Reich war zwar geschwächt, doch es wankte deshalb noch lange nicht. Diese leidvolle Erfahrung musste Kaiser Rudolf II. machen, der 1576 von seinem Vater Maximilian nicht nur die Kaiserkrone, sondern auch die ungelöste Türkenfrage geerbt hatte. Der neue Herrscher suchte sein Heil in außenpolitischen Erfolgen und leitete eine neue Phase der Türkenkriege ein. Der Feldzug Richtung Ungarn, an dem sich neben Rudolfs eigenen Armeen auch Truppen aus dem Reich beteiligten, begann 1593 verheißungsvoll mit einem Sieg bei Stuhlweißenburg (Székesfehérvár). Prompt folgte jedoch eine Serie von Niederlagen, die 1606 zu einem neuen Friedensschluss führten. Allen Befürchtungen zum Trotz erwies sich das Abkommen von 1606, das 1615 noch einmal bekräftigt wurde, als stabil. Zu diesem Zeitpunkt waren beide Seiten nicht an weiteren

Das Halbmondbanner lehrte die Europäer das Fürchten. In Zelten wohnten die türkischen Herrscher und Heerführer während der über Monate dauernden Belagerung.

Schusswaffen wie diese Arkebusen standen dem Heer Karls V. zur Verfügung. Letztendlich gelang es, die Türken zurückzuschlagen.

Auseinandersetzungen interessiert. Die Osmanen hatten am anderen Ende ihres Imperiums alle Hände voll zu tun, um die Kontrolle über Persien zu behalten. In Deutschland machten sich die Nachwehen der Reformation bemerkbar, und 1618 begann mit dem Prager Fenstersturz der Dreißigjährige Krieg.

Letzte Offensiven

Doch wer geglaubt hatte, die Türkenfrage sei für das Deutsche Reich damit erledigt, sah sich gründlich getäuscht. Zwar währte der Frieden einige Jahrzehnte lang, dann aber starteten die Osmanen eine neue Offensive. Das Ziel des Unternehmens war ehrgeizig. Noch immer lastete das Trauma von 1529 auf den Gemütern der türkischen Politiker und Militärs. Gern hätte man diese Schmach getilgt, doch lange Zeit fehlte es an den finanziellen und militärischen Voraussetzungen. Nun sah man die Gelegenheit endlich gekommen. Nicht zuletzt deswegen, weil der mächtige französische Verbündete, König Ludwig XIV., seine Partner zu einem militärischen Vorgehen drängte. Im Sommer 1664 rückte die türkische Armee Richtung Wien vor. Wie 135 Jahre zuvor sorgte die Nachricht vom Anmarsch der Osmanen in der Donaumetropole für erhebliche Unruhe. Weit kamen die Türken aber nicht. An der Raab im westlichen Ungarn wurden sie am 1. August 1664 von einem habsburgischen Heer unter dem Kommando des Grafen von Montecuccoli geschlagen. Kaiser Leopold I. und der türkische Großwesir schlossen in Eisenburg einen Frie-

densvertrag ab, der immerhin 20 Jahre währte. Der türkische Angriff von 1664 war jedoch nur der Auftakt zu einer weiteren Aktion mit dem Ziel, die Habsburger mitten in der Schaltzentrale der Macht zu treffen. Nachdem die geplante Verlängerung des Friedensvertrags 1682 nicht zustande kam und Leopold I. ein Defensivbündnis mit Bayern gegen Frankreich und die Osmanen geschlossen hatte, stellte Großwesir Kara Mustafa 1683 eine Heerschar von 200 000 Mann für den zweiten Zug nach Wien auf die Beine. Im März sammelte sich die Armee in Adrianopel, im Juli tauchte sie nach ihrem langen Marsch gen Westen vor den Toren Wiens auf. Wieder richteten sich die Bewohner hinter den Mauern auf eine lange Belagerung ein. Anders als 1529 konnte man dieses Mal aber auf die Unterstützung von außen bauen. Kaiser Leopold hatte vorgesorgt. Die Rettung kam in Gestalt des polnischen Königs Johann Sobieski, mit dem der Habsburger noch im März des Jahres eine Allianz eingegangen war. Zusammen mit Truppen aus Lothringen, Bayern und Sachsen startete der Pole einen Entsatzangriff auf die osmanischen Soldaten. Die Entscheidung fiel am 12. September 1683 in der Schlacht am Kahlenberg bei Wien. Die türkische Armee erlitt eine verheerende Niederlage und musste den Rückzug antreten. Drei Tage später wurden Stern und Halbmond, die seit der ersten Belagerung den Wiener Stephansdom zierten, abgenommen und durch ein Kreuz ersetzt.

Türken in Bedrängnis

Der Traum der Sultane von der Unterwerfung des Habsburgerreiches hatte mit dem missglückten Abenteuer von 1683 ein definitives Ende gefunden. In der Folgezeit drehte der Kaiser den Spieß um und trieb die Türken in die Defensive. 1699 mussten sie Siebenbürgen und Ungarn räumen. Die Habsburger hatten sich mit der Vertreibung der Türken eines gefährlichen Nachbarn entledigt und sich zugleich in die erste Riege der europäischen Großmächte vorgearbeitet. Für die Osmanen bedeutete der Rückzug einen schweren Schlag, von dem sie sich nicht mehr erholten. Es begann die lange Geschichte des „kranken Mannes vom Bosporus".

Niklas Graf Salm galt 1529 als „Retter Wiens". Eine Grabplatte in der Votivkirche in Wien erinnert an den mutigen Verteidiger des christlichen Abendlands.

Protestanten gründen den Schmalkaldischen Bund

1531
27. FEBRUAR

Ein Bündnis sollte dem Protestantismus zu mehr Durchsetzungskraft verhelfen. Es kam zum Konflikt mit dem Kaiser und der katholischen Seite, der erst in einem Religionsfrieden beigelegt werden konnte.

Am 27. Februar 1531 trug sich der kleine Ort Schmalkalden in die deutschen Geschichtsbücher ein. Am Rande des Thüringer Waldes besiegelte eine Handvoll protestantischer Fürsten und Städte unter der Führung des Landgrafen Philipp von Hessen ein Defensivbündnis zur Sicherung der Reformation gegen die katholische Übermacht. Eine derartige Zusammenkunft hatte Schmalkalden in seiner bisherigen Geschichte noch nicht erlebt. Die anschließend ausgefertigte Bundesurkunde unterzeichneten Kurfürst Johann von Sachsen, Landgraf Philipp von Hessen, die Herzöge Philipp von Braunschweig-Grubenhagen und Ernst von Braunschweig-Lüneburg, Fürst Wolfgang zu Anhalt-Köthen, der Graf von Mansfeld sowie die Städte Biberach, Bremen, Isny, Konstanz, Lindau, Lübeck, Magdeburg, Memmingen, Reutlingen, Straßburg und Ulm. Im Sommer 1530 hatten die protestantischen Reichsstände auf dem Augsburger Reichstag Kaiser Karl V. ihre Bekenntnisschrift, die Confessio Augustana, über-

reicht. Das Ergebnis war allerdings sehr mager. Der Kaiser ließ die Confessio Augustana widerlegen, und die Protestanten erreichten nichts als eine Vertagung der strittigen Punkte bis zu einem allgemeinen Konzil. Völlig verunsichert, befürchteten sie nun eine militärische Auseinandersetzung mit dem Kaiser. Um dafür gut gewappnet zu sein, traf man sich um die Jahreswende 1530/31 in Schmalkalden zu Bündnisverhandlungen. Dies war im Reich bisher einmalig: Einzelne Fürsten und Städte wendeten sich gegen das Reichsoberhaupt. Deshalb wurde erst der Rat der Theologen eingeholt. Mit dem Argument, dass auch die Reichsstände „Obrigkeiten" seien, konnte der Reformator Martin Luther gewonnen werden. Luther hatte einen derartigen Bund gegen den Kaiser bisher abgelehnt, aber als in die Statuten des Bundes die Bedingung aufgenommen wurde, dass nicht mit Waffengewalt gegen den Kaiser vorgegangen werden dürfe, konnte er umgestimmt werden. Den definitiven Bündnisvertrag lehnten dennoch einige Fürsten und Städte ab.

Erste Erfolge

Die internationale Lage kam den neuen Bundesgenossen zu Hilfe: Die Habsburger waren an zwei Fronten gebunden – im Osten durch die Türkengefahr und im Westen durch einen erneuten Krieg mit dem französischen König. So schlossen sich bald weitere Reichsstände dem Schmalkaldischen Bund an. Damit umfasste der Wirkungskreis des Bundes das gesamte Reich von Straßburg bis Pommern und von Augsburg bis Bremen. Einer der ersten Erfolge des Schmalkaldischen Bundes war die gewaltsame Wiedereinsetzung Herzog Ulrichs von Württemberg, der 1519 aus seinem Land vertrieben worden war. Württemberg wurde seitdem von den Habs-

Die Mitglieder des Schmalkaldischen Bundes tafeln im Jahr 1531 gemeinsam in einer Weinlaube auf der Wilhelmsburg in Schmalkalden.

burgern verwaltet. Die Wiedereinsetzung Herzog Ulrichs sicherte das Überleben der Reformation im deutschen Südwesten. 1534 fiel Landgraf Philipp von Hessen in Württemberg ein, schlug überraschend bei Lauffen die österreichischen Regierungstruppen und marschierte kurz darauf in Stuttgart ein.

Innere Struktur

Dem Schmalkaldischen Bund gelangen weitere, politisch außerordentlich bemerkenswerte Leistungen: Er schuf sich eine recht effektive Regierung, knüpfte ein europaweites Netzwerk diplomatischer Beziehungen und schützte seine Mitglieder, bis sich der neue Glaube so weit gefestigt hatte, dass er nicht mehr ausgerottet werden konnte. Die Verfassung des Schmalkaldischen Bundes wurde am 23. Dezember 1535 verabschiedet. Sie unterteilte den Bund in zwei Bezirke: einen nördlichen unter der Führung des sächsischen Kurfürsten und einen südlichen, angeführt vom hessischen Landgrafen. In der Versammlung des Bundes, dem Bundestag, gab es zunächst neun Stimmen: je zwei für Sachsen und Hessen, eine für die anderen Fürsten und Adligen im Norden und jeweils zwei Stimmen für die süddeutschen und norddeut-

schen freien Städte. 1536 wurde die Anzahl der Stimmen auf dreizehn erhöht. Die Bundesverfassung sah außerdem ein Bundesheer unter neun Kriegsräten und zwei Hauptleuten vor. Die Führung des Bundes sollte halbjährlich wechseln, die Befehlsgewalt im Kriegsfall sich nach dem Operationsgebiet richten. Bereits im Dezember 1535 war die Laufzeit des Bundes auf zehn Jahre verlängert worden.

Reaktion im katholischen Lager

Als direkte Reaktion auf die Verlängerung des Schmalkaldischen Bundes schlossen sich einige katholische Reichsstände zu einem Defensivbündnis zusammen. Am 10. Juni 1538 wurde der Nürnberger Bund gegründet, dem König Ferdinand I., die bayerischen Herzöge Ludwig X. und Wilhelm IV., die Erzbischöfe von Magdeburg, Halberstadt und Salzburg sowie die Herzöge Georg der Bärtige von Sachsen, Erich von Calenberg und Heinrich der Jüngere von Braunschweig-Wolfenbüttel angehörten. Das Bündnis betraf nur deutsche Länder, also nicht habsburgische Gebiete wie die Niederlande oder die spanische Krone. Kaiser Karl V. zögerte mit dem persönlichen Beitritt, da er angesichts der fortbestehenden Türkengefahr und

Die Schlacht bei Mühlberg während des Schmalkaldischen Krieges. Die Truppen Karls V. entschieden die Auseinandersetzung für sich, Johann Friedrich von Sachsen geriet in Gefangenschaft.

So sahen wir, dass es nur noch die Gewalt gibt, sie zu vernünftigen Bedingungen zu zwingen. Die Zeit ist günstig.

[Karl V. zu Beginn des Schmalkaldischen Krieges]

eines erneuten Krieges mit Frankreich die Protestanten nicht vor den Kopf stoßen wollte. Zum ersten Mal in der deutschen Geschichte standen sich somit zwei konfessionell geprägte Bündnisse gegenüber. Im Gegensatz zum Schmalkaldischen Bund blieb der Nürnberger Bund aber praktisch wirkungslos.

Doppelehe mit Folgen

Es war das turbulente Privatleben eines der Gründungsmitglieder, das den Schmalkaldischen Bund in Schwierigkeiten bringen sollte. 1540 heiratete Landgraf Philipp von Hessen nach Absegnung durch die Wittenberger Theologen die 17-jährige Margarethe von der Saale. Das Pikante an der Sache war, dass der Landgraf bereits verheiratet war, mit der sächsischen Herzogstochter Christine, die im Übrigen der Zweitehe ihres Mannes zustimmte. Trotz vereinbarter Geheimhaltung verbreitete sich die Nachricht von der Doppelehe des hessischen Landgrafen wie ein Lauffeuer. Der Skandal gelangte auch zu Ohren Kaiser Karls V., der nicht zögerte, die Situation zu seinen Gunsten zu nutzen. Nach dem kaiserlichen Gesetzbuch, der Carolina, war Bigamie ein schweres Verbrechen und konnte mit dem Tode bestraft werden. Auf dem Reichstag von Regensburg unterbreitete der Kaiser 1541 dem streitbaren Landgrafen folgendes Angebot: Wenn die Doppelehe Philipps keine Folgen haben sollte, dann dürfe der Landgraf den Schmalkaldischen Bund nicht mehr aktiv unterstützen. Philipp von Hessen nahm diesen Geheimvertrag an, begab sich so in die Hände des Kaisers und schwächte die protestantische Sache damit ungemein.

Der Schmalkaldische Krieg

Als sich die europäische Lage zugunsten Kaiser Karls V. wendete, beschloss dieser, gegen die Protestanten vorzugehen. 1544 beendete der Kaiser mit dem Frieden von Crépy seine krie-

Prachtrüstung von Moritz von Sachsen. Er wechselte wiederholt die Fronten und beeinflusste so maßgeblich den Ausgang des Konflikts.

Philipp von Hessen

1504	Philipp wird am 13. November in Marburg als Sohn des Landgrafen Wilhelm II. von Hessen geboren.
1518	Übernahme der Regierung.
1521	Philipp von Hessen lernt auf dem Reichstag zu Worms Martin Luther kennen.
1524	Zusammentreffen mit Philipp Melanchthon und Übertritt zum evangelischen Glauben.
1526	Mit der Homberger Synode wird die Reformation in Hessen eingeführt.
1529	Philipp lädt die Reformatoren zum Marburger Religionsgespräch ein.
1531	Gründung des Schmalkaldischen Bundes auf Initiative Philipps.
1540	Die Nebenehe mit Margarethe von der Saale löst einen Skandal aus.
1547	Philipp muss sich während des Schmalkaldischen Krieges ergeben und gerät in Gefangenschaft.
1567	Er stirbt am 31. März in Kassel.

gerischen Auseinandersetzungen mit Frankreich und sicherte sich die Hilfe des französischen Königs gegen die Türken und die Protestanten im Reich zu. Im Sommer 1546 begann der Schmalkaldische Krieg, einer der ersten Religionskriege in Europa seit der Reformation. Obwohl der Schmalkaldische Bund dem Kaiser strategisch und zahlenmäßig überlegen war, gewann Karl V. doch schnell die Oberhand. Entgegen seiner Wahlkapitulation warb er spanische Truppen an, konnte die bayerischen Herzöge auf seine Seite ziehen und gewann die Unterstützung des protestantischen Herzogs Moritz von Sachsen. Dieser bekam vom Kaiser als Lohn für seine Unterstützung die Kurlande seines Vetters Johann Friedrich I. von Sachsen versprochen, gegen den Karl V. im Juli 1546 ebenso wie gegen Landgraf Philipp von Hessen die Reichsacht verhängte. Zunächst vermieden beide Seiten militärische Auseinandersetzungen, die Heere standen sich in Süddeutschland gegenüber. Als Moritz von Sachsen in die Ländereien seines Vetters einfiel, sah sich Johann Friedrich I. gezwungen, Süddeutschland zu verlassen, um seine Stammlande zu verteidigen. Die süddeutschen Städte mussten sich in Folge dem Kaiser unterwerfen und hohe Kontributionen zahlen. Bei Mühlberg an der Elbe gelang es den kaiserlichen Truppen im April 1547, die

Die Unterwerfung der protestantischen Städte. In Augsburg mussten sie das für die katholische Seite vorteilhafte Augsburger Interim akzeptieren.

Schmalkaldener vernichtend zu schlagen. Kurfürst Johann Friedrich I. von Sachsen wurde gefangen genommen und verlor seine Kurfürstenwürde an Moritz von Sachsen. Philipp von Hessen unterwarf sich, wurde aber ebenfalls gefangen gesetzt. Mit der Schlacht von Mühlberg war das Schicksal des Bundes besiegelt, und Kaiser Karl V. befand sich auf dem Gipfel seiner Macht.

Fürstenverschwörung

Nach der Niederlage des Schmalkaldischen Bundes im Schmalkaldischen Krieg diktierte Kaiser Karl V. auf dem „geharnischten" Reichstag zu Augsburg 1547/48 den protestantischen Reichsständen seine Forderungen. Der Versuch, das sogenannte Augsburger Interim gewaltsam durchzusetzen, scheiterte vor allem am Widerstand Magdeburgs, über das die Reichsacht verhängt wurde. Karl behielt auch weiterhin ausländische Truppen, vor allem Spanier, im Reich. Einige Reichsfürsten schlossen sich deshalb gegen ihn zusammen. Als auch Moritz von Sachsen das Lager wechselte, wendete sich das Blatt. Die Reichsfürsten konnten auch den alten Feind des Kaisers, den König von Frankreich, als Verbündeten gewinnen. Karl V. bemerkte erst viel zu spät, wie bedrohlich die Lage für ihn war. Ungehindert drangen die Truppen der verbündeten Fürsten nach Süden vor und zwangen den Kaiser im Mai 1552 zur Flucht aus Innsbruck nach Villach. Die Verhandlungen im Reich führte schließlich der Bruder des Kaisers, König Ferdinand I. Mit dem Augsburger Religionsfrieden wurden 1555 die Konflikte, die seit dem Ausbruch der Reformation Deutschland in Atem gehalten hatten, beigelegt.

Auch nach Ende des Schmalkaldischen Krieges blieb die Situation angespannt. 1552 musste Karl V. über die Alpen nach Villach fliehen.

Petrus Canisius lehrt in Ingolstadt

1549
13. NOVEMBER

Während der Gegenreformation übernahmen die Jesuiten die geistige Führerschaft. In Deutschland wurde Ingolstadt durch die Berufung von Petrus Canisius zu einer Hochburg dieses Ordens.

Die Bevölkerung von Ingolstadt nahm kaum Notiz von den drei ehrwürdigen Herren, die am 13. November 1549 in der Stadt an der Donau eintrafen. Und doch traten Petrus Canisius und seine beiden Gefährten Claudius Jajus und Alfons Salmeron eine bedeutende Mission an. In der Tasche hatten sie eine Einladung Wilhelms IV. Der bayerische Herzog war ein glühender Gegner der Reformation und als solcher ständig auf der Suche nach Verbündeten beim Kampf gegen die Anhänger Martin Luthers. Die renommierte Universität von Ingolstadt sollte nach dem Wunsch des Fürsten zum Hort des deutschen Katholizismus werden. Um dieses Ziel zu verwirklichen,

Petrus Canisius, der erste deutsche Jesuit, befindet sich in Wien im Gespräch mit Kaiser Ferdinand. In der Habsburger-Metropole war er als Hofprediger angestellt.

brauchte er fähige Köpfe. Petrus Canisius, der Leiter der kleinen Delegation, die im November 1549 Ingolstadt erreichte, erfüllte nach Wilhelms Ansicht alle Voraussetzungen. Obwohl noch jung an Jahren, hatte er sich bereits bei den Jesuiten, den strengen Verfechtern des katholischen Glaubeyns, seine Sporen verdient. Diesen Petrus Canisius, der eigentlich Pieter de Hondt hieß und wie damals üblich als Gelehrter einen lateinischen Namen angenommen hatte, hielt Wilhelm für die geeignete Persönlichkeit, um die Christenheit wieder auf den richtigen Weg zu geleiten.

Leitfigur der Jesuiten

Nur wenige Tage nach der Ankunft hielt Canisius seine Antrittsvorlesung an der Ingolstädter Universität. Der Hörsaal platzte aus allen Nähten. Andächtig lauschten die Anwesenden den Ausführungen des wortgewaltigen Jesuiten. Doch hatte sein leidenschaftliches Plädoyer für die Erneuerung der alten Lehre zunächst nicht die erhoffte Wirkung. In die Lehrveranstaltungen des Hoffnungsträgers der bayerischen Katholiken verirrten sich anfangs nur wenige Studenten. Canisius war aber weit davon entfernt zu resignieren. Wie der Landesherr Wilhelm war er der festen Überzeugung, dass die Erziehung der Jugend im katholischen Sinn der einzige Weg sei, um die Verbreitung des reformatorischen Gedankenguts zu stoppen. Unermüdlich widmete er sich in den folgenden Jahren, ganz im Geiste des Ordensgründers Ignatius von Loyola, dem Unterricht. Und allmählich wurde der Kreis seiner Hörer größer. Man wusste es zu schätzen, dass der Jesuit sich auch seelsorgerisch um seine Schützlinge kümmerte. Mancher wurde zudem dadurch angelockt, dass Canisius von den Besuchern seiner Vorlesungen kein Geld verlangte. Beeindruckt waren die Menschen auch von dem asketischen Lebenswandel des Professors, der im Gegensatz zu vielen Kirchenfürsten der damaligen Zeit auf jeglichen Luxus und Pomp verzichtete.

Jesuiten aus aller Welt

Der Jesuitenorden, auch „Gesellschaft Jesu" genannt, wurde 1534 von dem Spanier Ignatius von Loyola gegründet. Idee der Ordensgründung war, die Welt nicht durch Abkehr, sondern durch Hinwendung für Gott zu gewinnen. Wichtigste Mittel waren die Pädagogik und die Verkündigung der christlichen Botschaft. Dank des Zulaufs begabter Männer aus ganz Europa gelang es, eine neue Missionsbewegung einzuleiten. Vor allem im Südamerika fassten die Jesuiten Fuß und gründeten 1610 sogar den sogenannten „Jesuitenstaat von Paraguay", der bis zu ihrer Vertreibung aus Amerika 1767 Bestand hatte.

Steiniger Weg

Die Universität Ingolstadt honorierte die emsige Arbeit von Canisius 1550 mit der Berufung zum Rektor. Aber bald stellten sich Schwierigkeiten ein. Im selben Jahr war sein großer Gönner Wilhelm IV. gestorben. Die Nachfolge als bayerischer Herzog trat dessen Sohn Albrecht V.

an. Auch der neue Herrscher sah sich als wichtige Speerspitze der Gegenreformation. Mit seinem Wunsch, in Ingolstadt ein eigenes Jesuitenkolleg einzurichten, stieß Canisius indes bei Albrecht auf taube Ohren. Die Enttäuschung war groß, denn Canisius setzte nicht geringe Hoffnungen in die Gründung einer speziellen Stätte für Studium und Ausbildung im Sinne der Jesuiten. Aufgrund der ablehnenden Haltung des Herzogs verschwand der Plan zunächst in der Schublade. Nicht zuletzt wegen dieser Probleme verließen die Jesuiten um Petrus Canisius 1552 Ingolstadt. Auf Einladung von König Ferdinand I. begab sich Canisius nach Wien. Auch in der Residenzstadt der Habsburger setzte er sich unermüdlich für die katholische Lehre ein. Der Lohn war die Berufung zum Hofprediger und zum Dozenten an der Wiener Universität. Wenn Petrus Canisius in einer der zahlreichen Wiener Kirchen predigte, so war das Gotteshaus bis auf den letzten Platz gefüllt. Doch der Jesuit wollte auch diejenigen Menschen erreichen, die ihn nicht direkt erleben konnten.

Lehre durch Bücher

1555 schlossen Kaiser und Reichsstände in Augsburg einen Religionsfrieden, der den Landesfürsten das Recht einräumte, über die Konfession ihrer Untertanen zu bestimmen. Im selben Jahr veröffentlichte Canisius ein bahnbrechendes Werk, das zur Bibel der Gegenreformation und zur Anwort der Jesuiten auf die

> *Des Ewigen, nicht des Zeitlichen wegen bin ich erschaffen und erlöst worden.*
>
> [Petrus Canisius]

Petrus Canisius nahm am Trienter Konzil, einem Fanal der Gegenreformation, teil. 1565 sorgte er für die Verkündung der Beschlüsse in den deutschen Diözesen.

Papst Gregor XIII., hier in Rom bei der Diskussion des neuen gregorianischen Kalenders, vertraute Petrus Canisius die Kirchenpolitik in den deutschen Landen an.

Aus der Sicht der Protestanten verkörperten die Jesuiten die Übel der Gegenreformation. In diesem Flugblatt sind die Sünden der Jesuiten drastisch dargestellt.

Thesen Martin Luthers wurde. Der aus seiner Feder stammende „Große Katechismus" war eine Unterweisung für Geistliche und gebildete Laien. Auf 211 grundlegende Fragen zum christlichen Glauben fanden die Leser 211 klare und einfache Antworten. Ein Jahr später wurde das lateinische Werk ins Deutsche übersetzt und erreichte auf diese Weise viele Menschen im ganzen Land. Die Auflagen des Werkes sprechen für sich: Bis zum Ende des 17. Jh. hatte der „Katechismus" die 400. Auflage erreicht. Mit dem „Kleinen Katechismus" von 1556 und dem „Mittleren Katechismus" aus dem Jahr 1558 setzte Canisius, der nun auf einer Welle des Erfolgs schwamm, seine publizistische Of-

fensive fort. Diese beiden Bücher machten vor allem Kinder und Jugendliche mit den Lehren der Jesuiten vertraut. Sie trugen erheblich dazu bei, dass in den folgenden Jahrzehnten die Sympathien der Menschen für die katholische Kirche wieder wuchsen.

Erste Jesuitenkollegien

Bald konnten sich Canisius und seine immer zahlreicher werdenden Mitstreiter auch ihren alten Traum von einem Jesuitenkolleg verwirklichen. Bereits im Dezember 1555 schloss Canisius mit dem Bayernherzog Albrecht einen Vertrag über die Gründung eines Kollegs in Ingolstadt. Im Jahr darauf wurde die Stätte eingeweiht, und bald trafen die ersten Jesuitenschüler ein. Dank dieser Institution spielte Ingolstadt von nun an eine wichtige Rolle als geistiges und religiöses Zentrum der deutschen Gegenreformation. In rascher Folge entstanden daraufhin viele weitere Kollegien als Bastionen der Jesuitenlehre, so etwa in München (1560), Prag (1562), Dillingen (1563), Würzburg (1567) und Augsburg (1569). Die Gymnasien und Universitäten der Jesuiten konnten sich über einen regen Zulauf an Schülern und Studenten freuen. Überall verfolgten die Lehrer das Ziel, Frömmigkeit und Gelehrsamkeit im Sinne der katholischen Lehre miteinander zu verbinden. Verwirklicht wurde dies durch eine intensive Unterweisung im Katechismus, in Bibelkunde, religiöser Literatur, Latein, Griechisch und Geschichte.

Die Kolleggründungen waren ganz im Sinne Papst Gregors XIII., eines zielbewussten Förderers der Gegenreformation. Er war es auch, der Petrus Canisius 1573 in geheimer Mission zu Albrecht V. von Bayern, Erzherzog Ferdinand von Österreich und zum Erzbischof von Salzburg entsandte, um sich Vorschläge zur anstehenden Kirchenreform zu erbitten. Als Canisius 1597 starb, hatte sich die katholische Kirche bereits vom Schlag der Reformation erholt.

Skandal am Rhein

Der Kampf der Konfessionen, der auch ein Kampf zwischen den protestantischen und den katholischen Landesherren war, hatte jedoch noch längst kein Ende gefunden. Die katholischen Fürsten stürzten sich, gestärkt durch die Arbeit der Jesuiten, in die Auseinandersetzung mit den protestantischen Reichsständen, die bestrebt waren, verlorenen Boden gutzumachen. Vor allem die Aktivitäten der bayerischen Wittelsbacher waren ihnen ein Dorn im Auge. So mischte sich Albrechts Sohn, Wilhelm V., 1583 in den Streit um den Kölner Kurfürsten ein. Der geistliche Amtsinhaber Gebhard Truchsess von Waldburg schockierte die Katholiken mit der Ankündigung, zu den Protestanten überwechseln zu wollen. Daraufhin wurde er vom Papst abgesetzt. Der bayerische Herzog nutzte die Gunst der Stunde und ließ seinen Bruder Ernst zum Nachfolger wählen. Der entthronte Kurfürst wehrte sich mit Waffengewalt, doch errangen die bayerischen Truppen letztendlich den Sieg. Die Wittelsbacher hatten damit einen der wichtigsten katholischen Stützpunkte im Rheinland gewonnen, den sie bis ins Jahr 1761 halten konnten.

Kämpferische Christen

Köln war kein Einzelfall. Überall im Reich entstanden am Ende des 16. und zu Beginn des 17. Jh. neue Konfliktherde. Kurz nach der Kölner Affäre brachen die Gegensätze abermals auf, als sich evangelische und katholische Domherren unter dem Einsatz von Waffen um das Bistum Straßburg stritten. Auch um das Reichskammergericht entzündete sich ein heftiger Kampf zwischen den Konfessionen. In diesem höchsten deutschen Gericht hatten die katholischen Stände die Mehrheit. So fällten sie auch in konfessionellen Angelegenheiten die Urteile im Sinne ihrer eigenen Interessen. Dagegen lehnten sich die protestantischen Fürsten auf. Ein Vermittlungsversuch des Kaisers blieb 1600 erfolglos, und der Streit schwelte in den folgenden Jahren unvermindert weiter. Schließlich organisierten sich die rivalisierenden Parteien in zwei Bündnissen, fest entschlossen, die Gegensätzlichkeiten zur Not mit Gewalt auszutragen. Die 1608 erfolgte Gründung der protestantischen Union beantworteten die gegnerischen Stände 1609 mit der Einrichtung der katholischen Liga. Damit war eine Frontstellung entstanden, die wenige Jahre später direkt in den Dreißigjährigen Krieg mündete.

Wechselvolles Schicksal

Ungeachtet dessen konnten sich die Jesuiten weiterhin als die führende Kraft des Katholizismus und der Gegenreformation behaupten. Mit ihrer Bildungsarbeit verschafften sie den katholischen Eliten eine feste religiöse und geistige Grundlage. Ihr Wirkungskreis war dabei nicht allein auf Deutschland und Europa beschränkt. An vorderster Front beteiligten sie sich an der Missionierung der europäischen Kolonien in Asien, Afrika und Südamerika. Zu Beginn des 18. Jh. war die Zahl bekennender Jesuiten auf 20 000 gestiegen. Als Canisius begonnen hatte, in Ingolstadt zu lehren, hatte es nicht einmal 1000 Jesuiten gegeben. Im 18. Jh. jedoch begann der Stern der Jesuiten langsam, aber stetig zu sinken. Weil sie zu einem bedeutenden Machtfaktor geworden waren, sorgte ihre Tätigkeit immer häufiger für Irritationen und Verstimmungen selbst in katholischen Kreisen. Nachdem der Orden seit 1759 in einigen europäischen Ländern verboten worden war, zog Papst Klemens XIV. 1773 einen definitiven Schlussstrich und verkündete offiziell die Auflösung. Pikanterweise fanden die deutschen Jesuiten Zuflucht im protestantischen Preußen. Der preußische König wollte damit seine Unabhängigkeit von der Autorität des Papstes unter Beweis stellen. Erst 1814, nach den napoleonischen Kriegen, wurde der Bannstrahl des Papstes aufgehoben. Die Jesuiten konnten jetzt wieder ungehindert ihren frommen und gelehrten Geschäften nachgehen.

Im Kölnischen Krieg gewann die katholische Seite die Bischofswürde zurück: 1583 wurde Ernst von Bayern als Nachfolger des protestantischen Gebhard Truchsess von Waldburg Bischof von Köln.

Der Augsburger Reichstag beschließt religiöse Toleranz

1555
25. SEPTEMBER

Der zwischen Katholiken und Lutheranern ausgehandelte Religionsfriede gilt bis heute als ein Ereignis von weltpolitischer Bedeutung. Erst durch ihn war ein friedliches Zusammenleben wieder möglich.

Der Augsburger Religionsfriede wurde im September 1555 zwischen Ferdinand I., den Reichsständen sowie Theologen und Rechtsgelehrten verhandelt.

Am 25. September 1555 wurde ein Reichs- und Religionsfriede verabschiedet, der die Koexistenz der christlichen Bekenntnisse in Deutschland sicherte. Nach zähen Verhandlungen hatten Katholiken und Protestanten in Augsburg am 21. September 1555 endlich einen Kompromiss ausgehandelt. Jetzt musste nur noch der Reichsabschied ergehen, damit das Vertragswerk rechtswirksam wurde. Da traf in letzter Minute vor der abschließenden Reichsversammlung ein Bote des Kaisers aus Brüssel ein – es war Paul Pfintzing, einer der deutschen Kanzleiräte Kaiser Karls V. Er hatte eine wichtige Nachricht für den Bruder des Kaisers., den römischen König Ferdinand I., der in Vertretung Karls den Reichstag in Augsburg leitete. Pfintzing infor-

mierte Ferdinand, dass der Kaiser beschlossen hatte abzudanken. Sowohl die Übertragung der Kaiserwürde als auch der Reichsregierung sollte noch während des laufenden Reichstags erfolgen. Mit diesem Beschluss zog Karl V. die Konsequenz aus seiner ablehnenden Haltung gegenüber dem ausgehandelten Kompromiss, den er nicht mittragen wollte – der Reichsabschied wäre so im Namen Ferdinands erfolgt.
Der römische König stand zwar loyal zu seinem älteren Bruder, war aber schon seit längerer Zeit innerlich zu ihm auf Distanz gegangen. Darum informierte Ferdinand die Reichsstände nicht über die Botschaft aus Brüssel, sondern verabschiedete den Reichstag – so wie er ihn eröffnet hatte – im Namen Kaiser Karls V. Pfintzing

wurde mit der Bitte nach Brüssel zurückgeschickt, Karl V. möge sich seinen Entschluss zur Abdankung noch einmal überlegen. In der Tat sollte sich der endgültige Rücktritt des Kaisers, der keiner mehr sein wollte, noch um fast ein ganzes Jahr verzögern.

Der gescheiterte Kaiser

Nach dem Scheitern seiner Politik im Reich hatte sich Kaiser Karl V. 1553 in die Niederlande zurückgezogen. Er war am Ende seiner Kräfte, persönlich erschöpft und gesundheitlich schwer angeschlagen, die Gicht plagte ihn schon seit Längerem. Mit seinem Rückzug aus dem politischen Alltag im Reich machte Karl den Weg frei für seinen Bruder Ferdinand, der ganz im Gegensatz zu ihm selbst versuchte, Brücken zwischen den konfessionellen Lagern in Deutschland zu schlagen.

Bereits 1552 hatte Ferdinand erfolgreich zwischen dem Kaiser und den aufständischen Reichsfürsten vermittelt, Ergebnis war der Vertrag von Passau. Der ausgehandelte Kompromiss sah die Einberufung eines Reichstags binnen eines halben Jahres vor. Dieser Termin wurde allerdings nicht eingehalten, sondern immer wieder verschoben. Erst um die Jahreswende 1553/54 entschloss sich Karl V. zu ernsthaften Vorbereitungen. Da der alternde Kaiser keinerlei Konzessionen an die Protestanten mittragen wollte, beauftragte er den jüngeren Bruder mit der Leitung des Reichstags, stattete ihn mit umfassenden Vollmachten aus und fügte hinzu: „Und um Euch den Grund offen zu sagen, wie es sich unter Brüdern gehört und mit der Bitte, nichts anderes dahinter zu suchen: Es ist nur die Sache der Religion, bezüglich deren ich jene unüberwindlichen Bedenken habe." Obwohl Ferdinand versuchte, den Kaiser an den Verhandlungen des Reichstags noch zu beteiligen, zog sich Karl V. immer mehr zurück. So wurde König Ferdinand zur entscheidenden Figur des Augsburger Reichstags.

Aus dem Reichsabschied von 1555

Und damit solcher Friede auch trotz der Religionsspaltung aufgerichtet und erhalten werden möchte, so sollen die Kaiserliche Majestät sowie die Kurfürsten, Fürsten und Stände keinen Stand des Reiches wegen der Augsburgischen Konfession und deren Lehre, Religion und Glauben in gewaltsamer Weise überziehen, beschädigen, vergewaltigen oder auf anderem Wege in ihren Fürstentümern, Ländern und Herrschaften etwas erzwingen oder durch Mandat erschweren oder verachten, sondern diese Religion ruhig und friedlich belassen.

Aus dem 15. Paragrafen des Reichsabschieds auf dem Augsburger Reichstag im Jahr 1555

Der „gemeine Frieden in der Religion"

Obwohl die Stimmung im Reich vom Wunsch nach Frieden und Ausgleich geprägt war, gestalteten sich die Verhandlungen in Augsburg zäh und langwierig. Zumeist wurden sie von den zum Reichstag abgeordneten Räten der katholischen und protestantischen Reichsstände geführt. Erst eine Initiative von Kurfürst August von Sachsen brachte die Dinge in Bewegung. Auf seine Anregung hin trafen sich die regierenden Fürsten der Häuser Sachsen, Brandenburg und Hessen in Naumburg und verabredeten eine nahezu einheitliche Reichspolitik. Dabei stellten sie den Abschluss eines immerwährenden Religionsfriedens in den Vordergrund. König Ferdinand antwortete auf diese Forderung ausweichend, er zog Religionsgespräche als Mittel zur Beilegung der religiösen Konflikte vor. Die Folge war, dass sich die Mehrheit der Reichsstände – Katholiken wie Protestanten – den Forderungen der in Naumburg tagenden Fürsten anschloss.

Die Reichsstadt Augsburg spielte zur Zeit der Glaubensauseinandersetzungen und der Renaissance eine herausragende Rolle unter allen deutschen Städten.

Nach einigem Hin und Her beschloss der Reichstag, den „gemeinen Frieden in der Religion" zum vorrangigen Tagespunkt zu machen. Erst damit gelangte – entgegen der Absicht des Kaisers und auch König Ferdinands – der Augsburger Reichstag zum Abschluss eines Religionsfriedens. Nach weiteren Verhandlungen innerhalb der einzelnen Ständekurien und zwischen dem Kurfürsten- und Fürstenrat konnten die Reichsstände König Ferdinand schließlich den gemeinsamen Entwurf eines Religionsfriedens überreichen. Dieser Entwurf enthielt bereits all jene Regelungen, die später den endgültigen Text des Religionsfriedens ausmachen sollten, allen voran den Friedensstand zwischen den An-

Ferdinand I. vertrat auf dem Reichstag in Augsburg seinen Bruder Kaiser Karl V. 1558 folgte er ihm auch als Kaiser des Heiligen Römischen Reiches nach.

gehörigen der Confessio Augustana und denen der alten Kirche sowie den Ausschluss aller Andersgläubigen, einschließlich der Reformierten, aus dem Religionsfrieden.

Cuius regio, eius religio

Die politisch bedeutsamste Regelung des Religionsfriedens war, dass er jedem Reichsstand das Recht einräumte, die Konfession frei zu wählen. Zudem verband er dieses Recht mit dem Recht zur Bestimmung der Konfession des ganzen Landes, dem „ius reformandi". Man hat diesen Grundsatz später auf die einprägsame Formel „cuius regio, eius religio" – „wessen Herrschaft, dessen Glauben" – gebracht. Es wurden jedoch zwei Ausnahmen eingeräumt: Einmal ging es um die geistlichen Reichsstände, also die Erzbischöfe, Bischöfe, Äbte und Äbtissinnen in ihrer Stellung als Landesherren. Ihnen wurde das Recht zur Reformation ihrer Territorien genommen, indem bestimmt wurde, dass sie für den Fall eines Übertritts zum neuen Bekenntnis auf ihr geistliches und weltliches Amt verzichten müssten – man nannte das den geistlichen Vorbehalt. Diese Bestimmung war praktisch nichts anderes als eine Besitzstandsgarantie für die katholische Kirche.

Die zweite Ausnahme betraf die Reichsstädte. Hier kam es der katholischen Partei vor allem darauf an, in den überwiegend protestantischen Städten des Reiches den noch verbliebenen katholischen Minderheiten ein möglichst weitreichendes Existenzrecht zu sichern. Insofern wurde in den Städten ein Nebeneinander der Konfessionen akzeptiert: Die Bewohner der Städte sollten „friedlich und ruhig bei- und nebeneinander wohnen", eine bemerkenswerte Ausnahme vom Grundprinzip der konfessionellen Einheitlichkeit in einem Herrschaftsgebiet.

Das Recht auszuwandern

Besonders zu erwähnen ist die Bestimmung des „ius emigrandi", des Rechts auf Auswanderung, das erstmals überhaupt im Augsburger Religionsfrieden verankert wurde. Es sicherte den Untertanen, die nicht mit der Konfession ihres Landesherrn übereinstimmten, das Recht zur freien Übersiedelung in ein Territorium der eigenen Konfession zu, und zwar mit Familie sowie unter Eigentumsschutz. Zwar war dieses Recht von modernen Formen der Religionsfreiheit noch weit entfernt, dennoch unterschied es sich deutlich vom mittelalterlichen Ketzerrecht. Es gab nunmehr für jeden Bewohner des Reiches – wenigstens auf dem Papier und wenn der Betreffende bereit war, seinen Wohnort zu wechseln – eine freie Wahl zwischen katholischem und lutherischem Bekenntnis. Es war das erste Grundrecht, welches das Reich durch geschriebenes Verfassungsrecht jedem deutschen Bürger garantierte.

Fortschrittlicher Kompromiss

Der Religionsfriede von 1555 gehört zu den wichtigsten Ereignissen innerhalb der deutschen Geschichte. Mit der Anerkennung der protestantischen Kirchen wurde ein Schlussstrich unter die erste Phase der Reformation gezogen. Der Augsburger Religionsfriede wurde nach dem Dreißigjährigen Krieg im Westfälischen Frieden 1648 bestätigt und behielt seine Gültigkeit bis zur Auflösung des Heiligen Römischen Reiches 1806. Zwar setzte er den konfessionell geprägten Auseinandersetzungen der ersten Hälfte des 16. Jh. in Deutschland ein Ende, gleichzeitig besiegelte er aber auch die konfessionelle Spaltung des Landes. Mit dem Jahr 1555 wurde aus dem Heiligen Römischen Reich Deutscher Nation ein Land mit zwei Konfessionen – das einzige dieser Art im Alten Europa. Bis heute sind die Folgen dieser Spaltung in der geographischen Verteilung der Konfessionen innerhalb Deutschlands sichtbar. Der Augsburger Religionsfriede stärkte zudem die Stellung der Territorialfürsten. So wurde in lutherischen Territorien die geistliche Jurisdiktion der katholischen Bischöfe durch die Religionshoheit der Landesherren bzw. Stadtmagistrate ersetzt. Damit erhielten die weltlichen Landesherren ein religionspolitisches Instrumentarium, das sie zur inneren Konsolidierung ihrer Territorien und zum Ausbau der landesherrlichen Kirchenregimenter nutzten. Zugleich wurden erste reformierte Institutionen ins Leben gerufen, darunter die Universitäten in Marburg und in Jena.

Eine Friedensfrist in Deutschland

Während die gesamte erste Hälfte des 16. Jh. in Deutschland von radikalen Veränderungen, tief greifenden inneren Konflikten und äußerst schmerzhaften Erneuerungsprozessen erfüllt war, läutete der Augsburger Religionsfriede 1555 eine Phase des Friedens ein. Obwohl sie in vielen Punkten nur ein Kompromiss war, bescherte die Einigung Deutschland und seinen Bewohnern eine lange Zeit der Ruhe und des Wohlstands. Über 70 Jahre lang sollte kein größerer Konflikt das Land erschüttern.
Dennoch enthielt der Augsburger Religionsfriede einige Punkte, die bald neue Auseinandersetzungen hervorriefen. Besonders der geistliche Vorbehalt und die Frage der Zugehörigkeit der Reformierten zu den Augsburger Konfessionsverwandten waren die Hauptstreitpunkte in den politischen Kämpfen und in den gelehrten Kontroversen um die Auslegung des Religionsfriedens. Unter anderem an diesen lang andauernden Streitigkeiten entzündete sich der verheerende Dreißigjährige Krieg.

In der Zeit relativen Friedens nach dem Augsburger Reichstag 1555 gab es zahlreiche Neugründungen der Reformierten, darunter 1558 die Universität in Jena.

Die Bevölkerung sehnte sich nach Entspannung der Verhältnisse. Der Maler diese Bildes lässt den personifizierten Frieden Luther, Calvin und den Papst um Toleranz bitten.

Friedrich der Fromme tritt zum Calvinismus über

1560

Friedrich III. machte die Pfalz zum ersten deutschen Land, in dem der calvinistische Glaube verbindlich war. Trotz seiner Isolierung im Reich stand er zu seinem Schritt und band die Kurpfalz eng an Westeuropa.

Friedrich der Fromme mit seiner ersten Gemahlin Maria von Brandenburg-Kulmbach, die ihn zum Luthertum bekehrte. Später konvertierte er zum Calvinismus.

> *Was fechten wir diesen guten Fürsten an, der frömmer ist denn wir alle?*
>
> [Markgraf Karl von Baden, 1566]

Gerade einmal ein Jahr lang im Amt, unternahm Friedrich III. von der Pfalz einen Schritt, der bei seinen Zeitgenossen großes Aufsehen erregte. Als erster Reichsfürst trat er 1560 vom lutherischen Glauben zum Calvinismus über. Der Calvinismus hatte seinen Ursprung in der Schweiz und bildete die zweite, jüngere und radikalere Richtung der Reformation, gleichsam eine Reform der Reformation. Der Augsburger Religionsfriede sah für die Anhänger des Calvinismus, die auch als Reformierte bezeichnet wurden, keinen Platz vor. Aufgrund seines Konfessionswechsels stand der Kurfürst nun außerhalb der Reichsordnung.

Friedrich III. stammte aus der pfälzischen Nebenlinie Simmern und hatte eine streng katholische Erziehung genossen. 1537 heiratete er die protestantische Maria von Brandenburg-Kulmbach und wandte sich unter ihrem Einfluss dem Luthertum zu. 1559 erbte er von seinem kinderlosen Cousin Ottheinrich die Kurpfalz. Ottheinrich hatte während seiner kurzen Herrschaft die Kurpfalz systematisch der Reformation zugeführt. Mit dieser Erbschaft wurde Friedrich zu einem der mächtigsten Fürsten im Reich. Sein Konfessionswechsel 1560 hatte weitreichende Auswirkungen auf die Geschicke der Kurpfalz und ihrer Bewohner. Im Augsburger Religionsfrieden war die Formel „cuius regio, eius religio" festgeschrieben worden, die vorsah, dass die Untertanen ihrem Landesvater in Religionsfragen zu folgen hatten. Die neuen Glaubenssätze für sein Land ließ Friedrich 1563 im „Heidelberger Katechismus" zusammenfassen. Diese berühmte Bekenntnisschrift des reformierten Protestantismus bezeichnete in äußerst schroffer Weise die katholische Messe als eine „vermaledeite Abgötterey". Dem Heidelberger Katechismus folgend, wurden in den kurpfälzischen Kirchen die Altäre abgebaut, die Form des Gottesdienstes abgeändert, die Klöster aufgehoben und ihr Besitz eingezogen.

Augsburger Reichstag 1566

Friedrichs Religionspolitik stieß auf heftigen Widerstand, sogar innerhalb der eigenen Familie. Auch auf Reichsebene geriet der Pfälzer Kurfürst unter Druck. Der Reichstag zu Augsburg im Jahr 1566 sollte für Friedrich zur Nagelprobe werden. Kaiser Maximilian II. ließ in einer Versammlung aller anwesenden Reichsfürsten dem Pfälzer Kurfürsten ein Dekret vorlesen, das eine scharfe Verurteilung seiner Konfessionspolitik enthielt, und gab zu erkennen, dass er die „calvinistische Sekte" nicht länger im Reich dulden wolle. Friedrich III. erbat sich eine kurze Bedenkzeit und überraschte dann die Versammlung mit einer mutigen Verteidigungsrede, in der er sein neues Bekenntnis auf den Boden des Augsburger Religionsfriedens stellte. Damit beeindruckte er alle Anwesenden zutiefst. Der Kaiser selbst soll sogar in Tränen ausgebrochen sein.

Die Weigerung der protestantischen Fürsten, einer Verurteilung Friedrichs zuzustimmen, kann mit der praktischen Duldung des Calvinismus im Reich gleichgesetzt werden. Damit war die Kurpfalz in Deutschland das erste und bis in die späten 70er-Jahre des 16. Jh. einzige Territorium, das durch seinen Landesherrn erfolgreich dem Calvinimus zugeführt wurde. Bald schlossen sich weitere Territorien an, darunter Kursachsen, das Fürstentum Anhalt und die Landgrafschaft Hessen-Kassel. 1613 schließlich trat der brandenburgische Kurfürst zum Calvinismus über. In der Kurpfalz selbst brachte der Tod Friedrichs III. 1576 eine kurze Rückkehr zum lutherischen Bekenntnis. Der frühe Tod von Friedrichs Nachfolger Ludwig VI. 1583 beendete allerdings diese Entwicklung. Ludwigs Sohn Friedrich IV. kehrte nämlich unter der Führung seines Onkels und Vormunds Johann Casimir wieder zum calvinistischen Bekenntnis zurück.

Ausrichtung nach Westeuropa

Auch in außenpolitischer Hinsicht hatte die Entscheidung Friedrichs langfristige Auswirkungen. Als calvinistischer Reichsstand im Reichsverband relativ isoliert, suchte die Kurpfalz vermehrt Anbindung an das stärker calvinistisch geprägte westeuropäische Ausland. So unterstützten die Kurpfälzer nicht nur die Hugenotten in Frankreich, sondern auch die Niederlande im Kampf gegen Spanien. Damit ergab sich erstmals jene europäische Konstellation eines katholisch-habsburgischen Lagers auf der einen und eines pfälzisch-protestantisch-calvinistischen Lagers auf der anderen Seite, die in den Dreißigjährigen Krieg führte. Besonders enge Bande knüpfte die Kurpfalz zu England. Diese Beziehung trug 1613 Früchte, als Kurfürst Friedrich V. von der Pfalz die englische Königstochter Elisabeth Stuart heiratete. Diese internationale Eheschließung wertete die Kurpfalz erneut auf – so wundert es nicht, dass die revoltierenden böhmischen Stände Friedrich 1619 zu ihrem neuen König wählten. Mit der Annahme der böhmische Königskrone überschätzte Friedrich V. allerdings den Rückhalt der Kurpfalz in Europa. Seine Herrschaft in Böhmen währte jedoch nur gut ein Jahr, weshalb er den Spottnamen „Winterkönig" erhielt.

Die ersten Versuche, in Deutschland Tabak in großem Maßstab anzubauen, wurden 1598 unter Friedrich IV. in der Kurpfalz gemacht. Seit 1650 kultivierten ihn viele kurpfälzische und rheinische Orte.

Unter Friedrich dem Frommen und seinen Nachfolgern wurden die Universität und das Schloss in Heidelberg ausgebaut.

Der Prager Fenstersturz führt zum Krieg in Europa

1618
23. MAI

Mit einer spektakulären Aktion gegen die habsburgischen Statthalter in Prag begann der Dreißigjährige Krieg. Der Funke der Gewalt in Böhmen entfachte bald einen Flächenbrand in ganz Europa.

Am 23. Mai 1618 überstanden die Herren von Slavata, von Martinitz und Fabricius einen Sturz aus etwa 17 m Höhe ohne schlimmere Folgen. Allerdings hatten sie sämtliche Glücksgötter auf ihrer Seite. Denn ohne einen an rechter Stelle platzierten Misthaufen wäre es vermutlich um sie geschehen gewesen. Ausgangspunkt des Ereignisses war das Grüne Zimmer im Hradschin, der altehrwürdigen Königsburg von Prag. Hier residierten im Frühjahr 1618 Wilhelm von Slavata und Jaroslav von Martinitz als Statthalter König Ferdinands II. Dieser stammte aus dem Hause Habsburg, war ohne die Zustimmung der böhmischen Stände zu seiner königlichen Position gelangt und legte einen missionarischen Eifer bei der Rückführung des protestantischen Landes in den Schoß der katholischen Kirche an den Tag. Das alles genügte, um bei den Böhmen einen verwegenen Plan reifen zu lassen. Es musste, so waren sich alle einig, ein Exempel statuiert werden. Am Morgen des 23. Mai war es dann so weit: Unter Führung des Grafen Heinrich Matthias von Thurn zog eine schwer bewaffnete Abordnung durch die Stadt. Ihnen folgte eine ständig wachsende Schar neugieriger Menschen. Man passierte die Tore des Hradschin, die vom Adler der katholischen Habsburger gekrönt waren, eine reine Provokation für die protestantischen Böhmen. Entschlossen marschierten die Eindringlinge durch die weiten Gänge und Räume, bis sie endlich im Grünen Zimmer ankamen. Dort stießen sie auf die vor Angst zitternden Vertreter des Königs. Ein kurzes, hitziges Wortgefecht heizte die aufgeladene Stimmung noch weiter an. Als sich die Menge nun anschickte, die königlichen Beamten auf direktem Wege aus dem Fenster zu befördern, sahen diese ihr jähes Ende nahen. Martinitz, der als Erster an die Reihe kam, flehte zu Jesus und Maria und stürzte dann über das Fenstersims. Bei Slavata, der ebenfalls göttlichen Beistand erbat, dauerte es etwas länger, er leistete erbitterten Widerstand. Schließlich verschwand auch er, betäubt von einem heftigen Schlag gegen den Kopf, in der Tiefe. Drittes Opfer war der zufällig anwesende Sekretär Fabricius, der ebenfalls auf dem Misthaufen landete. Slavata und Martinitz konnten später aus Prag fliehen.

Unzufriedene protestantische Adlige zogen 1618 auf die Prager Burg und warfen die kaiserlichen Statthalter aus einem Fenster. Damit begann der Dreißigjährige Krieg.

Sturz nach Plan

Graf Thurn war über den glimpflichen Ausgang der Geschehnisse im Hradschin nicht unglücklich. Die Aktion war nicht, wie manche meinten, das Ergebnis spontanen Volkszorns gewesen. Vielmehr hatten Thurn und seine böhmischen Mitstreiter den Prager Fenstersturz genau geplant. Sicher konnte man mit dem Beifall der Masse rechnen, denn die Statthalter der Habsburger hatten sich durch eine rigorose Politik der Rekatholisierung extrem unbeliebt gemacht. Und natürlich hoffte die Gruppe um Thurn auf eine Signalwirkung. Der Sturz aus dem Fenster sollte letztlich zum Sturz der habsburgischen Herrschaft führen. Doch wusste Thurn auch, dass er mit der Gewaltmaßnahme im Hradschin gegen jegliches Recht gehandelt hatte. Auch wenn er und seine Anhänger nun als Organisatoren eines Staatsstreichs galten, so konnte man ihnen wenigstens nicht das Etikett von Mördern anheften.

Auf der Suche nach einem neuen König

Der Prager Fenstersturz war der Startschuss zu hektischen Aktivitäten auf beiden Seiten. Der böhmische Adel war fest entschlossen, den eingeschlagenen Weg weiterzugehen und sich endgültig von den verhassten Habsburgern zu lösen. Ein 30-köpfiges Direktorium bildete nun in Prag eine vorläufige Regierung. Zugleich mobilisierte man so schnell es ging eine Armee, die sich im südlichen Böhmen heftige Gefechte mit herbeigeeilten kaiserlichen Truppen lieferte. Am 31. Juli 1619 ließen die rebellierenden Böhmen den nächsten Schritt folgen. Die Konföderationsakte machte das Land zu einer freien Wahlmonarchie. Außerdem wurde König Ferdinand II. für abgesetzt erklärt. Dessen Position hatte sich inzwischen jedoch verbessert. Sein Bruder, Kaiser Matthias, war im März 1619 gestorben. Am 28. August 1619, nur wenige Tage nach seiner Absetzung als böhmischer König, wurde er zum neuen Kaiser gewählt. Damit hatte der Konflikt eine neue Dimension angenommen. Denn nun war der böhmische Aufstand auch zu einer Angelegenheit des Reiches geworden. Ferdinand war zu einem entschlossenen Handeln gezwungen, wenn er nicht sein Prestige als Kaiser aufs Spiel setzen wollte. Die böhmischen Stände machten sich dennoch ganz unbeeindruckt auf die Suche nach einem neuen König. Die Wahl fiel schließlich auf den protestantischen Kurfürsten Friedrich V. von der Pfalz. Noch im ereignisreichen August 1619 wurde er offiziell zum König bestimmt und im November desselben Jahres in Prag gekrönt. Die

Böhmen setzten große Hoffnungen in den 23-jährigen Monarchen, denn dieser verfügte über weitgespannte verwandtschaftliche Beziehungen in ganz Europa. Der neue König verließ seine alte Heimatstadt Heidelberg und zog in seine neue Residenz Prag um.

Der Krieg beginnt

Die Zeichen standen nun eindeutig auf Krieg. Ferdinand II., der seine demütigende Absetzung und den Verlust des böhmischen Königreichs nicht so einfach hinnehmen wollte, suchte nach Verbündeten und schmiedete eine starke Allianz, der sich auch Bayern und das protestantische Kursachsen anschlossen. Zudem konnte er auch auf Truppen aus Spanien und auf Gelder aus der päpstlichen Schatulle zählen. Besonders willkommen waren ihm aber die 30 000 Kämp-

Friedrich V. musste nach der Schlacht am Weißen Berg abdanken. Damit verspielte er zugleich die Kurfürstenwürde, die später dem bayerischen Herzog Maximilian I. zuerkannt wurde.

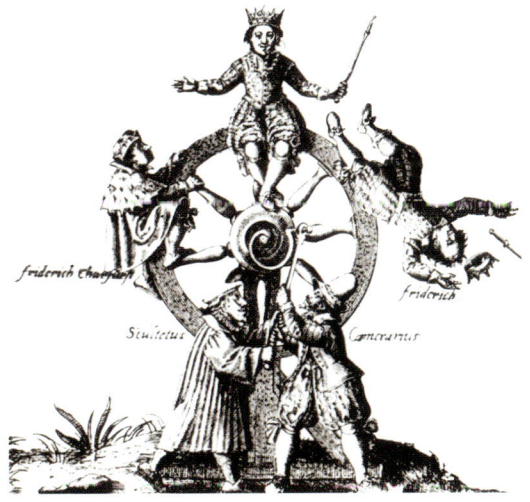

Das Rad des Schicksals drehte sich für Friedrich V. von der Pfalz zu schnell. Auf seine Wahl zum böhmischen König folgte bereits ein Jahr später die Flucht nach Holland.

125

fer aus dem Heer der katholischen Liga, die ihm Herzog Maximilian I. von Bayern zur Verfügung stellte. Die erste große Schlacht des Krieges, der, wie damals noch niemand ahnte, 30 Jahre dauern sollte, fand am 8. November 1620 am Weißen Berg westlich von Prag statt. Auf der Seite der Kaiserlichen führte der engagierte Graf Johann von Tilly das Kommando. Die Schlacht endete mit einer verheerenden Niederlage für die böhmischen Truppen. Für den unglücklichen Friedrich V. war das böhmische Abenteuer bereits nach nur einem einzigen Winter beendet, weshalb er den Spottnamen „Winterkönig" erhielt. Aller Ämter und Würden entledigt, floh der Pfälzer nach Holland.

> *Wir sind doch nunmehr ganz, ja mehr denn ganz verheeret!*
>
> [Andreas Gryphius, „Tränen des Vaterlandes"]

Abrechnung mit Böhmen

Über das abtrünnige Böhmen verhängten die Sieger ein hartes Strafgericht. 27 Adlige wurden als Rädelsführer hingerichtet, sonstige Beteiligte ausgewiesen. Empfindlich traf viele Großgrundbesitzer die Konfiszierung ihres Vermögens und ihrer Ländereien. Davon profitierte insbesondere Albrecht von Wallenstein, ein böhmischer Adliger, der bereits 1606 zum Katholizismus übergetreten war. In seiner offiziellen Eigenschaft als Gubernator des Königreiches Böhmen brachte er es zu immensen Reichtümern. In erster Linie aber war den Habsburgern an einer Beseitigung des Protestantismus gelegen. Mit aller Macht wurde nach der Prager Schlacht die Rekatholisierung vorangetrieben. Als Folge kam es zu einem wahren Massenexodus. Etwa 150 000 Menschen, unter ihnen viele Pfarrer, Lehrer und Kaufleute, verließen die Heimat, um dem erzwungenen Übertritt zum katholischen Glauben zu entgehen. Umgekehrt sorgten die Habsburger für den Zuzug von adligen Familien katholischen Glaubens, die als Stütze der kaiserlichen Macht dienen sollten. Sie standen von Anfang an in einem schroffen Gegensatz zur einheimischen Bevölkerung. Der Traum von der böhmischen Unabhängigkeit war nun endgültig ausgeträumt. 1627 ließ die von den Habsburgern verhängte „Verneuerte Landesordnung" die Vision von einer Wahlmonarchie in noch weitere Ferne rücken. In Böhmen, das bis 1918 habsburgisches Erbland blieb, herrschte künftig ein strenges absolutistisches Regiment.

Nach der Flucht König Friedrichs V. nahmen die kaiserlichen Truppen Prag ein und ließen auf Geheiß des Kaisers 27 protestantische böhmische Adlige öffentlich hinrichten.

Dreißig Jahre Krieg

1618	Der Prager Fenstersturz wird zum Auslöser des Krieges.
1619	Friedrich V. von der Pfalz wird böhmischer König, regiert jedoch nur kurze Zeit.
1623	Ende des Böhmisch-Pfälzischen Krieges und Beginn des bis 1629 dauernden Dänisch-Niedersächsischen Krieges.
seit 1630	Schwedischer Krieg, in dem die schwedischen Truppen, anfangs unter König Gustav Adolf, bis nach Süddeutschland vordringen.
1634	Ermordung Wallensteins und erster großer Sieg der kaiserlichen Armee über die Schweden in der Schlacht bei Nördlingen.
1635	Beginn des Schwedisch-Französischen Krieges, französische Truppen gelangen bis Bayern und Böhmen.
1648	Der Westfälische Frieden beendet die Auseinandersetzungen.

Die Dänen greifen ein

Die Schlacht um Böhmen war geschlagen, doch der Krieg ging weiter. Zum einen konzentrierten sich die Kämpfe nun auf die pfälzische Heimat des entthronten „Winterkönigs", auf deren Kurwürde der Bayer Maximilian jetzt Anspruch erhob. Friedrich V. scharte die evangelischen Söldnerführer Graf Ernst von Mansfeld, Herzog Christian von Braunschweig und Georg Friedrich von Baden-Durlach um sich, die die ehemaligen Truppen der protestantischen Union befehligten. Auf gegnerischer Seite stand ihm im Dienst der Katholiken Feldmarschall Tilly gegenüber, der im Pfälzischen Krieg von Sieg zu Sieg eilte. Die Eroberung und Plünderung von Heidelberg durch Tilly stellte nur einen traurigen Höhepunkt in einem Krieg dar, unter dem auch die Zivilbevölkerung in einem bis dahin nicht gekannten Ausmaß zu leiden hatte. Zum anderen bekam der Krieg durch das Eingreifen des dänischen Königs Christian IV. eine internationale Dimension. Der Monarch aus dem hohen Norden war zugleich Herzog von Holstein und Oberster des Niedersächsischen Kreises, eines Zusammenschlusses der norddeutschen Herzogtümer, Bistümer und Reichsstädte. Nur zu gern folgte er dem Hilferuf der protestantischen Fürsten aus Norddeutschland. Diese wiederum registrierten mit Sorge die kaiserlichen Bestrebungen, im Sog der Erfolge in Böhmen auch Norddeutschland wieder auf katholischen Kurs zu bringen. Christian sah nun die einmalige Chance gekommen, endlich seine Vision von einem dänischen Großreich zu verwirklichen.

So begann 1626 eine neue Phase in dem großen Krieg, als der Dänenkönig mit seiner Armee in Norddeutschland einfiel. Ferdinand II. schickte seinen bewährten Feldherrn Tilly an die norddeutsche Front. Zudem konnten die Kaiserlichen auf die militärische Unterstützung Wallensteins bauen. Der böhmische Generalissimus stellte dem Kaiser eine Privatarmee von 24 000 Söldnern zur Verfügung. Die Landsknechte eilten von Erfolg zu Erfolg, während die protestantische Koalition ihrer Schlagkraft fast nichts entgegenzusetzen hatte. Wallenstein besiegte im April 1626 bei der Dessauer Elbbrücke ihren Heerführer Graf Mansfeld, der schon im Böhmischen Aufstand für die protestantische Sache gefochten hatte. Bei Lutter am Barenberge wies Tilly schließlich am 27. August 1626 die Soldaten Christians in die Schranken. Der Dänenkönig musste ganz Niedersachsen räumen, während Wallenstein sogar noch bis zur Ostsee vorstieß und so Jütland, Mecklenburg sowie Pommern der Oberhoheit Kaiser Ferdinands unterstellte.

Die Schweden treten auf

Nach den herben Niederlagen zog sich Christian IV. nach Jütland zurück. Wallenstein nutzte die Gunst der Stunde und unterwarf mit seiner Armee fast ganz Norddeutschland. Der dankbare Kaiser Ferdinand zeigte sich erkenntlich und vermachte dem siegreichen General das Herzogtum Mecklenburg. Mit König Christian wurde am 22. Mai 1629 in Lübeck ein Frieden geschlossen, der den Ambitionen des Dänen einen Riegel vorschob. Dafür hatte es der Kaiser bald danach mit einem anderen König aus Skandinavien zu tun. Denn durch das Vordringen Ferdinands nach Norddeutschland sah der schwedische Monarch Gustav Adolf II. sein Ostsee-Imperium bedroht. So entschloss er sich zur Offensive und gelangte bei seinen Feldzügen bis weit nach Süddeutschland, das erst 1634 wieder befreit werden konnte. Die Schweden blieben bis zum Ende des Dreißigjährigen Krieges ein wichtiger Machtfaktor. Im Westfälischen Frieden von 1648 nahmen sie schließlich sogar erheblichen Einfluss auf die politischen Verhältnisse in Deutschland.

Auch Heidelberg, die Residenz der Pfälzer Kurfürsten, fiel den Truppen des Kaisers zum Opfer. Als Raubgut gelangte die Bibliotheca Palatina (oben ein Band von 1558) in den Vatikan.

Mit Piken und Musketen waren die meisten Soldaten im Dreißigjährigen Krieg keineswegs sehr stark bewaffnet oder geschützt. Auch das erklärt die große Zahl der Opfer.

Ein Bayer in der Pfalz – Maximilian I. wird Kurfürst

1623
25. FEBRUAR

Unter seltsamen Umständen kam der Bayernherzog Maximilian I. zur Würde des pfälzischen Kurfürsten. Für die Wittelsbacher begann damit eine lange währende Erfolgsgeschichte.

> *„Ich brauch mich auf, um anderen zu leuchten."*
>
> [Maximilian I.]

Am 25. Februar 1623 endete in Regensburg eine denkwürdige Konferenz. Begonnen hatte sie am 10. Januar 1623. Kaiser Ferdinand II. hatte die Größen des Reiches in die Donaustadt gerufen. Gekommen waren jedoch nicht alle, die eine Einladung erhalten hatten. Nur einige der Bischöfe und Kurfürsten waren persönlich erschienen, andere hatten Vertreter geschickt. Die Zurückhaltung hatte gute Gründe. Der Kaiser wollte ein altes Versprechen einlösen, das manchem Reichsfürsten erhebliche Magenschmerzen bereitete. Herzog Maximilian I. von Bayern sollte nach dem Willen Ferdinands in Regensburg mit der Würde des Kurfürsten der Pfalz ausgestattet werden. Nicht zu Unrecht fürchteten die Fürsten eine gefährliche Machtkonzentration. Insbesondere den Protestanten war die katholische Allianz ein Dorn im Auge. Weil Ferdinand diese Angelegenheit so wichtig war, hatte er selbst zu der Versammlung geladen. Nach den Regularien war die Tagung daher kein offizieller Reichstag. Doch diese Feinheiten interessierten keinen der Beteiligten.

Vielmehr gab es eine breite Front gegen den Plan des Kaisers. Mit ihrer Abwesenheit wollten die nicht erschienenen Fürsten ihre ablehnende Haltung unterstreichen.

Kontroverse Diskussionen

Unter den Anwesenden ging es hoch her, nachdem man die Türen des Sitzungssaals geschlossen hatte. In hitzigen Debatten sah sich der Kaiser in die Ecke gedrängt. Tatsächlich verstieß das Geheimabkommen, das er mit dem Wittelsbacher Maximilian geschlossen hatte, gegen alle Rechtssätze und Konventionen. Aber Maximilian pochte auf die Absprache mit dem Kaiser, der zugleich sein Schwager war. Hartnäckig beharrte er bei den Regensburger Gesprächen darauf, für seine Unterstützung der kaiserlichen Seite während des Böhmischen Aufstands mit der pfälzischen Kurwürde belohnt zu werden. Der Bayer, zugleich Chef der Katholischen Liga im Reich, sah sich als passenden Ersatz für den unglücklichen Friedrich V. von der Pfalz, den man inzwischen geächtet und gebannt hatte.

In einer feierlichen Zeremonie belehnte Kaiser Ferdinand II. den Bayernherzog Maximilian I. 1623 mit der Kurwürde, die er zuvor der Pfalz genommen hatte.

Nach sechs Wochen hatten Ferdinand und Maximilian ihr Ziel erreicht. Widerstrebend erteilten die anwesenden Fürsten dem Arrangement der Schwager ihren Segen und wählten den Bayernherzog zum neuen Kurfürsten der Pfalz. Kurz zuvor war Friedrich V. offiziell für abgesetzt erklärt worden. Nicht ohne Wirkung war auch das massive Eingreifen des Papstes zugunsten Maximilians gewesen. Sogar die Herrscher von Sachsen und Brandenburg als Häupter der protestantischen Reichsfürsten stimmten schließlich zu. Immerhin konnten sie dem Kaiser ein wichtiges Zugeständnis abringen: Nur für die Dauer der Lebenszeit Maximilians sollte die Vereinbarung Gültigkeit besitzen. Nach seinem Tod, so hofften die Gegner, würde man die Sache neu aufrollen.

Der achte Kurfürst

Die Kluft zwischen den deutschen Fürsten und dem Kaiser war durch die Regensburger Entscheidung noch größer geworden. Maximilian indes konnte sich über erheblichen Machtzuwachs freuen, zumal 1626 auch noch die Oberpfalz den Wittelsbachern zugeschlagen wurde. Um die Ansprüche der düpierten Pfälzer zu befriedigen, wurde ihnen im Westfälischen Frieden von 1648 eine eigene Kurwürde zugestanden. Den Posten erhielt Karl Ludwig, der Sohn des unglücklichen Friedrich, der 1632 gestorben war. Nun gab es im Deutschen Reich acht Kurfürsten. Maximilian aber behielt seine eigene pfälzische Kur und dazu die oberpfälzische Kriegsbeute. Bei seinem Tod 1651 zählte Bayern zur ersten Riege der deutschen Länder.

Glanzvolles Bayern

Nachfolger wie die Kurfürsten Ferdinand Maria (1651–79), Max Emanuel (1679–1726) und Karl Albrecht (1726–45) setzten die ehrgeizige Politik des großen Vorfahren fort. Während ihrer Regierungszeit entwickelte sich München zu einer glanzvollen Metropole, in der Kunst und Wissenschaft beheimatet waren. Der Hof kopierte insbesondere die Errungenschaften des italienischen Barock. Die Münchner Theatinerkirche, mit deren Bau 1663 begonnen wurde, war der prächtigste Ausdruck dieses Faibles. Zugleich profilierten sich die bayerischen Kurfürsten als Vorreiter des süddeutschen Absolutismus. Mit Schloss Nymphenburg erfüllten sich die Wittelsbacher den Traum von einer repräsentativen Hofanlage nach französischem Vorbild. Nicht weniger opulent war der Herrschaftsstil der Pfälzer Kurfürsten. Allerdings wurde ihre Macht durch die Entstehung einzelner Nebenlinien immer wieder geschwächt. Eine ernsthafte Bedrohung trat mit Beginn des Pfälzischen Erbfolgekriegs 1688 ein, als der große Nachbar Ludwig XIV. von Frankreich nach dem Tod des pfälzischen Kurfürsten Karl II. territoriale und dynastische Ansprüche geltend machte.

Von Mannheim nach München

Einen bedeutenden Einschnitt gab es 1777, als die bayerische Linie der Wittelsbacher nach dem Tod Maximilians III. ausstarb. Das Erbe fiel, wie es in der Hausunion von 1724 beschlossen worden war, an die Pfälzer Linie. Kurfürst Karl Theodor nahm nun den Titel eines Kurfürsten von Pfalz-Bayern an. Seine Residenz verlegte er von Mannheim nach München. So waren es groteskerweise die Pfälzer, die genau 154 Jahre nach der Übernahme der pfälzischen Kurfürstenwürde durch die Bayern den Fortbestand des bayerischen Hauses Wittelsbach sicherten.

Marodierende Truppen zogen während des Dreißigjährigen Krieges durch die schwer mitgenommene Oberpfalz, die 1626 an die Wittelsbacher fiel.

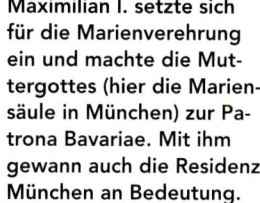

Maximilian I. setzte sich für die Marienverehrung ein und machte die Muttergottes (hier die Mariensäule in München) zur Patrona Bavariae. Mit ihm gewann auch die Residenz München an Bedeutung.

Ferdinand II. erlässt das Restitutionsedikt

1629
6. MÄRZ

Die militärischen Erfolge in den ersten Jahren des Dreißigjährigen Krieges nutzte Kaiser Ferdinand zu einem Generalangriff auf die Protestanten. Doch stiftete er mit seinem Restitutionsedikt viel Unheil.

Kaiser Ferdinand II. unterschreibt das Restitutionsedikt auf dem Höhepunkt seiner Macht. Territoriale Forderungen brachten aber auch katholische Fürsten gegen ihn auf.

Der Kaiser war fest entschlossen, die Gunst der Stunde zu nutzen. Elf Jahre nach Beginn des großen Krieges standen die Katholiken glänzend da. Die kaiserlichen Feldherren um Wallenstein waren von Sieg zu Sieg geeilt. Jetzt konnte er es wagen, die lästigen Protestanten in ihre Schranken zu weisen und dem Katholizismus wieder zu jener Stellung zu verhelfen, die ihm traditionell zukam. So nahm Ferdinand II. am 6. März 1629 die Feder zur Hand und setzte seinen Namen unter ein brisantes Dokument, das unter der harmlosen Bezeichnung

Restitutionsedikt in die deutsche Geschichte eingegangen ist. Der Begriff Restitutionsedikt war gut gewählt. Es ging Kaiser Ferdinand um die Wiederherstellung eines alten Zustands. Und diese Absicht wurde den Fürsten und Untertanen durch ein Edikt, also eine kaiserliche Verordnung, zur Kenntnis gebracht. Der Monarch bediente sich dieses Instruments mit Bedacht, denn er wusste nur zu genau, dass er auf einem Reichstag oder bei einer Versammlung der Kurfürsten niemals die Zustimmung zu seinen kühnen Plänen erhalten hätte.

Die Wunden der Kirche, erklärte Ferdinand im kleinen Kreis, könnten nicht warten, bis ein Reichstag sie endlich heile.

Kampf den Protestanten

Nach dem 6. März 1629 machten sich alle, die es anging, an die Lektüre des kaiserlichen Textes. Die Leser erkannten schnell, dass es um drei Hauptpunkte ging: Erstens sollten alle Kirchengüter, die seit 1552 von den Protestanten konfisziert worden waren, an die Katholiken zurückgegeben werden. Zweitens sollten die Stifte und Klöster wieder mit katholischen Geistlichen besetzt werden. Und drittens sollten die katholischen Landesherren das Recht besitzen, die Untertanen zu ihrer eigenen Religion anzuhalten. Gleichzeitig sollten geistliche Fürsten bei einem etwaigen Übertritt zum Protestantismus ihre weltlichen Herrschaftsrechte verlieren. Erwartungsgemäß waren die Reaktionen auf das Edikt gespalten. Bei den Katholiken herrschten zunächst Freude und Erleichterung vor. Bei den Protestanten hingegen brach ein Sturm der Entrüstung aus. Doch nach kurzem Überlegen waren sich auch die katholischen Fürsten nicht mehr sicher, ob sie wirklich Grund zur Freude hatten. Denn das Edikt war nicht nur ein Mittel, um Deutschland wieder auf katholischen Kurs zu bringen und die Errungenschaften der Reformation zu torpedieren. Es war auch ein

Coup, mit dem der Habsburger nicht allein den protestantischen, sondern auch den katholischen Fürsten seine Macht demonstriert hatte.

Schwierige Umsetzung

Zunächst aber mussten die Anordnungen des Kaisers in die Tat umgesetzt werden. Die praktische Durchführung des gigantischen Rekatholisierungsprogramms stellte Ferdinands Helfer jedoch vor schier unlösbare Probleme. Denn vorgenommen hatte man sich nichts Geringeres als die Revision einer inzwischen sehr stabilen konfessionellen Landschaft. Unter Berufung auf die Passauer Verträge von 1552 und den Augsburger Religionsfrieden von 1555 waren viele katholische Territorien in protestantischen Besitz übergegangen. Vor allem den protestantischen Fürsten in den nord- und mitteldeutschen Hochburgen der Reformation drohte der Verlust von Geld, Macht und Einfluss. Immerhin standen über 500 Abteien auf dem Spiel. Nicht viel besser war die Lage in den freien Reichsstädten. So formierte sich bei den Protestanten eine breite Front der Widerstands. Ungeachtet aller Proteste und Drohgebärden, machten sich die kaiserlichen Truppen ans Werk. Dabei konnte sich der Kaiser auf seinen unentbehrlichen Gefolgsmann Wallenstein verlassen. Wo die Rückgabe von Kirchengütern

HALBERSTADIVM, Vrbs Saxonie tam politica institutione, quam seu et Canonicorum Collegio, nobilissima.

nicht freiwillig erfolgte, scheute man den Einsatz von Gewalt nicht. Ermutigt wurde die kaiserliche Seite auch durch den Rückzug des Dänenkönigs Christian IV., der 1629 im Frieden von Lübeck seine Ansprüche auf Norddeutschland aufgeben musste. Schon begann Ferdinand vom Aufbau einer habsburgischen Universalmonarchie im Stile eines Karl V. zu träumen. Doch die Schweden machten ihm einen Strich durch die Rechnung. Mit Unbehagen hatte deren König Gustav Adolf das Vordringen der Katholiken in Norddeutschland beobachtet. Er sah darin eine echte Gefahr für das von ihm angestrebte Imperium rings um die Ostsee. Und so landete er Anfang Juli 1630 mit seinem Heer auf der Insel Usedom, bereit, seine Ansprüche militärisch durchzusetzen.

Auch katholische Städte wie Halberstadt waren von der Regelung des Ediktes betroffen. Damit schwand die Unterstützung Ferdinands im Dreißigjährigen Krieg.

Treffen in Regensburg

Das Erscheinen der Schweden war für Ferdinand und sein Restitutionsprogramm ein herber Rückschlag. Denn nicht nur König Gustav Adolf machte ihm das Leben schwer, auch die protestantischen Fürsten in Norddeutschland sahen in dem Schweden einen natürlichen Verbündeten im Kampf gegen den Habsburger. Zusätzlich schöpften die katholischen Landesherren, denen das unverhohlene Machtstreben des Kaisers ein Dorn im Auge war, neue Hoffnung. So vermischte sich der konfessionelle Konflikt des Dreißigjährigen Krieges mit dem Gegensatz zwischen Kaiser und Fürsten und den internationalen Verflechtungen.
Vermutlich merkte Ferdinand II. jetzt, dass das Restitutionsedikt das falsche Signal zur falschen Zeit gewesen war. Doch gab es kein Zurück mehr, wollte er das Gesicht wahren. So gab er

Albrecht von Wallenstein

1583	Wallenstein wird am 24. September im böhmischen Hermanitz als Sohn einer protestantischen Adelsfamilie geboren.
1606	Übertritt zum katholischen Glauben.
1617	Erhebung in den Grafenstand.
1622	Kaiser Ferdinand II. überträgt ihm die Verwaltung von Böhmen.
1627	Wallenstein vertreibt mit Tilly den dänischen König Christian IV. aus Norddeutschland.
1628	Ernennung zum General des Ozeanischen und Baltischen Meeres.
1629	Erhalt der Herzogtümer Mecklenburg als kaiserliches Lehen.
1630	Wallenstein wird auf dem Regensburger Kurfürstentag abgesetzt.
1632	Im Krieg gegen Schweden ist er erneut unumschränkter Oberbefehlshaber der kaiserlichen Truppen.
1634	Wallenstein wird am 25. Februar in Eger ermordet.

Albrecht, Herzog von Friedland, genannt Wallenstein, Feldherr des Dreißigjährigen Krieges. Unter dem Druck der katholischen Fürsten musste er 1630 sein Amt als Heerführer abgeben.

sich äußerlich gelassen, als die Kurfürsten wenige Wochen nach dem Eingreifen des Schwedenkönigs zu einer Tagung nach Regensburg baten. Hier ergab sich für den Kaiser ein äußerst unangenehmes Szenario, denn an die Spitze seiner Widersacher im eigenen Land hatte sich in der Person des bayerischen Kurfürsten Maximilian I. ein politisches Schwergewicht gestellt. Maximilian war entschlossen, dem Kaiser auf dem Regensburger Kurfürstentag die Stirn zu bieten. Im Ärmel hatte er einen Trumpf der ganz besonderen Art: Er konnte auf die geheime Unterstützung Frankreichs bauen. Kardinal Richelieu, der seit 1624 die graue Eminenz in Paris war, hatte durchblicken lassen, dass eine Schwächung der Habsburger auch im Interesse der Franzosen sei.

Auf dem Regensburger Kurfürstentag von 1630 ergab sich daher die kuriose Situation, dass die katholischen Fürsten mithilfe des katholischen Frankreich gegen den katholischen Kaiser Front machten. Protestantische Prominenz wie die Kurfürsten von Sachsen und von Brandenburg hatte dagegen ihre Vorbehalte gegen die konfessionelle Politik Ferdinands durch demonstratives Fernbleiben zum Ausdruck gebracht. Maximilian und seine Mitstreiter waren klug genug, den Kaiser nicht direkt anzugehen. Ihre Strategie zielte eher auf Ferdinands wichtigsten militärischen Helfer Wallenstein. Der Kaiser beugte sich dem Druck seiner Gegner. Die schwedische Bedrohung und die Einheitsfront der Fürsten ließen ihm keine andere Wahl, er teilte seinem Generalissimus die Entlassung mit.

Die Schlacht bei Lützen war eine der wichtigsten Schlachten des Dreißigjährigen Krieges. Hier standen die kaiserlichen Truppen unter Wallenstein dem Schwedenkönig Gustav Adolf gegenüber.

Wallensteins Comeback

Die Kurfürsten waren zufrieden. Sie hatten einen wichtigen Punktsieg errungen. Der Kaiser wiederum war froh, dass sein Restitutionsedikt weiterhin Bestand hatte. Doch die Machtprobe von Regensburg hatten letztlich die Fürsten gewonnen. Ferdinand war auch deswegen kompromissbereit gewesen, weil er die Wahl seines gleichnamigen Sohnes zum König hatte durchsetzen wollen. Doch die Fürsten hatten seinen Plan durchkreuzt. Die Lektion, die sie ihm nach seinem eigenmächtigen Vorgehen in der konfessionellen Frage erteilt hatten, war deutlich. In militärischer Hinsicht erwies sich Wallensteins Entlassung rasch als Fehler. Das unaufhaltsame Vorpreschen des Schwedenkönigs zwang zum Umdenken. Schmerzlich machte sich nun das Fehlen des militärischen Genies Wallensteins bemerkbar. So blieb dem Kaiser nichts anderes übrig, als den erfolgreichen Feldherrn wieder um die Übernahme des Kommandos zu bitten. Wallenstein zögerte lange. Eine weitere Demütigung wollte er sich ersparen. Dann aber folgte er dem Ruf des Kaisers, nahm mit Genugtuung dessen Versicherung zur Kenntnis, unumschränkte Vollmachten zu besitzen, und stellte sich wieder an die Spitze der kaiserlichen Armeen.

Wallensteins Rückkehr war ein Segen für Ferdinand, denn immer mehr protestantische Fürsten hatten sich inzwischen auf die Seite der Schweden geschlagen. So war der sächsische Kurfürst, der wegen des Restitutionsedikts nachhaltig verstimmt war, 1631 Partner von König Gustav Adolf geworden. Eine Wende im Krieg gegen die Schweden brachte die Schlacht bei Lützen im November 1632. Die Skandinavier gewannen zwar die Schlacht, verloren aber ihren König. Für die Schweden war der Verlust Gustav Adolfs ein schwerer Schlag. Ihre Truppen aber blieben unter neuer Führung in Deutschland stationiert.

Brenzlig wurde es für den Kaiser, als sich die protestantischen Reichsstände Frankens, Schwabens und des Rheinlands mit den Schweden 1633 zum Heilbronner Bund zusammenschlossen. Den Schweden ging es bei dieser strategischen Partnerschaft um die Sicherung ihrer territorialen Interessen, den Protestanten um die Freiheit in politischen und konfessionellen Angelegenheiten. Inzwischen geriet Wallenstein wieder ins Visier seiner innenpolitischen Gegner. Man bezichtigte den selbstherrlichen Armeeführer des Verrats. Anfang 1634 wurde er ein zweites Mal entlassen, am 25. Februar kam er durch fremde Hand und unter mysteriösen Umständen in Eger ums Leben.

Gegenseitiges Einlenken

Angesichts des Bündnisses der Protestanten mit den Schweden und der Querelen im eigenen Lager hielt es Ferdinand für ratsam, von seinem harten Konfrontationskurs abzulassen. Auch die störrischen Fürsten waren der Kämpfe allmählich überdrüssig und signalisierten ihre Bereitschaft zu neuen Verhandlungen. Nach der schwedischen Niederlage in der Schlacht von Nördlingen 1634 löste sich der Heilbronner Bund auf. Im Prager Frieden von 1635, dem sich fast alle protestantischen Fürsten anschlossen, einigten sich die Konfliktparteien darauf, das Restitutionsedikt auf Eis zu legen. Dies bedeutete das Aus für den kaiserlichen Versuch, die konfessionelle Landschaft in Deutschland im Alleingang zu gestalten. Im Westfälischen Frieden von 1648 erfolgte die Aufhebung des Edikts. Die Protestanten mussten nicht länger um ihre Pfründe fürchten, und die Menschen wussten endlich, woran sie glauben durften.

Die Schweden unterstützten die Reformierten und brachten die entscheidende Wende im Krieg. Sie waren waffentechnisch gut ausgerüstet und verfügten über eine große Anzahl von Geschützen.

»Und setzet ihr nicht das Leben ein, nie wird euch das Leben gewonnen sein.«

[Friedrich Schiller, „Wallensteins Lager"]

Tilly legt Magdeburg in Schutt und Asche

1631
20. MAI

Kaum ein anderes Ereignis symbolisiert besser die Grausamkeit des Dreißigjährigen Krieges als die Zerstörung Magdeburgs. Dem Massaker fielen an einem einzigen Tag 30 000 Bürger zum Opfer.

Als sich am 20. Mai 1631 die Sonne am Himmel erhob, tagte man im Magdeburger Rathaus schon seit Stunden. Hitzig wurde eine brisante Frage diskutiert: Sollte die Stadt friedlich an die Belagerer, ein kaiserliches Heer unter dem Feldmarschall Tilly, übergeben werden? An diesem Morgen lief das von Tilly gestellte Ultimatum zur Übergabe der Stadt aus. Der schwedische Gesandte Dietrich von Falkenberg hielt schon seit einer Stunde eine Rede, als plötzlich der überraschende Angriff der feindlichen Truppen gemeldet wurde. Als die Ratsherren das Gebäude verließen, mussten sie bestürzt feststellen, dass die kaiserlichen Truppen bereits in die Stadt eingedrungen waren. Falkenberg begab sich sofort zu den Verteidigern – wenig

später fiel er im Kampf, von der Kugel eines Angreifers tödlich getroffen. Mordende und plündernde Söldner zogen durch Magdeburg und richteten unter den Bewohnern der Stadt ein fürchterliches Massaker an. Beim Angriff auf die Stadt fingen einige Häuser Feuer. Ein Sturmwind, der im Laufe des Tages aufkam, fachte die Feuerherde an und verwandelte Magdeburg in ein Flammenmeer. Am Abend des 20. Mai lag fast die gesamte Stadt in Schutt und Asche. 30 000 Frauen und Männer, Kinder und Greise hatten den Tod gefunden. Lediglich 5000 Bewohner überlebten diesen Tag. Viele hatten Zuflucht im Dom gesucht, der als eines der wenigen Bauwerke verschont blieb. Seit Menschengedenken war keiner bedeutenden Stadt Ähnliches widerfahren.

Bei Ausbruch des Dreißigjährigen Krieges verhielt sich Magdeburg zunächst neutral. Doch die schwankende Politik wurde der Stadt zum Verhängnis. Als Kaiser Ferdinand II. 1629 das

Tillys Einzug in Magdeburg. Der evangelische Domprediger Reinhard Bake erfleht mit Erfolg Schonung für die über 1000 im Dom versammelten Bürger.

Für die Menschen brachte der Dreißigjährige Krieg unvorstellbare Gräuel mit sich. In einigen Teilen Deutschlands überlebte nur ein Drittel der Bevölkerung die Auseinandersetzungen.

Restitutionsedikt erließ, sollte auch Magdeburg zum alten Glauben zurückkehren. Doch die Bürger verweigerten den Gehorsam und verbündeten sich kurzerhand mit den Schweden. Daraufhin zog das kaiserliche Heer unter Feldmarschall Tilly gegen die Stadt und begann mit der Belagerung. Die schwedischen Truppen hingegen ließen auf sich warten.

Entsetzen in Europa

Die wenigen Bürger, die das furchtbare Massaker überlebten, mussten die Stadt verlassen. Ihre gesamte Lebensgrundlage war zerstört worden. Hatte Magdeburg zum Zeitpunkt der Belagerung noch 35 000 Bürger, so wohnten wenige Jahre später gerade noch 450 Menschen in der Stadt. Die einstige Metropole war gleichsam zum unbedeutenden Dorf herabgesunken. Obwohl die Gräueltaten des Dreißigjährigen Krieges die Menschen bereits abgestumpft hatten, sprengte die Vernichtung einer großen Stadt wie Magdeburg mit allem, was darin lebendig war, alle Begriffe. Dementsprechend gewaltig war das Echo in Deutschland und in ganz Europa. Ein wahrer Propagandasturm brach los. In vielen Zeitungen und zahllosen, teils illustrierten Flugblättern wurden die Geschehnisse von Magdeburg publik gemacht. Überall sollte man erfahren, wie der Kaiser mit seinen protestantischen Untertanen umsprang. Trotz des Sieges wurde damit der Fall von Magdeburg für die katholische Seite zum Desaster.

Leid der Bevölkerung

Für die Zivilbevölkerung war es hingegen vollkommen gleich, welcher Seite sie angehörte. Ob protestantisch oder katholisch, alle bekamen die Schrecken des Krieges gleichermaßen zu spüren. Plünderungen und Drangsalierungen waren an der Tagesordnung. Es herrschte ein Klima der Brutalität und der Gewalt. Nicht umsonst ging

nach der Zerstörung von Magdeburg der Begriff „magdeburgisieren" als Synonym für „völlig zerstören, auslöschen" in den allgemeinen Sprachgebrauch ein. Die Söldnerheere deckten ihren Bedarf an Lebensmitteln aus den Speisekammern der Städter und plünderten die Felder der Bauern. In dieser Zeit kam auch die Parole auf vom Krieg, der den Krieg ernährt. Wegen der vielen Opfer sowohl unter Söldnern als auch Zivilisten nahm die Einwohnerzahl Deutschlands spürbar ab. Von diesem erheblichen Substanzverlust sollte sich das Land lange Zeit nicht mehr erholen.

Die Söldner

Die Heere zur Zeit des Dreißigjährigen Krieges waren in erster Linie Söldnerheere. Das heißt, sie bestanden aus angeworbenen Soldaten, die gegen entsprechenden Sold kämpften. Viele der Männer hatten einen triftigen Grund, als Söldner anzuheuern: Es war die schiere Not, der tägliche Kampf ums Überleben. Angesichts der Drangsale, denen die zivile Bevölkerung in den Kriegsjahren ausgesetzt war, war der Anschluss an ein Heer das geringere Übel, immerhin gab es hier gewisse Sicherheit.

„Es ist gewiss seit der Zerstörung Jerusalems kein gräulicher Werk und Straf Gottes gesehen worden."

[Gottfried Heinrich Graf zu Pappenheim über die Zerstörung der Stadt]

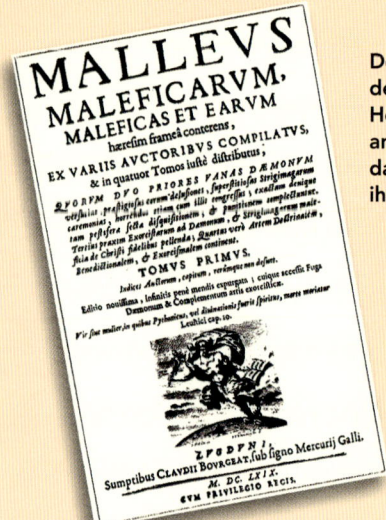

Der „Hexenhammer" war das Standardwerk der kirchlich und behördlich verordneten Hexenverfolgung. Er enthielt absurde Regeln, anhand derer man Hexen erkennen sollte. Auch das Reglement der Befragung von Hexen und ihre Bestrafung waren darin festgelegt.

Der jesuitische Theologe und Seelsorger Friedrich Spee von Langenfeld wandte sich in seiner 1631 anonym erschienen Schrift „Cautio criminalis" entschieden gegen die Verbrechen der Hexenverfolgung. Er griff dabei alle an den Hexenprozessen beteiligten Institutionen an.

Hexenjagd und Scheiterhaufen

Erste Hexenverurteilungen gab es seit dem Aufkommen der Inquisition im 13. Jh., doch erreichte die Hexenverfolgung in Deutschland ihren Höhepunkt zwischen 1560 und 1630. Die weit verbreitete Vorstellung von einer vom Teufel ausgehenden Verschwörung gegen das Christentum führte zu massenhaften Verurteilungen durch die kirchliche und vor allem die weltliche Justiz. Die Mehrheit der Opfer waren Frauen, aber auch Männer und Kinder wurden angeklagt. Auf Anklage und Inhaftierung, zumeist in dunklen Kellern oder Hexentürmen, folgte das Verhör, bei dem unter Folter ein Geständnis erzwungen wurde. Auch Hexenproben kamen zur Anwendung. Kritik an diesen grausamen Methoden gab es vereinzelt auch vonseiten der Kirche.

In der schwäbisch-alemannischen Fastnacht, aber auch bei den Perchtenläufen im Alpenraum finden sich Hexenfiguren, die kunstvoll geschnitzte Holzmasken tragen. In den Fastnachtshexen leben die Angst und die Faszination, die mit dem Hexenglauben verbunden waren, bis zum heutigen Tag weiter.

Körper und Seele der Hexen galten als Sitz des Teufels, vor dem man sich schützen musste. Die Angeklagten wurden daher u. a. mit Weihwasser besprengt und mussten ein geweihtes Hemd anziehen. Auch eine in Veringenstadt der Hexerei angeklagte Frau trug ein solches Hemd, das erhalten blieb, weil seine Trägerin nicht verbrannt, sondern enthauptet wurde.

Mit heute unvorstellbarer Grausamkeit richteten die kirchlichen und weltlichen Hexenjäger die vermeintlichen Hexen oder Ketzer, so etwa durch Verbrennen. Innerhalb der katholischen Kirche leitete der Dominikanerorden die Inquisition, wie man das juristische Verfahren der Hexenbefragung nannte. Die Männer in ihrer schwarz-weißen Ordenstracht wurden von vielen angstvoll auch als „Domini canes", als die „Hunde des Herrn", bezeichnet.

Der Westfälische Friede erlöst Europa nach 30 Jahren Krieg

1648
24. OKTOBER

Mit den Verträgen von Münster und Osnabrück wurde der Schlussstrich unter den Dreißigjährigen Krieg gesetzt. Der deutsche Kaiser zählte allerdings zu den großen Verlierern des Friedensschlusses.

> *Es möge ein christlicher allgemeiner und immerwährender Friede sowie wahre und aufrichtige Freundschaft herrschen.*
>
> [Osnabrücker Friedensvertrag]

Im Gegensatz zu seinen Untertanen empfand Kaiser Ferdinand III. das umfangreiche Vertragswerk, das am 24. Oktober 1648 in Münster besiegelt wurde, nicht als Befreiung. Zwar war auch der Monarch froh, dass der Krieg nach 30 Jahren Dauer endlich vorbei war, doch seine Stellung im Reich und in Europa hatte sich durch die Bestimmungen des Vertrags nicht verbessert. Der Sohn Ferdinands II. hatte im Gegenteil eine Reihe schmerzhafter Zugeständnisse machen müssen.

Die Verhandlungen, die zum Westfälischen Frieden führten, fanden gleichzeitig im katholischen Münster und im protestantischen Osnabrück statt. Rund 300 Diplomaten an der Spitze von 140 Delegationen nahmen an den Sitzungen teil. In Münster saßen mit den Franzosen, in Osnabrück mit den Schweden die Vertreter jener Mächte am Konferenztisch, die auf internationalem Parkett als Sieger des Dreißigjährigen Krieges gelten konnten. Nach äußerst zähen Gesprächen gelang am 24. Oktober endlich der Durchbruch. Am nächsten Morgen fand im Dom zu Münster ein feierlicher Gottesdienst statt, an dem die gesamte Prominenz teilnahm. Danach erfolgte die offizielle Verkündung des Friedensschlusses. Auf dem Münsteraner Marktplatz brach unter der Masse der dort versammelten Menschen ein lang anhaltender Jubel aus. Viele konnten es noch gar nicht glauben, dass das Leid und das Elend der letzten Jahrzehnte endlich ein Ende haben sollte. Noch am selben Tag eilte der in Münster anwesende Bürgermeister von Osnabrück in seine Heimatstadt zurück, um die frohe Botschaft von der Unterzeichnung der Verträge zu verkünden. Gemeinsam mit den bereits im August ausgehandelten Vereinbarungen von Osnabrück bildeten die Münsteraner Dokumente den Westfälischen Frieden, wie man ihn schon damals nannte.

Sieg der Fürsten

Zu den bitteren Pillen, die der katholische Kaiser Ferdinand III. hatte schlucken

Feierlich schworen die Delegierten im Münsteraner Rathaus den Friedensschwur und setzten damit dem 30 Jahre währenden Unheil ein Ende.

müssen, gehörte der Umstand, dass die deutschen Reichsfürsten durch den Westfälischen Frieden in erheblichem Maß gestärkt wurden. Das war ganz im Sinne der Garantiemächte Schweden und Frankreich, die kein Interesse an einem starken Kaiser hatten. Die bisher gültige Reichsverfassung wurde in entscheidenden Punkten umgeschrieben. Die Reichsstände, das heißt die geistlichen und weltlichen Fürsten sowie die freien Reichsstädte, erhielten eine Reihe von Privilegien. So bekamen sie die Erlaubnis, eigenständig und souverän Bündnisse sowohl untereinander als auch mit fremden Mächten abzuschließen. Als Zugeständnis an die Habsburger wurde der zusätzliche Passus eingebaut, dass sich diese eigenständige Politik nicht gegen Kaiser und Reich richten sollte. Aber das war nur ein sehr kleines Trostpflaster. Der Kaiser, der bis dahin daran gewöhnt war, in Reichsangelegenheiten in eigener Machtvollkommenheit zu entscheiden, wurde nun zwingend an die Zustimmung der Reichsstände gebunden. Der Reichstag wurde um eine dritte Kurie erweitert, in der die Reichsstädte gleichberechtigt neben die Fürsten und die Kurfürsten traten.

Ein anderes Deutschland

Diese Bestimmungen des Westfälischen Friedens hatten, wie sich in der Zukunft zeigen sollte, weitreichende Folgen. Denn der politischen Zersplitterung Deutschlands wurde mit der neuen Reichsverfassung, die bis zum Ende des Heiligen Römischen Reiches Deutscher Nation 1806 Bestand hatte, weiter Vorschub geleistet. Das Land war nun in über 300 Einzelstaaten zerfallen. Seit dem Westfälischen Frieden war die Geschichte Deutschlands nur noch in geringem Maße Reichsgeschichte, sondern vielmehr die Summe der Geschichte einzelner Länder und Territorien. Der Weg zu einem zentralistischen Staat nach dem Vorbild Frankreichs war mehr denn je versperrt.
Gleichzeitig verstanden es die Fürsten der größeren deutschen Länder wie Bayern, Brandenburg-Preußen und Sachsen, sich eine herausragende Stellung im Konzert der Reichsstände zu verschaffen. In Bayern hatte man besonderen Grund, sich nach dem 24. Oktober 1648 freudig die Hände zu reiben. Denn die Verhandlungen von Münster hatten den Süddeutschen die Bestätigung jener umfangreichen Besitzungen gebracht, die sie während des Krieges in Deutschland mehr oder weniger rechtmäßig erworben hatten. Dazu gehörten vor allem die Eroberungen in der Pfalz. Auch die begehrte Würde des Kurfürsten blieb den Bayern erhalten. Um die immer noch schwer gekränkten

Pfälzer zu versöhnen, erweiterte man das Gremium der sieben Kurfürsten um eine weitere Planstelle, die von dem Pfälzer Karl Ludwig besetzt wurde.
Grund zur Freude hatten auch die Preußen, die sich in dieser Zeit anschickten, unter der Führung des „Großen Kurfürsten" Friedrich Wilhelm eine dominierende Rolle in Deutschland zu spielen. An die Schweden hatte man zwar Vorpommern verloren, doch zum Ausgleich Hinterpommern sowie die Bistümer Minden, Halberstadt und Kammin, dazu die Anwartschaft auf das Erzstift Magdeburg gewonnen. Diese territorialen Zugewinne außerhalb des eigenen Bereiches waren der Keim für den späteren reichsweiten Streubesitz der Preußen. Am sächsischen Hof schließlich fand nach der Verkündung des Friedens so manch frohgelaunter Umtrunk statt, weil sich der Krieg ebenfalls bezahlt gemacht hatte. Der Kurfürst durfte die umfangreichen Eroberungen in der Lausitz behalten. So war auch aus Sachsen eines der größten deutschen Territorien geworden.

Schwedische und französische Begehrlichkeiten

Die ausländischen Siegermächte hatten zum einen den Kaiser im eigenen Land schwächen wollen, indem sie die Reichsfürsten mit groß-

Mit dem Friedensschluss erhielt auch Karl Ludwig von der Pfalz wieder die für die Pfalz zuvor verloren gegangene Kurwürde zurück.

Deutschland nach dem Dreißigjährigen Krieg

NORDSEE
OSTSEE
0   200 km
Mecklenburg
Hinterpommern
NIEDER-LANDE
Osnabrück
Elbe
Münster
Weser
B R A N D E N B U R G
Oder
Rhein
Lausitz
SACHSEN
Ober-pfalz
FRANKREICH
Donau
B A Y E R N
EIDGENOSSENSCHAFT

— Reichsgrenze 1648
▪ unabhängig gewordene Staaten
▪ an Frankreich abgetretene Gebiete
▪ an Schweden abgetretene Gebiete
▪ weitere wichtige Gebietsveränderungen

139

Paul Gerhardts Ode an den Frieden

Gott Lob! Nun ist erschollen / das edle Fried- und Freudenwort,
Daß nunmehr ruhen sollen / die Spieß und Schwerter und ihr Mord.
Wohlauf und nimm nun wieder / dein Saitenspiel hervor,
O Deutschland, und sing Lieder / im hohen, vollen Chor.
Erhebe dein Gemüte / und danke Gott und sprich:

> Herr, deine Gnad und Güte
> Bleibt dennoch ewiglich.

Als der Westfälische Friede unter Dach und Fach war, dichtete der auf Kirchenlieder spezialisierte Komponist Paul Gerhardt (1607–76) einen Lobgesang auf den Frieden.

zügigen Geschenken ausstatteten. Zum anderen sollte der Habsburger auch dadurch an Einfluss verlieren, dass man an den Besitzungen des Reiches erhebliche territoriale Amputationen vornahm. Die Schweden entzogen dem zutiefst betrübten Ferdinand das gesamte Land zwischen Weser und Elbe. Konkret übernahmen die Skandinavier die Herrschaft über die Hochstifte Bremen und Verden. Dazu kamen Wismar, Vorpommern und Stettin. Mit diesen Forderungen hatten die Schweden dem

Kaiser eine Lektion erteilt. Außerdem gehörten sie durch ihre deutschen Besitzungen nun selbst zu den Reichsständen. Dies bedeutete, dass die junge schwedische Königin Christine ebenfalls zu den deutschen Fürsten zu zählen war. Und schließlich wurde der schwedische Triumph dadurch perfekt, dass die Skandinavier ihrem strategischen Plan, die Ostsee an allen Küsten zu einem schwedischen Meer zu machen, ein gutes Stück nähergerückt waren.

Die Repräsentanten Frankreichs, des zweiten großen Siegers im Dreißigjährigen Krieg, hatten ebenfalls Vorsorge getroffen. Auch ihre Interessen sollten nicht zu kurz kommen. Der katholische König von Frankreich bestrafte seinen katholischen Rivalen in Deutschland mit der Konfiszierung der Bistümer und Städte Metz, Toul und Verdun. Dazu sicherte er sich die habsburgischen Landgrafschaften Ober- und Unterelsass sowie das Sundgau, die Stadt Breisach und die Landvogtei in nicht weniger als zehn elsässischen Landstädten.

Einzelgänger

Nachhaltige Auswirkungen hatte, was die internationalen Bestimmungen des Westfälischen Friedens anging, auch die definitive Loslösung der Niederlande und der Schweiz aus dem Verband des Deutschen Reiches. Lediglich die südlichen, das heißt spanischen Niederlande blieben Teil des Reiches. Indem den beiden

Mit einem großen Feuerwerk beging man am 4. Juni 1650 in Nürnberg die Nachricht, dass der Friede von Münster Bestand haben würde.

Territorien die volle Souveränität zugestanden wurde, nahmen sie künftig eine eigenständige Entwicklung. Ihre Politik war nicht mehr an die Entscheidungen des deutschen Königs oder der deutschen Reichsstände gebunden.

Konfessioneller Ausgleich

All diese Bestimmungen hätten schon allein ausgereicht, um dem Kaiser in den Tagen, Wochen und Monaten nach Abschluss des Westfälischen Friedens den Schlaf zu rauben. Mit den Regelungen zu den konfessionellen Fragen kam es für den Monarchen aber noch schlimmer. Grundsätzlich wurde der Augsburger Religionsfriede von 1555 bestätigt, wonach die Landesherren über die Konfession ihrer Untertanen verfügen durften. Allerdings war es künftig nicht mehr möglich, die Untertanen dazu zu zwingen, sich in ihrem Glauben nach dem Landesherrn zu richten. Aus der Hand genommen wurde den Fürsten ferner das beliebte Sanktionsmittel, religiös unbotmäßige Untertanen schlichtweg ausweisen zu können.

Die heikle Frage der katholischen und protestantischen Besitzungen wurde in der Weise geregelt, dass die Verhältnisse vom 1. Januar 1624 Bestätigung fanden. Damals waren umfangreiche Territorien in Norddeutschland von den Katholiken erobert worden. Auf diesem Stand wurden nun die Besitzstände geistlicher Güter und die Konfessionszugehörigkeit eingefroren. Diese Bestimmung galt allerdings nicht für die pfälzischen Gebiete und für die Erblande der Habsburger. Dies war eines der wenigen Zugeständnisse, das die kaiserlichen Unterhändler in Münster von ihren Verhandlungspartnern hatten erwirken können.

Auf der einen Seite zementierte der Westfälische Frieden also die konfessionelle Spaltung Deutschlands, auf der anderen Seite hatten die Protestanten die lange herbeigesehnte Gleichberechtigung der Konfessionen erreicht. Die Zeiten der gewaltsam ausgetragenen Auseinandersetzungen zwischen Katholiken und Protestanten gehörten endlich der Vergangenheit an. Künftig wurden religiöse Streitigkeiten auf dem Weg der Diplomatie und im Rahmen von Reichstagen ausgetragen.

Nachwehen des Krieges

1654 verließen die letzten fremden Truppen Deutschland. Damit war sechs Jahre nach Abschluss des Westfälischen Friedens der Krieg definitiv beendet. Doch die Folgen der leidvollen Auseinandersetzungen waren in Deutschland noch lange zu spüren. Gewaltig waren die Verluste an Menschenleben. In den 30 Jahren des Krieges war die Bevölkerung um 40 % dezimiert worden. Den 16,5 Mio. Einwohnern von 1618 standen 1648 nur noch 10,5 Mio. gegenüber. Dafür waren nicht nur die kriegerischen Auseinandersetzungen, sondern auch Hungersnöte und Epidemien verantwortlich. Das wirtschaftliche Leben lag teilweise komplett brach und brauchte lange Zeit, um sich von der Katastrophe des Krieges wieder zu erholen. Dabei waren die Verheerungen nicht gleichmäßig im Reich verteilt. Besonders betroffen waren Gebiete wie Mecklenburg, Pommern, Brandenburg und Niederschlesien, die mehrfach heimgesucht und wiederholt zerstört wurden. Dagegen konnten sich andere Gebiete in wirtschaftlicher Hinsicht nahezu ungestört weiterentwickeln. Für die Menschen bedeutete der Krieg jedoch oft einen entscheidenden Einschnitt in ihr Leben. Vor allem die Bauern hatten unter den Kriegsfolgen zu leiden. Durch ihre finanzielle Notlage und sinkende Getreidepreise waren viele gezwungen, ihren Grund und Boden an den Landadel zu verkaufen. Dadurch geriet ein großer Teil der Landbevölkerung in verstärkte Abhängigkeit. Viele Söldner, die den Krieg überlebt hatten, hatten zudem Schwierigkeiten, den Weg zurück ins zivile Leben zu finden. So fristeten sie oft ein trauriges Dasein als Tagelöhner, Räuber oder Wegelagerer und machten große Teile Deutschlands auch weiterhin unsicher.

Ein gebrochener Mann

Der unglückliche Kaiser Ferdinand III. unternahm 1653 einen zaghaften Versuch, seine angeschlagene Position wieder zu stärken. In diesem Jahr rief der Monarch die Größen des Reiches nach Regensburg, um jene Fragen zu erörtern, die im Westfälischen Frieden noch offengeblieben waren. Doch nur unverbesserliche Optimisten konnten den 1654 verkündeten „Jüngsten Reichsabschied" als Erfolg des Kaisers werten. Denn in ihm wurden alle wesentlichen Bestimmungen des Westfälischen Friedens bestätigt und als Bestandteile der neuen Reichsverfassung deklariert. Ferdinand III. starb am 2. April 1657 in Wien, acht Jahre nach Abschluss jenes Friedens, der der Machtstellung der Habsburger einen schweren Schlag versetzt hatte.

Der Westfälische Friedenspreis wird seit dem 350. Jubiläum des Westfälischen Friedens 1998 für Verdienste um den Frieden in Europa vergeben. Preisträger waren Vaclav Havel, Helmut Kohl und Valéry Giscard d'Estaing.

1648 – 1806

Fürstenpracht und Lebenslust

Nach der Zeit der Glaubenskriege herrscht Tabula rasa in Deutschland: Das Land ist verwüstet, die Bevölkerung verstört und stark dezimiert. Den Wiederaufbau leisten die zahlreichen Fürstentümer, die gestärkt aus dem Westfälischen Frieden hervorgehen. Überall entstehen Residenzen, in denen Kunst und Musik wie nie zuvor erblühen. Für die Menschen bleiben aber Kriege und Missernten eine ständige Bedrohung, bis das Wetterleuchten der Revolution in Frankreich neue Hoffnungen weckt.

Die Schlossarchitektur des Barock schwelgt wie hier in Würzburg in Prunk und Schönheit.

Der Reichstag wird zum Immerwährenden Reichstag

1663
20. JANUAR

Der Reichstag von Regensburg dauerte 143 Jahre, das hatte keiner der Teilnehmer vorhergesehen. Der Immerwährende Reichstag wurde aber zu einem Meilenstein in der deutschen Verfassungsgeschichte.

Die Größen des Reiches, die sich zu Beginn des Jahres 1663 im großen Sitzungssaal des Rathauses von Regensburg versammelten, ahnten nicht, dass sie dabei waren, eines der wichtigsten Kapitel der deutschen Geschichte aufzuschlagen. Die Kurfürsten, Bischöfe und Vertreter der Reichsstädte waren eigentlich nur dem Ruf Kaiser Leopolds I. gefolgt, der zu einem Reichstag in die alte Donaustadt geladen hatte. Doch der Kaiser hatte dieses Mal ein ganz spezielles Anliegen. Der scheinbar unaufhaltsame Vormarsch der Türken in Ungarn hatte den Habsburger in Angst und Schrecken versetzt.

Nun wollte er von den Reichsständen finanzielle und militärische Unterstützung für die Abwehr der Türken zugesichert bekommen.

Streit um das Wahlverfahren

Auf der Tagesordnung stand noch ein weiteres heikles Thema. Wie üblich befand sich der Kaiser in einer Dauerfehde mit den selbstbewussten Reichsfürsten. Doch dieses Mal war die Lage besonders brenzlig, denn der französische König Ludwig XIV. ließ keine Gelegenheit aus, um dem katholischen Konkurrenten aus Wien Schwierigkeiten zu machen. So unterstützte der

Sitzung des Reichstags im Rathaus zu Regensburg unter dem Vorsitz Kaiser Leopolds I. Zunächst nicht geplant, blieb der Reichstag vom 20. Januar 1663 bis 1806 bestehen.

Sonnenkönig ganz unverhohlen jene Kräfte im Reich, die sich im Fürstenverein zu einem Bündnis gegen die allmächtigen Kurfürsten und die Anhänger der Habsburger zusammengeschlossen hatten. Die führenden Kräfte des Fürstenvereins erschienen in Regensburg mit einem ganzen Bündel von Forderungen im Gepäck. Vor allem kam es ihnen darauf an, die Modalitäten der Kaiserwahl zu regeln. So sorgte der Umstand, dass sich die acht Kurfürsten ganz allein um die Verhandlungen mit den möglichen Kandidaten kümmerten, bei den Reichsständen für einigen Unmut.

Endlose Verhandlungen

Es gab demnach reichlich Zündstoff in Regensburg. Die Verhandlungen zogen sich nicht ganz unerwartet in die Länge. Auch zuvor hatten Reichstage mitunter mehrere Monate gedauert, doch jetzt kam der Frühling, und der Reichstag war immer noch nicht zu Ende. Auch der Sommer verging, ohne dass ein Abschluss in Sicht war. Im Herbst diskutierten die Teilnehmer immer noch über ungelöste Fragen, und als der nächste Januar ins Land zog, hatte man ein Jahr lang ergebnislos debattiert.

Längst war die Prominenz abgereist. Der Kaiser hatte gegen die Türken zu kämpfen, die Kurfürsten und Bischöfe gingen ihren eigenen Geschäften nach. Die Verhandlungen überließen sie mehr und mehr ihren Beratern und Helfern. Nach drei Jahren hielt es der Kaiser für angebracht, eine rasche Beendigung des Reichstags anzumahnen. Der Appell verhallte wirkungslos. Zwei weitere Jahre später waren die Fürsten des Tages überdrüssig geworden. Sie drängten den Kaiser, endlich einen Schlussstrich zu ziehen. Doch eine Einigung in den grundlegenden Fragen war bis dahin immer noch nicht erzielt worden. Zudem wurde der Reichstag nun auch mit aktuellen Themen konfrontiert. Insbesondere die Großmachtpolitik des französischen Königs produzierte weiteren Gesprächsbedarf.

Auf dem Weg zu einer Dauereinrichtung

Allmählich dämmerte den Beteiligten, dass dieser Reichstag zu Regensburg mit keinem anderen Reichstag zu vergleichen war. Ohne dass es die Teilnehmer geplant oder gewollt hatten, entwickelte er sich zu einem ständig andauernden, „immerwährenden" Reichstag. Und bald begann man auch die Vorteile einer Versammlung zu schätzen, die nach erledigter Arbeit nicht mehr wie bisher nach Hause ging. Dem Kaiser blieb so etwa das umständliche Einberufen der Reichstage erspart. Natürlich hatte die

Entstehung eines geschäftsführenden Reichstags auch Auswirkungen auf den Kreis der dort Anwesenden. Denn weder der Kaiser noch die Reichsfürsten verfügten über die Zeit, ständig an den zahlreichen Sitzungen teilzunehmen. So wurde die Arbeit kurzerhand delegiert. Die Fürsten schickten ihre Vertrauten als Gesandte, und der Kaiser bestimmte sogenannte Prinzipalkommissare, die vor Ort seine Interessen zu vertreten hatten. Seit der Mitte des 18. Jh. stammten diese Kommissare aus der bekannten Familie Thurn und Taxis, die seither in Regensburg ansässig ist. Eine Verwaltung mit einem Direktorium an der Spitze sorgte zudem für die Koordination und den reibungslosen Ablauf der Sitzungen.

Blütezeit in Regensburg

Aus dem periodisch einberufenen Reichstag war nun ein permanenter Gesandtenkongress geworden. Hatten früher auch die Tagungsorte gewechselt, so wurde nun Regensburg zum ständigen Sitz. Die Stadt an der Donau erlebte dadurch einen rasanten Aufschwung und wurde zum Mittelpunkt des politischen und gesellschaftlichen Lebens in Deutschland. Bald wehte internationaler Flair durch die Straßen und Gassen der Stadt, denn rund 70 auswärtige Regierungen siedelten ihre ständigen Gesandtschaften hier an. Nur zweimal verließ der Immerwährende Reichstag Regensburg: Als die Stadt 1713 von einer verheerenden Pestepidemie heimgesucht wurde, zog er nach Augsburg um. Von 1742 bis 1745 waren es die Auseinandersetzungen im Österreichischen Erbfolgekrieg, die die Gesandten dazu veranlassten, sich in Frankfurt am Main ihr Refugium zu suchen.

Ende eines ewigen Reichstags

Doch war auch der Immerwährende Reichstag kein Werk für die Ewigkeit. 1806, 143 Jahre nach seiner Eröffnung, fiel der letzte Vorhang. Europa stand unter der Herrschaft Napoleons. Im sogenannten Reichsdeputationshauptschluss von 1803 regelte der Reichstag die aus dieser Situation heraus entstandenen territorialen Fragen. Drei Jahre später löste sich das Heilige Römische Reich Deutscher Nation und damit auch der Immerwährende Reichstag auf.

Das Wappen des Regensburger Adelshauses Thurn und Taxis. Fürst Alexander von Thurn und Taxis war seit 1748 Prinzipalkommissar, also Vertreter des Kaisers, auf dem Reichstag in Regensburg.

Setzt mich meinetwegen hinter den Ofen, wenn nur etwas geschieht!

[Klage des Herzogs von Württemberg über endlose Debatten zur Sitzordnung]

Das Edikt von Potsdam wird zum Wirtschaftsmotor

1685
29. OKTOBER

Viele der von Ludwig XIV. aus Frankreich vertriebenen Hugenotten fanden in Brandenburg eine neue Bleibe. Die Einwanderer sorgten für eine erstaunliche wirtschaftliche Blüte in dem kargen Land.

Das Dokument, unter das Friedrich Wilhelm, der Große Kurfürst von Brandenburg, am 29. Oktober 1685 julianischer Zeitrechnung seine Unterschrift setzte, begann mit einer feierlich-pathetischen, den damaligen Gepflogenheiten der Rechtschreibung und der Grammatik entsprechenden Formel: „Chur-Brandenburgisches Edict, betreffend diejenige Rechte, Privilegia und andere Wohlthaten, welche Seine Churfürstliche Durchlaucht zu Brandenburg denen Evangelisch-Reformierten Französischer Nation so sich in Ihren Landen niederlassen werden daselbst zu verstatten gnädigst entschlossen seyn." Da im katholischen Frankreich, im Gegensatz zum protestantischen Preußen, nach

dem Kalender des Papstes Gregor XIII. datiert wurde, galt in Frankreich der 8. November als Ausgabedatum dieser kurfürstlichen Willensbekundung, die als Potsdamer Edikt in die Geschichte eingegangen ist. Der freundliche Ton dieser kurfürstlichen Willensbekundung kam beim französischen Zielpublikum gut an. Die Einladung des Großen Kurfürsten galt ganz gezielt den Hugenotten, die im katholischen Frankreich die Fahne des

Der Große Kurfürst Friedrich Wilhelm von Brandenburg empfängt die hugenottischen Flüchtlinge aus Frankreich in der neuen Heimat.

Protestantismus hochhielten. Die Hugenotten hatten bis dahin ein Wechselbad der Gefühle durchleben müssen. Einst war ihnen im Edikt von Nantes die freie Religionsausübung garantiert worden. Doch mit dem Herrschaftsantritt Ludwigs XIV. waren die Zeiten der Duldung vorbei. Der Sonnenkönig setzte die Hugenotten wieder auf die schwarze Liste und verfügte nur wenige Tage, bevor in Potsdam der Große Kurfürst zur Feder griff, mit dem Revokationsedikt von Fontainebleau die Einschränkung aller bisherigen Rechte der Hugenotten.

Willkommene Helfer

Das Angebot des Großen Kurfürsten, den in Frankreich verfolgten Hugenotten eine neue Heimat zu bieten, wurde allerdings nicht nur aus rein humanitären Gründen gemacht. Vielmehr ergriffen die Brandenburger damit die Chance, sich auf der europäischen Bühne als Schutzmacht aller Protestanten zu profilieren. Außerdem standen hinter der Entscheidung für die Hugenotten handfeste politische und wirtschaftliche Interessen. Seit seinem nunmehr 45 Jahre zurückliegenden Amtsantritt hatte Friedrich Wilhelm keine Kosten und Mühen gescheut, um aus dem kleinen und bescheidenen Brandenburg-Preußen eine bedeutende Weltmacht zu machen. Und dabei dachte der ambitionierte Herrscher nicht nur in deutschen, sondern auch in europäischen Kategorien. Wichtigste Aufgabe war für ihn der Aufbau einer schlagkräftigen Armee. Das kostete enorme Mengen Geld, also musste die Wirtschaft angekurbelt werden. Dazu wiederum brauchte man Fachkräfte, doch die waren in den brandenburgischen Landen Mangelware. Die Hugenotten waren, wie sie in Frankreich zur Genüge bewiesen hatten, mit ihrem Talent für Handel und Gewerbe ein wichtiger wirtschaftlicher Faktor. Insofern stellten die jetzigen Schwierigkeiten der Hugenotten für Friedrich Wilhelm eine willkommene Gelegenheit dar, der Wirtschaft des eigenen Landes neue Impulse zu versetzen.

Zunächst hatte der Große Kurfürst aber für die Verbreitung des Potsdamer Ediktes zu sorgen. So wurde der Text mit seinen 14 Leitsätzen in den folgenden Monaten in ganz Frankreich auf Flugblättern verbreitet. Die Anreize, die Brandenburg den Hugenotten machte, waren durchaus verlockend. Man versprach ihnen nicht nur persönlichen Schutz unter dem Dach der protestantischen Kirche, sie sollten auch von allen Abgaben und Steuern befreit sein. Außerdem sicherte man den künftigen deutschen Hugenottengemeinden eine politische Selbstverwaltung

zu. Und sie erhielten die Erlaubnis, sich ihre Wohnsitze selbst auszusuchen. Nichts sollte sie daran hindern, zum Segen Brandenburgs und der kurfürstlichen Kasse tätig zu werden.

Die Hugenotten kommen

Die Kampagne entwickelte sich zur größten Zufriedenheit des Großen Kurfürsten. Tatsächlich strömten die Hugenottenfamilien in den Monaten nach der Verkündung des Potsdamer Ediktes in Scharen Richtung Osten. Etwa 200 000 Hugenotten waren in dieser Zeit auf der Wanderschaft, etliche suchten in den Niederlanden, der Schweiz und in England Zuflucht. Weitere 30 000 gingen nach Deutschland, allerdings nicht alle mit dem Ziel Brandenburg vor Augen. Auch andere deutsche Fürsten machten den Flüchtlingen Avancen, um sich die begehrten Arbeitskräfte zu sichern. So ließen sich viele im Rheinland und in Hessen nieder, andere zog es nach Ostpreußen. Doch die Mehrzahl folgte dem Ruf des Großen Kurfürsten. So waren es am Ende gut 20 000 Protestanten, die in Brandenburg-Preußen eine neue Heimat fanden.

Das Berliner Hugenottenkreuz – Symbol des Selbstbewusstseins der evangelischen Franzosen in Berlin. Die hängende Taube steht als Sinnbild für den Heiligen Geist.

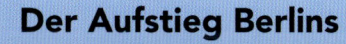

Der Aufstieg Berlins

Aus der Residenz der Kurfürsten wurde im 18. Jh. die Hauptstadt des expandierenden Königreichs Preußen. Seit der Reichsgründung 1871 war Berlin die Hauptstadt des Deutschen Kaiserreichs. In der Weimarer Republik eroberte sich die Stadt ihren Ruf als deutsche Kulturmetropole. Bei Gründung der Bundesrepublik Deutschland erhielt Bonn den Vorzug, Ostberlin wurde zur Hauptstadt der DDR. Nach der Wiedervereinigung erlangte die Stadt an der Spree ihren alten Status als Kapitale zurück.

Mit den Hugenotten kamen Handwerkskünste und Mode aus Frankreich in das damals noch provinzielle Preußen. Dieser Damenschuh aus dem 18. Jh. fände auch heute noch viele Liebhaberinnen.

„Ein jeder kann bei mir glauben, was er will, wenn er nur ehrlich ist."

[Friedrich Wilhelm, der Große Kurfürst]

Wirtschaftlicher Aufschwung

So wie es sich der Große Kurfürst gewünscht hatte, krempelten die Neuankömmlinge in ihrem Tatendrang sofort die Ärmel hoch und brachten die Wirtschaft in Schwung. Die meisten der zugewanderten Hugenotten waren in Frankreich als Handwerker tätig gewesen, und sie blieben auch in der Fremde der angestammten Branche treu. Mochten die Brandenburger dem von oben geförderten Zuzug zunächst misstrauisch gegenüberstehen, so änderte sich dies schlagartig, als sie sich von der Qualität ihrer Arbeit überzeugen konnten. Waren aus hugenottischer Produktion wurden rasch zu einem Gütesiegel. Das machte sich vor allem im Textilgewerbe bemerkbar. Mit neuen Techniken und neuen Farbstoffen schufen die Einwanderer auf dem Kleidungssektor wahre Wunderwerke. Gleiches galt für hochwertige Teppiche und Gobelins, die in den Werkstätten der Hugenotten entstanden. Dabei revolutionierten sie auch die stark veralteten Produktionsmethoden. Hugenotten dachten unternehmerisch und gründeten Manufakturen mit effizienter Arbeitsteilung. Frischen Wind brachten die eifrigen Fremden auch in die Rüstungsindustrie, und auf dem Lande forcierten sie den Anbau von Tabak, Obst und Gemüse. Durch den Einsatz neuer Kultivierungsformen verstanden sie es, den kargen Böden mehr und mehr Ertrag abzuringen. Brandenburg-Preußen war auf dem besten Weg, zu einem Wirtschaftswunderland zu werden. Der Große Kurfürst freute sich über die wachsenden Einnahmen, die es ihm ermöglichten, sich ungestört dem Aufbau seiner ge-

liebten Armee zu widmen. Natürlich hatten die Erzeugnisse auch ihren Preis. So wurden von Hugenotten gefertigte Textilien und Möbel bei den Reichen und Vornehmen zum Statussymbol. Für die einfache Bevölkerung waren die Produkte meist unerschwinglich. Doch es war der Adel, der die Richtung vorgab. Zum ersten Mal erlebte Deutschland eine französische Mode. In die deutsche Sprache mischten sich Ausdrücke aus dem Wortschatz der neuen Mitbürger. Das „Sofa" hatte ausgedient, man machte es sich auf der „Chaiselongue" bequem. Das sauer verdiente Geld verstaute man nicht mehr in der „Börse", sondern im „Portemonnaie".

Berlin erstrahlt in neuem Glanz

Von allen Städten in Brandenburg-Preußen profitierte Berlin von den Aktivitäten der Hugenotten am meisten. Vor ihrer Ankunft fristete die Residenzstadt des Großen Kurfürsten ein kümmerliches Dasein. Immer noch waren die Auswirkungen des Dreißigjährigen Krieges deutlich zu spüren. Die Zahl der Einwohner war auf 11 000 geschrumpft. Etwa 4000 Hugenotten fanden nach der Verkündung des Ediktes von Potsdam in der Stadt an der Spree ein neues Zuhause. Und dank ihres Eifers und ihres Fleißes halfen sie der angeschlagenen Stadt bald wieder auf die Beine. Hugenotten waren es, die mit ihren Investitionen neue Häuser bauten, Geschäfte eröffneten und Fabriken gründeten. Der Große Kurfürst ließ sich von ihrem Vorbild anstecken und beteiligte sich mit beträchtlichen Geldmitteln am Aufbau von Berlin. Neue Straßen, Brücken und Kanäle waren sichtbarer Ausdruck dieser Aufbruchstimmung. Bald stieg auch die Zahl der Einwohner beträchtlich an. Als Friedrich Wilhelm 1688 starb, lebten schon wieder rund 20 000 Menschen in Berlin. Auch was die eigenen Wohnbezirke anging, drückten die Hugenotten dem Berliner Stadt-

bild ihren Stempel auf. Bevorzugt ließen sie sich an den Peripherien nieder. Friedrichstadt wurde ebenso wie Moabit zu einer hugenottischen Kolonie. Wahrscheinlich geht der Name des Berliner Stadtteils Moabit sogar auf die Hugenotten zurück. Allerdings ist nicht ganz sicher, in welcher Hinsicht die biblische Landschaft östlich des Jordan bei der Benennung Pate stand. Vielleicht bezog sich der Name auf die Überlieferung, dass Moses einst auf seinem Weg von Ägypten ins Gelobte Land bei den alten Moabitern Asyl gefunden haben soll. Andere Gelehrte favorisieren dagegen die Deutung, dass der Name des Berliner Stadtteils an die spätere Befreiung der Moabiter von der Herrschaft der Israeliten erinnern sollte.

Die Berliner Kolonie gründete zudem eigene Institutionen und Einrichtungen, zu denen etwa ein Gericht, ein Predigerseminar, ein Friedhof, ein Krankenhaus, Hospize und eine Pfandleihe zählten. Die Hugenotten lebten so als privilegierte Minderheit mit eigener kirchlicher Selbstverwaltung, eigenen Pfarrern, eigenen Bürgermeistern und eigener Gerichtsbarkeit inmitten von Berlin. Ihre französischen Eigenarten befruchteten das kulturelle Leben in der Residenzstadt aber ungemein. So ging auch die Einrichtung des ersten Kaffeehauses in Berlin im Jahr 1721 auf einen Hugenotten zurück.

Neid und Missgunst andernorts

Nicht überall erging es den nach Deutschland eingewanderten Hugenotten so gut wie in Brandenburg-Preußen. In Städten wie Frankfurt am Main oder in den alten Hansestädten waren sie nicht unbedingt gern gesehene Gäste. Die einheimische Wirtschaft fürchtete vor allem dort die Konkurrenz der Einwanderer, wo die alten Zünfte noch über sehr viel Einfluss verfügten. Hier verhinderten die traditionellen

Marktführer erfolgreich die Einbürgerung der Hugenotten, die in Brandenburg-Preußen dank der Zusicherungen des Großen Kurfürsten ohne Schwierigkeiten vonstatten gegangen war. So wurde etwa Lehrlingen und Gesellen hugenottischer Abstammung die Ausbildung verweigert. In Brandenburg-Preußen aber, wo die Glaubensflüchtlinge mit offenen Armen empfangen worden waren, blühten Handel, Wirtschaft und kulturelles Leben noch Jahrzehnte nach der Unterzeichnung des Potsdamer Ediktes. Zeitgenossen schwärmten, Berlin sei dank der findigen Hugenotten zu einer der schönsten und prächtigsten Städte in Europa geworden.

Das Beispiel der Hugenotten macht Schule

Das Potsdamer Edikt hatte aber noch einen weiteren Effekt. Seit der Aufnahme der Hugenotten galt Brandenburg-Preußen als Inbegriff von Liberalität und Toleranz in Fragen des Glaubens und der Religion. Da spielte es keine Rolle, dass sich die Herrscher, allen voran der Große Kurfürst, bei ihrem Vorgehen vor allem von politischen und wirtschaftlichen Motiven leiten ließen. Menschen, die aus religiösen Gründen verfolgt wurden, eine neue Heimat zu bieten, blieb auch in der Folgezeit eine preußische Maxime. Zeitgleich mit den Hugenotten fanden in Brandenburg-Preußen auch Juden ein dauerhaftes Zuhause. Und man war hilfreich zur Stelle, als 1731 der Salzburger Fürstbischof 20 000 Protestanten aus seinem Bistum vertrieb. Diese flohen zunächst nach Württemberg und Franken. Dann erhielten sie vom preußischen König Friedrich Wilhelm I. die Einladung, sich in seinem Land anzusiedeln. Wie fast ein halbes Jahrhundert zuvor die Hugenotten, so nahmen auch die Salzburger Protestanten diese Einladung dankbar an.

Mit dem Französischen Dom erbaute sich die stark anwachsende französische Gemeinde Berlins ihr eigenes prachtvolles Gotteshaus.

Preußen war für seine religiöse Toleranz berühmt. 1731/32 nahm man die 20 000 Protestanten aus dem Erzbistum Salzburg auf. Die meisten von ihnen siedelten sich in Ostpreußen an.

Die Zerstörung Heidelbergs im Pfälzischen Erbfolgekrieg

1689
2. MÄRZ

Die Zerstörung Heidelbergs gehörte zu den traurigen Höhepunkten des Pfälzischen Erbfolgekriegs. Im Ergebnis führte der Krieg zu einer nachhaltigen Verstimmung zwischen Deutschland und Frankreich.

General Mélac lässt Heidelberg niederbrennen. Nur gut drei Jahre nach dem ersten Angriff ist er 1693 auch an der zweiten Zerstörung der Stadt beteiligt.

Der verhängnisvolle Befehl erging am 2. März 1689. An diesem Tag erhielt Ezéchiel Comte de Mélac von seinem Kriegsminister Louvois die Order, Heidelberg bis auf die Grundmauern zu zerstören. Der französische General ließ sich nicht lange bitten. Sofort strömten die Truppen in die alte Stadt am Neckar. Die erschreckte Bevölkerung sah sich hilflos üblen Plünderungs- und Brandschatzungsaktionen ausgesetzt. Auch das Heidelberger Schloss blieb nicht verschont. Die rund 900 Mann, die zu seiner Bewachung abgestellt waren, konnten nicht viel ausrichten.

Die Franzosen sprengten die Brücke und die Befestigungsanlagen. Als der Sturm endlich vorüber war, lagen weite Teile der Stadt in Schutt und Asche.

Angriff der Franzosen

Doch Heidelberg war nur der Auftakt für weitere französische Aktionen in Städten beiderseits des Rheins. Ähnliches Unheil richteten die Armeen des Comte de Mélac in Mannheim, Frankenthal, Bingen, Worms und Speyer an. In der Kurpfalz, in Württemberg und Baden wurde der Name des französischen Truppenführers zu einem Sinnbild für Mord und Zerstörung. Gewalt gegenüber der Zivilbevölkerung auszuüben gehörte zu einem Konzept, das kein Geringerer als der französische König Ludwig XIV. im Zusammenwirken mit seinem Kriegsminister Louvois ausgetüftelt hatte. Die Angriffe auf die Städte an der deutsch-französischen Grenze waren Teil einer Zermürbungstaktik. Diese wiederum sollte dem Sonnenkönig von Versailles bei der Verwirklichung seiner Großmachtträume helfen. Allerdings war Ludwig klug genug, seinen Ambitionen zumindest den Anschein der Legalität zu geben.

Erbansprüche mit Folgen

Anlass zum Eingreifen hatte Ludwig XIV. der Tod des kinderlosen Kurfürsten Karl II. von der Pfalz geboten. Dessen Schwester Liselotte war mit seinem Bruder, Herzog Philipp von Orléans, verheiratet. Daraus leitete der französische Monarch Ansprüche auf das pfälzische Erbe ab. Selbstverständlich stieß er mit diesem Ansinnen auf eine breite Front der Ablehnung sowohl beim deutschen Kaiser als auch bei den deutschen Fürsten. So begann Ludwig mit der militärischen Offensive gegen die grenznahen deutschen Territorien, die nach französischer Lesart zu seinen Besitzungen zählten. Folge war die Auseinandersetzung, die als Pfälzischer Erbfolgekrieg in die Geschichte eingegangen ist. In Wirklichkeit aber handelte es sich um einen

Liselotte von der Pfalz

1652 Elisabeth Charlotte, genannt Liselotte, wird am 27. Mai als Tochter des pfälzischen Kurfürsten Karl Ludwig in Heidelberg geboren.

1671 Sie heiratet aus politischen Gründen Herzog Philipp von Orléans, den Bruder des französischen Königs Ludwig XIV.

seit 1671 Liselotte beschreibt in ihrer umfangreichen Korrespondez mit Verwandten und Gelehrten in ganz Europa die Zustände am französischen Hof.

1688 Nach dem Tod ihres Bruders nimmt Ludwig XIV. Liselottes Erbansprüche zum Anlass, die Pfalz im Pfälzischen Erbfolgekrieg anzugreifen.

1715 Nach dem Tod Ludwigs XIV. übernimmt Liselottes Sohn Philipp die Regentschaft für den unmündigen Ludwig XV.

1722 Liselotte stirbt am 8. Dezember in Saint-Cloud.

Krieg der europäischen Großmächte, für die die Streitigkeiten um die Pfalz nur den passenden Anlass zum Losschlagen boten.

Große Koalition

Die deutschen Reichsfürsten versetzte das Vordringen der Franzosen in höchste Alarmbereitschaft. Auch Kaiser Leopold I., dem im Osten die Türken schwer zu schaffen machten, mobilisierte seine Streitkräfte. Gleichzeitig schmiedete er eine Koalition mit den europäischen Mächten, die im Sinne eines ausgewogenen Kräftegleichgewichts ein lebhaftes Interesse daran hatten, Ludwig XIV. nicht zu groß werden zu lassen. Diese Bestrebungen führten am 12. Mai 1689 zum Abschluss einer Großen Allianz zwischen Deutschland und den Niederlanden. Diesem Bündnis schlossen sich nur wenig später auch England, Spanien und Savoyen an. Frankreich ließ sich von dem geballten Aufgebot nicht einschüchtern. Der Krieg wurde nun an mehreren Fronten geführt. In Deutschland setzten Ludwigs Armeen ihre vernichtenden Feldzüge in den grenznahen Gebieten fort. Der französischen Diplomatie gelang es dabei, jenseits der Kampfhandlungen einige der deutschen Reichsfürsten auf ihre Seite zu ziehen. Und auch in den Niederlanden feierten die Franzosen eine Reihe von militärischen Erfol-

gen. Einen Rückschlag erlebten die sieggewohnten Kontingente des Sonnenkönigs allerdings in der Seeschlacht von La Hogue. Hier siegten im Mai 1692 die verbündeten Flotten der Engländer und der Niederländer.

Heidelberg in Not

Heidelberg bekam die Schrecken des Krieges ein zweites Mal zu spüren. Nachdem man sich von den Folgen des ersten Sturmes von 1689 einigermaßen erholt hatte, erschien der gefürchtete Mélac am 19. Mai 1693 erneut vor den Toren der Stadt. Von der Festung Landau aus unternahm Ludwigs Mann fürs Grobe, der auch für seine blutrünstigen Hunde bekannt war, immer wieder verheerende Plünderungszüge. Wie zu Beginn des Krieges verfolgten die Franzosen in Deutschland eine Politik der verbrannten Erde. In Heidelberg wüteten die Truppen Mélacs fünf Tage lang. Dieses Mal sollte, so lauteten ihre Instruktionen, wirklich kein Stein mehr auf dem anderen bleiben. Einwohner, die ihr Heil in der Flucht suchten, wurden aufgehalten. Dennoch gelang es vielen, dem Inferno zu entkommen. Am Ende stand eine traurige Bilanz: Die meisten Häuser waren zerstört, ebenso sämtliche Einrichtungen der Universität. Das Schloss, seit dem ersten Angriff ohnehin nur noch ein Trümmerhaufen, wurde zur Sicherheit noch einmal gesprengt. Auf einen Wiederaufbau wurde verzichtet. So ist das Heidelberger Schloss bis heute eine Ruine geblieben, es gehört jedoch zu den großen Attraktionen der Stadt am Neckar. Nach diesem letzten Angriff der Franzosen lag Heidelberg am Boden. Die Bevölkerungszahl schrumpfte damals auf gerade einmal 238 Menschen.

> *Weil brennen deine Lust im ganzen Leben war, so brenn nun in der Höll mit Leib, Seel, Haut und Haar.*

[Themistius Aristonicus über Mélac, 1689]

Die Heirat Liselottes mit dem Herzog von Orléans sollte die Verbindung zu Frankreich festigen. Tatsächlich bewirkte sie das Gegenteil, Frankreich erhob Ansprüche auf das pfälzische Erbe.

Residenzstadt Mannheim

Bis 1720 war Heidelberg noch Residenzstadt der pfälzischen Kurfürsten, dann zog Karl III. Philipp in das benachbarte Mannheim um. Heidelberg geriet dadurch auch politisch ins Abseits. Die Schneise der Verwüstung, welche die Franzosen hinterlassen hatten, konnte jedoch bald beseitigt werden. Die Zahl der Einwohner stieg deutlich an, die Universität nahm wieder ihre Tätigkeit auf. Straßen und Plätze wurden völlig neu gestaltet. Auch in der neuen Residenzstadt Mannheim prägten die Spuren des Krieges noch lange das Stadtbild. Die Kurfürsten unternahmen aber alle Anstrengungen, die Missstände zu beheben. Paradoxerweise nahmen sie sich dabei ausgerechnet die Architektur Ludwigs XIV. zum Vorbild, der ihnen zuvor die Städte zerstört und die Dörfer verwüstet hatte. Das neue Mannheimer Schloss, erbaut im barocken Stil der Zeit, erstrahlte im hellen Glanze fürstlicher Repräsentation. Und die Straßen wurden, ebenfalls nach französischem Vorbild, nach einem genauen Plan so angelegt, dass sie den Eindruck eines Schachbrettmusters erweckten. Auf Straßennamen verzichtete man gänzlich, stattdessen wurden die Planquadrate mit Buchstaben und Nummern gekennzeichnet.

Der Kürass des Markgrafen Ludwig Wilhelm von Baden, der als „Türkenlouis" in die Geschichte einging. Er konnte das Eindringen der Franzosen abwehren.

Widerstand regt sich

Ludwig XIV. feierte den Heidelberger Triumph mit der Prägung einer Gedenkmünze, die er mit der lateinischen Legende „Heidelberga deleta", auf Deutsch „Das zerstörte Heidelberg", versah. Doch der Widerstandsgeist seiner Gegner war noch längst nicht gebrochen. Zwar hatte die Reichsarmee, die hauptsächlich von fränkischen und schwäbischen Kontingenten gebildet wurde, den

dramatischen Vorgängen in Heidelberg tatenlos zusehen müssen, doch fand sie nun in ihrem neuen Oberbefehlshaber, Markgraf Ludwig Wilhelm von Baden, einen auch organisatorisch befähigten Kopf. Im Januar 1697 gewann Ludwig Wihelm, der aufgrund seines erfolgreichen Einsatzes gegen die Türken auch „Türkenlouis" genannt wurde, Württemberg und Mainz für die Idee, eine vollkommen neue Truppe einzurichten. Diese sollte nicht nur im Krieg zum Einsatz kommen, sondern zum Schutz der Grenzgebiete auch in Friedenszeiten ständig unter Waffen stehen. Allerdings blieb diese fortschrittliche und zukunftsweisende Vision eines stehenden Berufsheeres zunächst noch eine Wunschvorstellung. Der Kaiser und die anderen Reichsfürsten sahen in einer deratigen Armee nämlich eine Gefährdung ihrer eigenen Position.

Sehnsucht nach Frieden

Je länger sich der Krieg hinzog, desto mehr erlahmten auf beiden Seiten die militärischen Energien. König Ludwig XIV. gingen allmählich die finanziellen Mittel aus, während Kaiser Leopold I. im Osten des Reiches mit den Ungarn und den Türken genug zu tun hatte. Und die internationalen Partner des Kaisers wollten sich nicht länger in einen Krieg einbinden lassen, der offenbar von keiner Seite zu gewinnen war. So kam es schon bald nach der zweiten Zerstörung Heidelbergs zu geheimen wie offenen Friedensverhandlungen, bei denen das neutrale Schweden und der Papst als Vermittler in Erscheinung traten. Der französischen Diplomatie ging es vor allem darum, die Große Allianz zu spalten, um eine günstigere Ausgangsbasis für einen großen Friedensschluss zu gewinnen. 1696 brachte diese Strategie einen wichtigen Erfolg, als Savoyen seinen Austritt aus dem Bündnis verkündete.

Man wird sich einig

Im Herbst 1697 wurden die Weichen endgültig in Richtung Frieden gestellt. Der Krieg, der sich ausgehend vom Streit um das pfälzische Erbe zu einem Konflikt internationalen Ausmaßes ausgeweitet hatte, endete in zwei Etappen. Schauplatz des Geschehens war in beiden Fällen das südholländische Schloss Rijswijk in der Nähe von Den Haag. Zunächst einigten sich hier am 20. September 1697 Franzosen, Engländer, Niederländer und Spanier auf ein Vertragswerk, das die gegenseitigen Ansprüche regelte. Dem Frieden von Rijswijk schloss sich am 30. Oktober 1697 auch Kaiser Leopold I. und mit ihm das Heilige Römische Reich an.

Mit dem Frieden von Rijswijk endete 1697 der Pfälzische Erbfolgekrieg. Die französische Seite konnte ihren Erbanspruch nicht durchsetzen, doch Straßburg und das Elsass gingen an sie verloren.

Im Ergebnis wurden die territorialen Verhältnisse so bestätigt, wie sie vor dem Krieg bestanden hatten. Ludwigs Unterhändler erklärten sich zum Verzicht auf jene deutschen Gebiete bereit, die von den Franzosen während des Krieges okkupiert worden waren. Im Gegenzug erhielt der Versailler Monarch den Zuschlag für das Elsass und die Metropole Straßburg, um deren Besitz sich Franzosen und Deutsche traditionell zu streiten pflegten. Alle Straßburger Bürger, die nicht die französische Staatsangehörigkeit annehmen wollten, konnten die Stadt innerhalb eines Jahres verlassen.

Was die Pfälzer Erbschaft anging, erklärte sich Ludwig großzügig bereit, einen päpstlichen Schiedsspruch zu akzeptieren. So konnte Kurfürst Johann Wilhelm mit freundlicher Genehmigung des französischen Nachbarn die Nachfolge des verstorbenen Amtsvorgängers Philipp Wilhelm antreten. Liselotte von der Pfalz erhielt als Ausgleich eine stattliche Abfindung in Höhe von 300 000 Scudi. Damit war der Streit um die Erbfolge, der so viele Menschenleben gekostet hatte, nun endlich beigelegt.

Folgen eines Krieges

Nach dem Abkommen von 1697 herrschte in Europa zunächst wieder Frieden. Doch nicht alle Wunden, die der Krieg geschlagen hatte,

wurden geheilt. So hatten sich die versierten französischen Unterhändler die konfessionellen Gegensätze in Deutschland zunutze gemacht und in den Vertrag von Rijswijk einen delikaten Zusatzpassus, die sogenannte Rijswijker Klausel, hineinschreiben lassen. Entsprechend ihrer selbst auferlegten Rolle als Speerspitze des europäischen Katholizismus hatten sie während des Krieges in den von ihnen eroberten Gebieten Verfügungen gegen die Protestanten getroffen. In geheimen Absprachen mit den Agenten des Habsburger Kaisers wurde die Aufrechterhaltung dieser Sanktionen beschlossen. Damit war in den betroffenen Gebieten der katholische Glaube verbindlich. Dieser offenkundige Verstoß gegen die Bestimmungen des Westfälischen Friedens rief bei den protestantischen Fürsten heftige Verstimmungen hervor. Erst im Jahr 1743 wurde die Rijswijker Klausel durch Kaiser Karl VI. aufgehoben.

Noch folgenreicher aber war auf lange Sicht eine andere Erfahrung, die der Krieg mit den Franzosen vermittelt hatte: Nicht nur bei den gekrönten Häuptern in Deutschland, sondern auch in breiten Bevölkerungsschichten hatte das Ansehen des Nachbarn durch die Politik der verbrannten Erde erheblich gelitten. Die viel zitierte deutsch-französische Erbfeindschaft hatte neue Nahrung bekommen.

Hannover wird neuntes Kurfürstentum im Reich

1692
19. DEZEMBER

Für den Welfen Ernst August schuf Kaiser Leopold I. eine neunte Kurwürde im Reich. Damit begann der Aufstieg der Hannoveraner, die 123 Jahre lang auch die englischen Könige stellten.

Der 19. Dezember 1692 war ein großer Tag für die Welfen. Endlich hielt Ernst August das lang ersehnte Dokument in Händen. Es gab keinen Zweifel mehr: Die Urkunde war mit der Unterschrift des Kaisers versehen und wies ihn eindeutig als Kurfürsten von Braunschweig-Lüneburg aus. Diese Position hatte es bis dahin noch nicht gegeben. Immerhin hatte es Ernst August als Angehöriger der weitverzweigten Welfenfamilie bis zum Herzog von Braunschweig-Lüneburg gebracht. Außerdem durfte er sich mit dem Titel eines Fürstbischofs von Osnabrück schmücken. Doch sein Ehrgeiz war damit noch lange nicht gestillt. Nur als Kurfürst zählte man zu den wirklichen Größen des Heiligen Römischen Reiches.

Die Beförderung des Welfen Ernst August durch Kaiser Leopold I. war das Ergebnis langwieriger Verhandlungen. Immerhin gab es starke Widerstände vonseiten der amtierenden Kurfürsten. Insbesondere die katholische Prominenz aus Köln, Trier und der Pfalz zeigte keine große Neigung, den Kreis der acht Kurfürsten um eine neue Stelle zu erweitern und diese ausgerechnet mit einem Protestanten zu besetzen. Doch Ernst August hatte in den Gesprächen mit Leopold gute Argumente parat. Dem Kaiser machte damals die Sicherheit der Grenzen im Westen und im Osten Sorgen. Großzügig garantierte der selbst ernannte Kandidat dem Kaiser seine Hilfe im Kampf gegen die Franzosen und die Türken.

Der frischgebackene Kurfürst regierte, obwohl offiziell Kurfürst von Braunschweig-Lüneburg, von Hannover aus die Geschicke seiner Untertanen. So nannte man ihn bald Kurfürst von Hannover. Seine Kollegen indes sprachen dem Kaiser das Recht ab, aus eigener Macht eine neue Kurfürstenstelle zu schaffen. Zudem fürchteten sie um ihren Einfluss, denn es war klar, dass Ernst August auch im Kurfürstengremium einen kaisertreuen Kurs einschlagen würde. Die Wortführer aus Mainz und Köln nahmen sogar Verbindung zur hausinternen Konkurrenz des Welfen auf. Die Vertreter der Linie von Braunschweig-Wolfenbüttel wähnten sich im Besitz älterer Rechte und unternahmen alles, um dem ungeliebten Verwandten die eben errungene Würde streitig zu machen.

Die richtige Ehefrau

Letztlich aber verliefen alle Widerstände im Sande, zumal der Kaiser keinerlei Anstalten machte, seine Entscheidung zu revidieren. So blieb der Potentat aus Hannover der neunte Kurfürst. Allerdings wurden die neuen Verhältnisse erst 1708 per Reichsgesetz festgeschrieben. Ohne eigenes Zutun konnten die Hannoveraner ihre Machtposition sogar noch erheblich vergrößern. Grundlage dafür war eine Neuregelung der Thronfolge im Königreich England. Mit dem Act of Settlement beschloss das Parlament in London 1701, dass die Krone künftig nur Protestanten erhalten sollten. Für die Zukunft der Welfen hatte dieses Gesetz insofern eine wichtige Bedeutung, als es eine Anwartschaft von Ernst Augusts Ehefrau Sophie, Tochter Friedrichs V. von der Pfalz und Elisabeth Stuarts, auf die englische Krone begründete.

Ernst August von Hannover erbte durch die Heirat mit Prinzessin Sophie von der Pfalz, der Tochter Elisabeth Stuarts, einen Platz in der britischen Thronfolge.

Das Haus Hannover

1679 Herzog Ernst August übernimmt das Fürstentum Calenberg mit der bald namengebenden Hauptstadt Hannover.

1692 Verleihung der neunten Kurwürde an Braunschweig-Lüneburg, später Kurfürstentum Hannover genannt.

1701 Die Kurfürstinwitwe Sophie wird Erbin des englischen Throns.

1714– Hannover ist seit der Krönung

1837 Georg Ludwigs zum englischen König Georg I. in Personalunion mit Großbritannien verbunden. In seiner Nachfolge regieren Georg II., Georg III., Georg IV. und Wilhelm IV.

1837 Der Thron von Hannover, seit 1814 Königreich, geht nicht an die englische Königin Victoria, die Enkelin Georgs III., sondern an Ernst August von Hannover.

1851– Der blinde Georg V. regiert als

1866 letzter König von Hannover.

Der fremde König

Akut wurde die Nachfolgefrage, als im August 1714 Anne, die letzte britische Königin aus der Dynastie der Stuarts, starb. Kurfürst Ernst August war zu diesem Zeitpunkt schon lange tot. Ihm war sein Sohn Georg Ludwig gefolgt. So-

phie war einige Wochen vor Anne gestorben. In Ermangelung weiterer Kandidaten wurde nun der Hannoveraner Georg Ludwig unter dem Thronnamen Georg I. König von England und Schottland. Am 20. Oktober 1714 fand in Westminster Abbey die feierliche Krönung statt. In die englischen Annalen ist die Regierungszeit Georgs I. nicht als besonderes Glanzlicht eingegangen. Zwar hielt sich der fremde Herrscher häufig in London auf, doch war ihm sein heimisches Kurfürstentum wichtiger als das Schicksal des Inselreichs.

Königreich Hannover

In Deutschland hingegen steigerte die Personalunion mit Großbritannien das Gewicht des Kurfürstentums Hannover. In den folgenden Jahren und Jahrzehnten nutzten die jeweiligen Herrscher das Faustpfand Großbritannien, um ihre Position im Reich zu festigen und zu stärken. So erwarben Ernst Augusts Nachfolger eine Reihe von Territorien in Norddeutschland, darunter die wichtigen Herzogtümer Bremen und Verden. Erst mit dem Regierungsantritt Königin Victorias, einer Enkelin Georgs III., im Jahre 1837 endete die lange Herrschaft der Hannoveraner in Großbritannien. Doch den Verlust dieses Königstitels konnte man an der Leine gut verschmerzen. Denn 1814 war Hannover auf dem Wiener Kongress selbst zum Königreich erhoben worden. Dies wiederum war eine Spätfolge der eifrigen Bemühungen von Ernst August, seine Familie in die Spitze der deutschen Herrscherdynastien zu bringen.

Mit Queen Victoria – hier auf der berühmten blauen Mauritius – endete 1837 die Personalunion zwischen England und Hannover. Die Verwandtschaft mit dem Haus Windsor besteht aber bis heute.

Als Kurfürstin ließ Sophie die Herrenhäuser Gärten in Hannover prachtvoll ausbauen. Die imposante Grünfläche gilt noch heute als eine der schönsten Parkanlagen in Europa.

August der Starke wird König von Polen

1697
15. SEPTEMBER

Der sächsische Kurfürst investierte viel Geld, um König von Polen zu werden. Ruhm und Ehre brachte ihm diese Würde jedoch nicht ein. Dafür machte er aus Dresden ein städtebauliches Juwel.

Das spannende Wettrennen um die polnische Königskrone fand am 15. September 1697 ein überraschendes Ende. Die Nase vorn hatte nicht der Favorit aus Frankreich, sondern der Außenseiter aus Sachsen. Der 27-jährige Kurfürst Friedrich August, der sich wegen seiner

August der Starke als „Goldener Reiter" in Dresden. Wie kein anderer Fürst verkörpert er den typischen Vertreter des politischen Absolutismus in Deutschland.

körperlichen Vorzüge gerne „der Starke" nennen ließ, kostete den Triumph in vollen Zügen aus. Sein Kontrahent Prinz von Conti musste dagegen enttäuscht die Waffen strecken. Bei der entscheidenden Wahl hatten die polnischen Granden dem Fürsten aus Dresden den Zuschlag gegeben. Jetzt war der Sachse am Ziel seiner Wünsche. Unter dem Thronnamen August II. wurde er in Krakau offiziell zum König von Polen gekrönt.

Kampf um die Krone

Sicherheitshalber hatte der vorausschauende Sachse die Krone selbst mitgebracht, denn die Umstände seiner Wahl waren mehr als obskur gewesen. Viel Geld war geflossen, um die polnischen Adligen auf seine Seite zu bringen. Andererseits hatte auch der französische Gegenkandidat nicht mit Bestechungsgeldern gegeizt. Insgesamt hatte sich die Neubesetzung des polnischen Thrones zu einer Affäre von internationaler Bedeutung entwickelt. Weil die Polen kein dynastisches Prinzip kannten, sondern der Adel nach dem Tod des Herrschers nach einem geeigneten Nachfolger Ausschau hielt, horchten die Europäer auf, als sie 1696 die Nachricht vom Tod Johann Sobieskis vernahmen.

Bei der Bewerbungsprozedur konnte sich August nicht nur auf das Geld verlassen, er wusste auch eine stattliche Anzahl von Helfern hinter sich. Diese wollten vor allem vermeiden, dass die unter Ludwig XIV. selbstbewusst gewordenen Franzosen über den Prinzen Conti ihre Hand auch nach Osteuropa ausstrecken würden. Souverän meisterte August eine letzte, nicht unbedeutende Hürde. Polen war ein katholisches, Sachsen ein protestantisches Land. Ein polnischer König musste katholisch sein, August aber war protestantisch. Das Problem wurde aus der Welt geschafft, indem August im Juni 1697 zum Katholizismus übertrat. So bekam er schließlich die Stimmen des polni-

Das prachtvolle Dresden, 1751 von Canaletto gemalt: Vorn überspannt die Augustusbrücke die Elbe, dahinter liegen die brühlsche Gemäldegalerie und die Frauenkirche.

schen Adels, obwohl es zuvor einige Konfusion gegeben hatte, denn auch Conti verfügte bei den Polen über eine ansehnliche Schar von Anhängern. Daher kam es in Warschau zunächst zu einer Doppelwahl. Entscheidend war nun gewesen, wer als Erster den traditionellen Krönungsort Krakau erreichen würde. Weil Augusts Leute durch gezielte Sabotage dafür sorgten, dass der Franzose erst Ende September eintraf, war für August die Bahn frei.

Sorgen in Sachsen

Während sich der Monarch im Glanz seines neuen Ruhms sonnte, hielt sich in Sachsen die Begeisterung über den Karriereschritt des Kurfürsten in Grenzen. Sorgen bereitete den Landeskindern vor allem der Wechsel der Konfession. Musste Sachsen, ein Hort des deutschen Protestantismus, jetzt etwa geschlossen katholisch werden, so wie es einst der Augsburger Religionsfriede festgelegt hatte? August beeilte sich, derlei Befürchtungen zu zerstreuen. Er selbst war jetzt Katholik, aber die Untertanen sollten selbstverständlich das Recht der freien Religionsausübung behalten.

Dennoch verfolgten die sächsischen Protestanten äußerst misstrauisch, wie der Kurfürst die Glaubensfrage handhabe. So brach ein Sturm der Entrüstung los, als bekannt wurde, dass der Monarch seinen Sohn dazu überredet hatte, nach seinem Vorbild katholisch zu bleiben.

Ärger heimste sich August auch in seiner Ehe ein, und dies nicht nur wegen seiner ausgesprochenen Affinität zu Mätressen. Augusts protestantische Ehefrau Christiane Eberhardine, mit der er seit 1693 verheiratet war, weigerte sich, den katholischen Glauben anzunehmen, und blieb protestantisch. Deswegen durfte sie in Polen nie als Königin, sondern lediglich als die Gemahlin des Königs auftreten.

Im Deutschen Reich brachte August der Besitz der polnischen Königskrone sehr viel weniger als erhofft ein. Denn natürlich war es dem Sachsen nur in zweiter Linie um Polen selbst gegangen. In der Hauptsache war er darauf aus gewesen, seinen Einfluss gegenüber dem Kaiser und den anderen deutschen Fürsten zu vergrößern. Doch schon bald nach der glanzvollen Inthronisation von Krakau zeigte sich mit aller Deutlichkeit, dass der Besitz von Polen für Sachsen eine erhebliche Belastung bedeutete. Die Protestanten im Reich nahmen dem Sachsenfürsten den Wechsel der Konfession übel. Adel und Volk in Polen erwarteten von dem fremden König besondere Aufmerksamkeit. Die politischen und kirchlichen Größen des Landes beschenkte August so reichhaltig, dass die Löcher in der sächsischen Staatskasse immer größer wurden. Gleichzeitig verlor August in Deutschland an Rückhalt, weil er gezwungen war, sich auf die polnischen Angelegenheiten zu konzentrieren.

> *So muss es in die Geschichte eingehen: die Preußen Soldatenkönige, die Saxer Kunstkönige.*
>
> [Friedrich August II., Sohn von August dem Starken]

Der Kunstliebhaber August der Starke ließ zahllose Preziosen schaffen und ankaufen, die er im Grünen Gewölbe versammelte. Das goldene A und R auf rotem Grund steht für Rex Augustus.

Fataler Krieg

August ahnte, dass ihm nur ein großer Befreiungsschlag aus der Klemme helfen konnte. Zu seinen Wahlzusagen hatte das Versprechen gehört, für Polen das baltische Livland zurückzugewinnen, das jetzt unter schwedischer Herrschaft stand. Die Gelegenheit schien günstig, denn auf dem Thron der Schweden saß der damals gerade einmal 17-jährige Karl XII. Zusammen mit Russland und Dänemark, beides Rivalen der Schweden, schmiedete er eine Allianz, die gegen den jungen Karl gerichtet war. Daraufhin begann Anfang 1700 der Nordische Krieg. Obwohl August mit dem russischen Zaren Peter dem Großen einen starken Bündnispartner gewonnen hatte, waren in dem Krieg nicht viele Lorbeeren für ihn zu gewinnen. Vielmehr erlitten alle Partner der antischwedischen Koalition empfindliche Niederlagen in den Kämpfen gegen die Armeen König Karls. Offensichtlich hatte man diesen unterschätzt. Zunächst wurden die Dänen zu einem Frieden gezwungen, dann verlor Peter der Große im November 1700 die Schlacht bei Narva. Zum Schluss nahmen die schwedischen Truppen die Sachsen ins Visier. Augusts Generäle hatten gegen die überlegene Militärtaktik der Schweden keine Chance, Schlacht um Schlacht ging verloren.

Bald griff der Krieg auch auf Polen über. Hier eilten die Schweden ebenfalls von Sieg zu Sieg. 1706 musste August der Starke im Frieden von Altranstädt gegenüber dem schwedischen König seinen Verzicht auf die so mühsam gewonnene polnische Königskrone erklären. An seiner Stelle beförderte Karl XII. – wieder gegen die Konkurrenz eines französischen Mitbewerbers – den polnischen Adligen Stanislaus Leszczynski auf den Thron. Polen schien für August endgültig verloren, seine Herrschaft nur ein kurzes, nicht einmal zehnjähriges Intermezzo zu sein. Doch dann wendete sich das Blatt noch einmal. Nur drei Jahre später war August wieder König von Polen. Allerdings profitierte er dabei von der Tatsache, dass der wiedererstarkte Peter der Große die Schweden im Osten in erbitterte Auseinandersetzungen hineinzog, die 1709 bei Poltawa in der Ukraine mit einer kompletten Niederlage der Skandinavier endeten. Karl XII. musste zu den Osmanen in die Türkei fliehen, wo er in Gefangenschaft geriet.

Rückkehr auf den polnischen Thron

August nutzte die Gunst der Stunde. Die alte Allianz mit Dänemark und Schweden wurde reaktiviert. Nach der Schlacht von Poltawa gewann er mit russischer Hilfe die polnische Königskrone zurück. Doch den Thron bestieg er nun als geschwächter Herrscher, denn die Russen ließen sich ihre Unterstützung gut bezahlen. Zu ihrer Kriegsbeute gehörte eben jenes Livland, für das August den Nordischen Krieg überhaupt begonnen hatte. Auch in Polen war seine Lage alles andere als komfortabel. Nicht nur der endgültige Verlust Livlands sorgte für Verstimmung, sondern auch der schlechte Ruf Augusts, den er sich während seiner ersten Regierungszeit dort zugezogen hatte. Um nicht weiter an Boden zu verlieren, musste der König eine Reihe von Forderungen akzeptieren. Der polnische Adel ließ sich für seine künftige Loyalität fürstlich entlohnen. Außerdem musste sich

Mätressenschicksal

August dem Starken wurden unzählige Liebschaften nachgesagt. Nach französischem Vorbild waren die Mätressen offiziell anerkannte Geliebte des Herrschers. Häufig übten sie großen politischen Einfluss aus.

Das galt auch für Augusts Favoritin, die aus dem holsteinischen Adelsgeschlecht Brockdorff stammende Gräfin Anna Constantia von Cosel. Gräfin Cosel lebte fast wie eine Königin am Hofe Augusts des Starken. Nachdem ihre Beziehung 1713 beendet war, fiel sie in Ungnade und wurde bis zu ihrem Tod 1765 fast 50 Jahre lang auf Schloss Stolpen in Haft gehalten.

der Monarch damit abfinden, dass man seine sächsischen Truppen mit Ausnahme der königlichen Leibgarde aus Polen abzog.

Glanzvolles Dresden

Schließlich hatte August auch bei seinen Sachsen, denen er erst mit seinem Übertritt zum Katholizismus und dann mit dem verlustreichen und kostspieligen Nordischen Krieg viel abverlangt hatte, einiges wiedergutzumachen. So machte sich der sächsische Kurfürst daran, seine Residenzstadt Dresden zu einer prächtigen Metropole auszubauen. Ganz Europa sollte die Sachsen beneiden. Leuchtendes Vorbild war der französische Sonnenkönig Ludwig XIV. Allerdings übersah August geflissentlich, dass der barocke Monarch die Staatskassen fast an den Rand des Ruins geführt hatte. Doch auch für August spielte Geld keine Rolle, wenn es darauf ankam, die politischen Misserfolge durch kulturelle und künstlerische Errungenschaften überstrahlen zu lassen. Die namhaftesten Architekten und Künstler holte der ambitionierte Kurfürst ins Land. Dank viel bewunderter Bauwerke, darunter der Dresdner Zwinger, wurde aus Dresden das „Florenz an der Elbe". Unermüdlich trat August als Förderer von Kunst und Wissenschaft auf. Das auf seine Initiative hin errichtete Opernhaus war mit seinen 2000 Plätzen das größte deutsche Theater in damaliger Zeit. Auch als Sammler von Kunstwerken, Münzen und Waffen machte sich der auf politischer Bühne so glücklose Kurfürst einen Namen.

Polen geht verloren

August der Starke starb im Alter von 63 Jahren am 1. Februar 1733 in Warschau. Wie Jahrzehnte zuvor bei seiner eigenen Wahl brach um die Nachfolge ein heftiger Streit aus. Frankreich und Schweden favorisierten jenen Stanislaus Leszczynski, der August 1706 schon einmal abgelöst hatte. Die Habsburger und Russland sprachen sich erfolgreich für den Sohn Augusts des Starken aus, der als August III. wie einst sein Vater in Krakau gekrönt wurde. Vom Vater hatte er den Sinn für die

Kunst geerbt. Mit großer Leidenschaft betätigte auch er sich als Kunstmäzen, zeigte jedoch nur wenig Interesse für Politik. Die sächsisch-polnische Personalunion währte noch bis zum Jahr 1763, als der Siebenjährige Krieg zu Ende ging und August III. starb. Polen bekam nun wieder einen einheimischen König. Sachsen, durch den Siebenjährigen Krieg arg in Mitleidenschaft gezogen, spielte danach keine herausragende politische Rolle mehr. Erfreuen kann man sich aber noch heute an den grandiosen Bauwerken der „augusteischen" Zeit, wie man die Epoche Augusts des Starken in Anknüpfung an eine der glanzvollsten Zeiten des alten Rom unter Kaiser Augustus nannte.

August III. trat als Politiker wie als Kunstliebhaber in die Fußstapfen seines Vaters. Nach dem Siebenjährigen Krieg musste Sachsen die Vorherrschaft Preußens anerkennen.

Kurfürst Friedrich III.
wird König in Preußen

1701
18. JANUAR

Die Erhebung Kurfürst Friedrichs III. von Brandenburg zum König in Preußen hatte eher symbolische Bedeutung. Und dennoch führte von hier aus ein direkter Weg zur Großmacht Preußen.

Am 18. Januar 1701 fand in der Schlosskirche von Königsberg eine prachtvolle Zeremonie statt, an deren Ende es unter den deutschen Herrschern einen neuen König gab. Kurfürst Friedrich III. von Brandenburg setzte erst sich selbst und dann seiner Gemahlin Sophie Charlotte eine Krone aufs noble Haupt. Von dieser Stunde an durfte er sich zwar nicht König von Preußen, aber immerhin König in Preußen nennen. Dieser etwas eigenartige Titel war das Ergebnis verfassungsrechtlicher Feinheiten, denn das Herzogtum Preußen gehörte, im Gegensatz zu den Besitzungen der Hohenzollern in Brandenburg, nicht zum Heiligen Römischen Reich Deutscher Nation. Hier durfte Friedrich also König sein, und deswegen hatte die Proklama-

Friedrich III., Kurfürst von Brandenburg, krönt sich selbst zum König Friedrich I. in Preußen. Die prächtige Zeremonie in Königsberg verdeutlichte sein Machtstreben.

tion auch nicht in Berlin, sondern im preußischen Königsberg stattgefunden. An sich änderte sich durch den Erwerb des Königstitels wenig. Dem nicht eben uneitlen Sohn des Großen Kurfürsten, der sich nach der Königsberger Zeremonie nun Friedrich I. nannte, war es vor allem darauf angekommen, sich auf der deutschen und auf der internationalen Bühne mehr Anerkennung und Respekt zu verschaffen. Vier Jahre zuvor war der Kurfürst des benachbarten Sachsen als August II. König von Polen geworden. Das hatte bei dem Preußen den Wunsch noch gesteigert, sich auch dem Titel nach in die vordersten Reihen der deutschen Fürsten einzuordnen. Immerhin war Brandenburg-Preußen unter seinem Vater zu einem reichen und wichtigen Land geworden.

Geschäfte mit dem Kaiser

Allerdings hatte es im Vorfeld einiger Überredungskünste bedurft, um die notwendige Genehmigung des Kaisers zu erhalten. Doch Leopold I. konnte seinerseits die Unterstützung aus Preußen gut gebrauchen. In Spanien war der Habsburger in einen Streit mit dem französischen König Ludwig XIV. um die Erbfolge verstrickt. Als ihm der Kurfürst militärische Hilfe in Form von 8000 Soldaten zusicherte und ihm zugleich die Stimme Preußens bei künftigen Kaiserwahlen in Aussicht stellte, griff Leopold zur Feder und unterzeichnete am 16. November 1700 in Wien einen Kronkontrakt. Offiziell erhielt Friedrich darin die Erlaubnis, „wegen seines Herzogtums Preußen sich für einen König zu proklamieren".

Der frisch gekürte Monarch nutzte sofort die Gelegenheit, seine neue Würde auch entsprechend zur Schau zu stellen. Sparsamkeit war bei den sich anschließenden Feierlichkeiten ein Fremdwort. Die brandenburgischen Stände wurden mit einem Obolus von 100 000 Talern zur Kasse gebeten. Eine eigens erhobene Kronsteuer spülte weiteres Geld in die Kassen, das Friedrich, von seiner Gattin tatkräftig unterstützt, in eine Reihe von Prestigeobjekten steckte. Schon sein Vater hatte sich darum bemüht, die Residenzstadt Berlin in eine ansehnliche Metropole umzuwandeln. Die Vorstellungen des zum König avancierten Sohnes aber gingen viel weiter. Berlin sollte zu einer der ersten Adressen in Europa werden.

Perlen der Architektur

Um dieses ehrgeizige Ziel zu erreichen, engagierte der spendierfreudige König die besten Architekten und Bildhauer. Andreas Schlüter, ein Meister seines Faches, kümmerte sich um den Ausbau des Berliner Stadtschlosses und bereicherte das Bild der Stadt um viele Kunstwerke und Skulpturen. Krönung seines Schaffens war Schloss Charlottenburg. Schon bevor Friedrich König wurde, hatte er mit dem Bau dieses Lustschlosses vor den Toren Berlins begonnen. Nach der Proklamation in Königsberg machte er sich nun an den repräsentativen Ausbau der Anlage. Als seine Gemahlin 1705 überraschend starb, nannte der trauernde Herrscher das neue Prunkstück seiner Residenzstadt nach der verstorbenen Königin Sophie Charlotte. Das Schloss war auch der erste Aufbewahrungsort des sagenumwobenen Bernsteinzimmers, dessen Odyssee später immer wieder für Schlagzeilen sorgte.

Doch nicht allein durch Bauwerke versuchte der König seiner Hauptstadt Glanz zu verleihen. Er trat auch als tatkräftiger Förderer von Kunst und Wissenschaft in Erscheinung. Dank seiner Großzügigkeit entwickelte sich Berlin zu einem Aushängeschild des deutschen Kultur- und Geisteslebens. Schon 1696 war die Preußische Akademie der Künste gegründet worden. Ihr folgte 1700 die Preußische Akademie der Wissenschaften. Als erster Präsident wurde der renommierte Gelehrte Gottfried Wilhelm Leib-

Friedrich I. wurde immer wieder Verschwendung und persönliche Prunksucht vorgeworfen. Seine riesige Jacht – hier auf der Havel bei Potsdam – scheint das zu bestätigen.

Fontane über Schloss Köpenick

Und dieser Stattlichkeit begegnen wir überall, am meisten freilich in der inneren Einrichtung, in der Anlage der Zimmer, Treppen und Korridore, die den Eindruck machen, als habe der Baumeister nichts so ängstlich vermeiden wollen als die Gedrücktheit der Turm- und Erkerstuben.

Nirgends ein Geizen mit dem Raum, aber auch nirgends ein Geizen mit dem, was erheitert und schmückt. Wohin wir blicken, eine Fülle reizendster Details.

Theodor Fontane, Wanderungen durch die Mark Brandenburg

niz berufen. Mit stolzgeschwellter Brust registrierte Friedrich, wie sich die Akademie, gleich nachdem sie ins Leben gerufen worden war, zu einem Magneten für zahlreiche Größen aus den Geistes- und Naturwissenschaften entwickelte.

Krieg um Spaniens Krone

Gerne hätte sich König Friedrich I. allein mit den Bauten, den Künsten und den Wissenschaften befasst, doch Kaiser Leopold pochte auf die Einhaltung der Abmachungen, denen der Preuße überhaupt seine neue Königswürde verdankte. 1701 eskalierte der schwelende Konflikt um die spanische Thronfolge. Folgsam schickte Friedrich seine Armeen in den Kampf. Seite an Seite fochten sie mit den Truppen der Habsburger und den Kontingenten der Verbündeten aus Großbritannien, den Niederlanden, Portugal und Hannover. Der Spanische Erbfolgekrieg endete am 11. April 1713 mit dem Frieden von Utrecht. Für seine Teilnahme am Krieg wurde Preußen mit den Grafschaften Moers, Geldern und Lingen sowie mit dem schweizerischen Neuchâtel belohnt. Damit konnten die Preußen ihren Streubesitz im Reich um einige wichtige Territorien erweitern.

Als der Frieden von Utrecht geschlossen wurde, war Friedrich I. nicht mehr am Leben. Wenige Wochen zuvor, am 25. Februar 1713, war er in Berlin verstorben und konnte daher die Lorbeeren des Spanischen Erbfolgekriegs nicht mehr persönlich ernten. Gleiches galt für den 1700 ausgebrochenen Nordischen Krieg, in dem sich die Schweden zunächst einer Koalition, bestehend aus dänischen, sächsischen und russischen Kontingenten, gegenübersahen, der nach dem Ende des Spanischen Erbfolgekriegs auch Brandenburg-Preußen beitrat. Als Resultat dieses Krieges gelangten Stettin und Teile Vorpommerns in preußischen Besitz.

> *Groß in kleinen Dingen und klein in großen Dingen.*
>
> [Friedrich der Große über Friedrich I.]

Stettin fiel unter Friedrich Wilhelm I., dem Nachfolger Friedrichs I., an Preußen. Die preußische Expansionspolitik fand unter Friedrich dem Großen ihren Höhepunkt.

Neuer König, neue Sitten

Friedrichs Nachfolger wurde sein Sohn Friedrich Wilhelm, der als „Soldatenkönig" in die deutsche Geschichte eingegangen ist. Anders als sein Vater war Friedrich Wilhelm eine energische Herrscherpersönlichkeit, der es weniger auf Prestige und Luxus denn auf Disziplin und Ordnung ankam. Rigoroser Pietismus paarte sich bei ihm mit der praktischen Einsicht, dass der Schuldenberg seines Vaters, der sich in schwindelerregende Höhen getürmt hatte, den Staat beinahe in den Ruin getrieben hätte. Also war nun äußerste Sparsamkeit angesagt. Statt neue Schlösser zu bauen, verkaufte oder verpachtete Friedrich Wilhelm bereits vorhandene Besitztümer. Auch die Kosten der Hofhaltung, die unter seinem Vater immer üppiger ausgefallen waren, wurden auf ein Minimum reduziert. Die Zeiten des höfischen Prunkes gehörten endgültig der Vergangenheit an. Zum Schutz der heimischen Wirtschaft führte Friedrich Wilhelm I. den Merkantilismus in Preußen ein. Die Grenzen wurden für den äußeren Handelsverkehr geschlossen und z. B. die Ausfuhr von Wolle bei Todesstrafe verboten.

Trotzdem kam es unter der Herrschaft des Soldatenkönigs nicht zu einer völligen Abkehr von den früheren Bestrebungen des Vaters. Schließlich hatte Friedrich I. Preußen den Weg auf die große Bühne der Politik gewiesen. Mit der Annahme des Königstitels hatten die Preußen ihren Anspruch untermauert, im Konzert der Mächtigen künftig ein gewichtiges Wort mitzureden. Und wenn man sich auch in Wien oder anderen deutschen Städten über einen König Friedrich mokiert hatte, der so stolz auf seinen praktisch wertlosen Königstitel war, so erwies sich eben dieser Titel als wichtiges Mittel, um in den weit verstreuten Teilen des Reiches ein Zusammengehörigkeitsgefühl herzustellen.

Im Innern sorgte Friedrich Wilhelm I. für wirtschaftliche Reformen, die den eigenen Markt schützten. So durfte z. B. Wolle nicht mehr exportiert werden, sondern musste im Land verarbeitet werden.

Alles für die Soldaten

Friedrich Wilhelm war fest entschlossen, den Aufstieg Preußens konsequent voranzutreiben. Die Sanierung der Finanzen war kein reiner Selbstzweck. Es galt vielmehr, einen modernen Staat aufzubauen, der Preußens führende Stellung in Deutschland und Europa begründen sollte. Die Zauberformel war für den neuen König neben einer straffen Verwaltung der Aufbau einer schlagkräftigen Armee. Die Wirtschaft Preußens wurde ganz diesem Ziel untergeordnet. Ein genauer Haushaltsplan regelte die Finanzen. Von den etwa 7 Mio. Talern, die der Staat jährlich einnahm, flossen rund 5 Mio. in den Militärhaushalt. Die Truppenstärke wurde bei einer Einwohnerzahl von gut 3 Mio. Menschen von 38 000 Mann bei Regierungsantritt auf 80 000 Mann erhöht. Der König selbst lebte ganz im Sinne des soldatischen Charakters seines Staates und zeigte sich in der Öffentlichkeit stets im schlichten Soldatenrock.

Im September 1733 schuf der Soldatenkönig mit einem umfassenden Reformpaket die Grundlagen für den neuen preußischen Militärstaat. Das Land wurde in einzelne Kantone aufgeteilt, die der Rekrutierung von Soldaten dienten. Praktisch jeder männliche Untertan musste ab dem 20. Lebensjahr in seinem Kanton in die Armee eintreten. Wer sich weigerte, hatte mit empfindlichen Strafen zu rechnen. Auch Deserteuren drohte ein hartes Schicksal. Aufgrund all dieser Maßnahmen gab es in Preußen erstmals ein stehendes Heer, das auf der Basis der allgemeinen Wehrpflicht organisiert war.

Der besondere Stolz des Soldatenkönigs war die Garde der „Langen Kerls". Fast 4000 Männer dienten in dieser Elitetruppe. Verlangt wurde eine Körpergröße von mindestens sechs Fuß, also 1,88 m. Da es in Preußen nicht so viele hochgewachsene Männer gab, wie sie der König für seine Garde wünschte, suchte man auch im Ausland nach geeigneten Kandidaten. Wer sich weigerte, wurde mit Gewalt eingezogen.

Auf zu neuen Ufern

Als Friedrich Wilhelm I. am 31. Mai 1740 starb, war aus dem Preußen König Friedrichs I. ein straff organisierter Militärstaat geworden. Doch bis dahin hatten sich die Armeen nur im Nordischen Krieg bewähren müssen. Eroberungen im großen Stil zu betreiben blieb dem Sohn des Soldatenkönigs vorbehalten. War der Vater Architekt der neuen Großmacht Preußen, so gilt der Sohn als deren Vollender. Friedrich der Große, der so wenig von den preußischen Tugenden hielt und sich eher zur französischen Philosophie hingezogen fühlte, führte die vom Soldatenkönig geschaffene Armee in jene Kriege, die Preußen in die erste Riege der europäischen Staaten katapultierte. Damit schloss sich jener Kreis, der seinen Ausgang 1701 in der Krönung Friedrichs I. zum König in Preußen genommen hatte.

Auch das Militär wurde reformiert und besser ausgestattet. Hier präsentieren die berühmten Langen Kerls vor ihrem König Friedrich Wilhelm I.

Johann Friedrich Böttger entdeckt das weiße Gold

1708
15. JANUAR

Kurfürst August der Starke von Sachsen gewann den Wettlauf um die Entdeckung des weißen Goldes. In der Folgezeit eroberte sächsisches Porzellan von Meißen aus ganz Deutschland und Europa.

Die Labornotiz mit den entscheidenden Informationen trägt das Datum vom 15. Januar 1708. Endlich war es gelungen, das Geheimnis zu lüften. Der Entdecker durfte sich allmählich wieder mit dem Gedanken anfreunden, künftig ruhigere Nächte zu verbringen. Ort des Geschehens war die Festung Königstein im sächsischen Elbsandsteingebirge bei Dresden. Der glückliche Erfinder hieß Johann Friedrich Böttger. Und die Formel, auf die er nach langem Experimentieren und Tüfteln gestoßen war, bedeutete – da war er sich ganz sicher – das Patent für die Herstellung von Porzellan. Sofort ließ Böttger den Landesherrn benachrichtigen. Kurfürst August von Sachsen war die Nachricht aus der Festung höchst willkommen, denn schon allzu lange hatte der vor Vitalität strotzende Potentat auf diese Erfolgsmeldung

warten müssen. Wenn Böttger recht hatte, dann war ausgerechnet auf sächsischem Boden ein uralter Traum wahr geworden. Er wusste, dass in ganz Europa Alchimisten am Werk waren, die im Auftrag von gekrönten Häuptern an der Produktion des weißen Goldes arbeiteten. Man wollte endlich unabhängig werden von den sündhaft teuren Porzellanimporten aus China, die über die Türkei, Italien und Portugal nach Europa gelangten. Und jetzt hatte August der Starke in diesem globalen Wettrennen um das bei den Reichen und Vornehmen so begehrte Porzellan offenbar die Nase vorn.

Held mit kleinen Makeln

Doch zunächst war der Kurfürst misstrauisch. Böttger war eine zwielichtige Gestalt. Aus Preußen hatte der gebürtige Thüringer fliehen müssen, weil man dort seinen Prahlereien, Silber in Gold verwandeln zu können, Glauben geschenkt hatte. Um gegenüber dem in Sachen Finanzen chronisch klammen preußischen König Friedrich II. den Beweis dafür nicht antreten zu müssen, hatte er sich nach Sachsen begeben. Hier kam er jedoch vom Regen in die Traufe, denn nun interessierte sich August der Starke für sein spezielles Talent. Trotz bester Arbeitsbedingungen vermochte Böttger die Wünsche des Kurfürsten aber nicht zu erfüllen. Erst der Physiker Ehrenfried Walther von Tschirnhaus half dem geplagten Böttger auf die Sprünge. Er lenkte ihn ab vom Gold und richtete sein Augenmerk auf das Porzellan.

Johann Friedrich Böttger präsentiert August dem Starken seine Erfindung: Porzellan. Heute rechnet man auch Ehrenfried Walther von Tschirnhaus zu dessen Erfindern.

Im Januar 1708 war es schließlich so weit. Nun waren die richtige Mischung aus Kaolin, Feldspat und Quarz sowie der richtige Hitzegrad gefunden. Den Ausschlag hatte Erde aus dem Erzgebirge gegeben, die die ideale Grundlage für den weiß brennenden Ton lieferte.

Die erste Porzellanmanufaktur

Bisher hatten Böttger und seine Helfer, auf Weisung des Kurfürsten, unter strengster Geheimhaltung gearbeitet, denn Spione lauerten überall. Nun aber stand der Veröffentlichung der bahnbrechenden Entdeckung eigentlich nichts mehr im Weg. Kurfürst August der Starke erklärte das Porzellan zur Chefsache. Doch der überraschende Tod von Tschirnhaus im Oktober 1708 brachte die Arbeiten noch einmal ins Stocken. Erst am 23. Januar 1710 verkündete der stolze Kurfürst, der inzwischen auch wieder König von Polen geworden war, der staunenden Öffentlichkeit die Gründung der ersten europäischen Porzellanmanufaktur. Deren Standort war zunächst die Residenzstadt Dresden. Kurz darauf aber wurde die Königlich-Polnische und Kurfürstlich-Sächsische Porzellan-Manufaktur auf die Albrechtsburg in Meißen verlegt. Hier fühlte man sich vor neugierigen Konkurrenten sehr viel sicherer. Böttger wurde in Anerkennung seiner Ver-

dienste die Leitung des Unternehmens übertragen. Lange hatte er diese Position aber nicht inne. Am 13. März 1719 starb er, gerade einmal 37 Jahre alt. Das ständige Hantieren mit giftigen Substanzen und sein übermäßiger Alkoholgenuss hatten ihren Tribut gefordert. Das Geschäft mit dem Porzellan aber blühte ganz so, wie es sich August der Starke erhofft hatte. Porzellan aus Meißen wurde zu einem Verkaufsschlager und zu einem Gütesiegel von europäischem Rang, zumal sich die künstlerische Qualität ständig verbesserte. Großen Anteil daran hatte der Maler Johann Gregorius Höroldt, der die auch heute noch verwendeten Aufglasurfarben entwickelte. Diese Farben wurden auf bereits gebranntes Porzellan aufgetragen und boten eine weitaus größere Farbskala als die älteren Scharffeuerfarben, die dafür aber haltbarer waren. 1722 wurde mit den gekreuzten Schwertern des kursächsischen Wappens das unverwechselbare Markenzeichen für Meißener Porzellan eingeführt.

Eine kunstvolle Soßenschale aus dem 17. Jh. Das berühmte blaue M weist das Prachtstück als Beispiel für die Kunstfertigkeit der Meißener Porzellanmanufaktur aus.

Siegeszug des weißen Goldes

Die Konkurrenz aus China hatte bald keine Chance mehr. Wer etwas auf sich hielt, bezog sein Porzellan nur noch aus Sachsen. Mit Wohlgefallen registrierte der Kurfürst das viele Geld, das dank der stetig steigenden Verkäufe in die Kassen gespült wurde. Allerdings konnte er das Monopol auf die Herstellung des weißen Goldes nicht für sich beanspruchen. Auch andere deutsche und europäische Herrscher wollten den Boom dazu nutzen, ihre Finanzen aufzubessern. In der Kaiserstadt Wien entstand bereits 1718 eine Porzellanmanufaktur. Mitte des 18. Jh. folgte dann eine wahre Gründungswelle im Deutschen Reich. Manche Landesherren schreckten nicht davor zurück, qualifizierte Facharbeiter aus Sachsen in ihre Residenzstädte zu locken. Aber Meißen konnte seine Stellung als Marktführer behaupten. Es überlebten neben der dortigen Produktionsstätte nur die Manufakturen von Fürstenberg an der Weser und von Nymphenburg in Bayern sowie der staatliche Betrieb in Berlin. Von hier aus wurde ganz Europa mit dem bald nicht nur in aristokratischen, sondern auch in bürgerlichen Kreisen begehrten Porzellan versorgt.

Bergbau im Erzgebirge

Bei der Erfindung des Porzellans verfügte Sachsen über einen entscheidenden Standortvorteil. Der Rohstoff konnte aus dem nahen Erzgebirge nach Meißen geliefert werden. Damals hatte der Bergbau in Sachsen schon eine lange Tradition. Bereits im 12. Jh. wurden in der Nähe des heutigen Freiberg die ersten Silbererze gefunden. Nach der Entdeckung weiterer Vorkommen folgte im 15. Jh. eine große Besiedelungswelle. Seit dem 16. Jh. war das Erzgebirge Zentrum des mitteleuropäischen Bergbaus.

» Ach, großer Gott, aus einem Goldmacher machtest du einen Töpfer. «

[Sächsischer Volksmund zum Tod Böttgers]

Der Friede von Rastatt beendet einen Erbstreit

1714
7. MÄRZ

Im badischen Rastatt endete der Spanische Erbfolgekrieg. Der Frieden zwischen dem französischen König und dem deutschen Kaiser brachte Stabilität, sorgte aber nicht überall für Freude.

Prinz Eugen von Savoyen, der „edle Ritter", hatte eine führende Rolle bei den Friedensverhandlungen im Rastatter Schloss. Die Anlage imitiert das Schloss von Versailles.

Ludwig XIV. und Karl VI. waren nicht anwesend, als am 7. März 1714 um 7 Uhr morgens im Schreibkabinett des schmucken Schlosses von Rastatt endlich die Verträge unterzeichnet werden konnten. Das erledigten die Unterhändler der beiden Monarchen. Für den französischen Sonnenkönig griff Marschall Claude-Louis-Hector de Villars zur Feder, für den Habsburger Kaiser der erprobte Prinz Eugen von Savoyen-Carignan. Datiert waren die Dokumente auf den Vortag, den 6. März 1714. Die ganze Nacht hindurch hatte man fieberhaft gearbeitet, um den Abmachungen den letzten Schliff zu geben. In den Tagen zuvor waren aus Versailles und Wien immer wieder neue Anweisungen gekommen. Es ging nur noch um Details, aber keine der beiden Seiten wollte auf den geringsten Vorteil verzichten. Zum Schluss erregte die Frage die Gemüter, ob man noch eine lateinische Übersetzung des Vertragstextes erstellen solle oder ob man sich mit der französischen Version zufriedengeben wolle. Am frühen Morgen des 7. März 1914 war das Werk vollbracht.

Prinz Eugen und Marschall Villars drückten sich die Hände und waren froh, die Angelegenheit nach mehrmonatigen Verhandlungen endlich über die Bühne gebracht zu haben.

Krieg und Frieden

Der Frieden von Rastatt setzte einen Schlussstrich unter jene langwierige Auseinandersetzung, die als der Spanische Erbfolgekrieg in die Geschichte eingegangen ist. Nachdem der spanische Thron 1701 vakant geworden war, hatten die europäischen Mächte – allen voran Frankreich unter König Ludwig XIV. und Österreich unter Kaiser Leopold I. und später Karl VI. – darum gekämpft, sich in den Besitz der begehrten Krone zu bringen. 1713 war schließlich in Utrecht eine Einigung zwischen Frankreich auf der einen sowie Großbritannien, Holland, Preußen, Portugal und Savoyen auf der anderen Seite zustande gekommen. Der Kaiser des Heiligen Römischen Reiches Deutscher Nation hatte sich am Frieden von Utrecht nicht beteiligt. Massive militärische Operationen der Franzosen unter Marschall Villars in der Pfalz und im Breisgau hatten den jungen Monarchen Karl VI. dann davon überzeugt,

dass er sich dem Friedenswerk nicht länger verschließen konnte. Im Frieden von Rastatt holte der Habsburger dieses Versäumnis nach. Die Bestimmungen von Rastatt konnten mit einigem Wohlwollen als Erfolg des Kaisers interpretiert werden. Im Wesentlichen wurden die territorialen Abmachungen von Utrecht bestätigt. Doch um dahinzugelangen, hatte Prinz Eugen den Franzosen das Zugeständnis abgerungen, den Habsburgern neben der Lombardei, Neapel und Sardinien auch die spanischen Niederlande zuzusprechen. Die Franzosen räumten den Breisgau, behielten dafür aber die Kontrolle über Straßburg und die Festung Landau. Darüber hinaus war es Ludwig XIV. gelungen, eines seiner wichtigsten politischen Ziele durchzusetzen. Er sicherte sich die spanische Krone und befreite sich damit aus der Umklammerung durch die Habsburger, für die die Iberische Halbinsel endgültig verloren war. Die einzige Einschränkung bestand darin, dass Frankreich und Spanien nie in einer Personalunion vereint werden durften.

Ein besonders heikles Thema in Rastatt war die politische Zukunft der Wittelsbacher. Die Kurfürsten Maximilian II. Emanuel von Bayern und Erzbischof Joseph Klemens von Köln waren im Erbfolgekrieg aus der ansonsten geschlossenen Reihe der deutschen Territorialherren ausgeschert und hatten sich auf die Seite Frankreichs gestellt. Beide hofften, auf diese Weise Ansprüche auf die spanische Krone geltend machen zu können. Im Verlauf des Krieges war über die zwei abtrünnigen Fürsten die Reichsacht verhängt worden. Nun wurden sie wieder in Amt und Würden eingesetzt. Dies geschah sehr zum Leidwesen von Johann Wilhelm von der Pfalz, der alle Anstrengungen unternommen hatte, den Wittelsbachern die pfälzische Kurwürde wieder zu entreißen. Der bayerische Kurfürst musste indessen nach dem Frieden von Rastatt seine Hoffnungen begraben, auch den Titel eines Königs von Sardinien zu erhalten, auf den er schon länger ein Auge geworfen hatte.

Nachschlag in Baden

Nach den ungeschriebenen Gesetzen des Heiligen Römischen Reiches bedurfte der Frieden von Rastatt noch der Zustimmung der Reichsstände. Denn der Kaiser war nicht berechtigt, ohne deren Einverständnis einen Frieden für das Reich zu schließen. So versammelten sich die Fürsten im Sommer 1714 in Baden in der Schweiz. Die Angelegenheit schien eine reine Formsache zu sein. Der kaiserliche Hofkanzler Graf Sinzendorf spottete sogar, es ginge eigentlich nur noch darum, die lateinische Übersetzung des Rastatter Vertrags zu begutachten und abzunicken. Doch mit dieser Einschätzung lag der Kanzler gründlich daneben. Die Verhandlungen verliefen äußerst schleppend, weil vonseiten der Reichsfürsten immer neue Sonderwünsche zur Diskussion gestellt wurden. Schließlich einigte man sich am 7. September 1714, exakt ein halbes Jahr nach Rastatt, darauf, die offenen Fragen in der Schwebe zu belassen und alle Bestimmungen des Rastatter Friedens zu übernehmen. Unterzeichnet wurde der Vertrag von den bewährten Partnern Prinz Eugen, der dieses Mal nicht für den Kaiser, sondern für das Reich signierte, und Marschall Villars auf französischer Seite.

Gemeinsam gegen England

Für Deutschland bedeuteten die Friedensschlüsse von Rastatt und Baden ein zumindest vorübergehendes Ende der Spannungen mit Frankreich. Zwar befand sich der große Nachbar im Westen nun fest im Besitz der traditionellen Streitobjekte Straßburg und Elsass, doch nahmen die Habsburger diese Verluste in Kauf. Sowohl in Wien als auch in Versailles hatte man den anscheinend unaufhaltsamen Aufstieg der Engländer in der Zeit des Spanischen Erbfolgekriegs mit großer Sorge registriert. Die Vorteile einer strategischen Partnerschaft zwischen den Franzosen und den Habsburgern lagen auf der Hand. So konnte man hoffen, die aufstrebenden

Nur wenige Monate nach dem Rastatter Friedensschluss handelte man im Frieden von Baden die bislang fehlenden Vereinbarungen für das Gebiet Deutschlands aus.

Kaiser Karl VI. konnte seine Ansprüche nicht durchsetzen. Unter ihm mussten die Habsburger auf die spanische Krone endgültig verzichten.

Engländer in Schach zu halten. Unter dieser Voraussetzung waren beide Parteien auch bereit, die nach wie vor bestehenden Gegensätze grundsätzlicher Art in den Hintergrund zu rücken. Bereits im Umfeld der Verhandlungen in Rastatt und Baden hatten Ludwig XIV. und Karl VI. die Möglichkeit einer Allianz der führenden katholischen Mächte gegen den von England repräsentierten Protestantismus sondiert. Jedoch hatten diese Überlegungen einstweilen nur inoffiziellen Charakter. Von nicht geringer Symbolkraft waren allerdings Gedenkmünzen, die nach den Friedensschlüssen von Rastatt und Baden geprägt und in Umlauf gebracht wurden. Sie zeigten Porträts der beiden Verhandlungsführer Prinz Eugen und Marschall Villars, den Blick fest einander zugewandt, und auf der Rückseite war ein Genius des Friedens vor zwei gekreuzten Schwertern dargestellt.

Das gute Verhältnis zwischen den beiden Mächten überlebte auch den Tod Ludwigs XIV. Der Sonnenkönig aus Versailles starb am 1. September 1715. Die Berater des bei seinem Herrschaftsantritt erst fünfjährigen Nachfolgers Ludwig XV. behielten den auf Ausgleich ausgerichteten Kurs bei. Und da auch England nach dem Spanischen Erbfolgekrieg eine Politik des Gleichgewichts zwischen den Großmächten propagierte, ergaben sich im Sinne dieser Balance of Power auf gesamteuropäischer Ebene neue und dabei auch stabilere Konstellationen.

Krieg gegen die Türken

Für Wien erfolgte die in Rastatt und Baden besiegelte Annäherung an Frankreich auch aus anderen Gründen. Kaiser Karl VI. war froh, im Westen den Rücken frei zu haben, um sich im Osten einem anderen Problemfeld zuwenden zu können. Noch immer standen die Türken gleichsam vor der österreichischen Haustür. Nach dem Ende des Spanischen Erbfolgekriegs traten die Türkenkriege in eine letzte heiße Phase ein. Mit dem unermüdlichen Prinzen Eugen von Savoyen an der Spitze errangen die

kaiserlichen Armeen wichtige militärische Erfolge. Sie besiegten Anfang August 1716 in der Schlacht von Peterwardein mit 80 000 Soldaten das überlegene osmanische Heer, das gut 150 000 Mann zählte, nahmen im Oktober desselben Jahres die Stadt Temesvar ein und besetzten anschließend Bosnien, Moldau und die Walachei. Den Höhepunkt dieser grandiosen Erfolgswelle markierte schließlich im August 1717 die Eroberung der Stadt und Festung Belgrad. Im Frieden von Passarowitz vom 21. Juli 1718, der von England und Holland vermittelt wurde, gewannen die Habsburger das Banat, Nordserbien mit der Stadt Belgrad, die Save, Jassenovitz, Dubicze, Alt und Neu Novi sowie die Kleine Walachei hinzu. Bis zum Ende des 19. Jh. war damit der Grenzverlauf zwischen Österreich und dem Osmanischen Reich festgelegt. Für das Reich war die Türkenfrage damit erledigt. Von nun an überließ der Kaiser den aufstrebenden Zaren von Russland die Aufgabe der Türkenabwehr.

Der edle Ritter

Prinz Eugen von Savoyen, der sich in den Kriegen gegen die Türken den in einem populären Soldatenlied verewigten Ruf des „edlen Ritters" erarbeitet hatte, stand nach dem Sieg bei Belgrad auf dem Gipfel seines Ruhmes. Nicht zu-

Friedensschlüsse in Europa

1763 Friede von Hubertusburg zwischen Preußen, Österreich und Sachsen, mit dem sich Preußen endgültig als europäische Großmacht etabliert.

1807 Friede von Tilsit: Neuordnung Europas im Sinne Napoleons und Russlands, Preußen verliert seine Stellung als Großmacht.

1815 Der Wiener Kongress stellt nach den napoleonischen Kriegen das europäische Staatensystem im Zeichen der Restauration wieder her.

1878 Der Berliner Friede ordnet den Balkan neu, Deutschland betätigt sich dabei als „ehrlicher Makler".

1919 Der Vertrag von Versailles beendet den Ersten Weltkrieg im Sinne der alliierten Siegermächte, Deutschland trägt die alleinige Kriegsschuld.

1945 Das Potsdamer Abkommen leitet die demokratische Neuordnung Deutschlands ein.

letzt dank des Renommees, das er sich bei den Verhandlungen in Rastatt und Baden erworben hatte, avancierte er – offiziell in der Position eines Präsidenten des Hofkriegsrats und Vorsitzenden der Geheimen Staatskonferenz – zur grauen Eminenz am Hof Kaiser Karls VI. Als treuer und loyaler Diener des Hauses Österreich setzte er eine Politik durch, die dem Habsburgerreich einen der vorderen Plätze im europäischen Mächtekarussell sichern sollte.

Die eigentliche Stärke Prinz Eugens lag aber auf dem Gebiet der Strategie. Durch gut geplante Feldzüge und schnelle Entscheidungen brachte er seinen Gegnern immer wieder schwere Niederlagen bei. Der Knick in der Karriere des edlen Ritters kam 1724, als er das Amt des Generalgouverneurs der österreichischen Niederlande, das ihm Karl VI. nach dem Spanischen Erbfolgekrieg anvertraut hatte, niederlegte. Der Feldherr war des Kämpfens müde geworden und hatte sich nicht mehr in dem Maße wie früher um die Heeresorganisation gekümmert.

Preußen auf dem Vormarsch

Im Deutschen Reich riefen die durch Rastatt und Baden hergestellten Verhältnisse gemischte Gefühle hervor. Die Wittelsbacher freuten sich über den Wiedergewinn ihrer alten Besitzungen, darunter die Oberpfalz. Preußen, das sich die Unterstützung der kaiserlichen Sache durch die Übereignung neuer Territorien fürstlich entlohnen ließ, hatte im machtpolitischen Gefüge der deutschen Reichsfürsten einen großen Sprung nach vorn gemacht. König Friedrich Wilhelm I., der ein Jahr vor dem Rastatter Frieden an die Macht gekommen war, formte aus seinem Königreich einen effizienten Militär- und Beamtenstaat. Die Aktivitäten des umtriebigen Soldatenkönigs sorgten in Wien für erhebliche Unruhe. Es war nicht mehr zu übersehen, dass den Habsburgern im Norden Deutschlands langsam, aber sicher eine ernsthafte Konkurrenz erwuchs. Und es sollte nicht allzu lange dauern, bis dieser sich anbahnende Dualismus zwischen Preußen und Österreich in den von Friedrich dem Großen und Maria Theresia erbittert geführten Kriegen um Schlesien erstmals offen ausbrach.

Krise des Reichsgedankens

In den zeitgenössischen Diskussionen um die Friedensschlüsse von Rastatt und Baden wurden aber auch Stimmen laut, die in den Verträgen eine deutliche Schwächung des Reiches und des Reichsgedankens sahen. Tatsächlich waren in Rastatt nur die partikularen Interessen des Kaisers und einzelner Reichsfürsten zum Tragen gekommen. Die Belange des Reiches in seiner Gesamtheit waren dagegen auf der Strecke geblieben. Die Fürsten waren mit ihren Forderungen, Frankreich zu sehr viel weitergehenden territorialen Zugeständnissen zu zwingen, auf taube Ohren gestoßen. Stattdessen hatten die kaiserlichen Unterhändler, so lauteten zumindest die Vorwürfe der Kritiker, den Franzosen in wichtigen Fragen ein zu großes Entgegenkommen gezeigt. Gerade noch rechtzeitig hatte man in Rastatt etwa das Ansinnen des westlichen Nachbarn abblocken können, die Grenze des Elsass von der Lauter weiter nach Westen an die Queich zu verlegen.

Karl VI. und sein Chefunterhändler Prinz Eugen mochten sich im Glanz eines für die Habsburger und einige Reichsfürsten günstigen Friedens mit Frankreich sonnen, die meisten der Reichsstände aber fühlten sich verprellt. Am kaiserlichen Hof in Wien hatte man für die Kritiker kein Verständnis. Man hatte einen langen und verlustreichen Krieg zu einem passablen Ende gebracht, an dem sich viele Reichskreise nur halbherzig beteiligt hatten. Der Friede von Rastatt war, aus europäischer Perspektive, ein vielversprechendes Signal für die im 18. Jh. zunehmende Bereitschaft, Konflikte auf diplomatischem Weg zu lösen. Im Hinblick auf die Verhältnisse in Deutschland verschärfte er jedoch den traditionellen Gegensatz zwischen Kaiser und Reichsfürsten.

» Prinz Eugen, der edle Ritter, wollt' dem Kaiser wied'rum kriegen Stadt und Festung Belgerad ... «

[Anfang des Liedes „Prinz Eugen, der edle Ritter"]

Auf der bayerischen Fahne steht im Wappen der goldene Löwe auf schwarzem Grund für die Oberpfalz, die seit dem Frieden von Rastatt wieder zu Bayern gehörte.

Prachtentfaltung war das oberste Prinzip auch an deutschen Fürstenhöfen. Viele versuchten, sich in Sachen Prunk mit Ludwig XIV. von Frankreich zu messen. So wurde das Treppenhaus der kurfürstlichen Residenz in Würzburg mit dem größten zusammenhängenden Deckenfresko aus der Hand des italienischen Malers Tiepolo ausgestattet.

Auch bei den Roben der Fürsten und ihrer Gattinnen standen Schmuck und wertvolle Materialien im Vordergrund. Tonangebend war auch hier die französische Mode. Verarbeitet wurden bevorzugt teure Stoffe wie Brokat, Samt und Seide, die mit üppigen Pflanzenmotiven durchwirkt waren. Goldstickereien und Spitzen rundeten das Bild ab.

Pracht und Kunst am barocken Fürstenhof

Großes Vorbild war das prunkvolle Leben am Hof des französischen Sonnenkönigs Ludwigs XIV., hier wusste man zu feiern und zu repräsentieren. Die deutschen Fürsten wollten in Sachen Prunk und Raffinesse in nichts nachstehen. Sie erbauten ihre Residenzen nach dem Muster von Versailles, legten weitläufige Parks und Gärten an und pflegten einen aufwendigen Lebensstil. Vielfach widmeten die Herrscher Theateraufführungen, Opern, Schäferspielen, Feuerwerken und Jagdpartien mehr Zeit als den eigentlichen Staatsgeschäften. Abgeschirmt von der einfachen Bevölkerung, lebten sie mit ihrem umfangreichen Hofstaat ein Leben voller Unbeschwertheit und Sinnenfreude, zeichneten sich aber auch als Förderer von Kunst und Wissenschaft aus. Das höfische Zeremoniell mit seiner Etikette wurde immer mehr verfeinert und orientierte sich am französischen oder spanischen Vorbild.

Zum Leben am Fürstenhof gehörten vor allem Repräsentationsveranstaltungen. Jeder Hof, der etwas auf sich hielt, besaß ein eigenes Orchester, manche sogar eine Opernbühne. Mit der Verpflichtung namhafter Komponisten trugen die Fürsten der Barockzeit sehr zum Aufschwung der Musik bei. Reich bestickte Fächer sorgten im Sommer für Kühlung, da man in den schweren Roben leicht ins Schwitzen kam.

Versailles bildete den Maßstab der
barocken Schlossarchitektur. Regionale
Spielarten, wie hier beim Karlsruher
Schloss, variierten das Erscheinungsbild
immer wieder. Wasserspiele und Garten-
anlagen komplettierten die Höfe.

Friedrich der Große fällt in Schlesien ein

1740
16. DEZEMBER

König Friedrich II. von Preußen marschierte überraschend in der habsburgischen Provinz Schlesien ein und stiftete damit die folgenschwere Feindschaft zwischen Preußen und Österreich.

Friedrich II. zieht im Januar 1741, nur wenige Wochen nach Beginn der Offensive, als Sieger durch die verschneiten Straßen des schlesischen Breslau.

Es war eine abgründige Frage, die der junge Preußenkönig Friedrich II. seinem Minister Podewils stellte: „Wenn man im Vorteil ist, muss man es sich zunutze machen oder nicht?" Der Vorteil bestand im konkreten Fall aus einer schlagkräftigen Armee und der Tatsache, dass die Gegnerin, Österreichs 23-jährige Königin Maria Theresia, von Feinden umzingelt war. Der erstrebte Nutzen war Land- und Prestigegewinn: Friedrich II. wollte sich Schlesien, Habsburgs reichste Provinz, einverleiben. Er brauchte hierfür kein Feigenblatt „legitimer" Ansprüche. Wer im Vorteil ist, hat recht, so lautete sein Credo, das er skrupellos umsetzte. Am 12. Dezember inszenierte Friedrich II. noch einmal eine grandiose Farce: Auf einem Mas-

kenball auf seinem Schloss Rheinsberg spielte der König den perfekten Galan – um nachts zur schlesischen Grenze aufzubrechen. Vier Tage später überschritt er mit 27 000 Soldaten seinen „Rubikon", die Oder. Die Grenzverletzung war ein unverschämter Affront, mit weitreichenden Folgen für Preußen und Österreich.

Landraub ohne Hindernisse

Habsburg war der Offensive hilflos ausgeliefert. Marias Theresias Vater hatte dem Kampf um die Anerkennung der weiblichen Erbfolge zu viele Ressourcen geopfert. Beim Ausbleiben männlicher Thronfolger solle der gesamte Territorialbesitz an die älteste Tochter fallen und von ihr nach dem Recht der Erstgeburt weitervererbt werden. So hatte es Karl VI. in der Pragmatischen Sanktion von 1713 verfügt und die Zustimmung der europäischen Mächte mit teuren Zuwendungen und Kriegsbündnissen erkauft. Nun – im Winter 1740/41 – befand sich das Habsburgerreich in einem katastrophalen Zustand, wie Maria Theresia selbst bemerkte: „Die Truppen, einstmals als die besten Europas betrachtet, hatten ihren Ruf fast völlig verloren. Die Grenzen waren überall ungeschützt. Einige tausend Gulden waren alles, was ich in den Kassen vorfand."
Die Dreistigkeit, mit der Friedrich II. die Situation ausnutzte, sprengte dennoch jede Erwartung. Der Preußenkönig hatte Habsburg ein Ultimatum gestellt: Er werde Maria Theresias

Besitz garantieren und ihren Gemahl Franz Stephan zum deutschen Kaiser wählen – wenn Österreich bereit sei, Schlesien abzutreten. Sein Einmarsch hatte die Erpressung untermauert, obwohl Friedrichs Vater die Anerkennung der weiblichen Erbfolge längst vertraglich zugesichert hatte. Sieg um Sieg führte der Preuße seine Gegnerin fortan vor der europäischen Öffentlichkeit vor. Den Tiefpunkt brachte die Schlacht bei Mollwitz am 10. April 1741, die Friedrich mit einem Dankgottesdienst feiern ließ. „Einer Frau gestatte ich nicht, dass sie lehre, auch nicht, dass sie sich über den Mann erhebe, sondern sie sei stille", tönte es durch den Berliner Dom: ein Bibelzitat, das Friedrich II. selbst ausgesucht hatte, um seine Rivalin zu demütigen. Maria Theresia stand vor der Entscheidung ihres Lebens: Sollte sie fügsam sein und den Landraub hinnehmen, wie es ihre Berater und ihr eigener Ehemann empfahlen? Oder sollte sie gegen ihre Feinde ankämpfen?

Vom Krieg in Schlesien zum Erbfolgekrieg

Die Antwort fiel eindeutig aus, zumal sich der Krieg immer mehr zum Österreichischen Erbfolgekrieg ausweitete. Mollwitz adelte den Preußen zum Kriegshelden und zum Verbündeten aller, die sich an der habsburgischen Erbmasse bereichern wollten. Österreichs Erzfeind Frankreich, Spanien, der Kurfürst von Sachsen und der bayerische Kurfürst Karl Albrecht, der auf die deutsche Kaiserkrone spekulierte – sie alle verbündeten sich gegen Maria Theresia. Durch ihre Erziehung kaum auf die Herausforderung vorbereitet, reifte die Habsburgerin über Nacht zur Herrscherin. Nie wieder wollte sie hilflos sein. Ihren ersten Auftritt absolvierte sie dennoch ausgerechnet in der Rolle der schwachen Frau: In schwarzer Trauerkleidung erschien Maria Theresia vor dem ungarischen Reichstag und richtete einen Hilferuf an die dort versammelten Stände: „Von allen verlassen", so charakterisierte sie sich in ihrer Rede und erzielte damit den Durchbruch. Mithilfe Ungarns und Englands konnte die Habsburgerin ihren Feinden die Stirn bieten, allen voran dem Bayern Karl Albrecht, der seine Triumphe bitter bezahlte. Kaum hatte er sich zum böhmischen König krönen lassen, wurde er aus Prag

verjagt – und kaum hatte er in Frankfurt die deutsche Kaiserkrone entgegengenommen, fiel seine Residenzstadt München in die Hände der Gegner. Nach dem Tod des Wittelsbachers erlebte Maria Theresia schließlich doch noch, wie ihr „Franzl" am 4. Oktober 1745 als neues Reichsoberhaupt im Kaisergewand über den Römerberg schritt. Ihr größtes Ziel, Schlesien zurückzugewinnen, erreichte die Monarchin allerdings nicht. Dass ihre Erbfolge im Aachener Frieden 1748 von acht europäischen Mächten anerkannt wurde, machte den Verlust ebenso wenig wett wie die Tatsache, dass sie den Kern ihrer Länder bewahrt hatte. Die Monarchin war nur noch von einer Idee beseelt: Revanche um jeden Preis, die einen folgenschweren Zweikampf zwischen Preußen und Österreich heraufbeschwor.

Friderizianische Blüte

Ihr Widersacher besaß weniger Grund zur Bitterkeit: Der schlesische Sündenfall hatte seinen unfertigen Staat komplettiert und Preußen zum vollgültigen Mitglied im europäischen Mächtekonzert erhoben. Lorbeerbekränzt, konnte sich Friedrich der Große fortan dem Innern seines Staates zuwenden. Auf einem Hügel in Potsdam ließ der König sein friderizianisches

Die Pelzmütze des Kavalleriegenerals Hans Joachim von Zieten. Im Dienst Friedrichs II. zog Zieten 1741 in die Schlesischen Kriege und 1756 in den Siebenjährigen Krieg.

Die politische und militärische Unerfahrenheit der österreichischen Regentin Maria Theresia nutzte Friedrich skrupellos aus, indem er ohne Vorwarnung in Schlesien einfiel.

Friedrich II. zeigte sich den Geistesströmungen seiner Zeit aufgeschlossen. Der französische Aufklärer Voltaire war häufiger Gast an seinem Hof.

Rokoko-Refugium errichten: Sanssouci, Schloss „ohne Sorge", nannte er die Schöpfung seines Architekten Knobelsdorff. Hier, in seinem märkischen Elysium, fand der Zyniker Ruhe – und hier inszenierte er seine spitzzüngigen Tafelrunden mit Voltaire und anderen Geistesgrößen. Friedrichs Regiment stand indes keinesfalls allein im Zeichen der Muße. Die Nachkriegszeit bescherte Preußen vielmehr beachtliche zivilisatorische Fortschritte: von der Erschließung des Oderbruchs bis hin zur Errichtung von Textilmanufakturen, von den Bemühungen um eine einheitliche Rechtsordnung bis hin zur religiösen Toleranz im Zeichen des Religionsedikts und von der Bauernbefreiung bis hin zur Verbesserung der allgemeinen Ernährungslage. „Aufgeklärter Absolutismus" sollte die Nachwelt diese Blütezeit nennen. Tatsächlich war es vor allem eine autoritäre Herrschaft mit dem König als oberster Kontrollinstanz. Das Hauptaugenmerk des Monarchen lag dabei nicht zufällig auf dem Militär. Friedrich machte sich keine Illusionen: Schon bald würden seine Truppen erneut gegen Österreich kämpfen.

Warten auf den Waffengang

Der Preuße schätzte die Lage richtig ein: Sein Sündenfall hatte die schwache Habsburgerin zur Kriegstreiberin gemacht. Maria Theresia wollte ihr persönliches Monstrum besiegen, und diesmal wollte sie sichergehen. Die Monarchin machte sich keine Illusionen über die Schwächen ihrer Armee und das Versagen ihrer Verwaltung, die im Krieg bereits an der Holzversorgung der Wiener Garnison gescheitert war. Preußen verfügte über einen immensen militär- und verwaltungstechnischen Vorsprung. Das in sich zersplitterte Vielvölkerreich ächzte dagegen unter feudalen Altlasten und musste reformiert werden, wenn es vor dem Feind bestehen wollte. Diesem Missstand abzuhelfen, widmete Maria Theresia die folgenden acht Jahre. Und ausgerechnet Preußen lieferte die Inspiration für ihre Reformtätigkeit. Gegen den Wider-

stand der Stände erzwang die Monarchin die Abschaffung der adligen Steuerfreiheit. Zugleich entstand eine neue Zentralbehörde, die sowohl die Administration als auch die Steuer- und Finanzpolitik in den böhmischen und österreichischen Ländern an sich zog. Im Mittelpunkt der Eingriffe stand indes die Heeresreform. 1751 wurde die Militärakademie in Wiener Neustadt neu gegründet. Neue Kommandos und Reglements ergänzten die Maßnahme, bis die Trümmerarmee allmählich zur Streitmacht emporwuchs.

Verbündete von allen Seiten

Der ersehnte Waffengang konnte jedoch nicht ohne eine echte außenpolitische Revolution vonstatten gehen. Nachdem sich England und Preußen verbündet hatten, kam es am 1. Mai 1756 zur Umkehrung der Allianzen. Nie habe Maria Theresia einen Vertrag lieber unterzeichnet, berichtete ihr Obersthofmeister Khevenhüller-Metsch. Und tatsächlich sah sich die Habsburgerin durch den Pakt mit Frankreich auf der sicheren Seite. Nicht nur der einstige Erbfeind, auch Zarin Elisabeth stand diesmal als Verbündete bereit. Die Annäherung Sachsens schien die Koalition perfekt zu machen. Letztlich war es jedoch wiederum der Preuße, der die Initiative an sich riss. Ohne Vorwarnung

Friedrich der Große

1712	Friedrich II. wird als Sohn König Friedrich Wilhelms I. von Preußen am 24. Januar in Berlin geboren.
1730	Der Konflikt mit seinem Vater gipfelt in einem Fluchtversuchs Friedrichs, der die Hinrichtung seines Helfers Leutnant von Katte zur Folge hat.
1736–1740	Friedrich II. lebt auf Schloss Rheinsberg seine musischen und philosophischen Neigungen aus.
1740	Regierungsantritt und Beginn der Auseinandersetzungen mit Österreich in den Schlesischen Kriegen.
seit 1740	Friedrich entfaltet eine rastlose Regierungstätigkeit mit Reformen, die ihn als Vertreter des aufgeklärten Absolutismus ausweisen.
1756–1763	Siebenjähriger Krieg; der Frieden von Hubertusburg 1763 bestätigt die Großmachtstellung Preußens.
1786	Friedrich stirbt am 17. August auf Schloss Sanssouci.

marschierte Friedrich II. am 29. August 1756 in das offiziell noch immer neutrale Sachsen ein. Der Krieg war eröffnet, obwohl die Vorbereitungsphase der österreichischen Armee noch nicht abgeschlossen war.

Fruchtloses Blutvergießen

Das Siegen fiel Friedrich dem Großen diesmal allerdings ungleich schwerer: Verstärkt durch Reichstruppen, konnte die Gegenkoalition seinen 150 000 Mann 300 000 entgegensetzen. Beim böhmischen Kolin erlitt Friedrich prompt seine erste Niederlage. In der Folgezeit geriet der Waffengang immer mehr zum unkontrollierbaren Hasardspiel. Der Preußenkönig erlebte schwarze Stunden, etwa beim Rückzug aus Prag, der unter dem Kommando seines Bruders August Wilhelm zum Desaster geriet. Zugleich feierte er historische Triumphe, vor allem in der Schlacht bei Leuthen am 5. Dezember 1757. Der entscheidende Durchbruch gelang indes keiner Partei, auch weil beide Lager ihre Kräfte nicht zu bündeln vermochten.

Der Begriff „Stellvertreterkrieg" war noch nicht erfunden, doch trifft er die Art, wie sich die Engländer und Franzosen dieses Konflikts bedienten. Der Kampf sollte eine Entscheidung im kolonialen Wettkampf herbeiführen. Er erlahmte, als England seine weltpolitische Vorherrschaft durchsetzte. Die Losung Eigen- vor Gemeinsinn galt indes ebenso für andere Verbündete, sodass sich allmählich ein zermürbendes Patt einstellte. Maria Theresia schloss sich angesichts der Rückschläge mithin tagelang weinend im Zimmer ein. Weit düsterer waren jedoch Preußens Aussichten nach der Schlacht bei Kunersdorf am 12. August 1759, die im voreiligen Siegesrausch Friedrichs II. zur blutigen Niederlage ausartete. Da schlug sich urplötzlich das Schicksal auf seine Seite. „Tot ist die Bestie!", so bejubelte der Monarch den Tod der Zarin Elisabeth am 5. Januar 1762, der zu Russlands Ausscheiden aus der Koalition führte. Als der Krieg am 15. Februar 1763 mit dem Frieden von Hubertusburg zu Ende ging, sah sich Maria Theresia abermals auf der Verliererseite: Mehr als 120 000 gefallene Soldaten hatten ihr Schlesien nicht

zurückgebracht. Aber auch Preußen konnte sich einzig den Erhalt des Status quo zugutehalten. Friedrichs Staat hatte sich im Kampf um seinen Bestand bewährt, doch die Anstrengung hatte ihn ausgeblutet. Die Zivilbevölkerung war während des Siebenjährigen Krieges dramatisch geschrumpft, ganze Landstriche waren zerstört, und überall herrschte Hungersnot. „Wie wird die Bevölkerung überall gequält. Sie müssen zugeben, dass der Krieg etwas Schreckliches ist", hatte sich Friedrich II. zuletzt ganz unzynisch geäußert. Mehr als 20 Jahre nach seinem schlesischen Abenteuer traf die Last der Vergeblichkeit beide Gegner und ließ sie für immer gezeichnet zurück.

Der Tod der Zarin Elisabeth bedeutete für Preußen die Rettung in einer schwierigen Situation. Den Habsburgern fehlte nun die russische Unterstützung, Preußen konnte seine Gewinne halten.

Ein prachtvolles seidenes Erinnerungstuch feiert den Frieden von Hubertusburg im Jahr 1763.

Siegeszug einer Knolle auf deutschem Boden

1756
24. MÄRZ

König Friedrich II. zwingt die preußischen Bauern zum Anbau der bis dahin nahezu unbekannten Kartoffel. Trotz zahlreicher Widerstände leitet er damit eine epochemachende Nahrungswende ein.

Am 24. März 1756 sprach der Preußenkönig Friedrich II. ein ungewöhnliches Machtwort: „Als habt Ihr denen Herrschaften und Unterthanen den Nutzen von Anpflantzung dieses Erd Gewächses begreiflich zu machen, und denselben anzurathen, dass sie noch dieses Früh-Jahr die Pflantzung der Tartoffeln als einer sehr nahrhaften Speise unternehmen." So lautete der „Kartoffelbefehl" an die königlichen Amtsleute. Vormals skeptisch und widerwillig, sollten die vor Ort ansässigen Bauern ein für alle Mal dazu gezwungen werden, die segensreiche neue Knolle als einzige Feldfrucht anzubauen. Musteräcker auf den königlichen Landgütern und Missionsreisen von Kartoffelfachmännern ergänzten die königliche Ordre, die eine tiefgreifende Ernährungsrevolution herbeiführte.

Die Segnungen der Knolle

Der Befehl des Königs kam nicht von ungefähr: Landesausbau und Bevölkerungswachstum waren Grundpfeiler friderizianischer Machtpolitik. Dreimal ertragreicher als Getreide, konnte die Kartoffel als ideales Vehikel dienen, zumal auf dem sandigen Boden Mitteldeutschlands, der sich für den Knollenanbau hervorragend eignete. Zudem dämmerte ein neuer Krieg mit Österreich herauf. Getreide war anfälliger für Verwüstungen als die tief im Erdreich schlummernde Kartoffel – ganz zu schweigen von den drohenden Kornpreissteigerungen und Hungersnöten im Gefolge des Waffengangs. All diese Argumente hatten Friedrich II. bereits Mitte der 40er-Jahre dazu bewegt, den Kartoffelanbau systematisch voranzutreiben. Knollen-Kostproben für Patienten der Charité, Pionierversuche mit landesweit verteiltem Saatgut und regelrechte Kartoffelkurse vor Ort, nichts davon hatte seinerzeit gefruchtet. Der Befehl präsentierte sich vor dieser Folie als neuerliches Anlaufen gegen Vorurteile.

Widerstände und Vorurteile

Zwar war der Anbau der vitaminreichen Knolle aus den Anden in bestimmten Vorreitergebieten seit dem 17. Jh. verbreitet, in Preußen und anderen Staaten wurde die *Papas Americanum* bislang jedoch hauptsächlich als botanisches Gewächs angepflanzt. Die Gründe für die Ablehnung waren vielfältig: Die Regeln des Kartoffelanbaus erschlossen sich nicht von selbst, sondern mussten den Bauern beigebracht wer-

Friedrich II. begutachtet eine Kartoffelpflanzung. Die gesunde Knolle aus Südamerika sollte dank ihres höheren Ertrags Hungersnöte verhindern.

den. Großgrundbesitzer scheuten vor dem Kartoffelanbau zurück, weil sich mit Getreide höhere Marktpreise erzielen ließen. Zudem waren die frühen Kartoffeln kleiner als die heutigen und ließen sich schlechter schälen – ganz zu schweigen von der Ahnungslosigkeit in Sachen Zubereitung und jenem eigentümlichen Bauchgefühl, das sich gegen die befremdliche Pflanze sträubte. Giftige Blüte – essbare Knolle: Diese Kombination erschien Skeptikern ebenso verdächtig wie das pestbeulenartige Aussehen des Nachtschattengewächses. „Die Dinger riechen und schmecken nicht, und nicht einmal die Hunde mögen sie fressen", brachten pommersche Bauern das Unbehagen auf den Punkt. Ärztewarnungen vor dem gesundheitsschädlichen Solaningehalt der Knolle paarten sich schließlich mit älteren Vorurteilen, die die Kartoffel als triebsteigerndes Lustgewächs verteufelten. „Was der Bauer nicht kennt, isst er nicht", dieses Sprichwort bewahrheitete sich demnach über weite Strecken des 18. Jh., bis der Befehl Friedrichs II. zumindest preußenweit massiven Druck ausübte. Bei Widersetzlichkeiten drohten Strafen, darunter die Verweigerung jeglicher Remissionen bei Unglücksfällen und Missernten. Dennoch konnte sich die Kartoffel vielerorts nur als Viehfutter durchsetzen, mit Ausnahme der ärmeren Bevölkerungsschichten, die angesichts der steigenden Getreidepreise nach dem Siebenjährigen Krieg vermehrt zum Anbau der billigen Kartoffel übergingen.

Konjunktur für die Kartoffel

Der eigentliche Durchbruch zum großflächigen Feldanbau erfolgte erst mit den Getreidemissernten der Jahre 1770 bis 1772. Im Zuge der Krise machten sich Broteuerungen erstmals auch in den Hochburgen des Getreideanbaus bemerkbar und förderten nun auch hier den Kartoffelvormarsch. Dass die Gebiete, in denen die Knolle bereits großräumig kultiviert wurde, weit weniger von Hungersnot betroffen waren, bescherte dem Erdapfel einen kräftigen Verbreitungsschub. Es war die Kartoffel, die die fatale Abhängigkeit vom Getreide durchbrach und der Brotknappheit ihren Schrecken nahm. Der Umstieg auf die neue Feldfrucht basierte indes ebenso auf dem Getreidepreisverfall in den Agrarkrisen des frühen 19. Jh. Das Zusammenspiel von Überproduktion und Absatzschwierigkeiten im Gefolge der napoleonischen Kontinentalsperre traf vor allem die exportorientierten ostelbischen Großgrundbesitzer, die sich nun der lang geschmähten Knolle zuwandten. Bei alldem stand die neue Kartoffelkonjunktur in engem Zusammenhang mit verbesserten

Agrartechniken, allen voran der Übergang von der traditionellen Dreifelderwirtschaft zum Zwischenfruchtanbau, für den sich die Kartoffel besonders gut eignete.

Die deutsche Knollen-Revolution

Schon bald brach eine Broschürenflut mit vielfältigen Verwendungsempfehlungen los: Kartoffelklöße, Kartoffelkuchen und Kartoffelmehl, das Variationsspektrum war breit gefächert. Am folgenreichsten war indes die Branntweinrevolution, die unmittelbar auf den Kartoffeldurchbruch folgte. Nährstoffreich, aber schlecht haltbar, empfahl sich die stärkehaltige Knolle als idealer Grundstoff für die Schnapsbrennerei und machte den Branntwein erstmals dem Massenkonsum zugänglich. Vormals einzig von Männern der mittleren und gehobenen Schichten konsumiert, avancierten Spirituosen seit dem späten 18. Jh. zum bezahlbaren Genussmittel breiter Volksschichten. Vor allem in Norddeutschland entstand eine langlebige Trinkkultur oder auch Schnapsseligkeit, wie sie in Karikaturen auf das neue bürgerliche Laster verspottet wurde. Mit dem Kartoffelverzehr als solchem tat sich das Bürgertum dagegen nach wie vor schwer, umso mehr, als die Knolle im Vormärz zum Nahrungsmittel der Armen aufstieg. Der Umstieg auf die Kartoffel revolutionierte den Speiseplan der kleinen Leute, und auch das neue Bevölkerungswachstum von jährlich 1,5 % wäre ohne sie undenkbar gewesen. Der einseitige Knollenkonsum in den ärmeren Bevölkerungsschichten führte allerdings schon bald zu Problemen, darunter Mangelernährung und neuerliche Abhängigkeiten, die sich vor allem nach den Kartoffelkrankheiten und den Missernten der 40er-Jahre bemerkbar machten. Dennoch war der Siegeszug der Kartoffel nicht mehr aufzuhalten. Während die deutschen Bauern 1880 noch 7 t Kartoffeln aus einem Hektar Boden holten, waren es 1937 bereits 19 t pro Hektar. Deutschland wurde zum Kartoffelland, zumal die Knolle auch in Krisenzeiten wie während des Ersten und Zweiten Weltkriegs wichtigstes Lebensmittel der Bevölkerung war.

Eigenartige Blüten trieb der Kalte Krieg in der ehemaligen DDR. Auf Plakaten warf man dem amerikanischen Geheimdienst vor, die einheimische Kartoffelernte zerstören zu wollen.

Der Beginn des Lotto-fiebers in Deutschland

1763
5. MÄRZ

Ein Patent König Friedrichs II. besiegelt die Einführung des Zahlen-lottos in Preußen. Es ist ein Meilenstein auf dem Weg zum staatlich betriebenen Glücksspiel in Deutschland.

Eine Lottoziehung in der zweiten Hälfte des 18. Jh. Kaum eingeführt, begeisterte die Möglich-keit zum großen Glück die Massen, hier im Schwörhaus zu Ulm.

Ein Lotterieschein der Königlich-Preußischen Zahlen-Lotterie aus dem Jahr 1768, nur fünf Jahre nach der Einführung des Gewinnspiels in Preußen.

Der 5. März 1763 war ein bahnbrechender Tag für Preußen: Die Zeitungen publizierten den Frie-den von Hubertusburg, der den zermürbenden Siebenjährigen Krieg beendete. Doch damit nicht genug: In den „Berlinischen Nachrichten von Staats- und Gelehrten Sachen" fand sich zugleich ein königliches Patent über die Ein-richtung einer Zahlenlotterie. Friedrich II. prä-sentierte sich darin als oberster Spielherr und sanktionierte den Durchbruch des staatlich be-triebenen Lottos in Deutschland. Am 31. Au-gust 1763 zog ein Waisenknabe vor dem Palais in der Wilhelmstraße 78 die ersten „fünf Rich-tigen". In Etuis verschlossen, überreichte er sie dem Gouverneur der Residenzen, der die Zah-len herauszog und sie vom „Commis" öffentlich verkünden ließ: 35, 43, 74, 13, 22 – so lauteten die Glückszahlen.

Lotto „alla genovese"

Am Beginn jenes preußischen Lottomirakels stand der berüchtigte Hasardeur und Casanova-Freund Giovanni Antonio Calzabigi, der das Prinzip aus seiner italienischen Heimat impor-tiert hatte. In der zweiten Hälfte des 16. Jh.

waren Ratsherrenwahlen im Stadtstaat Genua per Los entschieden und von regen Wetten der Bevölkerung begleitet worden. Unter staatliche Regie genommen, hatte sich das Glücksspiel „5 aus 90" schließlich aus seinem Ursprungsbezug gelöst. Auch die preußische Variante folgte den überlieferten Regeln: Der Spieler setzte auf beliebige Ziffern zwischen 1 und 90. Er konnte den „einfachen Auszug" spielen, das hieß: eine Nummer bestimmen, die in der gezogenen Fünferreihe vorkommen musste. Die zweite Möglichkeit bestand darin, die exakte Position der gewählten Nummer innerhalb der Zahlenfolge festzulegen. Schließlich konnte der Spieler auf verschiedene Kombinationen setzen.

Der König gewinnt immer

Die revolutionäre Neuerung lag bei alldem in der Tatsache, dass praktisch immer der Veranstalter profitierte. Nie wurden die Gewinne den mathematischen Wahrscheinlichkeiten entsprechend ausgezahlt, sodass die Lottounternehmer mit sicheren Profiten rechnen konnten. Die Lotterie präsentierte sich somit als ideale Einnahmequelle, auf die sich fast alle Territorialstaaten im mittleren und ausgehenden 18. Jh. stützten. Bayern und Österreich hatten das Lotto bereits 1735 und 1751 eingeführt, während andere weltliche und geistige Fürstentümer in den 60er- und 70er-Jahren nachzogen. Alles in allem gab es im späten Alten Reich etwa 30 Lottoanstalten: eine Zahl, die sich aus den historischen Rahmenbedingungen erklärte. Kriegsgebeutelt und noch dazu im Begriff, die Höfe auszubauen und moderne staatliche Verwaltungen einzuführen, sahen sich die spätabsolutistischen Herrscher mit explodierenden Kosten konfrontiert – so wie der Preußenkönig, der nach dem Siebenjährigen Krieg massive Ressourcen eingebüßt hatte.

Staatsbildung auf Lottokosten

Bis auf die Spielernatur Friedrich II., der sich erst 1764 zu dem Schritt entschloss, hatten alle übrigen Herrscher das Lotto sofort verpachtet. In den 80er- und 90er-Jahren geriet das einträgliche Glücksspielgeschäft endgültig unter staatliche Regie. Gleichzeitig wurde das Spiel zunehmend verrechtlicht: eine Maßnahme, die das staatliche Lottomonopol gegen ausländische Lotterien und illegale Unternehmer absichern sollte. Von provisionsgierigen Kollekteuren aktiv vorangetrieben und von geschulten Beamten professionell verwaltet, avancierte das Spiel bald zur wichtigen Säule der Staatsfinanzen. Selbst der Weiterbau des Kölner Domes wurde seit 1864 teils aus Lotteriemitteln finanziert.

Lottofieber und Lottokritik

Die permanent anwachsende Spielerzahl rekrutierte sich aus allen Teilen der Gesellschaft. Reiche Gebiete brachten mehr Spieler hervor als arme, Städter spielten mehr als Landbewohner und Katholiken lieber als Protestanten. Alles in allem waren es vor allem die kleinen Leute, die dem Lottofieber verfielen. Ein Zufallsspiel, das einem einfachen brandenburgischen Kohlenbrenner bei der 11. Berliner Lottoziehung für drei Groschen Einlage einen Gewinn von 883 Talern bescherte – ein solches Angebot bediente die Sehnsüchte der einfachen Leute und verband sich mit tiefem Volksaberglauben. Ob man die weißen Punkte auf den Flügeln gefangener Schmetterlinge zählte oder Traumdeutungsbücher bemühte, bei der Suche nach den „richtigen Zahlen" war jedes Mittel recht. Das Missverhältnis zwischen Gewinnstreben und realen Gewinnaussichten rief indes beizeiten Kritiker auf den Plan, und in der Revolution von 1848 wurde die „Lottofrage" sogar zum Politikum erhoben. Befeuert von liberalen Argumenten, die auf den „ehrlichen" Sozialaufstieg durch Arbeit pochten, beschloss die Frankfurter Nationalversammlung am 9. Januar 1849, das Zahlenlotto binnen kürzester Frist einzustellen. Nur Lotterien, die der Unterstützung von Bau- oder Hilfsprojekten dienten, hatten weiterhin Bestand. Erst 1953 wurde das Lotto als reines Glücksspiel in Westdeutschland wiederbelebt.

> *» Es ist eine Lotterie wie eine ausserordentliche Collecte anzusehen, da man mit Manier das Geld von den Leuten bekommt. «*
>
> [Zedlers Universallexicon, Band 18, 1738]

1848 feierte man den Weiterbau des unvollendeten gotischen Domes in Köln. Ab 1864 steuerte die Dombau-Lotterie einen Großteil der Mittel zur Deckung der enormen Baukosten bei.

Skrupelloser Landraub bei der ersten polnischen Teilung

Preußen, Russland und Österreich bedienten sich großzügig aus der Landmasse eines wehrlosen Staates und brachten mit dieser ersten polnischen Teilung eine folgenreiche Territorialrevolution in Gang.

Erste polnische Teilung: Katharina II. von Russland, Stanislaus II. August von Polen, Joseph II. von Österreich und Friedrich II. von Preußen über der Landkarte Polens.

Es war ein scheinbar zivilisierter Vertragsabschluss, der am 5. August in Sankt Petersburg zustande kam. Die Abgesandten Österreichs, Preußens und Russlands unterzeichneten ein Schriftstück, das allen Interessenparteien Gewinn bescherte. Dennoch handelte es sich um eine beispiellose Verschwörung dreier Mächte gegen einen wehrlosen Vierten. Der Vertrag bekräftigte die erste Teilung Polens, das durch ihn 30 % seiner Fläche und 39 % seiner Einwohnerschaft verlor. Vor allem aber war die Eroberung am Schreibtisch der Anfang vom Ende eines ganzen Staates: Innerhalb von zwei Jahrzehnten verschwand Polen gänzlich von der Landkarte – mit schwerwiegenden Folgen auch für die skrupellosen Landräuber.

Gelegenheit macht Diebe

„Gott wolle, dass ich dafür nicht noch in der anderen Welt zur Verantwortung gezogen werde", so beklagte sich Maria Theresia über das, was ihr Sohn Joseph II. als treibende Kraft angebahnt hatte. Die tiefkatholische Herrscherin war indes die einzige Skrupelträgerin. Ihr vormaliger Kriegsgegner Friedrich II. war schon bei seinem Einfall in Schlesien rücksichtslos nach dem Recht des Stärkeren verfahren, und auch Katharina II. hegte wenig Gewissensbisse, ihr Moskowitenreich in Richtung Westen auszuweiten. Bereits 1764 war es der Zarin gelungen, ihren Liebhaber Stanislaus Poniatowski auf den polnischen Thron zu setzen. Nun, da sich der einheimische Adel gegen ihn erhob, ergab

sich für alle Parteien die Gelegenheit, lang
gehegte Vergrößerungspläne zu verwirklichen.
Das Zarenreich erhielt mit Livland und Weiß-
russland den Löwenanteil. Die Zips, Ostgali-
zien und Lodomerien gerieten unter österreichische Herrschaft. Das Hohenzollernreich
annektierte Westpreußen ohne Danzig und
Thorn, die Diözese Ermland und den sogenannten Netzedistrikt. Damit war endlich die
lang ersehnte Landbrücke zwischen Ostpreußen
und Brandenburg hergestellt. Die Billigung des
Vertrags durch das polnische Parlament, die
mit großzügigen Bestechungsgeldern befördert
worden war, legitimierte die Teilung schließlich
am 30. September 1773 und ging als eine der
schwärzesten Stunden in die Geschichte Polens
ein. Dabei hatte der territoriale Ausverkauf gerade erst begonnen. Von Adelsrivalitäten aufgerieben, blieb Polen zu schwach, um sich dem
geopolitischen Appetit der Nachbarmächte dauerhaft zu widersetzen.

Ein Staat verschwindet

Das Übergreifen des französisch-revolutionären
Freiheitsgeistes lieferte den Vorwand für die
zweite Teilung, die ohne Österreich vollzogen
wurde. Nachdem der polnische Reichstag 1791
die erste moderne Verfassung Europas verabschiedet hatte, verbündeten sich Preußen und

Die erste polnische Teilung

Polen
Zugewinne Preußens
Preußen
Zugewinne Österreichs
Österreich
Zugewinne Russlands
Russland

Die polnischen Freiheitskrieger, meist Bauern, waren
wegen ihrer sehr einfachen Bewaffnung als „Sensen-
männer" in aller Munde.

Russland abermals zu einer landhungrigen
Gegenallianz. Während das Zarenreich riesige
Flächen im Osten annektierte, gewannen die
Hohenzollern die Städte Danzig und Thorn
sowie Gebiete um Posen und Kalisch. Der
Großteil der einheimischen Bevölkerung unterstand nun auswärtigen Dynastien. Je größer
aber das Joch der Fremdherrschaft wurde, desto
mehr wuchs der polnische Nationalismus, bis
sich schließlich die einheimischen Patrioten
unter Tadeusz Kosciuszko gewaltsam gegen die
auswärtigen Mächte erhoben.
Die Niederschlagung des Aufstands besiegelte
die dritte Teilung, die Polen 1795 endgültig
von der Landkarte tilgte. Nachdem Napoleon
die österreichischen und preußischen Gebiets-
gewinne vorübergehend enteignet hatte, goss
der Wiener Kongress von 1815 die Zersplitterung schließlich sogar in den Zement internationalen Völkerrechts. Die geographische Bezeichnung Polen verengte sich von nun an auf
das gleichnamige Königreich, das als Kongresspolen in Personalunion mit Russland regiert
wurde. Nicht nationales Selbstbestimmungsrecht, fürstliche Großmachtpolitik hatte diesen
Status quo geformt: eine Untat für die liberalen
Freiheitsbewegungen des 19. Jh., die den polnischen Unabhängigkeitskampf zur Sache aller
geknechteten Völker Europas erhoben.

*» Aber
warum greift
nicht
jedermann
ebenso zu? «*

[Zarin Katahrina II.]

Anna Amalia beruft Wieland nach Weimar

1772

Herzogin Anna Amalia holte Christoph Martin Wieland als Prinzenerzieher nach Weimar, das nach und nach zur deutschen Kulturmetropole wurde. Adel und gebildetes Bürgertum kamen sich näher.

Am Hof zu Weimar pflegte Anna Amalia einen Vorläufer der Salons des 19. Jh. Geistreiche Gäste, zu denen Christoph Martin Wieland gehörte, übten so Einfluss auf die Politik aus.

„Noch etwas Tee, lieber Geheimrat?" Erstaunt blickte Goethe von seinem Buch auf, als die Herzoginmutter Anna Amalia zur Kanne griff. Gewöhnlich waren bei Hofe die Lakaien für das Servieren zuständig. „Euer Durchlaucht", intervenierte die Hofdame der Fürstin mit gespielter Empörung, „die Etikette!" – „Soll ich mich von der Etikette beherrschen lassen? Auch ich bin ein freier Mensch, und als solcher nehme ich mir Vergnügen und Freiheit, unseren berühmten Dichter ein wenig zu verwöhnen." Selbst Goethe wusste darauf wenig zu erwidern, aber Christoph Wieland, einer seiner Kollegen, hatte wie immer die passende Pointe parat: „Die Revolution im Teezimmer!" – „Solange es nicht schlimmer kommt." Und unter dem Gelächter der kleinen Tischgesellschaft schenkte Anna Amalia dem Dichter nach.

Weimar leuchtet

Anna Amalia von Sachsen-Weimar-Eisenach war eine außergewöhnliche Frau, geistvoll, vielseitig gebildet und höchst aufgeschlossen gegenüber neuen Ideen. Mit 18 Jahren, nach dem frühen Tod ihres Mannes, übernahm sie 1758 die Regentschaft des Herzogtums, das sie bis 1775 mit großer Umsicht regierte. Vor allem gelang es ihr, die völlig zerrütteten Finanzen trotz der Belastungen des Siebenjährigen Krieges wieder ins Lot zu bringen. Und das ohne rigiden Sparkurs in Kultur und Sozialwesen! Dass sie in Weimar erstmals Straßenlaternen aufstellen ließ, steht symbolisch für den Geist der Aufklärung, in dem sie regierte. Das Grüne Schloss, bislang ein fürstliches Wohnhaus, gestaltete sie zur Bibliothek um, eine wahre Schatzkammer des Geistes, die schon damals öffentlich zugänglich war.

Die erste Geistesgröße

Noch war Weimar eine unauffällige Residenzstadt, wie es sie zu Dutzenden in Deutschland gab, Regierungssitz eines typischen Kleinstaats mit 106 000 Untertanen, verteilt auf 383 meist ländliche Ortschaften. Apolda war immerhin bekannt für seine Strümpfe, in Jena gab es eine Universität, die Anna Amalia großzügig förderte. Und natürlich sollten auch ihre beiden Söhne die beste Ausbildung erhalten. Der Erfurter Philosophieprofessor Christoph Martin Wieland hatte sich schon großen Ruhm als Schriftsteller erworben: die deutsche Antwort auf die geistreichen Literaten Englands und Frankreichs. Mit seinem Staatsroman „Der goldene Spiegel" hatte er gerade gezeigt, dass er selbst politische Theorie locker und elegant zu servieren verstand, auf dem Tablett eines orientalischen Märchens. Diesen Mann wollte Anna Amalia als Erzieher für die Prinzen, und sie bot ihm 900 Taler jährlich und den Titel eines Hofrats. Wieland verlangte 1000 Taler, was die Herzogin, „die Zierde der deutschen Fürstinnen", wie er später schrieb, gnädigst gewährte.

Christoph Martin Wieland

1733 Wieland wird am 5. September als Sohn eines Pfarrers im schwäbischen Oberholzheim geboren.

1750 Philosophiestudium in Erfurt und kurzes Jurastudium in Tübingen.

1752– Aufenthalt in Zürich, zunächst als

1756 Schüler Johann Jakob Bodmers, später als Hauslehrer.

1755 In Zürich erscheinen seine „Empfindungen eines Christen".

1758 Mit dem Drama „Lady Johanna Gray" wendet sich Wieland einer eher weltlichen Dichtung im Gefolge der Aufklärung zu.

1769 Berufung als Philosophieprofessor an die Universität Erfurt.

1772 Herzogin Anna Amalia holt ihn als Prinzenerzieher nach Weimar.

seit Herausgabe und Redaktion der Zeit-
1773 schrift „Der Teutsche Merkur".

1813 Wieland stirbt am 20. Januar in Weimar an den Folgen einer Erkältung.

Vielversprechender Kronprinz

Auf dem Lehrplan standen Ästhetik, Natur- und Völkerrecht, Moral- und Geschichtsphilosophie. Natürlich hatten die Prinzen daneben noch weitere Fächer, und Wieland selbst unterrichtete täglich nur ein bis zwei Stunden. Dafür war das Gehalt in der Tat fürstlich! Allerdings musste er auch in der unterrichtsfreien Zeit den Gesellschafter spielen. Der Erzieher sollte ja nicht nur Paukstoff vermitteln, sondern auch auf den Charakter seiner Zöglinge einwirken. Obwohl er den 15-jährigen Thronfolger nur drei Jahre unterrichtete, setzte er große Hoffnungen in ihn und den Weimarer Hof. Ja, er prophezeite schon, „dass man von den Enden der Welt komme, ihn zu sehen." Es sollte bekanntlich tatsächlich so geschehen, aber nicht wegen Karl August. Der war geistig wenig nach seiner Mutter geraten, tanzte lieber, spielte oder jagte. Immerhin schien Wielands Unterricht doch gewisse Spuren zu hinterlassen, denn Karl August gab seinem Land später als einer der ersten deutschen Regenten eine Verfassung.

Literatur und Luftschiffe

Als guter Aufklärer blieb Wieland auch in seinen Mußestunden nicht untätig, sondern widmete sich einem engagierten Projekt: Eine Zeitschrift sollte ganz Deutschland über kulturelle und politische Themen informieren, Dichtern und Literaten ein öffentliches Forum bieten und so einen Beitrag zur geistigen Entwicklung der Nation leisten. „Der Teutsche Merkur", der von 1773 bis 1810 monatlich die Runde machte, war geboren, ein Meilenstein in der Geschichte des deutschen Journalismus. Der Merkur sollte keineswegs nur die Intellektuellen erreichen, sondern auch „unter mittelmäßigen Leuten sein Glück machen". Der Erfolg des ersten Bandes übertraf alle Erwartungen, aber gemessen an heutigen Auflagen, war das Publikum doch eher begrenzt: 4500 Exemplare wurden insgesamt verkauft, 2000 Lesern war das Abonnement jährlich 2 Taler und 12 Groschen wert. Fortsetzungsromane, Gedichte, Literaturkritik und politische Essays enthielt der Merkur, aber Christoph Wieland berichtete auch über die neueste Rechenmaschine oder über Experimente mit der aerostatischen Kugel, also über die damals noch junge Luftschifffahrt. Und seit 1789 war es vor allem die Berichterstattung des „Teutschen Merkur", die in Deutschland über die neuesten Entwicklungen der Französischen Revolution informierte.

> *Der uns angewiesnen Sphäre, war des Mannes heitere Lehre, dem wir manches Bild verdanken. Wieland hieß er!*
>
> [Goethe, Prolog Festzug 18. Dezember 1818]

Goethe und Herzog Karl August auf der Jagd. Mehr als Wieland gelang es dem Geheimrat Goethe, sowohl als Dichter wie auch als Politiker am Weimarer Hof zu agieren.

Dichter der Tafelrunde

„Amalia, Dir danken wir, Du hast den Göttersohn geboren!" So dichtete Christoph Wieland
zum 3. September 1775. Sein Zögling, der
„Göttersohn" Karl August, war nun volljährig
und wurde als neuer Herzog gefeiert. Ein Won-
netag auch für Wieland selbst, denn damit trat
er in den Ruhestand ein und konnte sich, gut
versorgt durch eine üppige Pension, ganz der
Literatur hingeben. Auch Anna Amalia hatte
jetzt wieder mehr Zeit für ihre musischen Interessen. Sie gründete ihre berühmte Tafelrunde,
„eine Anstalt zur Beförderung der Fröhlichkeit
und guten Laune, wo geklimpert, gegeigt, ge-
blasen und gepfiffen wurde, dass die Engel im
Himmel ihren Spaß daran hatten", so Wieland
über die illustre Runde. Aber eigentlich war es
ein geselliger Kreis aus Künstlern, Gelehrten
und Aristokraten. Mit den Standesgrenzen
nahm man es nicht so genau, zwanglos plau-
derte man über Literatur, Musik und Politik,
las, machte Scherze und spielte Theater. Die
eingangs geschilderte Szene ist natürlich fiktiv,
sie könnte sich aber durchaus so abgespielt haben in diesem geistreichen Zirkel. Im Reich der
Musen war jene Gleichheit, die gesellschaftlich
erst noch erkämpft werden musste, bereits verwirklicht worden.

Die Tafelrunde der Herzoginmutter entwickelte
sich bald zum geistigen Zentrum des Weimarer
Hofes. Noch im Jahr 1775 erhielt sie bedeutenden Zuwachs: Johann Wolfgang Goethe. Zu
dieser Zeit galt der Autor der „Leiden des jungen Werthers" noch als Kraftkerl und geniales
Original, eine Art Rockstar der Literatur. Für
Karl August war er offenbar sehr viel interes-
santer als der pädagogische Aufklärer Wieland.
Kaum an der Regierung, holte er Goethe nach
Weimar. Endlich hatte er jemanden, mit dem
er machen konnte, was ihn am meisten interessierte: durch die Wälder streifen, in Kneipen
auf den Putz hauen und sich mit Landmädchen
vergnügen. Goethe nutzte seinen Einfluss auf
den jungen Herzog sofort und ließ seinen guten
Freund Johann Gottfried Herder, einen fortschrittlichen Theologen, nach Weimar berufen.
Die konservativen Geistlichen leisteten zwar
massiven Widerstand, aber gegen den Herzog
hatten sie keine Chance. Damit besaß Weimar
nun ein zweites Genie. Herders Sprachtheorie
und sein organisches Geschichtsverständnis hatten großen Einfluss auf die Zeitgenossen.

Dichtung und Tätigkeit

Im Juni 1776 ernannte Herzog Karl August,
gegen den Widerstand des Weimarer Adels, den
Bürgerlichen Goethe zum Geheimen Legations-
rat mit 1200 Talern Besoldung. Er betrachtete
den Dichter, der ihm so schön die Langeweile
vertrieb, als Freund und wollte sich erkenntlich
zeigen. Goethe aber nutzte seine Position, um
seinen Wirkungsbereich enorm zu erweitern:

Die berühmte Anna-
Amalia-Bibliothek in Wei-
mar fiel am 2. September
2004 einem verheerenden
Brand zum Opfer.

Der Dramatiker Friedrich
Schiller gehörte ebenfalls
zur Riege der Klassiker,
die Weimar zum geistigen
Zentrum Deutschlands
machten. Eine Szene aus
dem „Tell", der in Weimar
1804 uraufgeführt wurde.

Er reformierte den Bergbau, warb Soldaten an und kümmerte sich sogar um die Strümpfe von Apolda. Er machte sich unentbehrlich und erlangte als Kammerpräsident schließlich die Kontrolle über die Finanzen des Hofes. Ist das noch der Autor des „Götz von Berlichingen"? Erst in Weimar konnte Goethe seine universalen Talente entfalten. Im Gefolge seiner praktischen Tätigkeit entdeckte er die Naturwissenschaften und entwickelte sich zu einem wahrhaft allumfassenden Geist. Der Ruhm des Weimarer Musenhofs begann auszustrahlen. Angezogen vom berühmten Dreigestirn Goethe, Herder, Wieland, kam im Juli 1787 Friedrich Schiller in die Stadt, um hier zu wirken.

Vorbildliches Theater

Doch Schiller musste sich zunächst mit einer unbezahlten Professur in Jena begnügen. Goethe, laut Schiller „ein Egoist von ungewöhlichem Grade", konnte dem berühmten Autor der „Räuber" lange Zeit nichts abgewinnen. Erst 1794, in einem ausführlichen Gespräch über Goethes Idee der „Urpflanze", kamen sich die beiden näher. Unterstützt von dem bereits weithin bekannten Dichter, gründete Schiller die Zeitschrift „Die Horen", die mit Herder, Fichte, den Brüdern Schlegel, Alexander von Humboldt und anderen Geistesgrößen als Autoren durchaus hochkarätig besetzt war. Die wichtigste Kulturinstitution aber war für Schiller und Goethe – da waren sich die beiden einig – das Theater. Schon 1771 hatte Anna Amalia im Schloss einen Theatersaal eingerichtet, der auch Bürgern offenstand. 1791 gründete nun Karl August das Weimarer Hoftheater und ernannte Goethe zu dessen Direktor. Mit der ihm eigenen Gründlichkeit baute dieser mit der Zeit eine beispiellose Theaterkultur auf. „Gegen das neue Theater in Weimar sind die anderen deutschen nur Kulissen", äußerte sich der Romandichter Jean Paul begeistert.

Schöne Seelen und ein Pudel

Schiller, der 1799 endlich nach Weimar umziehen konnte, brachte seine großen Dramen, „Wallenstein", „Maria Stuart" und „Wilhelm Tell" selbst auf die Bühne, ansonsten übernahm Goethe die Regie. Ihre Bühne verstanden beide Autoren zwar als „moralische Anstalt", aber im Geiste einer „höheren Sinnlichkeit". Im Weimarer Hoftheater hatten daher nicht nur Idealgestalten voller „schöner Humanität" ihren Platz, sondern auch unterhaltsame Komödien und humorige Sing-

spiele. Goethe vermittelte klug zwischen hoher Kunst und Kassenschlagern, aber als 1817 die Schauspielerin Caroline Jagemann einen dressierten Pudel als Hauptattraktion auf die Bühne bringen wollte, streikte er dann doch. Die Mätresse des Herzogs setzte sich allerdings durch, woraufhin Goethe kurzerhand die Intendanz niederlegte. Und so endete mit der berühmten Pudel-Affäre die Glanzzeit des Weimarer Theaters.

Modell Klassik

Doch inzwischen hatte Weimar Maßstäbe gesetzt. Dass die deutschen National- und Staatstheater noch heute als eine Art Bildungstempel angesehen werden, geht letztendlich auf Schillers und Goethes Bemühungen um eine lebendige, qualitativ hochstehende und allen zugängliche Kunstform zurück. Die an der Antike orientierte Kunsttheorie der beiden Dichter sollte als „Weimarer Klassik" in die Geschichte eingehen. Aber auch der Weimarer Musenhof in seiner Gesamtheit galt als eine Art vorbildliche Bühne: eine Welt im Kleinen, in der die Ideale der Aufklärung gelebt wurden und die als Versuchsanordnung einer vernünftig kultivierten Gesellschaft gesehen wurde. Der Begriff des „Klassisch-Deutschen", so der Schriftsteller, Redakteur und Theaterleiter Heinrich Laube, tauchte nicht umsonst erstmals in den 1830er-Jahren auf, als der Ruf nach Freiheit und Einheit überall laut wurde. Damit sollte die politische Entwicklung dem Kunstideal nachfolgen.

Der Roman steckte noch in den Kinderschuhen, als Goethes „Die Leiden des jungen Werthers" herauskam. Eine Selbstmordwelle begleitete das Erscheinen des Buches.

Kaiser Joseph II. hebt die Leibeigenschaft auf

1781
1. NOVEMBER

Kaiser Joseph II. hob die Leibeigenschaft der Bauern auf. Der Vielvölkerstaat Österreich sollte nach den Prinzipien der Aufklärung vereinheitlicht werden, aber viele Reformen scheiterten.

Mit Joseph II. kam ein aufgeklärt denkender Geist auf den Thron. Viele seiner Reformen wurden später aber wieder aufgehoben.

Nach dem Tod Maria Theresias hatte Joseph II. endlich freie Bahn. Unverzüglich machte sich der Sohn der großen Kaiserin an eines der größten innenpolitischen Projekte der neueren Geschichte: die Erschaffung eines einheitlich geordneten österreichischen Staates, regiert und verwaltet nach den neuesten politischen Theorien, die sich im Gefolge der Aufklärung entwickelt hatten. König Friedrich II. von Preußen war sein großes Vorbild, doch Joseph wollte noch weiter gehen. An der Seite seiner Mutter durfte er zwar bereits seit 1765 mitregieren, doch nur allzu oft hatte es Streit über politische Fragen gegeben. Einzig die Außenpolitik war dem jungen Herrscher allein überlassen. Joseph war ehrgeizig und fieberte schon lang dem Zeitpunkt entgegen, an dem er seine Vorstellungen von einem modernen Staatswesen endlich in die Tat umsetzen konnte.

Jetzt drängte er darauf, die in Böhmen, Mähren und Schlesien herrschende Leibeigenschaft abzuschaffen. Bislang nutzten dort die Grundherren die von ihnen abhängigen Kleinbauern nach dem Fronrecht als Arbeitssklaven, ja sie konnten sie teilweise sogar wie zum Hof gehöriges Vieh verkaufen. Ohne die Zustimmung seines Herrn durfte ein Bauer weder heiraten noch ein Gewerbe erlernen noch seine eigenen Produkte verkaufen. Zudem lag die ganze Steuerlast auf den Schultern der einfachen Landbevölkerung. Zwar hatte schon Maria Theresia die Frondienste etwas erleichtert, aber erst Joseph II. befreite die Bauern wirklich aus der wirtschaftlichen, politischen und persönlichen Abhängigkeit von den Grundherren. Sie sollten wie jeder andere unmittelbar dem Staat unterstehen. Das berühmte Untertanenpatent vom 1. November 1781 legte dies ein für alle Mal gesetzlich fest. In anderen Provinzen gab es den Begriff der Leibeigenschaft nicht, aber auch dort bestanden ähnliche Abhängigkeitsverhältnisse, die Joseph II. später ebenfalls auflöste. Immer wieder schärfte er in der Folgezeit seinen befreiten Untertanen ein, sich nun nicht mehr vor jedem bis zum Boden zu verbeugen, sondern aufrecht durchs Leben zu gehen.

An den schwierigen sozialen Verhältnissen veränderte die Befreiung der Bauern aus der Leibeigenschaft leider nicht viel.

Gleichheit für alle

Natürlich waren die Grundherren nicht gerade erfreut, zumal der Kaiser mit der Bauernbefreiung auch ein neues Steuerrecht einführte. Um die „arbeitsliebende Bevölkerung von allen Belästigungen zu befreien", sollten die Abgaben gerecht und gleichmäßig je nach Größe des Grundbesitzes verteilt, die Kleinbauern entlastet und die Grundherren ebenfalls besteuert werden. Das ging allerdings nicht von heute auf morgen. Zunächst musste das gesamte Reichsgebiet in Katasterbüchern erfasst werden. Massive Widerstände des Adels verzögerten diese allgemeine Agrar- und Steuerreform immer wieder und brachten sie schließlich zu Fall. Auch mit seiner Rechtsreform tastete Joseph die Privilegien des Adels empfindlich an: Vor dem Gesetz sollte jeder gleich sein, der Graf also für dasselbe Vergehen ebenso bestraft werden wie der Bauer. Die schaulustigen Wiener hatten nun öfter das Vergnügen, feine Damen und Herren beim Straßenkehren, Karrenziehen oder Bäumepflanzen zu beobachten. Paarweise aneinandergekettet, mussten die Delinquenten öffentlich arbeiten und trugen so zur Abschreckung wie zum Nutzen des Gemeinwohls bei.

Toleranz für Andersgläubige

Kaiser Joseph II. war bei all seinen Reformen vom aufklärerischen Prinzip der Nützlichkeit geleitet. Selbst die bahnbrechende Abschaffung der Todesstrafe stand nicht allein im Zeichen der Humanität, denn ersetzt wurde sie durch grausame Schwerstarbeit, etwa in Tretmühlen, die manche auch nicht lange überlebten. Wegweisend erscheinen dagegen viele Neuerungen des Zivilrechts. Seit der Einführung eines entsprechenden Gesetzes im Jahr 1783 galt die Ehe als bürgerlicher Vertrag, der dem Ehesakrament vorgeordnet war. Das widersprach allerdings der kirchlichen Lehre und machte die Ehe rechtlich gesehen zu einer rein staatlichen Angelegenheit. Bereits mit seinem Toleranzpatent von 1781 hatte Joseph II. den katholischen Klerus verprellt. Auch andere Glaubensrichtungen durften seither ihre Religion frei ausüben, vor allem weil sich der Kaiser von den überaus tüchtigen Protestanten eine Belebung des Gewerbes versprach. Daneben wurden den Andersgläubigen die vollen Bürgerrechte zugestanden, auch Kinder von Protestanten konnten zukünftig an den Universitäten studieren.

Selbst die Juden, die noch Maria Theresia zu Zehntausenden vertrieben hatte, integrierte Joseph ausdrücklich in die Gesellschaft, um sie „dem Staate nützlicher und brauchbarer zu machen". Dazu erließ er 1782 ein weiteres Edikt.

Angehörige des jüdischen Glaubens hatten jetzt z. B. die volle Gewerbefreiheit und konnten wohnen, wo sie wollten. Das war das vorläufige Ende der seit dem Mittelalter weitverbreiteten Diskriminierung der Juden.

Tiere in Kutten

Scharf ging Joseph gegen alles vor, was seiner Ansicht nach nicht einem offensichtlichen Nutzen diente. So etwa gegen Klöster, die sich „nur" dem Gebet widmeten. Im Januar 1782 verfügte er die Auflösung aller „beschaulichen",

---

Das Toleranzpatent Kaiser Josephs II.

Uiberzeugt eines Theils von der Schädlichkeit alles Gewissenszwangs, und anderer Seits von dem grossen Nutzen, der für die Religion, und dem Staat, aus einer wahren christlichen Tolleranz entspringet, haben Wir Uns bewogen gefunden den augspurgischen, und helvetischen Religions-Verwandten, dann denen nicht unirten Griechen ein ihrer Religion gemäßes Privat-Exercitium allenthalben zu gestatten, ohne Rücksicht, ob selbes jemal gebräuchig, oder eingeführt gewesen seye, oder nicht. Der katholischen Religion allein soll der Vorzug des öffentlichen Religions-Exercitii verbleiben.

Toleranzpatent für die Nichtkatholiken in Österreich ob der Enns, 13. Oktober 1781

---

also kontemplativen Orden sowie der Bettelorden, der insgesamt rund 700 Klöster zum Opfer fielen. Parallel dazu erschien in Wien eine Reihe von antiklerikalen Schriften in aufklärerischer Manier. Joseph hatte ja die Pressezensur gelockert, was zu einer wahren Flut von mehr oder weniger kritischen Broschüren führte. „Der Mönch ist ein menschenartiges, bekuttetes, zur Nachtzeit heulendes Tier", erfuhr man da etwa in der „Monachologie" des Naturwissenschaftlers Ignaz von Born.

Staatlich kontrollierte Kirche

Weitere Schläge gegen Einrichtungen des Klerus folgten. Die in Österreich traditionell starke katholische Kirche wollte Joseph II. gänzlich unter die Kontrolle des Staates bringen. Dies war, ganz im Sinne der Aufklärung, ein tragender Pfeiler seines Reformgebäudes und Kern der als „Josephinismus" bezeichneten Politik. Hunderte von neuen Pfarreien wurden eingerichtet, die sich der staatlich kontrollierten Seelsorge widmeten. Hierzu brauchte es auch geeignetes Personal. Da im Zuge der Klosterschließungen die Klosterschulen und bischöflichen Seminare geschlossen worden waren, gründete Joseph II. insgesamt zwölf neue theologische General-seminare, die den jeweiligen Universitäten, da-runter die Hochschulen in Wien, Graz, Prag und Innsbruck, als Konvikte angeschlossen wa-ren, jedoch eigene theologische Kurse anboten. Gemäß der rationalistischen Staatstheologie waren die Grundregeln des Zusammenlebens und gemeinsamen Lernens in diesen Semina-ren sehr liberal, sodass vor allem aufseiten der kirchlichen Stiftungen und der verbliebenen Klöster eine starke Opposition heranwuchs. Die Besoldung der Pfarrer erfolgte aus den Mit-teln eines sogenannten Religionsfonds, in dem der gesamte kirchliche Besitz, alle Kapellen, Ab-teien, Stifte und andere Sakralbauten zu einem großen Vermögen zusammengefasst waren.

Effizienz bis in den Tod

Die Betreuung von Armen, Kranken und Alten übernahm nun ebenfalls der Staat. Es entstan-den soziale Einrichtungen, die sehr oft in den Gebäuden der ehemaligen Klöster unterkamen. Neben Altersheimen, Armen- und Waisenhäu-sern war vor allem das 1784 gegründete Wiener Allgemeine Krankenhaus ein Renommierpro-jekt des Josephinismus. Es beherbergte eine Krankenstation mit 2000 Betten, eine Irrenan-stalt, den berühmten Narrenturm, und ein Ge-burtshaus, in dem Mütter unehelicher Kinder vor der sonst üblichen sozialen Ächtung ge-schützt waren. Ebenso fortschrittlich regelte Joseph Fragen der Hygiene und Seuchenbe-kämpfung, etwa durch den Schutz des Grund-wassers vor schlecht begrabenen Toten mittels der Schließung aller innerörtlichen Friedhöfe. Als er allerdings in seinem Reformeifer auch die Begräbnisse rationalisierte, zog er sich die Feindschaft der Wiener zu, für die die letzten Rituale große Bedeutung hatten: Ab jetzt

wurden die Leichen nämlich effizient und hygienisch in Säcken entsorgt, die aus einem Mehrfachsarg in Massengräber rutschten. Diese Begräbnisordnung musste Joseph 1789 jedoch wieder zurücknehmen. Doch wohl noch Wolf-gang Amadeus Mozart wurde am 6. Dezember 1791 auf diese Weise beerdigt.

Wider die Freimaurerei

Ein weiterer Dorn im Auge war Joseph II. die Freimaurerei. Mit dem Freimaurerpatent vom 11. Dezember 1785 unterwarf er daher sämt-liche Logen der scharfen Kontrolle des Staates. Dazu wurde eine österreichische Großloge ein-gerichtet und die Zahl der Logen in den Kron-ländern, d. h. den einzelnen Teilgebieten der österreichisch-ungarischen Monarchie, auf jeweils eine beschränkt. Viele Logen in Wien schlossen sich daraufhin zusammen oder stell-ten ihre Tätigkeit ganz ein. Gruppierungen wie die Gold- oder Rosenkreuzer, die Joseph als schwärmerisch und teilweise sogar als staats-gefährdend einstufte, wurden ausdrücklich verboten. Mit seinem Patent, in dem die Frei-maurerei auch als „Gaukelei" bezeichnet wird, machte sich Joseph II. indes nicht nur Freunde. Viele seiner früheren Parteigänger, die selbst einer Loge angehört hatten, fühlten sich im Gegenteil eher vor den Kopf gestoßen.

Wohltäter oder Hanswurst?

Für böses Blut sorgte auch die ebenfalls im Jahr 1785 erlassene Gottesdienstordnung, mit der Joseph die ehrwürdige Liturgie von „unnützem" Prunk und Tand befreien wollte. Die Verord-nung regelte selbst die genaue Anzahl der Ker-zen, die während des Gottesdienstes angezündet werden durften. Die Kirchenmusik schränkte Joseph ebenfalls stark ein und nahm damit dem Volk die einzige Möglichkeit, höher entwickelte

> *„Er ruht im Schatten des Grabes, der bekannte und misskannte Menschen-freund. "*
>
> [Trauerrede des Mainzer Dompfarrers Joseph Scheuer auf Joseph II.]

Soziale Einrichtungen wie Hospitäler und sogar Unterkünfte für geistig Verwirrte fanden in Joseph II. einen engagier-ten Unterstützer.

Musik zu hören. Zudem raubte er der Bevölkerung die beliebten Wallfahrten und Prozessionen sowie 15 von 42 Feiertagen zur Erhöhung der allgemeinen Arbeitsleistung. Die Folge war, dass selbst die Bauern ihren einstigen „Befreier" ebenso hassten wie die Adligen und Kleriker den Wohltäter des Volkes. Sein pedantischer Rationalismus machte Joseph zunehmend lächerlich: Unter den Gesetzen, Verordnungen und Dekreten, um die er sich alle persönlich kümmerte, befanden sich auch eine Verordnung zur Einschränkung des Jodelns und das Verbot der angeblich ungesunden Pfeffernüsse. Ja selbst das beliebte „Fensterln" wollte er untersagen. Kein Wunder, dass schon 1784 die Broschüren „Die Regierung des Hanswursten" oder „Der zweiundvierzigjährige Affe" titelten.

Desaster in Ungarn

Bei der Wiener Bevölkerung machte sich Joseph unbeliebt, Ungarn aber war ihm von Beginn an feindlich gesinnt. Ohne sich um die historisch gewachsenen Strukturen des Landes zu kümmern, gliederte er es willkürlich in die Zentralverwaltung ein. Joseph rechnete in Flächen, Einwohnerzahlen, Produktionsleistung – die verschiedenen Mentalitäten und Kulturen im Vielvölkerstaat interessierten ihn nicht. Mit der Einführung der deutschen Amtssprache 1784 erwartete er, dass „Bande brüderlicher Liebe alle Teile der Monarchie miteinander verknüpfen" würden, aber die stolzen Ungarn waren tödlich verletzt. Auch weil Joseph die ungarische Krone nicht trug, sondern in seine Schatzkammer sperrte: Er betrachtete das Land als abstrakten Staatsbesitz. Bald suchte man Kandidaten für eine Königswahl, und 1789 kam es sogar zu offener Empörung.

Unmut regte sich auch am anderen Ende des Reiches. 1787 wollte Joseph die österreichischen Niederlande in neun Verwaltungskreise einteilen, in denen die Privilegien der lokalen Stände massiv beschnitten wurden. Der Konflikt eskalierte bis hin zu blutigen Aufständen und zur Brabanter Revolution vom Oktober 1789. In Ungarn verhinderte nur Josephs Tod die offene Rebellion. Jetzt jubelte das Volk, die verhassten Katasterbücher brannten lichterloh, und es gab reichlich Freiwein.

„Ich habe nur gewollt"

Um sein Territorium abzurunden und damit seine Position im Deutschen Reich zu stärken, versuchte Joseph zweimal, die österreichischen

Niederlande gegen Bayern einzutauschen. Im fast kampflosen Bayerischen Erbfolgekrieg, in Österreich auch „Zwetschgenrummel" genannt, verhinderte Preußen die Einverleibung Bayerns, nur das Innviertel gehört seitdem zu Österreich. In Bayern erwachte durch Josephs Tauschpläne ein neuer Landespatriotismus, der die Grundlage für den modernen bayerischen Staat bildete und noch heute, etwa in dem Ausspruch „Mir san mir!", spürbar ist.

Joseph II. aber wollte seine fortschrittlichen Reformen ohne Rücksicht auf Traditionen durchdrücken. In einem Vielvölkerstaat konnte das nur misslingen, auch wenn das Projekt Zentralstaat noch so vernünftig erschien. „Ich habe nichts getan, als nur gewollt", schrieb er in seinen letzten Tagen. Am 20. Februar 1790 starb er einsam und verbittert, doch konsequent bis in den Tod: Zu Füßen des prunkvollen Doppelsarkophags seiner Eltern ruht Joseph II. in einem schmucklosen Kupfersarg. Die Grabinschrift hatte er selbst entworfen: „Hier ruht ein Fürst, dessen Absichten rein waren, der aber das Unglück hatte, alle seine Pläne scheitern zu sehen." Später, in Metternichs Unterdrückungsstaat, erinnerte man sich gerne der relativen Freiheit und der sozialen Gerechtigkeit unter Joseph II., der als bedeutender Repräsentant des aufgeklärten Absolutismus in die Geschichte einging. Sein Leitspruch war zeitlebens: „Alles für das Volk, aber nichts durch das Volk."

Die Freimaurerei – hier ein Schautuch aus dem 18. Jh. mit den Symbolen der Freimaurer – wurde von Joseph II. einer rigiden staatlichen Kontrolle unterworfen.

Von der Kanonade von Valmy zur Mainzer Republik

1792
20. SEPTEMBER

Ein deutsch-österreichisches Heer attackierte das revolutionäre Frankreich, wurde aber bei Valmy zurückgeschlagen. Im Gegenzug eroberten die Franzosen Mainz und gründeten die erste deutsche Republik.

Kaltblütig wartete der französische General Kellermann neben der Mühle von Valmy, bis die gefürchteten Soldaten des Preußenkönigs unter der Führung des Herzogs von Braunschweig, eines der besten Strategen Europas, die Hänge zu ersteigen begannen. Dann hob er den Degen, auf dessen Spitze sein Hut mit dem blau-weiß-roten Federbusch tanzte: „Vive la nation!" Das war das Signal. Die Soldaten griffen den Ruf begeistert auf, und die wohlvorbereitete Batterie feuerte aus vollen Rohren. Den völlig verdutzten Preußen blieb nur der Rückzug. Statt eines offenen Kampfes entbrannte nun ein wütendes Artillerieduell, das den ganzen Tag andauerte. Ungeheure Erschütterungen

zerrissen die Luft: Bisweilen schossen die Kanonen so dicht wie die Gewehre eines Infanteriebataillons, insgesamt wechselten 20 000 Kugeln die Seiten. Allerdings ohne große Wirkung: Die Preußen verloren „nur" 184 Mann, die Franzosen 300. Die durchnässte Erde verhinderte das verheerende Ricochieren, das wiederholte Abprallen der Kugeln vom Untergrund. So verlief das hitzige Duell zunächst ergebnislos, aber die Folgen konnten gar nicht weitreichender sein.

Eine neue Epoche

Mit den Truppen der Koalition war auch das kleine herzoglich-weimarische Regiment nach Frankreich gezogen und mit ihm Johann Wolf-

In der großen Schlacht am 20. September 1792, die als Kanonade von Valmy in die Geschichte einging, traf das französische Revolutionsheer auf das Koalitionsheer.

gang von Goethe, Dichter und Hofrat in Weimar. Seiner Beobachtungsgabe verdanken wir plastisch geschilderte Details der Kanonade von Valmy, so auch der Stimmung unter den Deutschen. Die unerwartete Gegenwehr hatte sie im Innersten getroffen. Es war ein Schock, als erprobte Kämpfer für die gottgewollte Ordnung gegen die verhassten und verachteten Revolutionäre zu scheitern. Es war einfach ungeheuerlich! Um die völlig demoralisierten Männer ein wenig zu trösten, soll Goethe abends am Lagerfeuer gesagt haben: „Von hier und heute geht eine neue Epoche der Weltgeschichte aus, und ihr könnt sagen, ihr seid dabei gewesen." Ob nun Dichtung oder Wahrheit, der viel zitierte Spruch bringt die historische Bedeutung des Ereignisses auf den Punkt.

Die Republik schlägt zurück

Erstmals hatte das Revolutionsheer einen entscheidenden Erfolg errungen: Der Vormarsch der Deutschen auf Paris war gestoppt, der berühmte Herzog von Braunschweig, der bereits die entscheidenden Züge vorbereitet hatte, saß im Schach. Nicht matt, aber angesichts der französischen Aufstellung blieb ihm nur mehr ein schmählicher Rückzug. Dazu kam die schmerzliche Erkenntnis, dass die Französische

Goethe zur Kanonade von Valmy

Bald aber fanden wir uns in einer seltsamen Lage, Kanonenkugeln flogen wild auf uns ein, ohne daß wir begriffen, wo sie herkommen könnten; die Kugeln schlugen dutzendweise vor der Eskadron nieder, zum Glück in den weichen Boden hineingewühlt; Kot aber bespritzte Mann und Roß; die schwarzen Pferde schnauften und tosten; die ganze Masse war in flutender Bewegung.

Johann Wolfgang von Goethe,
Campagne in Frankreich 1792

Revolution nicht mehr so leicht vom Tisch zu fegen war. Zwei Tage nach der Kanonade von Valmy wurde in Paris die Republik ausgerufen, ein symbolhaftes Zusammentreffen, denn die politischen Veränderungen revolutionierten auch das Militärwesen. Den Patriotismus der Soldaten und die Handlungsfreiheit der Generäle hatte das französische Heer den gedrillten, starr organisierten Berufsarmeen der absolutistischen Staaten voraus. Durch neue Organisationsformen begann es allmählich eine Schlagkraft zu entwickeln, die später in den Napoleonischen Kriegen dem Deutschen Reich zum Verhängnis werden sollte.

Die sich mühsam zurückschleppenden, von Unwettern, Hunger und Krankheit heimgesuchten Preußen ließen die Franzosen weitgehend unbehelligt. Doch starteten sie mehrere Gegenoffensiven, die ihnen die österreichischen Niederlande und die linksrheinischen Reichsgebiete einbrachten. Und natürlich setzten sie dort auch republikanische Satellitenregimes ein.

Fall einer Hochburg

Unter den Unglücklichen, die sich im Oktober 1792 durch den nassen Lehm der Champagne quälten, befand sich auch die Armee des Mainzer Kurfürsten Erthal. Damit blieb die große Festung von Mainz, das als „Vormauer des Reiches" galt, weitgehend unbesetzt. General Custine, der schon Ende September ins Rheinland vorgestoßen war, hatte leichtes Spiel: Bedroht von 13 000 Franzosen, kapitulierte die Stadt am 21. Oktober. Eine Hochburg des deutschen Feudalismus war gefallen – oder „befreit", wie es die Franzosen selbst darstellten. Die Bevölkerung nahm den Einzug ihrer Befreier eher gleichgültig hin, „mit dumpfem Schweigen",

> *Die Freiheit besteht darin, tun zu können, was niemand anders schadet.*
>
> [Georg von Wedekind, Die Rechte des Menschen und des Bürgers, 1793]

Tanz um den Freiheitsbaum im besetzten Rheinland. In Teilen Deutschlands stand die Bevölkerung auf der Seite der Französischen Revolution.

Das „Mainzische Intelligenzblatt" veröffentlichte am 31. Juli 1793 die Proklamation zum Ende der Mainzer Republik.

wie ein Beobachter berichtete, einige wenige aber begrüßten sie begeistert: Vor allem Vertreter der gebildeten Stände, etwa Beamte, Professoren und Studenten, unterstützten die Ideen der Französischen Revolution. Ein paar Enthusiasten gründeten sofort eine Gesellschaft der Freunde der Freiheit und Gleichheit, einen Klub nach dem Vorbild der Pariser Jakobiner.

„Zittert, Tyrannen!"
Zunächst waren es nur 20 Männer, die den feierlichen Eid leisteten „frei zu leben oder zu sterben", einen Monat später zählte der Klub fast 500 Mitglieder, immerhin 6 % aller beitrittsberechtigten Mainzer. Dazu kamen 1000 Zuschauer, die neugierig in den Akademiesaal des Schlosses strömten, um den heißblütigen Reden der Klubisten zu lauschen. Auch in anderen Orten der Pfalz und Rheinhessens entstanden derartige Klubs. Ihr Ziel hatten sie hoch gesteckt: Nicht nur für Mainz wollten sie sich engagieren, sondern auch die Freiheit und

Gleichheit „des übrigen Teils der großen deutschen Nation" vorbereiten. Damit blitzte erstmals im Kleinen ein Gedanke auf, der im 19. Jh. eine gewaltige Bewegung in Gang setzen sollte.

Konkrete politische Ambitionen hatten die Mainzer Jakobiner nicht. Sie verstanden sich eher als eine Art Marketingabteilung der Revolution: Das unwissende Volk musste ja erst einmal aufgeklärt werden über die Tyrannei der Fürsten und die Vorzüge einer republikanischen Verfassung! Massen von Zeitschriften, Flugblättern und Plakaten wurden gedruckt, den Armen wurde erklärt, warum sie arm waren, den Bauern, warum sie so drückende Abgaben leisten mussten. Doch da die Franzosen auch nicht sehr viel weniger forderten, sahen viele nicht ein, welche Vorteile eine Republik bringen sollte. Anders als in Frankreich zielte der jakobinisch-missionarische Eifer meist ins Leere. Dennoch sollte man die Anstöße, die von den Mainzer Jakobinern ausgingen, nicht unterschätzen. Dass es überhaupt so etwas wie Menschenrechte gab, erfuhren breite Schichten erst von ihnen, und sie waren die ersten Deutschen, die sich öffentlich zu demokratischen Werten bekannten.

Das rote und das schwarze Buch
General Custine, der die Mainzer „vom entehrenden Joch des Despotismus" befreit hatte, war offenbar ein ehrenwerter Mann. Die Bevölkerung sollte sogar frei entscheiden, welche Regierungsform sie haben wollte. Tatsächlich gab es massive Bedenken gegen eine Republik unter französischem Schutz: Wäre die Handelsstadt dann nicht vom Reich abgeschnitten und könnte ausgehungert werden? Die Klubisten, Meister suggestiver Propaganda, starteten nun eine spektakuläre Aktion. Die Befürworter sollten in einem roten Buch unterzeichnen, die Gegner in einem schwarzen – das war mit Ketten umwunden und trug den Titel „Sklaverei". Hier zeigte sich schon, wie weit die Praxis noch vom demokratischen Anspruch entfernt war. Inzwischen hatte das besetzte Gebiet zwischen Mainz, Worms und Speyer eine Allgemeine

Administration, die Custine doch recht autoritär an die Stelle der alten kurfürstlichen Beamten gesetzt hatte. Das verbesserte die profranzösische Stimmung natürlich nicht gerade. Bis Dezember standen im roten Buch nur rund 1200 Namen. Während manche schon die „Befreiung des Weltalls" verkündeten, schwand in Mainz die Basis. Selbst fortschrittliche Intellektuelle erinnerten sich an das tolerantere Klima unter dem Kurfürsten. Bald machte das Sprichwort „Unterm Krummstab ist gut leben" die Runde. Der freigeistige Literat Wilhelm Heinse lachte sogar über die „Maynzerfreiheitsfarce".

Morgenröte der Freiheit?

Am 15. Dezember beschloss der Pariser Konvent die zwangsweise Demokratisierung aller besetzten Gebiete, und so gerieten die daraufhin am 24. Februar 1793 abgehaltenen Wahlen tatsächlich zu einer Art Farce: Man musste wählen, durfte das aber erst nach einem Eid auf „Freiheit und Gleichheit". Damit war der Wähler von vornherein ideologisch festgelegt und konnte sich allenfalls zwischen den Personen einer einzigen Partei entscheiden. Die Wahlbeteiligung blieb äußerst gering, so gingen in Mainz nur 8 % der Wahlberechtigten zur Stimmabgabe. Und das trotz massiver Drohungen seitens der Franzosen und einheimischer Patrioten. In einer Ortschaft wurden bereits brennende Lunten hinter die Kanonen gehalten, um dem demokratischen Eifer der Bevölkerung nachzuhelfen.

„Heil dem Tage, an dem die Morgenröte deutscher Freiheit anbricht", jubelte am 16. März 1793 eine Mainzer Zeitung. Gemeint war der Tag, an dem der gerade gewählte Rheinisch-Deutsche Nationalkonvent erstmals zusammentrat. Und nach der verfassunggebenden Sitzung konnte man lesen: „Die Repräsentanten des freien deutschen Volkes, durchdrungen vom Hochgefühl ihrer Würde, erhoben sich von ihren Sitzen und erklärten feierlich die Souveränität des deutschen Volkes." Nach dem Dekret vom 18. März bildete nun der Landstrich von Landau bis Bingen einen „freien, unabhängigen, unzertrennlichen Staat", abgelöst vom deutschen Kaiser und Reich. Die erste deutsche Demokratie war geboren.

Das Ende eines Traumes

Ob die Mainzer Republik nach den ziemlich undemokratischen Geburtswehen tatsächlich eine Art Modellstaat geworden wäre? Schwer zu sagen, denn ihr war kein langes Leben beschieden. Nachdem im Januar 1793 der Kopf von Ludwig XVI. gerollt war, traten auch England und Spanien der Koalition bei, und auch das von der Kanonade von Valmy verheißene Kriegsglück wendete sich wieder. Mainz geriet in die Zange Österreichs und Preußens und wurde am 23. Juli von den Franzosen aufgegeben. Sie erhielten freien Abzug, über die armen Jakobiner aber ergoss sich die Volkswut. Wer nicht fliehen konnte, wurde misshandelt und verhaftet. In den düsteren Kasematten der Festung Königstein endete ihr lichter Traum von einer freiheitlichen Staatsform.

Über die Bedeutung der Mainzer Republik sind sich die Historiker nicht ganz einig. Manche sehen in ihr die Wiege der deutschen Demokratie und spannen eine direkte Linie zum Hambacher Fest, in manchen Geschichtsbüchern fehlt sie dagegen ganz. Wie groß ihre Folgen auch immer gewesen sein mögen, die Forderungen der Mainzer Jakobiner und die Organisationsform des Rheinisch-Deutschen Nationalkonvents weisen über die Entwicklungen von 1848 hinaus bis auf das Wahlrecht und die Parlamente in heutiger Zeit.

Auch im Elsass verbreitete sich der revolutionäre Gedanke. Das Gebiet gehörte schon zu Frankreich, in weiten Teilen war Deutsch aber als Sprache noch gebräuchlich.

Freyheit   Gleichheit

Einheit
Unzertren
lichkeit
der
Republick

Brüderliebe   oder   Todt

Die Befreiung des Geistes

Einer der Leitsätze der Aufklärung war Kants Ausspruch „Habe Mut, dich deines eigenen Verstandes zu bedienen!" Und das taten die Menschen. Gelehrte und publizistische Diskussionen waren an der Tagesordnung, die Naturwissenschaften erlebten einen ungeahnten Aufschwung. Nicht mehr nur gelehrte Köpfe beobachteten, sammelten und systematisierten ihre dabei gemachten Erfahrungen, auch gebildete Adlige und wissenshungrige Bürger begeisterten sich für wissenschaftliche Erkenntnisse. Das Gedankengut der Aufklärung hielt Einzug in Kunst und Literatur und beförderte u. a. die Emanzipation der Juden. Zwar war es oft schwierig, Philosophie und Machtpolitik in Einklang zu bringen, doch vor allem die kleineren deutschen Fürstenhöfe entwickelten sich zu wahren Musenhöfen.

Bis in die Zeit des Barock war wissenschaftliche Erkenntnis vor allem Sache der Gelehrten, jetzt wurde die Anteilnahme am Geistesleben bei den gebildeten Schichten größer. Anatomische Modelle, wie hier das eines menschlichen Auges, gehörten zur repräsentativen Ausstattung.

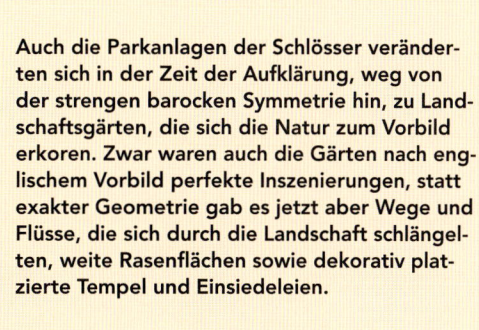

Auch die Parkanlagen der Schlösser veränderten sich in der Zeit der Aufklärung, weg von der strengen barocken Symmetrie hin, zu Landschaftsgärten, die sich die Natur zum Vorbild erkoren. Zwar waren auch die Gärten nach englischem Vorbild perfekte Inszenierungen, statt exakter Geometrie gab es jetzt aber Wege und Flüsse, die sich durch die Landschaft schlängelten, weite Rasenflächen sowie dekorativ platzierte Tempel und Einsiedeleien.

Der Königsberger Philosoph Immanuel Kant, einer der wichtigsten Vertreter der Aufklärung in Deutschland, veränderte mit seiner Schrift „Kritik der reinen Vernunft" nachhaltig die Erkenntnistheorie. Er vertrat keine reine Erfahrungsphilosophie, sondern reflektierte vielmehr die „Bedingungen der Möglichkeiten von Erfahrung", was auch als Transzendentalphilosophie bezeichnet wird.

In der Literatur äußerte sich die Aufklärung in einer Wiederbelebung des Theaters als Lehr- und Erziehungsanstalt. Lessings bürgerliche Dramen, hier eine Aufführung von „Nathan der Weise", gaben den aufklärerischen Religions- und Moralvorstellungen Raum auf der Bühne und machten sie populär.

Die aufgeklärte Fürstin in ihrem Schreibkabinett: Stolz präsentiert sich die gebildete Frau mit den Insignien der geistigen Freiheit. Dazu gehörten neben der umfangreichen Bibliothek auch die Kunstsammlung an den Wänden, die Feder in der Hand als Zeichen geistiger Selbstständigkeit, ein Globus als Symbol der Weltläufigkeit und die Statue der Göttin Minerva, der Beschützerin der Künste.

Ein Dokument regelt die Neuordnung des Reiches

1803
25. FEBRUAR

Der Reichsdeputationshauptschluss regelte die Entschädigung der deutschen Fürsten, die von Napoleons Eroberungen betroffen waren. Eine neue Landkarte Deutschlands musste nun gezeichnet werden.

> *Der Rhein ist (...) ein zwischen der französischen Republik und dem Deutschen Reiche gemeinschaftlicher Strom geworden ...*

[Aus § 39 des Reichsdeputationshauptschlusses]

Regensburg, am 25. Februar 1803: Im Alten Rathaus verabschiedete der Immerwährende Reichstag sein letztes großes Gesetz. Der ehrwürdige Reichssaal prangte in seiner ganzen geschichtträchtigen Pracht, aber die Versammlung wirkte nicht besonders feierlich: Nur wenige Vertreter der kleineren Reichsstände saßen in den Bänken, die den geistlichen Reichsfürsten bestimmte Bank an der rechten Seite war so gut wie leer. Die Abstimmung war eine reine Formsache: Einstimmig angenommen.

Der Anfang vom Ende

Dabei ging es um nichts Geringeres als die territoriale Neuordnung des Reiches, eine ungeheure Umschichtung von Besitz- und Machtverhältnissen. In den Napoleonischen Kriegen hatten deutsche Fürsten ihre Territorien links des Rheines an Frankreich verloren. Im Frieden von Lunéville 1801 erlaubte ihnen Napoleon, sich dafür schadlos zu halten. Das Reich setzte im August 1802 einen Ausschuss ein, eine sogenannte Reichsdeputation, die diese Angelegenheit juristisch regeln sollte. Das Ergebnis fasst der Deputationshauptschluss zusammen, ein gewaltiges Dokument, das 89 Paragrafen und 12 500 Wörter enthält. Allerdings bestimmte

vor allem Frankreich die Art der Gebietsverteilungen. Die abwesenden Reichsstände wussten bereits, dass es ihnen an den Kragen gehen würde. Das Heilige Römische Reich Deutscher Nation stand kurz vor seiner Auflösung.

Die großen Gewinner

Es wundert nicht, dass Bayern, Württemberg und Baden, die direkt mit Frankreich verhandelten, zu den großen Gewinnern zählten. So erhielt etwa Baden für acht Quadratmeilen linksrheinischer Verluste 59 Quadratmeilen Entschädigung und einen Zuwachs von mehr als 200 000 Einwohnern. Auch Württemberg mauserte sich neben Bayern zu einem ansehnlichen Territorialstaat. Die Fürsten wollten nicht mehr über weitzerstreute und zerrissene Gebiete herrschen, sondern über größere, in ihren Umrissen kompakt geschlossene Länder. Das stärkte ihre Macht und Souveränität, hatte aber mit Reichspolitik nichts mehr zu tun. In der Folge prägen diese moderneren Flächenstaaten noch die heutige Einteilung Deutschlands in einzelne Bundesländer. Was Napoleon gewann, war eine breite Pufferzone gegenüber Österreich und im Bedarfsfall ein klar überschaubares

Eine Allegorie auf die Herrschaft Maximilians IV. in Bayern preist die Folgen des Hauptschlusses: so etwa die Säkularisation und die Gebietsreformen.

Säkularisation in Bayern

Der Säkularisation fiel in Bayern z. B. das Kloster Oberzell in der Nähe von Würzburg zum Opfer. Die Prämonstratenserabtei wurde 1802 aufgelöst, sämtlicher Hausrat versteigert, die wissenschaftlichen Sammlungen und Kunstwerke in alle Winde zerstreut. So gelangte etwa die Bibliothek an die Universität Würzburg. 1817 erwarben zwei Unternehmer das Kloster und machten daraus eine Schnellpressenfabrik. 1923 wurde es das Mutterhaus der Zeller Schwestern, einer Franziskanerinnengemeinschaft.

Durchmarschgebiet. Als Gegengewicht zu den Mächten im Süden konnte Preußen seine Position in Norddeutschland erheblich ausbauen.

Ordnung und Unruhe

Der bunte Flickenteppich Deutschland begann sich zu einer übersichtlichen Landkarte zu ordnen: Hunderte von Territorien wurden bis 1806 auf etwas über 30 Staaten reduziert. Viele Fürsten konnten sich an der Entschädigung enorm bereichern, und manche zauberten linksrheinische Besitzungen aus dem Hut, die faktisch gar nicht existierten. Doch das spielte keine Rolle. Napoleon ging es weniger um eine gerechte Entschädigung, vielmehr wollte er die gestärkten „Mittelstaaten" wie eine Reihe von Festungen gegen Österreich in Stellung bringen. Hinter den Kulissen der Reichsdeputation wurde geschachert und gefeilscht, geschoben und bestochen. Ungeheure Summen flossen in die Taschen des französischen Außenministers Talleyrand. Allein eine Perlenkette, die er seiner Hausdame verehrte, kostete 36 000 Francs: gut das Fünfzigfache des Jahresgehalts eines Gymnasiallehrers.

Die große Flurbereinigung verlief also keineswegs so geregelt und geordnet, wie es die Paragrafen des Reichsdeputationshauptschlusses suggerieren. Ein Chronist berichtet: „Die

größte Spannung herrschte überall, Unruhe erfüllte die Gemüther der Großen und Kleinen. Von Habsucht und Eifersucht war sie bei jenen, von Furcht und Habsucht bei diesen erzeugt." Am Ende ging es zu wie bei den Fischen: Die Großen fraßen die Kleinen.

Mediatisiert …

Es ging um sehr viel: 112 kleinere Herrschaftsgebiete standen zur Disposition, die insgesamt 21 Mio. Gulden jährlich einbrachten. Bislang unterstanden diese Fürsten und Grafen allein dem deutschen Kaiser, herrschten also weitgehend selbstständig über ihr Territorium. Diese sogenannte Reichsunmittelbarkeit verloren sie laut Reichsdeputationshauptschluss, sie wurden einem Landesherrn unterstellt und damit „mediatisiert", was so viel bedeutet wie „mittelbar gemacht". Unverblümt gesagt: Ihre Gebiete wurden geschluckt. 3 Mio. Menschen wechselten durch die Mediatisierung die Staatsangehörigkeit. Auch folgender schlichte Absatz des Hauptschlusses hatte es durchaus in sich: „Das Kollegium der Reichsstädte besteht in Zukunft aus den freyen und unmittelbaren Städten: Augsburg, Lübeck, Nürnberg, Frankfurt, Bremen und Hamburg." Das bedeutete, dass alle übrigen Reichsstädte ihre Freiheit und Teile ihrer Gebiete verloren. Einst so stolze Städte wie Speyer, Ulm oder Rothenburg waren ab jetzt nichts mehr als größere Ortschaften. Das Reich verlor damit wichtige Stützen.

… und säkularisiert

Der weitaus größte Verlierer der Neuordnung Deutschlands aber war die Kirche. Die antiklerikale Mentalität der Aufklärung machte sie zum Freiwild für die Machtgelüste der weltlichen Fürsten. 66 geistliche Territorien wurden laut Reichsdeputationshauptschluss aufgelöst, nahezu alle Erzbischöfe, Fürstbischöfe und Prälaten verloren ihre Gebiete und Herrschaftsrechte. Die Kurfürstentümer Trier und Köln, 19 Fürstbistümer und 44 Reichsabteien wurden von der Landkarte getilgt. Damit verlor auch die Verfassung der Reichskirche ihre Basis, ein weiteres Funda-

Deutschland stand unter dem Diktat Napoleons, der sich 1804 zum Kaiser krönen ließ. Seine Krone soll der Kaiserkrone Karls des Großen nachempfunden worden sein.

In der Schlacht bei Austerlitz setzte sich Napoleon gegen die Truppen Österreichs durch. Damit war das Ende der Habsburger Vorherrschaft besiegelt.

schränkt: In einem Kloster nahe Paderborn tranken die Mönche noch schnell ihren guten Rheinwein aus, bevor er in die Hände der preußischen Kommissare fiel. Bei der Verlesung ging es dort wohl recht fidel zu. Anschließend wurden alle Gebäude und Besitztümer, das gesamte Personal und Inventar aufgelistet, Räume versiegelt und alle beweglichen Güter abtransportiert. Die Mönche mussten ihr Bündel schnüren und von dannen ziehen. Klöster verwandelten sich in Kasernen, Kirchen in Waffenlager oder Pferdeställe, nutzlose Gebäude wurden abgerissen. Grundstücksspekulanten machten glänzende Geschäfte, ja dieser einträgliche Beruf blühte durch die Säkularisierung erst richtig auf. Ebenso der moderne Kunsthandel: Versteigerungen brachten Massen von geistlichen Kunstgegenständen auf den Markt oder in staatlichen Besitz, sodass viele Gemälde, die damals beschlagnahmt wurden, noch heute in den Museen zu bewundern sind. Vieles, was diesen aufgeklärten Zeiten als wertlos galt, wurde verramscht oder zerstört. So wurden mittelalterliche Kreuze, Kelche und Schreine kurzerhand eingeschmolzen. Wertvolle Bücher wanderten in staatliche Bibliotheken oder Privatsammlungen, doch viele für die historische Forschung unersetzliche Dokumente gingen schlichtweg verloren. Ein preußischer Archivar fand mittelalterliche Pergamenturkunden in festgestampften Säcken, „mit Spreu und Kot vermischt, verfault und von dem Ungeziefer zerschrotet". Die Säkularisierung war ein wichtiger Schritt hin zu einer modernen Gesellschaft, bedeutete vielfach aber auch das Ende von blühenden Kulturlandschaften.

Deutschland, geteilt durch drei

Unterdessen blieb Napoleon nicht untätig. Seit seiner Selbsterhebung zum Kaiser Frankreichs im Mai 1804 zeichnete sich sein Ziel immer deutlicher ab: die Schaffung eines großartigen Reiches mit europäischen Vasallenstaaten. Nicht umsonst war die Krone, die er sich am 2. Dezember aufsetzte, nach dem Muster der Karlskrone gestaltet. Österreich, das seine italienischen Besitzungen bedroht sah, schlug sich auf die Seite Englands und Russlands, aber auch diesen dritten Koalitionskrieg entschied Napoleon mit der berühmten Schlacht bei Austerlitz am 2. Dezember 1805 für sich. Der anschließende Friede von Pressburg beendete vorerst die habsburgische Herrlichkeit. Österreich schrumpfte auf den Donauraum zusammen, seine nördlichen Besitzungen, darunter Tirol, gingen an Bayern, Baden und Württemberg, die auf der Seite Napoleons standen.

ment des Deutschen Reiches. Das Verhältnis von Staat und Kirche veränderte sich völlig. Alle Stifte, Abteien und Klöster überstellte der Hauptschluss der „freien und vollen Disposition der respectiven Landesherren". Schon im November 1802 war das Schicksal der geistlichen Reichsstände besiegelt: Sie wurden „säkularisiert", also „weltlich gemacht", und noch im selben Jahr begannen manche Staaten eifrig mit der Beschlagnahme von Kirchengütern.

Klöster zu Kasernen

In den katholischen Gebieten kam es nun zu ähnlichen Szenen: Staatliche Kommissare, begleitet von Soldaten, pochten an die Klosterpforten, ließen die verängstigten Mönche und Nonnen antreten und verlasen dann ihre Aufhebungsverfügung. Der Widerstand war be-

Außerdem schenkte Napoleon den bayerischen und württembergischen Kurfürsten den Königstitel und gab ihnen „die vollständige Souveränität". Ebenso verfuhr er mit dem zum Großherzogtum beförderten Baden. Deutschland war jetzt deutlich dreigeteilt: in Österreich und Preußen sowie „la troisième Allemagne", die napoleonfreundlichen Mittelstaaten.

Unter dem Schutz Napoleons

Der Todesstoß für das dahinsiechende Deutsche Reich erfolgte am 12. Juli 1806: Auf Druck Napoleons unterzeichneten 16 süd- und westdeutsche Staaten ein Abkommen: „Die Staaten werden für immer vom deutschen Reichsgebiete abgesondert, und unter sich durch eine besondere Konföderation unter dem Namen: rheinische Bundesstaaten vereinigt." Die Fürsten dieses Bundes erklärten sich von jeder fremden Macht unabhängig, stellten sich aber unter das Protektorat Napoleons, dem es vor allem um ein Militärbündnis ging. Wenn es im Artikel 35 hieß, dass jeder kontinentale Krieg eines Partners „für alle anderen zur gemeinsamen Sache wird", bedeutete das im Klartext, dass Napoleon bei seinen Eroberungszüge auf große deutsche Truppenkontingente zurückgreifen konnte: insgesamt 63 000 Mann, davon allein 30 000 aus Bayern und 12 000 aus Württemberg. Der bayerische König verpflichtete sich, „in Augsburg Bäckereien anzulegen, um einen Vorrath von Zwieback backen lassen zu können, damit im Falle eines Kriegs der Marsch der Armeen keinen Aufenthalt erleide". Und als Napoleons Große Armee 1812 nach Russland und damit in den Tod marschierte, waren auch Zehntausende deutscher Soldaten dabei.

Am Ende ein Anfang

Bedrängt von Napoleon, erklärte Franz II., der letzte Kaiser des Heiligen Römischen Reiches, im August 1806 „dass Wir das Band, welches Uns bis jetzt an den Staatskörper des Deutschen Reiches gebunden hat, als gelöst ansehen, und die bis jetzt getragene Kaiserkrone niederlegen". Das reale Ende des Deutschen Reiches schuf Raum für Wunschbilder. Man sehnte sich in die Zeit Kaiser Barbarossas zurück. Das romantische Mittelalter

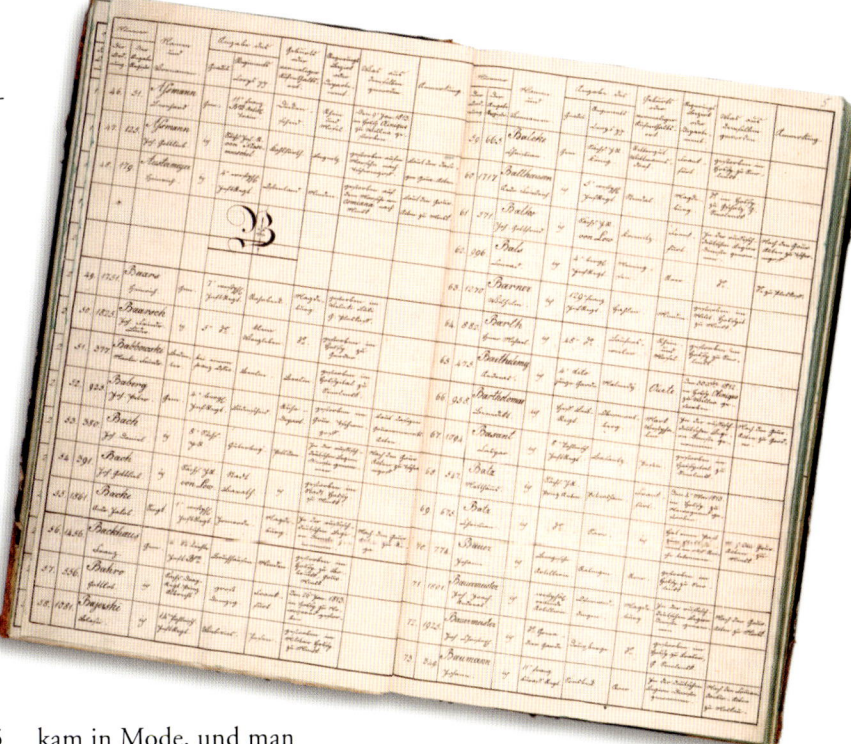

kam in Mode, und man träumte von deutscher Größe und Einheit. Unterdessen forcierte Napoleon den „Fortschritt": Per Dekret vom 18. August 1807 errichtete er aus dem Kurfürstentum Hessen, dem Herzogtum Braunschweig, dem Fürstentum Osnabrück sowie Teilen Hannovers, Preußens und Obersachsens das Königreich Westphalen und bestimmte Kassel zu dessen Hauptstadt. Er gab dem neuen Staat eine fortschrittliche Verfassung und richtete eine moderne Verwaltung und Justiz ein. Die alten Patrimonialgerichte und die Leibeigenschaft wurden abgeschafft, stattdessen die Gewerbefreiheit, die Gewaltenteilung, der Code civil und die doppelte Führung von Kirchenbüchern eingeführt. Auf den Thron setzte Napoleon seinen Bruder Jérôme Bonaparte. Ihm schrieb er: „Ihr Volk muss sich einer Freiheit, einer Gleichheit, eines Wohlstandes erfreuen, die den übrigen Völkern unbekannt sind." Dieser Modellstaat blieb natürlich weitgehend Propaganda. Viele Reformen waren nur begrenzt erfolgreich, weil der Menschen- und Geldbedarf für die Napoleonischen Kriege das Land ausbluten ließ. Doch mit französisch inspirierten Reformen in Gesellschaft, Recht und Verwaltung machten sich nun auch die übrigen deutschen Staaten auf den Weg in die Moderne.

Die Koalitionen vieler deutscher Staaten mit Napoleon erwiesen sich als verhängnisvoll. Zehntausende (oben eine Vermisstenliste) starben im Russlandfeldzug.

Im Königreich Westphalen, links eine Allegorie auf dessen Gründung durch Napoleon, entstand die erste fortschrittliche Verfassung Deutschlands.

1806–1918

Vom Staatenbund zum Kaiserreich

Der revolutionäre Feuerkopf Napoleon stellt mit seinen begeisterten französischen Truppen ganz Europa auf den Kopf. Als er schließlich geschlagen von dannen ziehen muss, hat sich die Landkarte gewandelt. Das Heilige Römische Reich Deutscher Nation hat sich aufgelöst. Zurück bleibt ein Staatenbund, der sich unter der Führung Preußens zu einem neuen Deutschen Reich formiert. Auf der Weltbühne agiert das Kaiserreich ohne Fortune und entzündet einen Krieg, der sich zum Weltfeuer ausweitet.

Im Zeichen des preußischen Adlers entsteht und fällt das Zweite Deutsche Kaiserreich.

Bauernbefreiung und preußische Reformen

1807
9. OKTOBER

Preußen wagte den wichtigen Schritt zur Bauernbefreiung: Die Erbuntertänigkeit wurde abgeschafft. Dieses Oktoberedikt und weitere Reformen bildeten die Grundlagen für einen starken modernen Staat.

Die Bauernbefreiung auf einem Rundrelief am Denkmal des Reichsfreiherrn vom Stein in Berlin aus dem Jahr 1875.

Der Bauer als Bürger

Tatsächlich erging am 9. Oktober 1807 in ganz Preußen das königliche Edikt: „Mit dem Martinitage [11. November] 1810 hört alle Gutsuntertänigkeit in Unseren sämtlichen Staaten auf. Nach dem Martinitage 1810 gibt es nur freie Leute." Bislang waren die Bauern den Grundherren „erbuntertänig", also wirtschaftlich und persönlich von ihnen abhängig. Die Bauern waren abgabepflichtig und mussten vor allem lebenslang uneingeschränkte Frondienste leisten. Ihre Kinder waren dem Gesindezwang unterworfen, die Bauern durften nicht ohne Erlaubnis heiraten und waren an ihre Scholle gebunden. All dies hob das Oktoberedikt auf. Mit der Bauernbefreiung im 19. Jh. und dem Ende der Gutsherrschaft verschwindet die Erbuntertänigkeit. Dazu hatte jeder Einwohner nun das Recht auf Landbesitz – ein heftiger Schlag gegen die feudale Ordnung. Die Bauern wurden zu gleichberechtigten Staatsbürgern.

Folgen der Freiheit

Die Reformpolitiker Karl August von Hardenberg und Heinrich Friedrich Karl vom Stein hatten ein klares Ziel: Die Befreiung sollte neue Kräfte mobilisieren. Die eigenverantwortlich Grund und Boden bestellenden Bauern sollten die Landwirtschaft produktiver machen. „Entfesselte Hände" arbeiten besser.

Allerdings dauerte es bis 1850, bis jeder Bauer faktisch befreit war. Er musste sich ja mit einem Teil seiner Anbaufläche freikaufen. Den Vorteil hatten die Großgrundbesitzer, die ungeheure Mengen Land schluckten. „Spanndienstfähige" Bauern wie unser Pflüger hatten eine Chance auf Verbesserung, Kleinbauern gerieten meist ins Elend. Den neuen Industrien standen dadurch billige Arbeitskräfte zur Verfügung, und die großen Güter bereiteten dem technischen Fortschritt in der Landwirtschaft den Boden. Auch die Ehefreiheit wirkte produktiv: Bis 1848 vermehrte sich die Bevölkerung Preußens sprunghaft.

Langsam schleppten sich zwei Ochsen über das Feld. Der Mann hinter dem Pflug wirkte lustlos. „Wird Er wohl anpacken, Kerl!" Der Gutsherr griff zu seinem Stock. „Herr", flehte der Bauer, „meine Ochsen sind müde, und nach dem Gutsland müssen sie noch über mein Feld." – „Aber erst leiste Er den Spanndienst. Und ordentlich! Oder soll ich Ihm helfen?" Der Stock hob sich bedrohlich. „Nein Herr, ich kenne meine Pflicht." Und der Pflug griff wieder in die Erde. Der Bauer aber murmelte trotzig: „Warte nur, nach dem Martinitage 1810 gibt es nur noch freie Leute, dann soll der Teufel dein Feld beackern."

Revolution von oben

Die Niederlage Preußens im Krieg gegen Napoleon 1807 und der von Frankreich diktierte Friede von Tilsit schleuderten das um die Hälfte geschrumpfte Land in einen ökonomischen Abgrund. Reformen waren eine Frage des Überlebens. Stein und Hardenberg wussten, dass die alte Ordnung nicht zu halten war, und sie erkannten die positiven Seiten einer Revolution. Die Reformer wollten jedoch eine gewaltsame Veränderung in Preußen nach dem abschreckenden Beispiel Frankreichs vermeiden. „Also eine Revolution im guten Sinn", schrieb Hardenberg, „zu dem großen Zwecke der Veredelung der Menschheit, durch Weisheit der Regierung und nicht durch gewaltsame Impulsion von innen oder außen." Dabei gingen die Reformer Kompromisse ein, um Grundsätze des bestehenden Systems – beispielsweise die Monarchie – zu erhalten und gleichzeitig die angestrebte Modernisierung friedlich zu realisieren. Es war eine Revolution von oben, erdacht von Beamten, Offizieren und Gelehrten. Ein Gedanke vor allem erwies sich als revolutionär: Das Vertrauen in die Selbsttätigkeit des freien Menschen. Deshalb schufen die preußischen Reformen oft Anreize zur Eigeninitiative.

„Freie Bahn dem Tüchtigen!"

Seit dem Mittelalter wachten die Zünfte über das Handwerk. Dies änderte das Gewerbeedikt. Fortan konnte jeder das Gewerbe betreiben, das ihm zusagte. Statt der Zunftordnung herrschte nun freier Wettbewerb. Auch die Juden genossen seit 1812 gleiche Rechte und Freiheiten wie die Christen. Die freie Berufswahl brachte zwar großen Konkurrenzdruck in die Städte, förderte aber auch das ländliche Handwerk. Vor allem begünstigte die Gewerbefreiheit die rasche Industrialisierung Preußens.

Politisch gab es ebenfalls mehr Freiheiten: Stein wollte „Gemeingeist und Bürgersinn" wecken und führte eine frei gewählte städtische Selbstverwaltung ein. Sie entschied über die Verwendung der Steuermittel. Noch in den heutigen Gemeindeordnungen

wirkt dieses System nach. Selbst die höchste Regierungsebene reformierte Stein: Das Kabinett des Königs verschwand zugunsten der fünf klassischen Ministerien für Inneres, Auswärtiges, Krieg, Finanzen und Justiz.

Ein Volk in Waffen

In den gegen Napoleon verlorenen Schlachten hatte die preußische Armee völlig versagt. Eine Erneuerung war fällig. General Gerhard von Scharnhorst wollte die Soldaten nicht mehr grausam disziplinieren, sondern im Geist des freien Bürgers motivieren. Das Spießrutenlaufen und andere entehrende Strafen wurden abgeschafft. Stattdessen sollten Leistung und Tapferkeit belohnt werden und die Offizierslaufbahn nicht mehr nur Adligen offenstehen. 1813 kam als revolutionärer Schritt die allgemeine Wehrpflicht: Jeder Bürger sollte dem Staat in Waffen dienen. Erst im Heer, dann in der Reserve. Daneben stand die bürgerlich organisierte Landwehr, das „Volk in Waffen". Preußen rüstete zum Befreiungskampf. Und machte sich auf den Weg zum führenden Militärstaat Deutschlands.

Universale Bildung

Die geistige Basis aller preußischen Reformen lieferte die Bildungsreform Wilhelm von Humboldts. Der Mensch sollte zu einem freien und geistig flexiblen Individuum erzogen werden. Die Schule hatte die Aufgabe, die staatsfördernde Fähigkeit des selbstständigen Denkens zu vermitteln. Allgemeinbildung und Humanismus standen bei der Erneuerung der Gymnasien im Vordergrund. Das Abitur als Hochschulreife kam 1812. Die Universitäten wurden zu Stätten freier Forschung und Lehre, aber auch zu Brutstätten progressiver freiheitlicher Tendenzen. Und die sollten sich bald auch gegen den Staat richten.

Karl Reichsfreiherr vom und zum Stein gilt als der bedeutendste Reformer Deutschlands und Preußens. Sein politisches Lebenswerk legte einen Grundstein für das moderne Staatswesen.

Ein Schwingpflug, wie er auf dem Reformgut von Albrecht Daniel Thaer eingesetzt wurde – Beispiel für technische Neuerungen in der Landwirtschaft, die durch die Reformen gefördert wurden.

Bayern erhält eine fortschrittliche Verfassung

1808
1. MAI

Die erste schriftlich niedergelegte „Konstitution" Bayerns schuf bürgerliche Grundrechte, löste ständische Privilegien auf und bereitete den Boden für den modernen Verfassungsstaat.

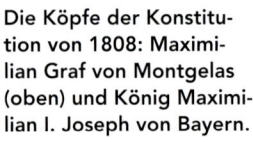

Die Köpfe der Konstitution von 1808: Maximilian Graf von Montgelas (oben) und König Maximilian I. Joseph von Bayern.

In der prächtigen Münchner Residenz herrschte einige Aufregung. Gerade war die Nachricht eingegangen, dass Napoleon dem Königreich Westphalen eine Verfassung nach französischem Vorbild gegeben hatte. Was hatte der Kaiser vor? Sollten nun alle Staaten des Rheinbunds eine Einheitsverfassung erhalten? Wollte er seine Verbündeten politisch gleichschalten? Das wäre ein schwerer Schlag gegen die neu gewonnene Souveränität Bayerns gewesen. König Maximilian I. Joseph, von vielen seiner Untertanen kurz König Max genannt, war im Grunde ein Freund der Franzosen, doch jetzt war er unschlüssig: „Was sollen wir tun?", fragte er seinen Ersten Minister. Maximilian von Montgelas, einer der bedeutendsten Reformer seiner Zeit, ergriff wie immer die Initiative: „Wir müssen ihm zuvorkommen, Euer Majestät."

Eine Verfassung nur zum Schein?

Am 1. Mai 1808 war es so weit: Die „Konstitution für das Königreich Bayern" wurde erlassen. Die Verfassung des Königreichs Westphalen und damit der Geist Napoleons standen durchaus Pate: Ab jetzt galt der Staat selbst als Souverän, der König nur noch als sein Organ. Natürlich spielte der Monarch weiterhin die Hauptrolle, aber auch er war dem neuen, einheitlichen Staatsrecht unterworfen. Der zu wählenden National-Repräsentation standen zwar relativ wenige Rechte zu, aber deren Abgeordnete sollten nicht mehr allein Vertreter der Stände sein, sondern des ganzen Volkes. Weder Adel noch Geistlichkeit hatten künftig Sonderrechte, die über die Rechte der übrigen Staatsbürger hinausgingen. Stellte dies also bereits eine Volksvertretung dar? Nun ja, die Abgeordneten sollten ausschließlich aus den „reichsten Land-Eigenthümern und Handelsleuten" gewählt werden. Aber das spielte ohnehin keine Rolle, denn die National-Repräsentation trat niemals zusammen. Insofern blieb die Konstitution eine Scheinverfassung.

Ein eifriger Reformer

Dennoch stellte Montgelas die Weichen für die Zukunft: Die Konstitution von 1808 stärkte nicht nur den Staat zulasten der Stände, sondern schrieb die staatsbürgerlichen Grundrechte im Sinne der französischen Aufklärung fest: „Sicherheit der Personen und des Eigenthums, vollkommene Gewissensfreiheit, Preßfreyheit". Die Konstitution war der vorläufig letzte Baustein eines enormen Gebäudes von politischen Reformen, an dessen Errichtung Montgelas schon lange arbeitete. So erhielten alle christlichen Konfessionen gleiche Rechte. Kurfürst Max Joseph selbst hatte schon 1801 gegen den erheblichen Widerstand des Münchner Magistrats dem evangelischen Weinwirt und Pferdehändler Michl aus Mannheim das Bürgerrecht verschafft. Der Geschäftsmann eröffnete daraufhin ein Weinlokal in der Münchner Innenstadt und war somit der erste evangelische Gewerbetreibende in Bayern. In der Folge förderte der Staat sogar den Bau evangelischer Kirchen. Innerhalb Bayerns verschwanden die Zollschranken. Damit gab es zum ersten Mal in einem deutschen Staat einen einheitlichen Wirtschaftsraum. Zugunsten eines allgemeinen und gleichen Steuerrechts mussten Adlige auf Steuerprivilegien verzichten. Daneben wurde die allgemeine Wehrpflicht eingeführt. Die Konstitution legte aber auch das Fundament zu weiteren Entwicklungen. So konnte Anselm von Feuerbach, Verfasser des neuen Bayerischen Strafgesetzbuches, 1813 die Abschaffung der Todesstrafe durchsetzen.

Bayern verändert sein Gesicht

Montgelas reformierte keineswegs nur aus Menschenfreundschaft. Die napoleonische Neuordnung Deutschlands brachte Bayern viele neue Territorien, die aus dem Staatsgebiet einen ungeheuren „Fleckerlteppich" machten: Altbayerische, pfälzische, schwäbische und fränkische Einwohner, katholische und reformierte Bürger, ländliche und geistliche Fürstentümer, stolze Stadtrepubliken wie Augsburg und ehemalige Klostergüter – all dies musste unter einen Hut gebracht werden. Nur eine Vereinheitlichung von Recht und Verwaltung konnte die Zukunft des Staates sichern. Alle regionalen Privilegien fielen, eine zentrale Bürokratie übernahm die Verwaltung, Bayern wurde neu eingeteilt. Fünfzehn sogenannte „Kreise", die später auf acht reduziert wurden, zog Montgelas, allein nach einem statistischen und geographischen Ordnungsprinzip, ohne Rücksicht auf traditionelle Zusammengehörigkeiten und alte Namen. Ab sofort war Bayern nach Flüssen eingeteilt: Der Isarkreis, der Unterdonaukreis. Erst König Ludwig I. gab den Kreisen 1837 wieder historische Namen wie Ober- und Niederbayern, die heute noch die Regierungsbezirke bezeichnen.

Eine echte Verfassung

Schon als Kronprinz war Ludwig mit der rationalistischen Politik Montgelas' nicht einverstanden. Beeinflusst von der Romantik, schwebte ihm ein organisch gestalteter Staat vor, an dem auch das Volk stärker teilhaben sollte. 1817 wurde der allmächtige Minister gestürzt, woran der junge Ludwig nicht ganz unschuldig war. Der Weg für eine neue Verfassung war frei. Ein Tag vor dem Geburtstag Max I. Josephs, am 26. Mai 1818, wurde sie von einem Herold ausgerufen: „Der König ist das Oberhaupt des Staates, vereinigt in sich alle Rechte der Staatsgewalt." Einen großen Fortschritt brachten die Paragrafen über die Ständeversammlung, die nun klare, wenn auch eingeschränkte politische Funktionen erhielt: Dazu gehörten die Steuerbewilligung, die Mitwirkung bei der Gesetzgebung oder ein Petitions- und Beschwerderecht. Und tatsächlich tagten Anfang 1819 die Abgeordneten zum ersten Mal. Österreich und Preußen waren nicht begeistert über diesen Vorstoß Bayerns, umso mehr aber lobten liberal eingestellte Bürger wie Anselm von Feuerbach die neuen Regelungen: „Es ist in sehr vieler Beziehung jetzt eine große Freude, Bayern anzugehören." Obwohl sich in der Praxis viele Hoffnungen nicht erfüllten, beförderte sich das modernisierte Bayern an die Spitze der verfassungsgeschichtlichen Entwicklung in Deutschland.

1818 erhielt Bayern schließlich eine vollgültige Verfassung. Sie wurde von Maximilian I. Joseph im Ständesaal der Münchner Residenz proklamiert.

Im Zuge der Modernisierung des Staates wurde in Bayern auch die allgemeine Schulpflicht eingeführt. Seitdem heißt es für alle Kinder: Schulbank drücken!

Die Völkerschlacht bei Leipzig vertreibt Napoleon

1813
OKTOBER

Vier Tage tobten um Leipzig die Kämpfe. Nach dieser Völkerschlacht war Napoleon besiegt und Deutschland befreit. Mit der Schlacht bei Waterloo war die napoleonischen Ära 1815 endgültig beendet.

Wildes Schlachtenge-tümmel vor den Toren Leipzigs. In der Völker-schlacht kämpften eine halbe Million Menschen, rund 100 000 starben.

Vier Armeen mit insgesamt fast 500 000 Solda-ten hatten am 16. Oktober 1813 um Leipzig Stellung bezogen. Sie sollten die Gegend in das größte Schlachtfeld verwandeln, das die Menschheit je gesehen hatte. Man wusste, dass diese Schlacht das Schicksal Europas entschei-den würde. Als die Soldaten endlich abzogen, hinterließen sie verwüstete Felder und bren-nende Dörfer. Es gab Zehntausende von Toten, die zu begraben Monate dauern sollte.

Generalangriff

Fast 200 000 Soldaten der französischen Armee warteten bei Leipzig. Ihnen standen drei Heere der antinapoleonischen Koalition entgegen: Die Nord-Armee unter Bernadotte, die Schlesi-sche Armee unter Blücher und schließlich, im Süden, die Hauptstreitmacht, angeführt von dem österreichischen General Schwarzenberg, der auch den Oberfehl hatte. Es waren riesige Verbände aus preußischen, österreichischen, russischen und schwedischen Truppen. Am 16. Oktober 1813 ging es los: An allen Fronten eröffneten die Kanonen gleichzeitig das Feuer. Die Erde erbebte. Schwarzenberg plante einen massiven Generalangriff. Der Russlandfeldzug hatte gezeigt, dass Napoleon nicht unbesiegbar war, man ihm aber keine Zeit geben durfte, sein

Feldherrngenie zum Zug kommen zu lassen. Sofort marschierten 100 000 Infanteristen los. Die unzähligen, im Pulverdampf verschwindenden Linien waren allerdings nicht zu überblicken, die Schlacht geriet außer Kontrolle. Panik machte sich breit, unter schrecklichen Verlusten wichen die Alliierten zurück – Dorf für Dorf, Haus für Haus. Am Nachmittag läuteten in Leipzig alle Glocken: Das war, zum Entsetzen der Einwohner, Napoleons Siegeszeichen.

Gold gab ich für Eisen

Große Hoffnungen schienen zerschlagen. Hinter diesem Krieg stand die begeisterte Anteilnahme der Bevölkerung. Durch Preußen rollte seit Anfang des Jahres eine Welle der Vaterlandsliebe, die vom gebildeten Bürgertum getragen war. Erst auf Druck einflussreicher Patrioten ergriff der König Maßnahmen, um den Unterdrücker zu vertreiben. Im März stiftete er das Eiserne Kreuz für Verdienste im Kampf gegen die französische Fremdherrschaft, erklärte Napoleon den Krieg und lancierte seinen berühmten Aufruf „An mein Volk". In euphorischer Stimmung wurden 6,5 Mio. Taler gespendet. Eheleute tauschten ihre goldenen Ringe gegen eiserne ein. Sie trugen die Aufschrift „Gold gab ich für Eisen". Ferdinande von Schmettau verkaufte sogar ihr prächtiges Haar für zwei Taler an einen Perückenmacher. Die beiden Taler spendete das Mädchen und wurde damit zum Symbol für die Opferbereitschaft der Preußen und zur Heldin des Widerstands gegen die Franzosen.

Schlagt sie!

So kämpften bei Leipzig neben regulären Truppen und Wehrpflichtigen auch viele begeisterte Freiwillige, darunter Studenten und Bürger, Handwerker und Bauernsöhne. Vielleicht gellte ihnen noch der Ruf Heinrich von Kleists in den Ohren: „Schlagt sie tot! Das Weltgericht fragt Euch nach den Gründen nicht!" Es war ein erbitterter, von ideologischem Hass geprägter Krieg. Die Soldaten, die mit den preußischen Reformen ein neues Selbstbewusstsein entwickelt hatten, waren hochmotiviert. Im Norden Leipzigs stürzten sich 11 000 Mann der Kavallerie mit gezücktem Säbel auf die Stellungen der

Franzosen. Napoleon hatte zu früh triumphiert, er konnte die zahlreichen Fronten nicht überschauen. In zermürbenden Kämpfen schmolz seine Armee dahin. Am Abend des ersten Schlachttags herrschte wieder ein Patt.

100 000 Tote

Napoleon war nun bereit zu verhandeln, aber Schwarzenberg wollte eine endgültige Entscheidung. Doch wie konnte er all die verstreuten Kräfte zu einer konzertierten Attacke bündeln? 30 Stunden war ein Geheimkurier unterwegs, um den entscheidenen Befehl zu übermitteln. Inzwischen hieß es abwarten und beobachten. Am 18. Oktober um 7 Uhr bliesen die Trompeter zum Angriff. Nun zog sich die Schlinge um Napoleon zu. Von Norden, Süden und Osten eingekreist, drängten seine Truppen langsam in die Stadt zurück, die bereits voller Verwundeter war. Bis in die Bürgerhäuser flogen nun die Granaten. Auf der französischen Seite ging dagegen die Munition aus. Napoleon stellte den Kampf ein und begann in der Nacht zum 19. Oktober mit dem Rückzug. Am vierten Tag der Völkerschlacht

Das Eiserne Kreuz von 1813 wurde für besondere Tapferkeit in der Schlacht bei Leipzig verliehen.

Der Schlachtplan als Devotionalie, die nationale Einheitsbestrebungen bestärkte. Die nationalen Kräfte erhielten starken Zuspruch.

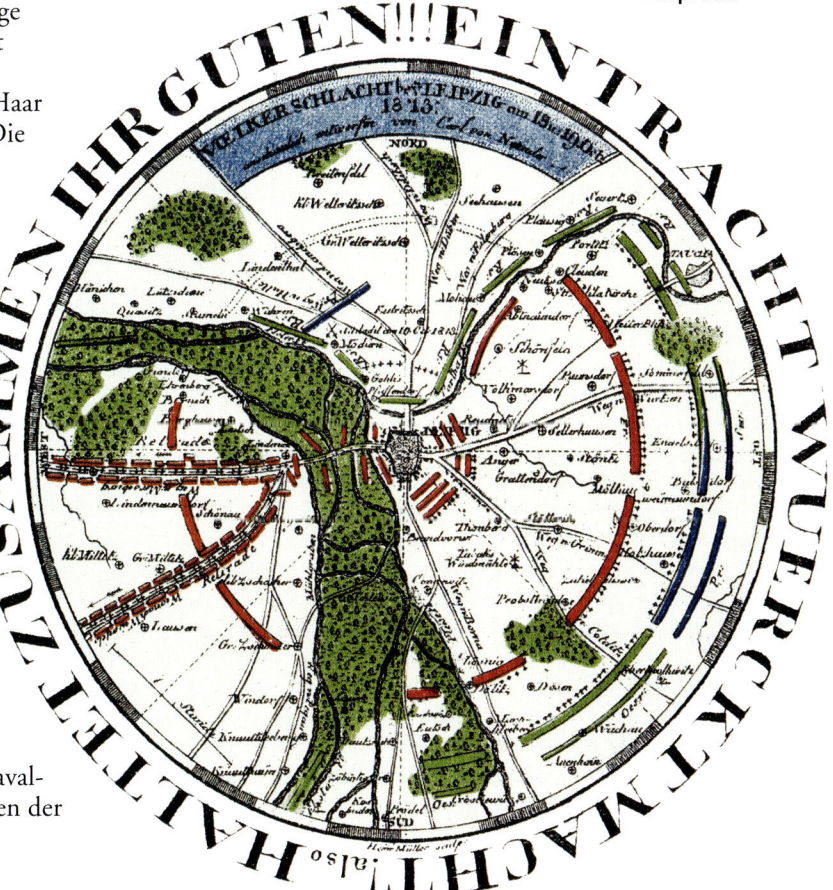

zogen die Preußen in Leipzig ein. Auf dem Marktplatz wurde gejubelt, aber die Straßen boten ein Bild des Grauens: Verhungernde stürzten sich auf Pferdekadaver, Tote und Sterbende wurden achtlos liegen gelassen. Insgesamt starben 100 000 Menschen.

Napoleon setzt sich ab

Gewiss, Napoleon war geschlagen, dennoch gelang es ihm, sich und den Großteil seines Heeres nach Frankreich zu retten. Die Verbündeten waren zu erschöpft für eine Verfolgung. Bei Hanau versuchte ein bayerisch-österreichisches Korps unter großen Verlusten vergeblich, Napoleon aufzuhalten. Zugunsten der Hanauer Invaliden gab Ludwig van Beethoven in Wien ein Konzert, bei dem er neben der Schlachtensymphonie „Wellingtons Sieg" auch seine 7. Symphonie uraufführte. Bedeutende Komponisten wie Spohr, Salieri und Hummel wirkten mit. Sie alle beseelte, wie Beethoven schrieb, „das reine Gefühl der Vaterlandsliebe und des freudigen Opfers unserer Kräfte für diejenigen, die uns so viel geopfert haben".

Dissonanzen

Kaum waren in Wien die letzten Töne verklungen, einigten sich Österreich, Preußen und Russland, den politischen Stand von 1805

wiederherzustellen. Außerdem sollte der Rheinbund, Napoleons „System der Ausbeutung und Unterdrückung", aufgelöst werden. Bayern war schon zuvor ausgeschert, und noch während der Völkerschlacht liefen auch die sächsischen und württembergischen Hilfstruppen zur Koalition über. Napoleons synthetischer Staat, das Königreich Westphalen, zerfiel wieder in seine ursprünglichen Territorien. Schon lange herrschte dort Unmut gegenüber dem ausschweifenden „König Lustig", wie Jérôme Bonaparte bei der Bevölkerung hieß. Deutschland war befreit, aber wie sollte es nun weitergehen? Österreich, und allen voran Metternich, wollte um der zukünftigen Stabilität willen Frieden mit Frankreich, welches jedoch die Rheingrenze akzeptieren sollte. Die preußischen Patrioten um Freiherr vom Stein und General Blücher sowie der russische Zar drängten auf die vollständige Befreiung Europas und Ausschaltung Napoleons. Es standen die „Tauben" gegen die „Falken". Wie so oft fand Preußens Propagandist Arndt ein griffiges Schlagwort: „Der Rhein, Deutschlands Strom, nicht Deutschlands Grenze".

Mit Hurra über den Rhein

Längst ging es nicht mehr allein um Freiheit und nationale Einheit, sondern um die Machtinteressen der Verbündeten. Die Diskussion war ohnehin müßig, denn Napoleon akzeptierte die Rheingrenze keineswegs. So überschritten Schwarzenberg und Blücher Ende 1813 den Strom. Als die ersten Boote in der Neujahrsnacht das andere Ufer erreichten, ließen Blüchers Männer trotz des strikten Gebots zur Stille ein donnerndes „Hurra" erschallen. So ist es überliefert, und es passt zur euphorischen Stimmung dieser Zeit. Die linksrheinischen Gebiete Deutschlands wurden nun ein zweites Mal „befreit", dieses Mal von Napoleons Regime. Die Alliierten machten sich auf den Vormarsch nach Paris, was keineswegs einfach war. Noch immer konnte Napoleon mit erfolgreichen offensiven Gegenschlägen aufwarten. Die politischen Differenzen

„Mögen die Federn der Diplomaten nicht wieder verderben, was das Volk mit großen Anstrengungen errungen!"

[Blücher nach der Schlacht bei Waterloo]

Der Einmarsch der Verbündeten in Paris versinnbildlichte am deutlichsten die Niederlage Napoleons. Auch im eigenen Land schwand die Unterstützung.

behinderten zudem eine einheitliche Kriegführung. Metternich hatte in Châtillon eigenmächtig einen Friedenskongress einberufen. Man rückte wieder zusammen, und Ende März konnten die Verbündeten Paris erobern.

Deutschland wächst

Jetzt war Frankreich endgültig geschlagen. In Fontainebleau, Napoleons Lieblingsschloss, verweigerten französische Offiziere ihrem Kaiser die Gefolgschaft. Anfang April 1814 dankte er ab, wenige Tage später nahm er Gift, stellte sich dabei aber so ungeschickt an, dass er gerettet wurde. Ob dies seine Absicht war? Er begab sich danach ins Exil auf die Insel Elba. Seinen Kaisertitel durfte er behalten, aber auf den Thron kehrte nun ein Bourbonenkönig zurück: Ludwig XVIII. Mit ihm schlossen die Allierten Frieden. Frankreich wurden im Wesentlichen die Grenzen von 1792 zugestanden. Damit mussten große Gebiete, die an die deutschen Staaten zurückfielen, neu verteilt werden. Und noch eine wichtige Folge ergab sich für Deutschland: Ludwig erließ eine Staatsverfassung, die sich die süddeutschen Staaten als Vorreiter der deutschen Verfassungsbewegung zum Vorbild nahmen. Sie garantierte die Grundrechte und schuf zwei Kammern, wovon eine aus gewählten Abgeordneten bestand.

Sieg und Symbole

In Paris tauchten über 100 Gemälde wieder auf, die Napoleon 1806 geraubt hatte. Auch die Quadriga des Brandenburger Tores wurde wiederentdeckt. In einem Triumphzug kehrte das nun als „Siegeswagen" bezeichnete Gefährt zurück. Der göttlichen Lenkerin gab man später ein Eisernes Kreuz mit einem Adler darauf in die Hand. Preußen legte sich einen Mythos zurecht, der die zunehmende Vormachtstellung in Deutschland legitimieren sollte. Nationale Symbole wie der Kölner Dom oder die Denkmäler der Befreiungskriege waren dabei von großer Bedeutung. Nach dem Kreuz, das Karl Friedrich Schinkel auf dem Tempelhofer Berg errichtete, heißt ein Stadtteil Berlins Kreuzberg.

Das Ende einer Ära

Für alle, die bereits um die Macht in Europa feilschten, hatte die Geschichte noch eine unerfreuliche Überraschung bereit: Im März 1815 landete Napoleon

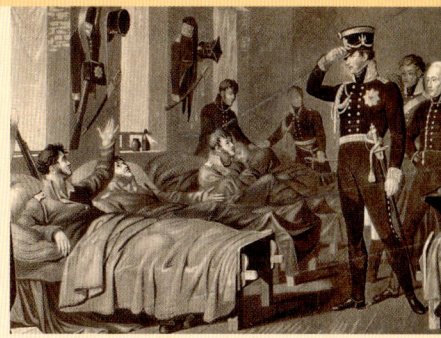

Bericht aus dem Lazarett

In Leipzig fand ich ungefähr 20 000 verwundete und kranke Krieger von allen Nationen. Sie lagen entweder in dumpfen Spelunken oder in scheibenleeren Schulen und Kirchen. An jenen Orten liegen sie geschichtet wie die Heringe in ihren Tonnen, alle noch in den blutigen Gewändern, in denen sie nach der Schlacht herein getragen worden sind. Unter 20 000 Verwundeten hat auch nicht ein einziger ein Hemd, Betttuch, Decke, Strohsack oder Bettstelle erhalten. Keiner Nation ist ein Vorzug eingeräumt.

Bericht eines preußischen Militärarztes

in Südfrankreich und schwang sich wieder zum Herrscher auf. Er gewann sofort die Loyalität der französischen Truppen und formte erneut ein schlagkräftiges Heer. Bevor sich die Verbündeten, darunter nun auch England, vereinen konnten, schlug er Mitte Juni mit seinen 120 000 Mann zunächst die preußischen Truppen in Belgien und griff fast in einem Atemzug die Engländer an. Auch ihnen drohte bei Waterloo schon die Niederlage. „Ich wollt' es wäre Nacht oder die Preußen kämen!", soll der britische Feldmarschall Wellington gerufen haben. Und sie kamen tatsächlich: Generalfeldmarschall Blücher fiel den völlig verdutzten Franzosen in die Flanke, Napoleons letzte Armee wurde vernichtend geschlagen. Mit dabei auf deutscher Seite war auch das patriotische Freikorps der Lützowschen Jäger. Sie trugen schwarze Uniformen mit roten Aufschlägen und goldenen Knöpfen. Noch ahnte niemand, dass dies der Ursprung der deutschen Nationalfarben sein würde. Eine neue Ära begann, die Zeit Napoleon Bonapartes war endgültig vorbei. Er hatte Europa verändert und auch in der deutschen Geschichte tief greifende Spuren hinterlassen. Nun blickte er einsam in das Kielwasser des Schiffes, das ihn erneut in die Verbannung brachte. Von der Insel Sankt Helena im fernen Südatlantik sollte er lebend nicht mehr zurückkehren.

Mit solchen Gewehren zogen die Soldaten in den Krieg. Die höhere Treffgenauigkeit der Waffen sorgte u. a. für die hohe Zahl der Opfer in den Befreiungskriegen.

Der Wiener Kongress schafft eine neue Ordnung in Europa

1814
18. SEPTEMBER

Der Wiener Kongress regelte die Neuordnung Europas nach Napoleons Niederlage. Ein Gleichgewicht der Mächte sollte künftig den Frieden bewahren. Deutschland blieb ein loser Bund vieler Einzelstaaten.

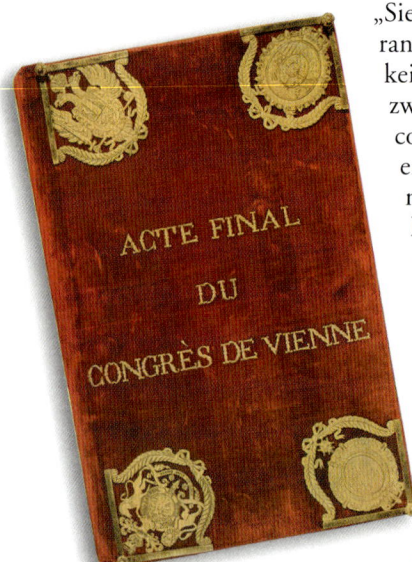

Der Wiener Kongress veränderte die Landkarte Europas und vor allem Deutschlands von Grund auf. Die Gesandten verhandelten ein dreiviertel Jahr lang.

„Sie gestatten?" Charles-Maurice de Talleyrand verbeugte sich mit gezierter Höflichkeit und wies dezent auf den leeren Stuhl zwischen Fürst von Metternich und Viscount Castlereagh. „Aber ich bitte Sie!", erwiderte der österreichische Außenminister, und auch sein britischer Kollege nickte einladend. Der Vertreter des besiegten Frankreich durfte Platz nehmen an der festlich gedeckten Tafel der Siegermächte. Das war nicht unbedingt selbstverständlich nach allem, was Frankreich unter Napoleon angerichtet hatte, aber Ende September 1814, im Palais am Wiener Ballhausplatz, ist es tatsächlich so geschehen. Metternich, der dort seinen Amtssitz hatte, konnte kein gedemütigtes und zur Bedeutungslosigkeit reduziertes Frankreich gebrauchen. Er strebte nach einer stabilen Machtbalance in Europa und wollte nach den revolutionären Veränderungen zurück zu klaren monarchischen Herrschaftsverhältnissen.

Blaues Blut und bunte Gesellschaft

Wieder einmal musste die Landkarte Europas neu gezeichnet werden. Diesmal sollte das nicht nach dem Willen eines einzelnen Herrschers geschehen, sondern im Interesse aller maßgeblichen Staaten. Außerdem war eine Friedensordnung zu gestalten, die nicht nur aus taktischen Bündnissen bestand. Nach 22 Jahren Krieg hatte man vorerst genug von militärischen Auseinandersetzungen. Kaiser Franz I. hatte zu einem großen Friedenskongress nach Wien geladen. Abordnungen aus 200 Staaten und Städten folgten seinem Ruf. Gekrönte Häupter wie Zar Alexander I. und seine Gemahlin, der König von Preußen in Begleitung mehrerer Prinzen, die Könige von Bayern, Württemberg und Dänemark gaben sich die Ehre. Neben den wichtigen Vertretern der großen Fürstentümer kamen viele der früheren deutschen Reichsfürsten und Reichsgrafen nach Wien, wohl in der Hoffnung auf die Wiederherstellung der alten, für sie günstigen Verhältnisse. Aber auch Glücksritter und Geschäftemacher, Künstler

Fürst von Metternich

1773 Als Sohn eines kaiserlichen Diplomaten wird Clemens Wenzel Graf Metternich am 15. Mai in Koblenz geboren.

1809 Als österreichischer Außenminister macht Metternich „Realpolitik", mit dem Phänomen Napoleon versucht er sich zu arrangieren.

1814 Metternich führt den Vorsitz auf dem Wiener Kongress.

1819 „Karlsbader Beschlüsse": Das „System Metternich" steht für den Polizeistaat und die Unterdrückung der Liberalen.

1848 In der Märzrevolution verliert er sein Amt als Staatskanzler und flieht für drei Jahre nach London.

1859 Metternich, der noch als Berater der österreichischen Regierung tätig ist, stirbt am 11. Juni in Wien.

1934 Ein Sekt wird „Fürst von Metternich" getauft.

und Kurtisanen, Wissenschaftler und Scharlatane mischten sich unter die erlauchte Gesellschaft. Sie alle witterten hier ihren Vorteil.

Der Kongress tanzt

Der Kongress war ein epochales Ereignis, das Beethoven zu seiner Kantate „Der glorreiche Augenblick" inspirierte. Der Sieg über die Revolution sollte ausgiebig gefeiert werden: Man vergnügte sich im Theater, bei Opern und Konzerten, Bällen und Banketten, auf Jagden und Paraden, Staatsempfängen und Volksfesten. Der Gastgeber ließ sich nicht lumpen und deckte einen Großteil der etwa 80 000 Gulden, die der fidele Kongress täglich verschlang. Der Fürst von Ligne jedoch beklagte sich: „Es sickert nichts durch als der Schweiß dieser tanzenden Herren." Getagt wurde nicht in offiziellen Sitzungen, vielmehr verhandelten die Bevollmächtigten in unzähligen Einzelgesprächen. In den Ballsälen wurde nicht nur Musik, sondern auch Politik gemacht. In den Tanzpausen knüpfte man diplomatische Kontakte und versuchte an Informationen zu kommen. Auch die anwesenden Damen spielten wohl eine Rolle, wenn es darum ging, mit viel Charme gut behütete Geheimnisse aufzuspüren. Es war „ein Fest des genialen Weiterwurstelns", so der Historiker Karl Otmar von Aretin.

Gerangel um Gebiete

Beethovens „Chor auf die verbündeten Fürsten" drückte die allgemeine Hoffung auf ein harmonisches Miteinander der „weisen Gründer" aus. Unvereinbare Ansprüche der Monarchen sorgten für heftige Dissonanzen: Der russische Zar, der seinen Machtbereich nach Westen ausdehnen wollte, hatte vor allem Polen im Visier, was England und Österreich nicht dulden konnten. Österreich strebte eine Führungsposition in Deutschland, ja in Mitteleuropa an. Preußen tendierte zu einem – natürlich preußisch geprägten – deutschen Nationalstaat und sympathisierte mit Russland. Außerdem warf es begehrliche Blicke auf das Königreich Sachsen, ein Zankapfel, der fast zu einem neuen Krieg geführt hätte. Schließlich fand man einen Kompromiss: Russland wurde mit einem etwas verkleinerten „Kongresspolen" zufriedengestellt, Preußen bekam das halbe Sachsen.

Die deutsche Frage

Die schwer lösbaren Territorialfragen erschwerten auch die Verhandlungen über die zukünftige Gestalt Deutschlands, eine der Kernfragen des Kongresses. Die Patrioten, die so leidenschaftlich gegen Napoleon gekämpft hatten, wünschten sich ein geeintes, von den Fürstenherrschaften befreites Vaterland. Manche favori-

>> *Der Kongress tanzt, aber er kommt nicht vorwärts.*"

[Charles Joseph Fürst von Ligne]

Neue Ordnung für Europa

— Grenze des Deutschen Bundes
KGR. = Königreich
HZM. = Herzogtum
GHZM. = Großherzogtum
FSM. = Fürstentum

Der Römerberg, Zentrum der Stadt Frankfurt, in der der Deutsche Bund tagte. Die Stadt wurde zum politischen Mittelpunkt des Reiches. Hier fand 1848 auch die Nationalversammlung statt.

Auf einer Stobwasser-Dose ist eine Allegorie der Heiligen Allianz abgebildet, der Vereinbarung zwischen Alexander von Russland, Friedrich Wilhelm III. von Preußen und Franz I. von Österreich.

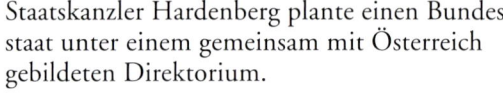

sierten einen starken Kaiser nach mittelalterlichem Vorbild, andere wiederum eine moderne Monarchie mit demokratischen Zügen, wie z. B. die preußischen Verhandlungsführer Fürst von Hardenberg und Wilhelm von Humboldt. Der Reformpolitiker Freiherr vom Stein, der nicht offiziell am Kongress beteiligt war, beschäftigte sich eifrig mit Verfassungsentwürfen. Die deutschen Kleinstaaten hielten zäh an ihrer Souveränität fest, unterstützt von Frankreich, England und Russland, denen ein zersplittertes Deutschland ungefährlicher erschien. Der preußische

Staatskanzler Hardenberg plante einen Bundesstaat unter einem gemeinsam mit Österreich gebildeten Direktorium.

Die Stunde Metternichs

Inmitten des allgemeinen Feierns und Taktierens traf Anfang März 1815 plötzlich die Nachricht von der Landung Napoleons ein. Ein neuer Feldzug stand vor der Tür, und es war klar, dass die Zeit fehlte, die komplizierten preußischen Entwürfe zu verhandeln. Darauf schien Metternich nur gewartet zu haben. Jetzt legte er seinen Entwurf einer Bundesakte auf den Tisch. Sowohl Preußen als auch Bayern und die Kleinstaaten brachte er mit einem listigen Doppelzug dazu, ihn sofort zu unterzeichnen. Das war Mitte Mai, und am 9. Juni 1815 kam die Bundesakte als Teil der Schlusserklärung des Wiener Kongresses unter Dach und Fach. Damit war die politische Neuordnung Deutschlands auch von den internationalen Großmächten garantiert.

„Die Nation ist betrogen"

Den Artikel 1 der Bundesakte fasste ein Flugblatt in spöttischen Reimen zusammen: „Wir deutschen Fürsten tun hier kund, dass wir nach langem Zweifelscheißen beschlossen haben einen Bund, und soll der Bund der deutsche heißen." Dieser Deutsche Bund bestand aus 37 gleichberechtigten Staaten und vier Reichsstädten und hatte weder ein Oberhaupt noch eine gemeinsame Verfassung. Das von Metternich eingeräumte Bundesgericht brachte Bayern zu Fall. Das einzige Zentralorgan blieb der Bundestag in Frankfurt, ein schwerfälliges, kaum wirklich beschlussfähiges Gremium von Staatsgesandten, in dem eigentlich nur Sicherheitsfragen verhandelt wurden. Aktiv wurde der Bundestag später vor allem bei der Unterdrückung der nationalliberalen Bewegung. Sogar auf eine wirtschaftliche Einheit, eine gemeinsame Währung und die Beseitigung der Binnenzölle hatten die deutschen Fürsten verzichtet, nur darauf bedacht, ihre Souveränität zu sichern. Auf die Sicherung bürgerlicher Grundrechte legte niemand Wert. „Die Nation ist betrogen", dieser Ruf schallte durch ganz Deutschland, die Patrioten waren tief enttäuscht.

Heilige Allianz

Letztlich wurde die drängende Verfassungsfrage der Willkür der einzelnen Fürsten überlassen. Im Sinne der „Restauration" favorisierte man die vorrevolutionäre Herrschaftsordnung: Das Recht zu herrschen leitete sich allein von Gott ab und wurde in den Dynastien weitervererbt. Die „Heilige Allianz", die der russische Zar mit dem österreichischen Kaiser und dem preußischen König im September 1815 schloss, diente einerseits zur Kontrolle Frankreichs, aber auch als ideologisches Bollwerk gegen fortschrittliche Regierungsformen. Die Monarchen gaben vor, ihr Bündnis „auf die erhabenen Wahrheiten zu gründen, welche uns die unvergängliche Religion des göttlichen Heilandes lehrt". Trotzdem trifft der Begriff Restauration nicht ganz. So beschwerte sich der päpstliche Legat erbost, dass das Heilige Römische Reich „in keiner Weise wiederhergestellt" sei und die Fürstentümer nun weltlichen Fürsten zukamen. Der Wiener Kongress drehte das Rad der Geschichte nicht zurück, sondern legte mit seinen Gebietsverteilungen die Basis für künftige Veränderungen.

Die Wacht am Rhein

Preußen war mit der Hälfte von Sachsen nicht zufrieden, doch konnte es große Gewinne verzeichnen, darunter Schwedisch-Vorpommern sowie die Provinzen Westfalen und Rheinland. Mit dem linksrheinischen Territorium grenzte das Staatsgebiet nun direkt an Frankreich. Gemeinsam mit den Vereinigten Niederlanden sollte Preußen damit die „Wacht am Rhein" übernehmen. Das war eine der folgenreichsten Entscheidungen des Wiener Kongresses, denn Preußens Hang zum Militarismus bekam dadurch neuen Auftrieb, und es war nun im Norden so stark wie Österreich im Süden. Allerdings blieb das Staatsgebiet in zwei Teile gespalten. Hier lag bei aller Stabilität schon der Keim für spätere Konflikte. Denn Preußen würde sich kaum für alle Zeit mit dieser Teilung abfinden, zumal gerade der Westen mit dem Ruhrgebiet das zukunftsträchtigste Potenzial barg.

„Kein Platz für beide"

Das österreichische Kaiserreich behauptete zwar seine Großmachtstellung mit Galizien und mit den einst napoleonischen Gebieten Italiens, verlor mit dieser Verlagerung nach Südosten aber schlussendlich an Einfluss auf Deutschland. Damit deutete sich bereits die „kleindeutsche" Version des künftigen Nationalstaats an. Dennoch mochte Österreich, das im Frankfurter Bundestag den ständigen Vorsitz innehatte, nicht auf seinen Führungsanspruch verzichten. Der Zwist mit dem schnell erstarkenden Preußen war vorprogrammiert, aber erst 1851, nach der Entmachtung Metternichs, wurde Klartext gesprochen: „Es ist kein Platz für uns beide in Deutschland, also können wir uns auf Dauer nicht vertragen." Das wagte im Bundestag ein noch unbekannter preußischer Abgeordneter namens Otto von Bismarck zu sagen. 15 Jahre später sollte er als Ministerpräsident tatsächlich einen Krieg mit Österreich vom Zaun brechen, der am Ende zur Auflösung des Deutschen Bundes führte.

Die Machtverhältnisse zwischen Deutschland und Frankreich verschoben sich zugunsten Deutschlands. Die „Wacht am Rhein" symbolisierte die Expansionsbestrebungen.

Eine Missernte löst die erste Massenauswanderung aus

1816

Missernten und Hungersnöte stürzten weite Teile der armen Bevölkerung ins Elend. Zehntausende verließen ihre Heimat. Es folgten immer größere Auswanderungswellen, zunehmend nach Übersee.

Verarmte Bauern verlassen ihren Hof und machen sich auf die Reise ins Ungewisse. Mit ihrem letzten Geld und wenig Gepäck setzten sie zumeist nach Amerika über.

Das Jahr brachte Schnee im Mai, danach Dauerregen, Wolkenbrüche und Hagelschlag bis Ende August. Die Äcker standen unter Wasser, die Weinberge erodierten. Auch die Jahre zuvor waren kalt und nass gewesen, aber 1816 brachte die Katastrophe: Die Ernte in weiten Teilen Deutschlands war kaum der Rede wert. Noch im selben Jahr vervielfachten sich die Getreidepreise, eine Teuerung, die noch lange anhalten sollte. Brot war absolute Mangelware, Hausrat wurde in Lebensmittel umgesetzt, und so mancher Grundbesitz soll für ein paar Hühner den Besitzer gewechselt haben. Besonders schlimm wütete der Hunger im Südwesten, der durch die Heerzüge der Napoleonischen Kriege ohnehin ausgeblutet war. Viele Verzweifelte sahen nur noch einen Ausweg: die Auswanderung.

Nach Osten und Norden

Betroffen waren vor allem Bauern mit wenig Land. Sie zogen dorthin, wo sich seit Jahrhunderten Deutsche ansiedelten: in den Osten, nach Ungarn, Südrussland und Galizien. Handwerker suchten in Gewerbezentren wie der polnischen Textilstadt Lodz eine neue Existenz. Derartige Emigrationsbewegungen nach Hungersnöten hatten eine lange Tradition. Nun allerdings handelte es sich um Massenbewegungen, an denen Zehntausende beteiligt waren. Während die meisten Süddeutschen noch die bewährten Routen nach Osteuropa wählten, schlugen viele Badener den Weg über den Rhein nach Norden ein. Ihr Ziel waren die holländischen Überseehäfen. Geldgierige Rheinschiffer und Agenten hatten ihnen vom Schlaraffenland Amerika erzählt. Von 1816 bis 1819 sollen 13 600 Deutsche dorthin emigriert sein. Angesichts der gewaltigen Zahlen von Ostwanderern war dies nicht viel, es sollte aber nur die Vorhut eines bald folgenden gewaltigen Exodus' in die Neue Welt sein.

Tod auf der „Hoffnung"

„Jetzt ist die Zeit und Stunde da, wir reisen nach Amerika!", mit diesem oder einem ähnlichen Lied machten sich die Auswanderer Mut. Sie hatten es nötig. Manchen ging das Geld schon auf der kostspieligen Rheinfahrt aus, anderen erst während der langen Wartezeiten in den Hafenstädten. Noch fehlten die Kapazitäten für so viele Passagiere. Die Kapitäne nutzten die Situation aus. Auf Frachtschiffen wurden die Auswanderer in Zwischendecks gepfercht, wo sie wochenlang bei mangelhafter Kost und unter hygienisch katastrophalen Bedingungen hausen mussten. Insofern war es durchaus realistisch, wenn es in einer Version des genannten Liedes hieß: „Wir steigen jetzt ins Schiff hinab, vielleicht ist das gar unser Grab." Als der Segler „Hope" im August 1817 Philadelphia erreichte, registrierte man unter 346 Passagieren 94 Tote. Dies blieb kein Einzelfall.

beschleunigte seit 1848 die Massenbewegung noch zusätzlich. Zwischen1845 und 1858 zogen 1,36 Mio. Deutsche nach Übersee, darunter auch Revolutionäre von 1848.

Deutschland in Amerika

Nach dem Amerikanischen Bürgerkrieg (1861–1865) brandeten schon die nächsten Wellen auf. Denn mit dem industriellen Aufschwung der Gründerzeit waren die sozialen Probleme keineswegs verschwunden. Und amerikanische Agenten priesen überall fruchtbares Land an. Das große Projekt nach dem Bürgerkrieg war die Besiedelung des mittleren Westens, an der sich viele Deutsche beteiligten. Briefe in die Heimat setzten Kettenwanderungen in Gang, von Bingen am Rhein nach Bingen am Mississippi, von Westfalen nach Westphalia, nach Luther oder Bismarck. Die Deutschen bewahrten dabei ihre Sprache und Lebensweise, ihre Turn-, Schützen- und Gesangsvereine, Biergärten und Gartenterrassen.

Schinden ohne Erfolg

Die Gründerkrise von 1873 führte zu einem vorübergehenden Abebben der Auswanderungszahlen, die aber schon bald wieder steil anstiegen. Die letzte große Auswanderungswelle von 1880 bis 1893 schwemmte noch einmal 1,78 Mio. Deutsche nach Übersee. Doch in der Neuen Welt waren die Verhältnisse nicht mehr so günstig wie einst. Der Einsatz von Landmaschinen drückte die Löhne, zu besiedeln gab es inzwischen wenig. Viele Bauern blieben auch nach Jahren Tagelöhner, die meisten suchten Arbeit in den Städten. Mit einer neuen Wachstumsphase in Deutschland endete dann vorerst die Geschichte der großen Auswanderungen.

Schiffe waren damals durchaus keine sicheren Verkehrsmittel: Beim Brand des Auswandererschiffs „Austria" starben 1858 unzählige Emigranten.

Viel Schweiß

Obwohl die Vereinigten Staaten zu jener Zeit selbst wirtschaftliche Schwierigkeiten hatten, fanden vor allem die gut ausgebildeten deutschen Handwerker relativ leicht Arbeit. Die meisten schufteten jedoch bei der Erschließung neuen Landes, in der Hoffnung, irgendwann selbst Grund und Boden erwerben zu können. Das blieb bis in die zweite Hälfte des Jahrhunderts das übliche Erfolgsmodell. Das Land kostete nicht viel, und wer – am besten mithilfe gesunder Söhne – fest zupacken konnte, hatte gute Chancen. So wie der ehemalige Taglöhner Jürnjakob Swehn, der 1870 vermeldete: „Wir haben alles plenty: plenty Land und plenty Vieh. Aber es kostete auch plenty Schweiß."

Die große Welle

Obwohl sehr viele Auswanderer voller Enttäuschung zurückkehrten, zog es immer mehr Deutsche ins „Land der unbegrenzten Möglichkeiten". Bis 1914 schifften sich fast 5,5 Mio. Menschen nach Übersee ein, 90 % von ihnen hatten die USA und Kanada als Ziel. Die erste wirklich gewaltige Auswanderungswelle begann sich um 1844 aufzutürmen. Jetzt wurden die sozialen Folgen der Industrialisierung deutlich spürbar. Da die Unternehmer die Löhne extrem niedrig hielten, hatten Teuerungen und Konjunkturschwankungen für Lohnarbeiter existenzielle Folgen. Dazu kamen das Bevölkerungswachstum, der Ruin der „befreiten" Kleinbauern und vermehrte Arbeitslosigkeit. Viele zogen – trotz aller Risiken – die Auswanderung den düsteren Arbeitskerkern der heimatlichen Fabriken vor. Der Goldrausch in Kalifornien

Ab 1886 begrüßte in New York die Freiheitsstatue Einwanderer in die Vereinigten Staaten. Deutsche siedelten vor allem in Pennsylvania.

Das Wartburgfest als Fanal der Demokratie

1817
18. OKTOBER

Auf der Wartburg versammelten sich Hunderte von Studenten, um gegen Kleinstaaterei und Fürstenherrschaft zu demonstrieren. Das war der Auftakt zur nationalen und liberalen Bewegung in Deutschland.

Jäh loderten die Flammen auf, als die ersten Bücher in die Glut flogen. Der flackernde Schein erhellte junge, erregte Gesichter, die gebannt in das Feuer starrten. Fetzen glühender Asche stiegen in den Nachthimmel, wo sich die düstere Silhouette einer Burg abzeichnete. Erst nachdem das Papier ganz verbrannt war, löste sich der Bann, unter euphorischem Jubel warfen nun die Umstehenden weitere symbolträchtige Gegenstände ins Feuer: einen Zopf, einen preußischen Korporalstock, Uniformteile, ein Schnürkorsett. In dieser Nacht fragte sich so mancher in Eisenach, ob die Studenten jetzt völlig verrückt geworden seien.

Studenten und Bürger bewegen sich in einem gemeinsamen Zug auf die Wartburg zu. Die Freiheits- und Nationalbewegung schuf sich hier ihr erstes Symbol.

Brennen soll die alte Ordnung

Die meisten der 500 Studenten, die sich am 18. Oktober 1817 zum Fest auf der Wartburg versammelten, gaben sich mit Fackelzug und Siegesfeuer zufrieden, um das 300-jährige Jubiläum der Reformation zu feiern und den vierten Jahrestag der Völkerschlacht zu begehen. Viele hatten damals selbst gegen Napoleon gekämpft und fühlten sich verraten von ihren Regierungen: Die hatten nach dem Sieg die alten absolutistischen Ordnungen wiederhergestellt und damit die Hoffnungen auf einen freiheitlichen Nationalstaat bitter enttäuscht. Die seit Kurzem als Burschenschaft organisierten Jenaer Studenten führten den Zug an. Ihrer schwarz-roten, mit goldenem Eichenlaub verzierten Fahne folgten die Abordnungen von elf weiteren Universitäten. Oben auf der Wartburg, wo Martin Luther einst den deutschen Bibeltext geschaffen hatte, lauschten sie den Festreden über die ersehnte „Einheit und Freiheit für Deutschland". Ein paar Berliner Studenten aus dem Gefolge von Turnvater Ludwig Jahn hielten diese Form des Protestes allerdings für zu gemäßigt: Sie inspirierten sich an Luthers Verbrennung der römischen Bannandrohung und schürten das Feuer. Verbrannt wurden Symbole des Zwangs und der reaktionären Ordnungen. Und das Korsett? Sollten die unterdrückten Frauen gleich mitbefreit werden? Nein, denn in Preußen wurden nämlich auch Soldaten ins Korsett gesteckt. Noch war Freiheit Männersache. Im Feuer landeten aber vor allem „undeutsche Schriften", darunter die „Geschichte des Deutschen Reiches" des von allen patriotischen Studenten gehassten Schriftstellers August von Kotzebue. Und das sollte Folgen haben.

Ein Mord für das Vaterland

Alarmiert von den Flammen, ließ der preußische König unverzüglich Teilnehmer des Festes vernehmen, Akten wurden angelegt, die Polizeibehörden blieben hellhörig. Auch Fürst Metternich in Österreich spitzte schon die Ohren, verhielt sich aber zunächst abwartend. Dann ging es Schlag auf Schlag. Im Oktober 1818 gaben sich die Studenten erstmals eine gemeinsame Verfassung. „Einheit, Gleichheit und Freiheit aller Burschen untereinander" sollten die „Einheit des deutschen Volkes" vorwegnehmen. August von Kotzbue verhöhnte in seiner Zeitschrift die liberalen Bestrebungen der Deutschen Burschenschaft. Er beging im März 1819 den Fehler, einen Burschenschaftler bei sich zu Hause zu empfangen. Karl Ludwig Sand, ein wahrscheinlich psychisch gestörter Theologiestudent, kam gleich zur Sache: „Hier, du Verräter des Vaterlandes!", rief er und stieß ihm sein Messer mitten ins Herz. Als Sand ein Jahr später, nach einem spektakulären Prozess, öffentlich enthauptet wurde, hatte die Bewegung endlich einen Märtyrer.

Die Reaktion reagiert

Zunächst aber bot der Tod des populären Lustspieldichters Metternich die willkommene Gelegenheit, endlich loszuschlagen. Der kluge Politiker nutzte den Mord an Kotzebue, um die Umtriebe der Studenten als gewalttätige Revolution zu stilisieren. Dann rief er alle Staaten des Deutschen Bundes zu einer konzertierten Aktion. Auf den Karlsbader Konferenzen im August und September 1819 einigten sich Österreich, Preußen und acht weitere deutsche Staaten auf gemeinsame Gegenmaßnahmen: Alle Burschenschaften wurden verboten, die Universitäten sollten systematisch überwacht, missliebige und „verderbliche" Lehren verbreitende Professoren entfernt werden. Alle Druckschriften unter 320 Seiten waren der Zensur unterworfen, und in Mainz organisierte eine Zentraluntersuchungskommission die bundesweite Verfolgung der „Demagogen". Die Jagd

Der Student Karl Ludwig Sand ermordete August von Kotzebue, einen prominenten Vertreter der Restauration. Sand wurde am 5. Mai 1820 zum Tod verurteilt und am 20. Mai hingerichtet.

auf die vermeintlichen Volksverhetzer vergiftete das soziale Klima vor allem in der gebildeten Schicht nachhaltig. Jeder, der sich kritisch äußerte, konnte sofort verhaftet werden, selbst bedeutende Professoren und prominente Teilnehmer der Befreiungskriege wie etwa der Dichter Ernst Moritz Arndt. Im Alltag sorgte die übermäßige Polizeipräsenz für ungute Stimmung. So wurden in Weimar sogar Kinderspiele überwacht, wie Goethe 1828 berichtete: „Es darf kein Bube mit der Peitsche knallen oder singen oder rufen, sogleich ist die Polizei da, es ihm zu verbieten. Es geht bei uns alles dahin, die liebe Jugend frühzeitig zahm zu machen, sodass am Ende nichts übrig bleibt als der Philister." Der Philister, das ist der Inbegriff des braven Bürgers, der es sich auf dem Biedermeiersofa gemütlich macht und genüsslich seinen Tee schlürft, während er über Künstler und Studenten schimpft. Ironisch brachte Ludwig Börne das Gebot der Stunde auf den Punkt: „Ruhe ist die erste Bürgerpflicht."

Burschenschaftsprogramm

Je mehr die Deutschen durch verschiedene Staaten getrennt sind, desto heiliger ist die Pflicht für jeden frommen und edlen deutschen Mann und Jüngling, dahin zu streben, dass die Einheit nicht verloren gehe und das Vaterland nicht verschwinde. Das erste und heiligste Menschenrecht, unverlierbar und unveräußerlich, ist die persönliche Freiheit.

Aus dem Programm der Deutschen Burschenschaft von 1817

Im Bereich von Kunst und Literatur findet die Zeit der Restauration im Biedermeier ihre Entsprechung. Die Konzentration aufs Private förderte auch die Musikalität in bürgerlichen Kreisen.

> *Auf der Wartburg krächzte die Vergangenheit ihren obskuren Rabengesang.*

[Heinrich Heine, Über Ludwig Börne, 1840]

Glorreiche Sieben

Wem seine Stellung und soziale Position lieb waren, tat nach den Karlsbader Beschlüssen gut daran, stillzuhalten. Umso mehr Aufsehen erregte die Aktion von sieben Professoren der Göttinger Fakultät, die im November 1837 gegen die Aufhebung der Verfassung im Königreich Hannover protestierten. Den Eid auf die Verfassung höher zu stellen als den Gehorsam gegenüber dem Staat – das war ein neuer Gedanke, der das politische Bewusstsein nachhaltig prägen sollte. Natürlich wurden sie sofort entlassen. Inzwischen war jedoch der Liberalismus längst salonfähig geworden, und viele Bürger unterstützten die arbeitslosen Gelehrten. Ihrem Beispiel zu folgen wagte zwar kaum jemand, aber ihre Porträts prangten in vielen guten Stuben: Die „Göttinger Sieben", darunter die berühmten Germanisten Jakob und Wilhelm Grimm, wurden zu Symbolfiguren, mit denen man sich identifizierte.

Fest in Schwarz-Rot-Gold

Angepasste Philister und aufmüpfige Intellektuelle, einem so einfachen Schema fügte sich das damalige Bürgertum nicht. Selbst brave Familienväter zogen sich nicht nur in die viel beschworene Häuslichkeit des Biedermeier zurück, sondern hatten Teil an dem neuen Kollektivgeist. In zahllosen Gesangs-, Turn- und Schützenvereinen wurde politisch unverfänglich Einheit demonstriert. Obwohl auch die Vereine kontrolliert wurden und in Preußen sogar das Turnen verboten war, traf man sich, feierte und gab sich vaterländisch.
„Frisch auf Patrioten, den Berg hinauf! Wir pflanzen die Freiheit, das Vaterland auf." Gut 30 000 Menschen folgten diesem Ruf und zogen am 27. Mai 1832 auf die Burgruine Hambach in der damals bayerischen Pfalz. Und es waren nun nicht mehr nur Studenten wie einst auf der Wartburg. Viele waren mit Kind und Kegel gekommen, es herrschte fröhliche Volksfeststimmung, schwarz-rot-gold gestreifte Fahnen wurden geschwenkt.

Reden oder kämpfen?

Die Farben der Jenaer Verbindung standen nun erstmals allgemein für jene „Freiheit und deutsche Nationalwürde", wie sie von den Festrednern beschworen wurde. Auch erheblich kühnere Töne wie der Ruf nach Demokratie und „Volkshoheit" waren zu vernehmen. Ein paar Burschenschaftler meinten sogar, dass nun überhaupt genug geredet sei, und schmiedeten in einem stillen Winkel Verschwörungspläne. Aber noch war es nicht an der Zeit, die Waffen sprechen zu lassen.
Die bisher beispiellose und signalhafte Massenveranstaltung des Hambacher Festes schürte die Angst der Regierungen vor Chaos und Umsturz, zumal die radikaleren, republikanischen Töne nicht zu überhören waren. Und so endete das hoffnungsfrohe Fest mit einem Aufmarsch des königlich-bayerischen Militärs. Die Rädelsführer wurden, sofern sie nicht fliehen konnten, verhaftet, und in der Folge zogen sich die Ketten der Repression wieder enger zusammen.

Mit Pulver und Tinte

Überhaupt begann es in den 30er-Jahren wieder stärker zu schwelen im Deutschen Bund. Neuen Zündstoff lieferte die französische Julirevolution von 1830. Würde nun der „Deutsche Michel" seine Schlafmütze mit der Jakobinermütze vertauschen? Zunächst sah es so aus: Vor allem in den Ländern mit der stärksten Fürstenwillkür kam es zu Unruhen. Läden wurden geplündert, Paläste gestürmt und Gefangene befreit. In Braunschweig setzten wütende Bürger das herzogliche Schloss in Brand. Doch das alles blieben Einzelaktionen ohne Folgen. Gegen Ende 1832, noch im Gefolge des Hambacher Festes, wollten radikale Studenten nun Nägel mit Köpfen machen. Der erste Stoß sollte die Reaktion mitten ins Herz treffen und zwar in Frankfurt, dem Sitz des Deutschen Bundes. Man wollte die Polizeiwachen stürmen, sich der Waffen bemächtigen, anschließend den Bundestag besetzen und die Gesandten der Fürsten gefangen nehmen. Und das Ganze sollte nur der Auftakt zu einer nationalen Erhebung sein.
Am 3. April 1833 war es so weit: Ein Haufen Studenten und Handwerker überrannte erfolgreich die Frankfurter Hauptwache, aber da die erhoffte Verstärkung ausblieb, endete das Unternehmen in einem Desaster. Als sich die Pulverwolken wieder lichteten, zählte man neun Tote und 24 Verletzte.
Mit dem Hambacher Fest zeichnete sich eine Spaltung der Bewegung in „Besonnene" und „Hitzige" ab, der Frankfurter Wachensturm zeigte die zunehmende Gewaltbereitschaft der

Letzteren. Unterdessen setzten auch die Literaten ihre Federn als treffsichere Waffen ein. Mit ätzender Tinte schrieben sie Satiren, Polemiken und Kampfaufrufe. „Ein Volk, das die Freiheit haben will, muss sie rauben." – Damit traf Ludwig Börne, inzwischen in Paris ansässig, wieder einmal den Zeitgeist.

Im Untergrund

Noch wurde ungleich mehr Tinte als Blut vergossen. Berge von Tendenzliteratur türmten sich in den Zensurbehörden. Dabei waren die Tendenzen durchaus kontrovers. Georg Büchner etwa, Medizinstudent und Freizeitjournalist, hielt wenig von den Nationalliberalen und ihren Festen. Er sah im Hunger und Elend der Landbevölkerung die eigentliche Triebfeder der Revolution: „Friede den Hütten, Krieg den Palästen", verkündete er 1834. Zwischen dem wuchtigen Pathos Georg Büchners und dem geschliffenen Witz eines Heinrich Heine liegen Welten, aber für die Regierungen waren alle Autoren subversive Elemente, die es zu entfernen galt. Die Polizei fasste sie alle unter der Einheitsbezeichnung „Junges Deutschland" zusammen. 1835 statuierte Preußen zunächst ein Exempel an Karl Ferdinand Gutzkow, der für seinen Roman „Wally, die Zweiflerin" hinter Gitter kam. Wenig später wurde Heines Gesamtwerk verboten. Dieser hatte sich freilich schon 1831 nach Paris abgesetzt, wo er selbst für den stählernen Arm des preußischen Gesetzes unerreichbar blieb. Ab Dezember 1835 waren sämtliche Schriften des „Jungen Deutschland" bundesweit verboten.

Im Klima der Unterdrückung blühten nun die Geheimbünde auf. Georg Büchner gründete die Gesellschaft der Menschenrechte, eine Untergrundbewegung nach französischem Vorbild. In Paris schlossen sich zahlreiche Emigranten und politisch Verfolgte zum Bund der Geächteten zusammen. In dessen linkem Flügel zirkulierten bereits Ideen einer klassenlosen Gesellschaft. Aus den Reihen dieser „Geächteten" erwuchs denn auch jener Bund, für den Karl Marx einige Jahre später das Kommunistische Manifest schreiben sollte.

Einigkeit und Recht und Freiheit

Die Studenten auf der Wartburg hatten es sich wohl kaum träumen lassen, welche Richtungen ihr Marsch für ein geeintes Deutschland nehmen würde. Als Sozialrevolutionäre fühlten sie sich noch nicht. Doch die Zeit bis zur Märzrevolution 1848, die Historiker als Vormärz bezeichnen, ist vielschichtig: Zwischen Nationalismus und Liberalismus, Monarchie und Demokratie bildete sich ein breites politisches Spektrum aus, das bis in unsere heutige Parteienlandschaft nachwirkt. Heinrich Heine warf bereits 1840 den Teilnehmern des Wartburgfestes „beschränkten Teutonismus" vor. Auf dem Hambacher Fest wiederum, zu dem auch polnische und französische Patrioten geladen waren, wurde die Idee eines europäischen Völkerbundes propagiert. Es zeigte sich eine Ambivalenz, die auch in Hoffmann von Fallerslebens „Lied der Deutschen", das er 1841 auf der damals englischen Insel Helgoland schrieb, deutlich wird: Einerseits stellte Fallersleben „Deutschland über alles", was später die Nazis grölen sollten, andererseits brachte er Werte auf den Punkt, die noch immer aktuell sind: „Einigkeit und Recht und Freiheit".

Vom Wartburgfest zum Hambacher Fest: Die freiheitlichen Kräfte waren nun besser organisiert und verstanden es, trotz staatlicher Gängelung liberales Gedankengut lebendig zu halten.

Metternich als Pinocchio – die Karikatur verdeutlicht die Enttäuschung über die Folgen der Neuordnung Europas, die in Deutschland die alten Kräfte an der Macht gelassen hatte.

Die Gründung des Deutschen Zollvereins

1834
1. JANUAR

Mit der Gründung des Deutschen Zollvereins wurde der innerdeutsche Handel von Zöllen befreit. Die wirtschaftliche Einigung begünstigte die Industrialisierung und die nationale Einheit.

Die Kleinstaaterei verursachte riesige wirtschaftliche Schäden. Der Zollverein war ein erster Schritt zum Abbau von Handelshindernissen in Deutschland.

innerhalb des Deutschen Bundes gefordert. „Achtunddreißig Zoll- und Mautlinien lähmen den Verkehr im Innern und bringen ungefähr dieselbe Wirkung hervor, wie wenn jedes Glied des menschlichen Körpers unterbunden wird, damit das Blut ja nicht in ein anderes überfließe." Mit diesem drastischen Vergleich beschrieb der Tübinger Professor Friedrich List im April 1819 die wirtschaftspolitische Situation im Deutschen Bund. Zunächst ohne Erfolg, denn die Bittschrift an den Bundestag verhallte einfach. Im politisch zersplitterten Deutschland sperrten sich Königreiche, Fürstentümer und freie Städte gegen jede wirtschaftliche Einigung. Sie waren allesamt zu sehr auf ihre eigene Souveränität bedacht. Weiterhin mussten Händler an jeder innerdeutschen Grenze ihre Waren auspacken, sich von mürrischen Zöllnern schikanieren lassen, wertvolle Tücher auf schlammigen Straßen ausrollen oder verderbliche Lebensmittel Sonne und Regen aussetzen. Zehn Mal dieselbe zeitraubende Prozedur auf dem Weg von Hamburg nach Österreich, von Berlin in die Schweiz. Die Handelsstruktur war schlichtweg unökonomisch.

Die Freude war groß, als am 1. Januar 1834 die ersten Gespanne über die Grenzen rollen durften, ohne kontrolliert und abkassiert zu werden. Schon am Silvesterabend standen die Fuhrleute Schlange vor den Schlagbäumen und erwarteten das große Ereignis. Auch die örtliche Bevölkerung war auf den Beinen und sorgte für fröhlichen Rummel an vielen deutschen Grenzposten. Als die Glocken endlich das neue Jahr einläuteten, knallten die Peitschen, die Pferde wieherten und stampften, und unter allseitigem Hurra setzte sich der ganze Tross in Bewegung. Erstmals hoben sich die Zollschranken, ohne dass ein einziges Stück ausgepackt werden musste.

Davor lag freilich ein steiniger Weg. Fabrikanten, Kaufleute und fortschrittliche Politiker hatten lange vergeblich den zollfreien Handel

Entscheidender Brückenschlag

Vor allem in Preußen herrschte allerdings von staatlicher Seite ein großes Interesse an offenen Zollgrenzen. Nicht nur weil sich diese über insgesamt 7500 km erstreckten, sondern vor allem, weil das Staatsgebiet auf zwei voneinander getrennte Provinzen verteilt war. Ein preußischer Kaufmann, der vom Rhein nach Berlin reiste, musste seine Waren in Hannover oder

Hessen verzollen. 1818 wurde immerhin ein innerstaatliches Zollgesetz erlassen, aber auch damit konnte die Barriere zwischen West und Ost nicht wirklich überbrückt werden. Preußen verfolgte nun die Strategie, anderen Staaten Zollbündnisse mit finanziell günstigen Bedingungen schmackhaft zu machen. Aber erst 1831 gelang es, Kurhessen zu gewinnen und eine zollfreie Brücke nach Westen zu schlagen. Da die Zolleinnahmen nach der Bevölkerungszahl der jeweiligen Mitgliedsstaaten verteilt wurden, waren auch Bayern und Württemberg als bevölkerungsreiche Länder sehr interessiert an einem Zollbündnis. Im März 1833 schlossen sie sich der Organisation an, die nun den Namen Deutscher Zollverein erhielt und mit Beginn des Jahres 1834 in Kraft trat.

Gleichberechtigung

Was Preußens Führungsrolle anging, herrschten große Bedenken bei den anderen Mitgliedsstaaten. Durch die Organisation, die in ihrer Struktur dem Deutschen Bund ähnelte, sollten diese zerstreut werden. Nach dem Prinzip der Gleichberechtigung bildeten die Bevollmächtigten jedes Staates ein Gremium, das als oberstes Organ des Zollvereins tagte. Die Berliner Regierung repräsentierte den Zollverein nur gegenüber dem Ausland und schloss internationale Wirtschaftsverträge ab. Jedes Mitglied konnte bei Entscheidungen sein Veto einlegen und jederzeit austreten. Die Kleinstaaten bestanden auch darauf, dass Beschlüsse einstimmig gefasst werden mussten, um so zumindest ein gewisses Maß an Entscheidungsbefugnis gegenüber den größeren und mächtigeren Nachbarn in der Hand zu behalten.

Straßen aus Stein

Der Handel sollte zwar gefördert werden, jedoch standen der praktischen Umsetzung noch einige handgreifliche Hemmnisse entgegen. So waren die Verkehrsverhältnisse in Deutschland zum großen Teil noch mittelalterlich: Es gab zahlreiche unbefestigte Straßen, die bei Regen oder Schnee aufweichten und für schwere Fuhrwerke unpassierbar wurden. Bereits Napoleon hatte begonnen, die Fernstraßen für seine Truppenbewegungen auszubauen; diese Anstrengungen wurden nun mit vereinten Kräften intensi-

viert. Die modernste Form der Straße war die sogenannte Chaussee, bei der ein fester Untergrund eine Schicht eingewalzter kleiner Steine trug. 1850 gab es auf dem Gebiet des späteren Deutschen Reiches bereits über 5300 km Chausseen, Zehntausende von Kilometern bestehender Straßen erhielten zumindest einen festen Belag. Gleichzeit wurde auch der Ausbau der Wasserstraßen vorangetrieben. Die gut 1000 km Kanäle und schiffbar gemachten Flüsse, die schon 1800 Deutschland durchzogen, verdreifachten sich bis 1850. Eine technische Meisterleistung war der 1836 begonnene Ludwigskanal, der Main und Donau von Bamberg bis Kelheim verband. Eine Sensation waren auch die neuen Verkehrswege, die durch die Eisenbahn erschlossen wurden. Die erste deutsche Eisenbahnstrecke wurde bereits ein Jahr nach Gründung des Zollvereins eröffnet.

Wirtschaft im Aufwind

Die Distanz, die ein Pferdefuhrwerk früher an einem Tag zurücklegen konnte, betrug etwa 45 km. Die neuen Straßen verdoppelten die Reisegeschwindigkeit und verbilligten die Transportkosten für die Kaufleute erheblich. Außerdem konnten sie sich nun das zeitraubende Studium der komplizierten Zolltarife sparen. Auf staatlicher Seite verbuchte man einen starken Rückgang der Verwaltungskosten für den Zoll und die Grenzstationen. Die durch den Schmuggel verursachten Verluste sanken ebenfalls. All dies brachte schon 1834 frischen Wind in die deutsche Wirtschaft. Während zuvor billige Waren aus England den Markt beherrschten, wurden nun deutsche Produkte zunehmend konkurrenzfähiger. Der Fernhandel zwischen Ostsee und Alpen begann zu florieren und belebte sowohl die Produktion als auch die Nachfrage. Die Gebiete am Rhein und an der Ruhr erlebten durch die wirtschaftliche Anbindung einen ersten großen Aufschwung, ohne den die Hochphase der deutschen Industrialisierung ab 1850 nicht möglich gewesen wäre.

Das Zollpfund vereinheitlichte das Gewichtsmaß im Warenhandel. Zuvor hatte jedes Land seine eigenen Maße und Gewichte verwendet.

> *Deutschland bildet ein Zoll- und Handelsgebiet, umgeben von gemeinschaftlicher Zollgrenze.*

[Artikel 33 der deutschen Reichsverfassung, 1871]

Die Begründer des Zollvereins: Friedrich von Motz, Karl Georg Maaßen, Wilhelm Anton von Klewitz, Johann Albrecht Friedrich von Eichhorn.

Taler und Gulden

Zusammen mit dem zollfreien Handelsverkehr begannen natürlich auch die Geldströme zwischen Nord und Süd stärker zu fließen. Doch es fehlten sowohl einheitliche Gewichts- und Längenmaße als auch feste Wechselkurse. Die Händler mussten sich in einem undurchdringlichen Gestrüpp von Umrechnungstabellen zurechtfinden. Immerhin gab es zumindest zwei vorherrschende Währungen: den Taler in Norddeutschland und den Gulden im Süden. Der Münchner Münzvertrag von 1837 setzte beide in ein klares Verhältnis zueinander. Damit war die Grundlage für die erste gemeinsame Währung geschaffen, die der Dresdener Münzkongress 1838 festlegte. Doch erst mit der Einführung der Goldmark 1871 hatte Deutschland eine wirklich verbindliche Währung.

Zögerliche Staaten

Unter den 18 Mitgliedstaaten des Zollvereins befanden sich 1834 Preußen, Sachsen, die thüringischen Staaten, Bayern und Württemberg. Somit waren zwar die wichtigsten Staaten des Deutschen Bundes in der Organisation vertreten. Dieser hatte jedoch insgesamt 41 Mitglieder, sodass der freie Handelsraum noch längst nicht das gesamte Bundesgebiet abdeckte. Eine besonders unschöne Lücke stellte das Großherzogtum Baden im Südwesten dar. Hier fehlte sogar noch eine einheitliche Zolllinie gegenüber Frankreich. Um auch die übrigen, meist kleineren Staaten zu einem Beitritt zu bewegen, mussten die Vertreter des Zollvereins noch jahrelang mit deren Regierungen verhandeln. So befürchtete man etwa in Baden, dass Preußen über den Zollverein indirekt den Staatshaushalt beeinflussen könne. Die Reichsstadt Frankfurt, traditionell ein Knotenpunkt des internationalen Handels, fürchtete, durch einen Beitritt seine Sonderstellung zu verlieren. Nichtsdestotrotz ließen sich Baden und das Herzogtum Nassau bereits 1835 überzeugen, Frankfurt am Main folgte ein Jahr später. Bis 1842 stieg die Mitgliederzahl des Zollvereins immerhin auf 28. Die Kleinstaaten konnten es sich auf die Dauer nicht leisten, ihre Zollgrenzen zu behalten, das wurde schlichtweg zu teuer.

Eine treibende Kraft bei der Erneuerung der Nationalökonomie im 19. Jh. war der Wirtschaftswissenschaftler Friedrich List. Zum 200. Geburtstag wurde ihm eine Briefmarke gewidmet.

Friedrich List

1789	Friedrich List wird im August in Reutlingen geboren.
1806–1816	Erfolgreiche Laufbahn als Verwaltungsbeamter.
1817	List wird Professor der Staatsverwaltungspraxis in Tübingen.
1819	Entlassung aus dem württembergischen Staatsdienst wegen seines Einsatzes für die Aufhebung der Binnenzölle.
1821	Verlust seines Mandats im württembergischen Landtag aufgrund seiner kritischen „Reutlinger Petition".
1824–1832	List lebt als Farmer, Redakteur und Bergbauunternehmer in den USA.
1834	Gründung der Leipzig-Dresdener Eisenbahngesellschaft.
1841	Sein unvollendetes Hauptwerk „Das nationale System der politischen Ökonomie" erscheint.
1846	List nimmt sich am 30. November in Kufstein das Leben.

Wirtschaft und Politik

Weitaus hartnäckiger wehrten sich Hannover, Braunschweig, Oldenburg und Schaumburg-Lippe. Diese norddeutschen Staaten bildeten ein größeres Gebiet zwischen den beiden preußischen Landesteilen und befürchteten die wirtschaftliche und politische Angleichung an Preußen. Unter der Führung des großen Königreiches Hannover schlossen sie sich in einem Steuerverein zusammen, der 1854 dann allerdings doch im Deutschen Zollverein aufging. Das Ziel einer vollständigen zollpolitischen Einheit wurde erst mit der Reichsgründung 1871 erreicht, streng genommen sogar erst 1888, als auch die Hansestädte Bremen und Hamburg auf ihre eigenen Zollgrenzen verzichteten. Doch wichtiger war die Sogwirkung, die der Zollverein auf die meisten Staaten ausübte. Jenseits des politischen Kalküls entfaltete sich eine wirtschaftliche Eigendynamik, die das starre Gefüge der Grenzen überwand und der politischen Einigung vorarbeitete. Die Beitritte erfolgten ja keineswegs aus Begeisterung für den nationalen Gedanken, sondern weil es gerade für die kleinen Staaten ökonomisch attraktiver war, keine eigenen Zölle zu erheben. Zurückzuführen ist dies auf die Initiative Preußens, das damit den Konkurrenten Österreich im Deutschen Bund ausbooten konnte.

Ein Staat im Staate

Auf dem Wiener Kongress 1815 hatte der österreichische Außenminister Fürst von Metternich den preußischen Einfluss auf Deutschland noch erfolgreich beschränken können. Er hatte sich sehr dafür eingesetzt, dass es zu dem losen Bund souveräner Staaten kam, der einen zu mächtigen deutschen Staat – womöglich unter preußischer Vorherrschaft – verhindern sollte. Und nun schlossen sich diese Staaten in einem Wirtschaftsbund zusammen! Metternich, der alle nationalen Umtriebe argwöhnisch beobachtete, witterte auch hier die „höchst gefährliche Lehre der deutschen Einheit". Mit dem Zollverein, den Metternich als „Staat im Staate" bezeichnete, geriet das fein austarierte System gleichberechtigter Einzelstaaten aus dem Gleichgewicht. Dem Bündnis selbst beizutreten kam für Österreich zunächst nicht infrage. Zu groß war die Sorge, selbst unter preußische Vorherrschaft zu geraten. Später versuchte die Wiener Regierung, die drohende Isolierung zu durchbrechen und eine großdeutsche Handelsunion zu gründen, was allerdings misslang.

Ein Modell für die Einheit

Nach diesem gescheiterten Versuch sorgte dann Preußen selbst dafür, dass Österreich nicht mehr im Deutschen Zollverein aufgenommen wurde. Stattdessen kam es 1862 zu einem Zollabkommen zwischen dem Deutschen Zollverein und Frankreich, das erstmals einen innereuropäischen Freihandel ermöglichte und sich dezidiert gegen Wien richtete. Ziel war vor allem, Deutschland auf den internationalen Märkten einen entscheidenden Machtgewinn zu verschaffen. Zoll und Handel waren nun zum Mittel im politischen Kampf der Großmächte geworden. Der Weg zur Vorherrschaft auf politischem Gebiet führte über den wirtschaftlichen Fortschritt. Österreich, das allzu lange an seiner Politik der hohen Schutzzölle festhielt, hatte es versäumt, auf diesen Zug aufzuspringen. Damit hatte in Deutschland nun endgültig Preußen die Nase vorn. All diese Entwicklungen führten nicht zwingend zur Reichsgründung 1871, wie es nationalistische Historiker oftmals behaupteten. Doch in der Vorstellung vieler Patrioten nahm das Bild des ersehnten geeinten Deutschland allmählich konkrete Formen an: Der Grenzverlauf sollte die Mitgliedstaaten des Zollvereins umfassen, Österreich war somit ausgeschlossen. Diese Vorstellung entsprach der sogenannten kleindeutschen Lösung, für die sich auch Bismarck später mit allen Konsequenzen entschied.

Ein silberner Vereinstaler der freien Reichsstadt Frankfurt am Main, die stolzes Mitglied des Deutschen Zollvereins war.

Nach Wegfall der Zölle blühte der Handel auf. Nun wurden auf den Märkten nicht mehr nur Produkte aus unmittelbarer Nähe gehandelt.

Eröffnung der ersten deutschen Eisenbahnstrecke

1835
7. DEZEMBER

Zur Eröffnung der Linie Nürnberg–Fürth fuhr in Deutschland erstmals eine dampfgetriebene Eisenbahn. Der Bau weiterer Strecken folgte, und das Verkehrsmittel wurde zum Schwungrad der Industrialisierung.

Am 7. Dezember 1835 herrschte auf der Straße zwischen Nürnberg und Fürth ein ungewöhnliches Treiben: Großbürger und Handwerker, Bauern und Dienstmägde, Soldaten, Burschen und Kinder mischten sich zu einer bunten Menge. Viele sahen zum ersten Mal die merkwürdigen eisernen Bänder, die sich schnurgerade durch die Landschaft zogen. Dann näherte sich auf diesen Schienen ein grün-schwarzes, stampfendes, fauchendes, rauchendes Ungetüm, stieß zischend heißen Dampf aus und schoss mit der unglaublichen Geschwindigkeit von 30 km/h vorbei. Im Schlepp hatte es mehrere Kutschen voller winkender Menschen. So also sah die Eisenbahn aus, von der alle Welt redete! Und war der Adler, die Lokomotive mit ihren

vielen Pferdestärken, nicht ein technisches Weltwunder? Tausende waren aus nah und fern herbeigeströmt, um „das nie gesehene Schauspiel gewaltiger Dampfkraft" zu bestaunen. Es war ein feierlicher Tag: Alle Schaulustigen erschienen im Sonntagsstaat, die Damen führten ihr schönstes Kleid aus, und sogar der Lokomotivführer trug an seinem Arbeitsplatz Frack und Zylinder. Man war sich bewusst, dass mit diesem Tag ein neues Zeitalter begann.

Die Kohle fehlt

Schon seit längerer Zeit hatte es in Deutschland Bestrebungen gegeben, die in England und Amerika bereits etablierte Eisenbahn einzuführen. Wirtschaftsexperten und Unternehmer ver-

Die Bevölkerung bestaunte die Jungfernfahrt des Adlers zwischen Nürnberg und Fürth. Damit zog auch in Deutschland das Zeitalter der Eisenbahn ein.

sprachen sich von diesem Transportmittel ein wesentlich effizienteres Verkehrswesen. Der erste deutsche Zug startete am 20. September 1831 in Hinsbeck an der Ruhr, diente dem Kohletransport und wurde von Pferden gezogen. Dies blieb noch einige Jahre die bevorzugte Methode. Auch in Nürnberg kamen die Pferdestärken des Adlers zunächst nur zweimal täglich zum Einsatz, für die übrigen Fahrten wurden echte Pferde vorgespannt. Denn die Kohle zum Befeuern der Lokomotiven war anfangs schwer zu bekommen und sehr teuer.

Eisenbahnfieber

Der Bau der vom bayerischen König Ludwig wenig geförderten Ludwigsbahn bei Nürnberg erforderte mit 177 000 Gulden gewaltige Geldmittel, die nur eine Gesellschaft privater Investoren aufbringen konnte. Aber es lohnte sich: Schon im ersten Jahr fuhren 475 000 Personen mit. Da spielte es keine Rolle, dass der Güterverkehr nach anfänglichen Zeitungs- und Biertransporten erst ab 1838 in die Gänge kam. Die Dividende lag bei 20 %, die Aktien stiegen rasant. Schnell brach überall ein wahres „Eisenbahnfieber" aus, und die Presse berichtete von beinahe lebensgefährlichem Gedrängel in den Zeichnungsbüros. Schon zwei Jahre später waren 13 neue Aktiengesellschaften gegründet. Obwohl die Ludwigsbahn überregional unbedeutend blieb, hatte ihr Bau große Folgen: Sie war ein Symbol für den Aufbruch, das in ganz Deutschland gehört wurde.

Der Raum wird „getötet"

Ein Aufbruch ins Unbekannte macht oft Angst. So fürchteten die Fuhrleute um ihre Einkünfte, und nach mancherlei Ansicht gefährdete die Eisenbahn auch Schmiede, Wagner, Sattler, Gastwirte und Bauern, die Pferdefutter anbauten. Viele Ärzte waren der Überzeugung, die enorme Schnelligkeit der Züge müsse unweigerlich zu einer Gehirnkrankheit führen. Um wenigstens die Zuschauer vor dieser furchtbaren Gefahr zu schützen, empfahlen sie, die Bahnstrecken mit einem hohen Bretterzaun einzufassen. Nicht weniger irrational erscheinen aber auch die hochfliegenden Erwartungen der Befürworter. So behauptete Friedrich List, der sich wie kein anderer für die Eisenbahn einsetzte, „durch die neuen Transportmittel wird der Mensch ein unendlich glücklicheres, vermögenderes,

vollkommeneres Wesen". Die Eisenbahn als Heilsbringer: Auch die wie Kathedralen gebauten Bahnhöfe des späten 19. Jh. künden von diesem Gedanken. Dagegen warnten andere vor einer „Vergewaltigung der Natur", die der Eisenbahnbau zur Folge hätte.

So oder so: Die Menschen spürten, dass sich mit der Einführung des neuen Verkehrsmittels die Welt verändern würde. Bahndämme, Tunnel und Brücken begannen die Landschaft zu prägen. Der Blick aus dem Zugfenster brachte eine neue impressionistische Art der Wahrnehmung. Die Entfernungen schrumpften: „Der Erdball wird in eine tausendmal kleinere Kugel verwandelt", so berechnete es ein Autor nach der zehnfachen Geschwindigkeit der Bahn gegenüber einem Fußgänger. Heinrich Heine brachte diesen revolutionären Aspekt auf den Punkt: „Durch die Eisenbahnen wird der Raum getötet, und es bleibt uns nur noch die Zeit übrig."

Im Takt der Bahn

Doch auch die Zeit sollte sich verändern. Als Heine dies schrieb, hatte jeder deutsche Staat seine eigene Uhrzeit. Selbst zwischen Köln und Königsberg, also innerhalb Preußens, betrug der Unterschied eine

---

Gesundheitsgefahren durch die Eisenbahn

Ortsveränderungen mittels irgendeiner Art von Dampfmaschinen sollten im Interesse der öffentlichen Gesundheit verboten sein. Die raschen Bewegungen können nicht verfehlen, bei den Passagieren die geistige Unruhe, „delirium furiosum" genannt, hervorzurufen. Selbst zugegeben, dass Reisende sich freiwillig der Gefahr aussetzen, muss der Staat wenigstens die Zuschauer beschützen, denn der Anblick einer Lokomotive, die in voller Schnelligkeit dahinrast, genügt, diese schreckliche Krankheit zu erzeugen.

Aus einem Gutachten bayerischer Ärzte, 1835

Ein Eisenbahnbillet aus dem Jahr 1839. In kurzer Zeit entstanden überall in Deutschland Eisenbahnstrecken, die zunächst in der Hand einzelner Gesellschaften oder der Länder waren.

Neue Produktionstechniken ermöglichten viele neue Produkte,
darunter die Konservendose.
Das Weißblechbehältnis erlaubte
es erstmals, beinahe unbegrenzt
haltbare Lebensmittel herzustellen, die zugleich leicht zu transportieren waren.

Die industrielle Revolution veränderte das Bild der Landschaft und der Städte vielerorts innerhalb von nur 30 Jahren. Rauchende Schlote wurden zum Symbol des Fort-
schritts, aber auch der Naturausbeutung und Umweltver-

Inbegriff und Motor der industriellen
Revolution war die Dampfmaschine.
Erst mit ihr konnten so viel Kraft und
Energie erzeugt werden, dass auch
Schwerstarbeiten effizient auszuführen
waren. Außerdem war die Maschine
selbst transportabel. Damit kam die
Revolution der Transportmittel in Form
der Dampflokomotive ins Rollen.

Mit der Industrialisierung hielt auch der Kapitalismus Einzug. Die riesigen Industrieanlagen verlangten gewaltige Investitionen, die großen Mengen an Produktionsgütern erbrachten wiederum enorme Gewinne. Firmen erwarben weiteres Kapital, indem sie Aktienscheine an Anteilsnehmer verkauften. Das Börsengeschäft war geboren.

Im Zeichen der Dampfkraft

In nur 100 Jahren veränderte Deutschland sein Gesicht. Die industrielle Revolution machte aus Äckern, Wiesen und Feldern rund um Rhein und Ruhr, in Sachsen, Schlesien und im Saarland Industrielandschaften. Rauchende Schlote, tiefe Kohlegruben und hoch aufschießende Fördertürme bestimmten nun das Bild. Etwas später als in England und Frankreich schritt seit Mitte des 19. Jh. der Industrialisierungsprozess auch hierzulande mit Siebenmeilenstiefeln voran. Erste Zugpferde waren neben dem Kohlebergbau die Metallindustrie und der Maschinenbau. Zügig vorangetrieben wurde auch der Ausbau des Verkehrswesens auf Straße und Schiene. Die Eisenbahn war bald das wichtigste Transportmittel. Doch all der technische Fortschritt hatte auch seine Schattenseiten: Viele lebten in bitterster Armut, die soziale Not wuchs.

Während die Gewinne der Unternehmer sprudelten, geriet ein großer Teil der einfachen Industriearbeiter in Armut. Stellte sich dann noch Arbeitslosigkeit ein – zuvor hatte es dieses Phänomen kaum gegeben –, verelendeten die Menschen schnell, da es keine sozialen Sicherungssysteme gab.

Die Zechen des Ruhrgebiets waren mit die deutlichsten Zeichen der Industrialisierung in Deutschland. Die Kohlevorkommen wurden für die Verhüttung von Stahl benötigt und in großen Schachtanlagen abgebaut. Tausende von Zuwanderern kamen in die Kohleeviere. Heute sind die letzten Vertreter dieses Industriezweigs Denkmäler.

Der Aufstand der Weber in Schlesien

1844
4. JUNI

Die Weber erhoben sich im schlesischen Eulengebirge gegen die ortsansässigen Textilfabrikanten. Der Aufstand erschütterte ganz Deutschland und wurde zum Synonym für die Sprengkraft der sozialen Frage.

Der Weberaufstand in der Perspektive der sozialistischen Künstlerin Käthe Kollwitz. An der grenzenlosen Not der Weber entzündete sich die Gewalt.

Man wolle nicht stürmen, nur reden, hieß es, als die Weber erneut vor das Haus ihres Auftraggebers traten, um mit ihm über die Freilassung Mäders und ihren Lohn zu sprechen. Als die Menge mit Ziegelsteinen beworfen wurde, brach sich die Wut jedoch ungebremst die Bahn. Zaunlatten, Steine, alles, was herumlag, wurde zur Waffe. Die Weber schlugen die Fenster ein, plünderten die Geschäftsräume und das Warenlager. Aber auch die Privaträume fielen ihrer Wut zum Opfer. Die Zerstörungsorgie war nur der Auftakt zu einer zweitägigen Revolte, die mit elf Toten und 26 Verwundeten endete. Der Aufstand der schlesischen Weber, kaum ein anderes vormärzliches Ereignis grub sich so tief ins deutsche Bewusstsein ein.

Der Aufstand geht weiter

Noch einmal kehrten die wütenden Weber am nächsten Morgen zur Villa Zwanziger zurück, um ihr Zerstörungswerk zu vollenden. Nachdem ein anderer Fabrikant, Fellmann, die Arbeiter erfolgreich mit Nahrungsmitteln und Silbergroschen abgefertigt hatte, zog ein Teil der Horde mit Knüppeln bewaffnet weiter nach Langenbielau, vor das Haus der Gebrüder Dierig, die zum Missfallen der einheimischen Arbeiter auswärtige Weberkonkurrenz beschäftigten. Als der Unternehmer den Revoltierenden Geld anbot, schien sich die Lage kurzfristig zu entspannen – bis Unruhe entstand und das herbeigeeilte Militär in die Menge feuerte. Unter den Toten waren auch Unbeteiligte: eine Frau mit ihrem Kind auf dem Weg zur Strickstunde, Opfer einer Eskalation, die so niemand vorhergesehen hatte.

Fabrikanten, die das Überangebot an Arbeit ausnutzten und immer niedrigere Löhne zahlten, die sich menschenverachtend gaben und dabei ohne Scham ihren eigenen Reichtum zur Schau stellten: Sie und die durch sie erzeugte Armut hatten die Heimarbeiter, die auf ihren eigenen Webstühlen Baumwollstoffe fertigten, in den Wochen zuvor mehr und mehr aufge-

Ein Lied wirkte als Funke, der das Pulverfass entzündete. Bereits am Vorabend hatten es die Weber von Peterswaldau vor der Villa des Fabrikanten Zwanziger gesungen. Am Morgen des 4. Juni 1844 inspirierte es sie wieder, als sie losmarschierten, um ihren Vorsänger und Anführer Wilhelm Mäder aus dem Gewahrsam der Ortspolizei zu befreien. „Die Herren Zwanziger die Henker sind / Die Diener ihre Schergen / Davon ein jeder tapfer schindt / Anstatt was zu verbergen. – / Ihr Schurken all, ihr Satansbrut / Ihr höllischen Dämone / Ihr freßt der Armen Hab und Gut / Und Fluch wird Euch zum Lohne" – so lautet die eingängigste Passage des 24-strophigen „Blutgerichts", das seit Wochen im schlesischen Eulengebirge zirkulierte. Keiner der mehreren Hundert Männer trug Waffen.

Soziale Erhebungen

1736 Die Bremer Schuhmachergesellen legen drei Monate lang die Arbeit nieder.

1793 Streik der Breslauer Schneidergesellen, dem sich Tischler, Schlosser und Zimmerleute anschließen.

1847 Für das Hungerjahr lassen sich mehr als 200 Aufstände nachweisen, die vor allem in Preußen, Franken und Württemberg stattfinden. Im selben Jahr ereignet sich in Berlin die Kartoffelrevolution.

1900 Der Streik der Berliner Straßenbahnangestellten eskaliert und wird zum Quartierskrawall.

1919 Januaraufstand in Berlin durch Anhänger von USPD und KPD, der von Regierungstruppen gewaltsam niedergeschlagen wird.

1953 Streiks auf den Baustellen der Ostberliner Stalinallee weiten sich zum Volksaufstand des 17. Juni aus.

stellten die bestehende Gesellschaftsordnung radikal infrage. Und allenthalben herrschte eine erhöhte Wachsamkeit: Würde der sozialrevolutionäre Funke nach ersten Arbeiterunruhen in Frankreich und England bald auch auf Deutschland überspringen? Aufbegehren und Angst – sie erklärten die ungeheure Signalwirkung des Aufstands und die Heftigkeit der Reaktionen. Im bürgerlichen Lager überwog zunächst ein Gefühl der Solidarität und des tätigen Mitleids. Die Misere der „armen" Weber, die durch mangelnde Nachfrage und sinkende Löhne zu Hunger verurteilt waren, hatte bereits vor 1844 eine deutschlandweite Hilfs- und Spendenkampagne in Gang gesetzt. Die Anteilnahme des begüterten Bürgertums wurzelte in unzähligen Webergedichten und zu Herzen gehenden Schicksalsberichten über schuftende Väter und darbende Familien, die in der Presse systematisch verbreitet wurden. Großzügige finanzielle Gaben, selbst aus den entlegensten Städten Westdeutschlands, bekundeten den weiten Radius der Anteilnahme.

Doch waren die Bemühungen, das Los der Weber zu verbessern, von Anfang an auch Mittel zum Zweck. Indem das Bürgertum Mitgefühl demonstrierte, inszenierte es sich im bewussten Gegensatz zur vermeintlichen Kälte des preußischen Obrigkeitsstaats. Während die Bürger enorme Anstrengungen auf sich nahmen, um die Nation über das Schicksal der Weber aufzuklären und darüber eigene Sozialreformen in Gang zu bringen, versagten die zuständigen Behörden. Vor allem aber war die „Weberfrage" ein willkommenes Argument, um oppositionelle Öffentlichkeit herzustellen. Aus diesem Grund entfachte der Aufstand eine anhal-

> *„Die Seele der Gequälten entrang sich ein Lied, dessen Verse widerspiegeln, wie ihnen wilder Trotz wuchs in ihrem endlosen Jammer."*

[Franz Mehring über den Weberaufstand, 1897/98]

reizt. Der Marsch am 4. Juni hatte demnach kaum mehr bezweckt, als das missachtete Recht zur Geltung zu bringen und neben dem gerechten Lohn zugleich Respekt einzufordern. Die Revolte wurzelte in strukturellen Missständen: allen voran in der Tatsache, dass die Mehrzahl der schlesischen Heimarbeiter zugleich Feudalabgaben an die örtlichen Gutsherren leisten musste. Es handelte sich um einen spontanen, typisch frühindustriellen Arbeiteraufstand, der sich weder als nackte Hungerrevolte noch als Prototyp des Klassenkampfs fassen ließ.

Ein Fanal der bürgerlichen Sozialreform

Dass er dennoch so hohe Wellen schlug, lag an den historischen Rahmenbedingungen. Die Revolte fiel nicht nur in eine Epoche, in der die bürgerliche Oppositionsbewegung verstärkt nach politischer Teilhabe strebte, er fiel zugleich in eine Zeit, in der das Menetekel einer Sozialrevolution allenthalben bedrohlich im Raum stand. Das „Kommunistische Manifest" war noch nicht geschrieben, doch unter den wandernden Handwerksgesellen grassierten sozialistische Theorien. Geheimbünde wie der Bund der Gerechten in Paris

An solchen Webstühlen fertigten die Weber ihre Stoffe in Heimarbeit. Die Konkurrenz zur Industrieweberei ließ die Handwerker völlig verarmen.

Große Fabrikhallen, in denen ungelernte Arbeitskräfte Textilmaschinen bedienten. Die Industrialisierung Deutschlands brachte große soziale Verwerfungen mit sich.

tende Zeitungsberichterstattung, die schon bald vom Weberelend ins Grundsätzlich-Politische abdriftete. Eine andere Plattform boten die neu gegründeten Hilfsvereine, angeführt vom Centralverein für das Wohl der arbeitenden Klassen, der als Dachorganisation über den einzelnen Lokalverbindungen stehen sollte.

Parteienspaltung

Reichte es aber, den Arbeitern Bildung zu ermöglichen und ihnen mit Hilfskassen unter die Arme zu greifen, oder ging es um einen grundsätzlichen Umbau der Gesellschaftsordnung? Und: Was war wirklich im Eulengebirge passiert? Hatte bloß eine harmlose Revolte hungernder Arbeiter oder ein organisierter proletarischer Aufstand stattgefunden? Fragen wie diese spalteten die oppositionelle Bewegung just in dem Moment, als ihr das gewaltsame Vorgehen der Weber den entscheidenden Öffentlichkeitsschub verschaffte. Gemäßigte Bürgerliche traten aus Protest gegen sozialistische Tendenzen aus den Hilfsvereinen aus, und selbst unter den radikalen Exilanten im weit entfernten Paris sorgten unterschiedliche Stellungnahmen zur Weberfrage für Spaltungen. Während der bürgerliche Demokrat Arnold Ruge den politischen

Charakter des Aufstands abstritt, konterte Karl Marx in der Zeitung „Vorwärts" mit seiner berühmten Gegeninterpretation: Der Weberaufstand sei die erste proletarische Erhebung in Deutschland, sehr viel besser organisiert und bewusster gesteuert als alle vorangegangenen Arbeiteraufstände in England oder Frankreich. Deutungen wie diese trafen das gemäßigte Bürgertum bis ins Mark und mobilisierten Ängste, die nicht zuletzt im Schreckensbild der Französischen Revolution ihre Wurzeln hatten.

Ein Staat sieht rot

Dies galt umso mehr, als die Angst vor einem kommunistischen Sozialumsturz selbst die allerhöchste Staatsebene erfasst hatte. Zwar demonstrierte Friedrich Wilhelm IV. von Preußen aufrichtiges Mitgefühl mit den verzweifelten Heimarbeitern, und der Druck der Öffentlichkeit bewegte den Monarchen schließlich sogar dazu, dem Centralverein 15 000 Taler Unterstützung anzubieten. In Wahrheit legte der König jedoch schon damals jene Doppelzüngigkeit an den Tag, die er in der Revolution von 1848 abermals unter Beweis stellte. Eine unorganisierte Verzweiflungstat? Dieser Gedanke fand keine Sekunde lang Eingang in das

Bewusstsein des Monarchen. Stattdessen versteifte sich Friedrich Wilhelm IV. auf die Existenz von radikalen sozialistischen Hintermännern, welche die Weber aufgewiegelt hätten. Als unmittelbares Nachspiel der Revolte wurden rund 80 Personen angeklagt und in geheimen Gerichtsverfahren zu mehrjährigen Haftstrafen verurteilt.

Zudem gab es eine Fülle weiterer Maßnahmen zur Unterdrückung möglicher Aufstände. So führte der Weberaufstand etwa zur Wiederbelebung der preußischen Geheimpolizei, die in Schlesien eine beispiellose Spitzelkampagne anzettelte. Berliner Polizeikommissare spionierten als Landschaftsmaler oder in anderer Tarnung vor Ort und brachten Journalisten und vermeintliche Rädelsführer auf bloße Verdachtsmomente hin ins Gefängnis. Derlei Vorfälle waren monatelang gang und gäbe.

Gleichzeitig kam es zu einer rigorosen Knebelung der schlesischen Presse, die kaum ein einziges authentisches Wort über die Vorfälle berichten konnte. Regierungstreue Blätter wurden eigens angewiesen, oppositionelle Journalisten als wahre Urheber der Revolte zu beschuldigen und dem Webervolk Grobheit, Trunksucht und andere unlautere Motive zu unterstellen. Die Hexenjagd wirkte jedoch völlig anders, als erwartet: Statt den Widerstandsgeist zu ersticken, offenbarte sie die Schwäche des Staates. Vor allem aber ebnete sie den Weg für die nachfolgende künstlerische Verarbeitung.

Mythos Weberaufstand

Der Aufstand und dessen Folgen boten Stoff für zahlreiche Literaten und bildende Künstler, die auch ohne sozialistischen Hintergrund Kritik an den bestehenden gesellschaftlichen Verhältnissen übten. Heinrich Heine schuf mit seinem Gedicht die wohl bekannteste Anklage gegen das Versagen des preußischen Staates: „Das Schiffchen fliegt, der Webstuhl kracht, / Wir weben emsig Tag und Nacht – / Altdeutschland, wir weben dein Leichentuch, / Wir weben hinein den dreifachen Fluch, / Wir weben, wir weben!" Andere Künstler beschworen dagegen vor allem die unpolitische Verzweiflung der Revoltierenden, so etwa Gerhart Hauptmann

mit seinem Theaterstück „Die Weber" aus dem Jahr 1893. Das Drama wurde dennoch zum Zeitpunkt seines Entstehens als sozialistisch angefeindet. Fast ein halbes Jahrhundert nach dem Ereignis lag die Sprengkraft jetzt vor allem in der lebensnahen Vorführung des Elends. Hauptmann war dazu eigens ins Eulengebirge gereist und hatte die Verhältnisse vor Ort begutachtet. Hier waren ihm Armut und Elend in Form von Kinderarbeit oder hungernden und verwahrlosten Menschen eindrücklich vor Augen getreten. Entsprechend drastisch fiel Hauptmanns künstlerische Umsetzung aus. Das Innenministerium verbot konsequenterweise jede öffentliche Aufführung des Stückes, konnte aber nicht verhindern, dass es in Privattheatern inszeniert wurde und zum überwältigenden Publikumserfolg avancierte.

Viele Menschen wussten sich in ihrer Armut nicht anders zu helfen, als auch ihre Kinder zum täglichen Broterwerb heranzuziehen. Kinderarbeit war ein großes Problem.

Inspiriert von Hauptmanns Drama, schuf die Künstlerin Käthe Kollwitz ihren berühmten Zyklus von Radierungen „Ein Weberaufstand". Ähnlich wie Hauptmann schildert sie in eindringlichen Szenen das Elend, die Rebellion und die Niederlage der Weber.

Beide Werke entstanden in einer Zeit, in der die Sozialdemokratie nach langer staatlicher Verfolgung um breite Massenunterstützung warb. Die künstlerische Interpretation des Weberaufstands entfaltete vor dieser Folie brisante Gegenwartsbezüge und wurde von der sozialistischen Linken begeistert instrumentalisiert.

Noch vor Käthe Kollwitz fand der Weberaufstand künstlerischen Niederschlag. Gerhart Hauptmann schuf das Bühnenstück „Die Weber", das dieses Ereignis zum Symbol werden ließ.

Das Kommunistische Manifest wird veröffentlicht

1848 FEBRUAR

Mit dem Kommunistischen Manifest erschien die einflussreichste politische Schrift seit der französischen Menschenrechtserklärung. Sie zeigte nachhaltige Wirkung im Heimatland des Autors.

Karl Marx und Friedrich Engels verfassten das Kommunistische Manifest im Auftrag des Bundes der Kommunisten gemeinsam im Jahr 1847.

Karl Marx und Friedrich Engels kannten sich seit 1844. Zunächst führten sie einen intensiven Briefwechsel, später trafen sie sich in verschiedenen Exilstationen immer wieder.

Es war eine in letzter Minute erledigte Auftragsarbeit – und doch sollte sie die Welt verändern. Wenn der Text nicht bis zum 1. Februar in London eintreffe, müsse er mit Konsequenzen rechnen, wurde der Verfasser angemahnt. Das Endergebnis entstammte der Feder eines einzigen Mannes, und dennoch handelte es sich um das geistige Kind zweier Theoretiker, die auf den 23 Seiten ihr gemeinsames Glaubensbekenntnis ablegten. Das Büchlein, das im Februar 1848 im Büro der Londoner Bildungs-Gesellschaft für Arbeiter endlich in Druck ging, hatte den überaus sachlichen Titel „Manifest der Kommunistischen Partei".

„Ein Gespenst geht um in Europa – das Gespenst des Kommunismus." So lautet der bereits etwas weniger sachliche Beginn, dessen Drohgebärde nicht von ungefähr kam. Denn es gärte unter dem Korsett des Systems Metternich, und die soziale Frage stand drohend im Hintergrund des politischen Aufbegehrens in Deutschland. Gütergemeinschaft oder die Einführung genossenschaftlicher Produktionsweisen: Längst geisterten Ideen wie diese durch Europas Fabriken, Manufakturen und Werkstätten. Die Väter des Manifests verkörperten demnach nur eine Schattierung des breiten sozialistischen Spektrums.

Marx und Engels waren Mitglieder des Bundes der Kommunisten, in dessen Auftrag sie das Manifest als eine Art Parteiprogramm verfasst hatten. Der Geheimbund mit Sitz in London umfasste eine internationale Gruppe aus Handwerkergesellen und einigen Intellektuellen, deren Mission im Manifest ebenso selbstbewusst wie vage definiert wurde: „Die Kommunisten", so hieß es, seien „der entschiedenste, immer weitertreibende Teil der Arbeiterparteien aller Länder." Nicht schwärmerische Utopien, die der ungerechten realen Welt entgegengehalten wurden, sondern handlungsleitende Einsichten in den Gang der Geschichte sollten geboten werden.

Klassenkämpfe

Freier und Sklave im antiken Griechenland, Patrizier und Plebejer im alten Rom, Baron und Leibeigener, Zunftbürger und Ge-

Karl Marx

1818 Karl Marx kommt als drittes Kind des Rechtsanwalts Heinrich Marx am 5. Mai in Trier zur Welt.

1841 Abschluss des Philosophie-, Staatswissenschafts- und Geschichtsstudiums in Jena.

1843 Hinwendung zum Sozialismus während eines Aufenthalts in Paris.

1844 Seine lebenslange Freundschaft mit dem Barmener Fabrikantensohn Friedrich Engels beginnt.

1848 In London erscheint das „Manifest der Kommunistischen Partei".

seit 1864 Marx ist als Sekretär der Internationalen Arbeiter-Assoziation führend in der Organistion des internationalen Sozialismus tätig.

1867 Das erste Band von Marx' Hauptwerk „Das Kapital" erscheint; die Bände 2 und 3 werden 1885 und 1894 von Engels herausgegeben.

1883 Marx stirbt am 14. März in London.

sell im Europa des Mittelalters und der Frühen Neuzeit: Die Geschichte gestaltete sich dem Manifest zufolge als permanenter Klassenkampf zwischen Unterdrückern und Unterdrückten. Jede Konfrontation zwischen diesen beiden Polen endete mit der revolutionären Umgestaltung der Gesellschaft oder mit dem Untergang der bestehenden Klassen. Dabei waren es stets ökonomische Ursachen, die den Prozess vorantrieben: Die Produktivkräfte, also der Einsatz der menschlichen Arbeitskraft sowie die Produktionsweise und Maschinen, veränderten sich im Regelfall schneller als die Verhältnisse zwischen den produzierenden Menschen. Aus diesem Ungleichgewicht resultierte der Klassenkampf, der laut Marx in der Gegenwart seine letzte Form erreichte.

Nachdem das Bürgertum die Adelsherrschaft revolutionär beseitigt hatte, entwickelte sich durch Kapitalanhäufung und Industrialisierung das Weltregime der Bourgeoisie. Hier standen auf der einen Seite die Fabrikanten, deren Macht sich auf den Privatbesitz von Produktionsmitteln und die Ausbeutung der Lohnarbeiter stützte, auf der anderen Seite das besitzlose Proletariat, das seine Arbeitskraft als Ware verkaufen musste. So präsentierte sich die Frontstellung in der Mitte des 19. Jh. Der

Teufelskreis aus Überproduktion und Elend erzeugte immer mehr Proletarier und stärkte zugleich das Klassenbewusstsein der Arbeiter. Schon bald, so Marx, werde sich die Masse gegen die Bourgeoisie erheben und über die „Diktatur des Proletariats" den sozialen Umsturz in die Wege leiten. Zwangsenteignung des bürgerlichen Eigentums und die Auflösung von Staat und Klasse in einer allumfassenden kommunistischen Ordnung waren dem Manifest zufolge das unveränderbare Ziel der Geschichte.

„Vereinigt euch!"

Der Schlussappell „Proletarier aller Länder, vereinigt euch!" forderte die Arbeiterschaft auf, den Prozess durch die eigene Tat zu beschleunigen. Als sich das deutsche Volk im März 1848 gegen die Fürsten erhob, begaben sich Marx und Engels umgehend nach Köln, um die Revolution vor Ort voranzutreiben. Bei alldem hielten sie sich jedoch strikt an die Vorgaben des Manifests, das Deutschland erst am „Vorabend" der bürgerlichen Revolution wähnte. Um die kapitalistische Ordnung in die Krise zu führen, musste sich die Arbeiterschaft zunächst mit dem oppositionellen Bürgertum gegen das alte System verbünden: eine Vorgabe, die erklärte, warum sich Marx 1848 gegen reine Arbeitervereinsgründungen aussprach. Mit Blick auf die künftige proletarische Revolution versuchte der Kommunistenbund zugleich, das Klassenbewustein der Arbeiter vorab zu formen. In diesem Sinne sandte Marx im März 1848 Handwerker nach Deutschland, damit sie das Manifest unter ihresgleichen bekannt machten. Zugleich verabschiedete die Pariser Zentrale ein 17-Punkte-Programm der deutschen Kommunisten, dessen Forderungen nach Verstaatlichung in der Öffentlichkeit für Aufsehen sorgen sollten.

Ein Credo unter vielen

Die ideologische Mission war indes nur mäßig erfolgreich. Der deutsche Arbeiter war mehrheitlich kein Industrieproletarier, sondern im Kleingewerbe oder im Handwerk verwurzelt. Ihm stand der Genossenschaftssozialismus

Kunsthandwerk im Geiste des Kommunismus: Der reich verzierte Humpen entstand zum Gedenken an den Internationalen Arbeiterkongress 1889 in Paris.

Das Feinbild des Kommunismus war der Kapitalist. Die Industrialisierung hatte einigen Unternehmern riesige Vermögen eingebracht, an denen sie die Arbeiter in keiner Weise beteiligten.

Der Kommunismus blieb bis zu Beginn des 20. Jh. eine nicht in Parteien organisierte politische Strömung. Die KPD entstand nach Ende des Ersten Weltkriegs 1919.

näher als der Kommunismus marxscher Prägung. Überschaubare Lebenswelten wie männerbündische Geselligkeit im Vereinslokal mit Liedern und Brüderlichkeitsritualen bildeten die Keimzelle der Arbeiterbewegung. Vor allem aber war das Gros ihrer Mitglieder weit davon entfernt, die Demokratie als bloßes Übergangsstadium zu betrachten. War die Volksherrschaft realisiert, konnte die soziale Frage ohne Klassenkampf gelöst werde. Diese Überzeugung stiftete 1848 ein Band zwischen bürgerlichen Demokraten und den meisten Arbeitervereinen, einschließlich der Allgemeinen Deutschen Arbeiterverbrüderung, die sich 1848 als erste nationale Arbeiterpartei formierte. Im Frühjahr 1849 griffen jene Kräfte gemeinsam mit

ihren kommunistischen Brüdern zur Waffe, um die Reichsverfassung gegen den Fürstenwiderstand durchzusetzen. Die Differenzen verblassten im politischen Kampf und flammten nach dem Scheitern verstärkt wieder auf.

Zurück im Londoner Exil, gründeten Marx und Engels 1864 die Erste Internationale Arbeiter-Assoziation, einen Verband, der nach Marx' Wünschen als Dachorganisation über den entstehenden Arbeiterparteien der Einzelstaaten stehen sollte. Die internationalistische Perspektive war und blieb kennzeichnend für den Kommunismus. Marx' Rolle in dieser Gründungsphase war weniger die des Chefideologen, sondern vielmehr die eines verdienten Revolutionsveterans, der den Entscheidungen der Bewegung seinen Segen geben sollte. In diesem Sinne berief sich die 1869 gegründete Sozialdemokratische Arbeiterpartei (SDAP) auf seinen Namen. Sehr zum Leidwesen von Marx, der die Aufforderung Wilhelm Liebknechts, er möge bei der Gründungsversammlung in Eisenach als Festredner auftreten, strikt zurückwies.

Marx als Rechtfertigung

Eine stärkere Hinwendung zu den Theorien des Marxismus erfolgte erst, als die Reichsgründung von oben die demokratischen Revolutionserwartungen zunichtemachte und sich die Arbeiterparteien, die sich 1875 zur Sozialistischen Arbeiterpartei Deutschlands (SAP) vereinigt hatten, als Staatsfeinde verfolgt sahen. In dieser Situation wirkte die Lehre vom unausweichlichen Zusammenbruch des Kapitalismus wie ein Ersatz für ein aktives revolutionäres Engagement in der Gegenwart. Angefeindet durch den Staat und das Bürgertum, erwärmte sich die Arbeiterschaft zugleich mehr und mehr für klassenkämpferische Positionen. Das Proletariat als Träger der Revolution: Dieser Kerngedanke des Manifests entfaltete plötzlich immense Wirkung.

Schon der Hochverratsprozess gegen die Parteiführer Wilhelm Liebknecht und August Bebel 1872 hatte die Popularität des „Kommunistischen Manifests" massiv gesteigert. Die Staatsanwaltschaft hatte den Text vor Gericht zu Protokoll gegeben – für die Sozialisten eine willkommene Gelegenheit, die Kampfschrift als Teil des Verhandlungsprotokolls legal und in hoher Auflage zu veröffentlichen. Aber auch in den Grundsätzen des Erfurter SPD-Programms, die 1891 von Karl Kautsky ausgearbeitet wurden, fanden sich Phrasen, die die Entwicklung des Kapitalismus im Geiste des Manifests nachzeichneten. Die Teilnahme der deutschen

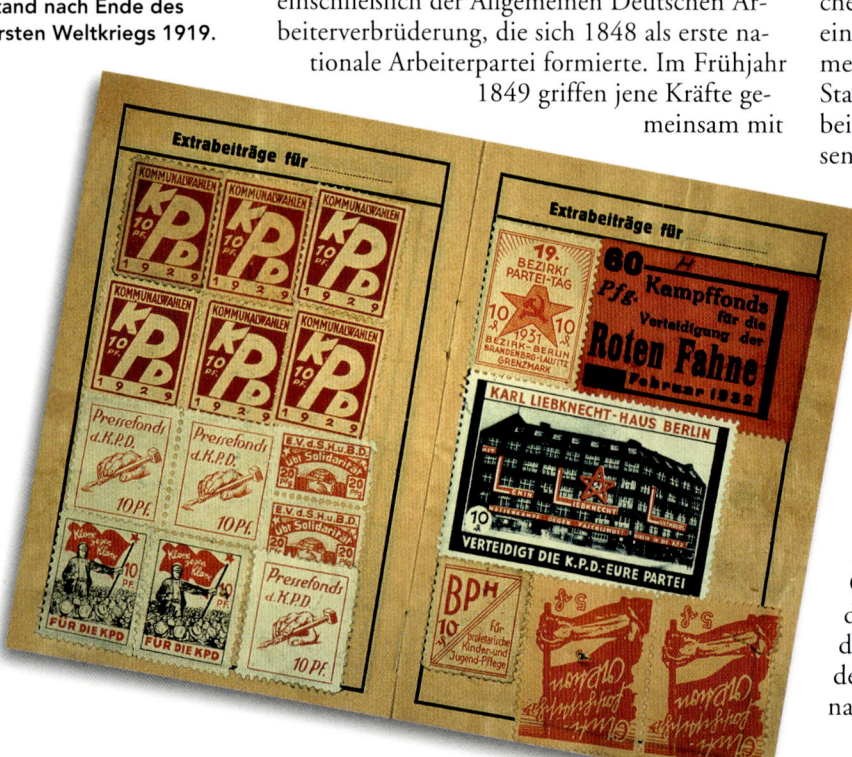

Delegation am Internationalen Arbeiterkongress 1889 in Paris besiegelte das Einschwenken auf marxsche Pfade, zumal das Klassenkampfbewusstsein von nun an jährlich am 1. Mai mit Kundgebungen geschärft wurde.

Der „orthodoxe Marxismus" stieß indes im Zuge des Konjunkturaufschwungs auf parteiinterne Kritik. Krisenspirale des Kapitalismus? Verschwinden des Mittelstands? Nichts von den Prognosen schien sich zu bewahrheiten. Stattdessen pochte der beliebte Sozialdemokrat Eduard Bernstein auf Reformarbeit im Hier und Jetzt, die man in die Hände der Gewerkschaften legen wollte. Je mehr die Arbeiterschaft in die Gesellschaft des Kaiserreichs hineinwuchs, desto mehr gewann dieser Reformkurs an Boden, bis 1914 auch die Arbeiter von Kriegsbegeisterung ergriffen wurden. Erst die wachsende Kriegsnot führte zum abermaligen Umschwung, beflügelt von der russischen Revolution, die 1917 den Wendepunkt markierte.

Die Oktoberrevolution als Wendepunkt

Der Sturz der bürgerlichen Gesellschaftsordnung in Russland stellte einige marxsche Gewissheiten auf den Kopf. Schließlich war das Land ja noch gar nicht industrialisiert, und es konnte daher auch kein Proletariat als Träger einer solchen Revolution geben. Da der Umsturz dennoch stattfand, wurden Marx' Theorien unter dem Einfluss des Leninismus neu

definiert. Dennoch nahmen sich die Arbeiter während der deutschen Revolution Ende des Ersten Weltkriegs die Sowjets zum Vorbild und bildeten in zahlreichen Städten Arbeiter- und Soldatenräte, die vorübergehend die Regierung übernahmen. Auch die Kommunistische Partei Deutschlands (KPD), die am 1. Januar 1919 aus dem Spartakusbund hervorging, schwamm nur noch bedingt im Wasser des älteren Marxismus. 1919 stieg Moskau zum Sitz der Kommunistischen Internationale auf, und nach Stalins Machtübernahme geriet die sowjetische Kaderpartei zur obersten Kontrollinstanz der KPD. Moskau unterstützte etwa den Hamburger Arbeiteraufstand von 1923, den gescheiterten Versuch einer proletarischen Räterevolution. Die SPD verfolgte im Gegensatz dazu einen Reformkurs, was zu einer Spaltung der Linken führte – ein fatales Zerwürfnis, das den Aufstieg des Nationalsozialismus begünstigte.

Nach Kriegsende bot sich unter den Bedingungen des Kalten Krieges eine neue Situation. Während die bundesdeutsche SPD die endgültige Abkehr vom Marxismus vollzog, ereilte die als verfassungsfeindlich eingestufte KPD 1956 ein staatliches Verbot. Erst 1968 wurde sie als Deutsche Kommunistische Partei neu gegründet. Derweil machte sich die Sozialistische Einheitspartei Deutschlands (SED) in der DDR daran, die Übergangsphase des real existierenden Sozialismus mit strammer Sowjet-Ausrichtung als Einparteiendiktatur zu verwirklichen.

> *Die Philosophen haben die Welt nur verschieden interpretiert, es kommt aber darauf an, sie zu verändern.*
>
> [Karl Marx]

Nach dem Zweiten Weltkrieg kam der Osten Deutschlands unter sowjetischen Einfluss. Der real existierende Sozialismus erwies sich als Diktatur.

Das Volk geht auf die Berliner Barrikaden

1848
18. MÄRZ

Die Berliner Barrikadenkämpfe brachten die Revolution nach Preußen. Doch die Illusion von Einheit und Freiheit trog, denn die Monarchie machte nur vermeintlich Zugeständnisse an die Republik.

Zwei Schüsse genügten für die Revolution. Ob versehentlich oder aus Absicht abgefeuert, die Nachwelt wird endlos darüber streiten. Sicher ist allein ihre Wirkung: Eben noch standen die Zeichen auf Jubel. Die Menschenmassen, die sich am 18. März 1848 vor dem Berliner Schloss versammelt hatten, wollten dem Preußenkönig für die Aufhebung der Pressezensur und andere Zusagen danken. Nun aber machte sich das Militär daran, den Platz mit Gewalt zu räumen. „Waffen! Waffen!", tönte es durch die Menge. Wenig später wurden in den Straßen Fuhrwerke, Fässer und Bretter aufgetürmt. Der Barrikadenkampf hatte begonnen. Der Ausnahmezustand währte die ganze Nacht. Feuersäulen stiegen in den Himmel, die Sturmglocken läuteten unentwegt, und durch die Straßen peitschten Gewehr- und Kanonensalven. Explosions-

artig entlud sich die Spannung, die sich durch das Zusammenziehen der Truppen in der Stadt aufgebaut hatte. Und die Soldaten wussten im Eifer des Gefechts nicht immer zwischen Kämpfern und Unbeteiligten zu unterscheiden.

Berlins Jüngster Tag

Am Morgen danach bot sich ein grauenvolles Bild: Leichen lagen auf den Straßen, Frauen irrten auf der Suche nach ihren Männern hilflos durch die Stadt. 303 Tote wurden später von den Behörden gezählt: Opfer einer Eskalation, die die Berliner Bürger erzittern ließ. Die gefürchtete Revolution nach Pariser Vorbild hatte über Nacht in Preußen Einzug gehalten. Doch in die Angst mischte sich das unscharfe Gefühl eines Neuanfangs. Die Nachricht, dass der König das Militär aus der Stadt abzog, vermittelte

Die Proteste endeten in einem Blutbad. Doch obwohl Militär und Polizei die Demonstrationen niederschlugen, durften die Revolutionäre sich als Sieger fühlen.

der Bevölkerung ein trügerisches Gefühl des Sieges. Noch größeren Eindruck aber machte eine scheinbar kleine Geste, die sich Friedrich Wilhelm IV. am Nachmittag im Angesicht der empörten Massen abrang. Als die Märzgefallenen zur Anklage in den Schlosshof getragen wurden, erwies ihnen der Monarch durch das Abnehmen der Kopfbedeckung die letzte Ehre.

Rausch und Illusion

Doch der Schein trog. Und ein großer Teil der Gesellschaft gab sich nur allzu gern der Illusion hin, das alte Regime sei auch ohne den Sturz des Thrones vollständig zerstört. Eine Republik wie in Frankreich, wo der wütende Mob nur wenige Wochen zuvor die sogenannte Julimonarchie gestürzt hatte? Diese Option war für das liberale Bürgertum in Deutschland undenkbar. Aber auch die Straßengewalt als solche hatte nicht auf der Agenda gestanden. Man wünschte sich vielmehr Reformen, die Preußen dorthin führen sollten, wohin andere Staaten schon ansatzweise gelangt waren: zu einem konstitutionellen System mit Verfassung und Volksvertretung. Vor allem aber drängte die Zeit auf die Verwirklichung bürgerlicher Freiheitsrechte, die als Teil der sogenannten Märzforderungen im Lauf des Monats in fast allen deutschen Staaten auf unblutigem Wege errungen worden waren. Es ging um Volksbewaffnung, Pressefreiheit und Schwurgerichte. Der Wunsch, all dies mit dem Monarchen zu verwirklichen, war auch nach den Kämpfen keineswegs erloschen. Im Gegenteil erklärte sich der Schock über die Schüsse auf dem Schlossplatz nicht zuletzt aus dem weit verbreiteten Willen, am Wunschbild des „guten Königs" festzuhalten. Auch deshalb bewirkten die Kämpfe etwas, was rückblickend absurd erscheint: Sie verschafften dem König eine Plattform, auf der er sich größere Popularität denn je erarbeiten konnte.

Freiheitsfrühling

Unter der vermeintlich aufrichtigen Führung Friedrich Wilhelms IV. begrüßte Preußen als letzter deutscher Staat den „Freiheitsfrühling" von 1848. Endlich wurden die wichtigsten Märzforderungen auch hier gewahrt. Endlich kam es auch hier zur Bildung einer neuen „Märzregierung", in der erstmals liberale Bürgerliche den Kurs bestimmten. Und endlich wurden Schritte eingeleitet, die Preußen in einen Verfassungsstaat verwandeln sollten. Vor allem aber war es erst nach der Revolutionierung des größten Staates im Deutschen Bund möglich, realistisch über die nationale Einheit zu verhandeln. Es war die Umwälzung in Ber-

lin, die den verhassten Bundestag endgültig dazu bewegte, einer verfassunggebenden deutschen Nationalversammlung zuzustimmen. Im Mai bezog das demokratisch gewählte Parlament die Frankfurter Paulskirche.

Der König als Schauspieler

Wurde bereits sein Verhalten am 19. März als echtes Zeichen der Läuterung gewertet, warb der König am 21. März noch offensiver um die Sympathien „seiner" Berliner. Geschmückt mit den ehemals verbotenen nationalen Farben Schwarz-Rot-Gold, begab sich der Monarch in die Mitte des Volkes und wagte den Umritt durch seine blutgewaschene Residenzstadt. Wie seine Reden schien auch die Proklamation „An mein Volk und an die Deutsche Nation" die kühnsten Hoffnungen zu rechtfertigen: „Ich habe heute die alten deutschen Farben angenommen, und Mich und Mein Volk unter das ehrwürdige Banner des deutschen Reiches gestellt. Preußen geht fortan in Deutschland auf." Dies war ein vermeintlich nationales Glaubensbekenntnis, das durchschlagende Wirkung entfaltete. „Der Jubel, mit welchem der König vom Volke aufgenommen, gleichsam vom Pferde getragen wurde, war unbeschreiblich", berichtete der österreichische Gesandte. Nicht anders verhielt es sich beim Begräbnis der Märzgefallenen am folgenden Tag. Als der riesige Trauerzug das Schloss erreichte, „trat der König, umgeben von Ministern und Adjutanten, heraus auf den Balkon. Der König begrüßte die Todten, indem er den Helm abnahm, bei jeder Abtheilung erschien der König wieder, und brachte denselben Gruß dar."

Abgelehnte Wahl

Nicht der Monarch, sondern schlechte Berater, das Militär und der verhasste Prinz von Preußen wurden für das Blutbad auf dem Schlossplatz verantwortlich gemacht. Der König selbst stieg wie ein Phoenix aus der Asche des Revolutionsbrands. Friedrich Wilhelm IV. präsentierte sich seinen Untertanen als konstitutioneller „Volkskönig", bei dem die Freiheit sicher aufgehoben schien. Selbst Demokraten glaubten im Rausch der Märztage, die Revolution habe auf ganzer Linie gesiegt. Doch dies erwies sich als Fehleinschätzung – genauso wie das folgenschwere nationalpolitische Missverständnis, das unmit-

Die preußische Pickelhaube – Symbol der Staatsgewalt, die mit ihrem Vorgehen zur Eskalation der Ereignisse beigetragen hatte.

Friedrich Wilhelm IV. gelang mit seinem symbolhaften Zug hinter der schwarz-rot-goldenen Revolutionsfahne ein Coup, der die Bevölkerung beruhigte.

telbar in den Berliner Märzereignissen wurzelte. Ein Jahr nach seinem Umritt kürte die Frankfurter Nationalversammlung den Preußenkönig zum deutschen Kaiser und stieß bei dem Gewählten auf schroffe Ablehnung. Friedrich Wilhelm verschmähte die Kaiserwürde aus der Hand des Volkes und verstieg sich in einem vertraulichen Brief zu dem zynischen Satz: „Gegen Demokraten helfen nur Soldaten." Die bittere Ironie lag darin, dass sich der König nicht erst mühsam zu dieser Überzeugung durchringen musste. Er blieb ihr vielmehr treu, von den ersten Gewehrsalven des 18. März bis zum bitteren Revolutionsende in Sommer 1849, als die letzten Volksaufstände in Baden und der Pfalz mit preußischer Militärhilfe blutig niedergeschlagen wurden.

Monarchie von Volkes Gnaden

Die Möglichkeit einer vom Volk legitimierten Monarchie zog der Preußenkönig keine Sekunde lang in Betracht. Wenn die Barrikadenkämpfe eines bewirkt hatten, dann eine tiefe Erschütterung des gesamten Hofes. Während die Hohenzollern ihre Solidarität mit den Gefallenen ausdrückten, wurden heimlich Fluchtpläne geschmiedet. Und die Nötigung des Königs, die Kopfbedeckung abzunehmen, veranlasste seine Gemahlin zu den Worten: „Jetzt

fehlt nur noch die Guillotine." Gefühle der Demütigung und düstere Erinnerungen an das Schicksal des Franzosenkönigs Ludwig XVI. setzten Friedrich Wilhelm IV. massiv zu, doch lähmten sie ihn ebenso wenig wie die Regierungsgrößen in seinem Umfeld. Eine Schattenregierung aus hochkonservativen Beratern arbeitete vielmehr in den frühen Märztagen an der Vorbereitung eines gezielten Gegenschlags. Die Führung des Militärs wartete ebenfalls auf günstige Bedingungen für eine entscheidende Aktion. Und auch der König selbst spielte auf Zeit. Kontrolle zurückgewinnen, und sei es um den Preis hundertprozentiger Maskerade, so lautete die Devise Friedrich Wilhelms IV., der die Selbstinszenierung wie kaum ein anderer Monarch beherrschte. „Die Reichsfarben mußte ich gestern freiwillig aufstecken, um Alles zu retten. Ist der Wurf gelungen, so lege ich sie wieder ab.", hatte er seinen jüngeren Bruder Wilhelm nach seinem Umritt wissen lassen: ungeschminkte Worte für eine Strategie, die nicht zuletzt auf eine Spaltung abzielte.

Brüchige Solidarität

Der Plan des Königs bestand darin, das gemäßigte Bürgertum mit der alten Elite auszusöhnen. Die Taktik ging auf, weil die schichtenübergreifende Solidarität nach den Kämpfen nur oberflächlich war. Kurzfristig vermochten der Hass auf das Militär, der Schock über das vergossene Blut und das Hochgefühl einer neuen Ära politische und soziale Bruchlinien zu überdecken. Es war der Barrikadentod einfacher Handwerksgesellen, Diener und Industriearbeiter, der den bürgerlichen Freiheitsforderungen zum Durchbruch verholfen hatte. Die Anerkennung dieses Opfers drückte sich direkt nach den Kämpfen in einer wahren Spendenflut für die Hinterbliebenen aus. Doch war die Wohltätigkeit auch eine Folge der Angst vor weitergehenden Aktionen des Pöbels. Soziale Not und die Forderung nach deren Beseitigung hatten das Handeln der Unterschichten mit angetrieben – und nährten nach dem Sieg die Erwartung, der König werde sich auch auf dieser Ebene erkenntlich zeigen. Die Ernüchterung folgte rasch: Nicht nur dem Monarch, auch dem gemäßigten Bürgertum blieben die Nöte der unteren Volksschichten fremd. Die Bürger suchten vielmehr auch aus Furcht um den eigenen Besitz allzu bereitwillig den Schulterschluss mit den alten Ordnungsgewalten.

Ungeklärte Fragen

Politische Differenzen begünstigten den Prozess zusätzlich. Die Frage, wofür die Opfer gestorben waren, erwies sich als fruchtbarer Boden für künftige Konflikte. Versöhnung und Freiheit, so lauteten die unscharfen Begriffe, die beim Begräbnis der Märzgefallenen am Berliner Friedrichshain als Richtschnur für eine neue Gesellschaftsordnung beschworen wurden. Wie diese Ordnung konkret aussehen sollte, darüber herrschte Unklarheit. Dies betraf Preußen sowie die ganze Nation und auch die Frage nach der Staatsform oder dem Verhältnis von Volk und Monarch. Bereits während der Begräbnisfeier gingen die Auffassungen auseinander. Während der evangelische Prediger Sydow jede weitere Aufwiegelung des Volkes scharf verurteilte, wies der Demokrat Jung darauf hin, dass die wichtigsten Rechte noch immer nicht verwirklicht seien. Zugleich legte seine Rede das Fundament für die mythische Überhöhung der Märzrevolution und den Opferkult um die Barrikadentoten. Ihr Sterben stand symbolisch für den

revolutionären Bruch, mit dem sich die bürgerliche Mehrheit nur schwer identifizieren konnte.

Das Parlament in der Paulskirche. Die verfassunggebende Sitzung kam auf Druck der Ereignisse in Berlin zustande.

Revolution in Preußen?

Als die Berliner Nationalversammlung im Juni zur Beratung einer preußischen Verfassung zusammentrat, scheute das Gros der Abgeordneten davor zurück, die Barrikadenkämpfe als Revolution und die Revolution als Grundlage parlamentarischen Handelns anzuerkennen. Was der Tod der Märzgefallenen ermöglicht hatte, Volksversammlungen, Vereine und freie Presse, trug im Sommer reife Früchte. Die Politisierung der Öffentlichkeit mündete in eine schroffe Lagerbildung. Zudem spiegelte die Haltung zu den Barrikadenkämpfen den Konflikt wider, in dem sich republikanische Demokraten und Liberale zunehmend unversöhnlich gegenüberstanden. Die Spaltung vertiefte sich bis zur Revolutionswende im Herbst, als der Versuch der Preußischen Nationalversammlung, das Militär unter gesetzliche Kontrolle zu bringen, brutal erstickt wurde. Der König rief den Belagerungszustand aus. Die Nationalversammlung wurde aufgelöst und eine Verfassung aufgezwungen, die den Rückfall in alte Zeiten trotz scheinbar liberaler Züge nicht verhehlen konnte.

Das doppelte Gedenken an die Märzrevolution währte weit über 1849 hinaus. Neben der Erinnerung an die legale parlamentarische Revolution stand der Mythos vom gewaltsamen Barrikadenaufstand, der im Lauf des 19. Jh. zur Sache der Arbeiterbewegung wurde. Noch während der deutschen Teilung sollten demonstrative Märzfeiern den sozialistischen Arbeiter- und Bauernstaat DDR als einzig rechtmäßigen Sachwalter des Erbes von 1848 ausweisen.

Schwarz-Rot-Gold

Die Farben Schwarz, Rot und Gold trug erstmals 1832 die Hauptfahne des Hambacher Festes. Als Urform dieser Trikolore gilt die schwarz-rote Fahne mit goldenen Fransen, die 1813 für eine deutsche Freischar, das Lützowsche Freikorps, angefertigt wurde. Den Status als offizielles nationales Symbol hatten die Farben 1848 bis 1866 im Deutschen Bund, 1919 bis 1933 in der Weimarer Republik und 1949 bis 1990 in der DDR. Seit 1949 zieren sie die Nationalflagge der Bundesrepublik Deutschland.

> *»Berlin sah aus, als ob es von Grund auf zerstört werden sollte.«*
>
> [Beilage des „Publicisten" vom 18. März 1848]

Gründung des ersten deutschen Arbeitervereins

1863
23. MAI

Die Gründung des Allgemeinen Deutschen Arbeitervereins gilt als Geburtsstunde der deutschen Sozialdemokratie, die unter den Arbeitern eine große Anhängerschaft für sich gewinnen konnte.

Eigentlich hätte es den Verein, der am 23. Mai 1863 gegründet wurde, niemals geben dürfen. Einen Parteizusammenschluss deutscher Arbeiter, das hatte der liberale Nationalverein nicht beabsichtigt, als er 1862 eine kleine Gruppe Handwerker zwecks Weiterbildung zur Weltausstellung nach London entsandte. Wer konnte damit rechnen, dass ein neues Selbstbewusstsein die Männer dazu verleiten würde, einen Arbeiterkongress einzuberufen und eine eigene politische Organisation zu gründen? Doch genau das geschah. Befördert wurde die Angelegenheit durch den bürgerlichen Anwalt Ferdinand Lassalle. Auf seine Empfehlung und seine Leipziger Kongressrede hin konstituierte sich der Allgemeine Deutsche Arbeiterverein (ADAV) als erste deutsche Arbeiterpartei.

Ferdinand Lassalle gründete den Arbeiterverein, der sich die Ideale der Demokratie und der Menschenrechte auf die Fahne geschrieben hatte.

Vom Juniorpartner zur Partei

Die Gründung fiel in eine Zeit des nationalpolitischen Aufbruchs und besiegelte den Bruch mit den bürgerlichen Liberalen, die sich bereits in der Revolution als unfähig erwiesen hatten, den sozialen Nöten der unteren Schichten entgegenzutreten. Wollten die liberalen Arbeiterbildungsvereine den besitzlosen Handwerker durch Wissensvermittlung in den Mittelstand emporheben, verkündete Lassalle ein alternatives Credo: Die Arbeiterschaft müsse sich vom Bürgertum emanzipieren, sie selbst sei der „Stand der Zukunft". Sein Konzept forderte das allgemeine Wahlrecht und den demokratischen Staat, der die Missstände durch obrigkeitlich finanzierte Produktivgenossenschaften eindämmen sollte. Diese demokratische Grundausrichtung verband den ADAV mit der Sozialdemokratischen Arbeiterpartei (SDAP), die 1869 auf dem Eisenacher Kongress aus abtrünnigen Anhängern Lassalles und dem Vereinstag deutscher Arbeitervereine (VDAV) hervorging. Vom liberalen Nationalverein ins Leben gerufen, hatte sich der VDAV unter dem Drechslermeister August Bebel aus der bürgerlichen Vormundschaft befreit. Dies führte auch zu der Entscheidung, die neue SDAP an die marxsche Internationale in London anzuschließen.

Feindliche Brüder

Wenn sich die Parteien in der Folgezeit aufs Roheste bekämpften, lag dies vor allem an unterschiedlichen nationalpolitischen Konzepten. Lassalles Genossenschaftsideale paarten sich mit

einem kleindeutsch-preußischen Bekenntnis.
Diese Einstellung zeigte sich noch klarer, als
sich der ADAV bei Kriegsausbruch 1870 hinter
Bismarck stellte. Die großdeutsch orientierte
SDAP stand solchen Annäherungen skeptisch
gegenüber. Ein Schulterschluss mit dem preußischen Obrigkeitsstaat galt den Parteiführern als
politischer Sündenfall: „Wer mit den Feinden
parlamentiert, paktiert", umschrieb Wilhelm
Liebknecht den Gegensatz, der das gemäßigte
Bürgertum auf lange Sicht abschreckte.
Die liberalen Honoratiorenvereine dominierten gebildete Bürger mit zivilen Umgangsfor-
men. Die sozialdemokratischen Vereine waren
dagegen Imitationen des Volkstaats im Kleinen,
von der Satzung bis hin zu den Versammlungen, auf denen Volkstribune das Sagen hatten.
Rhetorisch begabte Kampfredner, die laut
schrien und mit der Faust aufs Pult schlugen,
dieser Typus war beispiellos und fand in den
späteren Berufsagitatoren seine Fortsetzung.
Gestärkt durch eine eigene Parteipresse, zeigte
sich die Arbeiterbewegung mehr und mehr in
der Lage, breite Massen zu mobilisieren.

Ausgrenzung und Spaltung

Konservative und nationalliberale Kreise erblickten hierin eine Gefahr – umso mehr, als
sich ADAV und SDAP 1875 zur Sozialistischen
Arbeiterpartei Deutschlands (SAP) vereinigten.
In der Folge erwies sich die Reichsgründung
von oben als existenzbedrohende Herausforderung für die Sozialdemokratie. 1878 trat das
bismarcksche Sozialistengesetz in Kraft, welches die Partei massiver Verfolgung aussetzte.
Ausgegrenzt und angefeindet, fand die Arbeiterschaft zunehmend zu radikalen marxistischen
Positionen und zog sich mehr und mehr in ihr
Milieu zurück. Arbeiterturnvereine,
eigene Kindergärten und Unterstüt-
zungskassen stifteten eine separate
Lebenswelt, die zum ersten Mal
ein Klassengefühl erzeugte. Zudem
stärkte die Unterdrückung die Bindung des Einzelnen an die Organisationen, sodass die Sozialdemokratie nach dem Auslaufen der
Gesetze sehr schnell an Boden
gewann. Bei den Reichstags-
wahlen 1890 erreichte die
SPD mit 19,7 % der Stim-
men den größten Wähler-
anteil. Danach steigerte
die Partei ihren Rückhalt
immer weiter, bis sie im
Jahr 1912 mit 34,8 % die
stärkste Fraktion bildete.

Je mehr die Sozialdemokratie ins Reich hineinwuchs, desto stärker wurde sie durch interne
Richtungskämpfe zwischen reformistischen und
revolutionären Strömungen erschüttert.
Hatte sich die SPD im Erfurter Programm von
1891 zumindest theoretisch auf einen marxistischen Standpunkt gestellt, konterten gemäßigte Strömungen mit dem Verweis auf die Beständigkeit des Industriekapitalismus, dem
man mit Reformen, nicht mit Revolu-
tionen entgegentreten solle. Als Be-
lege für ihre These sahen sie den
Erfolg der Gewerkschaften und die
neuen Organe der bismarckschen
Sozialversicherung. Damit hatte sich
ein neues Gesellschaftsbild durchgesetzt, das sich von vorindustriellen
Genossenschaftsidealen verabschiedet hatte und sich der
Realität des modernen Fa-
brikarbeiters stellte. Mit
der alltäglichen Reformarbeit fiel schließlich auch
der politisch-revolutio-
näre Vorbehalt: ein An-
passungsprozess, der in
der Folgezeit nicht ohne
Spaltungen vonstatten ging.

1875 vereinigte sich der ADAV mit der SDAP zur SAP. Das Datum gilt als Geburtsstunde der SPD, da die SAP 1890 diesen Namen annahm.

Eine Arbeiteruhr, die den Achtstunden-Arbeitstag anzeigen soll. Die Forde-rung nach dem Achtstun-dentag war eines der wichtigsten Anliegen der Arbeiterbewegung.

Der Allgemeine Deutsche Frauenverein wird gegründet

1865
OKTOBER

In Leipzig tagte die erste Frauenkonferenz und beschloss die Gründung des Allgemeinen Deutschen Frauenvereins, die den Beginn der organisierten Frauenbewegung in Deutschland markierte.

Die Gründerinnen des Allgemeinen Deutschen Frauenvereins: Auguste Schmidt und Louise Otto-Peters.

Demonstrantinnen fordern 1912 das Wahlrecht für Frauen. Solche Aktionen wurden erst durch die frühen Frauenbünde möglich.

Als „Leipziger Frauenschlacht" verspottete die Presse die Zusammenkunft, die zwischen dem 16. und 18. Oktober 1865 in der sächsischen Messemetropole stattfand. 52 Jahre nach der Völkerschlacht war Leipzig wieder Schauplatz eines nationalen Aufmarsches, aber die rund 120 Kombattanten waren dieses Mal weiblich. Ihre Waffen waren Pflichterfüllung und Überzeugung, nicht Kampf oder Revolution. Trotzdem waren die Damen bereit zu streiten: für verbesserte Bildung und das Recht auf Erwerbsarbeit. Als Mittel zum Zweck wurde im Laufe der Konferenz der Allgemeine Deutsche Frauenverein (ADF) gegründet.

Unerhörtes Auftreten

„Es ist eine dem deutschen Geschmack wenig zusagende Erscheinung, Frauen auf so hohem Piedestal zu sehen und mit so weithin tönender Stimme reden zu hören", mokierte sich die „National-Zeitung" über eine bemerkenswerte Premiere. Zum ersten Mal sprach eine Frau auf einer derart großen öffentlichen Versammlung. Es handelte sich um die Gründerin der ersten Frauenbewegung: Louise Otto-Peters, die den Kongress gemeinsam mit ihrer Mitstreiterin Auguste Schmidt organisiert hatte. Obwohl die staatliche Einheit noch nicht erreicht war, sollten Deutschlands Bürgerinnen erstreiten, was ihr Stand ihnen untersagte: das Recht auf Erwerbsarbeit und auf die Chance auf höhere Bildung in Schule und Universität.

Ausbruch aus der häuslichen Welt

Tatsächlich besaßen Bürgertöchter nur wenig Möglichkeiten, einem Erwerb nachzugehen und sich als ledige Frauen vom Elternhaus unabhängig zu machen. Einen Ausweg boten etwa schlecht bezahlte Anstellungen als Gesellschafterin oder Lehrerin. Unzureichend waren auch die Ausbildungschancen. Liebreizend und gerade so gewandt, dass sich der Gatte im heimischen Salon nicht langweilte, so sollte die ideale Ehefrau beschaffen sein. Reifeprüfung oder Zulassung zum Universitätsstudium, diese Ziele lagen in weiter Ferne. Vor dieser Folie stellte der ADF unerhörte Forderungen auf. Industrie- und Handelsausbildungsstätten, Mutterschutz, Chancengleichheit im Beruf, gleicher Lohn für gleiche Arbeit, so lauteten wichtige Punkte. Noch anstößiger war Paragraf 2 des Vereinsstatuts, demzufolge Männer bestenfalls als Berater, nicht aber als stimmberechtigte Mitglieder zugelassen waren. Ottos Weigerung, Männerentscheidungen in Frauenangelegenheiten zu dulden, bescherte ihr nicht umsonst den Ruf einer kriegerischen Amazone.

Vormarsch trotz Gegenwind

Die nun einsetzende männliche Gegenwehr bezog sich keinesfalls nur auf Einzelbestimmungen. Der Bürger sah vielmehr seine „natürlichen" Lebensgewissheiten in Gefahr und plädierte heftig für das Recht des arbeitsgeplagten Mannes, in der Oase der Frauenwelt Frieden zu finden. Aber auch Frauen machten gegen den ADF mobil, vor allem diejenigen, die sowohl an den Forderungen als auch am Lebensweg der Frauenrechtlerinnen Anstoß nahmen. Allen Vorurteilen zum Trotz wirkte der Kongress als Initialzündung. In ganz Deutschland entstanden Ortsvereine. Der ADF konnte seine Mitgliederzahl bereits im ersten Jahr verdoppeln und zählte fünf Jahre später 10 000 Angehörige. Parallel dazu kam es zu weiteren Zusammenschlüssen, darunter der einflussreiche Verein zur Förderung der Erwerbsarbeit des weiblichen Geschlechts, eine Gründung des Liberalen Adolf Lette. Richtete sich dieser einzig an höhere Bürgertöchter, so öffnete sich der ADF ausdrücklich den Belangen der weniger privilegierten Schwestern. Wissenschaftliche Vortragsabende sollten vor allem Bildung vermitteln. Die eigentlichen Bedürfnisse der Arbeiterinnen lagen freilich auf einem anderen Gebiet.

„Stiefschwestern"

In der zweiten Jahrhunderthälfte strömten Unterschichtfrauen massenhaft in die neuen Industrien. Als Zigarrenarbeiterinnen oder Kattundruckerinnen schufteten sie unter unmenschlichen Bedingungen und sahen sich dazu noch der Feindschaft ihrer männlichen Kollegen ausgesetzt. Das Los dieser Frauen zu verbessern war ein Ziel der neu entstehenden proletarischen Frauenbewegung, die sich damit gegen prominente Genossen wie Ferdinand Lassalle stellte. Auf der anderen Seite kämpften die Proletarierinnen unter der Führung Clara Zetkins mit den Männerorganisationen gegen die bestehende Wirtschaftsordnung. Erst Revolution, dann Lösung der Frauenfrage – so lautete die Reihenfolge, in der sich auch die Distanz zu den bürgerlichen Streiterinnen ausdrückte. Die Frauenrechtlerinnen der höheren Schichten taten sich ihrerseits kaum leichter, die proletarischen Schwestern zu umarmen. Als sich die bestehenden Vereine 1894 zum Bund deutscher Frauenvereine (BDF) zusammenschlossen, berief sich die Führung auf das politische Vereinsverbot und schloss so sozialistische Organisationen aus.

Erfolge trotz Uneinigkeit

Innerhalb des BDF stellten Flügelkämpfe den weiblichen Zusammenhalt auf eine harte Probe. Eine radikale Minderheit forderte lautstark das Frauenwahlrecht und die völlige Gleichstellung auf rechtlicher Ebene: grelle Töne im Konzert der „sanften" Pflichtpredigerinnen, die in den eigenen Reihen als Provokation wahrgenommen wurden. Dennoch zahlte sich die Selbstorganisation langsam aus: Ab 1872 und 1873 verbreitere sich das weibliche Berufsspektrum durch Kindergärtnerinnenseminare und die lang geforderte Öffnung des Post-, Bahn- und Telegrafenwesens. In den 90er-Jahren wurden Mädchen im ganzen Reich zur Reifeprüfung an öffentlichen Jungenschulen zugelassen. Das Recht zu studieren errangen Frauen allerdings erst um die Jahrhundertwende und das Wahlrecht sowie die Gleichstellung von Mann und Frau sogar erst nach den Umbrüchen des Ersten Weltkriegs. Mit der Weimarer Verfassung von 1919 waren wesentliche Grundforderungen der ersten Frauenbewegung verwirklicht. Die „Neue Frauenbewegung", die sich seit den späten 1960er-Jahren formierte, sollte weitergehen und die gesellschaftlichen Rahmenbedingungen attackieren, die männliche und weibliche Lebensläufe formten.

Auch praktische Erleichterungen für Frauen gingen auf die frühe Frauenbewegung zurück: Ein Reformkorsett löste das zum Teil unmenschlich enge Korsett früherer Tage ab.

Eine spätere Folge der Frauenbewegung war die Emanzipationsströmung der 1970er-Jahre. Alice Schwarzer gründete 1977 das Magazin „Emma", das bis heute erscheint.

Sieg Preußens in der Schlacht bei Königgrätz

1866
3. JULI

Der preußische Sieg über die Österreicher nahe der böhmischen Festung Königgrätz entschied die langwierige Auseinandersetzung um die Vormachtstellung in Deutschland.

Die Entscheidung in der Schlacht bei Königgrätz brachte die Eisenbahn: Gerade noch rechtzeitig brachte sie die notwendigen preußischen Truppen an Ort und Stelle.

Es war eine illustre Gruppe, die sich am Morgen des 3. Juli 1866 auf einem Hügel nahe der böhmischen Festung Königgrätz versammelte. König Wilhelm I. von Preußen, Ministerpräsident Otto von Bismarck, Kriegsminister Albrecht von Roon und Generalstabschef Helmuth von Moltke starrten angespannt auf das Schlachtfeld. Um 7.30 Uhr hatte die preußische Armee ihren Vorstoß gegen die österreichischen Truppen begonnen – und seither herbe Verluste erlitten. Nun wartete alles auf die Ankunft der Zweiten Armee unter Kronprinz Friedrich Wilhelm, die den Gegner von Nordosten her angreifen sollte. Würde die Verstärkung rechtzeitig eintreffen? Sollte das neue Transportmittel Eisenbahn die erste moderne Massenschlacht entscheiden? – Gegen 14 Uhr nahte die Erlösung. Die lang erwarteten Truppen trafen ein,

attackierten den Gegner und stürmten die österreichische Schlüsselstellung bei Chlum. Ein Blitzsieg entschied den von Bismarck angebahnten Bruderkrieg um die Vorherrschaft in Deutschland – und revolutionierte das Kräfteverhältnis in Europa.

Österreichs schwarze Stunde

Am Nachmittag des 4. Juli drang der österreichische Feldmarschallleutnant Ludwig von Gablenz zum preußischen Hauptquartier vor. Der Mann, der die Waffenruhe verhandeln sollte, war nur noch ein Schatten seiner selbst: Niedergeschlagen und mit Kopfverband, trat er vor den Prinzen Friedrich Karl von Preußen. „Braucht Ihre Armee einen Waffenstillstand?", fragte ihn der Sieger. „Mein Kaiser hat keine Armee mehr, sie ist so gut wie vernichtet", lautete Gablenz' Antwort. Tatsächlich waren die Verluste ungleich verteilt: Österreich beklagte den Tod von 1313 Offizieren und 41 499 einfachen Soldaten, während Preußen „nur" 359 tote Offiziere und 8794 gefallene Männer verzeichnete. Doch auch die überlebenden Kämpfer boten ein Bild des Jammers: „Auf allen Seiten Verwundete, Trümmer, ziehende Regimenter, das Wrack einer Armee", so beschrieb ein Augenzeuge die Reste des habsburgischen Aufgebots. Vernichtet war vor allem der österreichische Befehlshaber Ludwig von Benedek, der seiner Verurteilung als Hauptschuldiger der Jahrhundertniederlage entgegensah. „Benedek, der Trottel", entfuhr es Franz Joseph I. beim Empfang der Hiobsbotschaft: eine Sichtweise, die bald offiziellen Charakter erhielt.

Kaum zurück in Wien, wurde der Verlierer vor eine Untersuchungskommission berufen und musste schriftlich versichern, bis zu seinem Tod über den Schlachthergang zu schweigen. Zwar kam es zu keiner Verurteilung, doch verfemte ein Zeitungsartikel Benedek als alleinigen Verantwortlichen. Über die Kürzungen der österreichischen Rüstungsausgaben wurden dagegen keine Klagen laut. Die Staatsräson forderte ein klar identifizierbares Opfer, das die Regierung von jeglicher Mitschuld reinwusch. Die Demontage Benedeks konnte den Autoritätsverlust der Krone jedoch nicht aufhalten. Ein Jahr nach der Katastrophe wurde die österreichische Monarchie zur Doppelmonarchie, die Ungarn und die Erblande politisch gleichstellte. Das nationale Aufbegehren in Osteuropa wuchs dennoch, bis der Vielvölkerstaat 1918 zerbrach.

Preußens Gloria

„Casca il mondo!" – „Die Welt geht unter!", so kommentierte der päpstliche Staatssekretär die Niederlage des katholischen Hauses Austria. Sein Lamento bezog sich weniger auf die Auflösungstendenzen, die sich zwischen Italien und dem Balkan breitmachten, als vielmehr auf die Machtverschiebung in Mitteleuropa zugunsten Preußens. Der anfangs so unpopuläre Bruderkrieg hatte sich für den Hohenzollernstaat überraschend schnell ausgezahlt. Dass die kriegsentwöhnte Wehrpflichtigenarmee das kriegserprobte österreichische Berufsheer so vernichtend schlagen würde, war selbst von Bismarck bezweifelt worden. „Wenn wir geschlagen werden", hatte er den englischen Botschafter zuvor wissen lassen, „werde ich nicht hierher zurückkehren. Ich werde bei der letzten Attacke fallen." Nach dem Sieg war die Begeisterung über die eigene Stärke umso grenzenloser. Königgrätz begründete den Kult um den siegreichen Oberbefehlshaber Helmuth von Moltke, der seine drei Armeen unter dem Motto „Getrennt marschieren, vereint schlagen" separat in Bewegung gesetzt und erfolgreich konzentriert hatte. Königgrätz verherrlichte indes auch das preußische Militär als Ganzes. Dazu gehörten das berühmte Zündnadelgewehr ebenso wie die gute soldatische Ausbildung und die technisch-logistische Überlegenheit, die sich im erstmaligen Einsatz von Eisenbahn und Telegrafie gezeigt hatte. Entsprechend ungebremst war der Tatendrang: Großflächige Gebietsabtretungen und der Einmarsch in Wien, diese Ziele vereinten das Offizierskorps mit König Wilhelm I. Bismarcks sarkastische Aufforderung, gleich bis zum Bosporus weiterzumarschieren und das Oströmische Reich neu zu gründen, erntete allerdings wenig Zuspruch. Sein Rat, den Verlierer schonend zu behandeln, wurde aber beherzigt. Moltkes und Bismarcks Prestige waren über Nacht ins Unermessliche gewachsen.

Wende hin zur Realpolitik

Der berühmte Ausruf des Triumphators „Aber besiegt habe ich Alle! Alle!" fasste die Sternstunde in kernige Worte und bewahrheitete sich auf mehreren Ebenen. Noch vor dem Eintreffen der Siegesnachrichten bescherten Parlamentsneuwahlen den Konservativen am 3. Juli einen Zuwachs von mehr als 100 Sitzen: ein Wetterwechsel, der sich in der Beilegung des preußischen Verfassungskonflikts fortsetzte. Jahrelang hatten die Liberalen im Abgeordnetenhaus den

Helmuth von Moltke war der Oberbefehlshaber auf preußischer Seite. Der Sieg bei Königgrätz brachte ihm einen geradezu märchenhaften Ruf als Triumphator ein.

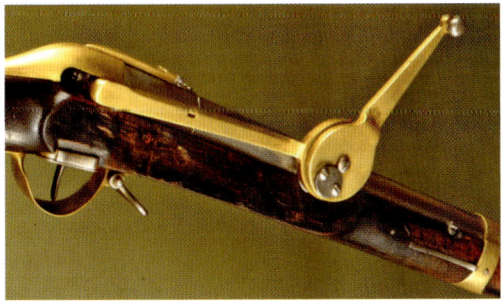

Zündnadelgewehre konnten leichter nachgeladen werden. Der Soldat verblieb in der Deckung und war schneller wieder schussbereit.

Militäretat verweigert und das Budgetrecht im Machtkampf mit der Regierung instrumentalisiert. Bismarcks Entscheidung, ohne Finanzbewilligung zu regieren, hatte ihn als „Konfliktminister" in Missgunst gebracht, bis Königgrätz die Fronten durchbrach. Mit 230 zu 75 Stimmen wurde am 3. September die Bitte des Königs um nachträgliche Finanzbewilligung angenommen, die die Autorität des Parlaments wiederherstellte. Auch die liberale Opposition nahm das Versöhnungsangebot an, brach dann aber jäh auseinander. Die gemäßigten Kräfte sammelten sich fortan in der Nationalliberalen Partei, die sich dem Staat und Bismarck bedingungslos zur Verfügung stellte. Die Aura des Siegers unterhöhlte den freisinnigen Widerstandsgeist, ganz so wie es der Ministerpräsident erhofft hatte. Dass sich ein weiterer Flügel von den Altkonservativen abspaltete, um sich als Freikonservative Partei hinter die Regierung zu stellen, bestätigte dessen Kalkül umso mehr. Ein einziger Sieg mischte das festgefahrene Kräfteverhältnis zu Bismarcks Gunsten neu auf.

> *Hier wird nicht zurück-gegangen. Hier geht es um Preußen!*
>
> [Helmuth von Moltke während der Schlacht bei Königgrätz]

Vom Staatenbund zum Bundesstaat

Auch das Hauptziel der Auseinandersetzung, die Entscheidung im Kampf um die Vormacht in Deutschland, wurde nach Wunsch verwirk-

Nach dem Sieg im Deutschen Krieg 1866 war die beherrschende Stellung der preußischen Krone in Deutschland unbestritten.

licht. Im Prager Frieden vom 23. August 1866 musste Österreich, abgesehen von Venedig, keinerlei Gebiete abtreten. Dafür wurde der Habsburgermonarchie das Ja zu einer Territorialrevolution abgerungen. Österreich akzeptierte nicht nur die Auflösung des Deutschen Bundes, sondern zugleich die staatliche Neuorganisation Deutschlands unter Preußens Führung. Da der alte Bund auf dem internationalen Wiener Kongress ins Leben getreten war, besaßen die beteiligten Mächte – allen voran Frankreich und Russland – ein Mitspracherecht. Auf Wunsch Napoleons III. mussten sich Preußens Gestaltungspläne auf die Gebiete nördlich der Mainlinie beschränken. Der Norddeutsche Bund trat schließlich am 1. Juli 1867 ins Leben. Insgesamt 23 Staaten wurden von dem neuen Gebilde erfasst, darunter die 17 Verbündeten, die die Hohenzollern im Kampf gegen Österreich unterstützt hatten. Preußen selbst annektierte die Herzogtümer Schleswig und Holstein, dazu Hannover, Kurhessen, Nassau und die Freie Stadt Frankfurt. Die süddeutschen Staaten behielten ihre territoriale Unversehrtheit, sollten sich jedoch zum Südbund zusammenschließen und engere Verbindungen mit dem norddeutschen Bundesstaat aufnehmen.

Verfassung in Sicht

Das Ziel der nationalen Einigung schien einstweilen vertagt. Dennoch nahm die Verfassung des Bundes in vielerlei Hinsicht das spätere

Wehrpflicht in Preußen

Bereits 1813 wurde in Preußen für die Dauer des Krieges gegen Napoleon die allgemeine Wehrpflicht eingeführt, nach dem Sieg jedoch zunächst wieder aufgehoben. Das Gesetz über die Verpflichtung zum Kriegsdienst machte sie dann im Folgejahr zum dauernden Grundsatz der preußischen Wehrverfassung. Nun mussten alle Staatsbürger nach Vollendung des 20. Lebensjahrs Wehrdienst leisten. Freistellungen und Stellvertretungen sollte es zukünftig nicht mehr geben. Die Wehrpflichtigen gehörten dem stehenden Heer an, zu dem die Landwehr und der Landsturm zählten. Die Dienstzeit betrug immerhin drei Jahre. Wegen der steigenden Bevölkerungszahl konnte aber nur die Hälfte der Wehrpflichtigen erfasst und eingezogen werden.

Deutsche Reich vorweg – einschließlich ihrer revolutionären Neuerungen. Schon am 9. April hatte Bismarck mit einem Bundesreformplan für Erregung gesorgt: Ein allgemein und direkt gewähltes deutsches Parlament sollte zusammentreten, um eine neue Bundesverfassung auszuarbeiten. So hatte es der Konservative gefordert und sich dabei ausdrücklich auf das revolutionäre Reichstagswahlgesetz von 1849 berufen! Die Wahlen zum verfassunggebenden Parlament des Norddeutschen Bundes setzten die Maßgaben im Februar 1867 konsequent um, auch wenn Bismarcks Ursprungsplan, obrigkeitstreue, konservative Kräfte zu den Urnen zu treiben, nicht vollends aufging. Wie zuvor in Preußen setzte sich auch auf Bundesebene ein Spektrum der rechten Mitte durch. Um seinen Verfassungsentwurf zu realisieren, musste Bismarck demnach in den Dialog mit einer nationalliberalen bis liberalkonservativen Mehrheit treten. Trotz mancher Kampfabstimmung war das Ergebnis dennoch auf ihn zugeschnitten.

Bundesregeln

Der Norddeutsche Bund besaß im Gegensatz zu seinem Vorgänger eine echte Exekutive. Die Ausübung der vollziehenden Gewalt oblag dem Bundespräsidium, das die Hohenzollernkrone innehatte. Unterhalb des Präsidiums etablierte sich ein Bundesrat, der sich aus den Regierungsgesandten zusammensetzte und von Preußen beherrscht wurde. Zuständig für Exekutive und Gesetzgebung, besaß die Länderkammer mehr Gewicht als der Reichstag, der als Volksvertretung aus allgemeinen und direkten Wahlen hervorging. Das Veto des Bundesrats konnte die gesetzgebende Gewalt des Reichstags jederzeit beschränken. Auch das Budgetrecht war begrenzt und nicht auf militärische Belange ausgedehnt. Die Regierung entzog sich dem Parlament per se, sodass sich dessen Macht in Grenzen hielt. Andererseits konnte der verfassunggebende Reichstag eine politische Ministerverantwortlichkeit durchsetzen. So wurde der Bundeskanzler zu einem selbstständigen Regierungsorgan und amtierte nicht, wie von Bismarck vorgesehen, als bloßer Vollzugsbeamter des Bundesrats, der jeder Kontrolle des Reichs-

tags entzogen war. Dass Bismarck das Amt selbst ausfüllen würde, stand bereits im Vorfeld fest. Handlungsspielräume nutzen und mit den Möglichkeiten jonglieren, diese Talente konnte er an Ort und Stelle virtuos einsetzen. Sie führten in der Folgezeit zu einer Verschmelzung von Amt und Amtsinhaber.

Eine Revolution von oben

Im Ganzen wurden die tief greifenden Veränderungen nach Königgrätz als epochemachender Umsturz empfunden, als eine Revolution, die in diesem Fall „von oben" kam. Bismarck selbst hatte sie gezielt vorangetrieben. Seine Bereitschaft, notfalls militärische Gewalt anzuwenden, war auch nach dem 3. Juli 1866 nicht versiegt. Nachdem der geplante Südbund scheiterte, nahm der neu gegründete Zollverein die deutsche Einheit auf wirtschaftlicher Ebene vorweg. Ein friedlicher Weg zum Nationalstaat war hiermit aber keineswegs vorgezeichnet. Die 1867 geknüpften Militärbündnisse Preußens mit den süddeutschen Staaten ließen vielmehr auf einen weiteren Waffengang schließen. Die Partner gelobten, im Kriegsfall ihre Truppen unter preußische Führung zu stellen. Aber auch sonst kam es auf militärischem Gebiet zu großzügigen Zugeständnissen an Preußen, die vor allem von bayerischen Patrioten als Versklavung durch den norddeutschen „Militarismus" beklagt wurden. Die gezielte Machtkonzentration machte einen neuen Krieg immer wahrscheinlicher. Königgrätz, so zeigte sich bald, war nur eine Etappe, nicht das Ende des kriegerischen Weges zur deutschen Einheit.

Bismarck als Dompteur der Abgeordneten. Diese Karikatur verdeutlicht die Machtverhältnisse zwischen Regierung und Parlament sehr eindrücklich.

Die deutsche Kaiserkrone im Glanz von Versailles

1871
18. JANUAR

Die Proklamation Kaiser Wilhelms I. und damit die Schaffung eines geeinten Deutschen Reiches fand nicht in der künftigen Hauptstadt Berlin statt, sondern im Spiegelsaal des Schlosses von Versailles.

Am 17. Januar 1871 bekannte der preußische König Wilhelm von Hohenzollern im privaten Kreis: „Ich übernehme nur ein Scheinkaisertum, nichts weiter als eine Bezeichnung für Präsident. Wenn es nun schon so weit gekommen ist, so muss ich dies Kreuz tragen. Morgen muss ich Abschied nehmen von dem alten Preußen, an dem ich allein festhalte und immer festhalten werde. Ich kann nicht sagen, in welcher verzweifelten Stimmung ich bin!"

Ganz im Gegensatz zu der so wenig euphorischen Stimmung des künftigen Kaisers geriet die Krönungszeremonie am nächsten Tag und die damit verbundene Kaiserproklamation zu einem prächtigen Ereignis, wie es der Gründung eines neuen machtvollen Nationalstaats würdig erschien. Auch Ort und Zeit der Handlung hätten kaum geschickter gewählt sein können. So fand die Kaiserkrönung exakt 170 Jahre nach der Erhebung Preußens zum Königtum statt,

was die Vormachtstellung Preußens im neuen Staat unterstreichen sollte, und der Spiegelsaal des Schlosses Versailles stand als Symbol für den imperialen Machtanspruch des künftigen Kaiserreichs.

Reichsgründung und die Folgen

Doch wieso hatte man überhaupt Versailles und nicht etwa Berlin für die Zeremonie ausgewählt? Ganz in der Nähe kämpften noch immer deutsche und französische Truppen gegeneinander, denn der Deutsch-Französische Krieg war zwar bereits entschieden, aber nicht gänzlich beendet. Daher dokumentierte die Krönung in Versailles natürlich auch den Sieg über die Franzosen – eine Demütigung, die das Verhältnis der beiden Nachbarn auf lange Zeit vergiftete.

In Deutschland hatte die nationale Einigkeitsbewegung endlich ihr Ziel erreicht: die Grün-

Wilhelm I. wird am 18. Januar im Spiegelsaal von Versailles zum deutschen Kaiser ausgerufen. Hier die Version Anton von Werners von 1885.

dung eines einheitlichen Staates anstelle des losen Bundes zahlreicher Fürsten- und Königtümer. Seit der missglückten Revolution von 1848, als republikanische Kräfte die deutsche Einigung und die Einführung der Demokratie gefordert hatten, konkurrierten die beiden Großmächte Preußen und Österreich um die Vorherrschaft im Land. So stand die Frage zur Debatte, ob Österreich bei der Bildung eines Nationalstaats mit eingeschlossen sein sollte – man sprach dann von der „großdeutschen Lösung" –, oder nicht – entsprechend die „kleindeutsche Lösung" genannt.

Nun war es also zur kleindeutschen Lösung gekommen, dennoch war die Freude in der Bevölkerung groß: Der Sieg über Frankreich, der neue Kaiser und der Wegfall vieler bürokratischer Hindernisse der bisherigen Kleinstaaterei waren Pluspunkte des neuen Staates.

Kaiser und Parlament

Die Verfassung des neuen Deutschen Reiches ging im Wesentlichen aus der Verfassung des Norddeutschen Bundes hervor. Sie war maßgeblich von Otto von Bismarck geprägt und auch auf dessen Position als deutscher Reichskanzler zugeschnitten. Ein Grundrechtskatalog, wie ihn schon die Verfassungsurkunde für den preußischen Staat 1850 enthielt und wie ihn unser heutiges Grundgesetz kennt, fehlte der Verfassung. Zwar gab es mit dem Reichstag ein aus allgemeinen Wahlen – wenn auch nur der männlichen Bevölkerung – hervorgegangenes Parlament, doch das wichtigere Staatsorgan war der Bundesrat, der aus den Gesandten der einzelnen Länder bestand. Auch der neue, rund 42,5 Mio. Einwohner zählende Staat war nicht mehr als ein Bund der 22 deutschen Fürsten und der drei Hansestädte Hamburg, Lübeck und Bremen. Ein Nationalstaat im engeren Sinn war das neue Kaiserreich nicht. Denn während die 7 Mio. deutschsprachigen Österreicher ausgeschlossen waren, wurden etwa 3 Mio. Menschen mit polnischer Muttersprache zu Neubürgern des Reiches. Der Kaiser schöpfte zudem seine Macht vor allem aus seiner Stellung als König von Preußen. Die Reichsgründung stellte also keineswegs die in den Revolutionsjahren 1848/49 angestrebte nationale Einigung „von unten" dar. Sie entsprang auch keinem demokratischen Prozess, sondern war von oben verordnet worden. Das Bürgertum begnügte sich mit dem Triumph des Wirtschaftsliberalismus, die Vorherrschaft des Adels im Militär und in den Spitzenpositionen der Verwaltung blieb unangetastet.

Strippenzieher Bismarck

Die deutsche Einigung war in erster Linie dem Geschick des preußischen Kanzlers Otto von Bismarck zu verdanken. Der Krieg Preußens gegen Österreich 1866 hatte die Bildung des Norddeutschen Bundes möglich gemacht. Einer Ausdehnung des Bundes über die Mainlinie standen damals jedoch noch zwei Faktoren im Weg: Zum einen legten die süddeutschen Landesfürsten einen erkennbaren Widerwillen an den Tag, sich der Führung Preußens unterzuordnen, zum anderen war Frankreich keineswegs glücklich, an seinen östlichen Grenzen eine neue Großmacht wachsen zu sehen. Der deutsch-französische Streit um die Kandidatur eines Hohenzollernprinzen für den spanischen Thron und die diplomatischen Verwicklungen um die sogenannte „Emser Depesche", einen schriftlichen Bericht über die Verhandlungen Wilhelms I. mit dem französischen Botschafter, waren schließlich der Anlass für Frankreichs

Die siegreichen deutschen Truppen marschieren am 1. März 1871 am Arc de Triomphe in Paris auf.

An das Deutsche Volk!

Wir Wilhelm, von Gottes Gnaden König von Preußen, nachdem die deutschen Fürsten und freien Städte den einmütigen Ruf an uns gerichtet haben mit Herstellung des Deutschen Reiches die seit mehr denn 60 Jahren ruhende deutsche Kaiserwürde zu erneuern und zu übernehmen, (...) bekunden hiermit, dass wir es als eine Pflicht gegen das gemeinsame Vaterland betrachtet haben, diesem Rufe (...) Folge zu leisten, und die deutsche Kaiserwürde anzunehmen.

Auszug aus der feierlichen Kaiserproklamation vom 17. Januar 1871

Kriegserklärung an Preußen am 9. Juli 1870. Der nun folgende Deutsch-Französische Krieg brachte auch die süddeutschen Staaten Bayern, Baden und Württemberg, mit denen Bismarck bereits 1866 Geheimbündnisse abgeschlossen hatte, an die Seite Preußens. So bot sich endlich die lang herbeigesehnte Möglichkeit, die Einigung der deutschen Staaten durch einen gemeinsamen Feind durchzusetzen.

Bayerns Sonderrolle

Inzwischen stand die Reichsgründung ganz oben auf der Tagesordnung. Ihr gingen zähe Verhandlungen mit den süddeutschen Fürsten voraus, die sich dabei einige Sonderrechte sichern konnten. Als besonders hartnäckig erwies sich Bayern: Der Widerstand Ludwigs II. ließ sich erst brechen, als man ihm Gelder aus dem Welfenfonds zusicherte, die später in seine prächtigen Schlossbauten flossen.

Den unmittelbaren Anstoß zur Kaiserproklamation bildete schließlich das als Kaiserbrief bekannt gewordene Schreiben Ludwigs II. im Namen der deutschen Bundesfürsten.

Der Brief an Wilhelm I. trug zwar die Unterschrift des bayerischen Königs, doch aufgesetzt hatte es Ende November 1870 kein anderer als Otto von Bismarck. Dort hieß es: „Nach dem Beitritte Süddeutschlands zu dem deutschen Verfassungsbündnis werden die Euer Majestät übertragenen Präsidialrechte über alle deutschen Staaten sich erstrecken. Ich habe mich daher an die deutschen Fürsten mit dem Vorschlage gewendet, gemeinschaftlich mit Mir bei Euer Majestät in Anregung zu bringen, dass die Ausübung der Präsidialrechte des Bundes mit der Führung des Titels eines Deutschen Kaisers verbunden werde." Der eigentlichen Zeremonie in Versailles blieb der Märchenkönig dann allerdings fern – wegen Zahnschmerzen.

Boom der Gründerzeit

Keinerlei Bauchschmerzen bereitete den Deutschen die wirtschaftliche Entwicklung im Land. Ganz im Gegenteil: Die 5 Mrd. Francs Kriegsentschädigung, die Frankreich nach dem Sieg Deutschlands im Deutsch-Französischen Krieg zu zahlen hatte, führten ab 1871 zu einem regelrechten Wirtschaftsboom. Neben den enormen Reparationszahlungen waren auch die Schaffung eines einheitlichen nationalen Marktes und die liberale Wirtschaftsgesetzgebung im

Zuge der Reichsgründung für den Aufschwung verantwortlich. Endlich gab es eine deutschlandweit anerkannte Währung: die Goldmark, die zunächst als einheitliches Zahlungsmittel neben die insgesamt sieben Münzsysteme mit 119 verschiedenen Münzsorten gestellt wurde und seit 1876 die einzige Währung im Deutschen Reich war.

Mit Mark und Pfennig fielen zahlreiche Handelshemmnisse. Die Zuversicht der Bürger in die rasante ökonomische Entwicklung wuchs stetig. Ein ungebremster Fortschrittsglaube machte sich breit, was sich unmittelbar in der sprunghaft ansteigenden Konjunktur niederschlug. Allein die Roheisenproduktion stieg zwischen 1870 und 1873 um rund 60 % an, ähnliche Zuwächse verzeichneten auch der Kohlebergbau und der Maschinenbau. Aufgrund steigender Nachfrage, hoher Gewinne und anziehender Verbraucherpreise waren die Menschen bereit, ihr Geld zu investieren. Neue Unternehmen und Aktiengesellschaften schossen wie Pilze aus dem Boden: Gab es vor 1870 lediglich 235 solcher AGs, so entstanden in den Jahren des „Gründerbooms" mehr als 900 neue Gesellschaften, die ein Gesamtkapital in Höhe von rund 2,7 Mrd. Reichsmark vorzuweisen hatten. Zu den finanzstärksten Unternehmen zählten dabei neben den Banken vor allem Firmen aus den Bereichen Bergbau, Chemie und Maschinenbau. Und auch die Wohnungsbauindustrie florierte. Die riesige Geldmenge, die aufgrund der französischen Kriegsentschädigung seit 1871 in Umlauf war, löste ein regelrechtes Baufieber aus, das im rasanten Wachstum der Städte und in der zunehmenden Urbanisierung noch zusätzlich Nahrung fand. Die Barometerkurve schien bis ins Unendliche steigen zu können.

Die Blase platzt

Doch dem war nicht so. So schnell die Kurse nach oben geklettert waren, so rasant stürzten sie ins Bodenlose. Die Anleger hatten sich in Erwartung immenser Aktiengewinne und angesichts fortwährend günstiger Kredite einem wahren Spekulationswahn hingegeben und waren dabei weit über das reale Ausmaß des Aufschwungs hinausgeschossen. Immer mehr privates Kapital floss in die wachsende Wirtschaft, aber viele der neu gegründeten Firmen standen auf wackligem Boden, und Aktien sowie Anlagen waren an den Börsen meist deutlich überbewertet. Bereits zwei Jahre nach Beginn des Booms platzte die große Spekulationsblase im sogenannten Gründerkrach. Auslöser waren im April 1873 Gerüchte von einer bevor-

Die deutsche Frage kann (...) nur durch Diplomatie und auf dem Schlachtfeld gelöst werden.

[Otto von Bismarck zur Frage der deutschen Einigung]

Seit der Reichsgründung 1871 gab es eine einheitliche Währung in Deutschland. Bezahlt wurde nun mit Mark und Pfennig, die alle anderen Münzen ab 1876 endgültig ablösten.

Die „bessere Gesell-
schaft" vergnügt sich
auf einem Ballsouper am
kaiserlichen Hof. Adolph
von Menzels Darstellung
aus dem Jahr 1878 ist
nicht ganz frei von Ironie.

stehenden Börsenpanik in Paris. In deren Folge
veräußerte eine österreichische Kreditanstalt
in einer Blitzaktion rund 20 Mio. Gulden in
Wertpapieren, was wiederum zur Insolvenz
zahlreicher Banken und Unternehmen in Österreich-Ungarn führte. Die Finanzkrise erfasste
im Sommer 1873 London und New York und
im Oktober des Jahres Berlin.

Aus Angst vor Verlusten verkauften immer
mehr deutsche Anleger ihre Wertpapiere und
Anleihen und zogen damit auch das bisher noch
verbliebene Kapital vom Markt ab. Gleichzeitig
versiegte der Geldstrom aus Frankreich, denn
die letzte Reparationszahlung an Deutschland
war fällig geworden. Radikale Kursstürze an
den Börsen und der Konkurs vieler neuer Firmen waren die Folge. Deutschland stürzte in
eine wirtschaftliche Depression, die über mehrere Jahre andauern und Bismarck schließlich
zu seiner Schutzzollpolitik für Industrie und
Landwirtschaft bewegen sollte.

Gründerzeitstil

Was blieb vom Boom der Gründerjahre? Die
Phase der wirtschaftlichen Stagnation nach
1873 überlebten massige Möbel, schwere Samtvorhänge, dunkle Wandvertäfelungen und auf-
wendig verziertes Kunstgewerbe – kurz, der
sogenannte Gründerzeitstil. Vom Wirtschaftsaufschwung hatten nicht nur die Unternehmen
profitiert, sondern auch das Bürgertum. Die
fetten Börsengewinne wurden in Villen und

Wohnhäuser mit repräsentativer Ausstattung
gesteckt, wobei auch das wachsende National-
bewusstsein nach der Reichsgründung die bürgerliche Wohnkultur beeinflusste. Die „bessere
Gesellschaft", darunter viele Industrielle, pflegte
einen aufwendigen Lebensstil, der sich verstärkt
an der alten Elite des Landes, dem Adel, orientierte. Fabrikantenvillen wurden nun nicht
mehr auf dem Fabrikge-
lände, sondern außerhalb
der Stadt als Landsitze gebaut. Empfänge und reprä-
sentative Bälle waren an
der Tagesordnung und
boten die Möglichkeit,
das neue Selbstbewusstsein
offensiv zur Schau zu stellen. Das gesteigerte Bedürf-
nis nach Selbstdarstellung
zeigte sich auch im Rah-
men der häuslichen Reprä-
sentation. Der Gründer-
zeitstil war stark geprägt
vom Historismus und be-
diente sich oft am Formen-
vokabular früherer Stilepo-
chen. Als Altdeutscher Stil
fand er Eingang in die bürgerliche Wohnkultur und
behauptete sich sogar bis
ins 20. Jh., vielen galt er
jetzt aber als protzig.

Den großen Gründer-
krach im Jahr 1873 kom-
mentierte die bekannte
Berliner Satirezeitschrift
„Kladderadatsch" mit
diesen Karikaturen.

Das Dreikaisertreffen führt zu neuen Bündnissen

1872 SEPTEMBER

Berlin wurde zum Schauplatz eines Treffens dreier Regierungsoberhäupter. Der deutsch-österreichisch-russische Gipfel war zugleich der Auftakt zu einer neuen Außenpolitik Otto von Bismarcks.

Berlin im Spätsommer 1872: Ein Jahr nach der Reichseinigung war die neue deutsche Hauptstadt Schauplatz eines illustren Gipfeltreffens. Als Zar Alexander II. am 5. September in den Berliner Ostbahnhof einfuhr, begrüßte ihn farbenfroher Pflanzen- und Fahnenschmuck. Minister, Prinzen und Hofstaatsmitglieder waren in ordensgeschmückten Uniformen aufmarschiert, und Kaiser Wilhelm I. nahm den Gast

Die Teilnehmer des Dreikaisertreffens 1872: Wilhelm I., Franz Joseph I., Zar Alexander II. sowie Otto von Bismarck, Fürst von Gortschakow und Graf Andrássy.

höchstpersönlich am Bahnsteig in Empfang. Der Dritte im Bunde, Kaiser Franz Joseph I. von Österreich, wurde am darauffolgenden Tag nahezu identisch geehrt. Doch diesmal ergaben sich erste Spannungsmomente. Der Habsburger umarmte seinen früheren Kriegsgegner Wilhelm I. nicht, sondern schüttelte ihm lediglich die Hand. Und auch die anschließende Kutschfahrt durch die Königgrätzstraße sorgte für latente Verstimmung, erinnerte der Name doch an die österreichische Jahrhundertniederlage gegen Preußen im Jahr 1866. Kein Zweifel: Das Berliner Dreikaisertreffen war ein Balanceakt, der in einer Atmosphäre latenter nationaler Empfindlichkeiten stattfand. Dennoch wurde die Zusammenkunft zur ersten außenpolitischen Sternstunde des Reichskanzlers Bismarck und zum Auftakt einer neuen Bündnispolitik.

Inszenierte Harmonie

„Zum ersten Mal in der Geschichte haben drei Kaiser sich zur Beförderung des Friedens zu Tisch begeben. Ich wollte, dass die drei eine liebende Gruppe bilden, wie Canovas drei Grazien." So äußerte sich Bismarck nach der Eröffnung des Abendbanketts. Das gemeinsame Auftreten bei der Militärparade am Nachmittag hatte die Harmonie zusätzlich bekräftigt, zumal sich die prächtig uniformierten Kavalleriereiter aller drei Staaten friedlich durchmischt hatten. Äußerlichkeiten wie diese entpuppten sich in der aktuellen Lage nicht zufällig als politisch bedeutsam. Die kriegerische deutsche Nationalstaatsbildung hatte die europäische Mächteordnung revolutioniert und allenthalben Misstrauen erzeugt: Strebte Deutschland nach der kontinentalen Hegemonie, wie Frankreich immer wieder behauptete? Und: Wie war es um den deutschen Landhunger bestellt? Sann das Reich auf Eingriffe in die russische Interessensphäre? Oder gelüstete ihm, wie zeitweilig in Wien befürchtet, nach einer Annexion der deutschen Habsburgerterritorien? Unsicherheiten wie diese vergifteten das außenpolitische

Klima und nährten die Furcht vor einem Bündnis der europäischen Großmächte, präziser: einer Einkreisung des Reiches durch Russland und Frankreich. Diesem Albtraum sollte das Dreikaisertreffen entgegenwirken.

Zerbrechliche Bündnisse

Bereits am 6. Mai 1873 versprachen sich Russland und das Reich gegenseitige militärische Hilfe, im Oktober trat schließlich auch Österreich bei. Bismarck verbuchte einen klaren Erfolg: den Abschluss eines Geheimabkommens, das den Erbfeind Frankreich für die kommenden Jahre in Schach hielt. Zugleich war das Dreikaisertreffen die perfekte Inszenierung eines friedliebenden Reiches gewesen, das vor aller Augen seine Freundschaft mit Russland und Österreich zur Schau stellte. Wie brüchig die Friedensallianz tatsächlich war, zeigte sich, als Frankreich sein Rüstungsvolumen 1875 erneut aufstockte. „Krieg in Sicht?" titelte „Die Post" am 8. Mai, eine provokante Schlagzeile, die von Bismarck persönlich lanciert worden war. Tatsächlich verfolgte der Vorstoß den Zweck, außenpolitischen Spielraum auszuloten und Frankreich durch effektvolles Säbelrasseln einzuschüchtern. Doch reichte die bloße Drohgebärde, um Widerstand auf den Plan zu rufen: Bei einer gemeinsamen Berlin-Mission bekundeten England und Russland ihre Entschlossenheit, keine weitere Schwächung Frankreichs hinzunehmen. Das Szenario der Einkreisung schien urplötzlich gefährlich nahe und motivierte Bismarck, seine außenpolitische Strategie auszuweiten. Lauter denn je verkündete er die Parole, das Reich sei „saturiert" und allen weiteren Expansionsgelüsten abhold. Gleichzeitig bemühte er sich, außenpolitische Konflikte zwischen den übrigen mitteleuropäischen Großmächten in die Randzonen zu verlagern und Deutschland eine vermittelnde Schiedsrichterrolle einzuräumen.

Makler zwischen den Fronten

Die schwelende Orientkrise bot ein ideales Bewährungsfeld, immerhin hatte der russische Sieg über die Türken sowohl England als auch Österreich gegen das Zarenreich aufgebracht. Nicht nur, dass der Zar die panslawistische Unabhängigkeitsbewegung gegen die Osmanenherrschaft unterstützte, der neue Satellitenstaat

Bulgarien schien ihm darüber hinaus immensen Einfluss auf dem Balkan zu sichern. In dieser Konfliktsituation empfahl sich Bismarck als „ehrlicher Makler" und suchte auf der Berliner Balkankonferenz von 1878 zwischen den Parteien zu vermitteln. Tatsächlich endete das vierwöchige Treffen mit einem Kompromiss. Die prestigeträchtige Maklerrolle zehrte indes nicht nur an der Gesundheit des Konferenzleiters – er schlief kaum und musste sein „gallertartiges" Gehirn morgens mit drei Biergläsern Portwein auf Trab bringen. Der Berliner Friede besiegelte vielmehr zugleich die dauerhafte Entfremdung von Russland, das sich um seine Gewinne aus dem Türkenkrieg betrogen sah und Deutschland hierfür die Schuld gab. In der Folgezeit bemühte sich der Kanzler, den Schaden wieder einzudämmen: 1879 durch den Zweibund mit Österreich, in dem sich beide Staaten im Falle eines russischen Angriffs Hilfe zusicherten, 1883 durch das erneuerte Dreikaiserabkommen, das den habsburgisch-russischen Rivalitäten aber kaum Paroli bot. Der Rückversicherungsvertrag mit dem Zarenreich 1887 bildete den vorläufig letzten Baustein innerhalb eines Bündnissystems, das die gefürchtete russisch-französische Allianz auf immer neue Weise zu verhindern suchte.

Die preußischen Expansionsbestrebungen zeigten sich auch im Bereich der repräsentativen Kunst. Die Prunkvase von 1891, ein Geschenk für den britischen Botschafter, verherrlicht Kaiser Wilhelm II.

Die Teilnehmer des Berliner Kongresses (im Bild u. a. Baron Haymerle, Fürst Gortschakow, Benjamin Disraeli und Fürst Hohenlohe) beendeten mit einem Kompromiss die Balkankrise.

Die Einführung der Krankenversicherung

1883
15. JUNI

Als die allgemeine Krankenversicherung in Kraft trat, war dies die Geburtsstunde des deutschen Sozialstaats. Weitere Sozialreformen brachten größere soziale Sicherheit für breite Schichten.

Eine Karikatur zeigt die Segnungen der Bismarckschen Sozialreformen wie etwa die Krankenkasse, die vom Schreckbild Arbeitslosigkeit bedroht ist.

Mit dem Reichsgesetzblatt Nr. 9 des Jahres 1883 verkündete Kaiser Wilhelm I. das Inkrafttreten des Gesetzes zur allgemeinen Krankenversicherung.

gesetz der organisierten Arbeiterbewegung arg zusetzte, reichte Bismarck der sozialdemokratischen Massenbasis das Zuckerbrot der Sozialversicherung. Die von ihm redigierte, berühmte kaiserliche Botschaft vom 17. November 1881 erklärte „die Förderung des Wohles der Arbeiter" zur „kaiserlichen Pflicht". Zwei Jahre später trat die Krankenversicherung ins Leben und legte den Grundstein für den zum Mythos gewordenen deutschen Sozialstaat.

Endlich Sicherheit

Zu zwei Dritteln vom Arbeitnehmer und zu einem Drittel vom Arbeitgeber finanziert, garantierte die Versicherung 50 % des Lohnes als Krankengeld. Weitere Leistungen erstreckten sich auf die Kosten von Arzneimitteln und medizinischer Behandlung, auf Sterbegeld und Wöchnerinnenunterstützung. Die Unfallversicherung, die zu 100 % vom Arbeitgeber getragen wurde, gewährte ab 1884 medizinische Versorgung und eine vom Verdienst abhängige Unfallrente. Die Neuerung bestand hierbei zum einen darin, dass die Zahlungen von der Frage nach der Unfallschuld abgekoppelt wurden, zum anderen in der Gründung von Berufsgenossenschaften der Unternehmer, die als Versicherungsträger auftraten und – aus Bismarcks Sicht – eine berufsständische Neuorganisation der Gesellschaft vorbereiten sollten. Als letzter Baustein kam 1889 schließlich die Invaliditäts- und Altersversicherung hinzu. Zu gleichen Teilen finanziert von Arbeitgebern und Arbeitnehmern, garantierte

„Wenn der Arbeiter keinen Grund mehr zur Klage hätte, wären der Sozialdemokratie die Wurzeln abgegraben", so äußerte sich Otto von Bismarck gegenüber einem Vertrauten. Erweiterung des Arbeitsschutzes? Diese zeitgenössische Forderung lag dem Reichskanzler fern. Den monarchischen Staat innerlich stabilisieren, lautete die politische Losung, die den preußischen Junker in den 80er-Jahren zu sozialpolitischen Pionierleistungen antrieb. Während das Sozialisten-

Rudolf Virchow

1821 Rudolf Virchow wird am 13. Oktober in Schivelbein/Pommern geboren.

1839– Medizinstudium an der Berliner
1843 militärärztlichen Akademie.

1849 Wegen seines politischen Engagements für die Liberalen verliert er seine Stelle an der Akademie; Berufung auf den Lehrstuhl für pathologische Anatomie in Würzburg.

1856 Ruf an die Universität Berlin.

1858 Mit „Die Cellularpathologie in ihrer Begründung auf physiologische und pathologische Gewebelehre" begründet Virchow eine neue naturwissenschaftliche Krankheitslehre.

1861 Mitbegründer der Deutschen Fortschrittspartei, seit 1862 Mitglied des Preußischen Abgeordnetenhauses.

1880– Als Mitglied des Reichstags enga-
1893 giert sich Virchow vor allem für den Ausbau der Gesundheitsfürsorge.

1902 Er stirbt am 5. September in Berlin.

Einheitsrente und statt des dezentralisierten Krankenkassennetzes mehr staatliche Kontrolle vorgezogen. Zugleich widerstrebten ihm die Finanzierungslösungen: Aus Angst um die Konkurrenzfähigkeit der deutschen Industrie hatte Bismarck die Arbeitgeber ursprünglich weitaus geringer und den Staat dafür weitaus stärker beteiligen wollen. Aber auch in anderer Hinsicht ging sein Kalkül nur bedingt auf. Statt auszuhungern, drang die Sozialdemokratie gezielt in die neuen Selbstverwaltungsgremien und Versicherungen ein. Bereits 1913 stellten gewerkschaftlich organisierte Sozialdemokraten mehr als drei Viertel der Vertreter aller Ortskrankenkassen und bildeten damit zugleich die Mehrheit im neu gegründeten Reichsversicherungsamt. Nicht minder einflussreich waren die Arbeitersekretariate und Rechtsauskunftsbüros, die seit den 90er-Jahren juristische Hilfe gewährten. In Gestalt dieser Institutionen bot die Sozialversicherung den Sozialdemokraten wertvollen Unterschlupf, der die Partei auch über die Zeit der Verfolgung im Rahmen des Sozialistengesetzes hinwegrettete.

Nicht zufällig erklärte der Berliner Arzt Otto Mugdan 1904 im Reichstag: „Tatsache ist nun, dass die Sozialdemokratie durch die Krankenversicherung in die Lage gekommen ist, Tausende recht gut bezahlter Stellen mit ihren Leuten zu besetzen. Ich arbeite in der Materie seit zwölf Jahren und kann erklären, dass es heute unmöglich ist, eine Stellung in einer von Sozialdemokraten geleiteten Kasse zu erhalten, wenn man nicht selbst Sozialdemokrat ist."

Allerdings minderte der Weg durch die Institutionen den sozialrevolutionären Kampfgeist. Offiziell als „Reichsfeinde" verfolgt, wurden Angehörige der Linken als sozialpolitische Funktionsträger in den Nationalstaat einbezogen. Die Versicherungsgesetze wirkten somit als Kitt einer „inneren Reichsgründung" und entfalteten einen Mehrwert, der weit über die soziale Absicherung hinausging.

Die Sozialversicherung als nationaler Kitt

Der einzelne Versicherte wurde durch die Gesetze nicht nur konkret unterstützt, sondern zugleich in seiner Würde geschützt. Das bloße Wort „Armenhilfe" hatte den Empfänger zuvor als gesellschaftlichen Verlierer und Almosenempfänger gebrandmarkt. Die neuen Gesetze sprachen dem Einzelnen dagegen das Recht zu, im Notfall soziale Ansprüche an die Gemeinschaft zu stellen. Ehemals als Krüppel an den Rand der Gesellschaft gedrängt, konnte sich ein invalider Arbeiter mit einem Mal als Rechts-

» Jeder Mensch hat als Mitglied der Gesellschaft Recht auf soziale Sicherheit. «

[Artikel 22 der Allgemeinen Erklärung der Menschenrechte]

Medikamente, die zur Behandlung von Krankheiten notwendig waren, wurden ebenfalls von den Krankenkassen bezahlt. Brom wurde als Narkosemittel oder zur Behandlung von Epilepsie verwendet.

sie die Zahlung eines Übergangsgelds bei medizinischer Heilbehandlung sowie Invaliden- und Altersrenten ab dem 70. Lebensjahr, die vom Reich mit je 50 Mark bezuschusst wurden. Die Beiträge und Leistungen waren nach Lohnklassen gestaffelt – ein Charakteristikum des deutschen Modells, genauso wie das vielgliedrige Kassensystem, das als Träger der Krankenversicherung in Erscheinung trat.

Kalkül und Kompromiss

Bismarcksche Gesetze, so sollte sie die Nachwelt nennen. In Wahrheit handelte es sich jedoch keineswegs um ein exklusives Produkt des Reichskanzlers, auch wenn dieser dem Werk seinen Stempel aufdrückte. Die Versicherung beruhte vielmehr auf einem Kompromiss zwischen Bismarcks ureigenen Vorstellungen und den Wünschen anderer politischer Interessengruppen, allen voran des katholischen Lagers, das sich bemühte, die Rolle der Gemeinschaft auf Kosten des Staates zu stärken. Am Ende genoss einzig die Unfallversicherung Bismarcks ungeteilten Beifall, während sowohl die Kranken- als auch die Alters- und Invaliditätsversicherung mit Skepsis beäugt wurden. Bismarck siegte im Hinblick auf die Versicherungspflicht. Statt gestaffelter Alters- und Invaliditätsrenten hätte der Kanzler jedoch eine

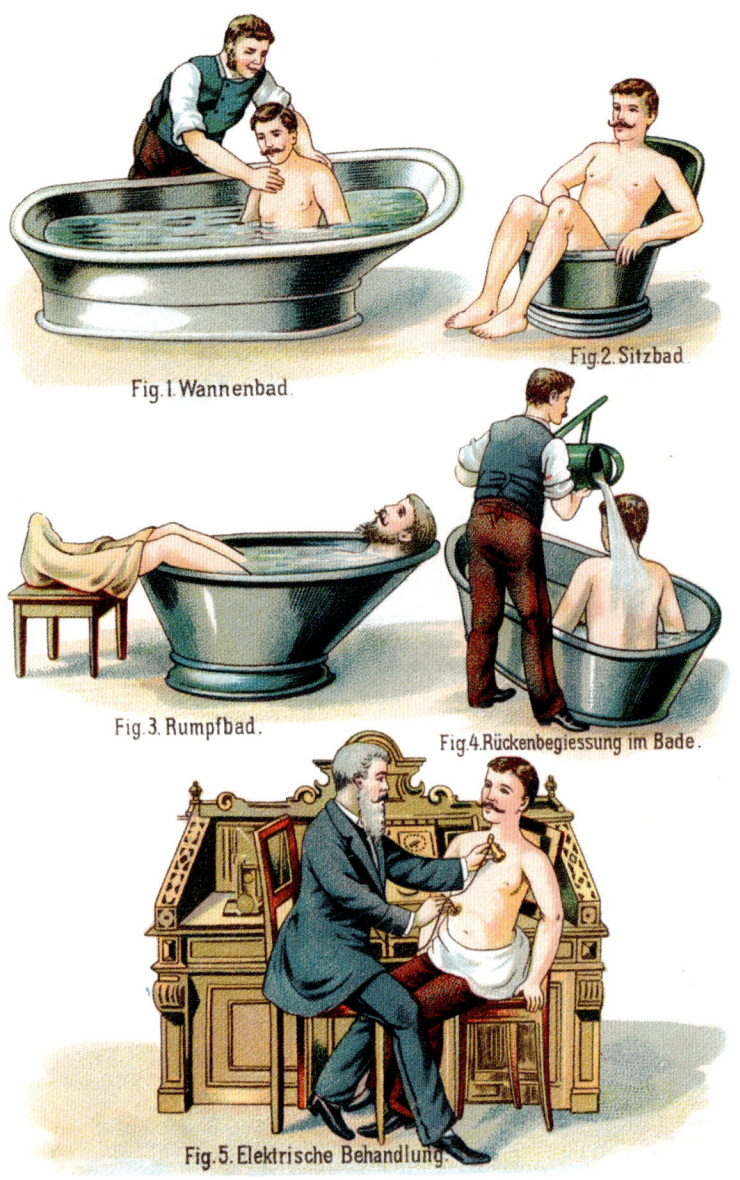

Fig. 1. Wannenbad.

Fig. 2. Sitzbad.

Fig. 3. Rumpfbad.

Fig. 4. Rückenbegiessung im Bade.

Fig. 5. Elektrische Behandlung.

Auch Kuren gehörten zum Katalog der bezahlten medizinischen Anwendungen. Bäder waren eine vielfach verordnete Therapie.

person fühlen. Hierin lag ein wesentlicher Grund für die positive Aufnahme der Versicherung, deren finanzielle Leistungen zunächst spärlich waren. Vor allem die Altersrenten lagen vor 1914 im Durchschnitt jährlich unter 200 Mark und betrugen demnach nur ein Sechstel des durchschnittlichen Industriearbeitergehalts. Um das Existenzminimum zu sichern, war zusätzliche Armenhilfe unumgänglich. Dessen ungeachtet, wurden die Gesetze begrüßt – nicht nur, weil sie die Lebensverhältnisse grundsätzlich verbesserten, sondern auch, weil die Wohlfahrt des Einzelnen nunmehr als Reichssache angesehen wurde. Es war der Nationalstaat, der sich als Gesetzgeber der Willkür der Industriegesellschaft entgegenstellte. Und das Vertrauen in den Sozialstaat wuchs, je mehr sich die Idee institutionell verfestigte. 1918 gipfelte die Ent-

wicklung in der Gründung des Reichsarbeitsamts (RAM), das als Reichsministerium für Arbeit bis 1945 fortbestand. Als oberste Behörde sowohl für die Kontrolle der Sozialversicherung als auch für den Arbeitsmarkt war es seit der Weimarer Republik eine zentrale gesellschaftliche Anlaufstelle. Der Sozialstaat wurde jedoch ebenso über die mit ihm verbundenen Alltagsdinge und Rituale verankert. Dazu gehörte in erster Linie die Quittungskarte der Alters- und Invaliditätsversicherung, in die der Arbeitgeber wöchentlich nach Lohnklassen gestaffelte Beitragsmarken klebte.

Bei alldem ermöglichten die Gesetze Einheit und Vereinheitlichung über regionale Grenzen hinweg. Die deutsche Eiche als Symbol der Staatsgemeinschaft mit den einzelnen Sozialversicherungen als Äste, die den Einzelnen mit dem Stamm verbanden, als bildlich beschworenes Ideal war zur Zeit des Ersten Weltkriegs bis zu einem gewissen Grad Realität: 1915 wurden 57 % der Erwerbstätigen von der Alters- und Invaliditätsversicherung erfasst, 43 % waren kranken- und 71 % unfallversichert. Kein anderes europäisches Land konnte mit derart hohen Zahlen aufwarten.

Grenzen der Sozialgemeinschaft

So gemeinschaftsbildend die Gesetze wirkten, so unmissverständlich zeigten sie jedoch zugleich die Grenzen der Gemeinschaft auf. Zunächst ausschließlich auf die industrielle und gewerbliche Arbeiterschaft gemünzt, schloss die Versicherung zahlreiche Berufsgruppen wie Bauern oder Angestellte aus. Vor allem aber bewirkte die Bindung der Versicherungsleistung an das Modell des dauerhaft erwerbstätigen Arbeiters eine massive Benachteiligung der Arbeitslosen und der Frauen. Beide Gruppen fielen durch das Versichertenraster. So erloschen etwaige Ansprüche, wenn Mägde oder Dienstmädchen ihre Tätigkeit wegen Schwangerschaft aufgaben – auch, wenn sie im familiären Rahmen nach wie vor schwere Arbeiten verrichteten. Zu den Verlierern gehörten darüber hinaus auch mittellose Witwen. Als Köchinnen, Näherinnen oder Wäscherinnen mussten sie massenhaft erneut ins Arbeitsleben eintreten oder wie diejenigen, die ihre Arbeit verloren hatten, ausschließlich von der dürftigen Armenhilfe leben. Gerade die Armenfürsorge belastete auch die Kassen der Kommunen in hohem Maße.

Sozialstaat im Wandel

Die wichtigste Aufgabe kommender Generationen war es demnach, neue Arbeitnehmergruppen und weitere Lebenslagen in das Versicherungssystem miteinzubeziehen. So bedurfte es des Gesetzes über die Angestelltenversicherung von 1911, um Rentenzahlungen für hinterbliebene Witwen und Waisen durchzusetzen. Zugleich gingen die Krankenversicherungen dazu über, medizinische Leistungen auch auf die Angehörigen des Versicherten auszudehnen. Mit der Reichsversicherungsordnung 1911 kam es schließlich auch in der Rentenversicherung zu einem beschränkten Solidarausgleich. 1927 trat die Arbeitslosenversicherung als vierte Säule der deutschen Sozialversicherung ins Leben. Die fünfte bildet seit den 1990er-Jahren die Pflegeversicherung.

Doch nicht nur der Radius, auch der Charakter des Sozialstaats änderte sich: Nicht zufällig bevorzugte man im Kaiserreich die Bezeichnung „Staatssozialismus": ein Begriff, der die Versicherung nicht nur als Teil der preußischen Reformtradition von oben, sondern zugleich als Vorstoß gegen die Arbeiterbewegung kennzeichnete. In der Spätzeit und in der Weimarer Republik trugen liberale und sozialdemokratische Kräfte allerdings mehr und mehr dazu bei, den Sozialstaat zu demokratisieren und vor allem die Rolle der Gewerkschaften zu stärken. Die Weimarer Verfassung gewährte demnach das Recht auf Arbeit, soziale Sicherung und Arbeitsschutz. Gesellschaftlicher Dialog und vertragliche Übereinkunft – so lauteten die neuen Maßgaben, die sich auch in der rechtlichen Regelung des Tarifvertrags (1918) oder im neuen Institut der Betriebsräte (1920) niederschlugen.

Vom Königsweg in die Krise

Die NS-Zeit unterbrach den Demokratisierungsprozess. So wurden etwa die Selbstverwaltungsgremien der Kassen abgeschafft und den Trägern staatlich anerkannte Leiter zugewiesen. Dennoch erwies sich das deutsche Sozialsystem mit seinem Pflichtversicherungsprinzip und seiner Erwerbsgebundenheit als bemerkenswert beständig. Die Formel „Von Bismarck zu Blüm" besaß ihre Berechtigung – und machte den Sozialstaat „made in Germany" zum Identitätsausweis mit weltweitem Erkennungs- und Exportwert. Als Bundeskanzler Konrad Adenauer die Sozialleistungen in den 50er-Jahren an die Dynamik der Marktwirtschaft koppelte, schien sich der deutsche Weg endgültig zu bewähren. Getragen vom enormen wirtschaftlichen Aufschwung, ermöglichte die Altersversicherung breiten Bevölkerungsschichten erstmals nicht nur einen Mindestlebensstandard, sondern weit darüber hinaus den Erhalt der gewohnten Lebensqualität. Die Euphorie erwies sich freilich als kurzlebig: Das Kollabieren des Rentensystems als Folge der Überalterung oder die hohen Kosten der deutschen Arbeitskraft zeigen dieser Tage die Schattenseiten des deutschen Sozialstaats auf. Das Bismarck-System steckt in der Krise, ein alternatives Allheilmodell ist nicht in Sicht.

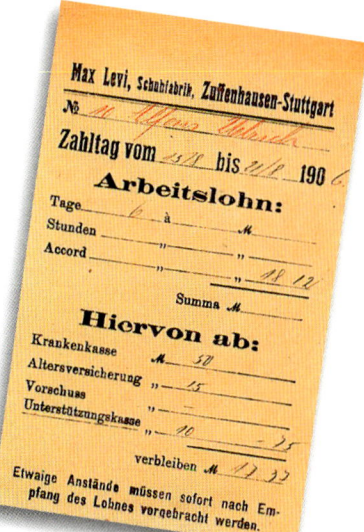

Wie heute trübte auch damals der Blick auf den Lohnzettel die Freude über die Sozialversicherungen. Die Beiträge waren aber gering.

Vor Einführung der Arbeitslosenversicherung mussten sich Arbeitslose ihre Unterstützung in einer Zahlstelle der Erwerbslosenfürsorge auszahlen lassen.

Daimler meldet den Viertaktmotor zum Patent an

1883
16. DEZEMBER

1883 meldete Gottlieb Daimler zusammen mit Carl Maybach den Einzylinder-Viertaktmotor zum Patent an. Damit war der Grundstein für den Einstieg in das kommende Automobilzeitalter gelegt.

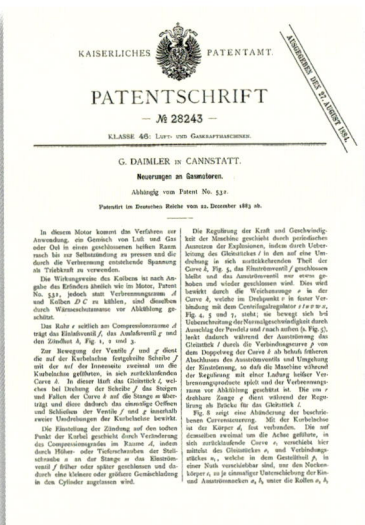

Daimlers Patent Nr. 28243 brachte einen entscheidenden Durchbruch bei der Entwicklung des Viertaktmotors. Zeitgleich baute auch Carl Benz sein erstes Automobil (unten).

Explosionsmotor, so nannte Gottlieb Daimler die Erfindung, die er und sein Chefkonstrukteur Carl Maybach am 16. Dezember 1883 zum Patent anmeldeten. Die Bezeichnung war eine Finte, handelte es sich doch in Wirklichkeit um eine Weiterentwicklung des Viertaktmotors von Nikolaus August Otto, die durch den Namenstrick als Neuschöpfung ausgewiesen wurde. Dennoch waren Daimler und Maybach alles andere als bloße Trittbrettfahrer. Nach jahrelanger Tüftelei im Gartenhaus von Daimlers Villa in Cannstatt hatten die beiden Pioniere einen Antriebsmechanismus geschaffen, der sich auch in ein Fahrzeug einbauen ließ. Kleiner als der Vorläufer und mit deutlich höherer Drehzahl, schuf Daimlers Motor die entscheidende Voraussetzung für den Anbruch des Automobilzeitalters.

Beschwerliche Anfänge

Seit Gottlieb Daimler 1882 als selbstständiger Unternehmer an den Neckar zurückgekehrt war, hatte er auf diesen Durchbruch gewartet. Um dem 90 kg schweren Motor einen möglichst großen Absatzmarkt zu erschließen, musste er in ein relativ billiges Fahrzeug eingebaut werden – den dreirädrigen Reitwagen, den Daimlers Sohn Paul am 10. November auf einer knatternden 3-km-Fahrt von Cannstatt nach Untertürkheim testete. Im Jahr darauf brachten Daimler und Maybach ihre erste Benzinmotorkutsche zum Laufen: ein Pferdefuhrwerk mit einem 1,5-PS-Motor.

Doch auch andernorts schlug die Stunde der Autopioniere. In Mannheim baute der Ingenieur Carl Benz 1883 einen dreirädrigen Motorwagen, den seine Frau Bertha fünf Jahre später ohne Wissen ihres Mannes aus der Werkstatt entführte. 180 km bis nach Pforzheim und zurück, mit Pannen, Menschenaufläufen und einem Benzinkauf in einer Wieslocher Apotheke, die damit als erste Tankstelle der Welt in Erscheinung trat – all diese Details begründeten den Mythos von der ersten Autofernfahrt in der Geschichte. Der Autolärm erschien aber vielen Zeitgenossen als ohrenbetäubend. Die Pferde scheuten, und Fußgänger sprangen schreiend von der Straße, wenn sich ein qualmendes Ungetüm näherte. So fiel es Daimler und Benz in den ersten Jahren schwer, ihre Produkte abzusetzen. Der erste Schritt zum Durchbruch erfolgte erst 1893, als es Benz gelang, eine neuartige Lenkung zu entwickeln. Jetzt konnte der erste Vierradwagen, der Viktoria-Benz, gebaut werden. Dessen Billigversion, das für 2000 Mark angebotene Benz-Velo, war das erste serienmäßig produzierte Auto.

Luxusgut und Rennauto

Der kommerzielle Siegzug in der Heimat erforderte den Umweg über Frankreich, wo Daimler nach seinem Auftritt auf der Weltausstellung 1889 maßgeblich zur nationalen Motorisierung beitrug. Dank internationaler Verbindungen konnte auch Benz rasant expandieren. 1899 war der Mannheimer Betrieb die größte Automobilfirma der Welt. Derweil erlebte Daimler seinen eigenen Take-off, für den ein technikbegeisterter, lukrativer Kunde die Initialzündung lieferte: 1898 nahm der österreichische Geschäftsmann Emil Jellinek mit einem Daimler-Wagen an der Tourenfahrt Nizza–Maganon–Nizza teil. Als Start-Pseudonym wählte er den Namen seiner damals neunjährigen Tochter Mercedes – und begründete durch seinen Sieg den Erfolg des gleichnamigen Rennwagens, der nachfolgend in Serie hergestellt wurde. Getragen von der neuen Rennsportbegeisterung, wurden Automobile zum begehrten Prestigeobjekt, auch wenn Privatwagen für die meisten Menschen ein unerreichbares Luxusgut blieben.

Nach dem Einbruch im Gefolge des Ersten Weltkriegs fusionierten die einstigen Konkurrenten 1926 schließlich zur Daimler-Benz-AG. Gemeinsam mit anderen deutschen Herstellern wie Horch, Triumph oder BMW produzierte das Unternehmen stetig wachsende Mengen von Pkw, bis die Zahl 1932 bei über 497 000 lag. Gleichzeitig eroberte das Automobil den Gütertransport und revolutionierte sowohl den Straßenverkehr als auch das Stadtbild. 1905 fuhren in Berlin die ersten Kraftomnibusse über die Straßen, mit offenem Oberdeck für besonders mutige Fahrgäste.

Auf dem Weg zur Massenmotorisierung

Angesichts der zunehmenden Verkehrsdichte wurde auf dem viel befahrenen Potsdamer Platz Ende 1924 die erste Ampelanlage Deutschlands in Betrieb genommen. Vor allem aber machte die rasante Motorisierung in der Weimarer Republik den Bau von Straßen unumgänglich. 1921 wurde im Berliner Grunewald die Automobilverkehrs- und Übungsstraße (AVUS), eröffnet, mit 9,8 km die damals längste kreuzungsfreie Autostraße der Welt. Im August 1932 gab der Kölner Oberbürgermeister Konrad Adenauer das zwischen Köln und Bonn gelegene erste Teilstück einer Autobahn frei. Adolf Hitler erklärte den Bau von Fernstraßen schließlich zur Staatsaufgabe und ließ das Autobahnnetz bis 1939 auf 2100 km erweitern. Die nationalsozialistischen Pläne, die Massenmotorisierung durch erschwingliche Kleinwagen

Erinnerungen von Carl Benz

Die Welt horcht auf! Die Menschen bleiben auf der Straße stehen, staunen und schauen. Wie, geht's mit rechten Dingen zu? Ein Wagen ohne Pferde, rennend und rollend? Wie ein Wunder pufft der Wagen die Straßen entlang. Stolz wie ein König steuert der Lenker. Stolz wie ein König grüßt er vom Sitze herunter zu den staunenden Menschen.

Carl Benz, Lebensfahrt eines deutschen Erfinders, 1925

voranzutreiben, blieben aber in ihren Anfängen stecken. 1938 lief in einem eigens dafür errichteten Werk in Wolfsburg der erste Volkswagen vom Band. Bis sich der Käfer als Massenwagen durchsetzte, mussten noch zwei Jahrzehnte vergehen. Erst in den 50er-Jahren schaffte das Automobil den Wandel vom Luxusgut zum Gebrauchsgegenstand. Jetzt sorgte die neue Mobilität für einen tief greifenden gesellschaftlichen Wandel: Der Konflikt um Straße oder Schiene wurde endgültig zugunsten des Autoverkehrs entschieden. Und schließlich transportierten Isetta, Goggomobil oder Käfer ein neues individualistisches Lebensgefühl. Spätestens als 1955 der einmillionste Käfer vom Band lief, war die Zukunft besiegelt: Das Auto wurde der Deutschen liebstes Spielzeug.

Die Firmen Daimler und Benz fusionierten 1926 und führten die Marke Mercedes-Benz. Die Staatskarossen der BRD waren weitgehend Modelle dieses Herstellers.

Deutschland wird zur verspäteten Kolonialmacht

1884
24. APRIL

Spät trat das Deutsche Reich in den Kreis der Kolonialmächte ein. Es war ein Schritt mit weitreichenden Folgen, denn die Bevölkerung in den besetzten Gebieten gab ihr Land nicht widerstandslos preis.

Franz Adolf Eduard Lüderitz war ein deutscher Großkaufmann und erster deutscher Landbesitzer im späteren Deutsch-Südwestafrika.

Die Lüderitzbucht im heutigen Namibia war ein Ausgangspunkt der deutschen Kolonialbestrebungen in Afrika. 1884 wurde das Gebiet unter deutschen „Schutz" gestellt.

Ein Telegramm an den deutschen Konsul in Kapstadt katapultierte die Reichspolitik am 24. April 1884 jäh in neue Sphären. Die Mitteilung des Reichskanzlers Otto von Bismarck war knapp: Ab sofort stünden die Besitzungen des Bremer Kaufmanns Adolf Lüderitz im südwestafrikanischen Angra Pequena unter dem Schutz des Reiches. Was mit abenteuerlichen Expeditionen begonnen hatte, erhielt jetzt den Segen des Staates. Der Startschuss für den Eintritt Deutschlands ins Kolonialzeitalter war gefallen. Ab 1884 wehte das schwarz-weiß-rote Banner auch über Togo und Kamerun. Im Februar 1885 erhielt der deutsche Pionier Carl Peters den Schutzbrief für Verträge in Ostafrika, bevor das Reich zwei Monate später die Pazifikterritorien Neuguinea und Nova Britannia in Besitz nahm.

Für Bismarck blieb das koloniale Engagement Episode. Außenpolitische Erwägungen, die Aussicht auf neue Absatzmärkte, vor allem aber der Wunsch, das Lager der Kolonialbefürworter vor den Wahlen hinter sich zu bringen, bedingten sein kurzfristiges Ausscheren aus der Kontinentalpolitik. Seinen eigentlichen Interessenschwerpunkt unterstrich er 1888 gegenüber dem Afrikaforscher Eugen Wolf: „Ihre Karte von Afrika ist ja sehr schön, aber meine Karte von Afrika liegt in Europa. Hier liegt Russland, und hier liegt Frankreich, und wir sind in der Mitte; das ist meine Karte von Afrika."

Dennoch brachte Bismarck den Stein ins Rollen. Der Kanzler wollte zunächst einen lockeren Imperialismus, doch das Scheitern der privaten Kolonialgesellschaften, Streitigkeiten mit anderen Imperialmächten und Widerstände der Eingeborenen machten eine straffere Politik bald unumgänglich. 1886 wurde die Souveränität ungeteilt in die Hand des Kaisers gelegt. Doch die Kolonien trugen sich nicht selbst, und die Hoffnungen auf importierte Reichtümer blieben selbst nach den Diamantenfunden in der Lüderitzbucht 1908 unerfüllt.

Wettlauf zur Sonne

Hier saß ein Blockadehebel, den die Kolonialskeptiker im Parlament immer wieder betätigten. Ein Zurückgehen hinter den Status quo wurde allerdings bald nicht mehr diskutiert.

Deutschland wird Kolonialmacht

Nicht die Kolonialherrschaft als solche, sondern die Art und Weise und die Kosten waren es, die die Opposition immer neu auf den Plan riefen. Dem Drang der Zeit konnten sich auch die Kritiker nicht vollends entziehen. Weltmacht werden, das internationale System revolutionieren, alles oder nichts – so lauteten die neuen Parolen, in denen auch sozialdarwinistische Gedanken vom Recht des Stärkeren widerhallten. Der Kolonialwettlauf galt nicht länger als bloßes Ringen um Märkte und Ressourcen, er war vielmehr ein Daseinskampf der Nationen, in dem sich das Reich um jeden Preis durchsetzen musste. „Wir verlangen auch unseren Platz an der Sonne", forderte der Staatssekretär des Auswärtigen Amtes, Bernhard von Bülow, in seiner Antrittsrede vom 6. Dezember 1897. Eine mächtige Koloniallobby zollte ihm Beifall, von der Deutschen Kolonialgesellschaft, in der sich Schwerindustrielle, Bankiers, Adlige, aber auch bildungsbürgerliche Enthusiasten sammelten, bis hin zum nationalistischen Verband der Alldeutschen.

Verspätete Weltmacht

Der deutsche Drang zur Sonne kam indessen schlichtweg zu spät. Um 1900 existierten auf dem Globus kaum mehr weiße Flecken, sodass das Reich nahezu überall bestehende Interessen verletzte. Umgekehrt verlieh das Gefühl, ein Nachzügler zu sein, dem deutschen Weltmachtstreben von Anfang an hektische Züge. Übersteigertes Sendungsbewusstsein paarte sich mit Minderwertigkeitskomplexen und der allgegenwärtigen Angst der Kolonisten, bei der Inbesitznahme der Schutzgebiete zu versagen. Aber auch in der Metropole Berlin waren es weniger

vernünftige Erwägungen denn richtungslose Emotionen, die den kolonialen Kurs diktierten. Die Sprunghaftigkeit deutscher Weltpolitik führte das Reich unweigerlich in die Isolation. Sie mündete in einem größenwahnsinnigen Flottenbauprojekt Wilhelms II., das England den Platz als erste Weltmacht streitig machen sollte. Gleichzeitig produzierte sie ein fiebriges Wettrüsten und ein Verhalten, das als „Kanonenboot-Diplomatie" Geschichte machte. Das Auftauchen des deutschen Kriegsschiffs „Panther" vor Agadir während der zweiten Marokko-Krise 1911 war nur eine der berüchtigten deutschen Drohgebärden. Als ähnlich töricht erwies sich das Engagement im Osmanischen Reich. Daneben engagierte sich das Reich auch in China. 1897/98 sicherte es sich die Kiautschou-Bucht mit der Hauptstadt Tsingtao und Vorzugsrechte im Hinterland, wurde dafür jedoch in die Pflicht genommen. Die Entsendung

Gegen aufständische Afrikaner gingen die deutschen Besatzer ebenso brutal vor wie andere europäische Kolonisten. In Südwestafrika schlugen sie 1904 den Herero-Aufstand mit Gewalt nieder.

Kolonien des deutschen Kaiserreichs

Kolonialwaren waren im Deutschen Reich selbst sehr beliebt. Oft wurden sie mit exotischen Motiven geschmückt.

deutscher Truppen zur Niederschlagung des Boxeraufstands führte 1900 zum einstweiligen Tiefpunkt politischer Rhetorik. „Pardon wird nicht gegeben; Gefangene nicht gemacht", polterte Wilhelm II. am 27. Juli in seiner berüchtigten „Hunnenrede". Plumpheit und Maßlosigkeit waren und blieben Koordinaten deutscher Weltpolitik bis zur Katastrophe von 1914.

Deutsche Schutzgebiete

Die Kolonisten vor Ort sahen sich unterdessen vor die Aufgabe gestellt, die Herrschaft durchzusetzen. Als einziger Siedlerkolonie kam Deutsch-Südwestafrika hierbei eine besondere Rolle zu. Wie in den übrigen Territorien wurde die Verwaltungsspitze durch einen Gouverneur gebildet. Als oberste Instanz unterstand er der Kolonialabteilung im Auswärtigen Amt, die 1907 als Reichskolonialamt neu

organisiert wurde. Auf den unteren Ebenen war der Verwaltungsaufbau dagegen schwierig: Im Gegensatz zum Militärdienst bei den Schutztruppen blieb die Administration wenig attraktiv. Die Kolonien galten als Zufluchtsorte für gescheiterte Existenzen, als gefährlich und familienfeindlich. Deshalb hielt sich der Siedlerstrom nach Südwestafrika in Grenzen, er bestand zunächst vornehmlich aus alleinstehenden jungen Männern. Da es an Kolonialbeamten deutscher Herkunft mangelte, musste man auf einheimische zurückgreifen. Diese Strategie perfektionierte der südwestafrikanische Gouverneur Theodor Leutwein. Gegen ein Jahresgehalt von 2000 Mark sicherte er sich die Heeresfolge von Hendrik Witbooi, Häuptling der Nama, und Samuel Maharero, Stammesführer der Herero. Eine breitere Einbindung von Einheimischen in die Verwaltung fand aber nie statt. Letztlich waren es vor allem die Siedler, die scharfe Grenzen zogen. Am Vorabend des Ersten Weltkriegs hatte sich in Swakopmund und Windhuk deutsches Leben etabliert: Kaufleute, Handwerker, Beamte und Militärs bildeten eine in sich geschlossene Gemeinde, die sich ab 1909 selbst verwaltete. Litfaßsäulen und wilhelminische Architektur, Kegelbahnen und gutbürgerliche Küche sollten die „Germanisierung" der Kolonie vorantreiben und den Einfluss fremder Mächte im Land zurückdrängen. Zugleich galt es, das deutsche Nationalgefühl

Ein weiteres koloniales Abenteuer ging Kaiser Wilhelm II. 1900 mit der Beteiligung Deutschlands an der Niederschlagung des Boxeraufstands in China ein.

vor Ort zu erhalten: durch Sprachpflege und Attacken gegen den Südwester-Jargon, vor allem aber durch deutsche Schulen, die für den Heimatkundeunterricht sogar ausgestopfte Igel aus Reichsmuseen anforderten. Die Erziehung der Eingeborenen oblag dagegen den Missionen: Ob sie Deutsch lernen sollten oder ob es der deutschen Herrschaft zuträglich war, sich die einheimischen Sprachen anzueignen, wurde heiß diskutiert, bis die Aufstände der Herero und Nama die Kluft zwischen Kolonialisierten und Kolonisten gewaltsam vertieften.

Trauma und Wendepunkt

Landaufkäufe und Viehverluste, Reservatsprojekte und Verschuldung brachten das Fass 1904 endgültig zum Überlaufen. Mit dem Schlachtruf „Wem gehört das Herero-Land? Uns gehört das Herero-Land!" überfielen Stammesangehörige deutsche Farmen und töteten im ersten Anlauf 123 Siedler. Bei der Niederschlagung der Aufstände durch Generalleutnant Lothar von Trotha wurde fast der gesamte Stamm der Herero ausgelöscht. Die Zeitgenossen reagierten gespalten auf diesen Völkermord: Auf offizieller Ebene wurde Trotha als Held gefeiert, andernorts erzeugten die Kämpfe größte Empörung und mündeten in einem handfesten politischen Konflikt, der 1906 in den sogenannten „Hottentotten"-Neuwahlen endete. Das Ergebnis war eine liberal-konservative Mehrheit, die die Kolonialkritiker des Zentrums und der SPD ausklammerte. Dennoch blieben Kurskorrekturen nicht aus. Eine neue, wissenschaftlich begründete Überseepolitik sollte Herren wie Beherrschten klare Vorteile verschaffen.

In den Schutzgebieten stand die Reichstreue indes längst auf dem Prüfstand. Das Empfinden, zugleich gegängelt und vernachlässigt zu werden, erzeugte Entfremdungsgefühle, während sich vor Ort Ansätze einer eigenen Identität herausbildeten. Die Gefahr durch einheimische Rebellen war nach den Aufständen gebannt. Nun kam es zu einer verstärkten Zuwanderung von Weißen. Eingebettet in eine weiße Infrastruktur, fühlten sie sich allmählich als eigenständige „Südwester". Die Nichtanerkennung ihrer Leistungen durch weite Teile der deutschen Gesellschaft stand dabei in deutlichem Gegensatz zur allgegenwärtigen Kolonialkultur im Heimatland mit ihren Abenteuerromanen, Kolonialwaren und Völkerschauen.

Schatten der Kolonialherrschaft

Der Erste Weltkrieg beendete schließlich die koloniale Episode. Deutschlands Überseeimperium, das der Bevölkerungszahl nach im westeuropäischen Vergleich an vierter Stelle rangierte, wurde 1919 aufgelöst. Der materielle Verzicht wog dabei weniger schwer als der große Ansehensverlust. Deutschland habe durch Misswirtschaft und Misshandlung der einheimischen Bevölkerung seinen Anspruch auf die Kolonien verwirkt, hieß es in der Mantelnote des Vertrags von Versailles. Das Widerlegen dieser Vorwürfe sollte in den Folgejahren eines der Hauptanliegen der deutschen Koloniallobby werden, sowie der allgemeine Ruf nach Rückgabe der Territorien als belastendes Erbe in die Weimarer Republik einging. Die meisten Deutschen fühlten sich keineswegs schuldig, und viele sahen die Übernahme der Kolonien durch die Alliierten als Diebstahl an. Trotz seiner kurzen Dauer von nur gut 30 Jahren warf der Kolonialismus lange Schatten in Deutschland.

Die Scheinheiligkeit der christlichen Kolonisten nimmt diese Karikatur zu General Alfred Graf von Waldersee aufs Korn, der deutsche Truppen während des Boxeraufstands in China befehligte.

Carl Peters

1856	Carl Peters kommt am 27. September in Neuhaus/Elbe zur Welt.
1876–1879	Studium der Geschichte und der Philosophie.
1884	Gründung der Gesellschaft für Deutsche Kolonisation.
1885–1887	Im Auftrag der Deutsch-Ostafrikanischen Gesellschaft erwirbt Peters einen Großteil der Küstengebiete des späteren Deutsch-Ostafrika, für die er noch 1885 einen kaiserlichen Schutzbrief erhält.
1891–1895	Als Reichskommissar des Kilimandscharogebiets wirkt er an der britisch-deutschen Grenzregulierung mit. Vorwürfe wegen grausamer Behandlung der afrikanischen Bevölkerung führen zu seiner Entlassung.
1918	Peters stirbt am 10. September in Bad Harzburg.
1943–1944	Seine gesammelten Werke werden in drei Bänden herausgegeben.

,, Solange ich Reichskanzler bin, treiben wir keine Kolonialpolitik. "

[Otto von Bismarck, 1881]

Der Lotse geht von Bord – Bismarck wird entlassen

1890
20. MÄRZ

Im März 1890 machte Kaiser Wilhelm II. Ernst: Er entließ Otto von Bismarck als Reichskanzler. Doch es sollte ein Abschied auf Raten werden, denn Bismarck schaltete sich immer wieder in die Politik ein.

Die berühmte Zeichnung zeigt den Lotsen Bismarck, der das Regierungsschiff und den überheblichen Kaiser Wilhelm II. verlässt.

Es war sein letzter Geniestreich. Zwei Tage lang feilte Otto von Bismarck an seinem Abschiedsgesuch. Was der Reichskanzler schließlich bei Wilhelm II. einreichte, war ein taktisches Meisterstück: Der Kaiser betreibe eine auswärtige Politik, die er – Bismarck – nicht ausführen könne, heißt es darin. Darüber hinaus stilisierte sich der Reichsgründer zum „treuen Diener" des Hohenzollernthrons, dessen „Erfahrungen" und „Fähigkeiten" nun nicht mehr erwünscht seien. Der Kaiser als Kriegstreiber – Bismarck als verdrängter Mann des rechten Maßes, mit dieser Botschaft an die Öffentlichkeit verabschiedete sich der Staatsmann am 20. März 1890 nach zwei Jahrzehnten straffer Herrschaft. Eine Ära ging zur Neige und vererbte der Nachwelt eine zwiespältige Hinterlassenschaft.

Befreiung und Bitterkeit

„Es gelingt nichts mehr", hatte die Zeitung „Germania" die Zähigkeit der letzten Regierungsphase umschrieben und damit zugleich das wachsende Unbehagen an der Herrschaft des Kanzlers artikuliert. Vielen hatte das eherne Regiment die Luft abgeschnürt: den katholischen Leidtragenden des Kulturkampfs ebenso wie den vermeintlichen sozialdemokratischen „Reichsfeinden", aber auch Konservativen aus dem eigenen Lager, die neben dem Machtmenschen Bismarck keinen politischen Spielraum erlangt hatten. Am Ende hatte selbst Bismarcks parlamentarische Machtbasis, das konservative „Kartell", die bewährte Gefolgschaft aufgekündigt. Paradetaktiken wie das künstliche Anfachen von Konflikten waren urplötzlich ins Leere gelaufen. Und allenthalben fanden sich gedemütigte Abtrünnige, die den Abgang des „Alten" ganz bestimmt nicht beweinten. Es gab zu viele Männer, die der Kanzler in seiner Verschwörungsangst degradiert hatte, und zu wenige, denen er als Förderer entgegengekommen war. Dass Bismarck seinen Dienstsitz in der Wilhelmstraße Hals über Kopf räumen musste, bereitete den Betroffenen ebenso viel Genugtuung wie die Abreise aus Berlin, die der Exkanzler als „Leichenbegängnis erster Klasse" verbuchte. „Der Lotse" ging „von Bord", so stellte es eine berühmte Karikatur dar. Doch nahm der Entlassene das Reichsschiff unter dem Kommando seines Nachfolgers vom sicheren Festland unter Beschuss. Bismarck hatte die

Macht nicht freiwillig aus der Hand gegeben. Die kaiserliche Weigerung, eine Verschärfung des Sozialistengesetzes mitzutragen, war von seiner Seite vielmehr zu Recht als Signal zum Abtritt gedeutet worden. Der junge „Brausekopf" auf dem Hohenzollernthron hatte sich durchgesetzt. Unbedacht, manipulierbar und ohne es zu wollen in der Lage, „Deutschland in einen Krieg" zu stürzen – so hatte Bismarck Wilhelm II. charakterisiert. Der Kaiser selbst war froh, sich des „alten Trotzkopfs" zu entle-digen. „Jetzt hieß es, der Kaiser oder der Kanzler bleibt oben", rechtfertigte Wilhelm II. seinen Entschluss in einem Brief an den österreichischen Herrscher – nicht ahnend, wie schwierig es war, Bismarck unten zu halten.

Gegenattacken aus Friedrichsruh

Statt den Lebensabend auf seinem Gut Friedrichsruh zu genießen, griff der Gedemütigte zu einer bewährten Waffe: der Presse, allen voran die „Hamburger Nachrichten", in denen er als Ghostwriter ätzender Kommentare gegen den neuen Kanzler mobilmachte. Soeben im Amt, hatte es Leo von Caprivi versäumt, den Rückversicherungsvertrag mit Russland zu verlängern: eine Torheit in den Augen des Exkanzlers, der seinen Albtraum einer außenpolitischen Einkreisung erneut heraufdämmern sah. Bismarck beließ es indes nicht bei Federattacken, sondern ließ sich 1891 zum Reichstagsabgeordneten der Nationalliberalen wählen. Zwar dachte er nicht daran, sein Mandat auszuüben, doch genügte die bloße Aussicht, um den Hof in Berlin in höchste Alarmbereitschaft zu versetzen. Geplagt durch den Wiedergänger, führte Wilhelm II. 1894 eine Versöhnung in Berlin herbei. Das inszenierte Spektakel hinderte den „Alten im Sachsenwald" allerdings nicht daran, zwei Jahre später in den „Hamburger Nachrichten" die Hintergründe des Rückversicherungsvertrags zu enthüllen. Der Kaiser schäumte und trug sich kurzfristig mit dem Gedanken, seinen Rivalen wegen Landesverrats inhaftieren zu lassen. In Wahrheit handelte es sich nur mehr um das letzte Aufbäumen des altersmüden Staatsmannes. Ebenfalls im Jahr 1894 war Johanna gestorben, Bismarcks geliebte Gattin und Komplizin in Sachen Majestätsbeleidigung. Er selbst litt nach Jahren unmäßiger Diners unter

massivem Übergewicht und verfiel einer drückenden Altersdepression. Als ihn der Kaiser 1897 ein letztes Mal besuchte, saß der Exkanzler bereits im Rollstuhl, am 30. Juli 1898 schloss er endgültig die Augen.

Das Ende einer Ära

Bereits kurz nach seinem Rücktritt begann ein Kult um seine Person, der sich auch in einer deutschlandweiten Flut von Denkmälern niederschlug. Kriegerisch-grimmig, mit Schwert und Uniform, so wurde der Reichsgründer dargestellt. Dass sich Bismarck nach 1871 unmäßigen Expansionsgelüsten stets verweigert und stattdessen auf Stabilisierung gepocht hatte, interessierte seine Deuter wenig. Weltpolitik war das neue Zauberwort, mit dem in den 1890er-Jahren ein verhängnisvoller Kurswechsel eingeleitet wurde. Die gegen England gerichtete Flottenbaupolitik des Kaisers war nur die Speerspitze eines überhitzten Ausgreifens in andere Interessensphären. Und mit dem Bündnis zwischen Russland, England und Frankreich verwirklichte sich 1907 Bismarcks Koalitionsalbtraum. Die innenpolitischen Verwerfungen hatte der Kanzler dagegen größtenteils selbst zu verantworten. Seine Strategie, Konflikte eifrig zu schüren, um selbst als Schlichter zu triumphieren, hinterließ eine tiefe politische Zerrissenheit im Land.

Bismarck erwartet am Bahnhof Friedrichsruh Wilhelm II., der ihm zum Geburtstag gratulieren und so die Hand zur Versöhnung reichen möchte.

> „*Wir werden noch lange daran zu tragen haben, dass die politische Kraft der Nation sich in einem Mann personifiziert hat.*"
>
> [Gustav Freytag über Bismarck, 1881]

Nach seinem Rücktritt kam es zu einer beispiellosen Bismarckverehrung. Bismarcks Leibspeise, eingelegte Heringe, waren als Bismarckheringe ein Verkaufsschlager.

ORIGINAL STRALSUNDER

Bismarck Hering®

nach der Rezeptur von Johann Wiechmann

Seit 1871

Das neue Bürgerliche Gesetzbuch tritt in Kraft

1900
1. JANUAR

Mit der Jahrhundertwende trat das Bürgerliche Gesetzbuch in Kraft, welches das deutsche Privatrecht vereinheitlichte. Das Gesetzeswerk sollte zur tragenden Säule deutscher Rechtsstaatlichkeit werden.

Als am 31. Dezember 1899 um 12 Uhr Mitternacht die Glocken läuteten, war dies mehr als nur der Eintritt in ein neues Jahrhundert. „In dieser Silvesternacht scheidet das bisherige bürgerliche Recht Deutschlands vom Leben und das neue Gesetzbuch tritt seine Herrschaft an. Le roi est mort, vive le roi!", hieß es jubilierend in der „Deutschen Juristen-Zeitung". Die Begeisterung bezog sich auf die Einführung des Bürgerlichen Gesetzbuchs, das von nun an das deutsche Privatrecht vereinheitlichte. Viele Male verändert und überarbeitet, sollte das Gesetzeswerk das Kaiserreich, die NS-Zeit und die deutsche Teilung überdauern. Bis heute steht das Kürzel BGB für einen Meilenstein innerhalb der deutschen Rechtskultur.

Die Jahrhundertwende von 1899 auf 1900 bescherte den Deutschen neben den besonders prächtigen Silvesterfeierlichkeiten auch das eher trockene BGB.

Ein liberaler Durchbruch

Was die neue Ordnung herbeiführte, galt seit Langem als überfällig. Die bisherigen, territorial zersplitterten Rechtsverhältnisse glichen einem bunten Flickenteppich und schienen mit dem modernen Nationalstaat unvereinbar zu sein. Das BGB kam demnach wie eine Erlösung: Wo vormals das römische „Gemeine Recht" und der mittelalterliche Sachsenspiegel, das Preußische Allgemeine Landrecht von 1794 und unzählige weitere Systeme unvermittelt nebeneinandergestanden hatten, herrschten nunmehr klare Verhältnisse. Insgesamt fünf Bücher „nationalisierten" die bürgerliche Rechtsordnung – vom ersten Allgemeinen Teil über das Schuld- und Sachen- bis hin zum Familien- und Erbrecht. In die-

ser Form leistete das BGB nicht nur einen Beitrag zur inneren Einheit des Reiches, das Werk krönte vielmehr zugleich das zeitgenössische bürgerlich-liberale Streben, das sich über die gescheiterte Revolution von 1848/49 hinweg erhalten hatte. Nicht zufällig waren es zwei nationalliberale Reichstagsabgeordnete, Johannes von Miquel und Eduard Lasker, die 1873 durch einen Antrag im Deutschen Reichstag die reichsrechtlichen Voraussetzungen für das Gesetzeswerk des BGB schufen. Liberal waren indes ebenso die Leitbilder, die das Buch in seiner Frühform prägten: Das Rechtskompendium huldigte dem Ideal des mündigen Staatsbürgers, der seine privaten Angelegenheiten – frei von staatlicher Bevormundung – eigenverantwortlich regelte. Wie der Grundsatz der Gleichordnung verwirklichten auch die jetzt zugesicherte Vertragsfreiheit, die Testierfreiheit und die Freiheit des Besitzes klassische liberale Forderungen. Da die Reichsverfassung keinen Grundrechtekatalog enthielt und keinen Schutz der persönlichen Freiheiten gewährleistete, kam den Bestimmungen des BGB eine rechtsstaatliche Schlüsselrolle zu. Gerade für die wirtschaftlichen Unternehmungen des aufstrebenden Bürgertums schufen die neuen Regelungen den geeigneten Rahmen.

Das BGB – eines der ältesten Gesetzeswerke Deutschlands – hat inzwischen eine ganze Flut an juristischen Kommentaren hervorgerufen.

Palandt

BGB
66. Auflage
2007

Beck'sche Kurz-Kommentare

Palandt

Bürgerliches Gesetzbuch

bearbeitet von
Bassenge, Brudermüller,
Diederichsen, Edenhofer, Grüneberg,
Heinrichs, Heldrich, Sprau, Weidenkaff

66. Auflage
2007

C.H.Beck

Das BGB im Kreuzfeuer der Kritik

Die individualistische Orientierung rief indes beizeiten Kritiker auf den Plan. So kritisierte der Germanist Otto von Gierke das BGB als undeutsch und bemängelte den vermeintlichen Überhang römischer Rechtsanschauungen, die nach der damaligen Lesart mit dem Feindbild „französisch" gleichgesetzt wurden. Zugleich würdigte er die soziale Komponente der germanischen Rechtstradition und rief dazu auf, der deutschen Privatrechtsordnung einen „Tropfen sozialistischen Öles" beizumischen.

Ähnlich argumentierte der österreichische Jurist Anton Menger, wenn er das Gesetz als bürgerlich-elitär, unsozial und den unteren Volksklassen wesensfremd geißelte. Das Gesellschaftsbild des BGB stieß jedoch auch andernorts auf Widerspruch: Getreu dem bürgerlichen Geschlechtermodell, das den Mann der öffentlichen Sphäre, die Frau dagegen dem häuslichen Bereich des Herdes zuordnete, zementierte das Gesetzeswerk patriarchalische Familienverhältnisse. Demnach hatten Frauen mit der Eheschließung nicht nur den Namen ihres Mannes zu führen, der Gatte durfte darüber hinaus auch den Wohnort bestimmen, frei über das Vermögen der Ehefrau verfügen und deren Arbeitsverhältnis ohne Rücksprache kündigen. Nicht umsonst reagierte die Frauenrechtlerin Anita Augspurg mit einem Aufruf zum Eheboykott. Der Allgemeine Deutsche Frauenverein konterte dagegen mit der Einrichtung von Rechtsschutzstellen, die ledige Frauen zu privaten Eheverträgen ermutigten.

Rechtskultur „in progress"

Über kurz oder lang wurde jedoch auch das BGB vom Zeitenwandel erfasst, einschließlich mehrfach wechselnder politischer Systeme, die sich auf jeweils unterschiedliche Weise mit dem liberalen Gehalt der Rechtsordnung auseinandersetzten. Das NS-Regime suchte das BGB durch ein „Volksgesetzbuch" zu verdrängen. Die Arbeiten blieben allerdings in den Kriegswirren stecken, sodass letztlich vor allem das Familien- und Erbrecht ideologisch vereinnahmt wurden. Dagegen behielt das BGB in der DDR – trotz seines angeblichen Klassencharakters – bis 1976 seine Gültigkeit. Allerdings unterwarf sich der SED-Staat frühzeitig Kernbereiche des Arbeits- und Familienrechts, bis das Zivilgesetzbuch der DDR (ZGB) das alte Privatrecht vollends ersetzte.

Doch nicht nur politische Beweggründe, auch ökonomisch-gesellschaftliche Krisen zogen Reformen nach sich. So setzte die Zentralbewirtschaftung im Ersten Weltkrieg Teile der

Vertragsfreiheit außer Kraft. Die wirtschaftliche Misere während der Weimarer Republik öffnete das Tor für weitere staatliche Eingriffe. Parallel dazu wurde das Arbeitsrecht als unabhängige Disziplin neben der übrigen Privatrechtsordnung etabliert. Auch das Familienrecht durchlief fundamentale Veränderungen: Nationalsozialistisch verformt, wurden nach 1945 zahlreiche Paragrafen von den Alliierten komplett gestrichen.

1957 kam es schließlich zum Gleichberechtigungsgesetz, das die patriarchalischen Bestimmungen von 1900 weitestgehend aufhob, aber ein Zustimmungsrecht des Mannes zur weiblichen Erwerbstätigkeit bestehen ließ. Der viel beschworene Wertewandel im Übergang von der Nachkriegszeit zum Aufbruch der 1960er-Jahre forderte gleichfalls seinen Tribut. So beruhen Ehescheidungen seit 1977 nicht mehr auf dem moralisch wertenden Schuldnachweis, sondern auf dem Zerrüttungsprinzip. Ein anderer Reformschwerpunkt lag auf der Ausweitung des Verbraucherschutzes, vom Haustürwiderrufgesetz bis zur Modernisierung des Schuldrechts, das seit 2002 Richtlinien der Europäischen Gemeinschaft umsetzt. Insgesamt ähnelt das BGB des 21. Jh. der Ursprungsfassung nur noch in sehr geringem Maße. Trotz aller Auflösungserscheinungen ist das Buch dennoch ein Monument rechtlicher Stabilität.

Kritiker warfen dem BGB vor, das althergebrachte Familienbild zu zementieren. Inzwischen wurde das Ehe- und Familienrecht verändert und grundlegend modernisiert.

Das erste lenkbare Luft- schiff von Zeppelin hebt ab

1900
2. JULI

Mit dem Abheben des ersten Zeppelins in der Nähe von Friedrichs- hafen am Bodensee begann das Zeitalter der Luftfahrt in Deutschland. Die „fliegenden Zigarren" eroberten nach und nach den Himmel.

Ferdinand Graf Zeppelin steckte all seine Kraft in die Konstruktion des Luft- schiffs, das noch heute seinen Namen trägt.

Am Abend des 2. Juli 1900 drängten sich Menschenmassen an den Ufern des Bo- densees: Unzählige Schaulustige starr- ten gebannt auf das Wasser, als sich die Tore des schwimmenden Hangars öffneten und ein riesiges, zigarren- förmiges Objekt freigaben. LZ 1, der erste Zeppelin, war bereit für den Jungfernflug. Mit dem Bug voran erhob sich das Ungetüm in die Lüfte und vollführte einige Manöver, bevor es nach 20 Min. wieder den Bo- den berührte. Bei der Steuerung traten einige Komplikationen auf. Dennoch mar- kierte der Flug einen Meilenstein der Aeronau- tik. Das Prinzip „leichter als Luft" war seit über 100 Jahren bekannt. Vor Graf Zeppelin war es jedoch keinem Konstrukteur gelungen, ein wirklich lenkbares Luftschiff zu bauen. Die Bedeutung des Ereignisses geht indes weit über den technischen Durchbruch hinaus: Es war der Beginn einer Liebesaffäre, die das Ende der Zeppeline um Jahrzehnte überdauern sollte.

Ein technisches Meisterwerk

Der LZ 1 war ein starres Luftschiff aus leichtem Aluminium, 128 m lang, mit einem Durchmes- ser von genau 11,65 m, angetrieben von zwei 14,2-PS-starken Daimler-Motoren und gefüllt mit 11 300 m³ Wasserstoff, die in 16 zellenartig aufgeteilten Traggasringen gespeichert wurden. Gelenkt wurde das Luftschiff über Höhen- und Seitenruder und ausbalanciert durch ein ver- schiebbares Gewicht, das zwischen den beiden Gondeln angebracht war.

Zunächst war Graf Zeppelin nur einer unter vielen Luftpionieren, ein Laie und Autodidakt, der wegen seiner süddeutschen Bedenken gegen die „Preußifizierung" der Reichstruppen mit 52 Jahren aus der Armee entlassen worden war. Sein Erfolg war beachtlich und wurde von Wil- helm II. 1901 mit einem Roten Adlerorden ho- noriert. Das nötige Geld für neue Projekte ließ indes auf sich warten, sodass die von Zeppelin selbst gegründete Aktiengesellschaft bereits im November 1900 liquidiert werden musste.

Eine Waffe ersten Ranges?

Zwar konnten mit Unterstützung des württem- bergischen Königshauses zwei weitere Luft- schiffe produziert werden, es bedurfte jedoch paradoxerweise eines Unglücks, das sich am 4./5. August 1908 ereignete, um zum Durch- bruch zu gelangen. Eigentlich hatte LZ 4 das Militär mit einer 24-stündigen Dauerfahrt be- eindrucken sollen. Graf Zeppelin erblickte

Mit dem Abheben der LZ 1 in der Nähe von Friedrichshafen am Bodensee gelang im Sommer 1900 der erste Start eines Zeppelins.

Das Interieur der Zeppeline erinnerte mehr an Hochseedampfer als an heutige Flugzeuge. Großer Luxus war bei einem Fortbewegungsmittel für Reiche selbstverständlich.

nämlich in seinen Kolossen eine „Waffe ersten Ranges" und wurde nicht müde, die Obrigkeit von seiner Behauptung zu überzeugen. Tatsächlich geriet der Flug jedoch zur Pannenserie, mit tragischem Ende in Echterdingen, wo das notgelandete Schiff nach einem Blitzeinschlag in Flammen aufging. Alles schien verloren, doch Graf Zeppelin hatte die Rechnung ohne die Volksbegeisterung gemacht. Vom Anblick der Luftriesen verzaubert, spendeten Menschen aller Schichten in kürzester Zeit mehr als 6 Mio. Mark, welche die Gründung der Luftschiffbau-Zeppelin AG ermöglichten.

Während der Personenkult um den Grafen seinen Höhepunkt erreichte und sich in unzähligen Devotionalien manifestierte, wurden bis 1914 weitere 21 Luftschiffe konstruiert. Mit der Deutschen Luftschiffahrts-AG (DELAG) trat 1909 schließlich die erste Luftreederei der Welt ins Leben. Als erstes Passagierschiff wurde LZ 6 in Betrieb genommen, gefolgt von weiteren Zeppelinen, die nun zusätzlich zu ihren Produktionsnummern Namen erhielten. Einige von ihnen meisterten über 400 Fahrten, doch sprachen regelmäßige Unfälle für eine durchaus eingeschränkte Flugsicherheit. Dass Heer und Marine trotzdem Luftschiffe kauften, belegt die Besessenheit von der vermeintlichen Wunderwaffe, die mehr Bomben zu tragen versprach als jedes zeitgenössische Flugzeug.

Mobilmachung in der Luft

Während des Ersten Weltkriegs produzierte die Friedrichshafener Werft in hoher Frequenz 88 Schiffe. Das Traggasvolumen erhöhte sich in diesem kurzen Zeitraum von 27 000 m³ auf 68 500 m³, während sich die Geschwindigkeit dank leistungsfähiger Maybach-Motoren auf bis zu 130 km/h steigerte.

Der Einsatz der Luftriesen erfolgte auf zwei Gebieten: Einerseits leisteten die Zeppeline auf Aufklärungsflügen wertvolle Dienste beim Aufspüren feindlicher Minenfelder, andererseits flogen sie Luftangriffe, die den Krieg erstmals weit hinter die Frontlinien trugen und auch unter der Zivilbevölkerung beträchtliche Opfer forderten. Zwar hatte Kaiser Wilhelm II. die Kapitäne angewiesen, beim Luftkampf gegen England nur strategische Ziele zu bombardieren. Bei Abwürfen im Dunkeln und aus Höhen oberhalb der Wolkendecke fehlte den Schiffskommandanten mangels Technik aber vielfach die Orientierung, sodass Kapitän von Buttlar meist erst nachträglich aus der Zeitung erfuhr, welche britische Stadt er jeweils in der Nacht bombardiert hatte. Insgesamt starben bei deutschen Luftangriffen in England, Frankreich und andernorts 557 Menschen. Spätestens seit Einführung von Brandmunition im Jahr 1916 holte die gegnerische Flugabwehr aber mehr und mehr Luftschiffe vom Himmel, bis sich die enttäuschte deutsche Militärführung noch vor der Niederlage entschloss, auf den Einsatz von Zeppelinen zu verzichten.

Friedensbote Zeppelin

Der Vertrag von Versailles forderte schließlich die Auslieferung aller noch vorhandenen Luftschiffe. Dem neuen Leiter der Zeppelinwerke, Dr. Hugo Eckener, gelang es 1922 jedoch, den Bauauftrag für einen US-Zeppelin nach Friedrichshafen zu holen. Deutschland finanzierte

» Mit dem Luftgeist hat er gerungen, den grimmen Feind siegreich bezwungen. «

[Aufschrift des Zeppelin-Gedenksteins bei Echterdingen]

Im Ersten Weltkrieg wurden Zeppeline zur Bombardierung von Städten eingesetzt. Hier greift ein deutsches Luftschiff 1914 die Stadt Antwerpen an.

das Flugzeug immer mehr Fahrgäste zwischen Europa und Nord- bzw. Südamerika transportierte.

Zeppeline unterm Hakenkreuz

Die nationalsozialistische Machtergreifung markierte einen jähen Einschnitt, zumal das Verhältnis zwischen der Unternehmensführung und dem Regime von Anfang an belastet war. Als Konservativer blieb Eckener der Nazi-Ideologie stets fern und handelte sich die Abneigung des späteren Führers ein, als er 1932 kurzzeitig erwog, anstelle von Hindenburg gegen Hitler für das Reichspräsidentenamt zu kandidieren. Aber auch die staatliche Haltung zu den Zeppelinen selbst war zwiespältig: Einerseits wurde ihr praktischer Nutzen von Anfang an als gering eingestuft, zumal das Flugzeug als überlegen galt. Andererseits fügten sich die Luftriesen perfekt in das gigantomanische Programm des Dritten Reiches ein.

Der Zeppelin als Ehrfurcht gebietendes Symbol deutscher Größe, erfunden von einem Veteranen der Einigungskriege, daraus ließ sich propagandistisch Kapital schlagen. Vor diesem Hintergrund fand sich die Regierung bereit, 2 Mio. Reichsmark für den Bau eines neuen Schiffes bereitzustellen. Parallel dazu wurde 1935 als Nachfolgerin der DELAG die in Frankfurt ansässige Deutsche Zeppelin-Reederei (DZR) ins Leben gerufen. Von jetzt an zierte das Hakenkreuz deutlich sichtbar die Heckflossen. Und sowohl das Luftfahrt- als auch das Propagandaministerium forcierten die Vereinnahmung des Mythos. Euphorisch beschrieb die Presse das Auftauchen des Kolosses über dem Reichsparteitagsgelände in Nürnberg, wo der Zeppelin im September 1933 erstmals Hitlers Auftreten ankündigte. Das Spektakel blieb kein Einzelfall: Ob bei Massenkundgebungen oder bei der Eröffnung der Olympiade 1936 in Berlin, stets war ein Luftschiff in der Nähe, um der Machtinszenierung die höhere Weihe zu verleihen. Dies galt auch und vor allem für das Prestigeprojekt schlechthin, die von Hugo Eckener konstruierte LZ 129 mit dem Namen „Hindenburg". Mit einem Volumen von ca. 200 000 m³,

die LZ 126 als Teil der Reparationskosten, und die Zeppelin-Werft ging mit ihrem verbesserten Know-how daran, ihr bis dato bestes Luftschiff zu bauen. Im Oktober geschah, was Jahre zuvor niemand zu träumen gewagt hatte: Eckener überquerte mit seiner LZ 126 in 81 Stunden den Atlantik und landete erstmals in Lakehurst. Begeistert empfangen, begab sich die Mannschaft schließlich ins Weiße Haus, wo Präsident Coolidge den neuen Zeppelin als „Friedensengel" bezeichnete. Die Überfahrt geriet zur perfekten Imagekampagne für das neue Weimar-Deutschland, wurde der Zeppelin doch gezielt als Botschafter zur Demonstration des deutschen guten Willens eingesetzt.

Transatlantische Linienflüge

Dies galt auch für die Blütezeit der Luftschifffahrt, die zwei Jahre später mit der Indienstnahme der neuen LZ 127 namens „Graf Zeppelin" begann. Wieder ging die Reise nach Amerika. Vor allem aber gelang LZ 127 das schier Unglaubliche: eine Erdumrundung innerhalb von 21 Tagen, 5 Std. und 31 Min., welche die Technologie „made in Germany" selbst im fernen Tokio bekannt machte. Eine international besetzte und finanzierte Forschungsfahrt in die Arktis machte 1931 das Bild vom völkerübergreifenden Menschheitsfortschritt durch den Zeppelin komplett. 1930 wurde schließlich ein fester transatlantischer Liniendienst eingerichtet, der trotz wachsender Konkurrenz durch

245 m Länge und 242 t Gesamtgewicht handelte es sich um das größte je gebaute Luftschiff. Es war ein aeronautisches Fahrzeug der Superlative, das die Passagiere dem Prospekt zufolge wie auf Engelsflügeln trug, ausgestattet mit stilvollen Passagierräumen, einem eigens installierten Blüthner-Flügel und einem eleganten Raucherzimmer. Wer auf der Welt konnte Ähnliches bieten?

Die Hindenburg-Katastrophe

Wie ihr Vorgängerschiff wurde auch die Hindenburg auf der Transatlantikroute eingesetzt. Im Ganzen flog LZ 129 1936 zehnmal in die USA und siebenmal nach Rio de Janeiro. Schon im ersten Jahr beförderte sie in 3000 Flugstunden 1600 Passagiere. Am 6. Mai 1937 brach jedoch die Katastrophe über 61 Crewmitglieder und 36 Passagiere herein. Wie viele Male zuvor hatten die Menschen an Bord im Flug die Skyline von New York bewundert. Wie zuvor tauchte das Schiff am Himmel über Lakehurst auf. Und wie zuvor hatten sich unzählige Menschen am Boden eingefunden, darunter auch der Radioreporter Herb Morrison. Dann aber geschah das Unvorhergesehene: Die Landeseile waren bereits herabgelassen, als der Koloss plötzlich Feuer fing und binnen 34 Sek. ausbrannte. Morrisons spontaner Schreckensschrei „Oh, the humanity" ging in die Geschichte ein. 36 Tote, darunter 13 Passagiere, 22 Besatzungsmitglieder und ein Mitglied der Bodenmannschaft, so lautete die traurige Bilanz des Infernos. Unter den Toten war auch Kapitän Ernst Lehmann, der seinen Brandverletzungen kurze Zeit nach dem Unglück erlag.

Lehmann und sein Kollege Max Pruss sprachen unter Schock von Sabotage und legten damit den Grundstein für langlebige Verschwörungstheorien. Hatten politische Gegner des NS-Regimes eine Bombe im Innern des Luftschiffs platziert? Die antisemitische Presse war mit Schuldigen schnell bei der Hand: Juden mussten hinter dem Anschlag stecken. Eckener wies die Sabotagetheorie indes kategorisch zurück. Und auch die Untersuchungen erbrachten keinerlei Indizien für einen mutwilligen Akt. Der plausibelsten Erklärung zufolge sorgten statische Aufladungen im Gefolge eines Gewitters für Blitze, die entweder die Außenhaut oder den ausströmenden Wasserstoff entzündeten.

Gezählte Tage

Die Trauer um die Toten war in jedem Fall groß. In diesem Wissen und um des Images willen beteiligte sich das Luftfahrtministerium massiv an den nun einsetzenden Verhandlungen um eine Aufhebung des amerikanischen Helium-Exportverbots. Das unbrennbare Gas wurde einzig in den USA produziert, durfte seit 1927 jedoch nicht mehr ausgeführt werden. Unmittelbar nach der Katastrophe signalisierte die US-Regierung tatsächlich ihre Bereitschaft, den Bann zu lösen. Der Anschluss Österreichs im Frühling 1938 bereitete dem Kooperationswillen jedoch ein jähes Ende. Das Embargo blieb bestehen und besiegelte das Aus für die Luftschiffe. Nach Kriegsausbruch wurde hart durchgegriffen, am 20. Februar 1940 befahl das Luftfahrtministerium die Zerstörung der letzten Luftschiffe. Auch die begrenzte Geschwindigkeit, die hohen Kosten und der geringe militärische Nutzwert sprachen eindeutig gegen die Zeppeline. Eine Wiederbelebung des Zeppelin-Fluges gelang nach dem Krieg nur in kleinem Rahmen. Das Flugzeug war schneller, rentabler und hatte bereits ein neues Zeitalter eingeläutet. Für Faszination sorgen die „fliegenden Zigarren" jedoch noch immer. Selbst die reklamefahrenden Blimps provozieren bis heute den Ausruf: „Da, ein Zeppelin!" Und auch die Möglichkeit der weitergehenden kommerziellen Nutzung ist nicht ganz in Vergessenheit geraten, wie das Projekt Cargolifter beweist.

Zum 100. Geburtstag der Erfindung Graf Zeppelins entstand dieser überbordend dekorierte Gedenkhumpen.

Die Katastrophe von Lakehurst

Erst als ich den roten Widerschein des Feuers sah und gleichzeitig spürte, wie das Schiff nach hinten wegsackte, wusste ich, dass etwas nicht stimmte. Die Nase stellte sich hoch, ich hatte Mühe, Halt zu finden. [...] Alle waren fassungslos. Ich stand direkt am offenen Fenster. Hinter mir hörte ich die Stimme eines Kameraden: „Spring, Eddi!" Aber wir waren noch zu hoch. Als das Bugrad aufprallte, sprang ich. Drei Kameraden kamen direkt hinterher.

Bericht des ehemaligen Offiziers und Höhenruder-Steuermanns Eduard Boëtius, der den Absturz der Hindenburg überlebte

Schüsse in Sarajevo lösen den Ersten Weltkrieg aus

1914
28. JUNI

Ein Tag, der Europa in die Katastrophe führte: Der österreichische Thronfolger Franz Ferdinand und seine Gemahlin wurden in Sarajevo erschossen. Das Ereignis war der Auslöser für den Ersten Weltkrieg.

Das Attentat auf Erzherzog Franz Ferdinand und seine Frau läutete das Jahrhundert der weltumspannenden Kriege ein.

Im Juni 1914 weilte der österreichische Thronfolger, Erzherzog Franz Ferdinand, in seiner Eigenschaft als Generalinspektor der gesamten bewaffneten Macht, zu Truppenmanövern in Bosnien-Herzegowina. Bosnien gehörte erst seit Kurzem zur Donaumonarchie: Die Habsburger hatten es 1878 besetzt und 1908 durch Annexion formell zum Bestandteil der österreichisch-ungarischen Monarchie gemacht.

Der Aufenthalt in der größtenteils von Serben bewohnten Provinz schloss für den österreichischen Thronfolger auch einen Besuch in Bosniens Hauptstadt ein: Am 28. Juni 1914 traf Erzherzog Franz Ferdinand mit einem Sonderzug in Begleitung seiner Gemahlin Sophie Chotek, Herzogin von Hohenberg, in Sarajevo ein. Am Rande der Stadt setzte sich die Wagenkolonne in Richtung Rathaus in Bewegung. Der Thronfolger benutzte dazu einen sechssitzigen Doppel-Phaeton der Marke Gräf und Stift, den ihm sein Adjutant und Freund, der böhmische Adlige Franz Graf von Harrach, zur Verfügung gestellt hatte. Während Franz Ferdinand und Sophie im Fond des Wagens Platz nahmen, saßen vor ihnen Oskar Potiorek, der Gouverneur Bosniens, und Graf von Harrach. Der Wagen wurde von Leopold Lojka gesteuert, neben ihm saß der Hofkammerbüchsenspanner Gustav Schneiberg. Als das Automobil den Appelkai, die Uferstraße des Flusses Miljacka, entlangfuhr, wurde aus der Zuschauermenge heraus plötzlich eine Wurfbombe geschleudert. Der Chauffeur, der die Bombe auf sich zukommen sah, gab geistesgegenwärtig Gas, der Erzherzog hob den linken Arm, um seine Frau zu schützen, und die Bombe landete schließlich auf dem offenen Verdeck des Wagens, rollte auf die Straße und kam unter dem dahinterfahrenden Fahrzeug zur Explosion.

Erste Opfer und tödliche Schüsse

Zwei Personen aus der Begleitung des Erzherzogs wurden verletzt – Oberleutnant Erich von Merizzi musste am Kopf blutend ins Krankenhaus gebracht werden. Mit dem Schrecken davongekommen, erreichte die Kolonne das Rathaus. Dort entlud sich die Anspannung. Franz Ferdinand fuhr den Bürgermeister, der gerade seine Begrüßungsrede ablesen wollte, an: „Herr Bürgermeister, da kommt man nach Sarajevo,

um einen Besuch zu machen, und wird mit Bomben empfangen! Das ist empörend!"
Der Thronfolger brach den Besuch zwar nicht ab, aber er ließ die Fahrtroute ändern und wollte zuerst den verletzten Oberleutnant im Spital besuchen. Allerdings wurde dies nicht an die Fahrer der Wagen weitergegeben. So bewegte sich die Kolonne weiter am Ufer der Miljacka entlang. Am sogenannten Schillereck schlug der Fahrer des ersten Wagens die ursprüngliche Route ein – als Erstem fiel dies Feldmarschall Potiorek im zweiten Wagen auf. Er forderte den Chauffeur auf, den Fehler zu korrigieren. Leopold Lojka setzte den Wagen zurück, direkt auf das Schillereck zu. Dort wartete ein weiterer Attentäter, der 18-jährige Gavrilo Princip. Als der Wagen des Thronfolgers langsam auf ihn zukam, gab er aus einer Distanz von rund 2,5 m zwei Schüsse ab. Es war wenige Minuten nach 11 Uhr.
Die Kugeln verwundeten den Thronfolger an der Halsschlagader, die Herzogin von Hohenberg wurde in den Unterleib getroffen. Der Augenzeuge Franz von Harrach gab später zu Protokoll: Nach den Schüssen sei die Herzogin auf den Schoß ihres Mannes gefallen. Dieser habe sich zu ihr gebeugt und gesagt: „Sopherl, Sopherl, sterbe nicht, bleibe am Leben für unsere Kinder." Harrach habe sich dem Erzherzog zugewandt und gefragt, ob etwas schmerze.

Dieser sagte nur: „Es ist nichts. Es ist nichts." Danach wurde er ohnmächtig. Sophie von Hohenberg verblutete noch im Wagen auf dem Weg zum Gouverneurssitz, Erzherzog Franz Ferdinand erlag wenig später seinen schweren Verletzungen.

Julikrise

Das Attentat von Sarajevo löste eine ganze Reihe von Erschütterungen aus, die als Julikrise in die Geschichte eingegangen sind. Bis heute konnten die genauen Hintergründe des Attentats von Sarajevo nicht vollständig aufgeklärt werden, obwohl die Attentäter rasch verhaftet und verurteilt wurden. Sie alle waren Mitglieder der panslawischen Gruppe Mlada Bosna (Junges Bosnien), die nach der Annexion Bosniens durch Österreich-Ungarn gegründet worden war. Ihre Mitglieder – meist kroatische, serbische und bosniakische Schüler und Studenten – strebten die Befreiung Bosnien-Herzegowinas von der österreichisch-ungarischen Besatzung und den Zusammenschluss mit Serbien und Montenegro an.
Hinter Mlada Bosna stand aber eine noch weitaus mächtigere Kraft: die serbische Geheimorganisation Schwarze Hand, die die Attentäter anwarb, sie auf ihre Aufgabe vorbereitete und dann, mit Handgranaten und Revolvern aus den Arsenalen der serbischen Armee ausgestattet,

Die blutbefleckte Paradeuniform Franz Ferdinands, die er am Tag des Attentats trug. Auf dem Balkan wurden die Vertreter Österreich-Ungarns als Besatzer empfunden.

Einer der beiden Attentäter wird von der Polizei unmittelbar nach dem Mordanschlag gefasst.

Politische Attentate

1819 Ermordung des Schriftstellers August von Kotzebue durch den Burschenschaftler Karl Ludwig Sand.

1883 Kaiser Wilhelm I. überlebt einen Anschlag bei der Einweihung des Niederwalddenkmals.

1901 Fehlgeschlagenes Attentat auf Kaiser Wilhelm II.

1919 Die Initiatoren der KPD-Gründung Karl Liebknecht und Rosa Luxemburg werden von Freikorps-Soldaten in Berlin ermordet.

1922 Reichsaußenminister Walther Rathenau wird von Mitgliedern der rechtsradikalen Organisation Consul erschossen.

1944 Adolf Hitler überlebt den Bombenanschlag auf die Wolfsschanze.

1977 Jürgen Ponto, Vorstandssprecher der Dresdner Bank, wird bei einem Entführungsversuch von der RAF ermordet.

>> *Heute werden wir bestimmt noch ein paar Kugeln abkriegen.* <<

[Franz Ferdinand nach dem ersten Anschlag am 28. Juni 1914]

Ein Ultimatum mit Folgen

Als Erstes sicherte sich die österreichische Regierung den Rückhalt ihres wichtigsten Verbündeten: Deutschlands. Obwohl Kaiser Wilhelm II. zuerst zögerte, sagte er Österreich doch seine volle Unterstützung zu und drängte ausdrücklich auf ein energisches Vorgehen gegen Serbien. Am 6. Juli 1914 telegrafierte Reichskanzler Theobald von Bethmann Hollweg eine Blankovollmacht nach Wien: Sollte es zum Krieg kommen, dann könne man sich darauf verlassen, dass „Seine Majestät im Einklang mit seinen Bündnispflichten und seiner alten Freundschaft treu an der Seite Österreich-Ungarns stehen" werde.

Damit war für Österreich die Entscheidung gefallen. Am 7. Juli beschloss der österreichische Ministerrat die Vorbereitung eines Krieges mit Serbien, dem aber – um die Form zu wahren – ein diplomatisches Vorspiel vorhergehen sollte: ein Ultimatum mit unannehmbaren Forderungen. Am 23. Juli 1914 überreichte Baron von Giesl, der österreichische Botschafter in Belgrad, ein Ultimatum Österreich-Ungarns an die serbische Regierung, in dem diese aufgefordert wurde, sich offiziell von allen antiösterreichischen Aktionen zu distanzieren, einschlägige Vereine und Publikationen zu verbieten und – als weitestgehende Forderung – öster-reichische Vertreter bei der Durchführung dieser Maßnahmen und bei den Untersuchungen des Attentats von Sarajevo zu dulden. Eine Antwort wurde binnen 48 Stunden verlangt.

Die Nachricht von diesem Ultimatum schlug in Europa ein wie eine Bombe. Einen Monat nach dem Attentat war man von der heftigen Reaktion Wiens überrascht. Die europäische Diplomatie versuchte, Österreich eine Verlängerung des Ultimatums abzuverlangen. Serbien wurde zu einem möglichst großen Entgegenkommen geraten. Während Serbien dieser Forderung nachkam, blieb Österreich bei seiner strikten Haltung. So übergab der serbische Ministerpräsident knapp vor Ablauf des Ultimatums am Nachmittag des 25. Juli Baron von Giesl die Antwort. Darin sagte Serbien der Donaumonarchie alles zu, was sie verlangt hatte – bis auf den Einsatz offizieller österreichischer Vertreter in Serbien. Dem österreichischen Botschafter blieb wenig Zeit, dieses brisante Dokument zu lesen. Der Zug, mit dem er auftragsgemäß aus Belgrad nach Ende des Ultimatums abreisen sollte, fuhr eine halbe Stunde nach Übergabe. In der Kürze der Zeit stellte er fest, dass die Antwort keine bedingungslose Annahme der österreichischen Forderungen war, brach die diplomatischen Beziehungen ab und reiste ab.

nach Bosnien schmuggelte. In Österreich-Ungarn vermutete man, der serbische Ministerpräsident decke gar die Aktivitäten der Schwarzen Hand. Die Ermordung des Thronfolgers der mächtigen und einflussreichen Donaumonarchie stellte in jedem Fall eine schwere Provokation da. Österreich sah sich zu sofortigem Handeln gezwungen. Ins Visier geriet dabei das Königreich Serbien. Der serbische Ministerpräsident Pasic ordnete zwar eine offizielle Untersuchung an, doch das Ergebnis konnte die Regierung in Wien nicht von der Unschuld Serbiens überzeugen.

Der Ausbruch des Ersten Weltkriegs löste in ganz Europa eine heute völlig unverständliche Euphorie aus. Massen bejubelten in Berlin die Ankündigung Wilhelms II., dem Krieg beizutreten.

Kriegserklärungen am Stück

Damit stand Ende Juli 1914 das weitere Schicksal Europas auf Messers Schneide. Innerhalb einer Woche kam es zur Katastrophe: Den Anfang machte Wien, als Außenminister Graf Berchtold am 28. Juli 1914 die österreichische Kriegserklärung nach Belgrad telegrafierte. Eigentlich wollte Österreich-Ungarn mit diesem Schritt noch warten, preschte dann aber auf deutschen Druck vor. Ziel war es, Serbien möglichst schnell militärisch zu besiegen, um so den Krieg lokal zu begrenzen. Dabei hätte die Kriegserklärung sogar noch verhindert werden können: Kaiser Wilhelm II., eben aus dem Urlaub zurückgekehrt, befand die serbische Antwort für ausreichend und sah keinen Grund mehr, einen Krieg vom Zaun zu brechen. Doch Reichskanzler Theobald von Bethmann Hollweg gab diese Information erst nach Wien weiter, als Österreich-Ungarn Serbien bereits den Krieg erklärt hatte. Einen Tag nach der Kriegserklärung begann die österreichische Artillerie Belgrad vom österreichischen Save-Ufer aus zu beschießen. Russland, traditionelle Schutzmacht der Slawen, antwortete daraufhin am 29. Juli mit einer Teilmobilmachung, einen Tag später mit der Generalmobilmachung seiner Truppen. Dieser Schritt wurde in Deutschland als Provokation verstanden.

London war sich bisher nicht sicher gewesen, ob sie sich an einem europäischen Konflikt beteiligen sollte. Außenminister Sir Edward Grey hatte während der Julikrise vielfältige Versuche unternommen, die Katastrophe durch Verhandlungen noch abzuwenden. Über den deutschen Einmarsch im neutralen Belgien konnte Großbritannien jedoch nicht hinwegsehen. Nun stellten die Briten Deutschland ein Ultimatum, das bis Mitternacht den deutschen Rückzug aus Belgien forderte. Als dies nicht geschah, erklärte auch London Deutschland den Krieg. Damit war der große europäische Krieg ausgebrochen, der sich bald zum Weltkrieg ausweiten sollte.

Das MG 08 – bekannt durch den Roman „08/15" – gehörte zur Standardausrüstung der deutschen Truppen. Die Verluste an den Fronten waren durch derartige Waffen enorm.

Die Sache eskaliert

Damit begann der sogenannte Schlieffenplan zu greifen, den der deutsche Generalstabschef Alfred Graf von Schlieffen 1905 für einen Zweifrontenkrieg gegen Frankreich und Russland ausgearbeitet hatte. Grundgedanke des Schlieffenplans war eine schnelle Niederwerfung Frankreichs, um anschließend die Hände gegen Russland freizuhaben. Gemäß dieses Plans erklärte Deutschland am 1. August 1914 Russland den Krieg, ließ das deutsche Heer mobilmachen und stellte gleichzeitig Frankreich ein unannehmbares Ultimatum. In diesem wurde von Paris Neutralität im bevorstehenden Krieg mit Russland verlangt. Als Frankreich ausweichend antwortete und stattdessen selbst mit der Mobilmachung begann, erklärte Deutschland auch Frankreich den Krieg.

Als dritten Schritt im Rahmen des Schlieffenplans stellte Deutschland ein weiteres Ultimatum, dieses Mal dem neutralen Belgien. Darin wurde freier Durchmarsch für die deutschen Truppen nach Frankreich verlangt. Als Belgien dies ablehnte, begannen deutsche Truppen mit dem Einmarsch. Dieses Vorgehen rief endgültig Großbritannien auf den Plan. Die Regierung in

Das Vaterland braucht jeden Mann,
Hör', was die Schwester spricht,
Drum melde dich freiwillig an
Und tue deine Pflicht.

Bereits Kinder wurden militärisch geschult. Eine Bildpostkarte verherrlicht das Kriegshandwerk als Zukunftsvision eines Buben und eines Mädchens.

STERN

LICHTSTRAHLEN
DES STERNS

SONNE

Die Strahlen werden
abgelenkt und sind
infolgedessen länger.

Eine wissenschaftliche Revolution lösten die Theorien Albert Einsteins aus.
Mit der Allgemeinen und der Speziellen
Relativitätstheorie eröffnete er der Phy-
sik und Astronomie völlig neue Denk-
welten. Viele seiner theoretischen In-
tuitionen erwiesen sich als richtig, wie
einige Annahmen über die Beschaffen-
heit des Lichtes, die zur Entwicklung
der Lasertechnologie führten.

Bei der Sonnenfinsternis am 29. Mai 1919 ergab sich die
Gelegenheit, eine der theoretischen Konsequenzen aus
Einsteins Relativitätstheorie zu überprüfen. Es zeigte sich,
dass das Licht eines Sterns tatsächlich, wie von Einstein
vorhergesagt, durch die Masse der Sonne abgelenkt wird.
Zwei britische Expeditionen, eine im brasilianischen So-
bral, die andere auf der westafrikanischen Insel Príncipe,
hatten den entsprechenden Beweis mithilfe von Spezial-
aufnahmen erbracht. Die Berichterstattung über das Ereignis machte Einstein schlagartig weltberühmt.

Nordamerika

Asien

Europa

Ingenieure und Physiker verändern die Welt

Was wäre die Welt ohne die Erfinder? Unser heutiges Leben sähe anders aus, hätte es Ingenieure, Chemiker und Physiker wie Albert Einstein, Werner Heisenberg, Heinrich Hertz, Lise Meitner, Otto Hahn oder Werner von Siemens nicht gegeben. Ihre Entdeckungen, darunter das dynamoelektrische Prinzip und die Kernspaltung, revolutionierten die Technik. Ohne Einsteins Thesen zum Wesen des Lichtes keine Lasertechnik, auch nicht an der Supermarktkasse, und ohne Entdeckung der elektromagnetischen Wellen durch Hertz keine moderne Telekommunikation – viele Erfindungen und Entdeckungen erleichterten das alltägliche Leben, einige brachten aber auch neue Gefahren, wie z. B. die Atomenergie.

Besondere Verdienste bei der Weiterentwicklung der Kältetechnik erwarb sich Carl von Linde. 1868 entwickelte er eine Kompressions-Kältemaschine, die mit flüssigem Ammoniak betrieben wurde und für die er 1876 das Patent erhielt. Damals waren Kühlschränke noch riesige Ungetüme, die in keinen Haushalt passten. Doch später verwandelten sie sich in kompakte Schränke wie dieses Modell aus dem Jahr 1910.

Otto Hahn und Friedrich Straßmann führten in Zusammenarbeit mit Lise Meitner erstmals 1938 die Kernspaltung experimentell durch. Die gewaltige Energiemenge, die bei der Atomreaktion frei wird, wurde sofort militärisch genutzt. Amerikaner, Russen und Deutsche versuchten, eine Atombombe zu bauen. Die Amerikaner gewannen den Wettlauf und zündeten die erste Bombe am 16. Juli 1945 in Los Alamos.

Werner von Siemens begründete mit seinem Erfindergeist die Weltfirma Siemens. 1879 ließ er die erste elektrische Lokomotive der Welt über die Berliner Gewerbeausstellung fahren. Noch ahnte niemand, dass die Technologie den Schienenverkehr in Europa grundlegend revolutionieren sollte. Heute werden Bahnen von der S-Bahn bis zum ICE mit Elektromotoren betrieben.

Mit der Marneschlacht beginnt der Grabenkrieg

1914 SEPTEMBER

50 km vor Paris kam der deutsche Vormarsch zum Stehen. Weihnachten hatte man in der französischen Metropole feiern wollen, doch die Front fraß sich fest. Es begann ein mehrjähriger Stellungskrieg.

Machtspiel der einen – Todesurteil für die anderen. Im Grabenkrieg lagen sich deutsche und französische Truppen bei der Marneschlacht gegenüber. Im Kampf um wenige Meter fielen Tausende.

Eine tödliche Schachpartie spielten Wilhelm II. und der französische General Joffre. Auf dem Bild zeichnet sich der Sieg Frankreichs bereits ab.

An der Marne standen sich im September 1914 deutsche und alliierte Einheiten gegenüber. Am 6. September befahl der französische General Joseph Joffre einen Gegenangriff auf ganzer Front. Obwohl er sich bislang vor allem im Rückzug befunden hatte, war es ihm jetzt gelungen, seine Truppen zu stabilisieren und neu zu formieren. Auf der anderen Seite standen in einem Bogen zwischen Paris und Verdun fünf deutsche Armeen unter dem Oberbefehl von Generalstabschef Helmuth von Moltke. Der befand sich allerdings wegen eines Gallenleidens weitab der Front in Luxemburg und ließ sich über die Entwicklungen durch seinen Nachrichtenoffizier Hentsch unterrichten. Der Befehlshaber der 1. deutschen Armee, Generaloberst Alexander von Kluck, beantwortete die Offensive der französischen 6. Armee mit einer Schwenkbewegung, die zwar die französische Attacke zurückwarf, aber eine 40 km breite Lücke zur 2. deutschen Armee unter Generalfeldmarschall Karl von Bülow aufriss. In diese Lücke stießen am 8. September das bri-

tische Expeditionskorps und die französische 5. Armee vor, die von einer im Eiltempo aus Paris per Taxi herbeigeführten Verstärkung unterstützt wurden. Angesichts des drohenden Durchbruchs zogen sich die deutschen Armeen zurück, um sich etwa 80 km weiter nördlich hinter der Aisne neu zu gruppieren. Der Kräfteverschleiß des vorangegangenen deutschen Vormarschs hatte seinen Tribut gefordert, es mangelte inzwischen auf der ganzen Linie an dringend benötigtem Nachschub. Während Generalstabschef Moltke in Erwartung eines Sieges bereits zwei Armeekorps an die Ostfront abbeordert hatte, erwies es sich für die alliierten Truppen als entscheidender Vorteil, dass sie sich – anders als die Deutschen – auf eine weitgehend unzerstörte Nachrichten- und Verkehrsinfrastruktur stützen konnten. Die Alliierten hatten offensichtlich selbst nicht mit einem raschen Sieg gerechnet und nahmen die Verfolgung der deutschen Truppen nur zögerlich auf. Dennoch wurden etwa 40 000 deutsche Soldaten gefangen genommen und 200 Geschütze erbeutet. Die Hoffnung der Alliierten, die Deutschen schnell aus Belgien vertreiben zu können, zerschlug sich allerdings bereits wenige Tage später während der Schlacht an der Aisne am 13. und 14. September 1914.

Die Fronten erstarren

Nach dem „Wunder an der Marne", wie die Kämpfe auf französischer Seite später bezeichnet wurden, war der Schlieffenplan endgültig gescheitert. Die gesamte deutsche Strategie fiel in sich zusammen. Auf dem Papier hatte es so überzeugend ausgesehen: Während sich wenige Kräfte der kaiserlichen Armee im Osten defensiv verhielten und in aller Ruhe einen langwierigen russischen Aufmarsch abwarteten, sollte der rechte Flügel des Westheeres mit geballter Kraft über Luxemburg und Belgien nach Nordfrankreich vorstoßen. Anschließend würden die Truppen in einer massiven Umfassungsbewegung um Paris herum nach Süden und Osten vorrücken, dabei das französische Heer gegen die Vogesen drücken und schließlich in einer gigantischen Entscheidungsschlacht vernichten. Dazu kam es nicht.

Nach der deutschen Niederlage an der Marne begann der Wettlauf zum Meer, in dem beide Seiten vergeblich versuchten, den Gegner von Norden her zu umfassen. Eine Reihe von blutigen Schlachten brachte keiner Seite entscheidende Vorteile, und Deutschland gelang es nicht, die wichtigen Kanalhäfen zu erobern. Der glücklose Helmuth von Moltke wurde am 14. September 1914 abgelöst und durch den fanatischen preußischen Kriegsminister Erich von Falkenhayn ersetzt.

Der offensive Bewegungskrieg ging jedoch in einen langwierigen, zermürbenden Stellungskrieg über. Im November 1914 erstarrte der Kampf entlang einer etwa 800 km langen Frontlinie von der Kanalküste bis zur Schweizer Grenze. Die verheerende Feuerwirkung des Maschinengewehrs zwang die Infanterie in die Schützengräben. Immer häufiger zeigte sich, dass die angreifende Seite deutlich mehr Opfer zu beklagen hatte als der Verteidiger. Der unerwartet heftige Vorstoß der russischen Truppen in Ostpreußen war Ende August bei Tannenberg gestoppt worden. Im Dezember 1914 stabilisierte sich auch die Ostfront und mündete ebenfalls auf ganzer Länge in eine erbitterte Materialschlacht.

Die Hölle von Verdun

„Weihnachten sind wir wieder zu Haus ...", hatten die Soldaten auf die Eisenbahnwaggons geschrieben, die sie an die Front brachten. „Im Westen nichts Neues", hieß es jedoch bald stereotyp in den Berichten der Heeresleitung. Das Jahr 1914 hatte auf beiden Seiten das Scheitern aller strategischen Pläne

aufgezeigt und die Generalstäbe mit dem neuartigen Phänomen des Grabenkriegs konfrontiert. Das militärische Patt führte in der Folgezeit aber nicht etwa dazu, dass über die Unsinnigkeit der Kriegshandlungen und einen „Frieden ohne Sieg" nachgedacht wurde. Falkenhayn hatte sich vielmehr für eine – wie er ausdrücklich betonte – Strategie des „Ausblutens" entschieden. Die gegnerischen Armeen sollten in einem monatelangen Dauergefecht regelrecht aufgerieben werden.

Sinnbildlich hierfür haben sich die furchtbaren Materialschlachten in der „Hölle von Verdun" tief in das kollektive Bewusstsein der europäischen Völker eingegraben. Was am 21. Februar 1916 mit einem neunstündigen Trommelfeuer der 15 000 deutschen Artilleriegeschütze gegen die symbolträchtige, aber strategisch unbedeutende französische Festung Verdun begann, wurde bald zu einem erbitterten Ringen um einzelne Geländeabschnitte wie „Höhe 304" und „Toter Mann". Bis an die Zähne bewaffnet, stand man sich monatelang in den engen Schützengräben gegenüber, Stacheldrahtsperren durchzogen das Niemandsland, das sich durch das Artilleriefeuer zunächst in eine Kraterlandschaft und durch Dauerregen bald in eine gigantische Schlammwüste verwandelte. Immer mehr „Menschenmaterial" wurde in die festgefahrene Schlacht geworfen, und der massive Einsatz der Artillerie führte zu einer erschreckenden Zunahme der Verluste auf beiden Seiten. Als Falkenhayn am 11. Juli die Einstellung der Offensive befahl, waren vor Verdun 350 000 deutsche und 377 000 französische Soldaten gefallen. Nur ganz allmählich dämmerte den führenden Militärs, dass die-

> *Der Gegner hat sich dem Angriff der 1. und 2. Armee entzogen und mit Teilen den Anschluss an Paris erreicht.*
>
> [Deutscher Operationsbefehl vor Beginn der Marneschlacht, 1914]

In solchen Renault-Taxis ließ General Joffre 1914 frische französische Truppen an die Front der Marneschlacht bringen. Etwa 5000 Soldaten gelangten so an ihren Einsatzort.

ser Krieg völlig anders war als alle anderen davor. Statt kurzen siegreichen Schlachten und statt dem Kampf Mann gegen Mann schien nun den technisch-industriellen Fertigkeiten der Staaten sowie den ökonomischen Ressourcen der jeweils kontrollierten Gebiete kriegsentscheidende Bedeutung zuzukommen.

Giftgasattacken

Auf der Suche nach einem technologischen Durchbruch schien es auch vertretbar, in größerem Ausmaß Giftstoffe zur Bekämpfung des Gegners einzusetzen. Todbringendes Chlorgas, das zudem einfach und billig herzustellen war, war zunächst das Mittel der Wahl auf deutscher Seite. Es sollte aus Gasflaschen bei günstigen Windverhältnissen gegen die gegnerischen Schützengräben „abgeblasen" werden. Am 22. April 1915 wurde bei Ypern in Flandern erstmals ein solcher Angriff durchgeführt, 6000 französische Soldaten erstickten qualvoll in den Gasschwaden. Wer nicht sofort umkam, verfärbte sich schwarz im Gesicht, hustete Blut und kam schließlich jämmerlich zu Tode. Unzählige Soldaten, die überlebten, erblindeten. Im Verlauf des Krieges wurden von beiden Seiten weitere chemische Kampfstoffe entwickelt, ein chemisches Wettrüsten begann. Am bekanntesten war das Gas Schwefellost, das wegen seines Geruchs Senfgas genannt wurde. Es war so aggressiv, dass es sogar Uniformen durchfraß und zu tödlichen Verätzungen oder kaum heilenden, eiternden Wunden führte.

Der Erste Weltkrieg war eine Art Versuchslabor der Waffentechniker: Selbst heute geächtete Waffen wie Giftgas (Senf- und Chlorgas) kamen zum Einsatz. Atemmasken sollten davor schützen.

Angriffe aus der Luft

Auch die Herausbildung des Luftkriegs war ein Phänomen des Ersten Weltkriegs, das mit der Zeit eine immer wichtigere Rolle bei den Operationen der Landstreitkräfte spielte. Einige Flieger, wie der Deutsche Manfred von Richthofen, erwarben sich einen geradezu legendären Ruf. Anfangs verfügten die Armeen nur über Aufklärungsflugzeuge, die zur Erkundung der feindlichen Bewegungen dienten. Mit Gewehren und Karabinern ausgestattet, entwickelte sich daraus das Jagdflugzeug, dessen Aufgabe es war, feindliche Maschinen zu vernichten und die eigenen Aufklärer zu schützen. Auch die ersten speziell konstruierten Bomber traten in Erscheinung. 1917 etwa sah sich London unvermittelt einem deutschen Luftangriff ausgesetzt. Insgesamt erwies sich der Luftkrieg zwar noch nicht als kriegsentscheidend, aber seine dominierende Rolle in künftigen Konflikten zeichnete sich bereits ab.

Neue Kriegsschauplätze

Angesichts des militärischen Patts bemühten sich die Kriegsparteien verstärkt um neue Bundesgenossen. Die Türkei und Bulgarien schlugen sich auf die Seite der Mittelmächte. Im Gegenzug war es für Deutschland und die Habsburgermonarchie eine herbe diplomatische Niederlage, dass deren Bündnispartner Italien und Rumänien auf die Seite der Kriegsgegner gezogen wurden. Beiden Ländern waren von den Alliierten territoriale Zugewinne versprochen worden. Schließlich schloss sich auch Japan der Entente an, und der Krieg in Europa weitete sich zum Weltkrieg aus, ohne dass sich das Gleichgewicht dadurch maßgeblich verschoben hätte. Echte Bedeutung hatte erst der Kriegseintritt der USA im Jahr 1917.

Auf Dauer erwiesen sich die Mittelmächte dem lange andauernden Zermürbungskrieg weniger gewachsen als die Alliierten. Ein halbherziger deutscher Friedensvorschlag im Dezember 1916 blieb aber ebenso erfolglos wie der Vermittlungsversuch des US-Präsidenten Wilson. Durch die Oktoberrevolution schied Russland aus dem Kreis der deutschen Kriegsgegner aus. Nach dem erzwungenen Frieden von Brest-Litowsk witterte die Oberste Heeresleitung im März 1918 eine letzte Chance, im Westen doch noch eine Entscheidung herbeizuführen. Dort machte sich allerdings der Zustrom frischer amerikanischer Truppen mehr und mehr bemerkbar. Der deutsche Großangriff im Westen, die Michaeloffensive, blieb nach Anfangserfolgen stecken. Der alliierte Gegenschlag mit großen Panzerverbänden und Tieffliegerunterstützung demonstrierte dann eindrucksvoll, dass der Krieg für Deutschland nicht mehr zu gewinnen war.

Steckrüben an der Heimatfront

Im Deutschen Reich hatte sich seit 1916 zunehmend Kriegsmüdigkeit breitgemacht. Die auf einen langen Krieg wenig vorbereitete Bevölkerung litt zunehmend unter Rationierungen und

Lebensmittelknappheit. Industrie und Landwirtschaft fehlte es an Arbeitskräften, und die Versorgungssituation wurde immer deutlicher durch die von England verhängte Fernblockade beeinträchtigt, was sich insbesondere auf dem Nahrungsmittelsektor bemerkbar machte. Weil Kunstdünger fehlte, sanken die Ernteerträge ins Bodenlose. Bereits 1915 musste deshalb die Rationierung des Brotgetreides eingeführt werden. Eine Kartoffelmissernte im Herbst 1916 zwang die ärmeren Schichten in den Städten, sich im Winter vorwiegend von Kohl- oder Steckrüben zu ernähren, weshalb die Zeit auch Kohlrübenwinter genannt wurde. Bald schaukelten sich einfache Schubsereien beim Anstehen um Brot zu ernsthaften Unruhen hoch, der Schwarzmarkt florierte.

Im August 1916 waren Generalfeldmarschall Hindenburg und General Ludendorff, die „Helden von Tannenberg", an die Spitze der Obersten Heeresleitung getreten. Nun wurden die letzten Reserven mobilisiert: Mit dem Gesetz über den Vaterländischen Hilfsdienst wurde die allgemeine Dienstpflicht eingeführt. Auch die Wirtschaft wurde einer straffen Lenkung unterworfen, um die Rüstungsproduktion auf vollen Touren laufen lassen zu können. Alle Männer zwischen 16 und 60 Jahren mussten jetzt in der Rüstungsindustrie arbeiten, aber

auch Frauen, Jugendliche und Kriegsgefangene wurden zu Schwerstarbeiten herangezogen.

Auch Frauen wurden zu kriegsnotwendigen Arbeiten verpflichtet. Diese Frauen arbeiten 1916 in einer Berliner Konservenfabrik.

Propaganda nutzt nicht mehr

Hatten zu Beginn des Krieges noch euphorische Kriegsbegeisterung und echte Vaterlandsliebe in weiten Teilen der Bevölkerung vorgeherrscht, regte sich nach den zahlreichen Niederlagen allmählich Widerstand. Seit 1916 formierten sich vor allem in den Städten vermehrt Antikriegsbewegungen. Die Regierung versuchte, über eine massive Kriegspropaganda die Begeisterung der Bevölkerung für den Krieg wachzuhalten. Vaterländische Feiern, Plakate sowie Aufrufe und Artikel in der Presse sollten die Menschen davon überzeugen, dass all die Entbehrungen und das massenhafte Sterben einen Sinn hätten. Selbst Schriftsteller und Philosophen rechtfertigten den Krieg.

Im Frühjahr 1917 kam es dennoch zu ersten Massenstreiks, die neben einer Verbesserung der Versorgungslage erstmals auch die Beendigung des Krieges forderten. 1918 schließlich standen jedem Deutschen im Durchschnitt statt der nötigen 2300 nur noch 1000 Kalorien pro Tag zur Verfügung. Die Fälle von Tuberkulose, Rachitis sowie Magen- und Darmerkrankungen nahmen rapide zu. Von 1914 bis 1918 starben in Deutschland schätzungsweise 750 000 Menschen an Hunger und Entbehrungen. Nicht nur die kaiserlichen Truppen im Feld, auch die Heimatfront stand kurz vor dem Zusammenbruch.

Im Westen nichts Neues

Mit diesen dünnen Worten beschrieb der Kriegsbericht der Obersten Heeresleitung wiederholt den Stellungskrieg an der Westfront mit seinem tausendfachen Sterben. Erich Maria Remarque übernahm diese Floskel als Titel für seinen 1929 veröffentlichten Roman, der den grausamen Kriegsalltag aus der Sicht des einfachen Soldaten Paul Bäumer schildert. Bereits 1930 diente das Buch, das in 26 Sprachen übersetzt wurde, als Vorlage für eine Hollywood-Verfilmung. Bei der Uraufführung des Filmes in Berlin besetzten Nazis den Kinosaal. 1933 fiel der Roman der nationalsozialistischen Bücherverbrennung zum Opfer.

Ein deutsches U-Boot versenkt die Lusitania

1915
7. MAI

Der britische Passagierdampfer Lusitania fiel einem deutschen Torpedo zum Opfer. 1198 Menschen, darunter 128 Amerikaner, fanden den Tod. Die Meinung in den USA kippte zugunsten der Alliierten.

Gegen 13.20 Uhr am 7. Mai 1915 sichtete das deutsche U-Boot U 20 vor der irischen Südostküste den Luxusliner Lusitania. Kapitänleutnant Walther Schwieger beobachtete den Dampfer eine Weile, dann gab er schließlich um 14.10 Uhr den Befehl zum Feuern.
Das 239 m lange Schiff war am 1. Mai in New York zu seiner 101. Atlantiküberquerung ausgelaufen, Zielhafen war Liverpool. Neben 1258 Passagieren und 701 Besatzungsmitgliedern befanden sich auch Granaten sowie Tausende Kisten mit Gewehrpatronen für das britische Empire an Bord. Viele der Passagiere aßen gerade zu Mittag und lauschten dem Bordorchester, als der Torpedo an der Steuerbordseite einschlug. Unmittelbar darauf erschütterte eine zweite Explosion das Schiff, das sich schon nach

kurzer Zeit zur Seite neigte. An Deck herrschte das blanke Chaos, und es dauerte gerade einmal 18 Min., bis die Lusitania sank und Hunderte mit sich in die Tiefe riss. Unter den Opfern befand sich auch der 37-jährige US-Millionär Alfred Vanderbilt. Andere Prominente wie der Opernstar Josephine Brandell, der New Yorker Theaterimpresario Charles Frohman oder die Frauenrechtlerin Lady Margaret Mackworth konnten sich auf eines der wenigen Rettungsboote flüchten.
Die Weltöffentlichkeit reagierte ähnlich geschockt wie beim Untergang der Titanic nur drei Jahre zuvor. Die prestigeträchtige Lusitania war nicht irgendein Dampfer, sondern seit 1907 im Besitz des Blauen Bandes für die schnellste Atlantiküberquerung. Mit ihrer kost-

Der Passagierdampfer Lusitania wurde auf der Fahrt von den USA nach Liverpool von dem deutschen U-Boot U 20 versenkt. 1198 Menschen kamen ums Leben.

Gegen die britische Nordseeblockade richtete sich die Ausrufung des uneingeschränkten U-Boot-Krieges. Die deutsche U-Boot-Flotte griff jetzt auch zivile Boote ohne Vorwarnung an.

baren Einrichtung, den seidenen Tapeten und Kronleuchtern weckte sie Assoziationen an ein Nobelhotel, und die Tagespresse hatte ausführlich über ihr Auslaufen aus dem New Yorker Hafen berichtet. So war die Versenkung der Auslöser für eine schwere Krise zwischen den 1915 noch neutralen Vereinigten Staaten und dem deutschen Kaiserreich. Nicht wenige amerikanische Politiker und aufgebrachte Demonstranten forderten nun den sofortigen Kriegseintritt ihres Landes gegen Deutschland.

Die britische Seeblockade

Entgegen den Bestimmungen des Völkerrechts hatte die britische Regierung bereits im November 1914 eine Fernblockade gegen die deutsche Küste verhängt, um das Deutsche Reich von den Einfuhren aus Übersee abzuschneiden. Die Sperrlinie reichte von Norwegen bis zu den Shetlandinseln und zum Ärmelkanal. Alle Schiffe waren angewiesen, kontrollierte Seewege in der Nähe der englischen Küste zu benutzen, und wurden von der englischen Kriegsmarine durchsucht. Für Deutschland bestimmte Waren wurden beschlagnahmt. Weil Deutschland bei Milchprodukten, Kunstdünger, Kraftfutter, Baumwolle und anderen Gütern auf Einfuhren angewiesen war, gab es im Reich bald einen Mangel an diesen Produkten. Nur einmal, im Mai 1916, wagte die deutsche Marine einen Ausfall, doch die Seeschlacht am Skagerrak endete mit einem Patt. In der Praxis bedeutete dies, dass die englischen Schiffe weiterhin die Weltmeere beherrschten, während die deutsche Flotte in ihren Häfen verblieb.

Ganz anders wurde mit den deutschen Unterseebooten verfahren. Die Kampfweise der neuen Seewaffe stand jedoch im Widerspruch zum internationalen Seerecht. Laut Prisenordnung musste ein Handelsschiff auch von einem U-Boot angehalten und nach Konterbande, also Kriegsbedarf, durchsucht werden. Das Versen-

ken eines Handelsschiffs ohne Vorwarnung und ohne Rettungsmaßnahmen für die Passagiere war völkerrechtlich unzulässig. Gerade in der verdeckten Angriffsweise lag aber die Stärke der an der Oberfläche höchst verwundbaren Unterseeboote. Weil die USA jedoch immer wieder gegen die Kampfweise der deutschen U-Boote protestierten, legte die deutsche Seekriegsleitung bis Ende 1916 den eigenen Mannschaften wiederholt Beschränkungen auf und zog sie zum Teil völlig aus dem Atlantik ab.

Uneingeschränkter U-Boot-Krieg

Inzwischen trat der Krieg in sein drittes Jahr ein, das Sterben in den Schützengräben ging weiter, ohne dass sich an den Fronten eine Entscheidung anbahnte. Vor diesem Hintergrund schien der U-Boot-Krieg den Deutschen eine letzte Möglichkeit zum Sieg zu bieten. Das Risiko eines Kriegseintritts der USA wurde auf deutscher Seite klar erkannt, doch man vertraute auf einen endgültigen Sieg über das britische Empire, noch bevor eine massive amerikanische Truppenpräsenz auf dem Kontinent eine Wendung herbeiführen könnte. Im Herbst 1916 wurde diese Frage in der deutschen Öffentlichkeit kontrovers diskutiert. Kanzler Bethmann Hollweg und das Außenministerium waren dagegen, doch die Marine und die Oberste Heeresleitung setzten sich durch: Am 9. Januar 1917 wurde der uneingeschränkte U-Boot-Krieg beschlossen.

Als Washington offiziell von diesem Schritt unterrichtet wurde, brachen die USA sofort alle diplomatischen Beziehungen zu Berlin ab. Präsident Wilson, der bis dahin versucht hatte, sein Land aus dem Krieg herauszuhalten, und einige Friedensbemühungen in die Wege geleitet hatte, gab alsbald dem zunehmenden Druck der öffentlichen Meinung nach und erklärte am 5. April 1917 dem Deutschen Reich den Krieg. Es sollte noch einige Monate dauern, bis die amerikanische Rüstungsindustrie auf vollen Touren lief, und erst am 28. Mai 1918 griff die erste US-Division in die Kämpfe ein. Allerdings strömten nun pro Monat etwa 300 000 gut ausgerüstete Yankees auf die französischen Schlachtfelder. Es war nur noch eine Frage der Zeit, bis sie den entscheidenden Umschwung herbeiführen würden.

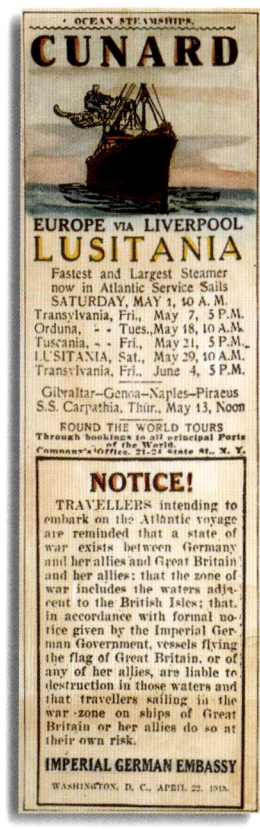

Ein Inserat im „New York Herald" gibt die Warnung der deutschen Botschaft wieder, dass britische Boote von deutschen Kriegsschiffen angegriffen werden können.

1918 – heute

Von Weimar nach Berlin

Später als andere Nationen gibt sich das im Ersten Weltkrieg geschlagene deutsche Volk eine demokratische Verfassung. Doch die Wirtschaftskrisen der 20er-Jahre entmutigen die Menschen, die sich von den starken Sprüchen der Nationalsozialisten blenden lassen. Unermessliches Leid der Verfolgten und das Desaster des Zweiten Weltkriegs sind die Folge. Zwei deutsche Staaten stehen nach 1945 symbolisch für den Kalten Krieg zwischen Ost und West, bis endlich – 1989 – die Mauern fallen.

Tiefe Schatten und die Hoffnung einer neuen Morgenröte liegen über Deutschland im 20. Jh.

Der letzte deutsche Kaiser dankt unfreiwillig ab

1918
9. NOVEMBER

Als Wilhelm II. nach 30-jähriger Regentschaft unfreiwillig abdankte, bedeutete dies das Ende des Zweiten Deutschen Kaiserreichs. Der Weg war frei für eine parlamentarische Demokratie.

Am 9. November 1918 stand Deutschland vor einem Wendepunkt. Alle Augen richteten sich auf Berlin, eine Entscheidung war geboten. Der Erste Weltkrieg galt als verloren, und Wilhelm II. war als deutscher Kaiser nicht länger tragbar. Die Zeitungen des Tages brachten in großen Lettern die Sensation: „Der Kaiser hat abgedankt!"

Die Nachricht wirkte wie eine Erlösung. Die Deutschen waren des Krieges müde, ein Sieg schien offensichtlich unmöglich, und Verhandlungen über einen Waffenstillstand liefen bereits. Doch der amerikanische Präsident Wilson lehnte es ab, mit den alten Machthabern zu verhandeln, und hatte die Abdankung des Kaisers zur Bedingung gemacht. Auch in Deutschland wurde daher der Ruf nach einem Machtwechsel immer

lauter, scharenweise desertierten die Soldaten an der Westfront. Als die Marineleitung Ende Oktober den Befehl gab, die Flotte zu einer letzten, entscheidenden Schlacht in den Ärmelkanal auslaufen zu lassen, meuterten die Matrosen in Kiel und Wilhelmshaven. Ausgehend von den Hafenstädten sprang der Funke der Revolution auf viele Städte im Reich über. Es bildeten sich Arbeiter- und Soldatenräte, die die sofortige Beendigung des Krieges und die Abdankung des Kaisers sowie der Landesfürsten forderten. In Bayern gehörte die Herrschaft der Wittelsbacherdynastie bereits der Vergangenheit an: Am 7. November hatte der sozialistische Politiker Kurt Eisner König Ludwig III. abgesetzt und den Freistaat ausgerufen.

Der Kaiser spielt auf Zeit

In Berlin bemühte sich Prinz Max von Baden, seit einem Monat amtierender Reichskanzler einer neu geschaffenen parlamentarischen Re-

Aus seinem Domizil im belgischen Spa ließ Wilhelm II. seine Abdankung verkünden. Wenige Tage zuvor war er endgültig aus dem Regierungssitz in Berlin abgereist.

gierung, die Monarchie zu retten. Das gleiche Ziel verfolgte Friedrich Ebert, der Vorsitzende der SPD, die im Reichstag die stärkste Fraktion stellte. Mit der Einführung der parlamentarischen Monarchie und einem freiwilligen Machtverzicht des Kaisers glaubte Ebert, schon viel erreicht zu haben. Gemeinsam mit Prinz Max wollte er die staatliche Ordnung aufrechterhalten und eine radikale soziale Revolution nach russischem Vorbild verhindern. Eindringlich legten sie Wilhelm II. nahe, dem Druck nachzugeben und umgehend abzudanken. Doch der Kaiser, der sich wenige Tage zuvor ins belgische Spa zurückgezogen hatte, spielte auf Zeit. Im Hauptquartier der Obersten Heeresleitung beriet er sich mit seinen Generälen. Zunächst spekulierte er darauf, die innenpolitische Revolution niederschlagen zu können. Eine Befragung seiner Kommandeure war jedoch ernüchternd: Die Soldaten waren nicht mehr bereit, seinem Befehl zu folgen. Wilhelm II. zögerte eine Entscheidung hinaus und erwog, nur als Kaiser abzudanken, das Amt des Königs von Preußen aber zu behalten.

Die Situation spitzt sich zu

Währenddessen glich Berlin einem Hexenkessel. Die Situation in der Hauptstadt eskalierte. Ein Generalstreik wurde angekündigt, Arbeiterkolonnen marschierten ins Zentrum, um für einen Regierungswechsel zu demonstrieren. Es kam zu Schüssen, Demonstranten wurden getötet. Die meisten Soldaten vor Ort verbrüderten sich jedoch mit den Arbeitern. Max von Baden konnte nicht länger auf die entscheidende Nachricht des Kaisers warten. Eigenmächtig ließ er die Abdankung des Kaisers und den Thronverzicht des Kronprinzen verkünden. Tatsächlich unterwarf sich der Kaiser erst Stunden später dem Druck der Ereignisse. Als die Abdankung bestätigt wurde, befand sich Wilhelm II. bereits auf der Flucht ins niederländische Asyl. Dort unterzeichnete er am 28. November 1918 die offizielle Abdankungsurkunde. Auf diese Weise verlor er die letzten Sympathien und verschloss der Monarchie endgültig die Chance auf einen Neubeginn.

Es lebe die Republik!

In Berlin nahmen die Ereignisse ihren Lauf. Um zu verhindern, dass die Radikalen die Macht an sich rissen und eine Räterepublik errichteten, forderten die Führer der SPD die Regierungsmacht für sich. Max von Baden übergab die Regierungsgeschäfte an Friedrich Ebert mit den Worten: „Herr Ebert, ich lege Ihnen das Deutsche Reich ans Herz."

Der Übergangskanzler antwortete: „Ich habe zwei Söhne für dieses Reich verloren." Jubelnd zog das Volk mit roten Fahnen zum Reichstag, wo Ebert mit seinem Parteigenossen Scheidemann das Mittagessen einnahm. Kurz entschlossen trat Scheidemann ans Fenster und rief die Republik aus. Damit kam er Karl Liebknecht, dem Anführer der radikalen Linksgruppen, zuvor. Dieser hatte am Vortag den Spartakusbund gegründet und fast zeitgleich mit Scheidemann im Berliner Tiergarten die Sozialistische Republik Deutschland proklamiert. Wenig später gab Liebknecht vor dem Berliner Stadtschloss die Parole aus: „Alle Macht den Arbeiter- und Soldatenräten!" Um die aufgestachelten Revolutionäre zu besänftigen, führte Ebert einen geschickten Schachzug aus. Noch am 9. November nahm er Gespräche mit der USPD auf, einem linken Parteiflügel, der sich von der SPD abgespalten hatte. Er sagte zu, sie gleichberechtigt an der provisorischen Übergangsregierung, dem Rat der Volksbeauftragten, zu beteiligen. Gleichzeitig ging er ein Zweckbündnis mit den

„Keiner liebt mich", so lautet der Titel dieser Karikatur. Kurz nach Ende des Krieges waren die meisten Deutschen ihres Monarchen überdrüssig.

Deutschland nach dem Ersten Weltkrieg

— Reichsgrenze ab 1920

---- Reichsgrenze vor 1918

verloren gegangene Gebiete

teilweise bis 1930 besetzte Gebiete

DÄNEMARK

LITAUEN

OSTSEE

NORDSEE

Freie Stadt Danzig

Königsberg

Hamburg

NIEDER-LANDE

Stettin

Elbe

Berlin

Oder

Posen

Weichsel

Warschau

BELGIEN

Köln

Rhein

Leipzig

P O L E N

Breslau

LUX.

Frankfurt

Prag

FRANK-REICH

Metz

Straßburg

Stuttgart

Donau

München

T S C H E C H O S L O W A K E I

Wien

SCHWEIZ

ÖSTERREICH

0   300 km

FÜR JEDE EHRLICHE ARBEIT IN STADT UND LAND
GEGEN
DIKTATUR
VON LINKS UND RECHTS
DEUTSCHE DEMOKRATISCHE PARTEI

In der Weimarer Republik entstanden zahlreiche neue Parteien. Die Parteienvielfalt und die fehlende Prozenthürde machten die Verhältnisse im neuen Parlament für viele undurchsichtig.

» Das Alte, Morsche ist zusammengebrochen; der Militarismus ist erledigt. Die Hohenzollern haben abgedankt! Es lebe die Republik! «

[Philipp Scheidemann nach Ausrufung der Republik]

alten kaiserlichen Institutionen und Mächten ein und schloss einen Pakt mit der Obersten Heeresleitung, der die innere Sicherheit im Land gewährleisten sollte.

Alte Kräfte bleiben lebendig

Doch genau diese alte Garde war es, die das politische Klima der Republik vergiftete. Nachdem am 11. November der Waffenstillstand unterzeichnet worden war, entfachte sie einen erbitterten Streit darüber, wer für die deutsche Niederlage und den Zusammenbruch der Monarchie verantwortlich war. Die nationalistisch gesinnten Generäle bestanden auf der Unbesiegbarkeit des deutschen Heeres im Feld und schoben den Novemberrevolutionären die Schuld zu. Obwohl sie selbst auf Waffenstillstandsverhandlungen gedrängt hatten, behaupteten sie jetzt, die bürgerlichen Politiker in der Heimat seien der kämpfenden Front in den Rücken gefallen und hätten sie von hinten erdolcht. Die Dolchstoßlegende war geboren.

Demokratie oder Rätesystem?

Würde aus dem innen- und außenpolitischen Chaos, das Deutschland bedrohte, jemals ein geordnetes Staatswesen hervorgehen? Das war die brennende Frage, die in den Wintertagen 1918/19 zur Diskussion stand. Die parlamentarische Demokratie, wie sie die SPD anstrebte, rief bei den linksradikalen Kräften heftigen Widerstand hervor. Es gelang Ebert, die Arbeiter- und Soldatenräte zu gewinnen. Als sie Mitte Dezember auf einem Kongress zusam-

menkamen, bestätigten sie die neue Regierung und sprachen sich für ein parlamentarisches System aus. Ihrer Meinung nach sollten so bald als möglich Wahlen zu einer verfassunggebenden Nationalversammlung durchgeführt werden. Die Nationalversammlung sollte über die endgültige Staatsform entscheiden. Genau das versuchte wiederum der Spartakusbund zu verhindern. Die kleine Gruppe radikaler Marxisten wünschte sich eine Rätediktatur nach russischem Vorbild und versuchte ihr Ziel mittels bewaffneter Aufstände und Umsturzversuche zu erreichen. Unterstützung fanden sie in der USPD. Deren Vertreter konnten sich im Rat der Volksbeauftragten nicht durchsetzen und traten deshalb auf Druck ihrer Partei noch vor dem Jahreswechsel aus der Regierung aus. Wenige Tage später gründeten Karl Liebknecht und Rosa Luxemburg, die führenden Köpfe des Spartakusbunds, zusammen mit anderen Linksradikalen auf dem Kongress des Spartakusbunds in Berlin die Kommunistische Partei Deutschlands (KPD).

Kampf auf den Straßen

Der erbitterte Kampf um die künftige Gestaltung Deutschlands wurde nun auf die Straße verlegt. Anfang Januar 1919 zogen revolutionäre Arbeiter nach einer Demonstration, zu der USPD und KPD aufriefen, in die Berliner Innenstadt. Hunderttausende schlossen sich, teilweise bewaffnet, dem Aufmarsch an und besetzten Teile des Zentrums und des Zeitungsviertels. Mithilfe der Freikorps ließ Ebert den sogenannten Spartakusaufstand blutig niederschlagen. Angehörige der Bürgerwehr verhafteten am Abend des 15. Januar Karl Liebknecht und Rosa Luxemburg und übergaben sie einem Freikorps. Die Soldaten misshandelten sie auf brutale Weise, ermordeten sie und warfen ihre Leichen in den Landwehrkanal. Diese Tat steigerte die Empörung der linksradikalen Kräfte und trug zur Verschärfung der Gegensätze bei. Als Reaktion auf die Berliner Ereignisse wurden in einigen Regionen Räterepubliken ausgerufen. Überall im Land kam es zu bürgerkriegsähnlichen Unruhen. Die größte Bedrohung für die Demokratie kam aus Bayern. Dort lösten mehrere Räteregierungen einander ab. Die Beziehungen zu Berlin wurden abgebrochen, auf den Straßen herrschte Chaos. Nach heftigen Kämpfen rückten im Mai 1919 mehrere Freikorps in München ein und stellten die Autorität der legalen Regierung wieder her. Dabei gingen sie teilweise mit brutaler Gewalt gegen die Aufständischen vor. Zahlreiche Tote und Verwundete waren zu beklagen.

Dies führte zu Spannungen und schwere Zerwürfnissen zwischen Teilen der Arbeiterschaft und der regierenden SPD, die die Republik schon in ihrem Anfangsstadium erheblich belasteten. Weil er sich der ehemals kaiserlichen Militärs bediente, um die Aufstände niederzuschlagen, warf man Friedrich Ebert Verrat an den Zielen der Arbeiterschaft und der Revolution vor.

Die Nationalversammlung tagt

Am 19. Februar 1919 fanden die Wahlen zur verfassunggebenden Nationalversammlung statt. Erstmals in der deutschen Geschichte durften auch Frauen zur Urne gehen. Die SPD blieb stärkste Partei und stellte 165 von 423 Abgeordneten. Trotz eines erheblichen Stimmenzugewinns reichte es jedoch nicht für die erhoffte Mehrheit. Gemeinsam mit dem Zentrum und der Deutschen Demokratischen Partei (DDP) bildete sie ein Regierungsbündnis, die Weimarer Koalition, hinter der drei Viertel der Wähler standen. Um den revolutionären Wirren in Berlin zu entgehen, trat die Nationalversammlung am 6. Februar in Weimar zusammen. Damit kam auch zum Ausdruck, dass der Geist von Weimar den Geist von Potsdam überwunden hatte. Friedrich Ebert wurde zum Reichspräsidenten gewählt, Philipp Scheidemann zum Ministerpräsidenten. Innerhalb weniger Monate arbeitete die Nationalversammlung eine Verfassung aus, die am 22. Juni verabschiedet wurde. Sie stand in der liberalen und demokratischen Tradition des 19. Jh. und verankerte freiheitliche Grundsätze sowie die Volkssouveränität. Dennoch blieb sie eine Kompromissformel, die den Keim ihrer Zerstörung bereits in sich trug. Alle über 20-Jährigen erhielten das allgemeine Wahlrecht. Reichskanzler und Reichsminister waren dem Reichstag verantwortlich, der als alleiniger Gesetzgeber agierte. Dem Reichsrat kam lediglich ein aufschiebendes Veto zu.

Ersatzkaiser

Um der Gefahr eines allzu mächtigen Parlaments entgegenzuwirken, stellte man dem Reichstag den vom Volk gewählten Reichspräsidenten zur Seite und betraute ihn mit wichtigen Funktionen. Er ernannte und entließ den Reichskanzler, konnte jederzeit den Reichstag auflösen, verfügte über ein ausgeprägtes Notverordnungsrecht und besaß nicht zuletzt den Oberbefehl über die Reichswehr. Wegen dieser umfangreichen Vollmachten sah man im Reichspräsidenten auch Züge eines Ersatzkaisers. Vor allem das Recht, Notverordnungen zu erlassen, sollte sich als verhängnisvoll erweisen. Es verlieh dem Reichspräsidenten faktisch die Macht, ohne jegliche Mitwirkung des Parlaments zu regieren. Dabei dachte der Gesetzgeber vor allem an die Bewältigung von seltenen Ausnahmesituationen. Als das Parlament zu Beginn der 1930er Jahre in viele Parteien zersplittert und zunehmend handlungsunfähig war, wurden Notverordnungen jedoch instrumentalisiert und missbraucht – ein Prinzip, das die Nationalsozialisten unter Adolf Hitler später entschieden für sich zu nutzen wussten.

In zahlreichen Städten bildeten sich 1919/20 Arbeiter- und Soldatenräte. Die Armbinde kennzeichnete deren Sicherheitsdienst, der vor den Übergriffen rechter Gruppen schützen sollte.

Das Nationaltheater in Weimar war Schauplatz der verfassunggebenden Sitzung des ersten demokratisch gewählten Parlaments in Deutschland und Namensgeber der Weimarer Republik.

Ein Friedensschluss unter Zwang in Versailles

1919
28. JUNI

An geschichtsträchtiger Stelle diktierten die Sieger des Ersten Weltkriegs Deutschland einen Friedensvertrag: Im Spiegelsaal von Versailles wurde ein schwerer Konflikt zumindest vorläufig beendet.

Am 28. Juni 1919, fünf Jahre nach dem Attentat auf den österreichischen Thronfolger Franz Ferdinand in Sarajevo, zwangen die Alliierten die deutschen Minister Hermann Müller und Johannes Bell zur Unterzeichnung des Friedensvertrags von Versailles. Bereits zu Beginn der Friedensverhandlungen, an denen das Deutsche Reich nicht teilnehmen durfte, zeigte sich die Schwierigkeit, eine Nachkriegsordnung für Europa zu finden. Im Mittelpunkt der Verhandlungen stand natürlich Deutschland, das als Aggressor und Hauptschuldiger für den Ersten Weltkrieg galt. Doch zeigten sich an dieser Stelle die unterschiedlichen Positionen der Siegermächte USA, Großbritannien, Frankreich und Italien auch am deutlichsten: Der amerikanische Präsident Woodrow Wilson hatte bei den Waffenstillstandsverhandlungen mit seinem 14-Punkte-Plan einen milden Friedensschluss in Aussicht gestellt, um Deutschland in keinem Fall in den Einflussbereich Sowjetrusslands zu treiben. Der britische Premier David Lloyd George unterstützte dieses Vorhaben und „wollte alles nur irgend Mögliche tun, dem deutschen Volk wieder auf die Beine zu helfen". Zudem erschien ihm Deutschland als Wirtschaftspartner und zukünftiger Absatzmarkt interessant. Ganz anders stellten sich die französischen Interessen dar: Premierminister Georges Clemenceau wollte die absolute Sicherheit vor einem erneuten deutschen Angriff auf sein Land und forderte deshalb vehement die wirtschaftliche und militärische Schwächung des östlichen Nachbarn. Lange Verhandlungen waren so vorprogrammiert. Sie erstreckten sich über fast sechs Monate, wobei die angesprochenen Themen abwechselnd im Vordergrund standen.

Erzwungene Unterzeichnung

Am 7. Mai 1919 wurde dem deutschen Außenminister Ulrich Graf von Brockdorff-Rantzau der vorläufige Vertragstext übergeben. Dabei setzten die Alliierten den Deutschen eine Frist von lediglich zwei Wochen, um schriftlich ihre Einwände vorzubringen. Doch bereits nach zwei Tagen stellte Graf von Brockdorff-Rantzau fest, dass der vorgelegte Entwurf Forderungen enthielt, „die für kein Volk erträglich sind. Vieles ist außerdem nach Ansicht unserer Sachverständigen unerfüllbar."
Aber Ministerpräsident Philipp Scheidemann blieb kaum irgendein Spielraum: Sollte er sich weigern, den Vertrag zu unterzeichnen, drohten die Siegermächte mit der Wiederaufnahme des Krieges. Scheidemann wollte jedoch nicht die Verantwortung für die Unterzeichnung des „Mordplans" übernehmen und trat am 20. Juni 1919 von seinem Amt zurück.

Im Spiegelsaal von Versailles, wo 48 Jahre zuvor Wilhelm I. Kaiser geworden war, besiegelten die Siegermächte die kaum tragbaren Friedensbedingungen für Deutschland.

Wilsons 14 Punkte

Woodrow Wilson legte am 8. Januar 1918 ein Friedens- programm im US- Kongress vor, das als 14-Punkte-Plan bekannt wurde. Der Plan sollte die Geheimdiplomatie beenden, sah u. a. die allgemeine Abrüstung sowie die Beseitigung aller wirt- schaftlichen Schranken vor, führte das Selbstbestimmungsrecht der Völker ein und regelte die zukünftige Grenzziehung. Damit war er eine wichtige Grundlage für den Friedensvertrag von Versailles. Allerdings kamen nur Teile des recht milden Friedens- programms unverändert zur Anwendung, da speziell die Franzosen an entscheiden- den Stellen eine Verschärfung zuungunsten Deutschlands durchsetzten.

Der Reichstag stimmte dem Entwurf zwei Tage später dennoch mit 237 gegen 138 Stimmen zu, sodass der neue Außenminister Hermann Müller (SPD) und der Verkehrsminister Johannes Bell (Zentrum) den in einzelnen Passagen geänderten Friedensvertrag im Spiegelsaal des Schlosses von Versailles unterzeichneten – an dem Ort, an dem 1871 das Zweite Deutsche Kaiserreich proklamiert wurde.

Finanzielle Folgen

Mit dem Inkrafttreten des Vertrags am 10. Januar 1920 trafen die junge deutsche Republik harte Forderungen. Gestützt waren diese auf den Kriegsschuldartikel 231. Darin hieß es im guten Bürokratendeutsch: „Die alliierten und assoziierten Regierungen erklären und Deutschland erkennt an, dass Deutschland und seine Verbündeten als Urheber aller Verletzungen und aller Schäden verantwortlich sind, welche die alliierten und assoziierten Regierungen und ihre Angehörigen in Folge des ihnen durch den Angriff Deutschlands und seiner Verbündeten aufgezwungen Krieges erlitten haben."
Damit wurde die juristische Grundlage für die Reparationsforderungen gegenüber Deutschland geschaffen. Der Reparations- begriff selbst wurde sehr weit ausgelegt und umfasste auch Militärpensionen und Familien- unterstützungen für Kriegsversehrte und Hinterbliebene. Dennoch konnten sich die Sieger zunächst nicht auf die Verteilung der Reparationen einigen, denn bis auf die USA forderten im Grunde alle Siegermächte einen vollständigen Ersatz ihrer Kriegskosten. Daher sollte laut Artikel 233 des Versailler Vertrags eine Reparationskommission eingesetzt werden, welche alle alliierten Forderungen zusammenfassen sollte. Im Anschluss daran wollte man dann die jährlichen Zahlungen Deutschlands festlegen.

Gebietsverluste

Aber nicht nur die finanziellen Forderungen sollten die Weimarer Republik vor erhebliche Herausforderungen stellen. Durch die neue Grenzziehung im Westen fiel Elsass-Lothringen wieder an Frankreich. Weite Teile West- und Ostpreußens sowie Hinterpommern und Posen wurden dem neu gegründeten polnischen Staat zuerkannt. Danzig unterstand als Freie Stadt der Kontrolle des bereits vor Abschluss des Friedensvertrags von Versailles gegründeten Völkerbunds.
Nur in sehr wenigen Fällen wurden Deutschland Volksabstimmungen zugestanden, die dem Grundsatz des Völkerbunds nach einem Selbstbestimmungsrecht der Völker entsprachen. Die Abstimmungen ergaben, dass Eupen-Malmedy an Belgien fallen sollte. Nordschleswig wurde zwischen Deutschland und Dänemark aufgeteilt, während sich ein Großteil der Bevölkerung im südlichen Ostpreußen und im östlich

> *Welche Hand müsste nicht verdorren, die sich und uns in diese Fesseln legt?*
>
> [Philipp Scheidemann, 12. Mai 1919]

Schon kurz nach Bekanntwerden der Friedensbedingungen kam die Dolchstoßlegende auf, die den kriegsmüden Linken, Liberalen oder sogar den Juden die Schuld an der Kriegsniederlage gab.

der Weichsel gelegenen Teil Westpreußens für den Verbleib in Deutschland entschied.

Der Schwerindustrie setzte besonders der Verlust der Kohlegruben im Saargebiet zu, das ebenfalls dem Völkerbund unterstand. Denn 75 % der Eisenerz- und 26 % der Steinkohleförderung fielen von einem auf den anderen Tag weg. Außerdem musste man starke Einbußen im Bereich der Roheisen- und Stahlproduktion verkraften. Aufgrund der Gebietsabtretungen verlor Deutschland insgesamt 13 % seiner Fläche und 10 % seiner Bevölkerung. Hinzu kam auch noch der Verlust sämtlicher Kolonien in Übersee.

Obwohl es sich nicht um unmittelbare Gebietsverluste für Deutschland handelte, waren die Besetzung des linken Rheinufers und das Verbot eines österreichischen Anschlusses an Deutschland eng mit diesem Themenbereich verknüpft. Dabei dienten die linksrheinischen Gebiete zunächst lediglich als eine Art Faustpfand für die deutschen Reparationszahlungen und sollten bis 1935 wieder geräumt werden. Im Falle von Zahlungsrückständen konnte sich der Abzug jedoch verzögern.

Rüstungsbeschränkungen

Die nach dem Krieg angestrebte allgemeine Rüstungsbeschränkung aller Nationen galt für Deutschland im Besonderen. Artikel 160 des Versailler Vertrags sah eine Begrenzung des deutschen Heeres auf 100 000 Soldaten vor. Zudem wurde die allgemeine Wehrpflicht abgeschafft und die Marine auf 15 000 Mann verringert, weshalb zahlreiche U-Boote verschrottet wurden. Der Krieg hatte gezeigt, dass

die Luftstreitkräfte in Zukunft eine immer bedeutendere Rolle spielen würden, und dies veranlasste die Alliierten dazu, der Reichswehr die Unterhaltung von Luftstreitkräften komplett zu verbieten. Auch Panzerwagen durften nicht hergestellt oder eingeführt werden. Eine 50 km breite Zone rechts des Rheins musste sogar gänzlich entmilitarisiert werden, wodurch die westliche Grenze zu Frankreich nicht mehr adäquat gesichert werden konnte und jederzeit ein Einmarsch der Franzosen zu befürchten war.

Labile politische Verhältnisse

Besonders die politische Rechte eignete sich dieses sicherheitspolitische Argument an und versuchte, einen gewaltsamen Umsturz der gerade erst geschaffenen demokratischen Grundordnung herbeizuführen. So kam es z. B. im März 1920 zum Kapp-Putsch. Aufgrund der Bestimmungen des Friedensvertrags von Versailles sollten ab Januar 1920 alle Freikorps aufgelöst werden. Diese bewaffneten Zusammenschlüsse bestanden zumeist aus ehemaligen Frontsoldaten, die mit den veränderten Lebensbedingungen in der neuen Republik nicht zurechtkamen und daher ohnehin über ein gewisses Aggressionspotenzial verfügten.

Als die Brigade Ehrhardt, unter Führung des kaisertreuen Offiziers Walther von Lüttwitz, von ihrer geplanten Auflösung erfuhr, formierte sich Widerstand. Unterstützt von dem republikfeindlichen Rittergutsbesitzer Wolfgang Kapp, marschierte das Freikorps nach Berlin, um die Regierung unter Gustav Bauer (SPD) zu stürzen. Doch hatten die Putschisten nicht mit der großen Unterstützung für den von sozialdemokratischen Regierungsmitgliedern ausgerufenen Generalstreik gerechnet. Daher brach der Umsturzversuch bereits nach wenigen Tagen in sich zusammen, obwohl sich die Reichswehrführung zuvor geweigert hatte, gegen die ehemaligen Kameraden vorzugehen.

Die Dolchstoßlegende

Im Januar 1921 erhielt die Regierung der Weimarer Republik endlich Planungssicherheit, was die Höhe der zu leistenden Reparationen anging. Doch sorgte die Höhe der geforderten Zahlungen schnell für allgemeine Ernüchterung: 226 Mio. Goldmark wollten die Alliierten für die nächsten 42 Jahre von den Unterlegenen des Ersten Weltkriegs haben – eine unvorstellbar hohe Summe, mit der niemand in Deutschland gerechnet hatte. Zwar reduzierte die Reparationskommission die Summe auf 132 Mio. Goldmark, machte aber durch das Londoner Ultimatum vom 5. Mai 1921 unmissverständ-

Große Mengen landwirtschaftlicher Maschinen gehen als eine der ersten Reparationsraten auf Schienen an Frankreich. Die deutsche Bevölkerung empfand dies als große Ungerechtigkeit.

Das Kartenspiel „Verlorenes Land" zeigt die verloren gegangenen Gebiete Deutschlands an der Ost- und Westgrenze sowie in den ehemaligen Kolonien.

lich klar, dass Deutschland mit der Besetzung des Ruhrgebiets rechnen müsse, wenn man die Frist verstreichen ließ. Mit der Unterzeichnung des Ultimatums durch Reichskanzler Joseph Wirth (Zentrum) begann für die nationalistische Rechte die Zeit der sogenannten Erfüllungspolitiker. Der Hass der Rechten richtete sich dabei speziell gegen den Zentrumspolitiker Matthias Erzberger, der sein politisches Engagement im August 1921 mit dem Leben bezahlen musste, als er von Mitgliedern der Brigade Ehrhardt erschossen wurde. Das gleiche Schicksal ereilte Außenminister Walther Rathenau (DDP) im Juni 1922. Die Dolchstoßlegende, mit der die Rechten den „vaterlandsverräterischen" meuternden Soldaten bzw. den Linken oder gar den Juden generell die Schuld am Verlust des Krieges gaben, wurde im Wahlkampf geschickt instrumentalisiert.

Besetzung des Ruhrgebiets

Nachdem sich die Weimarer Republik durch den Vertrag von Rapallo am 16. April 1922 vor weiteren Reparationsforderungen vonseiten Sowjetrusslands absicherte, schlitterte sie ab 1923 erneut in eine kritische Phase: Französische und belgische Truppen besetzten am 11. Januar 1923 das Ruhrgebiet, da Deutschland den Reparationsforderungen nicht in vollem Umfang nachkam. Die Besatzer versuchten, durch Beschlagnahmungen an die von ihnen beanspruchten Kohle- und Holzmengen zu gelangen. Das erwies sich jedoch als äußerst schwierig. Die Reichsregierung unter dem par-

teilosen Kanzler Wilhelm Cuno hatte nämlich erfolgreich zum passiven Widerstand unter den Arbeitern und Beamten aufgerufen. Und auch die Zahl der Sabotageakte nahm sprunghaft zu. Zwar erreichte man durch diese Aktion die Verringerung der jährlichen Reparationszahlungen, doch bezahlte man den bis zum 26. September 1923 dauernden Streik mit dem Zusammenbruch der deutschen Wirtschaft und über 130 Todesopfern.

Ein Putsch in München

Es brodelte weiter. In München braute sich ein politisches Unwetter zusammen, dessen Donnergrollen noch lange nachhallen sollte. Ein beinahe noch Unbekannter auf der politischen Bühne schwang sich am Abend des 8. November 1923 zum Anführer eines Umsturzversuchs auf. Adolf Hitler zwang den bayerischen Generalstaatskommissar Gustav Ritter von Kahr auf einer Versammlung im Münchner Bürgerbräukeller mit vorgehaltener Pistole, am geplanten Sturz der Berliner Reichsregierung mitzuwirken. Kahr zog seine erzwungene Zustimmung noch in derselben Nacht zurück, worauf am nächsten Tag ein SA-Trupp gemeinsam mit weiteren nationalistischen Verbänden durch die Münchner Innenstadt zog. An der Spitze des Aufmarsches befanden sich Hitler und der ehemalige General Erich Ludendorff. Bereits an der Feldherrnhalle wurde der Marsch von der Polizei gestoppt. Doch er war ein Vorbote dunkler Zeit.

Eine satirische Gedenkmünze erinnert an den Hitler-Putsch 1923 in München. Trotz der Niederschlagung konnte die nationalsozialistische Bewegung nicht zurückgedrängt werden.

Die Rentenmark rettet Deutschland

1923

Die größte Inflation der Weltgeschichte entwertete 1923 die deutsche Reichsmark bis zum Kollaps der Wirtschaft. Eine Zwischenwährung, die Rentenmark, war die einzige und erfolgreiche Lösung.

Millionär zu sein bedeutete in Zeiten der Hyperinflation leider nichts. Das völlig wertlose Geld wurde zum Teil einfach als Heizmittel im Ofen verbrannt.

Scheinen wurden zur Abwicklung des Zahlungsverkehrs benötigt. Bis zu 133 Fremdfirmen mit 1783 Druckmaschinen arbeiteten im Herbst 1923 Tag und Nacht für die Reichsdruckerei. Für den Druck produzierten 30 Papierfabriken Banknotenpapier, 29 Werkstätten stellten rund 400 000 Druckplatten her. Jeden Tag wurden die frisch gedruckten Geldscheine in Wäschekörben zu den Banken transportiert.

Die Notenpresse finanziert den Krieg

Die Inflation von 1923 war eine Spätfolge des Ersten Weltkriegs – eine Blase, die fünf Jahre nach der Kapitulation endgültig platzte. Zur Finanzierung des teuren Krieges hatte die Regierung die Druckerpressen angeworfen. Immer mehr Geld kam in Umlauf, aber es gab nicht die entsprechende Menge an Gütern, die man dafür kaufen konnte. Die Folge war, dass die Preise stiegen. Mittels Kriegsanleihen sollte die Geldvermehrung nach dem sicher geglaubten Sieg gegenfinanziert werden. Doch die Rechnung ging nicht auf: Das Deutsche Reich verlor den Krieg und musste enorme Entschädigungen an die Siegermächte zahlen. Dafür druckte man weiter Geld und geriet so in einen Teufelskreislauf. Die Verpflichtung zu Reparationszahlungen ließ sich geschickt als Ursache für die steigende Inflation verkaufen.

Widerstand gegen Reparationen

Nationale Empörung löste in der Weimarer Republik die Besetzung des Ruhrgebiets im Januar 1923 durch französische und belgische Truppen aus. Nachdem Deutschland mit den Reparationszahlungen in Rückstand geraten war, wollten die Siegermächte die Reparationsleistungen direkt in Form von Kohle eintreiben. Von höchster Stelle angeordnet, reagierte die deutsche Bevölkerung mit passivem Wider-

Wer im Juni 1923 in den Berliner Markthallen einkaufen ging, musste sich vorher mit einem dicken Bündel großer Scheine eindecken. Rund 7000 Mark kostete ein halbes Pfund Butter, für ein Bund Möhren musste man mit etwa 5500 Mark rechnen, ein Pfund Bohnenkaffee war mit 31 000 Mark kaum mehr bezahlbar. Im Oktober musste ein Facharbeiter für ein Pfund Margarine neun Stunden arbeiten. Jeden Tag mittags wurde das von Ullsteins Druckereimaschinen in der Kochstraße produzierte Papiergeld kofferweise ausgezahlt; die Menschen rannten damit zum nächsten Laden, um Lebensmittel oder Sachgüter zu kaufen, ehe das Geld wertlos geworden war. Riesige Mengen an

stand: Die Arbeiter streikten. Die Lohnzahlungen an 2 Mio. Arbeiter übernahm der Staat und druckte dafür wieder vermehrt Geld. Lange war dieses Vorgehen jedoch nicht tragbar; die Produktions- und Steuerausfälle sowie die galoppierende Inflation erschöpften den Staatshaushalt zusehends.

Ausverkauf der Wirtschaft

Im Lauf des Jahres 1923 potenzierte sich die Inflation zu einer Hyperinflation. Die Abwertung der Reichsmark gegenüber dem US-Dollar verzehnfachte sich, bis man im November 1923 für einen US-Dollar 4,2 Billionen Reichsmark zahlen musste. Während die Arbeitslosigkeit stieg, sanken die Löhne ins Bodenlose. Die Wirtschaft kollabierte. Einzelne Unternehmen gingen dazu über, eigenes Geld zu drucken, um ihre Beschäftigten bezahlen zu können. Auch Städte und Gemeinden druckten eigenes Geld. Sparer verloren alles, Haus- und Grundstückseigentümer kaum etwas. Zu den Geschädigten der Inflation gehörten vor allem der Mittelstand, alle Rentner und die kleinen Leute, die keine Sachwerte besaßen und ihr Erspartes auf Bankkonten angelegt hatten. Schuldner und Spekulanten konnten hingegen hohe Gewinne einfahren. Da Kredite, die an einem Tag aufgenommen worden waren, am anderen Tag mit fast wertlosem Geld zurückgezahlt werden konnten, gelang es einigen Industriellen, ihr Unternehmen um neue Anlagen zu erweitern, und das praktisch zum Nulltarif. Auf diese Art und Weise baute etwa Hugo Stinnes sein Wirtschaftsimperium auf. Auch das Ausland kaufte in Deutschland Grundstücke, Häuser und sogar ganze Konzerne zu Schleuderpreisen ein. Zu Recht sprach man damals auch vom Ausverkauf der deutschen Wirtschaft.

Stoppt den Geldfluss

Nach gut sieben Monaten Ruhrkampf sah sich Reichskanzler Gustav Stresemann schließlich gezwungen, den passiven Widerstand aufzugeben. Im September 1923 beschloss die Reichsregierung endlich, die Notenpresse stillzulegen und ihre Ausgaben rigoros einzuschränken.

Aber erst durch die Einführung einer Zwischenwährung konnte die Inflation gestoppt werden. Mit dieser Währung, der Rentenmark, sollte die Reichsmark stabilisiert werden. Dazu wurde im Oktober 1923 die Rentenbank gegründet, die ab dem 15. November 1923 die Rentenmark in einer strikt limitierten Menge ausgab.

Das Wunder der Rentenmark

Der Kurs der neuen Währung pendelte sich bei 4,20 Rentenmark zu 4,2 Billionen alten Papiermark zu einem US-Dollar ein. Das „Wunder der Rentenmark" war vollbracht. Mit neuen Steuern, dem Abbau von Beamtenstellen und stark gekürzten Gehältern blieben der Wert des Geldes und auch die Preise stabil. Das Wirtschaftsleben normalisierte sich auf einem Niveau des knappen Geldes und auf der Basis eines niedrigen Lebensstandards. Dazu trug maßgeblich ein Finanzierungsplan bei, den internationale Sachverständige unter Leitung des Amerikaners Charles Dawes erarbeitet hatten. Er machte die Reparationszahlungen ausschließlich von der wirtschaftlichen Leistungsfähigkeit der Deutschen abhängig und wurde am 29. August 1924 vom Reichstag verabschiedet. Ein Jahr später zogen die Franzosen wie vereinbart aus dem Ruhrgebiet ab. Mittels ausländischer Kredite und Investitionen kam es zum wirtschaftlichen Aufschwung in Deutschland. Doch die massivste Geldentwertung der Geschichte hatte dem Ansehen der jungen Weimarer Republik als erster deutscher Demokratie stark geschadet.

Während viele unter der Geldentwertung litten, entwickelte sich im gehobenen Stadtmilieu die Kultur der „wilden 20er-Jahre" – hier genial von Otto Dix ins Bild gebannt.

Gustav Stresemann initiierte die Einführung der rettenden Rentenmark. Dennoch endete seine Regierungszeit noch im Jahr 1923 nach einer gescheiterten Vertrauensfrage.

Der Schwarze Freitag führt zur Wirtschaftskrise

1929
25. OKTOBER

Der Börsenkrach von 1929 löste den Super-GAU der Weltwirtschaft aus. Deutschland wurde zahlungsunfähig, jeder Dritte war arbeitslos, und die braunen Demagogen fanden verstärkt Gehör.

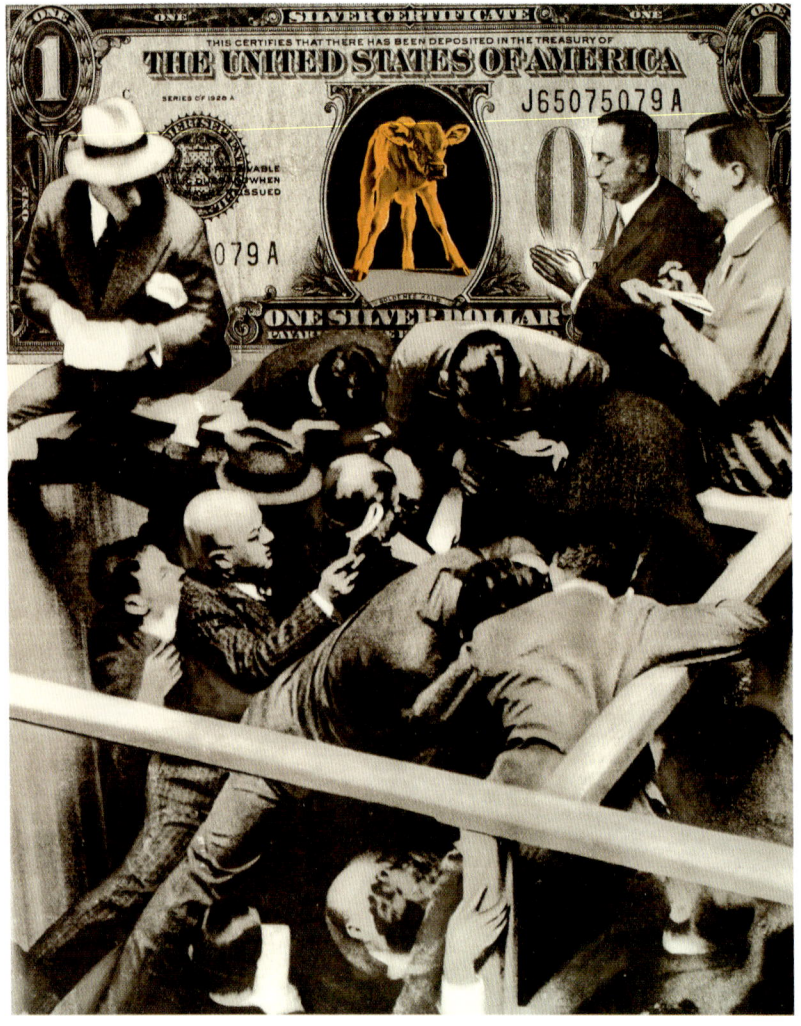

In dieser Fotomontage inszenierte John Heartfield die Spekulationsblase an der New Yorker Börse als einen „Tanz um das Goldene Kalb".

Was als Schwarzer Freitag in die deutsche Geschichte einging, begann an einem Donnerstag an der New Yorker Börse: Am Vormittag des 24. Oktober 1929 sanken dort die Aktienkurse immer tiefer. Die Händler wurden nervös. In aller Eile verkauften sie immer mehr Aktien und trieben die Kurse damit immer weiter in den Keller. Es wurden so viele Aktien gehandelt wie nie zuvor. Pausenlos mussten die Notierungen über den Ticker erneuert werden. Gegen

11 Uhr versagte daher die Technik. Niemand wusste mehr genau, wo die Kurse wirklich standen. Trotzdem wurde wie wild weitergehandelt. Panik machte sich breit. Ein Händler wurde mitten auf dem Börsenparkett ohnmächtig. Bis zum Mittag nahmen sich elf New Yorker Spekulanten das Leben. Vor dem Gebäude der New Yorker Börse fand sich eine aufgeregte Menschenmenge ein. Jeder wollte seine Aktien loswerden – hatte man sie doch häufig auf Kredit erworben. Innerhalb weniger Stunden fielen die Kurse ins Bodenlose. Die New Yorker Wall Street, bis heute ein Synonym für Reichtum und Wohlstand, war damit zum Schauplatz eines bis dahin noch nicht erlebten Börsenkrachs geworden. Millionen von Dollar hatten sich einfach in Luft aufgelöst.

„Black Thursday" nennen die Amerikaner den 24. Oktober 1929. Wegen der Zeitverschiebung und der langsamen Kommunikationswege drang die Nachricht von den New Yorker Kursstürzen erst am darauffolgenden Tag nach Europa durch und erschütterte dort ebenfalls die Börsen. In Deutschland wurde daher der 25. Oktober 1929 als Schwarzer Freitag bekannt. Die Kursverfälle an der amerikanischen Börse hielten auch in den nächsten Tagen, Wochen und Monaten weiter an. Sie übertrugen sich auf alle anderen Börsen und lösten so eine weltweite Krise aus.

Die Aktienkurse hatten sich zuvor immer weiter von den Entwicklungen der realen Wirtschaft entfernt – und plötzlich platzte die Spekulationsblase. Warnungen vor einem Crash gab es genug, vor allem durch den Wirtschaftswissenschaftler Roger Babson aus Massachusetts. Seine mehr als düstere Prophezeiung, die am 6. September 1929 in der New York Times veröffentlicht wurde, sagte bereits zum dritten Mal einen Zusammenbruch der Börse voraus. Babsons Beschreibung stimmte recht genau mit dem überein, was in den kommenden Wochen passieren sollte, doch von den meisten wurde sie zunächst als Schwarzmalerei abgetan.

Der Geldgeber der Welt ist pleite

Mit dem jähen Zusammenbruch der amerikanischen Aktienkurse und der damit verbundenen Massenhysterie begann die Weltwirtschaftskrise. Die Rohstoffpreise fielen, die USA rutschten immer tiefer in die Rezession, und die Zahl der Arbeitslosen stieg in den USA bis auf 13 Mio. Aus Geldmangel forderte das bis dahin reichste Land der Welt seine Kredite aus Europa zurück, wodurch auch dort Katastrophen an den Finanzmärkten ausgelöst wurden. Besonders in Deutschland, wo vor allem amerikanische Kredite den wirtschaftlichen Aufschwung bewirkt hatten und zur Finanzierung der enormen Reparationszahlungen dienten, waren die Folgen dramatisch. Hier hatte sich bis 1929 ein Gesamtvolumen ausländischer Kredite von 15,7 Mrd. Reichsmark angehäuft. Doch nach dem Börsenkrach brach dieses fragile System in sich zusammen. Plötzlich herrschte überall Geldmangel. Schlagartig zogen die USA ihr Kapital aus Deutschland ab und forderten Schulden und Kredite ein, um die eigene Wirtschaft wieder anzukurbeln. Ohne Kreditrückhalt konnten sich aber unzählige deutsche Firmen nicht mehr am Markt halten und gingen konkurs. Ein Großteil des Exportmarkts, auf den viele deutsche Unternehmen angewiesen waren, brach weg. 1932 erreichte die wirtschaftliche Depression in Deutschland ihren Tiefpunkt: Die industrielle Produktion sank auf 60 % des Standes von 1928.

Straßenmusik und Prostitution

Nach finanziellen Einbrüchen von unvorstellbarem Ausmaß mussten viele deutsche Firmen massenhaft Menschen auf die Straße schicken. Die Arbeitslosenzahlen stiegen von 2,8 Mio. im Januar 1928 auf über 6 Mio. im Januar 1932, was umso schwerer wog, als ihnen nur 12 Mio. Beschäftigte gegenüberstanden. Die Zahl der schlecht bezahlten Kurzarbeiter überstieg sogar noch die der Arbeitslosen. Ältere Menschen hatten keine Chance mehr, eine Anstellung zu bekommen. Auch jüngere Arbeitssuchende mussten jede Möglichkeit, etwas Geld zu verdienen, nutzen. Viele versuchten durch Heimarbeit, Hausieren oder Tauschgeschäfte den täglichen Überlebenskampf zu bestehen. Straßenmusikanten zogen für ein paar Pfennige von Haus zu Haus. In ländlichen Gegenden hielt man sich mit Verkäufen aus dem eigenen Gemüsegarten über Wasser. Die Prostitution war für viele Frauen der letzte Ausweg, um ihre Kinder mit Nahrungsmitteln versorgen zu können. Immer mehr Menschen wurden obdachlos, oft zogen ganze Familien mit Karren und einigen wenigen Habseligkeiten durch die Straßen. Über ein Drittel aller Deutschen lebte 1932 von öffentlichen Geldern. Deutschland hatte zu dieser Zeit mit 260 Suizidtoten auf 1 Mio. Einwohner die mit Abstand höchste Selbstmordrate der Welt. Und die meisten Opfer beklagten in ihren Abschiedsbriefen ihre schlechte wirtschaftliche Situation. Breite Bevölkerungsschichten, und dazu gehörten auch Akademiker und früher gut situierte Bürger, waren von der Verelendung betroffen.

Im Frühjahr 1931 war Deutschland zahlungsunfähig. Das Land konnte die Reparationszahlungen als Entschädigung an die Alliierten nicht mehr aufbringen. Ein Lichtblick war nur das von US-Präsident Herbert Hoover im Juni 1931 erklärte Moratorium, das einen einjährigen Aufschub für alle Rückzahlungen von Kriegsschulden versprach. Die dringend benötigte finanzielle Atempause sollte den Schuldnern, allen voran Deutschland, die Möglichkeit geben, ihr nationales Wohlergehen wiederzuerlangen. Doch alle Bemühungen konnten den Zusammenbruch nicht mehr abwenden. Am 13. Juli 1931 ereilte die internationale Finanzkrise das drittgrößte deutsche Geldinsti-

Die Arbeitslosigkeit stieg in kürzester Zeit enorm an. In ihrer Notlage versuchten viele, mit allen möglichen Mitteln an eine neue Stelle zu kommen.

Auch die Vermietung von Zimmern in der eigenen Wohnung sollte Geld in die Haushaltskasse bringen. Zudem konnten viele ihre Miete nicht mehr zahlen und suchten eine billige neue Bleibe.

Die Wirtschaftskrise führte zu einer politischen Radikalisierung. Während Sozialdemokratie und Zentrum um die Demokratie bangten, griffen Rechts- und Linksradikale das System direkt an.

Die NSDAP versuchte, die revanchistischen Gefühle der Notleidenden und die Hoffnungen vieler auf sozialistische Segnungen für sich auszunutzen.

tut: Die Darmstädter und Nationalbank musste ihre Zahlungen komplett einstellen und erklärte damit ihren Konkurs.

Katastrophen häufen sich

Seit der Inflation 1923 hatten die deutschen Banken nur eine schwache Eigenkapitalbasis. Hinzu kamen Fehler der Politik: So provozierte die Ankündigung der Reichsregierung, die Reparationszahlungen einzustellen, ab dem 5. Juni 1931 einen anhaltenden Sturm auf die Bankguthaben. Das eigene Vermögen in Bargeld zu besitzen erschien vielen im Vergleich zu gefährdeten Konten als die bessere Option. Wer wusste schon, wie lange man noch an sein Geld herankam. Mitte Juli war die Darmstädter und Nationalbank durch den Zusammenbruch der Österreichischen Creditanstalt und des Nordwolle-Konzerns bereits zu schwer angeschlagen, um sich noch retten zu können. Tags darauf mussten sämtliche Geldinstitute in Deutschland ihre Schalter für zwei Tage schließen. Die ebenfalls zahlungsunfähige Dresdner Bank konnte nur durch massive Aktienankäufe der Reichsbank gerettet werden.

Der plötzliche Kapitalabfluss aus Europa zwang auch alle europäischen Banken, ihre Auslandskredite zurückzuziehen. Die internationalen Kapitalströme versiegten fast vollkommen, die Märkte lagen brach. In der Reichshauptstadt Berlin waren die Aktienkurse seit 1929 stetig gefallen. Die Bankenkrise führte schließlich am 13. Juli 1931 zu einer Schließung aller deutschen Börsen. Erst am 2. September 1931 öffneten sie wieder die Tore mit einem Kursverlust von fast 40 % gegenüber dem Jahreshoch. Noch bis Dezember 1931 stürzten die Kurse förmlich in die Tiefe und standen schließlich fast 70 %

unter dem Kurs vom September 1929. Nach der Bankenkrise war es Deutschland gänzlich unmöglich geworden, die Reparationen an die Siegermächte zu zahlen. Auf der Konferenz von Lausanne beschlossen die Alliierten im Sommer 1932 daher, die Reparationen zugunsten einer symbolischen Restzahlung zu streichen.

Regieren per Notverordnung

Heinrich Brüning war seit dem 30. März 1930 deutscher Reichskanzler. Schon wenige Wochen nach seinem Amtsantritt focht er den ersten Machtkampf innerhalb der Regierung aus. Ohne parlamentarische Mehrheit, die ihm den Rücken hätte stärken können, begann Brüning per Notverordnung zu regieren, und löste im September sogar den Reichstag auf. Auf die miserable Haushaltslage reagierte er mit einem massiven Sparprogramm: Die öffentlichen Gehälter sanken um 25 %, die Arbeitslosen- und Sozialhilfe wurde rüde gekürzt, die Sozialversicherungsbeiträge aber gleichzeitig erhöht. Die Arbeitslosenunterstützung wurde zum Teil nur noch fünf Monate lang ausbezahlt, danach gab es lediglich die sogenannte Krisenunterstützung. Diese war zeitlich begrenzt, und die Bedürftigkeit musste vom Antragsteller selbst nachgewiesen werden.

Die Arbeitslosen mussten regelmäßig, d. h. zweimal die Woche, persönlich ihre Meldekarten auf den Arbeitsämtern abstempeln lassen. So sollte Sozialbetrug verhindert werden. Weibliche Beamte mussten ihren Arbeitsplatz verlassen, sofern ihre Männer Arbeit hatten. Brüning erhöhte die Einkommensteuer, die Tabak- und Biersteuer sowie die Ledigen- und Bürgersteuer. Neue Einschränkungen und Abgaben erstickten jegliches Wirtschaftswachstum im Keim. Brüning, der von den Deutschen eine hohe Opferbereitschaft erwartete, hatte immer versucht, der Bevölkerung die Ursachen der Wirtschaftskrise und sein Konzept zur Abhilfe klarzumachen. Die harten Regierungsmaßnahmen sollten der deutschen Wirtschaft wieder auf die Beine helfen, aber die wirtschaftliche Notlage vieler Menschen und die sozialen Missstände lösten immer größere Unzufriedenheit und politische Spannungen aus.

Knüppel ersetzen Argumente

Das politische Klima in Deutschland verschärfte sich zusehends. Die Auseinandersetzungen wurden nun nicht mehr allein mit Worten, sondern vermehrt auf der Straße ausgetragen. Die Gewalt ging dabei von rechter wie linker Seite aus. Schlägertrupps zogen durch viele deutsche Großstädte und lieferten sich regelrechte Straßenschlachten. Die zeitweise bürgerkriegsähnlichen Zustände versetzten die Bevölkerung in Angst und Schrecken. Besonders brutal ging die SA, der Kampfverband der Nationalsozialisten, vor. Immer wieder traten SA-Trupps bei militärischen Aufmärschen und organisierten Schlägereien in Erscheinung.

Zu besonders schweren Auseinandersetzungen zwischen rechten und linken Gruppierungen kam es während des Reichstagswahlkampfs im Sommer 1932. Rund 10 000 bewaffnete SA-Männer zogen am 17. Juli durch das hauptsächlich von Anhängern der Kommunistischen Partei Deutschlands (KPD) bewohnte Hamburger Arbeiterviertel Altona – eine dreiste, aber bewusst kalkulierte Provokation des politischen Gegners. Die Rechnung der Nationalsozialisten ging auf. Es kam zu blutigen Straßenkämpfen, die 15 Menschen das Leben kosteten und über 50 verletzt zurückließen. Die Kämpfe gingen als Altonaer Blutsonntag in die Geschichte der Weimarer Republik ein.

Die Chance radikaler Parteien

Viele Menschen hatten ihr Vertrauen in das noch junge politische System schon lange verloren. Wut und Hass auf die demokratisch gewählte Regierung stiegen stetig an. In dieser Situation erhielten die radikalen Parteien, trotz ihres zum Teil sehr rüden Auftretens, enormen Zuspruch. Ihre Parolen und Programme sprachen den hoffnungslosen und tief verzweifelten Menschen direkt aus der Seele.

Die Harzburger Front, eine Gruppierung antidemokratischer Nationalisten um den Medienzar und Führer der Deutschnationalen Volkspartei (DNVP) Alfred Hugenberg, wollte gemeinsam mit ihren paramilitärischen Verbänden Brüning stürzen. Dazu war ihnen jedes Mittel recht. Ein Misstrauensvotum der Harzburger Front gegen den Reichskanzler im

Reichstag, dem sich auch die KPD und die Deutsche Volkspartei anschlossen, scheiterte jedoch an den Stimmen der SPD. Dennoch konnte sich Brüning mit seiner konsequenten, aber äußerst unbeliebten Sparpolitik nicht an der Macht halten. Im Mai 1932 wurde er von Reichspräsident Paul von Hindenburg aus dem Amt entlassen.

Besonders gut hatte sich inzwischen die Nationalsozialistische Deutsche Arbeiterpartei (NSDAP) unter Adolf Hitler organisiert. Sie nutzte die Situation zielstrebig für sich aus, verstand es, die wachsende Unsicherheit der Menschen für ihre Zwecke zu missbrauchen, und wurde im Handumdrehen zum Sammelbecken für alle unzufriedenen und verelendeten Menschen. Die Mitgliederzahl der Partei verdoppelte sich zwischen 1930 und 1931 auf gut 800 000. Schon 1930 hatte die NSDAP ihre Reichstagsmandate von zwölf auf 107 erhöhen können. Bei den Neuwahlen am 31. Juli 1932 erhielt sie sogar 37,4 % aller Stimmen und wurde mit 230 Sitzen die stärkste Partei im neuen Parlament.

Der Systemwechsel zu Beginn der 30er-Jahre bedeutete das Ende der Weimarer Republik. Adolf Hitler wurde 1933 mit legalen Mitteln Reichskanzler und schaffte in der Folgezeit Deutschlands erste Demokratie ab. Brünings Deflationspolitik hatte aufgrund ihrer sozialen Härte keine Chance auf schnellen Erfolg gehabt. Langfristig griffen die Maßnahmen jedoch mustergültig. Entgegen der weitverbreiteten Meinung, allein die Nationalsozialisten hätten Deutschland in den 30er-Jahren zum Wirtschaftsaufschwung verholfen, waren es vor allem die Notverordnungen Brünings, die das Land auf die Beine stellten.

> »*Wir sagten, wir gehen aufs Stempelamt. Wer nicht kam, kriegte keine Unterstützung.*«
>
> [Helmut Schmieder, Arbeitsloser, 1929]

Das Hoover-Moratorium

Die amerikanische Regierung schlägt einen einjährigen Aufschub aller Zahlungen auf Schulden der Regierungen, Reparationen und Wiederaufbauschulden vor, und zwar sowohl bezüglich des Kapitals wie der Zinsen, ausgenommen natürlich Schuldverpflichtungen der Regierungen, die sich in Privathänden befinden. (...) Der Kern des Vorschlages ist, den Schuldnern Zeit zur Wiedererlangung ihrer nationalen Prosperität zu geben, und ich empfehle dem amerikanischen Volke, im eigenen Interesse gute Gläubiger und gute Nachbarn zu sein.

Auszug aus der Rede Hoovers am 20. Juni 1931

Hindenburg macht Hitler zum Reichskanzler

1933
30. JANUAR

Reichspräsident Paul von Hindenburg ernannte den Vorsitzenden der NSDAP, Adolf Hitler, zum Reichskanzler des Deutschen Reiches. Damit begann der Aufbau des nationalsozialistischen Führerstaats.

Mit Fackelzügen durch das Brandenburger Tor feierten am Abend des 30. Januar 1933 die Anhänger der Nationalsozialisten den lang ersehnten Tag der „Machtergreifung" – dies markierte symbolisch auch das Ende der Weimarer Republik. Bis weit nach Mitternacht marschierten die braunen Kolonnen unter ständigen „Sieg Heil!"-Rufen an Hitler und seinen Mitstreitern vorbei, die an den Fenstern der Reichskanzlei standen. Wenige Stunden zuvor hatte Reichspräsident Paul von Hindenburg den Vorsitzenden der Nationalsozialistischen Deutschen Arbeiterpartei (NSDAP), Adolf Hitler, zum neuen Reichskanzler ernannt.

Illusion der Konservativen

Die künftigen Regierungsmitglieder, darunter Hitler, Franz von Papen (Zentrum) als Vizekanzler, der zukünftige Innenminister Wilhelm Frick (NSDAP), der Minister ohne Geschäfts-

Die rechte Presse begrüßte die Wahl Adolf Hitlers zum Reichskanzler. Seine Anhänger jubelten ihm begeistert auf dem Berliner Schlossplatz zu.

bereich Hermann Göring (NSDAP) sowie Wirtschaftsminister Alfred Hugenberg (DNVP) und vier weitere parteilose konservative Minister, waren am 30. Januar um 10.45 Uhr zum greisen Reichspräsidenten bestellt worden. Bereits um 11 Uhr leisteten sie den Amtseid auf die Weimarer Verfassung. Joseph Goebbels notierte an diesem Abend in sein Tagebuch: „Es ist fast ein Traum, die Wilhelmstraße gehört uns. Der Führer arbeitet bereits in der Reichskanzlei."

Tatsächlich waren die drei Nationalsozialisten in der Regierung in der Minderheit. Hindenburg, von Papen, die Vertreter der DNVP und die parteilosen Fachminister glaubten daher, Hitler im Zaum halten zu können. Doch die NSDAP hatte strategisch wichtige Schlüsselpositionen für sich gewinnen können.

Die größte Hürde

Hindenburg hat sich lange geweigert, den „böhmischen Gefreiten", wie er Hitler spöttisch nannte, zum Reichskanzler zu berufen. Doch die konservativen Vertrauten des Reichspräsidenten, darunter der ehemalige Kronprinz Wilhelm, der alte Regimentskamerad General von Blomberg, sein eigener Sohn Oskar und vor allen Dingen der ehemalige Kanzler von Papen, dem Hindenburg nach wie vor sein vollstes Vertrauen zusprach, waren zu den eifrigsten Fürsprechern einer Kanzlerschaft Hitlers geworden. Sie machten Hindenburg die neue Regierung, die sie auch „Kabinett der Nationalen Konzentration" nannten, schmackhaft. Alle Befürworter glaubten, die NSDAP so zähmen zu können. Sie gingen davon aus, dass die Neulinge im Sinne ihrer konservativen Bündnispartner regieren und sich selbst dabei abnutzen würden.

Gewalt, Terror und Propaganda

Bereits am Tag nach der Regierungsbildung bat Hitler Hindenburg um die Auflösung des Parlaments, da mit dem gegenwärtigen Reichstag nicht regiert werden könne. Der Präsident möge sich keine Sorgen machen, die anstehenden Neuwahlen, so versprach er doppeldeutig, würden „die letzten" sein. Hindenburg erteilte am 1. Februar die Auflösungsorder für den Reichstag. Hitler und seine Partei wollten die Zeit bis zu den für den 5. März angesetzten Neuwahlen nutzen, um ihre Macht zu sichern und auszubauen. Dabei bedienten sie sich einer Mischung aus Gewalt, Terror und Propaganda. Hakenkreuzfahnen prägten von nun an das öffentliche Straßenbild. Riesige Parteiaufzüge sollten die Zustimmung für die NSDAP entfachen. Postkarten und Plakate mit dem Porträt

Hitlers begründeten einen Personenkult bisher ungekannten Ausmaßes. Hitler nutzte für seinen Wahlkampf geschickt die neuen Medien Rundfunk und Film, und mithilfe des Flugzeugs reiste er durch ganz Deutschland. Zeitgleich sorgte Göring, dem die preußische Polizei unterstand, für die Einschüchterung politischer Gegner. Sie wurden gejagt und gefangen genommen. Auf den Straßen herrschte eine Atmosphäre aus Angst und Unterdrückung. Der Terror wurde hauptsächlich von den braun gekleideten Staffeln der Sturmabteilung (SA), die Göring zu Hilfspolizisten ernannt und mit Schusswaffen ausgestattet hatte, durchgeführt. Zunächst wurde gegen die Kommunisten vorgegangen, deren Funktionäre verhaftet und die Konten beschlagnahmt.

Brennender Reichstag

Um den entscheidenden gesetzlichen Rahmen für die Verfolgung politischer Gegner festzusetzen, kam den Nationalsozialisten ein Ereignis besonders gelegen: Am 27. Februar 1933 ging der Reichstag in Flammen auf. Es war Brandstiftung. Am Tatort wurde ein junger Holländer, Marius van der Lubbe, festgenommen. Die NSDAP beschuldigte sofort die Kommunisten, den Brand gelegt zu haben – die wahren Umstände sind bis heute ungeklärt.

Hitler nutzte die Gunst der Stunde und ließ schon am 28. Februar durch den Reichspräsidenten die Verordnung zum Schutz von Volk und Staat herausgeben, auch Reichstagsbrandverordnung genannt. Durch sie wurden alle politischen Grundrechte der Weimarer Verfassung auf unbegrenzte Zeit außer Kraft gesetzt. Ohne richterliche Kontrolle konnten nun

Der fingierte Reichstagsbrand lieferte den Vorwand, gegen politische Gegner drastisch vorzugehen.

In zwei Monaten haben wir Hitler in die Ecke gedrückt, dass er quietscht.

[Franz von Papen, Zentrumspolitiker, 30. Januar 1933]

unbequeme Personen in „Schutzhaft" genommen werden. Eine Welle von Verhaftungen, denen vor allem kommunistische Funktionäre und Reichstagsabgeordnete zum Opfer fielen, setzte ein. Van der Lubbe wurde zum Tode verurteilt und hingerichtet. Bis Ende April befanden sich etwa 25 000 Regimegegner in „Schutzhaft".

Wichtige Neuwahlen

In diesem Klima der Rechtsunsicherheit besaß die Reichstagswahl vom 5. März 1933 nicht mehr den Charakter einer freien Wahl. Dennoch erhielt die NSDAP lediglich 43,9 % aller Stimmen – ein enttäuschendes Ergebnis für Hitler und seine Mitstreiter. Nur zusammen mit der DNVP und dem Stahlhelm, einem paramilitärisch organisierten Zusammenschluss ehemaliger Frontsoldaten, erreichte sie eine regierungsfähige Mehrheit. Nach der Wahl verschärfte sich der braune Terror weiter. Speziell in Großstädten veranstalteten Polizei und SA-Hilfstrupps Razzien, in denen Kommunisten, Sozialdemokraten und andere denunzierte Personen festgenommen wurden.

Am 21. März trat der neue Reichstag in der Potsdamer Garnisonkirche zur feierlichen Eröffnung zusammen. Hitler setzte hier ein großes, symbolträchtiges Schauspiel, den „Tag von Potsdam", in Szene. Es sollte die Verbundenheit des neuen nationalsozialistischen Deutschland mit der alten preußisch-deutschen Tradition dokumentieren. In der mit Traditionsfahnen

der alten kaiserlichen Regimenter geschmückten Begräbniskirche Friedrichs des Großen verneigte sich der Reichskanzler, in dunklem Zivil gekleidet, ehrfurchtsvoll vor dem uniformierten Reichspräsidenten – ein Bild, das später als Reproduktion zahlreiche Wohnzimmerwände zieren sollte.

Das Ermächtigungsgesetz

Auf den Wogen der nationalen Euphorie getragen, vollendete Hitler zwei Tage später seinen nächsten Streich: Er legte dem Reichstag das Ermächtigungsgesetz vor. Die Verordnung sollte der Regierung für die Dauer von vier Jahren das Recht geben, Gesetze ohne Beteiligung der Legislative zu erlassen. SA- und SS-Einheiten hatten das Reichstagsgebäude hermetisch abgeriegelt. Das hinderte den Vorsitzenden der SPD, Otto Wels, jedoch nicht daran, die Unrechtshandlungen der NSDAP offen anzuprangern. Seine mutige Rede sollte das letzte freie Wort im Parlament der ersten deutschen Demokratie sein. Hitler gelang es, mit Zustimmung der bürgerlichen Parteien, die benötigte Zweidrittelmehrheit zu erhalten. Alle anwesenden SPD-Abgeordneten hatten die Selbstentmachtung des Parlaments abgelehnt, die Abgeordneten der KPD waren bereits verhaftet oder lebten im Untergrund.

Paul von Hindenburg

1847 Paul von Hindenburg wird am 2. Oktober als Sohn eines preußischen Offiziers und Gutsbesitzers in Posen geboren.

1870–1911 Erfolgreiche Militärlaufbahn, zuletzt als Kommandierender General in Magdeburg.

1914 Hindenburg übernimmt als Oberbefehlshaber die 8. Armee. Nach militärischen Erfolgen erhält er das Oberkommando über alle Truppen an der Ostfront.

1918 Er fordert sofortige Waffenstillstandsverhandlungen und rät Wilhelm II. zur Abreise nach Holland.

1925 Hindenburg wird zum Reichspräsidenten gewählt.

1932 Bei der Reichspräsidentenwahl setzt er sich mit der absoluten Mehrheit gegen Adolf Hitler durch.

1934 Hindenburg stirbt am 2. August in Neudeck bei Marienwerder.

Die politische Gleichschaltung während der Herrschaft der Nationalsozialisten begann schon in der Schule. Junge Menschen nahmen das rassistische Gedankengut unkritisch in sich auf.

Umsetzung einer Ideologie

Ab Frühjahr 1933 wurden nahezu alle Lebensbereiche einer erzwungenen Gleichschaltung unterworfen. Diese ideologische und organisatorische Ausrichtung aller politischen und gesellschaftlichen Institutionen, Verbände und schließlich jedes einzelnen Bürgers auf die Weltanschauung und Ziele des Nationalsozialismus sollte die Meinungsvielfalt rigoros beseitigen. Dazu wurden Verbände in riesige, der NSDAP angeschlossenen Einheitsorganisationen wie die Deutsche Arbeitsfront oder die NS-Volkswohlfahrt zwangsüberführt. In rasantem Tempo besetzten Angehörige der NSDAP wichtige Schlüsselpositionen im Staat. Im Zuge dessen wurden mithilfe des Gesetzes zur Wiederherstellung des Berufsbeamtentums vom 7. April 1933 politisch unzuverlässige oder jüdische Beamte entlassen und die freigewordenen Stellen zumindest teilweise mit Nationalsozialisten besetzt.

Der Röhm-Putsch

Von Teilen der SA wurde die uneingeschränkte Führerschaft Hitlers im Frühjahr 1934 allerdings infrage gestellt. An der Spitze der Kritiker aus den Reihen der SA stand deren Stabschef, der ehemalige Offizier Ernst Röhm. Vor allem er forderte eine zweite Revolution mit einer radikalen sozialen Umgestaltung. Seiner Vorstellung nach sollte die SA den Grundstock einer neu zu gründenden Volksmiliz bilden, in die auch die Reichswehr eingegliedert werden würde. Diese Ideen kamen der konservativen Reichswehrführung zu Ohren, die sich hilfesuchend direkt an Hitler wandte. Da Hitler zur Durchführung seiner Aufrüstungs- und Kriegsvorbereitungspläne auf die Generäle der Reichswehr angewiesen war, entschied er, die SA kurzerhand zu beseitigen. Dazu nahm er die von der SS geschürten Gerüchte über angebliche Putschpläne der SA-Führung zum Anlass, die gesamte oberste SA-Leitung während einer Führungstagung am 30. Juni 1934 verhaften und ohne Gerichtsverhandlung ermorden zu lassen. Im Zuge dieser Mordaktion wurden auch andere alte Widersacher Hitlers beseitigt. Nachträglich wurden die Morde durch ein vom Reichspräsidenten Hindenburg unterzeichnetes Gesetz als „Staatsnotwehr" für rechtens erklärt.

Die SA war nun für immer entmachtet, und der Aufstieg der SS als Eliteformation der NSDAP begann.

Hindenburg ist tot

Als am 2. August 1934 der Reichspräsident Paul von Hindenburg im Alter von 86 Jahren auf seinem Gut in Neudeck verstarb, konnte Hitler sein Vorhaben der „Machtergreifung" zu Ende bringen. Er ließ die Nachfolgefrage erst gar nicht aufkommen, sondern vereinigte das Amt des Reichspräsidenten mit dem des Reichskanzlers und übernahm es selbst. Er nannte sich fortan „Führer und Reichskanzler". Die Reichswehr leistete ihren Eid von nun an nicht mehr auf die Verfassung, sondern musste sich durch ein persönliches Treuegelöbnis an Hitler binden. Dieser war Staatsoberhaupt, Regierungschef, Oberbefehlshaber der Wehrmacht und Parteiführer in einer Person.

Hitlers Macht etabliert sich

Mit Entschlossenheit verfolgte Hitler nun seine rassistischen und militaristischen Ziele. Schrittweise wurden die Juden immer weiter an den Rand der Gesellschaft gedrängt. Einen ersten Höhepunkt stellten dabei die Nürnberger Gesetze von 1935 dar, die die Juden endgültig zu Bürgern minderen Rechtes machten. Im gleichen Jahr gründete Hitler die Wehrmacht und führte die allgemeine Wehrpflicht wieder ein. 1936 marschierte er im entmilitarisierten Rheinland ein und brach damit den Versailler Vertrag. Diese Maßnahmen wurden von groß angelegten Propagandaaktionen, allen voran den Olympischen Spielen, begleitet, die Hitlers wahre Absichten verharmlosen und das NS-Regime auch im Ausland in ein günstiges Licht rücken sollten.

Auch der Rundfunk diente schon bald der Nazipropaganda. Durch den erschwinglichen Volksempfänger waren fast alle Haushalte über das Radioprogramm zu erreichen.

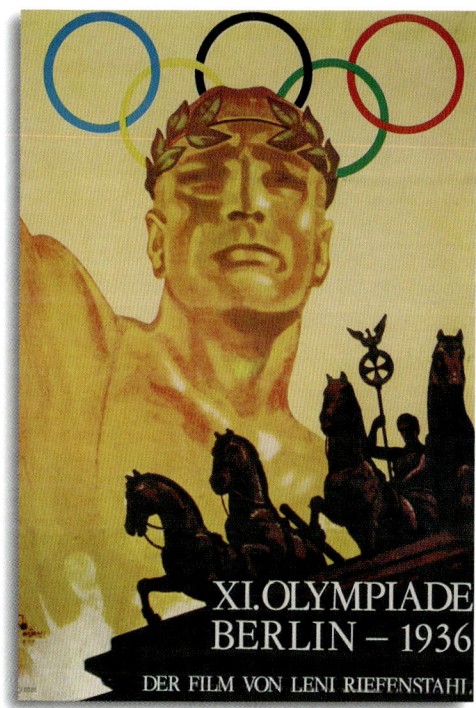

Das NS-Regime versuchte, die besorgten Regierungen in Moskau, London, Paris und Washington durch die weltoffen ausgetragenen Olympischen Spiele zu beruhigen.

Errichtung des ersten Konzentrationslagers

1933
20. MÄRZ

Auf dem Gelände einer stillgelegten Munitionsfabrik richteten die Nationalsozialisten ein Konzentrationslager für politische Gefangene ein, das KZ Dachau. Es wurde zum Muster für alle weiteren KZ.

„Arbeit macht frei" – die zynische Parole stand an der Eingangspforte zum ersten Konzentrationslager in Dachau, später auch an vielen anderen Lagern.

Die Häftlinge mussten selbst die Planierarbeiten für das neugeschaffene Lager ausführen. Die Arbeitsbedingungen waren von Beginn an unmenschlich.

„Die neue Heimat für 5000 kommunistische und sozialdemokratische Volksschädlinge", so zynisch kündigte eine Zeitung 1933 den Bau des ersten Konzentrationslagers (KZ) an. Als Standort für das Gefangenenlager war das Gelände einer ehemaligen Rüstungsfabrik nahe des Ortes Dachau bei München ausgewählt worden. Die Fabrik wurde bei einer Besichtigung als geeignet befunden, da sie über ausreichende Unterbringungsmöglichkeiten und eine hohe Schutzmauer mit Stacheldrahtzaun verfügte. Die Mauer erschwerte eine mögliche Flucht der Häftlinge, andererseits schirmte sie das Gelände vor den Blicken der Öffentlichkeit ab. Nach etwa einwöchigen Reparatur- und Umbauarbeiten verkündete Heinrich Himmler, zum damaligen Zeitpunkt kommissarischer Polizeipräsident von München, am 20. März 1933 die Errichtung des KZ Dachau.
Zwei Tage später trafen die ersten 150 Häftlinge auf dem Gelände ein. In den folgenden Jahren entwickelte sich das KZ Dachau zu einem Reservoir an kriegswichtigen Zwangsarbeitern und zu einer Ausbildungsstätte für die KZ-Aufseher der Schutzstaffel (SS). Aufbau und Lagerordnung wurden zum Vorbild für alle weiteren KZ der Nationalsozialisten.

Politische Gefangene

Die ersten Häftlinge im KZ Dachau waren politische Gefangene des NS-Regimes. Sie alle stammten aus den Münchner Gefängnissen Neudeck und Stadelheim sowie aus der Strafanstalt Landsberg am Lech. Größtenteils handelte es sich bei den Inhaftierten um Gewerkschafter, Angehörige der Kommunistischen Partei und Sozialdemokraten, teilweise auch um Mitglieder konservativer, liberaler oder monarchistischer Parteien, die sich der NSDAP entgegengestellt hatten. Vereinzelt waren darunter auch Juden, die aber ebenfalls als Regimekritiker inhaftiert worden waren. Noch diente das Lager nur der Ausschaltung politischer Gegner, rassistische Motive standen bei der Verhaftung und Internierung von unliebsamen Personen noch nicht im Vordergrund.

Tausende in Schutzhaft

Die rechtliche Grundlage für die Errichtung des KZ stellte die Reichstagsbrandverordnung vom 28. Februar 1933 dar. Danach konnten potenzielle Regierungsgegner ohne Anklage und ohne Vorlage von Beweisen in „Schutzhaft" genommen und auf unbestimmte Zeit festgesetzt werden. Bereits im März quollen die regulären Gefängnisse mit diesen Gefangenen regelrecht über. Dies machte die Einrichtung zusätzlicher Lager nötig. Nach der Inbetriebnahme des KZ Dachau und weiterer Konzentrationslager in ganz Deutschland wurden ungehindert tausende Personen verhaftet. Ende Juli 1933 befanden sich deutschlandweit bereits mehr als 26 000 Menschen in „Schutzhaft".

Zunächst stand das KZ Dachau unter dem Kommando der bayerischen Landespolizei. Am 11. April 1933 übernahm jedoch die SS die Leitung des Lagers. Damit verloren die Gefangenen endgültig ihre Rechte und waren fortan der Willkür und Gewalt ihrer neuen Bewacher ausgeliefert. Bereits einen Tag später gab es die ersten Toten im KZ: Drei Häftlinge waren von SS-Männern erschossen worden. Zunächst ermittelte in diesen Fällen die Münchner Staatsanwaltschaft, doch nach wenigen Monaten wurden die Verfahren eingestellt.

Eickes Regeln und willkürliche Strafmaßnahmen

Im Juli 1933 wurde Theodor Eicke zum Lagerkommandanten des KZ Dachau ernannt. Er stellte ein Organisationsschema für das Lager auf und arbeitete eine Disziplinar- und Strafordnung aus, die am 1. Oktober 1933 offiziell erlassen wurde. Auf Widerstand gegen das Wachpersonal und Fluchtversuche stand demnach die Todesstrafe. Ein abgestuftes System von Arreststrafen (8, 14, 21 oder 42 Tage) war für andere Vergehen gegen die Lagerordnung vorgesehen. Eicke führte außerdem die Prügelstrafe ein, bei der der Häftling über einen Holzbock gebunden wurde und die Schläge laut bis 25 mitzählen musste. Eickes Regeln wurden zum Vorbild für alle KZ, auch alle später errichteten Lager übernahmen sie mit nur leichten Abänderungen.

Wann und wie ein Häftling bestraft werden sollte, lag im Ermessen jedes einzelnen SS-Aufsehers. Willkürliche Dinge konnten zu einer Strafmeldung führen: ein abgerissener Knopf, ein Fleck auf dem Barackenboden oder eine falsche Antwort – alles wurde zum Anlass genommen, um die Häftlinge zu quälen. Neben den offiziellen Strafmaßnahmen wandte die SS noch weitere Methoden an, wie etwa das Straf-

exerzieren oder die sogenannte Freizeitarbeit. Besonders gefürchtet waren bei allen Häftlingen die Zählappelle. Dabei mussten die KZ-Insassen auf dem Appellplatz antreten, wo sie gezählt wurden. Je mehr sich das KZ füllte, desto länger dauerte die Prozedur. Fehlte eine Nummer, sprich ein Häftling, mussten alle anderen so lange stehen bleiben, bis der Fehlende gefunden war. Manchmal mussten die Gefangenen eine ganze Winternacht hindurch auf dem Appellplatz verharren. Selbst vor Kälte und Erschöpfung zusammengebrochene Häftlinge wurden nicht weggebracht.

Aufteilung des Geländes

Eicke war auch für die Einteilung des Lagers zuständig: Häftlings- und Kommandanturbereich wurden dabei streng voneinander getrennt. Das Häftlingslager war von einem Hochspannungszaun und Wachtürmen umgeben, die eine Flucht nahezu unmöglich machten. Es bestand aus 32 Wohnbaracken, einer Kantine sowie einer Arbeits- und zwei Revierbaracken, die man als Häftlingslazarett nutzte. Neben den Wohnblocks befand sich der Appellplatz. Daran schloss sich das Wirtschaftsgebäude an, dahinter lag der Bunker, in dem Arrest, Strafen und Erschießungen vollzogen wurden. Abseits des Häftlingslagers befanden

> „Dachau – die Bedeutung dieses Namens ist aus der deutschen Geschichte nicht auszulöschen."
>
> [Eugen Kogon, Publizist und KZ-Überlebender]

Kennzeichenliste

Alle Häftlinge des KZ Dachau mussten spezielle Abzeichen auf ihren Uniformen tragen, die ihren Gefangenenstatus kennzeichneten. Sie sollten dadurch bewusst gegeneinander ausgespielt werden. Das Grundsymbol war ein nach unten zeigendes Dreieck in einer bestimmten Farbe: rot stand für politische, grün für kriminelle Häftlinge, blau für Emigranten, rosa für Homosexuelle, schwarz für Asoziale, zu denen auch Sinti und Roma gerechnet wurden, und violett für die Zeugen Jehovas. Juden trugen einen gelben Davidstern. Weitere Sonderzeichen markierten z. B. Angehörige einer Strafkompanie oder Ausländer.

Ein Kommunist wird von Polizisten abgeführt. Solche Szenen spielten sich überall in Deutschland ab. Viele politische Gefangene kamen in das Konzentrationslager Dachau.

sich die Verwaltung des KZ und die Kasernen der SS, die dem Kommandanturbereich zugeordnet waren. Auch diese Einteilung wurde in anderen Konzentrationslagern weitgehend unverändert übernommen.

Selbstverwaltung der Häftlinge

Für die Organisation des Lagerlebens sollten die Häftlinge selbst sorgen. Die SS hatte dafür die Häftlingsselbstverwaltung eingeführt. Diese war streng hierarchisch organisiert. An der Spitze stand der Lagerälteste, der die Gefangenen gegenüber der SS zu repräsentieren hatte. An unterster Stelle der Hierarchie standen die Stubenältesten, die für Betteneinteilung, Sauberkeit und Ähnliches in ihrer Stube innerhalb der Häftlingsbaracke zuständig waren. Obwohl von der SS eingerichtet, konnte die Häftlingsselbstverwaltung helfen, die Lebensbedingungen der Mithäftlinge zu verbessern. Im KZ Dachau gelang es den zuerst inhaftierten politischen Gefangenen, alle wichtigen Positionen zu besetzen. So konnten kriminelle Häftlinge, die ab 1935 in das KZ gebracht wurden, keine Posten in der Selbstverwaltung erlangen. In einigen anderen KZ hatten Kriminelle derartige Positionen inne, die sie sehr oft dazu nutzten, um ihre Mithäftlinge zu schikanieren.

Bis 1935 waren Kriminelle in regulären Gefängnissen untergebracht gewesen. Sie wurden später bewusst von der SS in die Lager gebracht, um sie als Spitzel einzusetzen und die politischen Gefangenen öffentlich zu diskreditieren.

Bis ins Jahr 1938 dehnte sich der Personenkreis der KZ-Insassen immer weiter aus. Neben politischen und kriminellen Häftlingen wurden auch Geistliche, Homosexuelle, Zeugen Jehovas und vereinzelt auch die als „rassisch minderwertig" eingestuften Juden sowie Sinti und Roma nach Dachau gebracht. Nach der Reichspogromnacht brachte man infolge der großen Verhaftungswellen immer mehr Juden ins KZ Dachau. Das Lager wurde nun zu einem Instrument des nationalsozialistischen Rassenwahns.

Arbeitskraft umsonst

Das NS-Regime erkannte schnell, dass durch die KZ nicht nur Feinde unschädlich gemacht werden konnten, sondern dass sich dadurch auch ein Reservoir an kostenlosen Arbeitskräften auftat. Von Anfang an wurden die Häftlinge des KZ Dachau für den Unterhalt und die Bewirtschaftung des Lagers eingesetzt. Innerhalb des Lagers richtete man zusätzlich mehrere Handwerksbetriebe, wie eine Korbflechterei, eine Schreinerei und eine Kunstschmiede, ein. Daneben wurden einige Häftlinge Außenkommandos zugeteilt. Sie mussten in Kiesgruben, im Straßenbau sowie beim Torfstechen im nahen Moorgebiet hart arbeiten.

Die Zahl der Häftlinge stieg rasch an. Bereits 1937 musste das für 5000 Gefangene geplante Lager durch die Insassen selbst erweitert werden. Je mehr Häftlinge in Dachau aufgenommen wurden, desto stärker wurden sie auch zur Arbeit herangezogen. Diese fand meist unter menschenunwürdigen Bedingungen statt. Viele Insassen kamen so bei den Arbeitseinsätzen durch Entkräftung ums Leben. Für die SS wurde das KZ auf diese Weise zu einem bedeutenden wirtschaftlichen Faktor. Im Lauf der Zeit wurden immer mehr Außenlager errichtet, in denen die Inhaftierten unter katastrophalen Umständen Zwangsarbeit verrichten mussten. Bis Kriegsende entstanden insgesamt rund 170 solche Lager in Südbayern und Teilen Österreichs. Private Geschäftsleute konnten gegen ein geringes Entgelt die Häftlinge von der SS mieten und in ihrem Betrieb einsetzen. Mit Kriegsbeginn 1939 wurden die Gefangenen fast ausschließlich in der Rüstungsproduktion eingesetzt.

Anleitung zum Massenmord

Das KZ Dachau entwickelte sich daneben zu einem Schulungs- und Ausbildungszentrum für die SS-Wachmannschaften. Viele der SS-Männer, die später die Massenmorde in Vernichtungslagern wie Auschwitz verantworteten, waren zunächst in Dachau stationiert und lernten hier, die grausamen Ideologien der Nationalsozialisten in die Tat umzusetzen. Bei der Einweisung der SS-Mannschaften wurde wiederholt darauf hingewiesen, dass die Häftlinge mit äußerster Härte zu behandeln seien. Eicke betonte immer wieder, dass „jegliches Mitleid mit Staatsfeinden eines SS-Mannes unwürdig" sei. „Toleranz ist ein Zeichen von Schwäche", so lautete Eickes Leitspruch. Demütigungen, Folterungen und auch Erschießungen von Häftlingen gehörten daher zum Alltag in Dachau.

Immer mehr Konzentrationslager

Bereits im Jahr 1934 war ganz Deutschland mit Gefängnissen und noch relativ unorganisierten Konzentrationslagern übersät. Am 4. Juli 1934 wurde Theodor Eicke zum Inspekteur der Konzentrationslager und SS-Wachverbände ernannt. Er übertrug die in Dachau erprobten Organisationsformen und Regeln auf alle anderen Lager. Die Schikane der Häftlinge und die Ausnutzung ihrer Arbeitskraft wurden dadurch in ganz Deutschland institutionalisiert. In den neuen Lagern wurden die in Dachau ausgebildeten SS-Männer eingesetzt. In der Folgezeit entstanden weitere große Stammlager, die zu schrecklicher Berühmtheit gelangten. Dazu gehörten das KZ Sachsenhausen (1936), das KZ Buchenwald (1937) oder das KZ Neuengamme (1938). Genau wie das KZ Dachau verfügten sie über Außenlager, in denen die Häftlinge Zwangsarbeit verrichten mussten.

Noch mehr Grausamkeit

Nach Beginn des Zweiten Weltkriegs wurden neben den sieben bestehenden Hauptlagern im Reich insgesamt 22 neue Konzentrationslager im besetzten Europa errichtet. Seit 1942 unterstanden alle Lager dem Wirtschafts-Verwaltungshauptamt der SS. Die Parole lautete nun „Vernichtung durch Arbeit". Damit meinte man die Kriegsproduktion noch steigern zu können. An der rücksichtslosen Ausbeutung der KZ-Häftlinge beteiligten sich auch namhafte deutsche Industriekonzerne, die in der Nähe der Lager ihre Produktionsstätten unterhielten. Auch dem KZ Dachau waren Außenlager in Kaufering und Mühldorf zugeordnet, in denen in riesigen unterirdischen Fabriken vor allem Waffen, Flugzeuge und Raketen hergestellt wurden.

Je weiter der Krieg fortschritt, desto mehr wurde auch Dachau zu einer Stätte des Massenmordes. Sowjetische Kriegsgefangene und andere zur Exekution bestimmte Gefangene wurden hier erschossen, ihre Leichen anschließend in den Öfen des auch Baracke X genannten Krematoriums verbrannt. Die ebenfalls in der Baracke X eingerichtete Gaskammer wurde im Unterschied zu anderen Lagern nie in Betrieb genommen. Insgesamt starben im KZ Dachau mehr als 30 000 Menschen an Erschöpfung, Hunger, Krankheiten, Folter oder an den Folgen medizinischer Experimente.

Der spätere SPD-Vorsitzende Kurt Schumacher gehörte zu den zahlreichen prominenten Insassen des Lagers Dachau. Er verbrachte hier sieben lange Jahre.

Zwei der vier Verbrennungsöfen des 1942/43 errichteten Krematoriums im KZ Dachau. Die in der Baracke X befindlichen Öfen waren meist Tag und Nacht in Betrieb.

Die Reichspogromnacht – Auftakt des Staatsterrors

1938
9. NOVEMBER

Den Mord an einem deutschen Diplomaten nutzte das NS-Regime als Vorwand für eine gewaltsame Aktion gegen alle deutschen Juden. Damit erreichte die Judenverfolgung einen ersten Höhepunkt.

In der Nacht vom 9. auf den 10. November 1938 bot sich im ganzen Deutschen Reich ein Bild des Grauens: Überall wurden jüdische Einrichtungen zerstört, Synagogen in Brand gesteckt, Wohnungen jüdischer Bürger demoliert, Juden auf offener Straße verprügelt und sogar ermordet. Das nationalsozialistische Regime stellte die Vorgänge als eine spontane Entladung des „Volkszorns" und als „berechtigte und verständliche Empörung des deutschen Volkes" dar. In Wirklichkeit war die Gewalt jedoch staatlich organisiert. Die prügelnde Menge bestand zum Großteil aus Angehörigen der nationalsozialistischen Organisationen Sturmabteilung (SA) und Schutzstaffel (SS). Aufgrund der unzähligen zu Bruch gegangen Fenster- und Schaufensterscheiben bezeichnete das NS-Regime die Nacht später zynisch als Reichskristallnacht.

Niemand schreitet ein

Die Zivilbevölkerung reagierte unterschiedlich auf die Gewalt. An einigen Orten wurden die brutalen Aktionen von SA und SS von einer grölenden Menschenmenge unterstützt und bejubelt. Insgesamt beteiligten sich jedoch weit weniger Menschen an den Übergriffen, als von den nationalsozialistischen Drahtziehern erwartet. Zugleich setzten sich aber auch nur sehr wenige Menschen für ihre jüdischen Nachbarn ein und protestierten offen gegen die Gewalttätigkeiten. Die meisten reagierten eher passiv und hielten sich zurück, teils wohl aus Angst, selbst zum Opfer zu werden, teils, weil ein latenter oder auch offener Judenhass allgemein verbreitet war.

Inszenierung des Volkszorns

Der Anlass für das Pogrom, also die Ausschreitungen gegen die jüdische Bevölkerung, war der Tod des deutschen Diplomaten Ernst vom Rath. Am 7. November hatte der 17-jährige Herschel Grynszpan, der jüdischer Herkunft war, in der Pariser Botschaft auf vom Rath geschossen. Er wollte damit gegen die Abschiebung

Die Bielefelder Synagoge steht in Flammen. Wie hier brannten überall in Deutschland jüdische Gotteshäuser. Geschäfte wurden zerstört, Juden angegriffen und verhaftet.

seiner in Deutschland lebenden Eltern nach Polen protestieren. Zwei Tage später erlag der Diplomat seinen Verletzungen. Hitler und Reichspropagandaminister Joseph Goebbels, die sich anlässlich des Jahrestags des missglückten Hitler-Putsches in München aufhielten, zogen sich nach der Nachricht von der Ermordung vom Raths zu einer Besprechung zurück. Gegen 22 Uhr hielt Goebbels eine Hetzrede gegen das „internationale Judentum". Er stellte klar, dass Gewalt gegen Juden in dieser Nacht in keinem Fall behindert, sondern ausdrücklich erwartet wurde. Gegen 23 Uhr begannen SA und SS hierauf mit den Angriffen auf jüdische Einrichtungen und Privatwohnungen. Oft traten sie dabei in Zivil auf, da die NSDAP offiziell nichts mit den Ausschreitungen zu tun haben sollte. Polizei und Feuerwehr hatten zuvor die Anweisung erhalten, nur dann einzugreifen, wenn deutsches Eigentum in Gefahr war. So wurden brennende Synagogen nur gelöscht, wenn zu befürchten war, dass das Feuer auf umliegende Gebäude überspringen könnte.

Bilanz des Terrors

Die Gewaltaktionen hielten die ganze Nacht über an, teilweise bis zum Nachmittag des 10. November. In einigen Gebieten des Deutschen Reiches gab es sogar bis zum 13. November immer wieder Ausschreitungen gegen Juden. Die Bilanz der Gewalt war verheerend. Das NS-Regime bestätigte 91 Tote und 267 zerstörte Gottes- und Gemeindehäuser. Vermutlich starben aber allein in der ersten Nacht rund 400 Menschen. Insgesamt ist sogar von mehr als 1300 Toten als direkte Folge der Pogrome auszugehen. 7500 Geschäfte wurden demoliert, 1400 Synagogen und Gebetshäuser beschädigt oder ganz zerstört. Am 10. November wurden rund 30 000 männliche Juden verhaftet und in Konzentrationslager gebracht. Offiziell sollte dadurch die Ordnung im Deutschen Reich wiederhergestellt werden. Bei den Inhaftierten handelte es sich zumeist um wohlhabende junge Männer. Sie wurden größtenteils gegen hohe Geldzahlungen und das Versprechen, ins Ausland auszuwandern, wieder freigelassen. Das westliche Ausland reagierte bestürzt

auf die Pogromnacht. Die USA zogen ihren Botschafter aus Berlin ab. Ernsthafte diplomatische Konsequenzen hatten die Gewalttätigkeiten jedoch nicht.

„Arisierung"

Am 12. November hielten führende Mitglieder der NS-Regierung im Berliner Reichsluftfahrtministerium eine Besprechung ab. Dabei wurden sich die Funktionsträger des hohen wirtschaftlichen Schadens bewusst, der in der Reichspogromnacht entstanden war. Allein die Glasschäden an den Wohnhäusern beliefen sich auf 3 Mio. Reichsmark. Die Teilnehmer der Besprechung einigten sich schließlich darauf, der jüdischen Bevölkerung eine Kontributionszahlung von 1 Mrd. Reichsmark aufzuerlegen – die Opfer der Gewalt mussten somit selbst für die Beseitigung der Spuren aufkommen. Gleichzeitig wurde bei der Konferenz ein Katalog von Maßnahmen verabschiedet, mit dem die Juden endgültig aus dem gesellschaftlichen Leben ausgeschlossen werden sollten. Die neuen Regelungen waren eine konsequente Weiterführung der Nürnberger Gesetze von 1935, die die jüdische Bevölkerung aus der Volksgemeinschaft ausgeschlossen und zu Bürgern zweiter Klasse gemacht hatten. Schon damals mussten viele Bürger jüdischer Herkunft ihren Beruf aufgeben. Die Verordnung zur Ausschaltung der Juden aus dem deutschen Wirtschaftsleben vom 12. November 1938

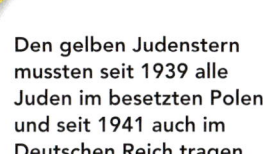

Den gelben Judenstern mussten seit 1939 alle Juden im besetzten Polen und seit 1941 auch im Deutschen Reich tragen.

Die Einrichtung von Gettos, hier in Warschau, war ein weiterer Schritt im menschenverachtenden Plan der Nationalsozialisten, alle Juden in Europa umzubringen.

Die Wannsee-Konferenz

Abschließend wurden die verschiedenen Arten der Lösungsmöglichkeiten besprochen, wobei (...) der Standpunkt vertreten wurde, gewisse vorbereitende Arbeiten im Zuge der Endlösung gleich in den betreffenden Gebieten selbst durchzuführen, wobei jedoch eine Beunruhigung der Bevölkerung vermieden werden müsse. Mit der Bitte des Chefs der Sicherheitspolizei und des SD an die Besprechungsteilnehmer, ihm bei der Durchführung der Lösungsarbeiten entsprechende Unterstützung zu gewähren, wurde die Besprechung geschlossen.

Auszug aus dem Protokoll der Wannsee-Konferenz am 20. Januar 1942

verbot Juden faktisch die Ausübung aller Berufe. Ab Januar 1939 wurden zudem alle jüdische Betriebe zwangsweise geschlossen, Wertgegenstände mussten zu Niedrigpreisen bei staatlichen Stellen eingetauscht werden, die Verkaufserlöse und das zurückgelassene Vermögen gingen direkt an das Deutsche Reich. Im Haushaltsjahr 1938/39 stammten mindestens 9 % der Reichseinnahmen aus sogenannten Arisierungserlösen. Am 15. November 1938 wurde jüdischen Kindern der Besuch von Schulen verboten, ab Dezember durften Juden nicht mehr Auto fahren.

Ähnlich wie in der Reichsprogromnacht regte sich auch gegen die „Arisierungsgesetze" in der deutschen Bevölkerung kaum bis kein Widerstand. Dies war wohl auch dem Umstand zu schulden, dass viele Menschen von der Gesetzgebung durchaus profitierten. Sie kamen auf diese Weise günstig an Häuser, Grundstücke, Schmuck, Wohnungseinrichtungen und andere Wertgegenstände und waren darüber hinaus auch die ungeliebte Konkurrenz auf beruflichem Gebiet los.

Massenflucht und Vertreibung

Die Reichspogromnacht und die zunehmende „Arisierung" aller gesellschaftlichen Bereiche verstärkte im Jahr 1939 noch einmal die Fluchtbewegung deutscher Juden ins Ausland. Die Zahl der Flüchtlinge stieg von 25 000 pro Jahr seit 1933 auf 80 000 an. Die Reichsregierung trieb die Emigration der jüdischen Bevölkerung weiter voran, auch durch die Einrichtung der Reichszentrale für jüdische Auswanderung am 24. Januar 1939.

Die meisten Flüchtlinge versuchten, nach Großbritannien oder in die USA zu gelangen. Doch auch die Auswanderung als solche war nicht unproblematisch: Da man den Juden in Deutschland ihr gesamtes Vermögen wegnahm und zudem eine hohe Auswanderungssteuer veranschlagte, kamen viele verarmt an ihrem Zufluchtsort an. Immer mehr Länder weigerten sich deshalb, jüdische Emigranten aufzunehmen, da die Flüchtlinge eine enorme wirtschaftliche Belastung darstellten. Die Fluchtbewegung führte daher auch zu außenpolitischen Spannungen. Im Oktober 1941 verbot das NS-Regime schließlich allen Juden im Deutschen Reich und in den besetzten Gebieten die Auswanderung. Das Regime hatte nun andere, sehr viel grausamere Pläne.

Wenn die Deportierten am Bahnsteig in Auschwitz ausstiegen, wurden sie in zwei Gruppen geschieden: in die Arbeitsfähigen und jene, die man sofort ermordete.

Gettoisierung der Juden

Mit dem Einmarsch der Wehrmacht in Polen im September 1939 hatte sich die Judenpolitik des NS-Regimes zunehmend radikalisiert. Im besetzten Polen waren 2,5 Mio. Juden unter deutsche Herrschaft gekommen. Von Anfang an ging die SS gnadenlos gegen sie vor. Es kam immer wieder zu Massenerschießungen und Hinrichtungen. Im Oktober 1939 begann das NS-Regime, separate Wohnbezirke, sogenannte Gettos, in den größeren polnischen Städten zu errichten. Dort wurde die jüdische Bevölkerung unter katastrophalen Lebensbedingungen zusammengepfercht. Zuvor wurden die Menschen enteignet. Im Lauf der Zeit wurden immer mehr Juden in die Gettos deportiert, sodass Hunger und Krankheiten zur ständigen Bedrohung wurden. Ab 1941 entstanden auch in der besetzten Sowjetunion Gettos. Durch Massenerschießungen, Zwangsarbeit und die furchtbaren Lebensumstände kamen in den Gettos etwa 750 000 Menschen um.

Die Wannsee-Konferenz

Am 31. Juli 1941 erteilte Hitler schießlich den Befehl, die „Endlösung der Judenfrage" – wie er den geplanten Völkermord nannte – vorzubereiten. Das Ziel des NS-Regimes war nun nicht mehr nur die Vertreibung, sondern die Ausrottung aller europäischer Juden. Mit der Durchführung wurde der Chef des Reichssicherheitshauptamts, Reinhard Heydrich, beauftragt. Heydrich lud für den 20. Januar 1942 führende Partei- und SS-Funktionäre in die Villa „Am Großen Wannsee 56–58" ein, um die Organisation des Massenmords zu koordinieren. Gesprochen wurde dabei stets nur von der „Endlösung", wie das Protokoll der Wannsee-Konferenz belegt – die Worte „Vernichtung" oder „Ermordung" sind dort nicht zu lesen. Keiner der anwesenden Funktionäre widersprach den grausamen Plänen, diskutiert wurden lediglich logistische Details. Im Anschluss an die Wannsee-Konferenz wurden die jüdischen Gettos zu reinen Durchgangsstationen umfunktioniert. Überall aus dem besetzten Europa wurden Juden zunächst dorthin deportiert, bevor sie in den osteuropäischen Vernichtungslagern ermordet wurden.

Vernichtungslager

Zeitgleich mit den Gettos hatte das NS-Regime in Osteuropa zahlreiche KZ geschaffen. Einige davon wurden nun, nachdem die „Endlösung" beschlosse Sache war, zu reinen Vernichtungslagern umgestaltet, so etwa die Lager in Belzec, Sobibor, Chelmno, Majdanek und Treblinka.

Das bekannteste und größte dieser Lager war das KZ Auschwitz. Neben den Hauptlagern, in denen die Inhaftierten Zwangsarbeit leisten mussten, waren dort ab 1941 auch Bereiche eingerichtet worden, die allein der Vernichtung von Menschenleben dienten. In Gaskammern, die als Duschen getarnt waren, wurden die wehrlosen Opfer mit dem Giftgas Zyklon B ermordet. Ab 1943 starben auf diese Weise 2000 bis 3000 Menschen am Tag. In völlig überfüllten Güterzügen kamen täglich neue Häftlinge an, die zunächst am Eingang auf der berüchtigten Rampe „selektiert" wurden. Wer als arbeitsfähig eingestuft wurde, musste zunächst für die in Auschwitz ansässigen Betriebe Zwangsarbeit verrichten. Ungefähr drei Viertel aller Neuankömmlinge wurden jedoch sofort in den Gaskammern ermordet.

Aufstand im Getto

Im Zuge der „Endlösung" wurden allmählich auch die Gettos geräumt. Alle Juden sollten in Konzentrationslager abtransportiert werden. Doch die deutschen Behörden hatten nicht mit dem massiven Widerstand gerechnet, der sich im April 1943 im Warschauer Getto regte. Über Wochen widersetzte sich die schlecht ausgerüstete, aus verschiedenen jüdischen Parteien und Gruppierungen gebildete Untergrundorganisation Zydowska Organizacja Bojowa (ZOB) den deutschen Truppen unter SS-General Jürgen Stroop. Erst durch die Niederbrennung des gesamten Gettos gelang es der SS, den Aufstand am 16. Mai 1943 niederzuschlagen. Das Getto wurde danach komplett zerstört, fast alle Insassen in die Vernichtungslager Treblinka und Majdanek oder in eines der vielen Zwangsarbeitslager verschleppt, wo sie bis auf wenige Ausnahmen umkamen. Bis August 1944 waren dann sämtliche Gettos aufgelöst.

Endlich befreit!

Als die Rote Armee im Lauf des Jahres 1944 immer weiter nach Westen vorstieß, wollte das NS-Regime alle Spuren des Massenmords beseitigen. Am 1. November befahl der Reichsführer SS, Heinrich Himmler, die Vergasungen in Auschwitz einzustellen und die Gaskammern zu sprengen. Die noch verbliebenen Häftlinge wurden in den Westen gebracht. Als die Rote Armee am 27. Januar 1945 das Lager Auschwitz befreite, fand sie nur mehr 7500 Häftlinge vor. Auch aus anderen KZ wurden die Häftlinge abtransportiert oder auf lange Todesmärsche geschickt. Dabei kamen in den letzten Kriegswochen erneut Tausende ums Leben. Insgesamt starben ungefähr 6 Mio. Juden.

> *Die Nacht vom 9. auf den 10. November 1938 gehört zu den beschämendsten Momenten der deutschen Geschichte.*
>
> [Bundespräsident Roman Herzog am 60. Gedenktag der Reichsprogromnacht]

Den russischen Befreiern des Konzentrationslagers Auschwitz zeigten sich Bilder größten Leides. Viele Überlebende kämpften zeit ihres Lebens mit den Erinnerungen.

Adolf Hitlers Truppen marschieren in Wien ein

1938
15. MÄRZ

Über 100 000 Menschen jubelten freiwillig oder bestellt Adolf Hitler auf dem Wiener Heldenplatz zu und zeigten dem deutschen Diktator so ihre Begeisterung über den Anschluss Österreichs.

Mit einer großen Parade der Wehrmacht ließen sich die neuen Machthaber in Wien feiern. Teile der Bevölkerung begrüßten den Anschluss.

Als Adolf Hitler am Vormittag des 15. März 1938 einer Kundgebung zu Ehren seiner Person auf dem geschichtsträchtigen Wiener Heldenplatz beiwohnte und zahlreiche Truppen an dem Reichskanzler des Deutschen Reiches vorbeimarschierten, verkündete der neue österreichische Bundeskanzler Arthur Seyß-Inquart: „Österreich ist ein Land des Deutschen Reiches." Doch erst Hitler selbst löste mit seiner Ansprache wahre Begeisterungsstürme bei den Zuhörern aus. Er proklamierte: „Als Führer und Kanzler der deutschen Nation und des Reiches melde ich vor der Geschichte nunmehr den Eintritt meiner Heimat in das Deutsche Reich!"

Der Anschluss Österreichs

Auf Druck der deutschen Nationalsozialisten wurde zunächst eine Volksabstimmung über ein unabhängiges Österreich, die der österreichische Bundeskanzler Kurt von Schuschnigg für den 13. März 1938 angesetzt hatte, verschoben. Daraufhin trat Schuschnigg am 11. März zurück. Sein Nachfolger wurde der nationalsozialistische und mit dem Deutschen Reich sympathisierende Innenminister Arthur Seyß-Inquart, der prompt einen fingierten Hilferuf an den Nachbarstaat sandte, um – wie er meinte – die öffentliche Ordnung garantieren zu können. Hitler ließ sich nicht lange bitten und unterzeichnete noch am selben Tag den Einmarschbefehl für die Truppen der Wehrmacht, die am 12. März in Linz und bis zum folgenden Tag in Wien eintrafen. Am 13. März 1938 besiegelte die Führung des Deutschen Reiches schließlich mit einem Gesetz offiziell die völkerrechtliche Eingliederung Österreichs in das Deutsche Reich.

Manipulierte Volksabstimmung

Sozusagen über Nacht war das Deutsche Reich um 14 000 km² größer geworden. Nun galt es, dem Anschluss Österreichs im Nachhinein eine demokratische Legitimation zu verpassen. Wie es in der Zeit des Nationalsozialismus häufig praktiziert wurde, geschah dies durch eine Volksabstimmung, die am 10. April 1938 abgehalten wurde. Doch das Ergebnis war im Grunde kaum aussagekräftig, obwohl es eine Zustimmung von 99,73 % in Österreich und 99,01 % im Deutschen Reich gab. Die Aufzeichnungen von Zeitgenossen relativieren allerdings die auf den ersten Blick scheinbar so eindeutigen Zahlen. So schrieb Josepha von Koskull in ihrer Autobiografie, dass sie ihre Urlaubsreise nur fortsetzen durfte, nachdem

sie an der Abstimmung teilgenommen hatte. Dabei wies sie ein Angehöriger der NSDAP ausdrücklich darauf hin, dass sie ihr Kreuz bei „Ja" machen solle. Frau von Koskull ging aber dennoch in die Wahlkabine und schrieb, in vollem Bewusstsein, dass ihr Stimmzettel dadurch ungültig werden würde, ein „derbes Schimpfwort" auf das Stück Papier. Sie begründete dies resigniert damit, dass ein „Nein" das Ergebnis nicht verändert hätte, da die Wahlresultate bereits vorher ausgerechnet gewesen seien.

Streitobjekt Tschechoslowakei

Schon seit 1936 beteiligte sich Deutschland mit der Luftwaffenformation „Legion Condor" aufseiten der Faschisten am Spanischen Bürgerkrieg, was die außenpolitische Aggressionsbereitschaft der Nationalsozialisten demonstrierte. Die jetzt nur sehr leise vorgetragenen Proteste der übrigen europäischen Mächte gegen die Annexion Österreichs bestätigten Hitler in seinem Bestreben nach einem schnellen weiteren territorialen Zuwachs für das Deutsche Reich. Unter der Parole „Heim ins Reich" schürte der Diktator über einen aufwendigen Propagandafeldzug die Spannungen zwischen der deutschen Minderheit in den Sudetengebieten und der tschechoslowakischen Bevölkerung.

Aus Angst vor einem erneuten Krieg stimmten Großbritannien und Frankreich am 29. September 1938 dem Münchner Abkommen zu. Die Vermittlerrolle hatte dabei das faschistische Italien übernommen. Durch das Abkommen wurde die Tschechoslowakei, die selbst nicht an den Verhandlungen teilnehmen durfte, gezwungen, ein Viertel ihres Staatsgebiets an das Deutsche Reich abzutreten! Dies war der vorläufige Höhepunkt der sogenannten Appeasement-Politik, der vor allem vom britischen Premierminister Neville Chamberlain

Zur hiſtoriſchen Begegnung   29. Septbr. 1938 in München

betriebenen Beschwichtigungsstrategie gegenüber Deutschland. Zwar ließen sich Großbritannien und Frankreich im Zuge des Abkommens zumindest den Bestand des tschechoslowakischen Reststaats garantieren, doch auch diese Zusicherung wurde mit dem Einmarsch deutscher Truppen in Prag am 15. März 1939 hinfällig.

Kriegsvorbereitung

Nach der Zerschlagung der Tschechoslowakei gab sich Hitler vorübergehend zufrieden und verlagerte den Schwerpunkt seiner außenpolitischen Bemühungen auf Italien und die Sowjetunion. Er ging am 22. Mai 1939 den sogenannten Stahlpakt mit dem ebenfalls faschistischen Regime Benito Mussolinis ein. In dem Abkommen sicherten sich Deutschland und Italien im Falle eines Angriffskriegs gegenseitige Hilfe zu.

Doch auch mit dem ideologischen Gegner Stalin konnte sich Hitler auf einen gemeinsamen Nenner verständigen. Er ließ Außenminister Ribbentrop am 23. August 1939 den deutschsowjetischen Nichtangriffspakt, auch Hitler-Stalin-Pakt genannt, unterzeichnen.

Wie sich bald herausstellte, sollte Polen das Opfer dieser, vom Rest der Welt für vollkommen unmöglich gehaltenen Zusammenarbeit werden.

Im Münchner Abkommen trotzte Hitler Großbritannien und Frankreich das Sudetenland ab. Die Appeasement-Politik verfehlte aber ihr Ziel, denn wenig später wurde ganz Tschechien annektiert.

In einem Album mit der Aufschrift „Legion Condor" sammelten deutsche Soldaten ihre Erinnerungen an den Spanischen Bürgerkrieg. Die Nazis unterstützten dort die Putschisten unter Franco.

Der Überfall auf Polen führt zum Zweiten Weltkrieg

1939
1. SEPTEMBER

Wenige Tage nachdem die deutsche Wehrmacht in Polen einmarschiert war, erklärten Großbritannien und Frankreich dem Deutschen Reich den Krieg. Hitler hatte damit den Zweiten Weltkrieg ausgelöst.

> *Mit seinem feigen Überfall auf Polen trieb das nationalsozialistische Deutschland Europa und die Welt in eine Katastrophe.*
>
> [Bundestagspräsident Wolfgang Thierse, 1. September 2002]

Der Zweite Weltkrieg begann in den frühen Morgenstunden: Am 1. September 1939 feuerte das deutsche Kriegsschiff „Schleswig-Holstein" gegen 4.45 Uhr die ersten Kanonenschüsse auf polnische Befestigungsanlagen vor der Freien Stadt Danzig ab. Zeitgleich marschierten 57 Divisionen der Wehrmacht, rund 1 Mio. Soldaten, über die Westgrenze in Polen ein. Obwohl die Zeichen schon längere Zeit auf Krieg gestanden hatten, kam der Angriff für die Polen überraschend. Das polnische Heer war ungenügend vorbereitet und hatte den technisch und zahlenmäßig überlegenen Deutschen nur wenig entgegenzusetzen.

Hitlers Rechtfertigung

Gegen 10 Uhr trat Hitler in der Berliner Krolloper vor die Mitglieder des Reichstags und verkündete den Kriegsbeginn mit folgenden Worten: „Seit 5.45 Uhr wird jetzt zurückgeschossen. Seither wird Bombe mit Bombe vergolten." Er stellte den Angriff als Abwehrmaßnahme dar. Da die Stimmung im deutschen Volk, anders als

zu Beginn des Ersten Weltkriegs, eher gedrückt war, vermied Hitler das Wort „Krieg" bewusst. Vielmehr sprach er von einer „Strafaktion" gegen Polen, die aufgrund angeblicher Grenzverletzungen notwendig gewesen sei. Bei diesen Grenzverletzungen hatte es sich jedoch um gezielte Propagandaaktionen der Nationalsozialisten gehandelt. Eine davon war erst einen Tag zuvor geschehen: Ein Kommando der SS hatte, als polnische Widerstandskämpfer getarnt, den grenznahen deutschen Sender Gleiwitz überfallen. Dieser angebliche polnische Übergriff wurde von Hitler als Vorwand für seinen Feldzug benutzt.

Kriegserklärungen ohne Folgen

Großbritannien und Frankreich, die Polen ihre Unterstützung im Falle eines deutschen Angriffs zugesagt hatten, ließen sich jedoch von Hitlers Verschleierungstaktik nicht täuschen. Sie stellten dem Führer ein Ultimatum, in dem sie verlangten, Deutschland solle sofort seine Truppen aus Polen zurückziehen. Als Hitler nicht rea-

Zu Beginn des Polenfeldzugs beschoss das deutsche Kriegsschiff „Schleswig-Holstein" am Morgen des 1. September 1939 die Westerplatte bei Danzig.

Der Sender Gleiwitz

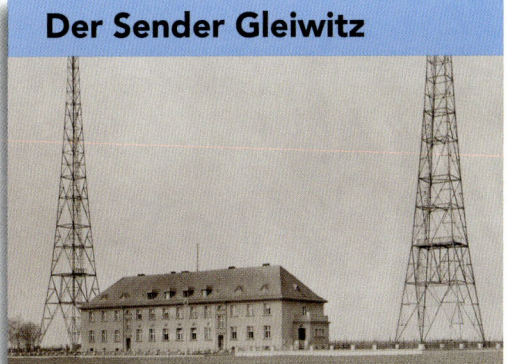

In den Abendstunden des 31. August 1939 führte der SS-Sturmbannführer Alfred Naujocks einen fingierten Überfall auf den nahe der polnischen Grenze gelegenen deutschen Rundfunksender Gleiwitz durch. Anschließend wurde über den Sender eine „Botschaft zur Befreiung aller Polen" verlesen. Der Vorfall sollte auf diese Weise polnischen Untergrundkämpfern in die Schuhe geschoben werden. Gleichzeitig diente er als Anlass für den deutschen Angriff auf Polen am folgenden Tag.

gierte, erklärten beide Länder dem Deutschen Reich am 3. September den Krieg. Doch blieb dies vorläufig ein symbolischer Akt, denn keines der Länder startete eine Militäraktion.

Hitler hatte daher Erfolg mit seiner Blitzkriegstrategie. Panzer und motorisierte Infanterie überrollten keilförmig die polnische Armee, die sich wegen ihrer veralteten Ausrüstung nicht wehren konnte. Bereits am 8. September waren sämtliche polnischen Verteidigungslinien überrannt. Polens Widerstand war endgültig gebrochen, als am 17. September die Rote Armee von Osten her einrückte. Im Rahmen des Hitler-Stalin-Paktes hatten Deutschland und die Sowjetunion nicht nur ein gegenseitiges Nichtangriffsabkommen geschlossen, sondern in einem geheimen Zusatzprotokoll auch die Aufteilung Osteuropas untereinander vereinbart.

Die Aufteilung Polens

Am 27. September war Warschau erobert, schon einen Tag später ergab sich der Rest der polnischen Armee bei Modlin. Am 6. Oktober wurden auch die letzten versprengten polnischen Soldaten besiegt – die von Hitler „Fall Weiß" genannte Eroberung Polens war damit abgeschlossen. Bereits am 28. September hatten Deutschland und die Sowjetunion einen Grenz- und Freundschaftsvertrag geschlossen, in dem

Polen entsprechend der vorher getroffenen Vereinbarungen aufgeteilt worden war. Dabei erhielt Deutschland den industrialisierten westlichen Teil. Weite Teile davon wurden als Reichsgaue Danzig-Westpreußen und Wartheland direkt dem Deutschen Reich unterstellt. Der Rest des besetzten Gebiets wurde zum Generalgouvernement erklärt. Das dortige Besatzungsregime unter Generalgouverneur Hans Frank plünderte das Land aus und beging grausame Verbrechen an der Zivilbevölkerung.

Der Polenfeldzug war für Hitler ein großer Erfolg. Die deutschen Verluste waren mit rund 11 000 Toten und 30 000 Verwundeten relativ gering. Die Polen hingegen mussten bereits im Oktober 1939 70 000 Tote und 133 000 Verwundete beklagen, darüber hinaus waren rund 700 000 polnische Soldaten in deutsche Kriegsgefangenschaft geraten.

Unternehmen Weserübung

Nach der raschen Eroberung Polens wollte sich Hitler gegen Frankreich wenden. Doch die norwegischen Faschisten wiesen darauf hin, dass eine Besetzung der norwegischen Häfen durch die Briten kurz bevorstünde. Das hätte wiederum bedeutet, dass die Deutschen von der kriegswichtigen Erzzufuhr aus Schweden abgeschnitten gewesen wären. Hitler ließ daher unter dem Namen „Weserübung" ab Dezember 1939 eine Invasion Norwegens und Dänemarks vorbereiten. Am 9. April 1940 landeten schließlich deutsche Kriegsschiffe an strategisch wichtigen Landungsköpfen in Norwegen und auf einigen dänischen Inseln. Deutsche Diplomaten erklärten der dänischen und norwegischen Regierung, es handele sich dabei um eine Art bewaffneten Schutz. Beide Länder wurden aufgefordert, die Deutschen als Schutzmacht zu akzeptieren. Während sich der dänische König Christian X. ergab, rief der norwegische König Haakon VII. zum Widerstand auf. Bis 8. Juni wehrten sich norwegische Einheiten mit Unterstützung alliierter Truppen gegen die deutsche Besatzung, dann kapitulierte auch Norwegen. Beide Länder wurden abhängige Vasallenstaaten. Zwar war die Erzzufuhr aus Schweden damit sichergestellt, doch die deutsche Flotte hatte ein Drittel ihrer Schiffe verloren.

Der Westfeldzug

Immer wieder verschob Hitler die geplante Offensive gegen Westen. Ziel war es, Frankreich möglichst schnell zu erobern und die Briten dadurch zu einer Allianz mit Deutschland zu zwingen. Am 10. Mai 1940 startete der „Fall Gelb", der Einmarsch deutscher Truppen in die

In der Berliner Krolloper verkündete Adolf Hitler den Beginn des Krieges. Anlass war der fingierte Angriff auf den deutschen Sender Gleiwitz.

Deutsche Luftangriffe richteten in England verheerende Schäden an, so 1940 in den Stadtvierteln rund um die St. Paul's Cathedral in London.

An der Ostfront begann 1941 der Krieg gegen die Sowjetunion. Zunächst reihte sich Erfolg an Erfolg, sodass die deutsche Armee bald in die Nähe Moskaus gelangte.

neutralen Staaten Belgien, Luxemburg und die Niederlande. Bis Ende Mai waren diese Länder erobert, Anfang Juni konnte dann die zweite Phase des Westfeldzugs beginnen: der „Fall Rot", die Eroberung Frankreichs. Die deutschen Truppen rückten rasch an die Seine und an die Marne vor. Auch Frankreich konnte Hitlers Blitzkriegstrategie nicht standhalten und wurde in wenigen Tagen überrannt. Bereits am 14. Juni marschierten deutsche Truppen in der Hauptstadt Paris ein.

Französische Kapitulation

Am 22. Juni unterzeichnete die französische Regierung die Kapitulation. Die Deutschen hatten dafür einen symbolträchtigen Ort gewählt: den Eisenbahnwaggon im Wald von Compiègne, in dem Deutschland nach dem Ersten Weltkrieg das Waffenstillstandsabkommen hatte unterzeichnen müssen. Im

jetzigen Vertrag wurde die Besetzung Nordfrankreichs entlang der Kanal- und Atlantikküste bis zur spanischen Grenze festgelegt. Das restliche Frankreich erhielt eine neue Regierung in Vichy, die eng mit dem NS-Regime zusammenarbeitete.

Luftschlacht um England

Die rasche Eroberung Frankreichs war zwar ein Triumph für Hitler, doch seine Hoffnung, die Briten dadurch auf seine Seite zu ziehen, erfüllte sich nicht. Im Gegenteil: Der im Mai 1940 neu gewählte britische Premierminister Winston Churchill vertrat, anders als sein Vorgänger, einen harten Kurs gegen Deutschland. Hitlers Hauptziel war von Anfang an die Eroberung Osteuropas, insbesondere der Sowjetunion, gewesen. Doch als Churchill seine Kooperationsangebote wiederholt ausschlug, wollte er auch Großbritannien einnehmen. Hitler hoffte, durch massive Luftschläge einen Kompromissfrieden erzwingen zu können. Am 13. August 1940 begannen die deutschen Luftangriffe auf England. Doch die britische Regierung ließ sich nicht zur Kapitulation zwingen. Zudem waren die deutschen Kampfflugzeuge der britischen Flugabwehr deutlich unterlegen, sodass die Deutschen erstmals große Verluste hinnehmen mussten. Die Pläne einer Invasion der britischen Insel wurden schließlich ab Herbst 1940 aufgegeben, ein Großteil der Flugzeuge an die Ostfront verlegt. Dennoch ging die Luftschlacht gegen Großbritannien weiter. So kam es am 14. November 1940 zur nahezu vollständigen Zerstörung der Stadt Coventry.

Balkanfeldzug

Nach der gescheiterten Invasion Großbritanniens lenkte Hitler seine Aufmerksamkeit zunächst Richtung Südosteuropa. Truppen des faschistischen Bündnispartners Italien waren im Oktober 1940 in Griechenland einmarschiert, aber von der griechischen Armee zurückgedrängt worden. Die Briten hatten daraufhin begonnen, in Griechenland, insbesondere auf der Insel Kreta, Stützpunkte einzurichten, was die deutschen Eroberungspläne im Osten gefährdete. Deutschland beschloss daher, den Italienern zu Hilfe zu kommen. Als es zur gleichen Zeit in Jugoslawien zu einem antifaschistischen Putsch kam, wollte Hitler auch dieses Land zerschlagen.

Am 6. April 1941 überfielen deutsche Truppen die jugoslawische Armee, am 17. April kapitulierte das Land. Nach der Eroberung Jugoslawiens zog die deutsche Wehrmacht weiter nach Griechenland, dessen Kapitulation am 21. April erfolgte. Der Kampf mit den Briten um die Insel Kreta zog sich jedoch bis 1. Juni hin und war für beide Seiten sehr verlustreich. Hitler hatte zwar sein Ziel erreicht, die Briten aus dem Mittelmeer zu vertreiben, doch die Deutschen wurden auf dem Balkan immer wieder in aufreibende Partisanenkämpfe verwickelt.

Weiter nach Osten

Der Hitler-Stalin-Pakt war von Anfang an nur ein reines Zweckbündnis gewesen. Hitlers erklärtes Ziel war die „Auslöschung des jüdisch-bolschewistischen Feindes" im Osten und die Eroberung von „Lebensraum für die Deutschen", wie es in der Polemik der Nationalsozialisten hieß. Am 22. Juni 1941 wurde der einstige Bündnispartner Sowjetunion angegriffen. Rund 3 Mio. deutsche Soldaten, 3600 Panzer und 600 000 Fahrzeuge waren daran beteiligt, zudem 600 000 Soldaten aus verbündeten oder eroberten Nationen. Zunächst kam die Wehrmacht

rasch voran. Sie ging dabei mit großer Grausamkeit gegen die Zivilbevölkerung vor. Bis Ende 1941 fielen etwa 500 000 Menschen den Massenerschießungen durch die SS zum Opfer. Ursprünglich war für August 1941 die Eroberung Moskaus vorgesehen, doch Hitler schickte seine Truppen zunächst Richtung Krim, sodass die russische Hauptstadt erst im Oktober erreicht wurde. Bald machten Schlamm und erste Schneefälle den deutschen Truppen schwer zu schaffen. Am 5. Dezember 1941 startete die Rote Armee eine groß angelegte Gegenoffensive, die Deutschen mussten sich zurückziehen. Das Kriegsgeschick wendete sich allmählich gegen Deutschland. Der Kriegseintritt der USA im Dezember 1941 machte auch die Lage im Westen immer prekärer.

Die Propaganda richtete sich auch an die Angehörigen der Soldaten. Ein Flugblatt hielt Soldatenfrauen dazu an, immer nur Positives aus der Heimat zu berichten.

Verzagte Briefe schreibt man nicht: Die Front erwartet Zuversicht!

① Wenn ihr verärgert durch den Alltag geht und alles mal in trübem Lichte seht, wenn Kummer euch umflort und auch das Morgen verzagt euch macht mit seinen Mühn und Sorgen,

② Wenn auch die Träne mal im Auge steht und euch vor Unmut alle Lust vergeht, so hütet euch, ihr Mädchen und ihr Frauen, dies einem Feldpostbrief anzuvertrauen.

③ Der nächste Tag hat vieles schon bereinigt, ihr habt mit eurem Dasein euch geeinigt, habt euch mit eurer Nachbarin vertragen, jedoch der Brief ist fort mit euren Klagen.

④ Dem Mann da draußen, der sich drauf gefreut, bereitet er statt Frohsinn Sorg und Leid. Was ihr inzwischen längst schon überwunden, schafft ihm, der hart am Feind steht, dunkle Stunden.

Drum unterlaßt im Frontbrief euer Klagen, beschwert ihn nicht mit Alltagsnot und Zagen und werft nicht Feldpostbriefe in den Kasten, die auf dem Kämpfenden wie Alpdruck lasten.

Tiefdruck: Dr. Güntz-Druck Dresden

Die Schlacht von Stalingrad – Wende im Zweiten Weltkrieg

1942

Ein halbes Jahr lang lieferten sich die Wehrmacht und die Rote Armee eine heftige Schlacht um die Stadt Stalingrad. Schließlich siegten die Russen. Für Hitler war die Niederlage der Anfang vom Ende.

Die russische Großstadt Stalingrad rückte im Sommer 1942 in den Mittelpunkt des Kriegsgeschehens: Durch eine Großoffensive an der Ostfront wollte Hitler eine Entscheidung im Kampf gegen die Sowjetunion erzwingen. Mit dem Unternehmen sollten gleichzeitig die Kaukasusregion mit ihren Ölfeldern und die Wolgaregion mit dem Verkehrs- und Rüstungszentrum Stalingrad eingenommen werden. Am

> *Stalingrad – das war kein Heldenkampf. Das war gemeiner Völkermord! Und keiner, der überlebte, wird sich als Held fühlen.*
>
> [Hellmut Hoffmann, Stalingrad-Überlebender, 2003]

Die Soldaten beider Seiten, wie diese beiden Rotarmisten, beschossen sich im Häuserkampf in der bereits völlig zerstörten Innenstadt Stalingrads.

23. August 1942 begannen daraufhin 250 000 deutsche und 30 000 verbündete Soldaten mit dem Großangriff auf Stalingrad. Mitte November hatten sie fast die ganze Stadt erobert – mehr als 40 000 Einwohner waren dabei umgekommen. Doch die Entscheidung war noch längst nicht gefallen.

Kesseltreiben

Den sowjetischen Soldaten gelang es, die Deutschen in Stalingrad in zermürbende Häuserkämpfe zu verwickeln. Diese verschlissen die Kräfte der deutschen Armee und dezimierten sie zusehends. Als Ende Oktober Schnee zu fallen begann und die Temperaturen deutlich unter null Grad absanken, erfroren zahlreiche Soldaten aufgrund der ungenügenden Ausrüstung. Die Rote Armee hatte unterdessen rund 1 Mio. Soldaten für eine Gegenoffensive an Stalingrad herangeführt. Diese begann am 19. November 1942. Die Russen schafften den Durchbruch durch die feindlichen Linien westlich der Stadt. Sie schnitten dadurch die in Stalingrad stationierte 6. Armee unter Generalleutnant Friedrich Paulus vom Nachschub und der Möglichkeit eines Rückzugs ab. Paulus befürchtete, nun in Stalingrad eingeschlossen zu werden, und bat Hitler um den Befehl, aus der Stadt ausbrechen zu dürfen. Hitler untersagte dies jedoch – er hatte Stalingrad zum Symbol des deutschen Kampfeswillen erklärt. Am 25. November wurde die 6. Armee daraufhin in Stalingrad eingekesselt.

Paulus' Kapitulation

Die Versorgung der festsitzenden Soldaten sollte die deutsche Luftwaffe übernehmen, dieser fehlten jedoch die nötigen Kapazitäten. Im Dezember 1942 unternahm die Heeresgruppe Don einen Befreiungsversuch, doch sie musste 48 km vor Stalingrad aufgrund der massiven russischen Gegenwehr umkehren. Mit einem Durchhaltebefehl am 23. Dezember gab Hitler die 6. Armee endgültig verloren. Die sowjeti-

schen Truppen schlossen die Wehrmachtsoldaten immer weiter ein, am 25. Januar 1943 durchbrachen sie schließlich die deutschen Linien, der Kessel wurde in zwei Teile geteilt. Hitler beförderte Paulus zum Generalfeldmarschall – er erwartete von ihm und seinen Mannen den Heldentod. Doch schließlich ergab sich Paulus in völlig aussichtsloser Lage am 31. Januar 1943 mit seinen Soldaten im Südkessel, zwei Tage später kapitulierten auch die deutschen Truppen im Nordkessel.
Die Schlacht um Stalingrad hatte 150 000 deutsche Soldaten das Leben gekostet, 91 000 Mann gingen in russische Kriegsgefangenschaft, nur 6000 kehrten aus dieser wieder zurück. Von der Stadt blieb lediglich ein Ruinenfeld übrig. Die Schlacht um Stalingrad markierte den entscheidenden Wendepunkt des Zweiten Weltkriegs. Von nun an hatte an der Ostfront die Rote Armee das Sagen.

Totaler Krieg

Die Niederlage bei Stalingrad hatte aber nicht nur militärische, sondern auch psychologische Folgen. Erstmals überwog im deutschen Volk nicht mehr die Siegesgewissheit. Auch die nationalsozialistische Propaganda konnte die Niederlage nicht in einen Erfolg ummünzen. Doch Propagandaminister Joseph Goebbels wusste selbst Stalingrad für seine Zwecke einzusetzen: Am 18. Februar 1943 hielt er im Berliner Sportpalast eine berühmt-berüchtigte Durchhalterede, in der er den „totalen Krieg" propagierte. Die gesamte deutsche Bevölkerung, egal ob jung oder alt, ob weiblich oder männ-

lich, sollte für den Krieg mobilisiert werden. Die 3000 geladenen Gäste bejubelten Goebbels' Rede frenetisch.
Bereits einen Monat zuvor hatte Hitler den Erlass über den Einsatz der Männer und Frauen für die Aufgaben der Reichsverteidigung verkündet. Alle Männer und Frauen waren demnach „für den Arbeitseinsatz zur Reichsverteidigung heranzuziehen". In den nächsten beiden Jahren erfolgte tatsächlich eine Totalisierung des Krieges: Alle kriegstauglichen Männer und selbst Frauen wurden an der Front eingesetzt. Bereits 16-Jährige mussten in der Wehrmacht kämpfen. Es wurden nur noch kriegswichtige Güter produziert, alle anderen Produktionszweige wurden eingestellt. Der Bedarf an

Die Wende des Krieges ist bereits vollzogen: Deutsche Kriegsgefangene aus Stalingrad werden bei Eis und Schnee in die Lager nach Sibirien gebracht.

Die totale Verblendung

Ihr also, meine Zuhörer, repräsentiert in diesem Augenblick die Nation. (...) Die Engländer behaupten, das deutsche Volk wehrt sich gegen die totalen Kriegsmaßnahmen der Regierung. Es will nicht den totalen Krieg, sondern die Kapitulation. Ich frage euch: Wollt ihr den totalen Krieg? Wollt ihr ihn, wenn nötig, totaler und radikaler, als wir ihn uns heute überhaupt noch vorstellen können?

Joseph Goebbels am 18. Februar 1943 im Berliner Sportpalast

Alle Kraft gespannt!
TOTALER KRIEG-
KÜRZESTER KRIEG!

Nach der Entschlüsselung des deutschen Funkcodes – hier die deutsche Chiffriermaschine Enigma – gelang es den Alliierten, die Kriegspläne der Deutschen zu durchschauen.

Arbeitskräften wurde durch rund 7,5 Mio. Zwangsarbeiter gedeckt. Die Arbeitszeit pro Woche betrug gut 70 Stunden. Gleichzeitig ging man noch härter gegen Kriegsdienstverweigerer vor: Deserteure wurden ohne Prozess von Angehörigen der SS erschossen.

Großoffensive an der Ostfront

An der Ostfront mussten sich die deutschen Soldaten unterdessen immer weiter zurückziehen. Im Sommer 1943 startete unter dem Namen „Unternehmen Zitadelle" die letzte Großoffensive an der Ostfront. Dabei sollte die Frontlinie um die russische Stadt Kursk herum begradigt werden. Die Rote Armee war den Deutschen zahlenmäßig überlegen, zudem erwartete sie den Angriff. Als Wehrmachtsverbände am 5. Juli vorrückten, empfing sie heftiges Artilleriefeuer. Auch in den nächsten Tagen konnten die Deutschen nur wenige Kilometer gewinnen. Am 13. Juli ließ Hitler schließlich die Angriffe einstellen. Die sowjetische Armee setzte danach endgültig zum Gegenstoß auf das Deutsche Reich an. Die Frontlinie verschob sich immer

weiter nach Westen. Die Schlacht bei Kursk hatte die Deutschen mehr als 40 000 Todesopfer und Verwundete gekostet. Die russischen Verluste waren zwar noch wesentlich höher, konnten aber durch die noch reichlich vorhandenen Reservekräfte ausgeglichen werden.

Landung der Alliierten

Zeitgleich mit der Schlacht bei Kursk bestimmte die Landung der Alliierten auf Sizilien am 10. Juli 1943 den weiteren Kriegsverlauf. Das Schicksal des mit dem Deutschen Reich verbündeten Italien hatte sich bereits in Nordafrika entschieden. 1940 war Italien dort einmarschiert und hatte gegen die Briten gekämpft. Nur das Eingreifen des deutschen Afrikakorps hatte eine rasche Niederlage der Italiener verhindern können. Am 13. Mai 1943 musste sich das Afrikakorps jedoch den Briten ergeben. Damit war für die Alliierten der Weg nach Italien frei. Am 17. August hatten Briten und Amerikaner Sizilien vollständig besetzt. Bereits am 25. Juli war der faschistische Diktator Benito Mussolini von Mitgliedern der eigenen Partei abgesetzt worden. Am 3. September kapitulierte Italien bedingungslos vor den Alliierten. Deutsche Truppen besetzten daraufhin das Land und lieferten sich heftige Gefechte mit den Alliierten. Am stärksten umkämpft war das Kloster Monte Cassino, das erst am 18. Mai 1944 von den Alliierten erobert wurde. Am 4. Juni erreichte die US-Armee schließlich

Im Osten war der Krieg bereits verloren, als die Landung der Alliierten in der Normandie eine zweite Angriffslinie schuf, die nicht zurückgedrängt werden konnte.

Rom. Dennoch zogen sich die Kämpfe um Italien noch fast ein Jahr hin, erst am 28. April 1945 kapitulierte die Wehrmacht dort.

Luftangriffe

Schon seit dem Angriff der Deutschen auf die Sowjetunion drängte Stalin Großbritannien und die USA auf die Eröffnung einer zweiten Front. Die Westmächte wollten jedoch vorerst keine Bodenoffensive wagen, sondern setzten stattdessen auf Luftangriffe. Der neue Oberbefehlshaber des englischen Bomberkommandos, Arthur Harris, entwickelte ab 1942 eine neue Strategie, die sich nicht mehr nur gegen die Kriegsindustrie, sondern auch gegen die Zivilbevölkerung richtete. Durch den Einsatz von Brandbomben, die mit besonders schwer zu löschenden Stoffen versetzt waren, sollten ganze Städte dem Erdboden gleichgemacht werden. Die Angriffe sollten die deutsche Rüstungsproduktion schwächen und die Bevölkerung demoralisieren. Im Juli 1943 wurde Hamburg von britischen und amerikanischen Flugzeugen bombardiert, mehr als 30 000 Menschen kamen dabei ums Leben. Als der Krieg zu Lande bereits entschieden war, zerstörten alliierte Bomber vom 13. bis zum 15. Februar 1945 die Stadt Dresden, in der sich zehntausende Flüchtlinge aus dem Osten aufhielten. Mindestens 35 000 Menschen kamen dabei ums Leben. Doch militärisch blieben die alliierten Luftangriffe nahezu wirkungslos: Die Rüstungsproduktion war durch eine Verlagerung in ländliche Gebiete kaum eingeschränkt, und der Durchhaltewillen der Zivilbevölkerung in Deutschland wurde eher noch gestärkt.

Invasion in der Normandie

Ab Sommer 1943 arbeiteten die Alliierten schließlich an Plänen zu einer Invasion an der Westfront. Als Ort wurde die Küste der Normandie gewählt. Hitler und seine Berater erwarteten dagegen einen Angriff bei Calais am Ärmelkanal und hatte dort den Großteil der deutschen Truppen stationiert. Am 6. Juni 1944 war der „D-Day" gekommen: Gegen 6.30 Uhr landeten 3100 alliierte Boote an der Küste der Normandie. Unter großen Verlusten kämpften sich britische, amerikanische und französische Soldaten von dort landeinwärts – es gab Gefechte um jede Ortschaft, war sie auch noch so klein. Am 26. Juni kapitulierte die Wehrmacht schließlich in der Normandie, die Alliierten hatten bis dahin 120 000 Tote, Verwundete und Vermisste zu beklagen. Die deutsche Seite verlor rund 400 000 Mann. Am 25. August zogen alliierte Truppen schließlich in Paris ein. Frank-

reich war damit befreit, der Sieg über das Deutsche Reich nur noch eine Frage der Zeit. Dennoch sollten sich die Kämpfe noch ein weiteres Dreivierteljahr hinziehen.

Ein letztes Aufgebot

Obwohl ab Sommer 1944 die deutsche Niederlage nicht mehr aufzuhalten war, wollte Hitler keinesfalls kapitulieren. Bis zum letzten Mann sollten die Deutschen kämpfen. Am 25. September 1944 befahl er daher die Bildung des Volkssturms: Jeder noch in der Heimat verbliebene Mann sollte nun die Verteidigung der deutschen Städte übernehmen. Auch 16-jährige Jungen wurden herangezogen. Dem Volkssturm fehlte es jedoch an Ausrüstung, teils wurde mit alten, fast unbrauchbaren Gewehren geschossen. Zudem hatten die meisten Volkssturmangehörigen keine entsprechende Ausbildung, sie wurden einfach in den Kampf geschickt. Wer den Dienst verweigerte, lief allerdings Gefahr, von der SS ermordet zu werden. In diesem letzten Aufgebot Hitlers fochten zahllose Deutsche einen aussichtslosen Kampf gegen die heranrückenden Armeen der Kriegsgegner. Viele kamen noch in den letzten Tagen und Stunden des Zweiten Weltkriegs ums Leben, ohne eine Chance, irgendetwas ausrichten oder gar wenden zu können.

Das Ende naht

Von allen Seiten rückten Anfang 1945 die Alliierten auf die deutschen Städte zu. Am 7. März erreichten amerikanische Truppen Köln. Am 25. April trafen amerikanische und sowjetische Soldaten bei Torgau an der Elbe erstmals aufeinander. Bereits am 16. April war der Roten Armee der Durchbruch durch die deutschen Verteidigungslinien an der Oder gelungen. Damit begann der Angriff auf Berlin. Die Rote Armee nahm bis Ende April immer weitere Teile Berlins ein. Dabei kam es zu blutigen Straßenkämpfen. Nun musste – trotz aller bis zuletzt ausgegebenen Siegesparolen – auch Hitler erkennen, dass die Niederlage unmittelbar bevorstand: Am 30. April nahm er sich im Führerbunker das Leben. Zwei Tage später war Berlin eingenommen, Rotarmisten hissten auf dem Reichstag die russische Fahne.

Goebbels begrüßt nach seiner Ernennung zum Generalbevollmächtigten für den totalen Krieg im Volkssturm Lauban einen 16-Jährigen als Kanonenfutter für die Armee.

In den Jahren 1942/43 verbreitete die Münchner Gruppe „Weiße Rose" sechs Flugblätter gegen das NS-Regime. Den Kern der Gruppe bildeten die Studenten Hans und Sophie Scholl, Christoph Probst (alle drei hier im Bild), Alexander Schmorell, Willi Graf und der Professor Kurt Huber. Alle hier Genannten wurden nach ihrer Entdeckung zum Tode verurteilt und hingerichtet.

Wider den Ungeist in düsterer Zeit

Viele mussten vor dem Terror des NS-Regimes fliehen, einige wenige wehrten sich dagegen. Der zunehmende Antisemitismus zwang vor allem Menschen jüdischer Abstammung, Deutschland zu verlassen und sich unter teils äußerst schwierigen Bedingungen eine neue Existenz in Großbritannien, Palästina, den USA oder anderen Ländern aufzubauen. Viele Wissenschaftler, Künstler und politisch Verfolgte flohen ins Ausland. Doch es regte sich auch Widerstand im Land. Er reichte von kleineren Sabotageakten bis hin zum generalstabsmäßig geplanten Umsturzversuch und wurde von Menschen aus allen sozialen Schichten und politischen Lagern getragen. Wehrmachtsangehörige gehörten ebenso dazu wie Studenten, Geistliche oder diejenigen, die Verfolgten Unterschlupf gewährten. Auch im Exil arbeiteten manche gegen das Unrechtsregime.

Oppositionelles Verhalten von Jugendlichen gegen das NS-Regime gab es in den unterschiedlichsten Formen und Ausprägungen. Es konnte sich durch betont langsames Arbeiten, in der Ablehnung des Arbeitsdienstes in der Hitler-Jugend oder durch das Anfertigen und Verbreiten von Antikriegsparolen, wie hier mit diesem einfachen Stempel, ausdrücken.

In dem Triptychon mit dem Titel „Die geistige Emigration" porträtierte Arthur Kaufmann, der selbst emigrieren musste, im Jahr 1938 mehr als 40 Wissenschaftler, Schriftsteller und Künstler, die vor dem Naziregime ins Ausland geflohen waren. Das Bild zeigt u. a. George Grosz (1), Arnold Schönberg (2), Fritz Lang (3), Albert Einstein (4), Thomas Mann (5), Erika Mann (6), Max Reinhardt (7) und Erwin Piscator (8).

1943 entschloss sich eine Gruppe um Graf von Stauffenberg, ein Attentat auf Hitler zu unternehmen. Am 20. Juli 1944 legte Stauffenberg im Führerhauptquartier Wolfsschanze eine Bombe. Als bekannt wurde, dass Hitler überlebt hatte, zeichnete sich das Scheitern des Umsturzversuchs ab.

Bedingungslose deutsche Kapitulation

1945
8. MAI

Das schreckliche Töten des Zweiten Weltkriegs fand mit der bedingungslosen Kapitulation des Deutschen Reiches – zumindest in Europa – nach fast sechs Jahren Krieg ein Ende.

Generalfeldmarschall Wilhelm Keitel unterzeichnet am 9. Mai 1945 die bedingungslose Kapitulation Deutschlands im sowjetischen Hauptquartier in Berlin-Karlshorst.

In den Nächten vom 7. auf den 8. und vom 8. auf den 9. Mai 1945 unterzeichneten Alfred Jodl in Reims bzw. Wilhelm Keitel in Berlin-Karlshorst den Waffenstillstand mit den Westalliierten und der Sowjetunion. Damit wurde das Kapitel der nationalsozialistischen Diktatur in Deutschland endlich geschlossen.
Bevor Adolf Hitler am 30. April 1945 Selbstmord begangen hatte, hatte er noch Großadmiral Karl Dönitz testamentarisch zum Reichspräsidenten bestimmt. Dönitz verfolgte nun die Strategie, zunächst mit den Westalliierten in Verhandlungen zu treten und auf diese Weise zu einem Teilfrieden zu gelangen. Der Oberbe-

fehlshaber der alliierten Streitkräfte in Europa, General Dwight D. Eisenhower, durchschaute jedoch Dönitz' Plan, die Anti-Hitler-Koalition zu spalten. Er bestand auf der bedingungslosen Kapitulation des Deutschen Reiches, die bereits 1943 auf einer Geheimkonferenz in Casablanca zwischen den USA und Großbritannien vereinbart worden war.
Aufgrund der militärischen Überlegenheit der Alliierten kam es schließlich dazu, dass der Chef des Wehrmachtsführungsstabs, Generaloberst Alfred Jodl, in der Nacht vom 7. auf den 8. Mai 1945 die geforderte bedingungslose Gesamtkapitulation der deutschen Wehrmacht im Hauptquartier Eisenhowers in Reims unterzeichnete. Angesichts der Tatsache, dass die sowjetischen Truppen im Osten des Deutschen Reiches weiter vorgedrungen waren als die Amerikaner und Briten im Westen, bestand der sowjetische Machthaber Josef Stalin jedoch auf einer Wiederholung der Waffenstillstandserklärung im sowjetischen Hauptquartier. Daher ratifizierte Generalfeldmarschall Wilhelm Keitel in den frühen Morgenstunden des 9. Mai 1945 die Kapitulation im Namen des Oberkommandos der Wehrmacht in Berlin-Karlshorst noch einmal.

Die Alliierten übernehmen die Regierungsgewalt

Die Regierung Dönitz war in der Zwischenzeit nach Flensburg geflohen und wurde dort erst am 23. Mai 1945 von britischen Truppen gefangen genommen. Somit stand das besiegte Deutschland ohne politische Führung vor den Trümmern des Krieges und den gewaltigen Problemen des Wiederaufbaus. Allerdings machte die von Großbritannien, Frankreich, den USA, und der Sowjetunion am 5. Juni 1945 unterzeichnete Berliner Deklaration deutlich, dass den Alliierten zunächst nicht an einer von den Deutschen selbst bestimmten Nachfolgeregierung gelegen war. Vielmehr übernahmen „die Regierungen des Vereinigten Königreichs, der

Konferenz in Potsdam

Der Weg zu einem neuen und vor allem souveränen Deutschland war allerdings lang und steinig. Das deutete sich bereits auf der am 17. Juli 1945 beginnenden Potsdamer Konferenz an. In Schloss Cecilienhof verhandelten nämlich die „Großen Drei" über das weitere Schicksal der Deutschen: Josef Stalin, Harry S. Truman und Winston S. Churchill, dem nach den verlorenen Unterhauswahlen am 28. Juli 1945 Clement R. Attlee nachfolgte. Frankreich nahm nicht an den Verhandlungen teil und stimmte dem Potsdamer Abkommen als Schlussdokument der Konferenz nur unter Vorbehalt zu. Darin beschloss man u. a. die Vierteilung Deutschlands in den Grenzen von 1937 sowie die Sektorenregelung für Berlin.

Erste Risse in der Koalition

Obwohl der Krieg in Europa gerade erst vor zwei Monaten beendet worden war, zeigten sich in Potsdam bereits erste Risse in der Koalition. So schwankten die USA zwischen dem 1944 vorgestellten Morgenthau-Plan, der Deutschland zukünftig als reinen Agrarstaat sah, und einem möglichst schnellen wirtschaftlichen Wiederaufbau des besiegten Feindstaats. Ähnliche

Vereinigten Staaten von Amerika, der Union der Sozialistischen Sowjet-Republiken und der Provisorischen Regierung der Republik Frankreich (...) hiermit die oberste Regierungsgewalt in Deutschland, einschließlich aller Befugnisse der deutschen Regierung, des Oberkommandos der Wehrmacht und der Regierungen, Verwaltungen oder Behörden der Länder, Städte und Gemeinden".

Ausgeübt wurde die Regierungsgewalt in den „Deutschland als Ganzes betreffenden Angelegenheiten" durch den Alliierten Kontrollrat mit Sitz im ehemaligen Berliner Kammergericht. Dem Rat, der erstmals am 30. Juli 1945 tagte, gehörten mit Bernard L. Montgomery, Dwight D. Eisenhower, Georgi K. Schukow und Jean Joseph-Marie Gabriel de Lattre de Tassigny zunächst die jeweiligen militärischen Oberbefehlshaber der vier Siegermächte an.

Viele Punkte waren in der Berliner Deklaration noch offengeblieben, so etwa die Frage nach der politischen Organisation eines möglichen deutschen Staates in der Zukunft oder dessen exaktem Grenzverlauf. Doch die Übernahme der Regierungsgewalt durch den Alliierten Kontrollrat war wohl der radikalste aller denkbaren Schritte. Kurze Zeit später wurden die deutschen Bundesländer neu gegründet, zunächst im Juli 1945 in der sowjetischen Besatzungszone und bis August 1946 auch in allen anderen Gebieten. Die Berliner Deklaration besiegelte zudem – für die ganze Welt deutlich sichtbar – das Ende der nationalsozialistischen Diktatur. Weil die Zäsur zudem als Chance auf einen Neubeginn für die deutsche Bevölkerung interpretiert wurde, bezeichnete man sie auch als „Stunde null".

Im Ostteil Deutschlands bestimmte die Sowjetunion die politische Entwicklung: 1946 besiegelten Wilhelm Pieck und Otto Grotewohl im Berliner Admiralspalast per Handschlag die Vereinigung von KPD und SPD.

Besonders deutlich zeigte sich die Teilung in Berlin, wo die Bevölkerung mit Schildern unmissverständlich auf die Sektorengrenzen aufmerksam gemacht wurde.

In Nürnberg standen die wichtigsten deutschen Kriegsverbrecher vor einem internationalen Gerichtshof. Sie mussten sich wegen Kriegsverbrechen und Völkermords verantworten.

Gedankenspiele kursierten in Großbritannien. Allerdings pochte man dort auf „Reeducation", also Umerziehung, der deutschen Bevölkerung zu „wahren Demokraten" und dem Verbleib des wirtschaftlich bedeutsamen Ruhrgebiets in der eigenen Besatzungszone. Damit sprachen sich Churchill und Attlee entschieden gegen eine Internationalisierung des Industriezentrums aus. Dieser Schritt wäre wiederum dem französischen Sicherheitsbedürfnis nachgekommen und hätte auch die sowjetischen Reparationsansprüche gegenüber Deutschland erleichtert. Als zentrale gemeinsame Anliegen der Siegermächte stellten sich während der Verhandlungen dennoch die als „Vier D" bekannt gewordenen Punkte heraus: Demilitarisierung, Dekartellisierung, Demokratisierung und Denazifizierung. Dabei rückte besonders der letzte Punkt in den Fokus der Weltöffentlichkeit.

Kriegsverbrecher vor Gericht

Das Interesse der Öffentlichkeit an dem am 20. November 1945 beginnenden Verfahren gegen die 22 Hauptkriegsverbrecher des NS-Regimes war sogar so groß, dass deutsche Rundfunksender zweimal täglich über das Internationale Militärtribunal berichteten. Die Alliierten wählten bewusst Nürnberg als Ort der Verhandlung. Hier hatte die NSDAP ihre pompösen Reichsparteitage abgehalten und die Nürnberger Gesetze verabschiedet, deren rassistischer Inhalt das Schicksal von Millionen Menschen besiegelt hatte.
Die Richter warfen den Angeklagten, darunter Hermann Göring, Rudolf Heß, Albert Speer, Alfred Rosenberg, Karl Dönitz, Alfred Jodl, Wilhelm Keitel, Joachim von Ribbentrop und

zahlreiche andere nationalsozialistische Funktionäre, Verbrechen gegen den Frieden und die Menschlichkeit sowie Kriegsverbrechen vor. Insgesamt dauerte der Prozess, der das gesamte Ausmaß der Gräueltaten während des Krieges und in den Konzentrationslagern zutage förderte, fast ein Jahr. Die Urteile wurden erst am 30. September und 1. Oktober 1946 verlesen. Göring, der in seiner Zelle Selbstmord begangen hatte, Rosenberg, Jodl, Keitel, von Ribbentrop und sieben weitere Angeklagte wurden zum Tode verurteilt. Gegen Heß, Speer und Dönitz ergingen langjährige Haftstrafen.

Entnazifizierung

Die Entnazifizierung erfasste auch die gesamte Bevölkerung. Besonders in der amerikanischen Besatzungszone trieb man die Säuberung des öffentlichen Dienstes mit Nachdruck voran und entwarf einen Fragebogen, der die Beamten in fünf Kategorien einteilte, von „Entlassung" bis „Weiterbeschäftigungsempfehlung". Auch Bewerber für den Staatsdienst wurden auf ihre Verbindungen zur NSDAP hin überprüft. Mit ähnlicher Härte ging nur noch die Sowjetunion in ihrer Zone vor, während sich die Franzosen und Briten deutlich zurückhaltender verhielten. Allerdings stand in der sowjetischen Besatzungszone weniger der tatsächliche Kon-

Trümmerfrauen

Nach dem Krieg lagen viele deutsche Städte in Trümmern. Die meisten Männer waren im Krieg gefallen oder befanden sich in Gefangenschaft. Daher mussten die Frauen dafür sorgen, dass das Land wieder aufgebaut wurde. Als Hilfsarbeiterinnen im Baugewerbe erhielten die Trümmerfrauen höhere Lebensmittelrationen, mit denen sie ihre Familien versorgen konnten. Sie nahmen unendliche Mühen und körperliche Strapazen auf sich und wurden zu einem Symbol für den Aufbauwillen im Land.

takt der Überprüften zum Unrechtsregime der
Nationalsozialisten im Vordergrund. Entscheidend war vielmehr die Haltung der Betreffenden
zur geplanten sozialistischen Systemumwälzung
nach Moskauer Vorbild.

Wandel der alliierten Deutschlandpolitik

Hatte der Beginn der Nürnberger Prozesse noch
über die Spannungen zwischen den Westalliierten und der Sowjetunion hinweggetäuscht, trat
dieser Konflikt im Frühjahr 1946 deutlich in
den Vordergrund. Die Gründung der Sozialistischen Einheitspartei Deutschlands (SED) in
der sowjetischen Besatzungszone wies auf die
expansive Politik Stalins hin und löste bei den
Amerikanern und Briten große Sorge aus. Beide
Westmächte befürchteten, ganz Deutschland
könne in den Einflussbereich Moskaus geraten.
Verstärkt wurde dieser Eindruck noch durch die
Errichtung sowjetischer Satellitenstaaten in
Ost- und Mitteleuropa.
Als Reaktion auf dieses Vorgehen und im Anschluss an das Scheitern der zweiten Pariser
Außenministerkonferenz im Juli 1946, auf der
eine gemeinsame Wirtschaftsverwaltung für
Deutschland geschaffen werden sollte, änder-
ten die USA und Großbritannien ihre Haltung
gegenüber Deutschland. Der amerikanische
Außenminister James F. Byrnes und sein britischer Amtskollege Ernest Bevin beschlossen
zum 1. Januar 1947 den Zusammenschluss
ihrer beiden Besatzungszonen zu einer Bizone.
Zudem wurde die britische Zone im August
1946 durch die Gründung der Länder Schleswig-Holstein, Niedersachsen und Nordrhein-
Westfalen neu gegliedert.
Byrnes brachte den Wandel der amerikanischen
Deutschlandpolitik am 6. September 1946 in
seiner Stuttgarter Rede auf den Punkt: Man
wolle dem deutschen Volk „zu einem ehren-
vollen Platz unter den freien und friedliebenden
Nationen der Welt" verhelfen. Dies sollte in
erster Linie durch Lebensmittellieferungen und
wirtschaftliche Aufbauhilfen geschehen, was bereits im folgenden Jahr auch der Wortlaut der
Truman-Doktrin bekräftigte.

Millionen in Gefangenschaft

Von all diesen Entscheidungen dürften die über
11 Mio. deutschen Kriegsgefangenen nur relativ
wenig mitbekommen haben, obwohl sie unmittelbar von der heraufziehenden Blockbildung
betroffen waren. Immerhin befand sich knapp
ein Drittel von ihnen in sowjetischer Gefangenschaft. Die mehr als 7 Mio. Wehrmachtsange-
hörigen, die von den Westalliierten gefangen

gehalten wurden,
waren meist besser
versorgt und kehr-
ten bis Ende des
Jahres 1948 wieder
in ihre Heimat zu-
rück. Dennoch
fanden Tausende
von ihnen bei völ-
kerrechtswidrigen
Minenräumaktionen
oder bei der kräftezeh-
renden Arbeit in Fabri-
ken und Bergwerken den Tod.
Die Sowjetunion bestand ihrerseits
beharrlich darauf, die deutschen Inhaftierten beim Wiederaufbau des zerstörten Landes heranzuziehen, obwohl deren Versorgung
und Unterbringung erst seit 1947 sichergestellt
werden konnten. Bis zu diesem Zeitpunkt waren bereits Hunderttausende an Hunger, Kälte,
Erschöpfung und Krankheiten in den Lagern
gestorben. Von den insgesamt 3,3 Mio. deutschen Kriegsgefangenen in der Sowjetunion
kehrten bis Anfang 1956 lediglich 2 Mio. lebend zurück. Der Rest bezahlte den Wahnsinn
des mörderischen Krieges, den das Hitler-Re-
gime angezettelt hatte, auch nach der bedingungslosen Kapitulation mit dem Leben.

**Carepakete waren für
viele Deutsche, die dem
Verhungern nahe waren,
die letzte Hoffnung. Im
Westen war die Versor-
gung bald wesentlich
besser als im Osten.**

Deutschland nach dem Zweiten Weltkrieg

■	sowjetische Besatzungszone
■	französische Besatzungszone
■	britische Besatzungszone
■	amerikanische Besatzungszone
■	abgetretene Gebiete

Die Deutsche Mark als Symbol des Wohlstands

1948
18. JUNI

Mit der Währungsreform in den Westzonen wurde die wirtschaftliche Spaltung Deutschlands besiegelt. Die Einführung der D-Mark legte aber auch den Grundstein für das Wirtschaftswunder.

Am Abend des 18. Juni 1948 verkündete die amerikanische Regierung über den Rundfunk, dass für die drei Westzonen eine neue Währung geschaffen sei: „Vom 20. Juni an gilt die Deutsche Mark!" Den staunenden Menschen kam es tags darauf so vor, als sei die Welt ausgewechselt worden. Am Vorabend der Währungsreform wurden nicht mehr benötigte Geldscheine den Kindern überlassen. Schnell gab man noch so viele Reichsmark wie möglich aus. Am 20. Juni bekam dann jeder das neue Geld, die D-Mark, ausbezahlt: 40 D-Mark pro Kopf. Wie von Geisterhand waren plötzlich über Nacht die Regale in den Geschäften gefüllt worden. Brot, Kartoffeln, Zucker, Töpfe, Schuhe, sogar Fahrräder: Es gab wieder alles ohne Rationierung und ohne Lebensmittelkarten zu kaufen – doch noch war alles sehr teuer. Die bislang zurückgehaltene und gehortete Ware löste den unvergesslichen Schaufenstereffekt aus, die Menschen klebten förmlich an den Scheiben, um die Fülle des Angebots zu bestaunen.

Neubeginn mit neuem Geld

Die Kriegsfinanzierung und die damit verbundene Lenkung der Wirtschaft hatten ein zerrüttetes und funktionsunfähiges Geldwesen hinterlassen. Der Staat hatte sich hoch verschuldet, die alte Reichmark war nahezu wertlos geworden. Der Schwarzmarkt und die sogenannte Zigarettenwährung blühten. Mit Unterzeichnung der Berliner Deklaration im Juni 1945 hatten die vier Siegermächte offiziell die oberste Regierungsgewalt in Deutschland übernommen. Mit dem nach dem damaligen US-Außenminister und späteren Friedensnobelpreisträger George C. Marshall benannten Marshall-Plan unterstützten die Amerikaner Deutschland seit Juni 1947 finanziell. Insgesamt 12,4 Mrd. Dollar investierten sie in Kredite, Rohstoffe, Lebensmittel und sonstige Waren. Um den entstandenen Geldüberhang der wertlosen Reichsmark zu beseitigen und die deutschen Schulden auf ein für die Volkswirtschaft tragbares Maß zu reduzieren, planten die alliierten Siegermächte zudem eine umfassende Währungsreform. Im Zusammenspiel mit dem Marshall-Plan sollte Deutschland damit die Chance für einen Neubeginn erhalten. Die Sanie-

Die Einführung der Deutschen Mark in den westlichen Besatzungszonen 1948 führte zu einem Ansturm auf die Umtauschstellen, hier in Hamburg am Morgen des 20. Juni.

Währungsumstellungen

1923 Die fortschreitende Inflation macht eine Reform der Währung unumgänglich. Mitte Oktober wird zunächst die Deutsche Rentenbank gegründet, die am 15. November die Rentenmark als neues Zahlungsmittel herausgibt.

1948 Einführung der Deutschen Mark in den drei westlichen Besatzungszonen am 20. Juni. Drei Tage später folgt der D-Mark die Ost-Mark in der sowjetischen Besatzungszone.

1990 Im Vorfeld der deutschen Wiedervereinigung wird in der DDR die D-Mark eingeführt.

2002 In zwölf Staaten der Europäischen Union wird der Euro, der bereits seit 1999 als Buchgeld in Umlauf gewesen ist, alleiniges gesetzliches Zahlungsmittel. Die D-Mark verliert damit ihre Rolle als europäische Leitwährung.

rung des Geldwesens in den westlichen Besatzungszonen gilt auch als Initialzündung für das spätere Wirtschaftswachstum.

Reform ohne den Osten

Schon seit Kriegsende hatten unüberbrückbare ideologische Gegensätze den Spalt zwischen den westlichen Besatzungsmächten und der Sowjetunion vertieft. In den Verhandlungen, die über die zukünftige politische und wirtschaftliche Ordnung in Deutschland entscheiden sollten, konnten die Westalliierten und die UdSSR keine Einigung erzielen. Auch die Gespräche über eine gemeinsame Währungsreform für ganz Deutschland waren gescheitert. Die Vertreter der Sowjetunion verließen nach den gescheiterten Verhandlungen zunächst im März 1948 den Alliierten Kontrollrat und im Juni auch die dem Kontrollrat unterstellte Alliierte Kommandantur in Berlin. Daraufhin arbeiteten die Westalliierten verstärkt auf den wirtschaftlichen Zusammenschluss ihrer Zonen hin. Mit der Bank deutscher Länder in Frankfurt am Main, der Vorläuferin der späteren Bundesbank, wurde bereits am 1. März 1948 das zentrale Finanzorgan der westlichen Besatzungszonen geschaffen.

Deutsche Mark aus Übersee

Die D-Mark war keine deutsche Entwicklung, sondern ein Retortenbaby der Alliierten. Bereits im Oktober 1947 hatte man in New York und Washington begonnen, deutsche Geldscheine zu drucken: die neue Deutsche Mark. Bis März 1948 wurden die Geldscheine im Wert von 10,4 Mrd. D-Mark unter dem Tarnnamen „Bird Dog" via Bremerhaven nach Frankfurt am Main gebracht. Dort lagerten die Banknoten wohlbehütet bis zum Tag der Währungsreform im alten Reichsbankgebäude. Ab 14. Juni beförderte man das Geld mit Lastwagen und Sonderzügen in die Landeszentralbanken und zwei Tage später zu den Ausgabestellen.
In den Tagen bis zum 20. Juni, dem Tag der Geldausgabe, stiegen die Reichsmarkpreise in ungeahnte Höhen. Trotz Warenknappheit setzte ein Kaufrausch ein – jeder wollte sein altes Geld in Sachwerte umsetzen. Am 20. Juni 1948 löste die Deutsche Mark schließlich die alte Reichsmark ab. Jeder Erwachsene bekam ein „Kopfgeld" in Höhe von 60 D-Mark: 40 D-Mark konnten sofort umgetauscht werden, die restlichen 20 D-Mark wenige Wochen später. Die Gehälter wurden im Verhältnis 1:1 weitergezahlt. Unternehmer erhielten eine finanzielle Erstausstattung, um ihren Betrieb weiterführen zu können. Grundbesitz und Produktionsstätten behielten ihren Wert entsprechend ihrer Produktivität in D-Mark und konnten weiter frei gehandelt werden. Durch Hilfszahlungen im Rahmen des Marshall-Plans war die Umsetzung der Währungsreform abgesichert.

Die Ost-Mark

Die Einführung einer neuen Währung in drei der vier deutschen Besatzungszonen führte unausweichlich zu einer wirtschaftlichen Spaltung Deutschlands. Damit nahm die auseinandertriftende Entwicklung Ost- und Westdeutschlands ihren Lauf. Am 23. Juni führte die sowjetische Militäradministration in ihrer Besat-

Die erste Serie von Geldscheinen orientierte sich noch deutlich am Vorbild der Dollarnoten. Dieser 20-D-Mark-Schein wurde im Jahr 1948 in den USA gedruckt.

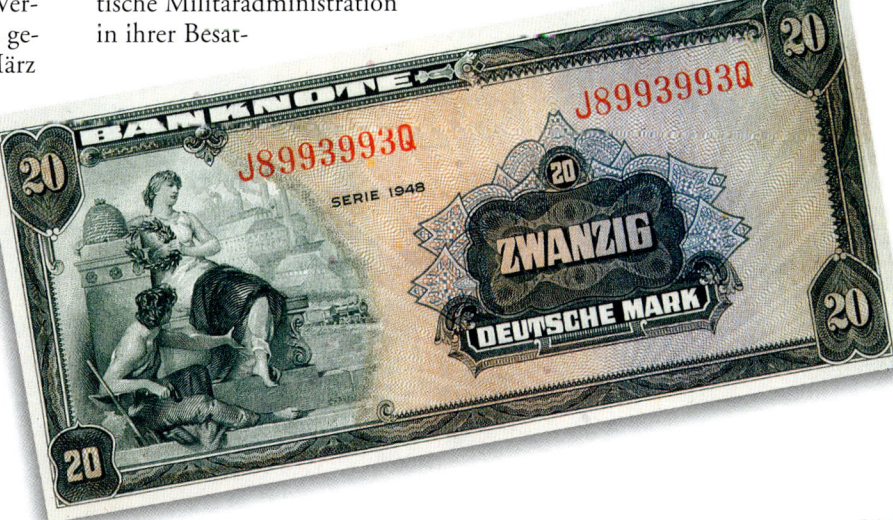

Rosinenbomber für Berlin

Als die neue Währung auch in den drei West-
sektoren Berlins eingeführt wurde, sah sich die
Sowjetunion veranlasst, sämtliche Verbindungs-
wege nach Westberlin zu unterbrechen. Durch
die Blockade wollte sie ihren Einfluss auf ganz
Berlin ausdehnen und die Bildung eines westdeutschen Teilstaats verhindern. Die Menschen
in Westberlin befanden sich plötzlich auf einer
Insel und waren praktisch vom Umland abgeschnitten. Bereits zwei Tage nach Beginn der
Blockade begann aber die vom amerikanischen
Militärgouverneur Lucius D. Clay initiierte
Luftbrücke, um die Bevölkerung Westberlins
auch weiterhin mit dem Notwendigsten versorgen zu können. Aus aller Welt wurden US-Luft-
geschwader in Richtung Deutschland in Bewegung gesetzt. Die 2,1 Mio. Einwohner Berlins
benötigten immerhin rund 13 000 t Lebensmittel und Brennstoffe täglich.

In den 322 Tagen der Blockade wurden auf
278 228 Flügen mehr als 2,3 Mio. t Güter nach
Berlin gebracht, vor allem Kohlen und Nahrungsmittel. „Rosinenbomber" nannte man die
an der Luftbrücke beteiligten Flugzeuge im
Volksmund. Gail Halverson, der auch „Candy-
Pilot" genannt wurde, hatte sogar Schokoladen-
tafeln an Taschentücher gebunden und sie zur
großen Freude der Berliner Kinder vor der Landung über Berlin abgeworfen. Bald mussten
auch die sowjetischen Machthaber einsehen,
dass die Luftbrücke die Blockade besiegt hatte.
Am 12. Mai 1949 hoben sie die Sperre auf.

Dank der neuen Währung füllten sich die Schaufenster der Läden quasi über Nacht mit Waren. Ungläubig bestaunt diese Passantin die lange vermissten Leckerbissen.

Die Abriegelung Westberlins durch die Sowjetunion beantworteten die westlichen Alliierten mit einer umfassenden Unterstützungsaktion aus der Luft.

zungszone die Ost-Mark als Gegenentwurf zur
D-Mark ein. Einen Tag später beschlossen die
Westalliierten, die D-Mark auch in den westli-
chen Sektoren Berlins einzuführen. Mit einem
B bedruckt, galten die ausgegebenen Geldscheine
parallel zur Ost-Mark.

Mit der Ausgabe der neuen Währung wurde
die Reichsmark ungültig. Jeder Bürger war verpflichtet, seine Altgeldbestände innerhalb von
sieben Tagen abzugeben. Am 28. Juni kam die
erschreckende Nachricht: Die alte Reichsmark
wurde 10:1 abgewertet und nur die Hälfte des
D-Mark-Betrags ausgezahlt. Geld, das zu Hause
im Sparstrumpf steckte, war plötzlich wertlos.

Verlierer und Gewinner

Durch die Reform hatte das Geld in den westlichen Besatzungszonen wieder einen stabilen Wert erlangt. Sobald die Schaufenster gefüllt waren, versiegte der Handel auf dem Schwarzmarkt. Verlierer der Reform waren jedoch die kleinen Sparer. Die Währungsreform sei unsozial, reklamierten daher viele Kritiker im In- und Ausland. Kleine Sparguthaben und Notgroschen wurden tatsächlich genauso behandelt wie Großkonten oder die Guthaben der Schwarzhändler. Vermögens- und Sachwerte wurden nicht aufgerechnet. Diejenigen, die auch vorher schon durch Erbschaften, Aktien oder Landbesitz vermögend waren, blieben es auch in Zukunft.

Im Zeichen der stabilen und harten Währung begannen die Betriebe nun zu rationalisieren und sich deshalb von überflüssigen Arbeitskräften zu trennen. Rasant stiegen die Arbeitslosenzahlen von 424 000 im Juni 1948 auf 937 000 im Januar 1949. Die Preise kletterten in die Höhe, denn die Nachfrage nach den neuen Konsumgütern war zunächst groß. Trotz dieser Anfangsprobleme zeichnete sich schon bald die Erfolgsgeschichte der Deutschen Mark ab, denn die Wirtschaft entwickelte sich in den Westzonen ab Ende 1948 zusehends positiv.

Politische und wirtschaftliche Reformen

Die politischen Auswirkungen der Währungsreform waren erheblich. Die Einführung der D-Mark in den Westzonen wurde durch die Einführung der Ost-Mark in der sowjetischen Besatzungszone beantwortet; die deutsche Teilung vertiefte sich. Mit den Beschlüssen der Frankfurter Dokumente hatten sich die Westmächte und die Beneluxstaaten 1948 darauf geeinigt, einen westdeutschen Staat zu schaffen. Nach der Währungsreform wurden diese Pläne vorangetrieben.

Auf Drängen der USA führte Deutschland ein marktwirtschaftliches System ein. Nicht allein die Währungsreform kurbelte die Wirtschaft des Landes an, sondern vor allem das sogenannte Leitsätzegesetz. Ohne Wissen der Alliierten auf den Weg gebracht, räumte dieses Gesetz den Direktoren für Wirtschaft eine „Vollmacht auf dem Gebiet der Preispolitik und der Bewirtschaftung ein". Ein Recht, das der zuständige Direktor der Verwaltung für Wirtschaft des Vereinigten Wirtschaftsgebiets, Ludwig Erhard, nicht nur selbst initiiert hatte, sondern auch gleich ausnutzte. Im Zuge der Währungsreform hob Erhard in Westdeutschland die meisten Preisvorschriften auf, für den größten Teil der Konsumgüter wurden die bisher gültigen Lebensmittelmarken abgeschafft, der Handel war damit endlich wieder frei.

Erhard verfolgte den Plan einer Sozialen Marktwirtschaft, die trotz wirtschaftlicher Freiheit staatlich reguliert werden sollte. Die D-Mark war jedoch nicht von Beginn an stabil. 1949 musste sie gegenüber dem Dollar drastisch abgewertet werden, um die Devisenreserven zu schonen, den Export anzuschieben und die überbordenden Importe zu drosseln. Nur durch eine Währungsabwertung und durch deutliche Lohnsteigerungen festigte sich die Lage. Die D-Mark war aber noch lange nicht in einem sicheren Hafen. Erst mit den Pariser Verträgen des Jahres 1955 bekamen die Deutschen die Souveränität über ihre Währung. Doch bis dahin war sie ihnen längst zum Symbol für den „Wohlstand für alle" geworden. Die Bundesrepublik ging einem phänomenalen Wirtschaftsaufschwung entgegen, dem deutschen Wirtschaftswunder. Durch seine mutigen Wirtschaftsreformen gilt Ludwig Erhard heute als dessen Vater und Initiator.

Die letzten Kriegsgefangenen kehren zurück

Der Krieg hatte in vielen Familien schwere Wunden geschlagen, und der Mangel an Männern machte sich nicht nur in der Wirtschaft drastisch bemerkbar. Für viele allein gebliebene Ehefrauen, die keinen sicheren Bescheid über das Schicksal ihres Mannes erhalten hatten, waren die Nachkriegsjahre eine schreckliche Zeit. Um sich selbst und in vielen Fällen die Kinder versorgen zu können, banden sich zahlreiche Frauen wieder an einen Mann, der nicht selten wesentlich älter war als sie. Kehrte dann der Ehemann aus der Kriegsgefangenschaft zurück, musste dieser nicht nur mit seinen Erinnerungen an die schreckliche Vergangenheit, sondern auch mit dem Zerbrechen seiner Ehe fertig werden.

Die letzten Kriegsgefangenen kehrten schließlich erst 1955/56 aus der Sowjetunion in die Heimat zurück, nachdem Konrad Adenauer bei einem Staatsbesuch in Moskau ihre Freilassung erwirkt hatte. Zugleich nahmen Deutschland und die Sowjetunion unter Nikita Chruschtschow, dem Nachfolger Josef Stalins, offiziell ihre diplomatischen Beziehungen wieder auf.

Die „BZ" vom 14. September 1955: Adenauer hatte die Entlassung der letzten 10 000 Kriegsgefangenen aus Russland erreicht, was zu seiner großen Beliebtheit beitrug.

> *Der einzige Bezugsschein ist jetzt die Deutsche Mark.*
>
> [Ludwig Erhard zur Währungsreform 1948]

Zwei deutsche Staaten entstehen

1949

Durch die Verkündung des Grundgesetzes wurde die Bundesrepublik Deutschland gegründet. Wenige Monate später entstand mit der Deutschen Demokratischen Republik ein zweiter deutscher Staat.

1949 wurde die Trennung Deutschlands amtlich bestätigt. Mit der Verabschiedung des Grundgesetzes bzw. der Verfassung der DDR wurden zwei Staaten gegründet.

> *Heute, am 23. Mai 1949, beginnt ein neuer Abschnitt in der wechselvollen Geschichte unseres Volkes.*
>
> [Konrad Adenauer am Tag der Gründung der BRD]

Die Geburt der Bundesrepublik Deutschland war ein leiser Akt, der in bewusstem Gegensatz zu den Inszenierungen des Dritten Reiches stand: Am 23. Mai 1949 unterzeichnete und verkündete Konrad Adenauer, der Vorsitzende des Parlamentarischen Rates, in der künftigen Hauptstadt Bonn das Grundgesetz der Bundesrepublik Deutschland. Vorausgegangen waren zähe Verhandlungen. Dabei hatte man sich u. a. auf den Namen „Grundgesetz" geeinigt, der den provisorischen Charakter der Verfassung bis zu einer vorgesehenen Wiedervereinigung ausdrücken sollte. Trotz dieser Geste trieb das Grundgesetz die deutsche Teilung weiter voran. Als Antwort darauf wurde am 7. Oktober 1949 die Deutsche Demokratische Republik gegründet.

Aus Fehlern wird man klug

Inhaltlich unterschied sich das Grundgesetz deutlich von der Verfassung der Weimarer Republik – man hatte die Konsequenzen aus dem damaligen Scheitern der Demokratie gezogen. Die Menschenrechte wurden an den Beginn des Textes gerückt, so lautet der Artikel 1: „Die Würde des Menschen ist unantastbar. Sie zu achten und zu schützen ist Verpflichtung aller staatlichen Gewalt." Das Grundgesetz legte als Staatsform die parlamentarische Demokratie fest. In der Präambel, dem Vorwort, wurden die Einheit Deutschlands und die Eingliederung des Staates in ein geeintes Europa als Ziele genannt.

Anregung aus dem Westen

Auf Initiative der USA und Großbritanniens hatten sich die Westmächte und die Beneluxstaaten im Frühjahr 1948 bei der Londoner Sechsmächtekonferenz auf die Neugründung eines westdeutschen Staates verständigt. Daraufhin hatten die westlichen Militärgouverneure in den Frankfurter Dokumenten die Ministerpräsidenten der Westzonen aufgefordert, eine Verfassung für einen westdeutschen Staat auszuarbeiten. Am 1. September 1948 trat in Bonn der Parlamentarische Rat unter Leitung des Vorsitzenden der CDU, Konrad Adenauer, zusammen. Die dort vertretenen 65 Delegierten der Landesparlamente diskutierten lange, bevor sie das Grundgesetz am 8. Mai 1949 mit 53 zu 12 Stimmen verabschiedeten. Nachdem am 12. Mai die Militärgouverneure ihre Zustimmung gegeben hatten, konnte es am 23. Mai offiziell verkündet werden. Damit war die Bundesrepublik Deutschland gegründet.

Erste Bundestagswahlen

Dem Grundgesetz folgten am 14. August 1949 die Wahlen zum ersten deutschen Bundestag. CDU/CSU errangen dabei mit 31 % die meisten Stimmen vor der SPD mit 29,2 %. Die CDU/CSU ging eine Koalition mit FDP und Deutscher Partei (DP) ein. Am 15. September 1949 wurde Konrad Adenauer daraufhin zum ersten Bundeskanzler gewählt. Bereits am 7. September war als erstes Verfassungsorgan der Bundesrat, die Vertretung der Länderregierungen, zusammengetreten. Am 12. September wurde der FDP-Vorsitzende Theodor Heuss zum ersten Bundespräsidenten gewählt. Der Bundespräsident ist zwar formal das Staatsoberhaupt der Bundesrepublik, hat aber de facto vor allem repräsentative Aufgaben. Als letztes Verfassungsorgan nahm das Bundesverfassungsgericht im September 1951 seine Arbeit auf.

Gründung der DDR

Die Gründung der Bundesrepublik wurde von der Sowjetunion als Affront gesehen. Daher trieb man die Gründung eines ostdeutschen Staates vehement voran. Im März 1948 wurde der 1. Deutsche Volksrat unter Führung der Sozialistischen Einheitspartei Deutschlands (SED) gegründet. Dieser war mit der Erstellung einer Verfassung beauftragt, die am 19. März 1949 formell beschlossen wurde. Im Mai wurde der III. Deutsche Volkskongress als vorläufige Regierung gewählt. Dies geschah jedoch nicht demokratisch, sondern über eine Einheitsliste, die die Macht der SED garantierte. Mit 31,5 % Nein-Stimmen und 6,7 % ungültigen Stimmen protestierten die ostdeutschen Wähler gegen dieses Vorgehen. Dessen ungeachtet, trat Ende Mai der III. Volkskongress zusammen und wählte aus seinen Reihen den 2. Deutschen Volksrat. Dieser wiederum konstituierte sich am 7. Oktober als Provisorische Volkskammer und rief die Deutsche Demokratische Republik aus.

Sowjetischer Vasallenstaat

Die Verfassung der DDR war stark an die der Weimarer Republik angelehnt. Sie garantierte z. B. bürgerliche Rechte wie die Presse-, Meinungs- und Religionsfreiheit. Auch das private Eigentum stellte sie ausdrücklich unter Schutz. Bald existierte das alles jedoch nur noch auf dem Papier, denn die SED baute ihren Machtanspruch weiter aus und machte die DDR zu einer sozialistischen Diktatur nach russischem Vorbild. Als Instrument diente ihr seit 1950 das als Stasi bekannt gewordene Ministerium für Staatssicherheit. Zudem war die DDR gerade in ihren Anfangsjahren kein selbstständiger Staat, sondern ein Vasallenstaat der Sowjetunion.

Eine vergebene Chance?

Mit der Gründung der DDR schien die deutsche Teilung zementiert zu sein. Für kurze Zeit brachte die Stalinnote im März 1952 neue Hoffnung. Darin stellte Stalin die deutsche Einheit in Aussicht, unter der Bedingung, dass Deutschland seine Ostgebiete völkerrechtlich abträte und ein neutraler Staat würde. Das Dokument löste heftige Diskussionen aus. Adenauer und die Westmächte standen Stalins Angebot äußerst kritisch gegenüber, denn sie hielten es lediglich für einen verzweifelten Versuch, die Westbindung der Bundesrepublik zu verhindern. Nach einigen Briefwechseln zwischen Ost und West scheiterte die Stalinnote. Die beiden Staaten drifteten weiter auseinander.

1952 versuchte Stalin, die Westintegration der BRD zu verhindern, und bot die Wiedervereinigung unter dem Gebot der Neutralität an. Der Westen lehnte die Note ab.

Arbeiter wehren sich gegen das DDR-Regime

1953
17. JUNI

Als sich Arbeiter in der ganzen DDR gegen die repressive SED-Regierung erhoben, war der Aufstand bereits zum Scheitern verurteilt. Die sowjetische Besatzungsmacht schlug ihn brutal nieder.

Ostberliner Bauarbeiter gaben 1953 den Anstoß für einen DDR-weiten Aufstand gegen die SED-Staatsführung. Gegen 7 Uhr versammelten sie sich am Morgen des 17. Juni auf dem Strausberger Platz und marschierten von dort ins Zentrum von Ostberlin. Immer mehr Menschen schlossen sich dem Demonstrationszug an. In ganz Ostberlin wurden Volkseigene Betriebe und Großbaustellen bestreikt. Auch Westberliner strömten herbei – teils um ihre Sympathie zu bekunden, teils aus reiner Schaulust. Von Ostberlin aus breitete sich der Generalstreik allmählich auf die gesamte DDR aus. In mehr als 500 Städten und Gemeinden, so etwa in Leipzig, Jena, Magdeburg und Halle,

kam es im Laufe des Tages zu Arbeitsniederlegungen, Kundgebungen und Demonstrationszügen durch die Innenstädte.

Der Streik wird zum Aufstand

Schon vor Beginn der angekündigten Demonstrationen waren die Truppen der sowjetischen Besatzungsmacht in erhöhte Alarmbereitschaft versetzt worden. Seit den frühen Morgenstunden rollten russische Panzer auf Ostberlin zu. Auch bei der Kasernierten Volkspolizei (KVP) der DDR herrschte höchste Alarmstufe. Zahlreiche Einsatztruppen wurden nach Ostberlin abkommandiert. Außerhalb Ostberlins waren jedoch nur wenige Polizisten im

Aus wirtschaftlichen Bedrängnissen entstanden bald handfeste politische Forderungen. Daraufhin schritten die Machthaber unbarmherzig ein.

Einsatz. Da die Sowjetunion zunächst nicht eingriff, gelang es den Demonstranten in einer ganzen Reihe von Städten, Polizeidienststellen, Stadtverwaltungen, Einrichtungen der Stasi, Gebäude der SED sowie Haftanstalten zu erstürmen – insgesamt rund 140 Gebäude. Mehr als 1000 Häftlinge wurden dabei aus den Gefängnissen befreit. Die Polizeikräfte gerieten immer mehr in die Defensive. Auch in Ostberlin nahmen im Lauf des Vormittags die Ausschreitungen zu. Die Sowjetunion beschloss nun, gewaltsam einzugreifen. Gegen 11 Uhr wurden in Ostberlin die ersten Schüsse auf Demonstranten abgegeben.

Forderungen der Demonstranten

Ausgelöst wurde der Aufstand des 17. Juni durch einen Beschluss des DDR-Ministerrats vom 28. Mai 1953. Darin war eine Erhöhung der Arbeitsnormen um mindestens 10 % beschlossen worden, um die marode Wirtschaft zu sanieren. Dies hätte für viele Arbeiter eine erhebliche Lohnminderung bedeutet. Seit Anfang Juni war es daraufhin zu Protesten gekommen, so auch am 16. Juni, als die Bauarbeiter der prestigeträchtigen Großbaustelle an der Stalinallee in Ostberlin die Arbeit niederlegten. Bei den folgenden Demonstrationen riefen sie zum Generalstreik am nächsten Tag auf. Zwar hatte die SED daraufhin noch am 16. Juni im Rundfunk verkünden lassen, sie werde die Normerhöhung zurücknehmen. Den Aufstand konnte sie damit aber nicht mehr verhindern. Den Demonstranten ging es längst nicht mehr allein darum. Losungen wie „Nieder mit der Regierung", „Freie Wahlen" und „Freiheit den politischen Gefangenen" waren im Lauf des 17. Juni verstärkt auf den Kundgebungen und Demonstrationszügen zu hören, denen sich immer mehr Menschen aus anderen gesellschaftlichen Schichten anschlossen.

Es fließt Blut

Gegen 13 Uhr verhängte die Sowjetunion den Ausnahmezustand über Ostberlin. Im Lauf des Nachmittags weitete sie diesen auf insgesamt 167 der 217 Land- und Stadtkreise der DDR aus. In diesen Bezirken galt damit das Kriegsrecht, wobei die Sowjetunion dort wieder die oberste Regierungsgewalt übernahm. Hart ging man nun gegen die Demonstranten vor. Insgesamt 16 Divisionen der sowjetischen Armee waren im Einsatz, allein in Ostberlin rückten 600 Panzer ein. Bis zum Abend sicherten etwa 20 000 sowjetische Soldaten die Straßen Ostberlins. Unterstützt wurden sie von 15 000 Angehörigen der KVP. Überall fielen Schüsse.

Auch vollkommen Unbeteiligte starben: So wurde in Westberlin ein 16-jähriger Junge tödlich von einer Kugel getroffen, als er vom Dach eines Hauses im Westen die Vorgänge im Osten beobachtete. Trotz der massiven Polizei- und Militärpräsenz hielten die Demonstrationen in Ostberlin und in anderen Orten weiter an. Die Menschen wehrten sich mit Steinen gegen die übermächtige Staatsmacht. Erst gegen 21 Uhr gelang es dem Militär schließlich, den Aufstand in Ostberlin zu zerschlagen. Von 21 Uhr abends bis 5 Uhr morgens galt überall eine allgemeine Ausgangssperre. Wie viele Menschen sich insgesamt an diesem Tag an dem Aufstand beteiligten, wurde bis heute nicht restlos geklärt. Man geht von gut 400 000 Demonstrierenden aus, manche Quellen sprechen von bis zu 1,5 Mio. Menschen, die an den Kundgebungen teilgenommen haben könnten. Die Angaben zu den Todesopfern schwanken ebenfalls stark, es kamen aber wohl mindestens 50 Menschen bei den Unruhen am 17. Juni ums Leben.

Sowjetische Panzer rollen auf den Potsdamer Platz und bereiten dem kurzen Aufbegehren ein rasches und blutiges Ende. Der 17. Juni wurde zum Symbol der deutschen Einheit.

Arbeitsnormen

In der sozialistischen Planwirtschaft galten für alle Produktionszweige sogenannte Arbeitsnormen. Diese legten unter Einbeziehung der Arbeitsbedingungen genau fest, wie viele Güter in einer bestimmten Zeit produziert werden mussten. Der Lohn wurde entsprechend der Einhaltung dieser Normen bezahlt. Nötig wurde die Einführung von Normen aufgrund der anhaltend schlechten wirtschaftlichen Lage der DDR, ausgelöst u. a. durch Republikflucht und forcierte Militarisierung. Die wirtschaftliche Planung nahm die DDR-Führung zentral und in Fünfjahresperioden vor. Arbeiter, die sich in diesem Zyklus positiv hervortaten, wurden ab 1953 mit dem Ehrentitel „Aktivist des Fünfjahrplans" ausgezeichnet.

„Der 17. Juni war äußerlich eine Niederlage, aber er war kein Irrtum."

[Bundespräsident Johannes Rau, 17. Juni 2003]

Die Unruhen gehen weiter

Auch in der Folgezeit blieb die Lage in der DDR angespannt. In Ostberlin beherrschten am nächsten Tag schwer bewaffnete sowjetische Truppen und deutsche Polizisten das Straßenbild. Die Sektorengrenze zum Westen war abgeriegelt. Nur langsam wurde die Arbeit auf den Baustellen und in den Fabriken wieder aufgenommen. In anderen Städten setzten sich die Proteste und Streiks noch mehrere Tage lang fort. Hier waren immer wieder Todesopfer zu beklagen, da Polizei und Militär oft wild in die Menge schossen, um die Menschen auseinanderzutreiben. Endgültig konnten die Unruhen zumindest auf den Straßen am 21. Juni beendet werden. In einzelnen Betrieben wurde jedoch noch bis in den Juli hinein gestreikt. So wurde am 10. und 11. Juli bei Carl Zeiss in Jena und am 16. und 17. Juli im Buna-Werk Schkopau die Arbeit niedergelegt. Die Streikstärke des 17. Juni 1953 konnte aber nicht mehr erreicht werden.

Verhaftungen und Erschießungen

In den unter Kriegsrecht stehenden Bezirken ging das sowjetische Militär auch nach dem Ende der Ausschreitungen erbarmungslos gegen die Aufständischen vor. Sowjetunion und SED-Führung erklärten den Aufstand kurzerhand zum „faschistischen Putschversuch", der von westlichen Agenten herbeigeführt worden sei. 18 sogenannte Rädelsführer wurden von sowjetischen Standgerichten zum Tode verurteilt und erschossen. Die Hinrichtungen sollten vor allen Dingen der Abschreckung der Bevölkerung dienen. Die Opfer wurden dabei oft willkürlich ausgewählt – ihr Vergehen bestand beispielsweise darin, dass sie im Beisein von Regierungsvertretern die Forderungen der Demonstranten verlesen hatten.

Auch DDR-Gerichte fällten vier Todesurteile im Zusammenhang mit dem 17. Juni, von denen zwei vollstreckt wurden. In der Folgezeit kam es außerdem zu Massenverhaftungen. Bis zum 3. Juli wurden mehr als 10 000 Menschen von Volkspolizei und Stasi zumindest für kurze

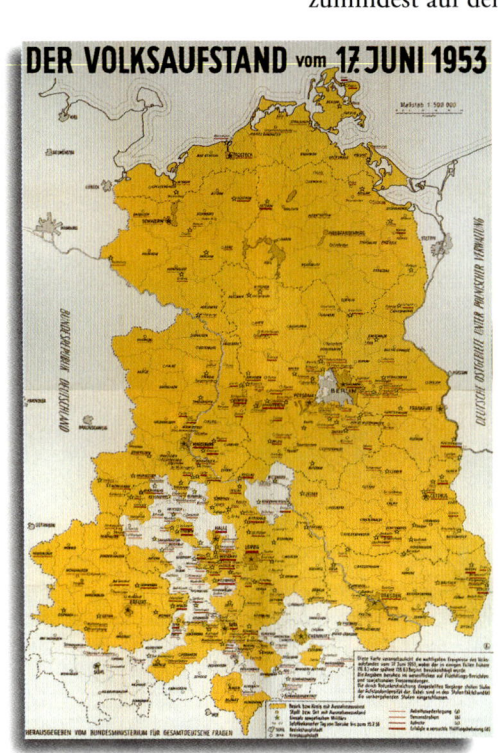

Nicht nur in Berlin kam es zu Aufständen, auch in anderen Teilen der DDR rumorte es. Eine westdeutsche Aufklärungsschrift zeigt, wo überall Proteste stattfanden.

Zeit inhaftiert, darunter auch 228 Bürger der Bundesrepublik. Im Lauf des Monats wurden Prozesse gegen die Beteiligten des Aufstands geführt. Rund 1600 Menschen wurden zu teils unverhältnismäßig hohen Haftstrafen verurteilt und saßen jahrelang hinter Gittern. Wen die Richter z. B. als Rädelsführer einstuften, bekam bis zu 15 Jahre Haft.

Reaktionen aus dem Westen

Die Bundesregierung reagierte auf den Aufstand vom 17. Juni eher zurückhaltend. Man wollte eine Verschlechterung der ohnehin schon angespannten Lage zwischen West und Ost sowie ein Übergreifen des Aufstands auf Westberlin unbedingt vermeiden. So appellierte der Kanzler Konrad Adenauer am 17. Juni 1953 an die Deutschen im Osten, sie sollten sich nicht zu unbedachten Handlungen hinreißen lassen. Das gewaltsame Vorgehen von Armee und Polizei erschütterte jedoch auch den Westen. Den 17. Juni verstand man dort als Ausdruck des Freiheitswillen der DDR-Bevölkerung, und man hielt mehrere offizielle Gedenkfeiern für die Opfer des 17. Juni ab. Nur fünf Tage nach dem Aufstand benannte man die Westberliner „Charlottenburger Chaussee" in „Straße des 17. Juni" um. Wenige Wochen danach wurde der 17. Juni in der Bundesrepublik als „Tag der deutschen Einheit" zum gesetzlichen Feiertag, 1963 zudem zum nationalen Gedenktag erhoben. Dieser Status blieb ihm nach der Wende erhalten, der Tag der deutschen Einheit wurde auf den 3. Oktober verlegt.

Ulbricht baut seine Macht aus

Am Tag des Aufstands hatte SED-Chef Walter Ulbricht selbst geglaubt, dass die Proteste das Ende seiner Herrschaft einleiten würden. Am 8. Juli sprach sich zwar eine Mehrheit der Mitglieder des SED-Politbüros für den Rücktritt Ulbrichts aus, doch sein endgültiges Schicksal lag nun in den Händen Moskaus.

Nach dem Tod Stalins im März 1953 war es im Kreml zu einem Machtkampf gekommen. Die siegreiche Fraktion um Nikita Chruschtschow wollte eine weitere Destabilisierung der DDR unbedingt vermeiden und beschloss, Ulbricht im Amt zu lassen. Dieser konnte seine Macht nun ungehindert ausbauen und schaltete zunächst seine politischen Gegner aus. Am 15. Juli enthob er den DDR-Justizminister Max Fechner seines Amtes und ließ ihn verhaften. Fechner hatte recht milde Strafen für die Beteiligten des 17. Juni gefordert. Auch Staatssicherheitsminister Wilhelm Zaisser und der Chefredakteur der parteieigenen Zeitung

Der Westen nahm Anteil an der Protestbewegung.
Hier erweisen Konrad Adenauer, Jakob Kaiser und
Ernst Reuter einigen Opfern die letzte Ehre.

„Neues Deutschland", Rudolf Herrnstadt, wurden ihrer Ämter enthoben und aus der SED ausgeschlossen. Herrnstadt hatte kurz vor dem Aufstand die Erhöhung der Arbeitsnormen scharf kritisiert, während Zaisser offiziell wegen „parteifeindlicher fraktioneller Tätigkeit" entlassen worden war. Hintergrund für diese Aktionen war aber die schon seit Längerem bestehende Rivalität zwischen ihm und Ulbricht. Im gleichen Zeitraum ließ Ulbricht zudem die Aufgebote der Polizei und der Stasi erweitern, um gegen künftige Aufstände gewappnet zu sein. Die Bespitzelung der DDR-Bürger nahm so weiter zu.

Neuer Kurs

Neben all diesen negativen Auswirkungen zwang der Aufstand des 17. Juni die DDR-Führung aber auch zu einem Umdenken hinsichtlich ihrer Wirtschaftspolitik. Bereits am 9. Juni gab die SED auf Druck der Sowjetunion den sogenannten Neuen Kurs aus. Die Einführung des Sozialismus, der der DDR-Wirtschaft geschadet hatte, sollte so verlangsamt werden. Die angekündigten Maßnahmen wurden nach dem 17. Juni in vollem Maße umgesetzt. Zunächst wurde am 21. Juni die umstrittene Normerhöhung endgültig zurückge-

nommen. Durch die Bereitstellung weiterer finanzieller Mittel gelang es der DDR-Führung in der Folgezeit, den Lebensstandard der Bevölkerung zu erhöhen. Zudem wurde die Produktion in der Schwerindustrie zurückgefahren und verstärkt in die Landwirtschaft und die Konsumgüterproduktion investiert. Im Oktober 1953 senkte die Regierung schließlich per Gesetz die Preise für Nahrungs- und Genussmittel in den staatlichen Läden um bis zu 30 %, was die Versorgungslage der Bevölkerung zumindest kurzzeitig verbesserte.

Anhaltende Fluchtbewegung

Über die Diskreditierung des 17. Juni als faschistischen Akt und die abschreckenden Massenverhaftungen gelang es der DDR-Führung für lange Zeit, den Widerstandswillen des Volkes zu brechen. Sie konnte aber nicht verhindern, dass die Menschen weiterhin in Massen in die Bundesrepublik flohen. Die Spaltung zwischen Ost und West vertiefte sich in den folgenden Jahren weiter. 1955 trat die Bundesrepublik der NATO bei, die DDR wurde im Gegenzug Mitglied des Warschauer Paktes. Im selben Jahr erklärte die Sowjetunion die DDR offiziell zu einem souveränen Staat. Trotz anfänglicher wirtschaftlicher Verbesserungen blieb der Lebensstandard aber in den 50er-Jahren noch deutlich unter dem Standard in der Bundesrepublik. Für viele DDR-Bürger war dies der entscheidende Grund, in den Westen zu fliehen. Die Staatsführung der DDR riegelte die Grenzen daher immer stärker ab.

Ein Soldat springt in die Freiheit. Die Repressionen verursachten eine Massenflucht aus der DDR. Viele nutzten bis 1961 das Schlupfloch Berlin, um in den Westen zu gelangen.

Der Abschluss der Römischen Verträge

1957
25. MÄRZ

Die Unterzeichnung der Römischen Verträge schuf die Grundlage für die Zusammenarbeit der europäischen Staaten. Ihre Unterschrift leisteten Italien, Frankreich, die Beneluxstaaten und Deutschland.

Die Regierungsvertreter Belgiens, Frankreichs, Italiens, Luxemburgs, der Niederlande und der Bundesrepublik Deutschland unterzeichnen die Römischen Verträge.

Als am 25. März 1957 die Römischen Verträge von Regierungsvertretern Frankreichs, Italiens, der Niederlande, Belgiens, Luxemburgs und der Bundesrepublik Deutschland unterzeichnet wurden, war die Idee einer europäischen Föderation für viele Menschen eine ferne Zukunftsvision. Doch rückblickend markierten die Verträge nicht nur den Beginn der politischen Integration Europas, sondern sie zeigten bereits die Richtung an, in die sich die spätere Europäische Union entwickeln sollte.

Anfänge der europäischen Zusammenarbeit

In den Römischen Verträgen einigten sich die sechs Gründerstaaten auf die Errichtung der Europäischen Wirtschaftsgemeinschaft (EWG) und der Europäischen Atomgemeinschaft (EURATOM). Durch die EWG sollte eine umfassende wirtschaftliche Zusammenarbeit erreicht werden, und die EURATOM diente der Forschung und friedlichen Nutzung der Kernenergie. 1952 war bereits die Montanunion, auch Europäische Gemeinschaft für Kohle und Stahl (EGKS), gegründet worden. Dagegen war die Europäische Verteidigungsgemeinschaft (EVG) 1954 im französischen Parlament abgelehnt worden und so gescheitert. Im selben Jahr mussten auch die Verhandlungen, die die Gründung einer Europäischen Politischen Gemeinschaft (EPG) zum Ziel hatten, aufgegeben werden. Dies bedeutete jedoch nicht das Ende der europäischen Integrationspläne. Denn bereits 1956 wurde der Entwurf für eine „allgemeine Wirtschaftsunion sowie für eine Union im Bereich der Kernenergie", den der belgische Außenminister Spaak ausgearbeitet hatte, den Vertretern der EGKS-Staaten vorgelegt.

Schlüssel für ein geeintes Europa

Da eine politische Einigung zunächst fehlschlug, wollte man den Umweg über die Wirtschaft einschlagen. In diesem Bereich ließ sich ein gesamteuropäisches Einigungswerk am ehesten durchsetzen, denn in den 50er-Jahren herrschte Hochkonjunktur. Die Nachfrage nach Gütern aller Art war im kriegszerstörten Europa enorm. Auch in Deutschland gab es einen gewaltigen Boom, sodass man schon bald vom Wirtschaftswunder sprach, das binnen einer halben Generation aus einem verwüsteten Land eine angesehene Mittelmacht werden ließ. In der EWG sah man die Chance gekommen, den Lebensstandard an amerikanische Verhältnisse angleichen und ein westeuropäisches Gegenstück zur osteuropäischen Wirtschaftsgemeinschaft COMECON, auch RGW (Rat für Gegenseitige Wirtschaftshilfe), bilden zu können.

Ehrgeizige Ziele

Die Römischen Verträge gingen von sechs Gründerstaaten im Westen des geteilten Kontinents aus. Als Kriegsverlierer interessierten sich Deutschland und Italien in erster Linie dafür, über den Weg der europäischen Integration in die Familie souveräner Staaten aufgenommen zu werden. Frankreich als Siegermacht hoffte unter seinem Präsidenten de Gaulle darauf, das ambitionierte Einigungsprojekt führen und so kriegerische Auseinandersetzungen künftig vermeiden zu können. Die kleinen Beneluxländer waren traditionell freie Volkswirtschaften, die von der wirtschaftlichen Integration profitierten. Als Opfer deutscher Überfälle hatten sie besonders großes Interesse an einer dauerhaften Friedens- und Stabilitätsgemeinschaft durch wirtschaftliche Verflechtung.

Zum Hauptziel der EWG wurden vier Punkte erklärt: freier Waren-, Dienstleistungs-, Personen- und Kapitalverkehr. Der Abbau von Zollschranken, gemeinsame Zolltarife gegenüber Drittländern, Freizügigkeit für Arbeitnehmer, Niederlassungsfreiheit für Unternehmer und eine schrittweise Annäherung der Sozial-, Wirtschafts- und Währungspolitik sollten dazu beitragen, die Mitgliedsstaaten noch enger zusammenwachsen zu lassen und regionale Unterschiede auszugleichen. Im Bereich der Landwirtschaft galten jedoch Ausnahmebestimmungen, weil kein Land bei der Versorgung mit Lebensmitteln von Importen abhängig sein wollte. Man einigte sich auf Garantiepreise.

Die Gründung der Europäischen Atomgemeinschaft entsprach dem damals weltweiten Optimismus hinsichtlich der friedlichen Nutzung der Kernenergie. Sie schien eine scheinbar un-erschöpfliche Energiequelle zu versprechen. Ziel der EURATOM war die rasche Entwicklung und Errichtung von Kernenergieindustrien.

Europäische Rechtsgemeinschaft

Die institutionelle Ausrichtung der beiden Gemeinschaften orientierte sich an den bereits vorhandenen Organen der EGKS. Es wurde ein Nationen übergreifendes Gefüge geschaffen, das in seinen Grundzügen dem der Montanunion entsprach. Die EWG-Kommission, deren Teilnehmer von den Regierungen der Mitgliedsstaaten bestimmt wurden, erhielt die Exekutivgewalt und musste die Ratsbeschlüsse umsetzen. Der Rat der EWG fungierte als Legislative. Ihm gehörten die Regierungsvertreter der nationalen Regierungen an. Die Parlamentarische Versammlung übte ein Beratungs- und Kontrollrecht aus. Ihre Mitglieder waren Abgeordnete der nationalen Parlamente. Schließlich kontrollierte der Gerichtshof die bestimmungsgemäße Anwendung des Vertrags.

Der EWG-Vertrag führte Organe und Entscheidungsmechanismen ein, die es ermöglichten, sowohl die nationalen Interessen als auch eine gesamteuropäische Vision zu verfolgen. Das institutionelle Gleichgewicht beruhte auf einem Dreieck, das aus dem Rat der EWG, der Kommission und der Parlamentarischen Versammlung bestand. Der Rat hatte hierbei die Entscheidungsbefugnis, wobei bei Abstimmungen das Prinzip der Einstimmigkeit galt.

Um die Zahl der Organe in der Europäischen Gemeinschaft zu beschränken und Überschneidungen hinsichtlich der Aufgabenbereiche zu vermeiden, war es naheliegend, gemeinsame Organe zu bilden. So wurden die Parlamentarische Versammlung und der Gerichtshof für die drei Gemeinschaften EGKS, EWG und EURATOM gemeinsam eingerichtet. Den Ministerrat und die Kommission setzte man aber getrennt von der EGKS nur für EWG und EURATOM ein. Erst mit dem

Überschüsse in der Landwirtschaft schufen Butterberge und Milchseen. Butter wurde über Wohlfahrtsverbände verbilligt abgegeben.

Die Europaflagge wurde 1955 eingeführt. Die zwölf Sterne stehen für Vollkommenheit und Einheit. Nur zufällig stimmte ihre Zahl bis 1995 mit der Zahl der EG-Mitglieder überein.

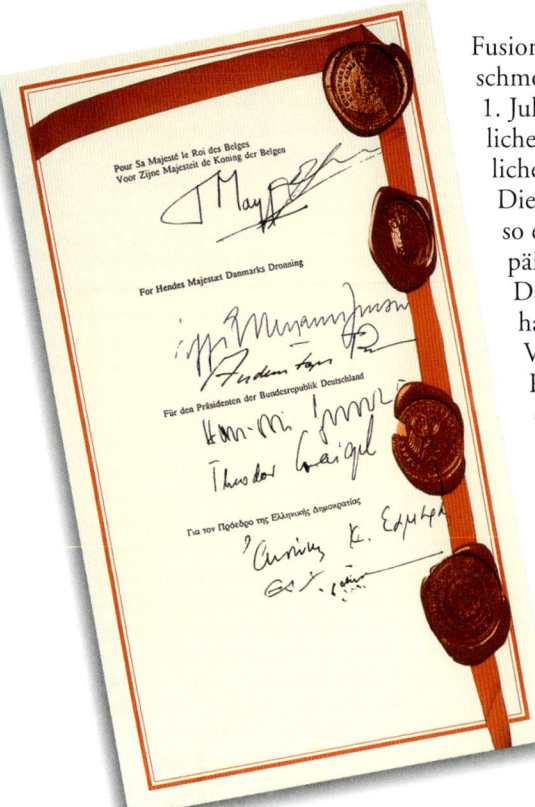

Mit dem Vertrag von Maastricht, der auf deutscher Seite von Finanzminister Waigel ratifiziert wurde, setzte man 1993 den Prozess der Währungseinheit in Gang.

Fusionsvertrag von 1965 verschmolzen alle Organe am 1. Juli 1967 zu einem einheitlichen Rat und einer einheitlichen Kommission.

Die Gründerstaaten schufen so eine überstaatliche europäische Rechtsgemeinschaft. Das Gemeinschaftsrecht hatte im Kollisionsfall Vorrang vor nationalem Recht. Mit der Entscheidung zum Eintritt in eine derart ambitionierte Wirtschaftsgemeinschaft begaben sich die Bundesrepublik und die anderen Mitgliedsstaaten freiwillig in eine hohe gegenseitige Abhängigkeit. Doch gelang es den Mitgliedern gemeinsam, großen Wohlstand für alle zu schaffen.

Politik des leeren Stuhles

Anlass für eine erste Krise der EWG waren unterschiedliche Vorstellungen über die Finanzierung eines gemeinsamen Agrarmarkts. Im März 1965 hatte die EWG-Kommission unter ihrem Vorsitzenden, dem Deutschen Walter Hallstein, vorgeschlagen, die Mitgliedsbeiträge abzuschaffen und stattdessen die Zolleinnahmen der einzelnen Mitgliedsstaaten direkt nach Brüssel zu überweisen. Die Kommission wäre so in der Lage gewesen, den europäischen Agrarmarkt und die Wirtschaftspolitik aus eigenen Mitteln zu finanzieren. Die Kontrolle darüber sollte das Europäische Parlament haben. Dieses Verfahren hätte die Position der EWG-Kommission gegenüber den Regierungen der EWG-Staaten entscheidend gestärkt und die Kommission in diesem Bereich zu einer Staaten übergreifenden Regierung gemacht. Nach Meinung der französischen Regierung hatte die Kommission jedoch bereits mit der Vor-

Mit der Osterweiterung wurde eine Vergrößerung des Parlaments nötig. Der spektakuläre Straßburger Neubau von 1999 wurde diesem Bedarf glücklicherweise gerecht.

lage der Reformvorschläge ihre Kompetenzen überschritten. In der Folge stellte Frankreich seine Mitarbeit im EWG-Rat, der Europäischen Kommission und im Beratungsausschuss zur Verwirklichung einer Wirtschaftsunion ein. Die Institutionen waren damit beschlussunfähig und das gesamte politische System der EWG faktisch gelähmt. Erst mit dem Luxemburger Kompromiss von 1966 beendete Frankreich seine Politik des leeren Stuhles und beteiligte sich wieder an den Ratssitzungen.

Von den Römischen Verträgen zur Europäischen Union

Ende der 60er-Jahre waren zentrale Punkte der Römischen Verträge erfüllt, doch die europäische Einigung forderte weitere Ergänzungen und vor allem eine größere Transparenz für die Bürger. So wurde die EWG 1967 gemeinsam mit EURATOM und der Montanunion zur Europäischen Gemeinschaft (EG) zusammengefasst. Seitdem gibt es gemeinsame Organe für die drei Gemeinschaften: das Europäische Parlament, den Europäischen Rat und die Europäische Kommission.

Drei Jahre später trat die Zollunion in Kraft, die einen Abbau der Zölle zwischen den Gründerstaaten vorsah. Die Umsetzung der in den Römischen Verträgen formulierten Ziele wurde so Schritt für Schritt vorangetrieben. Die ersten direkten Wahlen zum Europäischen Parlament in Straßburg fanden 1979 statt – die EG erhielt so mehr Bürgernähe und Transparenz. Die Gemeinschaft wurde 1973 um Großbritannien,

Dänemark und Irland erweitert, 1981 kam Griechenland hinzu. Seit 1. Januar 1986 sind Spanien und Portugal ebenfalls Mitglieder der EG. Um die Schaffung eines einheitlichen Binnenmarktes mit freiem Waren-, Kapital-, Dienstleistungs- und Personenverkehr bis zum 1. Januar 1993 zu gewährleisten, wurden durch den Europäischen Rat in Madrid 1989 erste Schritte in Richtung einer Wirtschafts- und Währungsunion (WWU) eingeleitet.

Das Endergebnis der Verhandlungen war der Vertrag über die Europäische Union. Er wurde von den Regierungschefs am 7. Februar 1992 in Maastricht unterzeichnet. Zentraler Punkt war die Verwirklichung einer Wirtschafts- und Währungsunion, wobei bis 1999 eine einheitliche Währung geschaffen werden sollte. Im Zuge dieser finanzpolitischen Umgestaltung wurde auch die Europäische Zentralbank in Frankfurt am Main eingerichtet.

Butterberge und Milchseen

Schon früh gab es erste Probleme, die durch die in den Römischen Verträgen festgelegte spezifische Wirtschaftsförderung der EWG entstanden. Massive Agrarsubventionen führten zu riesigen Überschüssen im landwirtschaftlichen Bereich. Die Garantiepreise sorgten für eine Überproduktion, die zu Butterbergen und Milchseen führte. Um die Preise für diese Produkte stabil zu halten, wurden z. B. Obst und Gemüse vernichtet oder zu Niedrigpreisen nach Osteuropa geliefert. Als ein wichtiger Kritikpunkt wurde und wird immer wieder der immense bürokratische Aufwand angeführt, der jedes Jahr riesige Geldsummen verschlingt.

Werte- und Kulturgemeinschaft

Nach außen hat sich die Europäische Union zu einer zentralen Handelsmacht und einem wichtigen Faktor in der internationalen Politik entwickelt. Doch Europa ist weit mehr als das. Es stellt sich auch als eine Wertegemeinschaft dar.

Die Unantastbarkeit der Würde des Menschen, das Recht auf Leben und das Verbot der Todesstrafe, das Recht auf Unversehrtheit und das Verbot der Folter, die Meinungs- und Religionsfreiheit sind zentrale Elemente des europäischen Selbstverständnisses. Basierend auf diesen gemeinsamen Werten, zeichnet sich das europäische Sozialmodell durch tolerantes Zusammenleben mit anderen, Rechtsstaatlichkeit und einen Ausgleich zwischen staatsbürgerlichen Rechten und Pflichten aus. Europa genießt in der internationalen Staatengemeinschaft den Ruf, sich für die Zukunftsfähigkeit unseres Planeten, für nachhaltige Entwicklung, Umwelt- und Klimaschutz einzusetzen.

Aus der europäischen Integration ging auch die europäische Luft- und Raumfahrtindustrie hervor. Mit dem A 380 macht Airbus dem Jumbojet des amerikanischen Boeing-Konzerns Konkurrenz.

Partner Deutschland

1951 Die Bundesrepublik Deutschland ist Mitgründerin der Montanunion, auch Europäische Gemeinschaft für Kohle und Stahl (EGKS).

1955 Die Bundesrepublik wird Mitglied der NATO, die den Nordatlantikpakt, ein militärisches Bündnis europäischer und nordamerikanischer Staaten, umsetzt. Im selben Jahr tritt die DDR dem Warschauer Pakt bei.

1957 Gründung der Europäischen Wirtschaftsgemeinschaft (EWG).

1973 Bundesrepublik und DDR werden Mitglied der Vereinten Nationen (United Nations, UN), die die Sicherung des Weltfriedens, die Einhaltung des Völkerrechts, den Schutz der Menschenrechte und die Förderung der internationalen Zusammenarbeit zur Aufgabe haben.

1993 Mit dem Vertrag von Maastricht wird die Europäische Union gegründet.

" Die Gründerväter Europas wussten: Wirtschaftsordnung und politische Ordnung lassen sich auf Dauer nicht trennen. "

[Angela Merkel zum 50. Jahrestag der Vertragsunterzeichnung]

Eine Stadt wird geteilt –
Bau der Mauer in Berlin

1961
13. AUGUST

Bei Tagesanbruch stellten die Ostberliner entsetzt fest, dass ihre Befürchtungen wahr geworden waren: Das letzte Schlupfloch, die Grenze zwischen Ost- und Westberlin, wurde mit Stacheldraht abgeriegelt.

Die meisten Bürger Ostberlins trauten ihren Augen nicht, als sie am Morgen des 13. August 1961, einem Sonntag, die klammheimlich über Nacht errichteten Stacheldrahtzäune an der Sektorengrenze nach Westberlin erblickten. Entsetzt und ängstlich zugleich beobachteten sie, wie schrill tönende Presslufthämmer die Straßen aufrissen und sich die Asphaltstücke zusammen mit Pflastersteinen zu immer höher werdenden Barrikaden auftürmten. Ein Gefühl der Angst, Bedrohung und Verzweiflung machte sich breit, als nach und nach Panzer in Kolonnen durch die Straßen rollten und an allen zentralen Punkten auffuhren, Maschinengewehre positioniert und meterhohe Stacheldrahtverhaue angelegt wurden. All dies wurde von rund 50 000 bewaffneten Volksarmisten überwacht. Der durchgehende U- und S-Bahnverkehr wurde eingestellt, das Gesamtberliner Verkehrsnetz über Nacht zerschnitten, sodass über 60 000 Berufspendler aus dem Ostteil der Stadt keinerlei Möglichkeit mehr hatten, zu ihren Arbeitsplätzen in den Westberliner Bezirken zu gelangen.

Mit Entsetzen mussten die Berliner Bürger ansehen, wie im August 1961 eine Mauer quer duch die Stadt gebaut wurde, manchmal geradewegs durch Häuser hindurch.

Die Sichtblenden verschwinden, zum Vorschein kommt die frisch errichtete Mauer am Berliner Wahrzeichen Brandenburger Tor.

Streng geheime Aktion

Rasch erkannte man das ungeheure Ausmaß der nächtlichen Aktion, die Sperren riegelten nun alle Sektorengrenzen um Westberlin ab. Zweifellos war das Unternehmen von langer Hand und unter strengster Geheimhaltung vorbereitet worden. Hauptverantwortlich war der für Sicherheitsfragen zuständige Sekretär des Zentralkomitees der SED, Erich Honecker. Unterstützt wurden die Volksarmisten von sowjetischen Truppen, die in der DDR stationiert waren. Die Maßnahme sollte die riesige Fluchtwelle in den Westen stoppen, die den Arbeiter- und Bauernstaat bis August 1961 mehr als 2,6 Mio. vor allem junge und hoch qualifizierte Bürger gekostet hatte. Da die Flucht nur noch von Berlin aus möglich war, musste man hier mit dem Mauerbau beginnen.

Wut und Verzweiflung

Die ersten Meldungen von der Absperraktion erreichten die fassungslosen Berliner gegen 3.30 Uhr über den Radiosender RIAS. Viele hatten zwar damit gerechnet, dass das Regime eingreifen musste, um ein Ausbluten der DDR zu verhindern, doch eine solche Nacht-und-Nebel-Aktion hatte niemand erwartet. Im Lauf des Tages versammelten sich Tausende an der Sektorengrenze, um sich mit eigenen Augen davon zu überzeugen. Zahllose Menschen saßen an den Bahnhöfen fest oder verloren sozusagen über Nacht ihren Arbeitsplatz im Westen. In den Nachmittags- und vor allem Abendstunden des 13. August 1961 spitzte sich die Lage am Brandenburger Tor zu. Hier hatte sich eine riesige Menschenmenge versammelt, um gegen die Abriegelungsmaßnahmen zu protestieren. Sprechchöre forderten: „Öffnet das Tor" und „Wir fordern freie Wahlen." Vereinzelt wurden Fackeln entzündet, manche stimmten das Deutschlandlied an. Als Panzerspähwagen und Wasserwerfer heranrollten, drängte die Westberliner Polizei die erregte Masse hinter eine provisorische Seilabsperrung zurück, um Gewalttätigkeiten zu verhindern. Angst machte sich breit, da man mit einer erneuten Blockade Berlins oder vielleicht sogar einem Krieg rechnete. Die Auswirkungen der nächtlichen Abriegelungsaktion waren für die Menschen enorm: Familiäre Bindungen wurden brutal zerschnitten, und für viele gab es keinerlei Gelegenheit mehr, sich von Verwandten oder Freunden im jeweils anderen Sektor zu verabschieden. Viele ältere Menschen nahmen sich das Leben, weil sie von ihren Familienangehörigen abgeschnitten und damit ganz auf sich allein gestellt waren.

Flucht in den Westen

In den ersten Tagen des Mauerbaus gelang es noch etlichen Menschen, in den Westsektor zu fliehen. Viele kletterten über die Drahtabsperrungen, sprangen aus Häusern an der Sektorengrenze oder bauten Tunnels, um zu flüchten. Auch über den Wasserweg trafen in den folgenden Tagen tausende Flüchtlinge, die Kanäle, Flüsse oder Seen durchschwommen hatten, in Westberlin ein. Um die Welt ging das Bild eines Volksarmisten, der am 15. August über den Stacheldraht in den Westteil Berlins sprang. Die Flucht wurde aber von Tag zu Tag gefährlicher. Das erste der zahlreichen Opfer, die an der Grenze ihr Leben lassen mussten, war der 24-jährige Günter Litwin. Er wurde bei seinem Fluchtversuch durch einen gezielten Kopfschuss getötet.

Ausbau der Mauer

Ab dem 15. August wurden die Stacheldrahtzäune nach und nach durch Betonelemente und große Hohlblocksteine ersetzt: Der eigentliche Mauerbau begann nun. Häuser, die sich in direkter Grenznähe befanden, wurden rücksichtslos zugemauert. Zusätzlich wurde eine Hinterlandmauer errichtet, um die Flucht in den Westen zu erschweren. 155 km war die Berliner Mauer lang, was in etwa der Strecke Berlin–Leipzig oder 200 Straßenlängen entsprach. Treffender wäre allerdings der Ausdruck die Berliner Mauern gewesen. Das Bauwerk wurde nämlich seit Baubeginn in mehreren Generationen erweitert und umfasste mehr als nur eine Betonmauer. Es handelte sich vielmehr um ein komplexes Sicherungssystem mit mehreren Ebenen. Vom Westen aus gesehen, bestand die Mauer zunächst aus einer etwa 3,60 m hohen Sperrmauer mit Betonrolle an der Spitze, der sogenannten Vorderlandmauer. Es folgte der beleuchtete Grenz- oder auch „Todesstreifen". Flüchtlinge, die ihn bereits erreicht hatten, wurden ohne Vorwarnung erschossen. Dem Todesstreifen schlossen sich ein Kfz-Sperrgraben, ein Patrouillenweg, Hundelaufanlagen, Wachtürme

Die westlichen Staaten reagierten konsterniert, riskierten aber keine Eskalation der Situation. Das „Time Magazine" illustrierte das Geschehen mit einer Vorlegekette.

Ein Westberliner Eltern-
paar zeigt im September
1961 seine Zwillinge den
jenseits der Mauer leben-
den Großeltern.

laut, aber vergeblich nach Gegenmaßnahmen
riefen. Am 16. August versammelten sich die
Menschen vor dem Schöneberger Rathaus im
Westteil der Stadt. Sie forderten energische Reaktionen der Westmächte und Garantien für
Westberlin. Doch die Bundesregierung ging
aus Rücksichtnahme auf die angespannte Lage
nicht auf die Forderungen ein. Auch Bundeskanzler Adenauer unterbrach seine Wahlkampf-
reise nicht und flog erst am 22. August nach
Berlin. Sein Verhalten wurde von der Bevölkerung stark kritisiert und führte bei der Bundestagswahl zu Verlusten für CDU/CSU.
Doch alle Parteien waren sich darin einig, die
Situation nicht eskalieren zu lassen und die Berliner zu beruhigen. Selbst der regierende Bürgermeister von Berlin, Willy Brandt, stellte sich
einem Demonstrationszug entgegen, der zur
Sektorengrenze drängte. Zurückhaltend reagierten auch die Westmächte. Sie beschränkten sich
auf verbale Proteste und die eher symbolische
Geste eines Besuchs des amerikanischen Vize-
präsidenten Johnson am 19. August in Westberlin. Obwohl sie schon frühzeitig durch ihre
Geheimdienste über den Mauerbau informiert
worden waren, akzeptierten die Westmächte die
deutsche Teilung. Und auch die Deutschen
selbst mussten nun schmerzlich anerkennen,
dass die Teilung eine dauerhafte sein würde.

DDR-Propaganda

Nach dem Baubeginn versuchte die DDR-Führung ihren Bürgern zu erklären, warum dieser
Schritt in ihren Augen notwendig war. Der
„antifaschistische Schutzwall" sollte die DDR-
Bevölkerung nicht abschotten, sondern sie vor
dem schädlichen Einfluss des Kapitalismus
schützen. Eine massive Propagandaoffensive
sollte diese Sicht der Dinge vermitteln. In den
DDR-Medien wurde Adenauer als Nachfolger
Hitlers und Handlanger des amerikanischen
Imperialismus dargestellt. Zudem kam ein Pro-
pagandaheft mit dem Titel „Da schlug's 13"
heraus, in dem der Mauerbau als Sieg der Ar-
beiterklasse gegen den revanchistischen Westen
gefeiert wurde. Die Sendereihe „Der schwarze
Kanal" wiederum berichtete über die vermeintliche Verlogenheit westdeutscher Medien. Doch
all die Propaganda nutzte nicht sehr viel, denn
die meisten Menschen erkannten ganz genau,
dass man sie in ihrem eigenen Land einsperrte.

und schließlich die etwa 3 m hohe sogenannte
Hinterlandmauer an – insgesamt ein Bollwerk
von gigantischen Ausmaßen.
Wie viele Menschen kurz vor dem Ziel, im
ca. 70 m breiten Todesstreifen ums Leben kamen, bleibt ungeklärt. Schockiert reagierte die
Öffentlichkeit auf die Bilder vom Fluchtversuch
des 18-jährigen Peter Fechter. Am 17. August
1962 wurde der junge Mann, gerade als er über
die Vorderlandmauer klettern wollte, ange-
schossen und blieb schwer verletzt auf Ostberliner Gebiet liegen. Auf Fechters Hilfeschreie hin
bildete sich auf beiden Seiten der Mauer eine
aufgebrachte Menschenmenge. Westdeutsche
Polizisten warfen Fechter Verbandpäckchen zu,
er konnte sie jedoch nicht einsammeln. Weder
die DDR-Grenzer, noch die diensthabenden
US-Soldaten kamen zu Hilfe. Nach etwa einer
Stunde trugen die DDR-Grenzsoldaten den
verbluteten Fechter unter „Mörder"-Rufen der
Umstehenden aus dem Todesstreifen.

Reaktionen im Westen

Das Fernsehen zeigte den Schock der Ostberliner, die ganz deutlich spürten, welche Gewalt
von den bewaffneten Kampfgruppen und den
NVA-Panzern ausging. Und es verdeutlichte
auch den hilflosen Zorn der Westberliner, die

Eine Mauer und ihre Folgen

Der Mauerbau war ein entscheidender Wendepunkt im Kalten Krieg. Beiden Seiten blieb
nichts anderes übrig, als den Status quo anzuerkennen. Dies hatte die unerwartete Folge, dass

sich das Verhältnis zwischen Ost und West langsam entspannte. Dennoch sicherte US-Präsident John F. Kennedy in seiner berühmten Rede den Westberliner Bürgern 1963 die volle Unterstützung der USA zu. Der Flüchtlingsstrom aus der DDR versiegte. Die Bürger im Osten Deutschlands mussten sich notgedrungen mit dem von vielen ungeliebten Regime arrangieren.

Staat und Gesellschaft stabilisierten sich spürbar. Nun kam die SED-Regierung den Menschen mit einer modernen Reform des Wirtschaftssystems entgegen. Man wich von starren kommunistischen Grundsätzen ab und versuchte, die zentrale Planwirtschaft flexibler zu gestalten. Auf diese Weise sollte die Versorgung der Bevölkerung gewährleistet und eine sozialistische Konsumgesellschaft aufgebaut werden. Unter den Betrieben wurde sogar ein wirtschaftlicher Wettbewerb eingeführt: die leistungsstärksten und gewinnbringendsten VEB erhielten Prämien. Und in der Tat gelang es der Regierung, die Produktivität und den Lebensstandard zu steigern. Später gab man die Reformen jedoch zugunsten einer strafferen zentralen Planung wieder auf. Die Mauer wurde mit der Zeit zum Alltag und die Kluft zwischen Ost und West immer größer.

Lang ersehnte Erleichterungen

Das brutale Auseinanderreißen vieler Familien war für viele Menschen die schlimmste Folge des Mauerbaus, mit der sie zu kämpfen hatten. Erst 28 Monaten nach Errichtung der ersten

Kennedy als Berliner

Ein Leben in der Freiheit ist nicht leicht, und die Demokratie ist nicht vollkommen. Aber wir hatten es nie nötig, eine Mauer aufzubauen, um unsere Leute bei uns zu halten (...). Wenn Ihre Stadt und Ihr Land wieder vereint sind, dann können Sie mit Befriedigung von sich sagen, dass die Berliner 20 Jahre lang die Fronten gehalten haben. Alle freien Menschen, wo immer sie leben mögen, sind Bürger dieser Stadt Westberlin, und deshalb bin ich als freier Mann stolz darauf, sagen zu können: Ich bin ein Berliner.

US-Präsident John F. Kennedy vor dem Schöneberger Rathaus in Berlin am 26. Juni 1963

Grenzsperren war es den Westberlinern möglich, ihre Verwandten und Freunde im Osten zu besuchen. Der Senat von Westberlin setzte sich energisch dafür ein, die Mauer wenigstens in der Weihnachtszeit 1963 für Westberliner Bürger durchlässig zu machen. Mit Erfolg: Vom 19. Dezember bis zum 5. Januar besuchten über 700 000 Westberliner den Ostteil der Stadt. Um einen Passierschein zu bekommen, galt es allerdings, verschiedene Kriterien zu erfüllen: Nur enge Verwandte durften besucht werden, keine Freunde oder Bekannte, außerdem durfte man politisch nicht gegen das DDR-Regime agieren. In den Folgejahren kam es zu drei weiteren Passierscheinabkommen, die teils noch größere Besucherzahlen zur Folge hatten. Als die DDR jedoch eine Unterzeichnung neuer Abkommen davon abhängig machte, dass die Bundesrepublik den sozialistischen Staat im Osten anerkennen müsse, bedeutete dies das Aus für weitere Besuchsvereinbarungen. Nur die 1964 für dringende Familienangelegenheiten eingerichtete Passierscheinstelle hatte weiterhin Bestand. Westberliner waren nun darauf angewiesen, Verwandte im sozialistischen Ausland zu treffen. Den Ostdeutschen blieb es zunächst gänzlich verwehrt, in den Westen zu reisen. Die einzige Ausnahme war Rentnern vorbehalten: Seit 1964 erhielten sie die Genehmigung, einmal im Jahr in die Bundesrepublik reisen zu dürfen. Grund war, dass Rentner als Arbeitskräfte nicht mehr eingeplant waren und der Staat bei einer Flucht keinen wirtschaftlichen Schaden davongetragen hätte.

Not macht erfinderisch: Immer wieder versuchten DDR-Bürger, aus ihrer Heimat zu fliehen. Der Versuch mit diesem Eigenbau-U-Boot misslang 1987.

» Niemand hat die Absicht, eine Mauer zu errichten. «

[Walter Ulbricht, 15. Juni 1961]

Der einmillionste Gastarbeiter ist da

1964
10. SEPTEMBER

Die Begrüßung des einmillionsten Gastarbeiters symbolisierte den Wirtschaftsaufschwung in Westdeutschland und stellte die Gesellschaft bald vor die Herausforderungen eines Einwandererlandes.

Am Morgen des 10. September 1964 kam ein junger, übermüdeter Portugiese mit dem Zug am Kölner Hauptbahnhof an. Er war seit drei Tagen unterwegs, unrasiert, in zerschlissener Jacke und auf dem Weg zu seinem neuen deutschen Arbeitgeber in Stuttgart. Kaum aus dem Zug gestiegen, begrüßten ihn zu seiner großen Überraschung Trompetenklänge, wehende Fahnen und ein fulminantes Blitzlichtgewitter. Er hörte seinen Namen laut tönend aus dem Lautsprecher erklingen. Der feierliche Akt galt Armando Rodrigues de Sá, der an diesem Tag neben 1000 anderen Spaniern und Portugiesen als der einmillionste Gastarbeiter in Deutschland eintraf. Sein Bild ging um die Welt.

Arbeitskräfte dringend gesucht

Nach Ende des Zweiten Weltkriegs herrschte in Deutschland ein Mangel an Arbeitskräften, vor allem in den Zechen des Ruhrgebiets. Das Wirtschaftswunder sorgte seit den 50er-Jahren dafür, dass es bald in fast allen Industriebranchen freie Arbeitsplätze gab. Die schwere und gefährliche Arbeit im Bergbau verlor vor diesem Hintergrund für viele deutsche Arbeiter an Attraktivität. Die deutsche Bundesregierung beschloss deshalb, Gastarbeiter aus Italien anzuwerben. Werbebroschüren priesen das neue Leben in Deutschland an, Unternehmen mieteten Busse, um Arbeiter quasi direkt an ihrer Haustür abzuholen. Millionen Arbeitswillige aus Griechenland, Jugoslawien, Marokko, Portugal, Spanien, Tunesien und der Türkei strömten nach Deutschland.

Fremde Heimat Deutschland

Besonders gastlich waren die Bedingungen nicht: Zu der ungewohnten Arbeit kam die Unterbringung in einfachen Holzbaracken oder Wohnheimen. Die Arbeiter kamen meist aus ärmlichen Verhältnissen und verfügten weder über ausreichende Informationen über das Gastland

> *„Wir riefen Arbeitskräfte, und es kamen Menschen."*
>
> [Max Frisch, Ende der 60er-Jahre]

Der einmillionste Gastarbeiter in der Bundesrepublik, Armando Rodrigues de Sá aus Portugal, erhielt 1964 bei seiner Ankunft in Köln als Gastgeschenk ein Mofa.

noch über die entsprechenden Sprachkenntnisse. Möglichst schnell wollten sie das vom Arbeitslohn Ersparte an ihre Familien schicken, um sich später eine bessere Existenz im Heimatland aufbauen zu können. Anfänglich war der Aufenthalt für ein oder zwei Jahre geplant, die Firmen waren aber mit den ausländischen Kräften so zufrieden, dass sie für ihr Bleiben sorgten. Etwa ein Fünftel der Gastarbeiter holte die Familienangehörigen nach und begann, sich in der neuen Heimat einzurichten. Im Vergleich zum Herkunftsland konnten sie in Deutschland oft sehr viel schneller materiellen Wohlstand erringen.

Pasta, Pizza, Ravioli

Zuwanderer haben die kulturelle Vielfalt Deutschlands enorm bereichert, das Leben ist bunter und lebendiger geworden. Gyros entwickelte sich zur deutschen Leibspeise, rund 10 000 Döner-Buden haben 2003 mit 2 Mrd. Euro ebenso viel umgesetzt wie eine bekannte amerikanische Fastfoodkette. Trotz anfänglicher Skepsis eroberten ausländische Gerichte die Speisekarten. Die deutsche Jugend schwor den Esstraditionen der Eltern ab und erkor einen kulinarischen Einwanderer zu ihrem Liebling: die Pizza aus Neapel. Stück für Stück entdeckte das Land der Kartoffel die Kostbarkeiten der italienischen Küche: Spaghetti und Olivenöl, Balsamico und Grappa, Mozzarella und Basilikum setzten in wenigen Jahren die deutsche Hausmannskost schachmatt. Rasend schnell begeisterten die mitreißenden Rhythmen der Tarantella und des Flamenco das deutsche Publikum. Multikulti war angesagt.

Multikulti und Integrationsprobleme

Die beginnende Rezession führte 1973 allerdings zum Anwerbestopp. Da lebten bereits 14 Mio. Gastarbeiter in Deutschland, von denen 11 Mio. zurückgingen. 30 Jahre später betrug der Ausländeranteil in Deutschland rund 7 Mio., also 9 % der Gesamtbevölkerung. Deutschland war für sie zum Lebensmittelpunkt geworden. Vertragsarbeiter aus Angola, Kuba, Mosambik und Vietnam kamen auch in die DDR. Ihre Zahl und Aufenthaltsdauer waren jedoch begrenzt, ihre Integration nicht erwünscht. Mentalitäts- und Religionsunterschiede, begleitet von Unverständnis und Vorurteilen, erschwer-

ten die gesellschaftliche Eingliederung. Mit dem Mauerfall und der wachsenden Arbeitslosigkeit im vereinten Deutschland nahmen ausländerfeindliche Tendenzen zu. Die erschreckenden Bilder der Anschläge in Hoyerswerda oder Mölln brannten sich ins Gedächtnis ein. Trotzdem behaupteten sich die Einwanderer in Deutschland. Viele brachten es zu Wohlstand, wurden beruflich selbstständig oder etablierten sich als Wissenschaftler, Politiker oder Künstler. Aber auch unter Einwanderern stieg die Arbeitslosigkeit, und viele Familien lebten weiter im sozialen Abseits. Neue Gesetze regelten das Zusammenleben nicht nur, sondern zogen auch Trennlinien zwischen Menschen deutscher und nicht deutscher Herkunft.

Türkische Familien beerdigen unter großer Anteilnahme der Öffentlichkeit ihre Angehörigen, die bei einem ausländerfeindlichen Brandanschlag in Mölln 1992 starben.

Chancengleichheit

Die in Deutschland geborene zweite und dritte Generation der Migranten unterscheidet sich von der sparsamen Generation ihrer Eltern und Großeltern. Markenjeans, getunte Autos und hippe Musik sind ihnen genauso wichtig wie deutschen Jugendlichen. Nicht selten bewegen sie sich zwischen den Kulturen, sind zweisprachig aufgewachsen und in Deutschland besser integriert als im Heimatland ihrer Eltern. Einen neuen Kurs nahm die Anwerbung ausländischer Fachkräfte im Jahr 2000: Mit der Greencard-Initiative sollten erstmals hoch qualifizierte Experten aus Ländern außerhalb der EU ins Land geholt werden.

Mit den Gastarbeitern kamen viele beliebte ausländische Kulinaria nach Deutschland. Bis heute bestimmen italienische Pizzerien und Eisdielen das Bild vieler Städte.

Golf im Westen versus Trabbi im Osten

Wirtschaftswunder im Westen – Fünfjahresplan im Osten, Golf und Cola hüben – Trabbi und Spreewald-Gurken drüben, nicht nur die politischen Systeme der beiden deutschen Staaten unterschieden sich, auch das Alltagsleben zeigte sich in verschiedenen Gewändern. Während in der DDR vor allem langlebige Gebrauchsgegenstände wie Autos und Möbel nur schwer zu bekommen waren, herrschte in der Bundesrepublik der 70er- und 80er-Jahre regelrechter Überfluss. Die begehrten Westprodukte wie etwa Jeans gab es für DDR-Bürger nur gegen Devisen in den Intershops. Westfernsehen war da schon einfacher zu haben. Doch auch einige Ostprodukte fanden ihren Weg in den Westen. So war das zipfelmützige Ost-Sandmännchen auch bei Kindern in der Bundesrepublik beliebt, und der Dresdner Christstollen schmeckte in Köln wie in Stettin.

Auch bei alltäglichen Konsumgütern gab es Unterschiede und Gemeinsamkeiten. Hier wie dort aß man gerne eingemachtes Gemüse. Legendär waren im Osten Spreewald-Gurken, die nach der Wende auch den Westen eroberten. Ein Kultgetränk der 70er-Jahre in der Bundesrepublik trat im silberglänzenden Mäntelchen auf: Capri-Sonne ließ vor allem Kinderherzen höherschlagen, erinnerte aber auch an die beliebte Mittelmeerinsel.

Für viele Millionen Menschen in der Bundesrepublik war der VW Golf der Inbegriff des verlässlichen, sportlichen und zugleich erschwinglichen Mittelklassewagens. Eine ganze Generation wuchs mit dem Wagen als Familienauto auf. Auch als erster eigener fahrbarer Untersatz lief der Golf so manchem Kokurrenten den Rang ab. Der viel zitierten Generation Golf lieh er sogar seinen Namen.

WOB·AW 821

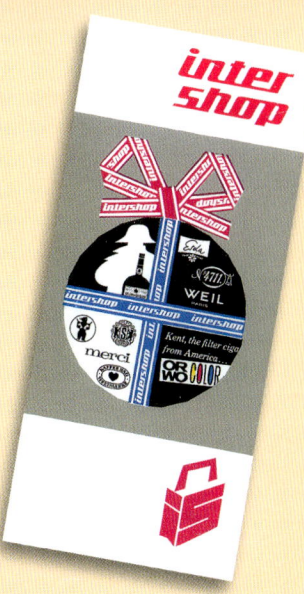

Um Devisen ins Land zu holen, wurden 1962 in der DDR die Intershops eröffnet. Dort gab es international gehandelte Waren, die in erster Linie für Transitreisende gedacht waren. Bürger der DDR konnten seit 1974 in den Intershops einkaufen, wenn sie denn über D-Mark verfügten.

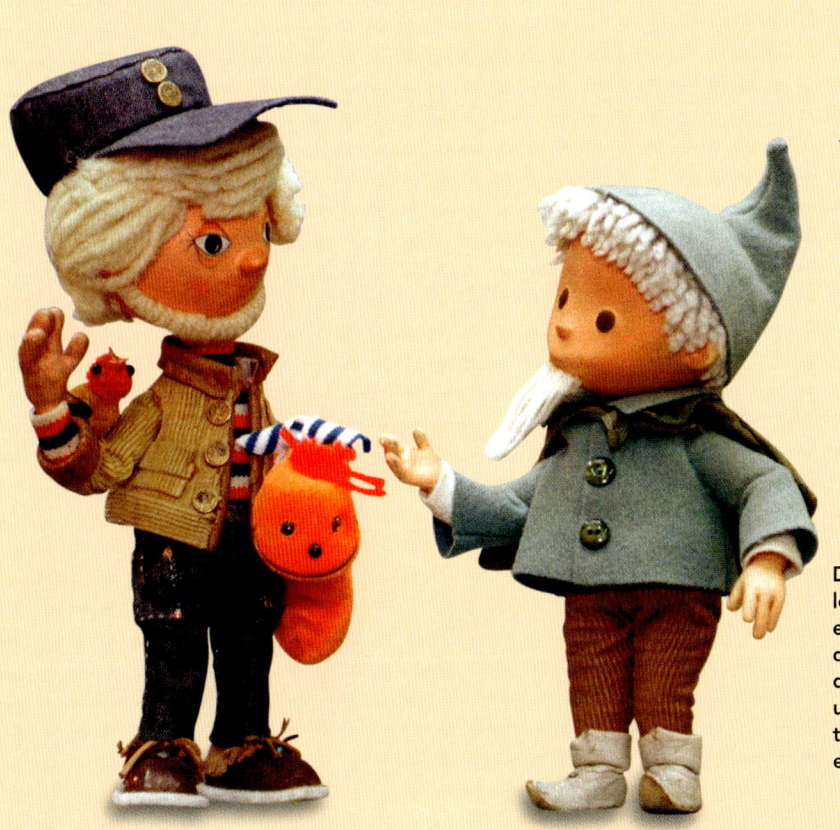

Der deutsche Michel blieb in beiden deutschen Staaten lebendig. In Form des beliebten Sandmännchens brachte er die Kinder zahlreicher Fernsehgenerationen hüben wie drüben mit seinen Gutenachtgeschichten zu Bett. Nach der Wende setzte sich der Ost-Sandmann mit Zipfelmütze und Spitzbärtchen gegen seinen Kollegen aus dem Westen durch. Ähnlich wie das Ampelmännchen wurde er zu einem wichtigen Träger der Ostalgie-Welle.

Der Trabbi, wie der Trabant liebevoll genannt wurde, war das Standardauto der DDR-Bürger. Er bot im Vergleich zu westlichen Autos sehr wenig Leistung und war recht unbequem, dabei aber sehr teuer. Um ein Auto zu erhalten, musste man sich auf Wartelisten setzen lassen. Die meisten warteten jahrelang mit ihrer Bestellbestätigung in der Hand auf den heiß ersehnten „Flitzer".

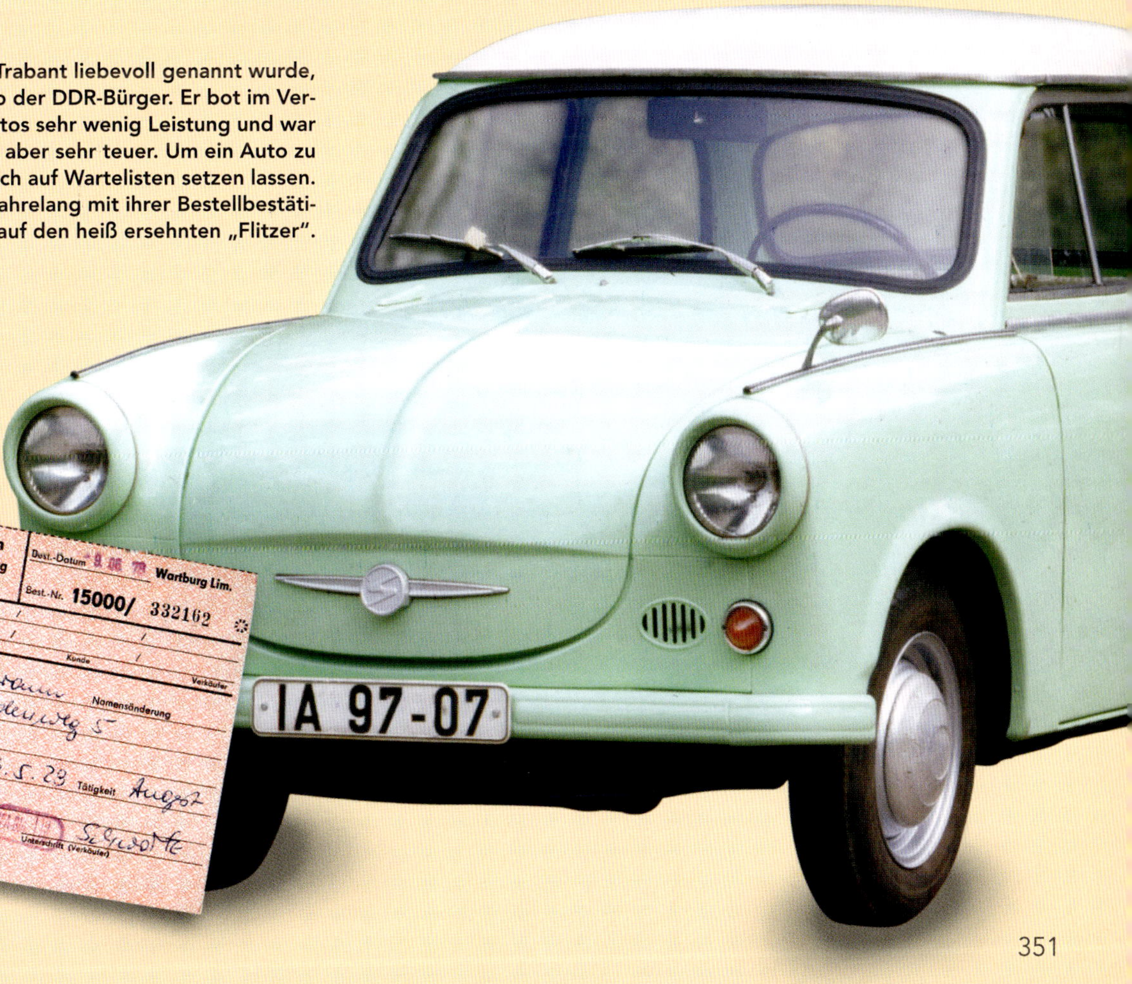

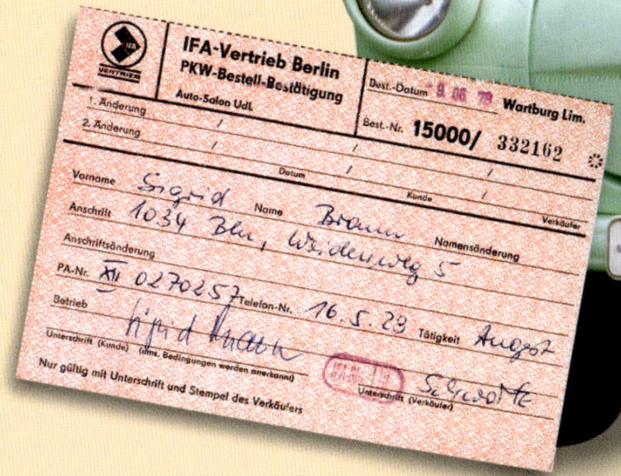
IFA-Vertrieb Berlin
PKW-Bestell-Bestätigung
Auto-Salon Udl.
Best.-Datum
Wartburg Lim.
Best.-Nr. 15000/ 332162
1. Änderung
2. Änderung
Datum
Kunde
Verkäufer
Vorname Sigrid
Name Braun
Anschrift 1034 Bln, Weidenweg 5
Anschriftsänderung
Namensänderung
PA-Nr. XII 0270257
Telefon-Nr.
Tätigkeit Angest.
Betrieb
Unterschrift (Kunde) (allg. Bedingungen werden anerkannt)
Unterschrift (Verkäufer)
Nur gültig mit Unterschrift und Stempel des Verkäufers

Eine große Geste
Willy Brandts in Warschau

1970
7. DEZEMBER

Mit seinem Kniefall in Polen entschuldigte sich Willy Brandt symbolisch für die deutschen Verbrechen während des Zweiten Weltkriegs. Er trug damit wesentlich zur Entspannung zwischen Ost und West bei.

Am 7. Dezember 1970 reiste der deutsche Bundeskanzler Willy Brandt in die polnische Hauptstadt Warschau, um einen Vertrag über die Anerkennung der polnischen Grenzen zu unterzeichnen. Während seines Aufenthalts besuchte der Kanzler auch das Denkmal für die Opfer des Warschauer Gettoaufstands. Dort legte Brandt einen Kranz nieder. Dann tat er etwas völlig Unerwartetes: Vor den Augen der Weltöffentlichkeit kniete er am Denkmal für eine Schweigeminute nieder. Die Geste kam einer symbolischen Entschuldigung für die

deutschen Kriegsverbrechen unter dem NS-Regime gleich. Das Bild des knienden deutschen Kanzlers ging sofort um die Welt.

Angemessen oder nicht?

Während Brandts Kniefall besonders von den Polen, aber auch von anderen Völkern mit großem Wohlwollen aufgenommen wurde, sahen die Deutschen diese Geste in einem sehr viel weniger positiven Licht. Eine Umfrage der Zeitschrift „Der Spiegel" im Jahr 1970 ergab, dass 48 % der Befragten Brandts Handeln als übertrieben einstuften. Nur 41 % waren der Meinung, der Kanzler habe sich angemessen verhalten. Dennoch wurde der Kniefall Brandts zum legendären Ereignis. Er war ein symbolischer Ausdruck der neuen Ostpolitik, die auf eine Aussöhnung mit den osteuropäischen Staaten und eine Normalisierung des Verhältnisses zwischen Bundesrepublik und DDR abzielte. Brandt gab mit dieser Politik auch den Alleinvertretungsanspruch auf, den die Regierung Adenauer einst proklamiert hatte.

Annäherung an den Osten

Schon im Lauf der 60er-Jahre hatte sich ein Wandel in der deutschen Ostpolitik angekündigt. Dieser trat 1969 mit Beginn der sozialliberalen Regierung unter dem SPD-Kanzler Willy Brandt endgültig ein. Er hatte als Regierender Bürgermeister von Berlin den Bau der Mauer miterlebt und war seither darauf bedacht, die angespannte Situation für die Bürger Berlins zu erleichtern. In der Ostpolitik verfolgte er dabei gemeinsam mit dem FDP-Außenminister Walter Scheel das Motto „Wandel durch Annäherung". Dies führte zunächst zu Verhandlungen mit der UdSSR. Am 12. August 1970 unterzeichneten daraufhin die UdSSR und die Bundesrepublik den Moskauer Vertrag, in dem die Anerkennung der damals existierenden europäischen Grenzen und ein gegenseitiger Gewaltverzicht vereinbart wurden. Kurze Zeit später folgten Verhandlungen mit Polen, die schließ-

Eine symbolische Geste, deren Wirkung sich aus der Spontaneität speiste. Die demütige Anteilnahme sicherte Brandt Sympathien in aller Welt.

lich zur Unterzeichnung des Warschauer Vertrags an besagtem 7. Dezember 1970 führten. Kernpunkt war dabei die Anerkennung der Oder-Neiße-Linie als polnische Westgrenze durch die Bundesrepublik – ein Schritt, der in der Bundesrepublik damals stark umstritten war und heftig diskutiert wurde.

Der Status Berlins steht zur Debatte

An die Unterzeichnung dieser beiden Ostverträge hatte Brandt die Bedingung geknüpft, dass auch der Status der geteilten Stadt Berlin nochmals verhandelt werden solle. Zuvor hatte Brandt bereits eine dahingehende Vereinbarung mit den Westmächten – also Frankreich, Großbritannien und den USA – getroffen. Auch die Sowjetunion war zu Verhandlungen bereit, denn sie versprach sich dadurch bessere wirtschaftliche Beziehungen zur Bundesrepublik. Insgesamt 18 Monate dauerten die Gespräche über den Status Berlins. Am 3. September 1971 wurde dann das sogenannte Viermächteabkommen von Vertretern der vier Siegermächte des Zweiten Weltkriegs unterzeichnet. Darin wurde vor allem eine bessere Zusammenarbeit untereinander vereinbart. Außerdem wurde der rechtliche Status quo Westberlins als weiterhin gültig festgesetzt. Die Bundesrepublik musste demnach ihre Präsenz in Westberlin verringern, dafür sagten die UdSSR den ungehinderten Transitverkehr nach Westberlin zu, der in Verträgen zwischen den beiden deutschen Staaten geregelt werden sollte. Das Abkommen sollte dazu beitragen, künftige Berlin-Krisen zu verhindern und das politische Überleben Westberlins sicherzustellen. Bevor es jedoch in Kraft treten konnte, mussten Bundestag und Bundesrat den Ostverträgen zustimmen.

Diskussionen um die Ostverträge

Nicht nur Brandts Kniefall, sondern auch seine gesamte Ostpolitik wurden in Deutschland aufs Heftigste diskutiert – und das, obwohl Brandt gerade dafür im Dezember 1971 mit dem Friedensnobelpreis ausgezeichnet wurde. Die politische Opposition sprach von einem „Ausverkauf deutscher Interessen". Sie befürchtete, die Oder-Neiße-Linie könne damit völkerrechtlich anerkannt werden und endgültig als deutsche Grenze feststehen. Genau das wollten die Oppositionspolitiker unbedingt vermeiden. Viele glaubten zudem, die deutsche Teilung würde dadurch bestätigt und unumkehrbar werden. Doch nicht nur die Opposition, auch Politiker aus den Reihen der Regierung hatten diese Bedenken und billigten die Ostpolitik von Kanz-

ler und Außenminister nicht. Dadurch wurde die von Anfang an sehr knappe Mehrheit der SPD/FDP-Koalition im Bundestag immer dünner. Einige Koalitionspolitiker wechselten sogar in die Oppositionsparteien.

Misstrauen und Sympathie

Die CDU/CSU, die die Ratifizierung der Ostverträge unbedingt verhindern wollte, sah dadurch ihre Chance gekommen, die Regierung zu übernehmen. Rainer Barzel, Vorsitzender der CDU/CSU-Bundestagsfraktion, beschloss, den Bundeskanzler zu stürzen. Geschehen sollte dies über ein Konstruktives Misstrauensvotum nach Artikel 67 des Grundgesetzes – es war das erste Mal, dass diese Regelung zur Anwendung kommen sollte. Am 24. April 1972 stellte die Opposition im Bundestag den Antrag, Brandt das Misstrauen auszusprechen und Barzel stattdessen zum Kanzler zu wählen. Die Abstimmung wurde auf den 27. April angesetzt. Den Abgeordneten war es untersagt, sich dem Votum durch Nichtanwesenheit zu entziehen.
Als die Bevölkerung vom Misstrauensantrag der CDU/CSU erfuhr, machte sich vielfach Empörung breit. Auf Kundgebungen und bei Warnstreiks bekundeten viele Bürger ihre Sympathie für Willy Brandt. Mit Spannung wurde überall im Land das Ergebnis der Bundestagabstimmung erwartet. Das Ergebnis fiel denkbar knapp aus: Nur 247 statt der nötigen 249 Abgeordneten stimmten für Rainer Barzel, Brandt blieb damit Kanzler. Im Umfeld der Abstimmung kam es zu einem handfesten Skandal: Ein CDU-Abgeordneter, der gegen Barzel gestimmt hatte, behauptete einige Zeit später, er sei von der Stasi bestochen worden.

Die neue Ostpolitik der sozialliberalen Koalition brachte Gegner und Befürworter auf die Straßen. Linke Gruppierungen waren meist für die Ratifizierung der Ostverträge.

> *Am Abgrund der deutschen Geschichte (...) tat ich, was Menschen tun, wenn die Sprache versagt.*
>
> [Willy Brandt über seinen Kniefall]

Im Viermächteabkommen über Berlin regelten die vier Siegermächte den Status der geteilten Stadt und den Zugang zu Westberlin neu.

Das Transitabkommen erleichterte die Einreise in die DDR. Der Abfertigungskoffer der DDR-Grenzpolizei erinnert an die Grenzkontrollen.

Ratifizierung der Ostverträge

Nach dem Scheitern des Misstrauensvotums rangen sich Regierung und Opposition am 17. Mai 1972 zu einer „gemeinsamen Entschließung" durch. Die Pattsituation im Bundestag hatte eine Zusammenarbeit unumgänglich gemacht. Beide Seiten erklärten nun, durch den Abschluss des Moskauer Vertrags solle das politische Ziel der Wiedervereinigung beider deutscher Staaten nicht aufgegeben werden. In einem entsprechenden Schreiben der Bundesregierung an die sowjetische Regierung hieß es dazu: „Im Zusammenhang mit der heutigen Unterzeichnung des Vertrages zwischen der Bundesrepublik Deutschland und der Union der Sozialistischen Sowjetrepubliken beehrt sich die Regierung der Bundesrepublik Deutschland festzustellen, daß dieser Vertrag nicht im Widerspruch zu dem politischen Ziel der Bundesrepublik Deutschland steht, auf einen Zustand des Friedens in Europa hinzuwirken, in dem das deutsche Volk in freier Selbstbestimmung seine Einheit wiedererlangt."

Dennoch fand sich in der nachfolgenden Abstimmung im Bundestag keine überwältigende Mehrheit für die Ostverträge: Fast die Hälfte der Abgeordneten enthielt sich der Stimme. Die abgegebenen Ja-Stimmen reichten dennoch aus, sodass die Verträge vom Bundestag angenommen wurden. Am 19. Mai 1972 konnten sie schließlich im Bundesrat ratifiziert werden, wobei sich jedoch die von CDU und CSU geführten Bundesländer der Stimme enthielten. Am 3. Juni 1972 traten die Ostverträge trotz der anfänglichen Widerstände zusammen mit dem Viermächteabkommen in Kraft.

Vorgezogene Neuwahlen

Willy Brandt war es zwar gelungen, einen politischen Erfolg zu erzielen, doch im Bundestag war die Mehrheit der Regierungsparteien SPD und FDP deutlich zusammengeschrumpft. Da sich Brandt durch die nun herrschende Pattsituation in seiner Handlungsfreiheit eingeschränkt sah, beschloss er, Neuwahlen herbeizuführen. Am 20. September 1972 stellte er deshalb im Bundestag die Vertrauensfrage – die Niederlage war dabei von ihm einkalkuliert, denn die Kabinettsmitglieder enthielten sich der Stimme. Die Neuwahlen wurden daraufhin auf den 19. November festgesetzt.

Das Jahr 1972 war geprägt von einem heißen Wahlkampf: Wie nur selten zuvor engagierten sich Bürger aus allen gesellschaftlichen Schichten mit Buttons, Aufklebern und Anzeigen für ihre Partei. Prominente taten freimütig ihre politischen Sympathien in der Öffentlichkeit kund. Besonders stark wurden die Erstwähler umworben, denn das Wahlalter war 1970 auf 18 Jahre gesenkt worden.

Die Wahlbeteiligung erreichte dann auch den Rekordwert von 91,1 % – so viele Menschen waren nie zuvor bei einer Bundestagswahl zu den Wahlurnen gegangen, und so viele sollten es auch nie wieder werden. Die Wahl wurde für die amtierende Regierung zum Triumph: Die SPD wurde mit 45,8 % aller Stimmen erstmals stärkste Kraft im Bundestag vor der CDU/CSU mit 44,9 %, die FDP erhielt 8,4 % der Stimmen. Da die Ostpolitik im Wahlkampf das Hauptthema gewesen war, konnte das Ergebnis auch als Zustimmung der westdeutschen Bevölkerung zu den Ostverträgen gesehen werden.

Verträge mit der DDR

Ungeachtet aller politischen Turbulenzen, arbeitete die Regierung Brandt weiter an einer Verbesserung der Beziehungen zur DDR. Auf der Grundlage des

Alleinvertretungsanspruch

Der Alleinvertretungsanspruch besagte, dass bis zur Wiederherstellung der deutschen Einheit allein die Bundesrepublik das Recht habe, für das deutsche Volk zu sprechen. Die DDR wurde nicht als Staat anerkannt, folglich gab es keinen direkten Kontakt zu den dortigen Machthabern. Zudem drohte die Regierung Adenauer jedem Staat, der die DDR anerkannte, mit einem Abbruch der diplomatischen Beziehungen.

frisch unterzeichneten Viermächteabkommens hatten Bundesrepublik und DDR bereits im Dezember 1971 den Verkehr zwischen der Bundesrepublik und Westberlin sowie innerhalb Berlins im sogenannten Transitabkommen geregelt. Im Lauf des Jahres 1972 wurde zwischen den beiden deutschen Staaten der Verkehrsvertrag verhandelt, der am 17. Oktober in Kraft trat. Beide Verträge schafften deutliche Reiseerleichterungen für die Westdeutschen, die von der Bevölkerung mit großer Begeisterung aufgenommen wurden. So sollten die benötigten Visa zukünftig an den DDR-Grenzkontrollstellen direkt am Fahrzeug der Reisenden ausgestellt werden und die zuvor üblichen Gepäckkontrollen unterbleiben. Dafür übernahm die Bundesrepublik die anfallenden Kosten für die Benutzung der Transitstrecken, die über die Zahlung einer jährlichen Pauschalsumme beglichen wurden. Die Höhe der Summe wurde für die Jahre 1972 bis 1975 auf 234,9 Mio. D-Mark pro Jahr festgesetzt.

Die beiden Abkommen bildeten den Auftakt für weitere Gespräche, in denen die Basis der künftigen Zusammenarbeit beider Staaten diskutiert wurde. Verhandlungspartner waren, wie schon im Fall des Transitabkommens, die beiden Staatssekretäre Egon Bahr für die Bundesrepublik und Michael Kohl für die DDR. Am

21. Dezember 1972 wurde in Ostberlin als Resultat der Verhandlungen der sogenannte Grundlagenvertrag unterzeichnet. Die Vertragspartner vereinbarten, „normale gutnachbarliche Beziehungen zueinander auf der Grundlage der Gleichberechtigung" zu entwickeln und sich dabei leiten zu lassen von den Prinzipien der „souveränen Gleichheit aller Staaten, der Achtung der Unabhängigkeit, Selbstständigkeit und territorialen Integrität, dem Selbstbestimmungsrecht, der Wahrung der Menschenrechte". Damit gab die Bundesrepublik ihren Alleinvertretungsanspruch auf und erkannte die DDR zwar politisch, nicht aber völkerrechtlich als Staat an. Nachdem der neu gewählte Bundestag dem Vertrag zugestimmt hatte, passierte dieser auch den Bundesrat. Am 21. Juni 1973 trat er in Kraft. Die bayerische Staatsregierung klagte zwar vor dem Bundesverfassungsgericht gegen den Vertrag, die Klage wurde aber am 31. Juli abgewiesen. Der Grundlagenvertrag hatte zur Folge, dass die DDR und die Bundesrepublik diplomatische Beziehungen aufnahmen.

Rücktritt eines Kanzlers

Zum Abschluss der Ostpolitik Brandts wurde am 11. Dezember 1973 der Prager Vertrag mit der Tschechoslowakei unterzeichnet, in dem die Bundesrepublik das Münchner Abkommen von 1938 für nichtig erklärte. Einige Monate später war es ausgerechnet die Stasi, die Willy Brandt zu Fall brachte und damit den Mann, der sich während seiner Amtszeit stets um ein entspanntes Verhältnis zur DDR bemüht hatte. Am 24. April 1974 wurde bekannt, dass Günter Guillaume, ein enger Mitarbeiter Brandts im Kanzleramt, ein von der Stasi eingeschleuster Spion war. Tief getroffen erklärte der Kanzler daraufhin am 6. Mai seinen Rücktritt. Brandts Entspannungspolitik wurde jedoch sowohl von seinem direkten Nachfolger Helmut Schmidt als auch unter dem CDU-Kanzler Helmut Kohl fortgesetzt.

Der handschriftliche Eintrag Willy Brandts in seinem Terminkalender zeigt seinen Rücktritt am 6. Mai 1974 an.

Die RAF entführt Hanns Martin Schleyer

1977
5. SEPTEMBER

Mit der Entführung des Arbeitgeberpräsidenten Schleyer erreichte der Deutsche Herbst seinen traurigen Höhepunkt. Bis zur Auflösung der Terrororganisation RAF sollten weitere 20 Jahre vergehen.

Am 28. September spielte die RAF der Presse dieses Foto des entführten Arbeitgeberpräsidenten Schleyer zu. Der Deutsche Herbst steuerte auf seinen Höhepunkt zu.

Der Deutsche Herbst begann am 5. September 1977, noch im Spätsommer: Im noblen Kölner Stadtteil Lindental wurde Arbeitgeberpräsident Hanns Martin Schleyer von der Arbeit nach Hause chauffiert, als unversehens ein Paar einen blauen Kinderwagen über die Straße schob. Schleyers Chauffeur bremste scharf, der ihm folgende Polizeiwagen fuhr auf. Plötzlich verlor die Szene jeglichen Anschein von Unschuld: Eine Handvoll maskierter Komplizen tauchte auf und feuerte mit Maschinenpistolen in die zwei Mercedes-Limousinen. Die drei Personenschützer und Schleyers Chauffeur starben im Kugelhagel. Mit einem VW-Bus verschleppte das Kommando Siegfried Hausner, auf dessen Konto bereits zwei Jahre zuvor die Besetzung der deutschen Botschaft in Stockholm gegangen war, den Arbeitgeberpräsidenten und hielt ihn zunächst in einem Hochhaus in Köln-Erftstadt, später in Wohnungen in Brüssel und Den Haag gefangen.

Operation Big Raushole

Mit der Operation Big Raushole wollten die Terroristen elf inhaftierte Gesinnungsgenossen, darunter die führenden RAF-Köpfe Andreas Baader, Gudrun Ensslin und Jan-Carl Raspe, aus dem Gefängnis freipressen. Doch die Rechnung ging nicht auf. Bundeskanzler Helmut Schmidt ließ sich nicht auf Verhandlungen ein. Stattdessen reagierte Bonn mit kompromissloser Härte: Rasterfahndung, Straßen- und Nachrichtensperren sowie umstrittene Antiterrorgesetze wie z. B. das Kontaktsperregesetz, das in Gefahrensituationen Terrorhäftlingen den Kontakt zu ihren Anwälten verbot, waren die Antwort des Staates. Es begann eine in der Geschichte der Bundesrepublik beispiellose Fahndung, in deren Verlauf die sozialliberale Bundesregierung und die Demokratie auf die bis dahin härteste Probe gestellt wurden. Doch Hanns Martin Schleyer blieb verschwunden, weil die entscheidende Spur, die auf das sogenannte Volksgefängnis in Erftstadt hinwies, durch das Fahndungsraster fiel – ein unverzeihlicher Fehler der Justiz.

Die Todesnacht von Stammheim

Sechs Wochen hielten die Terroristen Deutschland und die Welt in Atem. Der zermürbende Austausch von Forderungen der Entführer und Reaktionen der Regierung setzte sich bis zum 13. Oktober fort. Dann kaperte ein palästinensisches Terrorkommando die Lufthansa-Maschine Landshut auf dem Weg von Mallorca nach Frankfurt, vollbesetzt mit Touristen. Die Entführer Schleyers erhöhten den Druck auf

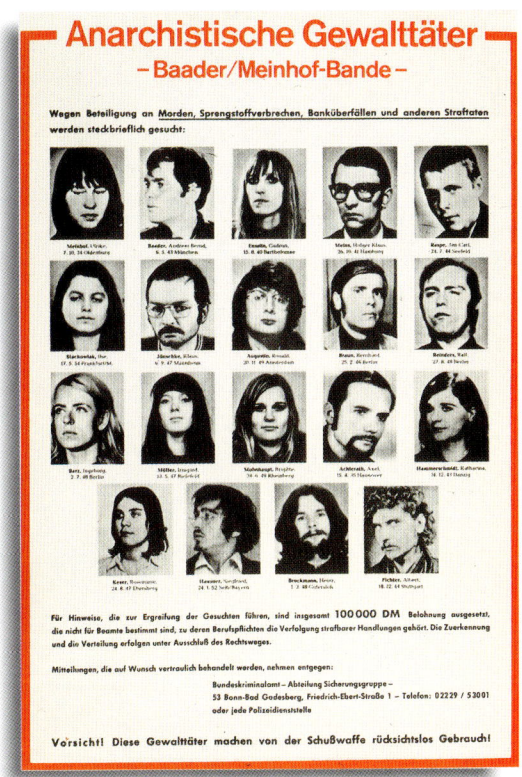

Überall in Deutschland hingen Plakate mit Bildern der bekannten RAF-Mitglieder, fieberhaft bat die Polizei die Bevölkerung um Mithilfe.

die Regierung und forderten die sofortige Freilassung ihrer Gesinnungsgenossen.

Am 15. Oktober versuchte Schleyers Sohn Hanns-Eberhard, duch eine einstweilige Anordnung beim Bundesverfassungsgericht die Regierung zu zwingen, den Forderungen der Terroristen nachzugeben, und so seinen Vater frei zu bekommen – vergeblich. Die Tagesschau sendete am Abend des gleichen Tages das erschütternde Videoband, in der sich der entführte Arbeitgeberpräsident über die Haltung der Regierung beklagte: „Ich habe nie um mein Leben gewinselt, was sich aber seit Tagen abspielt, ist Menschenquälerei ohne Sinn." Drei Tage später stürmte die GSG 9, eine Eliteeinheit des Bundesgrenzschutzes, in der somalischen Hauptstadt Mogadischu die Landshut und befreite die 91 Geiseln. Noch in derselben Nacht begingen die Terroristen Baader, Ensslin und Raspe im Stammheimer Gefängnis Selbstmord. Damit war

Schleyer für die RAF wertlos geworden, sein Todesurteil war gefällt. Hingerichtet mit drei Kopfschüssen, fand ihn die Polizei im Kofferraum eines Audi im elsässischen Mülhausen. Mit einem Staatsakt in Stuttgart verabschiedete sich Deutschland am 25. Oktober 1977 von Hanns Martin Schleyer. Ins kollektive Gedächtnis hat sich vor allem ein Bild eingebrannt: Bundeskanzler Helmut Schmidt kondoliert gramgebeugt Schleyers Witwe.

Revolutionäre Avantgarde

Es kann als eine pervertierte Nachwehe der Studentenbewegung gesehen werden, dass sich 1968 eine neue, selbsternannte revolutionäre Avantgarde bildete. Zunächst als Baader-Meinhof-Bande bekannt, nannte sie sich ab 1970 Rote Armee Fraktion, kurz RAF.

Die Köpfe der Gruppe waren Andreas Baader, ein gewaltbereiter Anarchist, und die Pfarrerstochter Gudrun Ensslin, in die sich Baader verliebt hatte. Schon erste Aktionen, wie Banküberfälle, Diebstähle, Brandstiftungen in Kaufhäusern und politische Verlautbarungen, ließen den Charakter der Gruppe erkennen. Deren ideologische Vordenkerin wurde bald die Journalistin Ulrike Meinhof.

Stark vom Maoismus geprägt, rebellierte die RAF gegen eine als autoritär empfundene Gesellschaftsform, wandte sich gegen Konsumterror und versuchte, die Massen gegen die USA aufzubringen. Der ihrer Meinung nach völkerrechtswidrig geführte Krieg in Vietnam hatte die Bevölkerung polarisiert – ein Umstand, den die Gruppe ausnutzte. Nach dem Vorbild der Tupamaros in Uruguay entwickelte sich die RAF zur linken Stadtguerilla. Die gewaltsame Befreiung Baaders aus dem Gefängnis Berlin-Tegel im Mai 1970, organisiert von Ulrike Meinhof, galt als die Geburtsstunde der Rote Armee Fraktion. Im Juni 1970 reiste die erste Generation der Linksextremen, der mittlerweile

> „Gegen den Terrorismus steht nicht nur der Wille der staatlichen Organe, gegen den Terrorismus steht der Wille des Volkes."
>
> [Helmut Schmidt, TV-Ansprache nach der Entführung Schleyers]

Kurz nach der Entführung Schleyers kidnappten Terroristen der palästinensichen PFLP die Lufthansamaschine Landshut und brachten sie nach Mogadischu. Sie konnte erfolgreich gestürmt werden.

Die Öffentlichkeit ist gespalten: Während in linken Kreisen das Vorgehen von Polizei und Justiz angeprangert wird, fordern Konservative Einschränkungen der Freiheiten.

mehr als 20 Frauen und Männern angehörten, nach Jordanien, um sich dort in einem Camp des Palästinenserführers Abu Hassan für den Untergrundkampf ausbilden zu lassen.

Klassenkampf aus dem Untergrund

Zurück in Deutschland tauchten die illegal Agierenden in den Untergrund ab. Von dort aus veröffentlichte Ulrike Meinhof Kampfschriften, wie „Konzept Stadtguerilla" von 1971 und ein Jahr darauf „Dem Volk dienen. Stadtguerilla und Klassenkampf". Mit Bombenanschlägen auf US-Einrichtungen in Deutschland und auf das Springer-Verlagshaus wollte die RAF die Bevölkerung zur Revolution anstacheln. Doch bereits im Juni 1972 gelang es nach einer Fahndungsaktion, die wichtigsten Gründungsmitglieder der Terrororganisation festzunehmen.

Mit Hungerstreiks setzten sie in den Gefängnissen ihren politischen Kampf fort. Im eigens dafür eingerichteten Hochsicherheitstrakt der Strafanstalt Stuttgart-Stammheim erhielten Baader, Meinhof, Ensslin und andere Gesinnungsgenossen nach einem Prozess, bei dem ihnen 34 Mordversuche nachgewiesen worden waren, lebenslange Haftstrafen. Damit schien die Terrorgefahr gebannt.

Doch auf die Ermordung des Berliner Kammergerichtspräsidenten Günter von Drenkmann im November 1974 folgte drei Monate später die Entführung von Peter Lorenz, dem Vorsitzenden der Berliner CDU. Um sein Leben zu retten, entschloss sich die Bundesregierung, der Forderung der Terroristen nachzugeben und fünf ihrer inhaftierten Komplizen nach Südjemen auszufliegen. Es zeigte sich schnell, dass dies ein Fehler war. Vielmehr setzte sich die Überzeugung durch, dass sich ein Rechtsstaat nicht erpressen lassen dürfe. Der Entführung und Ermordung Hanns Martin Schleyers im Herbst 1977 ging eine blutige Anschlagserie voraus: Im Frühjahr des Jahres wurde Generalbundesanwalt Siegfried Buback ermordet, wenige Wochen später der Bankier Jürgen Ponto.

Asyl in der DDR

In den Jahren von 1978 bis 1982 ging die Geschichte der „alten" RAF zu Ende. Ein Großteil der Mitglieder wurde Anfang der 80er-Jahre

verhaftet. Einige setzten sich ins sozialistische Exil, in die DDR, ab. Von Anfang an verhielt sich das Ministerium für Staatssicherheit auch gegenüber anderen bundesdeutschen Linksterroristen passiv und ließ die im Westen gesuchten Täter auf ihrem Weg in den Nahen Osten unbehelligt die Grenzen passieren. Die RAF-Stasi-Kollaboration erreichte ihren ersten Höhepunkt im Oktober 1980, als acht steckbrieflich gesuchte RAF-Mitglieder, die den Untergrund verlassen und aussteigen wollten, in der DDR eine neue Identität erhielten. In der Bundesrepublik schien der Terror endgültig ein Ende gefunden zu haben.

Eine neue Terroristen-Generation

Doch die Ruhe täuschte: Die dritte RAF-Generation folgte. Während die erste Generation noch aus politischen Gründen agiert hatte, ging es der zweiten und dritten Generation in erster Linie um die Befreiung der inhaftierten Genossen. Sie setzte die Welle der Gewalt, die im Herbst 1977 ihren Höhepunkt erreicht hatte, fort. Zu ihren bekanntesten Opfern zählten der Diplomat Gerold von Braunmühl und der Siemens-Manager Karl Heinz Beckurts (beide 1986) sowie der Vorstandssprecher der Deutschen Bank Alfred Herrhausen (1989) und der Treuhandchef Detlev Rohwedder (1991).

RAF-Terroristen in Haft

1968 Andreas Baader, Gudrun Ensslin, Thorwald Proll und Horst Söhnlein werden nach Brandanschlägen zu drei Jahren Zuchthaus verurteilt. Das Urteil wird revidiert.

1970 Nach dem Dreierschlag Verhaftung von Horst Mahler, Irene Goergens und anderen RAF-Mitgliedern.

1972 Verhaftung der RAF-Hauptprotagonisten Baader, Ensslin, Holger Meins, Jan-Carl Raspe und Ulrike Meinhof; seit 1973 Unterbringung im Hochsicherheitstrakt der JVA Stuttgart-Stammheim.

1978 Brigitte Mohnhaupt, die u. a. an der Entführung Schleyers beteiligt war, wird mit anderen RAF-Angehörigen in Jugoslawien verhaftet.

1982 Verhaftung von Christian Klar und Verurteilung u. a. wegen gemeinschaftlichen Mordes an Schleyer, Buback und Ponto.

Neben der RAF bildeten sich Anfang der 70er-Jahre die Bewegung 2. Juni sowie die bis in die 90er-Jahre aktiven Revolutionären Zellen. Von 1992 bis 1995 erregte zudem eine Antiimperialistische Zelle durch Gewalttaten bundesweit Aufmerksamkeit. 1993 war das Jahr des letzten großen RAF-Anschlags: Mitglieder der Terrororganisation verübten einen Sprengstoffanschlag auf die Justizvollzugsanstalt Weiterstadt.

Desaster in Bad Kleinen

Am 27. Juni 1993 stellte ein Sonderkommando des Bundeskriminalamts (BKA) am Bahnhof der mecklenburgischen Stadt Bad Kleinen die beiden RAF-Terroristen Wolfgang Grams und Birgit Hogefeld sowie einen Begleiter. Während Hogefeld und der Begleiter sofort überwältigt und ohne Gegenwehr festgenommen werden konnten, versuchte Grams zu fliehen und wurde bei dem anschließenden Schusswechsel von der Polizei getötet. Auch einer der Kriminalbeamten kam bei der Aktion ums Leben. Im Nachhinein tauchten allerdings allerlei Ungereimtheiten auf: Wer war der dritte Mann, der sich sofort gestellt hatte? Augenzeugen wollten gesehen haben, wie der bereits wehrlos am Boden liegende Grams mit Kopfschüssen getötet worden war. Bei Nachfragen begannen Bundesanwaltschaft, BKA und Staatsanwaltschaft zu mauern. Es entstand der Eindruck gezielter Desinformation der Öffentlichkeit.

Die Aktion von Bad Kleinen wurde zum Politikum, das als innenpolitisches Desaster in die Geschichte der Bundesrepublik einging. Bundesinnenminister Rudolf Seiters trat zurück, Generalbundesanwalt Alexander von Stahl und der für den Einsatz verantwortliche diensthabende BKA-Vizepräsident wurden entlassen. Der Tod des Terroristen galt in der öffentlichen Wahrnehmung als ungeklärt.

Ende des Terrors

Die deutsche Wiedervereinigung, das Ende des Kalten Krieges und das Zusammenwachsen Europas hatten der RAF-Ideologie ein gutes Stück Boden unter den Füßen entzogen. Am 10. April 1992 verkündete die RAF, „Angriffe auf führende Repräsentanten aus Wirtschaft und Staat" einzustellen. Fast drei Jahrzehnte lang hatte die Rote Armee Fraktion die Bundesrepublik in Atem gehalten: Sie ermordete 34 Menschen, verursachte einen Sachschaden von insgesamt 250 Mio. Euro und war Anlass für zahlreiche neue Gesetze.

1996 verlangten Birgit Hogefeld und andere RAF-Gefangene die Selbstauflösung der RAF, im April 1998 kam die Terrororganisation dieser Forderung in einer achtseitigen Erklärung nach. 2007, 30 Jahre nach der Entführung Schleyers, stand die RAF erneut im Mittelpunkt der Aufmerksamkeit. In der Bundesrepublik entfachte sich eine Diskussion über das gerechte Strafmaß für die beiden letzten RAF-Häftlinge, die sich nach 20 Jahren Gefängnis um Begnadigung und vorzeitige Entlassung bemühten.

Traurige Gewissheit: Am 19. Oktober 1977 fand die Polizei die Leiche Hanns Martin Schleyers im Kofferraum eines in Mülhausen im Elsass abgestellten Audi 100.

Der letzte große Anschlag der RAF: Am 27. März 1993 beschädigte eine Explosion das gerade fertiggestellte Gebäude der JVA Weiterstadt so stark, dass es teilweise abgerissen werden musste.

Die Grünen ziehen in den Bundestag ein

1983
6. MÄRZ

Mit ihrem überraschenden Einzug in den 10. Deutschen Bundestag krempelten Die Grünen 1983 die eingefahrene Parteienlandschaft um, auch wenn sie erst 15 Jahre später in die Regierung aufrückten.

Als am Abend des 6. März 1983 die Mehrzahl der Stimmen zur Bundestagswahl ausgezählt war, machte sich große Verwunderung breit: Die bisher lediglich bei Landtags- und Europawahlen in Erscheinung getretene Partei Die Grünen zog mit einem Stimmenanteil von 5,6 % in das Bonner Parlament ein. Damit bildeten die 28 Abgeordneten der Partei neben der Unions-, der SPD- sowie der FDP-Fraktion eine vierte Gruppe im Bundestag. Die Grünen stellten die Rolle der FDP als alleiniges Zünglein an der Regierungswaage infrage. Doch bis es 1998 tatsächlich so weit kommen sollte, musste die junge Partei einige schwere innerparteiliche Konflikte austragen und tiefe ideologische Gräben überbrücken.

Frischer Wind im Land

Die Grünen waren aus der Friedensbewegung der 80er-Jahre hervorgegangen. Ihr Einzug in den Bundestag war eine kleine Sensation und sollte die weitere Entwicklung der Bundesrepublik nachhaltig beeinflussen. Jetzt rückten Themen wie Umweltschutz, Atomkraft, Abrüstung und Friedenssicherung sehr viel stärker in das öffentliche Bewusstsein.

Auch innerhalb ihrer eigenen Parteistrukturen versuchten Die Grünen neue Wege zu gehen und führten das sogenannte Rotationsverfahren für ihre Bundestagsabgeordneten ein. Dieses Verfahren sah vor, dass die Parlamentarier jeweils zur Halbzeit der Legislaturperiode ihr Mandat niederlegen sollten. Die faktische Verkürzung der Amtszeit auf zwei Jahre stellte sich jedoch als unpraktikabel heraus, fand in Petra Kelly eine prominente Gegnerin und wurde

Aus Bürgerinitiativen der Ökologie- und Friedensbewegung erwuchs die neue politische Kraft Die Grünen.

Von den Vertretern der traditionellen Parteien bestaunt und belächelt: Die ersten Grünen-Abgeordneten verteilen Blumen im Deutschen Bundestag.

1986 wieder abgeschafft. Erhalten blieb hingegen die Trennung von Amt und Mandat, d. h., bestimmte Parteiposten durften nicht mit Mitgliedern des Bundestages besetzt werden.

Rot-grüne Landesregierung

Petra Kelly gehörte dem Fundi-Flügel der Partei an, also den Fundamentalisten, die einer Regierungsbeteiligung kritisch gegenüberstanden. Dieser Gruppe traten im Lauf der Zeit die Realos entgegen, die Vertreter realpolitischer Positionen, die in Joschka Fischer ihre Identifikationsfigur fanden. Dem für die hessischen Grünen antretenden Fischer gelang es 1985, seine Partei an einer Koalition mit der SPD zu beteiligen und selbst am 12. Dezember als Umweltminister vereidigt zu werden. Obwohl die Koalition insgesamt nur 452 Tage amtierte, verschärfte das Regierungsbündnis die innerparteilichen Streitigkeiten zwischen Realos und Fundis. Die Mehrheit der Grünen begab sich auf einen realpolitischen Kurs.

Bündnis 90/Die Grünen

Zu den anzuerkennenden Realitäten gehörten auch der Mauerfall 1989 und die zuvor auf innenpolitischen Druck in der DDR entstandenen Oppositionsgruppen. Zu diesen zählte auch das am 7. Februar 1990 gegründete Bündnis 90, das bei den ersten gesamtdeutschen Wahlen auf Anhieb 6 % aller Stimmen im Ostteil der Bundesrepublik errang und somit den Einzug in den Bundestag erreichte, obwohl der grüne Listenpartner im Westen gerade einmal 4,8 % der Stimmen für sich gewinnen konnte. Vor der nächsten Bundestagswahl entschlossen sich beide Parteien im Januar 1993 zu einem Zusammenschluss zum Bündnis 90/Die Grünen. Mit 7,4 % der Stimmen bei der Bundestagswahl im Oktober 1994 zahlte sich diese Entscheidung für beide Seiten aus. Damit verdrängte das neue Bündnis erstmals die FDP als drittstärkste Fraktion im Parlament.

In der Regierung

Obwohl Die Grünen in ihrem Wahlprogramm von 1998 einen Benzinpreis von fünf Mark pro Liter forderten und dadurch leichte Stimmenverluste hinnehmen mussten, blieben sie drittstärkste Kraft im Bundestag. Zudem reichte das gute Ergebnis der SPD aus, um die seit 16 Jahren amtierende christlich-liberale Koalition abzulösen. Auch die politische Karriere von Joschka Fischer schritt voran, er wurde Außenminister und Vizekanzler der Bundesrepublik Deutschland. Fischer selbst hatte auch durch den auf ihn zugeschnittenen Wahlkampf maß-

geblichen Anteil an diesem bisher größten Erfolg innerhalb der grünen Parteigeschichte. Doch auch inhaltlich konnte sich der Regierungsneuling in der Koalition unter Gerhard Schröder durchsetzten. So präsentierte die Bundesregierung etwa am 14. Juni 2000 einen Konsens mit den Betreibern der deutschen Atomkraftwerke, in dem der endgültige Atomausstieg vereinbart wurde.

Ende der Koalition

Zwar konnten Die Grünen mit ihren 8,6 % bei den Bundestagswahlen 2002 die Koalition mit der SPD nochmals verlängern, doch stellte sie Bundeskanzler Gerhard Schröder im Mai 2005 mehr oder weniger vor vollendete Tatsachen, als er für vorgezogene Neuwahlen im September 2005 plädierte. Obwohl Die Grünen bei den Neuwahlen nur geringe Verluste hinnehmen mussten, fielen sie dennoch hinter die anderen Parteien zurück und schieden als kleinste Fraktion des aktuellen Bundestags aus der Regierungsverantwortung aus.

Nach der Wende gingen Die Grünen ein Bündnis mit der Bürgerrechtsbewegung der DDR-Intellektuellen, Bündnis 90, ein. Hier die Vertreter bei der Bundestagswahl 2002.

Tschernobyl-Katastrophe

Am 26. April 1986 kam es im Kernkraftwerk Tschernobyl in der heutigen Ukraine zur denkbar schlimmsten Kastastrophe, zu einem Super-GAU. Mängel in der Konstruktion des Reaktors und Bedienungsfehler lösten eine Explosion aus, die große Mengen radioaktives Material über die angrenzenden Regionen und ganz Europa verteilte. Unzählige Menschen kamen ums Leben oder leiden bis heute unter den Folgen der Strahlung. Der provisorische Betonmantel um den Reaktor zeigt erste Risse.

" Unsere Politik ist eine Politik der aktiven Partnerschaft mit der Natur und dem Menschen. "

[Präambel des Parteiprogramms der Grünen]

Endlich wieder ein Land – die Berliner Mauer fällt

1989
9. NOVEMBER

Tausende Menschen aus Ostberlin strömten zur Berliner Mauer und zwangen die DDR zur Grenzöffnung. Das Ereignis läutete nach 40 Jahren Teilung die deutsche Wiedervereinigung ein.

Ein scheinbar unbedeutendes Ereignis brachte die Berliner Mauer und damit die DDR zu Fall. Am 9. November 1989 gab SED-Politbüromitglied Günter Schabowski eine Pressekonferenz vor der internationalen Presse. Ihm wurde ein Zettel zugeschoben, den er zum Abschluss verlesen sollte. Es handelte sich um eine Pressemitteilung des Ministerrats zu soeben beschlossenen Änderungen im Ausreiserecht. Demnach konnten Privatreisen ins Ausland nun auch ohne Vorliegen besonderer Gründe beantragt werden, und die dauerhafte Ausreise sollte ohne Antrag über alle Grenzstellen möglich sein. Auf die Frage eines Journalisten, wann die neuen Regelungen in Kraft treten würden, antwortete der SED-Sprecher – ohne Wissen und ohne Autorisation der Regierung – dies sei „sofort, unverzüglich" der Fall.

Tausende DDR-Bürger strömten daraufhin zur Berliner Mauer. Die dort stationierten Grenzsoldaten hatten keine konkreten Befehle und waren über die Änderungen nicht informiert worden. Sie waren auf den Ansturm nicht vorbereitet, die Stimmung war angespannt. Unter dem Druck der Massen verließen die Soldaten schließlich ihre Posten, die Menschen überquerten in Scharen die Grenze. Wildfremde aus Ost und West lagen sich in den Armen. Gemeinsam erstürmten sie die Mauer, die Berlin seit 28 Jahren geteilt hatte. Der erste Schritt in Richtung Wiedervereinigung Deutschlands war getan.

Auf in den Westen

Die Euphorie breitete sich von Berlin weiter aus. Überall strömten in den folgenden Tagen DDR-Bürger in den Westen, um Verwandte zu besuchen, Einkäufe

Am 22. Dezember 1989 wurde unter dem Jubel der Bevölkerung auch der Grenzübergang am Brandenburger Tor in Berlin geöffnet. Der Kalte Krieg war beendet.

zu tätigen oder einfach nur eine ausgiebige Spazierfahrt zu machen. Nach mehr als 40 Jahren eingeschränkter Reisemöglichkeiten genossen die Ostdeutschen ihre neue Freiheit. Am folgenden Wochenende hatte Berlin rund 500 000 Besucher aus dem Osten. Insgesamt bereisten 3 Mio. Menschen die Bundesrepublik. Viele siedelten auch gleich in den Westen über. Bereits seit Sommer 1989 hatte eine Fluchtbewegung die DDR-Regierung zunehmend in Bedrängnis gebracht: Immer mehr Bürger hatten versucht, sich über Drittländer in die Bundesrepublik abzusetzen. Durch die neue Reisebestimmung hoffte die Regierung, die Republikflucht noch eindämmen zu können. Dies stellte sich jedoch schon bald als Trugschluss heraus: 1989 hatten 388 000 Menschen die DDR verlassen, 1990 waren es sogar 395 000 Bürger.

Wir sind ein Volk!

Mit der Erstürmung der Berliner Mauer wurde in der DDR der Ruf nach der Wiedervereinigung mit der Bundesrepublik laut. In den Wochen zuvor hatten mehrere 100 000 Menschen bei den sogenannten Montagsdemonstrationen in Leipzig und anderen Städten für Freiheit, Demokratie und eine Reform der DDR demonstriert. Diese Kundgebungen setzten sich auch nach dem 9. November fort. Allerdings war statt des bisherigen Slogans „Wir sind das Volk!" immer häufiger „Wir sind ein Volk!" zu hören und zu lesen.

Viele DDR-Bürgerrechtler und Parteien wie die SPD standen der Wiedervereinigung zunächst kritisch gegenüber. Sie warben für einen eigenen Staat als Gegenmodell zur Bundesrepublik oder forderten eine langsame, stufenweise Vereinigung. Bald traten sie mit ihrer Meinung jedoch in den Hintergrund. Bei Demonstrationen wurden Gegner der Wiedervereinigung ausgebuht. Die Mehrheit der DDR-Bevölkerung wollte als nächsten Schritt die deutsche Einheit.

Das Ende der SED

Der Mauerfall läutete auch das Ende für die SED und ihren Staatsapparat ein. Am 1. Dezember 1989 strich die Volkskammer den Führungsanspruch der SED aus der Verfassung der DDR. Auf Druck der Parteibasis trat am 3. Dezember das Politbüro unter

Schabowskis Statement öffnet die Mauer

Privatreisen nach dem Ausland können ohne Vorliegen von Voraussetzungen (Reiseanlässe und Verwandtschaftsverhältnisse) beantragt werden. Die Genehmigungen werden kurzfristig erteilt. (…) Ständige Ausreisen können über alle Grenzübergangsstellen der DDR zur BRD erfolgen.

Am Abend des 9. November 1989 verlas Günter Schabowski auf einer live im DDR-Fernsehen übertragenen Pressekonferenz die Nachricht über eine neue Reiseregelung, die von je zwei hohen Offizieren des Innenministeriums und der Staatssicherheit formuliert worden war.

Führung von Egon Krenz zurück. Auf einem Sonderparteitag beschloss die SED, sich von ihrer Vergangenheit zu distanzieren. Sie benannte sich in Partei des Demokratischen Sozialismus (PDS) um und wählte Gregor Gysi zu ihrem neuen Vorsitzenden. Gegen mehrere ehemalige DDR-Führungskräfte wie Erich Honecker und Erich Mielke wurden in der Folgezeit Ermittlungsverfahren wegen Amtsmissbrauchs und Korruption eingeleitet.

Eifrige Beratungen

Bürgerbewegungen und Repräsentanten der Kirche forderten nun Verhandlungen über die Zukunft der DDR. Am 7. Dezember trat daher erstmals der sogenannte Zentrale Runde Tisch zusammen. Dort saßen die Vertreter der alten Regierung den neuen Oppositionskräften gegenüber. Als eine der ersten Amtshandlungen beschloss der Runde Tisch die Auflösung des

Zur Volkskammerwahl am 18. März 1990 stellten sich alle in Westdeutschland etablierten Parteien zur Wahl. Die CDU gewann vor der SPD und der SED-Nachfolgepartei PDS.

Europa nach dem Mauerfall

Parteikassen in die eifrige Wahlvorbereitung im Osten. 4,5 Mio. wurden allein von CDU und CSU aufgebracht.

Erste freie Wahlen für DDR-Bürger

Experten sagten für die Volkskammerwahlen einen klaren Sieg der SPD voraus, während der CDU nur geringe Chancen eingeräumt wurden. Diese schloss sich jedoch auf Betreiben der West-CDU mit den beiden konservativen Gruppierungen Demokratischer Aufbruch und Deutsche Soziale Union zur Allianz für Deutschland zusammen. Die Allianz bekannte sich offen zu einer raschen Wiedervereinigung. Unterstützt wurde dieses Ziel von Bundeskanzler Helmut Kohl. Die SPD, Bündnis 90 und andere standen der Wiedervereinigung hingegen immer noch kritisch gegenüber.

Das Wahlergebnis konnte demnach auch als eindeutiges Ja der DDR-Bürger zur Wiedervereinigung gewertet werden: Die Allianz für Deutschland erhielt 48 % der Stimmen, die SPD hingegen nur 21,9 %. Die PDS wählten immerhin 16,4 % der Ostdeutschen, die Allianz freier Demokraten 5,3 %, Bündnis 90 lediglich 2,9 %. Der Ost-CDU-Vorsitzende Lothar de Maizière strebte eine Regierung auf breiter Basis an und bildete mit den Liberalen und den Sozialdemokraten eine Koalition.

Sehnsucht nach der D-Mark

„Kommt die D-Mark, bleiben wir – kommt sie nicht, gehen wir zu ihr", immer häufiger waren auf Demonstrationen Sätze wie dieser zu hören. Denn nach dem Mauerfall trat ein weiteres gra-

Ministeriums für Staatssicherheit, das einige Tage zuvor den Namen Amt für Nationale Sicherheit erhalten hatte. Die Auflösung war bis März 1990 vollzogen. Der Runde Tisch einigte sich auch auf freie Volkskammerwahlen. Als Termin wurde der 18. März 1990 festgesetzt.

Wahlkampfhilfe aus dem Westen

Über 40 Jahre hatte die SED als Einheitspartei die Volkskammer kontrolliert. Im Vorfeld zu den ersten freien Volkskammerwahlen kam es daher zu erheblichen Veränderungen in der Parteienlandschaft der DDR. Die Bürgerbewegungen Demokratie jetzt, Neues Forum und die Initiative Frieden und Menschenrechte schlossen sich zum Bündnis 90 zusammen. Westdeutsche Parteien wie die CDU und die SPD wurden im Osten neu gegründet. Unterstützung erhielten sie dabei von ihren westdeutschen Schwesterparteien. Diese leisteten auch im Wahlkampf Hilfe. 7,5 Mio. D-Mark flossen aus westdeutschen

Eine findige Firma druckte dieses T-Shirt zur Währungsunion. Die Köpfe der D-Mark-Scheine weisen augenzwinkernd darauf hin, dass die Freude über die Einheit auch wirtschaftliche Gründe hatte.

vierendes Problem des DDR-Regimes zutage: Der Staat stand kurz vor dem Bankrott. Kein Wunder also, dass die Rufe nach der D-Mark im Volk immer lauter wurden. Auch in der Politik stand die Währungsunion als wichtiges Thema auf der Tagesordnung. Schon vor den Volkskammerwahlen sprach sich Bundeskanzler Helmut Kohl öffentlich für eine baldige Währungsunion aus und stellte einen Umtauschkurs im Verhältnis 1:1 in Aussicht. Für Kohl war die Währungsunion ein Motor der politischen Integration, die er so schnell als möglich vorantreiben wollte. Viele Wirtschaftsexperten warnten hingegen vor einer raschen Vereinheitlichung der Währung.

Nach den Volkskammerwahlen gab es eifrige Verhandlungen zwischen Regierungsvertretern der DDR und der Bundesrepublik. Am 18. Mai 1990 unterzeichneten die Finanzminister beider Länder schließlich den Staatsvertrag zur Währungs-, Wirtschafts- und Sozialunion. Die Umrechnung der Währungen im Verhältnis 1:1 wurde darin festgeschrieben. Am 1. Juli trat der Staatsvertrag in Kraft. Tausende DDR-Bürger harrten in der Nacht davor vor den Banken aus, um die Ersten zu sein, die die neue Währung in Händen hielten. Die DDR gab mit dem Staatsvertrag aber nicht nur ihre Währung auf, sie übernahm auch das System der sozialen Marktwirtschaft von der Bundesrepublik. Die staatliche Einigung wurde quasi vorweggenommen.

Zustimmung der Siegermächte

Nach der Währungsunion waren die Weichen für die Wiedervereinigung gestellt. Diesem Plan mussten jedoch auch die Siegermächte des Zweiten Weltkriegs zustimmen. Vor allem die Sowjetunion hatte bislang heftigen Widerstand geleistet. Doch Staatschef Michail Gorbatschow zeigte sich bald kompromissbereit. In den sogenannten Zwei-Plus-Vier-Gesprächen wurden zwischen den Regierungen der Bundesrepublik, der DDR, Frankreichs, Großbritanniens, der USA und der UdSSR die Bedingungen der deutschen Wiedervereinigung ausgehandelt. Strittig war zunächst, ob das vereinte Deutschland der Europäischen Union und der NATO angehören sollte. Nach Abrüstungsverhandlungen mit den USA gab Gorbatschow zu beiden Verhandlungspunkten seine Zustimmung. Am 12. September 1990 wurde der Vertrag über die abschließenden Regelungen in Bezug auf Deutschland von den Teilnehmern der Zwei-Plus-Vier-Gespräche unterzeichnet. Der Wiedervereinigung stand nun außenpolitisch nichts mehr im Weg. Deutschland erhielt seine Souveränität zurück.

DIE LINKE.
IM BUNDESTAG

Endlich wieder ein Land

Schon im Juli 1990 hatten die Verhandlungen der beiden deutschen Staaten über den Einigungsvertrag begonnen. In einer Sondersitzung am 23. August beschloss die Volkskammer nun den Beitritt der DDR zur Bundesrepublik Deutschland. Als Termin wurde der 3. Oktober festgelegt. Die DDR löste sich damit friedlich selbst auf. Die fünf neuen Bundesländer Brandenburg, Mecklenburg-Vorpommern, Sachsen, Sachsen-Anhalt und Thüringen wurden in den Geltungsbereich des Grundgesetzes aufgenommen. In der Nacht vom 2. auf den 3. Oktober 1990 versammelten sich überall in Deutschland die Menschen auf der Straße und feierten mit Glockengeläut und Feuerwerk die Wiedervereinigung. Der 3. Oktober wurde als Tag der Deutschen Einheit zum neuen Nationalfeiertag.

Blühende Landschaften?

Während die Wiedervereinigung am Anfang frenetisch bejubelt worden war, machte sich in den folgenden Monaten und Jahren auch Ernüchterung breit. Die von Kohl versprochenen „blühenden Landschaften" im Osten ließen auf sich warten. So floss die D-Mark vor allem in westliche Produkte, viele ostdeutsche Betriebe waren hingegen unrentabel und mussten schließen. Dadurch schnellten die Arbeitslosenzahlen im Osten steil nach oben, und die soziale Kluft zwischen den Bundesländern im Osten und im Westen wuchs. Auch die Umwandlung der Volkseigenen Betriebe (VEB) in private Unternehmen misslang größtenteils. Die damit beauftragte Treuhandanstalt stellte ihre Arbeit 1994 mit einem Defizit von 400 Mrd. D-Mark ein. Dies stellte das vereinigte Deutschland in den 90er-Jahren vor riesige finanzielle Probleme. Und auch das gesellschaftliche Zusammenwachsen von Ost und West ging nur langsam vonstatten. 2007 wurde diese Kluft mit dem Zusammenschluss der von SPD-Mitgliedern und Gewerkschaftern gegründeten Partei Arbeit & soziale Gerechtigkeit – Die Wahlalternative (WASG) und der vor allem im Osten starken Linkspartei.PDS zur neuen Partei Die Linke zumindest auf politischem Gebiet kleiner.

Am 16. Juni 2007 vereinigten sich WASG und Linkspartei.PDS zur neuen Partei Die Linke: ein Symbol für die politische Wiedervereinigung Deutschlands nach 18 Jahren.

»*Jetzt wächst zusammen, was zusammen gehört.*«

[Willy Brandt, 10. November 1989]

Der erste Auslandseinsatz der Bundeswehr

1998
16. OKTOBER

Mit dem Ja des Bundestags zum Bundeswehreinsatz im Kosovo wurden erstmals seit 1945 deutsche Soldaten zum Kampf ins Ausland geschickt. Die pazifistische Sonderrolle Deutschlands hatte ausgedient.

Bundeswehrsoldaten in Prizren im Kosovo beobachten im Rahmen der KFOR-Mission die Altstadt.

> *Es wäre zynisch und verantwortungslos gewesen, dieser humanitären Katastrophe tatenlos zuzusehen.*
>
> [Gerhard Schröder zum Kosovoeinsatz, 26. März 1999]

Es war eine historische Entscheidung, die am 16. Oktober 1998 im Deutschen Bundestag fiel. Zur Debatte stand der Antrag 13/11469 der Bundesregierung. Darin bat die Regierung den Bundestag, dem möglichen Einsatz bewaffneter deutscher Streitkräfte im Kosovo-Gebiet im Rahmen eines NATO-Beschlusses zuzustimmen – „zur Abwendung einer humanitären Katastrophe", wie es in dem Antrag hieß. Der Bundestag befand sich zu dieser Zeit in einer Umbruchphase: Am 27. September hatten Wahlen stattgefunden, die das Ende der Kohl-Regierung und den Beginn der Ära Rotgrün unter Bundeskanzler Gerhard Schröder bedeuteten. Bis zum 26. Oktober amtierte jedoch noch die alte Regierung. Aufgrund dieser besonderen Situation hatten sich beide Lager im Vorfeld der Abstimmung in Gesprächen über den Kosovo-Einsatz verständigt. Die Entscheidung war deshalb auch relativ eindeutig:

500 Abgeordnete stimmten für den Antrag, 62 dagegen, 18 enthielten sich der Stimme. Lediglich die PDS äußerte in der Bundestagsdebatte vehemente Kritik an dem Beschluss. Mit der Entscheidung des Bundestags war die Grundlage für einen deutschen Kampfeinsatz geschaffen. Damit war indirekt auch der Grundstein für künftige Bundeswehrmissionen gelegt, die in den nächsten Jahren folgen sollten.

Angespannte Lage im Kosovo

Insgeheim hoffte am 16. Oktober 1998 aber so mancher Abgeordnete, dass es doch nicht zu Kampfhandlungen kommen würde, denn noch setzte man bei der NATO auf Verhandlungen. Ein Militärschlag sollte die allerletzte Option sein. In der Kosovo-Region, die zur Republik Jugoslawien gehörte, war es in der Vergangenheit immer wieder zu Auseinandersetzungen zwischen den dort ansässigen Albanern, die die

Unabhängigkeit des Gebiets forderten, und der serbischen Volksgruppe gekommen. Die serbische Regierung unter Slobodan Milošević ging hart gegen die nach Unabhängigkeit strebenden Kosovo-Albaner vor. Dabei kamen nicht nur viele Kämpfer der Untergrundorganisation UÇK ums Leben, sondern vor allem Zivilisten. Tausende Kosovo-Albaner befanden sich im Herbst 1998 auf der Flucht vor den serbischen Truppen. Darum hatte die NATO beschlossen, der serbischen Regierung mit Gewalt zu drohen, falls diese ihre Militäraktion nicht einstellen würde. Die NATO konnte sich dabei auf die UN-Resolution 1199 stützen, in der ebenfalls das Vorgehen der serbischen Regierung scharf verurteilt, auf eine Kriegsandrohung jedoch verzichtet wurde.

Die NATO versuchte zunächst noch, zwischen den Konfliktparteien zu vermitteln: Im Februar und März 1999 fanden unter Aufsicht der NATO in Rambouillet Gespräche zwischen der serbischen Regierung und Vertretern der Kosovo-Albaner statt. Diese endeten jedoch am 19. März ergebnislos, weil die Serben sich weigerten, den ausgehandelten Konditionen zuzustimmen. Am 24. März flog die NATO daraufhin im Rahmen der Operation Allied Force die ersten Luftangriffe gegen serbische Militäreinrichtungen.

Wachsende Kritik

Auch 14 deutsche Tornado-Flugzeuge waren an den Luftschlägen beteiligt. Sie nahmen in erster Linie an Operationen zur Flugaufklärung und zur Bekämpfung von Flugabwehrstellungen teil. In Deutschland war der Einsatz der Tornado-Flugzeuge bald heftig umstritten, weil auch Zivilisten den NATO-Angriffen zum Opfer fielen. Die Bundeswehr hatte sich zwar schon zuvor an internationalen Missionen beteiligt, beispielsweise auf dem Balkan und in Afrika, doch dabei hatte es sich stets um humanitäre Einsätze gehandelt. Dass deutsche Soldaten wieder Waffen einsetzten, schockierte viele Deutsche. In der Öffentlichkeit wurde hauptsächlich die Frage diskutiert, ob es sich bei dem NATO-Einsatz um einen Angriffskrieg handelte, der im deutschen Grundgesetz ausdrücklich verboten ist. Vielfach wurde auch der Umstand kritisiert, dass der Krieg ohne UN-Mandat stattfand. Die PDS reichte gegen den Beschluss des Bundestags Klage beim Bundes-

verfassungsgericht ein. Diese wurde jedoch am 25. März 1999 als unzulässig abgewiesen.

Zerreißprobe

Der Kosovo-Krieg stellte die neue rot-grüne Regierung vor eine Zerreißprobe. Besonders bei den Grünen, die traditionell eine pazifistische Grundhaltung vertraten, kam es in der Folgezeit zu harten Auseinandersetzungen zwischen der Parteibasis und der Führungsriege. Der grüne Außenminister Joschka Fischer wurde bei öffentlichen Auftritten als „Kriegstreiber" beschimpft und ausgebuht. Auf einem Sonderparteitag der Grünen am 13. Mai 1999 in Bielefeld beschloss die Mehrheit der Parteimitglieder, die Bundesregierung aufzufordern, sich dafür einzusetzen, dass „die NATO einseitig eine Unterbrechung der Luftangriffe auf Jugoslawien erklärt". Fischer sprach sich gegen die einseitige und unbefristete Einstellung der NATO-Angriffe aus. Im Verlauf des Parteitags traf ihn ein von einem wütenden Demonstranten geschleuderter Farbbeutel am Kopf, sodass er mit gerissenem Trommelfell ins Krankenhaus eingeliefert werden musste.

Der Kosovo-Krieg hatte zur Folge, dass viele Grüne aus der Partei austraten. Auch die SPD verlor zahlreiche Mitglieder ihres linken Flügels. Insgesamt überstand die Regierung die Krise aber. Die breite Diskussion in der Öffentlichkeit und in den Regierungsparteien schuf in Teilen der deutschen Bevölkerung eine positive Einstellung zu künftigen Einsätzen der Bundeswehr – auch außerhalb rein humanitärer Missionen.

Belastungsprobe für die Friedenspartei: Bündnis 90/Die Grünen stimmen während des Sonderparteitags in Bielefeld am 13. Mai 1999 über das Verhalten der Partei in der Kosovo-Frage ab.

Bis heute bleiben die Einsätze der Bundeswehr im Ausland äußerst umstritten. Bei den traditionellen Ostermärschen demonstrieren viele Menschen ihre Bedenken.

Der blaue UN-Helm steht als Symbol für die Einsätze der UN, wie etwa die UNIFIL-Mission, bei der deutsche Soldaten den Waffenschmuggel in den Gewässern vor dem Libanon verhindern sollen.

Friedenssicherung

Die Kampfhandlungen der NATO im Kosovo zogen sich länger hin, als ursprünglich geplant. Die amerikanische Außenministerin Madeleine Albright hatte zu Anfang erklärt, es werde sich „eher um Tage als um Wochen" handeln. Diese Einschätzung sollte sich aber recht bald als falsch erweisen. Erst am 10. Juni 1999 waren die Kampfhandlungen schließlich beendet. Wie viele Menschen dabei umkamen, ist nicht eindeutig geklärt. Vermutlich starben mehrere Hundert Zivilisten und einige Tausend serbische Soldaten. Nach dem Ende der bewaffneten Kämpfe blieben weiterhin deutsche Soldaten im Kosovo stationiert. Im Rahmen der internationalen NATO-Sicherheitspräsenz KFOR waren sie ab dem 12. Juni 1999 mit UN-Mandat im Einsatz. Die KFOR sollte für eine sichere Rückkehr der Flüchtlinge und die Entmilitarisierung des Kosovo sorgen. Vom 8. Oktober 1999 bis zum 18. April 2000 standen die KFOR-Truppen unter deutschem Kommando. Es war das erste Mal, dass die Bundeswehr ein NATO-Kommando außerhalb des Bündnisgebiets führte. Zwar konnte die KFOR einige Erfolge erzielen, dennoch kehrte in der Region kein stabiler Frieden ein. So kam es etwa im März 2004 wieder zu Ausschreitungen zwischen Albanern und Serben. Eine Eskalation konnte jedoch verhindert werden. Auch im Jahr 2007 waren noch Deutsche im Kosovo stationiert.

Die Bundeswehr wird umstrukturiert

Für die Bundeswehr war der Kosovo-Einsatz ein deutlicher Einschnitt. Sie war zum ersten Mal seit ihrer Gründung 1955 an Kampfhandlungen direkt beteiligt gewesen. Der Kosovo-Krieg machte noch einmal die veränderte Situation der NATO und auch Deutschlands nach dem Ende des Kalten Krieges deutlich: Statt des alten Ost-West-Konflikts gab es seit Anfang der 90er-Jahre kleinere, oft ethnisch oder religiös bedingte Konflikte. Auch hier machte es sich die NATO zur Aufgabe einzugreifen, selbst wenn es sich um Länder außerhalb des eigentlichen Bündnisgebiets handelte.

Nach dem Einsatz im Kosovo war klar, dass Deutschland bei derartigen Einsätzen zukünftig eine wichtige Rolle spielen würde. Die neuen Aufgaben brachten es mit sich, dass die Bundeswehr umstrukturiert werden musste. Seit 1999 beriet eine Kommission unter Vorsitz des ehemaligen Bundespräsidenten Richard von Weizsäcker über die Zukunft der Bundeswehr, die zu einer modernen Interventionsarmee umgestaltet werden sollte. Im Mai 2000 legte die Kommission ihren Bericht vor. Die im Bericht ausgesprochenen Empfehlungen wurden von der Regierung teilweise befürwortet. Im Zentrum der seit 2003 laufenden Bundeswehrreform stehen die Reduzierung der Streitkräfte sowie der Standorte und die Neugliederung der Heeresverbände in Eingreif-, Stabilisierungs- und Unterstützungskräfte. Zur Umsetzung des Reformvorhabens wurde 2004 eigens ein Zentrum für Transformation mit Sitz in Strausberg gegründet.

Der 11. September

Die Terroranschläge vom 11. September 2001 veränderten die Konfliktsituation in der Welt erneut. Dadurch ergaben sich für die Bundeswehr neue Aufgaben. Nur einen Tag nach den Anschlägen rief die NATO zum ersten Mal in ihrer Geschichte den kollektiven Verteidigungsfall aus. Bundeskanzler Gerhard Schröder sicherte den Amerikanern die „uneingeschränkte

Joschka Fischer

1948 Joseph (Joschka) Maria Fischer wird am 12. April als Sohn eines Metzgers in Gerabronn geboren.

1968 Er wird Mitglied der militanten Gruppe Revolutionärer Kampf und beteiligt sich an Demonstrationen und Straßenschlachten.

1982 Fischer tritt der noch jungen Partei Die Grünen bei.

1985 Ernennung zum hessischen Staatsminister für Umwelt und Energie.

1995 Fischer fordert die Interventionspflicht der UNO bei Völkermord und entfacht damit einen innerparteilichen Streit.

1999 Fischer wird Außenminister und Vizekanzler der Bundesrepublik Deutschland.

2005 Die rot-grüne Regierung verliert am 18. September die Bundestagswahl, damit endet auch Joschka Fischers Amtszeit.

Der bisher gefährlichste Bundeswehreinsatz: Soldaten der ISAF-Friedenstruppe observieren in Afghanistan auf einer Patrouillenfahrt das Gelände oberhalb von Faisabad.

Solidarität" Deutschlands zu. Dies hatte wiederum die Beteiligung Deutschlands an der Antiterrormission Enduring Freedom zur Folge, wobei die Bundeswehr aber nicht an Kampfhandlungen teilnahm. Die deutsche Marine war vielmehr seit Februar 2002 mit der Seeraumüberwachung und dem Schutz der Seeverbindungslinien rund um das Horn von Afrika betraut. Bis zu 1300 deutsche Soldaten waren im Seegebiet vom Roten Meer bis zur Küste Kenias im Einsatz.

Der Afghanistan-Einsatz

Im Oktober 2001 begannen amerikanische und britische Truppen im Rahmen des Antiterrorkriegs mit Angriffen gegen die afghanische Taliban-Regierung. Nach Beendigung der Kampfhandlungen erteilte die UNO am 20. Dezember ein Mandat für die ISAF-Mission: UN-Truppen sollten der afghanischen Übergangsregierung helfen, in dem kriegszerstörten Land für Frieden zu sorgen und die Wahrung der Menschenrechte durchzusetzen. Der Bundestag billigte zwei Tage später den Einsatz der Bundeswehr im Rahmen dieses Mandats. Im Januar 2002 trafen die ersten deutschen Truppen in der Hauptstadt Kabul ein. 2003 weitete sich das Einsatzgebiet der Deutschen auf die nordafghanische Region um Kunduz aus. Ab 2005 befand sich das Hauptquartier der Deutschen in Mazar-e-Sharif. Immer wieder kam es zu Anschlägen auf UN-Truppen in Afghanistan. Dabei wurden auch deutsche Soldaten verletzt und getötet. Im März 2007 wurde das Afghanistan-Mandat

durch den Bundestag ausgeweitet: Deutsche Tornados sollten nun Aufklärungsflüge über den Süden des Landes fliegen.

Deutsche Soldaten im Kongo und im Libanon

Das Jahr 2006 brachte der Bundeswehr zwei weitere Einsätze, bei denen die Anwendung von Waffengewalt nicht auszuschließen war. Im Juli 2006 wurde ein Aufgebot von deutschen Truppen in den Kongo entsandt, um die dort anstehenden Wahlen zu überwachen und mögliche Zusammenstöße von rivalisierenden Parteien zu verhindern. Es gab keine Zwischenfälle, sodass die Armee bereits Ende des Jahres nach Deutschland zurückkehren konnte. Im Sommer 2006 entschloss sich Israel zu einer Offensive gegen den Libanon.

Während der Mission im Kongo zur Sicherung demokratischer Wahlen sprechen Bundeswehrangehörige auf dem zentralen Markt in Kinshasa mit der Bevölkerung.

Nachdem ein Waffenstillstand ausgehandelt worden war, sollten UN-Truppen entlang der Küste patrouillieren, um etwaigen Waffenschmuggel zu verhindern. Daran beteiligte sich auch die Bundeswehr. Der Einsatz stieß zwar anfangs auf Bedenken, da die Möglichkeit eines bewaffneten Zusammenstoßes von israelischen und deutschen Truppen nicht auszuschließen war, dennoch brach am 21. September 2006 ein deutscher Marineverband von Wilhelmshaven zur libanesischen Küste auf.

Einführung des Euro in der Europäischen Union

2002
1. JANUAR

Mit dem Euro erhielt Europa erstmals eine gemeinsame Währung. Damit war ein wichtiger Schritt im europäischen Einigungsprozess getan, der auch die internationalen Finanzmärkte beeinflusste.

DIE EURO-MÜNZEN

5 Euro Cent   10 Euro Cent   20 Euro Cent   50 Euro Cent   2 Euro

Bundesfinanzminister Theo Waigel stellt stolz die nationalen Euromünzen vor. Am 1. Januar 2002 kamen sie in zwölf Ländern der EU in Umlauf.

Am 1. Januar 2002 um 0.00 Uhr war es endlich so weit: Pünktlich um Mitternacht strömten die ersten Neugierigen zu den Bankautomaten, um die neue Währung endlich in Augenschein zu nehmen. Mehr als 300 Mio. Menschen in zwölf Staaten der Europäischen Union – von der Algarve bis nach Dublin, von der Bretagne bis ins Burgenland, von Lappland bis nach Sizilien – bekamen eine gemeinsame Währung. 14 Mrd. Scheine und 50 Mrd. Münzen wurden binnen weniger Monate unter das Volk gebracht, eine logistische Meisterleistung. Europa trugen die Menschen nun buchstäblich als bare Münze mit sich in der Tasche. Bis Ende Juli 2002 musste in Deutschland die letzte D-Mark ausgegeben oder umgetauscht werden. Wer diesen Zeitpunkt verpasst hatte, konnte für die alten Scheine und Münzen nur noch in den Landesbanken Euro bekommen. Der Umrechnungskurs betrug 2:1, das bedeutet zwei D-Mark waren etwa einen Euro wert. Inzwischen wurde der Kurs auf genau 1,95583 D-Mark für einen Euro festgelegt. Die alten Scheine kamen in den Reißwolf, die Münzen in den sogenannten Decoiner, der sie im wahrsten Sinne des Wortes platt machte.

Ganz unbekannt waren die neuen Münzen und Scheine für die Euroland-Bewohner allerdings nicht. Das Starterkit, ein Tütchen mit frisch geprägten Euromünzen im Wert von 20 D-Mark, wurde ab 17. Dezember 2001 in allen Banken und Sparkassen verkauft. Die insgesamt 53,5 Mio. deutschen Starterkits waren heiß begehrt und avancierten schnell zum angesagten Weihnachtsgeschenk. Bald waren sie überall vergriffen, und nur noch mit viel Glück kam man an das beliebte Geldsäckchen heran.

Eine schwere Geburt

Der Euro hatte keinen guten Einstand, Unsicherheit und Zweifel bei der Bevölkerung waren groß. Bereits 1998 zogen Wirtschaftsexperten vor das Bundesverfassungsgericht, da sie fürchteten, die eventuell weichere Währung führe zur Verarmung breiter Bevölkerungsschichten. Der Stabilitätspakt brach jedoch den Widerstand. Am 1. Januar 1999 war die Entscheidung gefallen: Mit Belgien, Deutschland, Finnland, Frankreich, Irland, Italien, Luxemburg, den Niederlanden, Österreich, Portugal, und Spanien schlossen sich zunächst elf Länder zur Europäischen Währungsunion zusammen.

Ein Jahr später trat auch Griechenland der Union bei. Nun hieß es Abschied nehmen von D-Mark, Gulden, Francs, Lire, Peseten, Schillingen und all den anderen Währungen, die teils über Jahrhunderte in Gebrauch gewesen und den Menschen ans Herz gewachsen waren.

Euro statt Ecu

Wie sollte die neue Einheitswährung genannt werden? Europäischer Gulden, europäischer Franken, europäische Krone oder Ecu, wie die alte Rechnungswährung der EU hieß? Monatelang wurde im Vorfeld der Verhandlungen zur Währungsunion über den geeigneten Namen diskutiert, zunächst ohne jegliches Ergebnis. Die europäischen Länder, die mit ihrer Landeswährung gleichzeitig einen Teil ihrer Souveränität aufgaben, rangen um den verbliebenen Rest nationaler Identität. Namensgeber des Euro war schließlich der damals amtierende deutsche Bundesfinanzminister Theo Waigel. Die Bezeichnung war ihm bei einem Gespräch mit dem damaligen Bundesbankpräsidenten in den Sinn gekommen. Daraufhin warb Waigel auf einer großen Rundreise durch Europa für die Bezeichnung Euro, die schließlich im Dezember 1995 bei einem Gipfeltreffen in Madrid einstimmig verabschiedet wurde.

Als erste wichtige europäische Institution kam die Europäische Zentralbank EZB nach Deutschland; sie residiert in der Bankmetropole Frankfurt am Main.

Erinnerung an das antike Europa

Das Eurozeichen erinnert an den griechischen Buchstaben Epsilon und damit an das antike Europa. Die zwei horizontalen Striche stehen für die Stabilität des Euro und des gesamten europäischen Wirtschaftsraums. Jede Münze besitzt eine europäische und eine national gestaltete Seite. Die europäische Seite der Münzen wurde von dem Designer Luc Luycx, einem Mitarbeiter der Königlichen Belgischen Münze, entworfen. Sie zeigt eine stilisierte Landkarte der Europäischen Union, durchzogen von parallelen Linien, die die zwölf Sterne der Europaflagge verbinden. Bewusst ging Luycx mit seinem Entwurf über die zwölf Länder der Eurozone hinaus und bezog auch Großbritannien, Dänemark und Schweden mit ein, die ihre nationalen Währungen bis auf Weiteres behalten wollten. Für die kleinsten Münzen unter den deutschen Euros wurde ein vertrautes Symbol gewählt: das Eichenlaub, das auch schon den deutschen Pfennig zierte. Auf den 10-, 20- und 50-Cent-Münzen ist das Brandenburger Tor, das für die Wiedervereinigung Deutschlands steht, abgebildet. Dafür schmückt der Bundesadler die Kehrseite der deutschen 1- und 2-Euro-Münzen.

Zur Gestaltung der neuen Geldscheine wurde ein Ideenwettbewerb mit der Themenvorgabe „Zeitalter und Stile in Europa" durchgeführt. Als Ergebnis wurden Architekturmotive in Baustilen aus sieben Epochen der europäischen Kulturgeschichte, von der Antike bis zur Moderne, vorgestellt.

Trotz all dieser verbindenden Elemente barg die Gestaltung der Banknoten mancherlei Zündstoff. Die Einigung auf ein neutrales europäisches Design scheiterte zunächst an der abgebildeten Landkarte. Diese, so kritisierte Frankreichs Staatspräsident Jacques Chirac, unterschlage Teile der Europäischen Union, nämlich französische Überseegebiete wie Guadeloupe und Martinique. Zudem wurde beanstandet, dass die gezeigten Brücken reale Vorbilder hätten, nationale Symbole aber waren nicht erlaubt. So überarbeitete man die Brücken und fügte am unteren Rand der Scheine den sogenannten Chirac-Streifen hinzu.

Solche Starterkits konnten sich die deutschen Bürger bereits vor der offiziellen Einführung besorgen, um sich ein wenig an die neue Währung zu gewöhnen.

» Der Euro gibt der europäischen Einigung neue Schubkraft. «

[Bundeskanzler Helmut Kohl, zur Jahreswende 1996/97]

Jagd nach dem Kultobjekt

Ein merkwürdiger Zustand herrschte während der Übergangsphase von Anfang des Jahres 1999 bis Ende 2001. Die Aktien an der Börse wurden schon in Euro gehandelt, Preise konnten sowohl in D-Mark als auch in Euro ausgezeichnet sein, aber noch niemand hatte die Möglichkeit, eine der frisch geprägten Münzen oder einen der gerade gedruckten Scheine in die Hand zu nehmen. Kaum waren sie in Umlauf, machten die Euroland-Bewohner einen Sport daraus, den Euro, seine nationalen Prägungen und Sonderausgaben zu sammeln. Über Nacht waren sie zum Kultobjekt geworden. Seltene Münzen aus Monaco, San Marino oder dem Vatikan wurden bis zum 80-Fachen ihres ursprünglichen Wertes gehandelt. Die Münzhändler freuten sich: Noch nie gab es eine solche Jagd auf ein gültiges Zahlungsmittel. Die Euroeinführung bot auch die einmalige Gelegenheit, die grenzüberschreitende Wanderung der neuen Zahlungsmittel in Europa zu verfolgen. In Städten, Wirtschafts- und Tourismuszentren sowie in grenznahen Gebieten war die Wahrscheinlichkeit höher, eine Euromünze ausländischer Prägung zu erhalten, als in ländlichen Gebieten fern der nächsten Landesgrenze. Die Urlaubs- und Reisezeit beschleunigte die Umverteilung. Die von Mathematikern errechnete totale Vermischung der Geldmünzen fand jedoch nicht statt, da Sammler diese zu verhindern wussten.

Die Hüterin des Euro

Über die innere Stabilität der gemeinsamen Währung im Euroraum wacht seit Januar 1999 die Europäische Zentralbank, kurz EZB. Sie legt die Geldpolitik einschließlich der Leitzinsen fest, verwaltet die Währungsreserven der Euroländer, versorgt die Volks-

Euro – Teuro: Beim Umrechnen halfen spezielle Taschenrechner, doch beim Anblick des Ergebnisses hatten viele Menschen den Eindruck, der Euro habe alles teurer werden lassen.

wirtschaft mit Geld und fördert den reibungslosen Zahlungsverkehr. Ihren Sitz hat die Hüterin des Euro in der deutschen Finanzmetropole Frankfurt am Main.

Obwohl die Europäische Zentralbank ihr Inflationsziel von 2 % seit 1999 knapp verfehlt hat, gelten die Inflationsraten angesichts explodierender Ölpreise als Erfolg. Auch Schocks wie die Terroranschläge von 2001 konnten der Stabilität nichts anhaben. In der Eurozone sind die Preise seit Jahren stabiler als zu Zeiten der D-Mark. Grund dafür ist der schärfere Wettbewerb innerhalb des Währungsraums, der die Firmen zu stärkerer Preisdisziplin zwingt. Der Euro behauptet sich als stabile Währung, die den innereuropäischen Handel und das Zusammenwachsen der Finanzmärkte befördert hat. Und auch nach außen zeigt sich der Euro stabil. Die Schwankungen zum US-Dollar sind nicht stärker ausgeprägt als noch zu D-Mark-Zeiten. Doch werden nach Ansicht von Finanzexperten noch einige Jahre vergehen, bis der Neuling gegenüber dem langjährigen Währungschampion, dem US-Dollar, als ebenbürtiger Gegner auftreten kann.

Der Wechselkurs von Euro und US-Dollar ist von großer Bedeutung, da er bestimmt, zu welchen Preisen Güter zwischen Euroländern und den USA gehandelt werden. Steigt der Wechselkurs, steigen auch die Preise. Das wiederum könnte dazu führen, dass die ausländische Nachfrage nach Exporten aus den Euroländern sinkt. Der Exportweltmeister Deutschland beobachtete die starke Aufwertung des Euro daher mit wachsender Beunruhigung. Ein Euro kostete zeitweise bis zu 1,38 US-Dollar. Allerdings gehen von einer Aufwertung des Euro auch positive Effekte aus. Denn je stärker die Währung ist, desto günstiger werden die Importe. Dadurch steigt das real verfügbare Einkommen der Bürger und ermöglicht einen stärkeren Konsum.

Der Euro ist nach dem Dollar die zweitstärkste Weltreservewährung und hat sich in den weltpolitischen Krisen der letzten Jahre als stabiler Anker im Weltwährungssystem bewährt.

Ist der Euro ein Teuro?

Doch die gefühlte Realität der deutschen Bevölkerung sieht anders aus. Im Gegensatz zur euphorisch bejubelten Einführung der D-Mark 1990 in den neuen Bundesländern wurde der Euro mit gemischten Gefühlen begrüßt. Er hatte es schwer, sich in den Köpfen der Deutschen ein sicheres Plätzchen zu verschaffen. Jahre nach

Fälschungssicher?

Im internationalen Vergleich sind Euroscheine äußerst fälschungssicher. Um Fälschern das Handwerk zu erschweren, weisen die Scheine mehrere Sicherheitsmerkmale auf. So werden etwa fluoreszierende Fasern eingewebt, die im Gegenlicht dunkel erscheinen. Auch Wasserzeichen und Durchsichtregister sollen möglichen Fälschungen vorbeugen. Dennoch werden trotz aller Sicherheitsvorkehrungen immer wieder Euroblüten in Umlauf gebracht. Die Fälscher bedienen sich moderner Techniken und gehen teils so versiert zu Werke, dass so manche Falschgeldnote erst bei der Zentralbank auffällt. Verglichen mit dem Dollar, wird der Euro aber seltener gefälscht.

der Währungsumstellung rechnen skeptische Käufer Preise immer noch in D-Mark um. Die identitätsstiftende D-Mark war stark und erfolgreich, weltweit beliebt und begehrt gewesen. Durch die Einbindung schwächerer Währungen in das gemeinsame Zahlungsmittel Euro befürchteten viele Menschen eine Schwächung ihrer eigenen Kaufkraft.

Ist der Euro ein Teuro? Umfragen des Statistischen Bundesamts ergaben, dass viele Verbraucher in ganz Europa davon überzeugt sind, der Euro habe die Preise nach oben getrieben. Tatsächlich schätzen die Bürger die Inflation viel höher ein, als sie tatsächlich ist. Sie wird sogar in Ländern gefühlt, in denen die Inflation rückläufig ist. Preissprünge bei Alltagsgütern werden viel eher wahrgenommen als Preisänderungen bei selten getätigten, größeren Anschaffungen. Die Befürchtungen, der Euro könne in Wirklichkeit ein Teuro sein, bestätigten sich, weil man für einiges seit Einführung der neuen Währung ungewöhnlich tief in die Tasche greifen musste: Die Preise für Café- oder Friseurbesuche, für Brot, Autoreparaturen oder Eintrittskarten für Sportveranstaltungen sowie Konzerte stiegen ungewöhnlich stark. Doch die Statistiker fanden heraus, dass in den fünf Jahren vor und den fünf Jahren nach der Bargeldumstellung die Teuerung in Deutschland im

Schnitt bei 1,5 % lag, was einem Freispruch für den Euro gleichkommt. Immerhin sind vielen die Vorteile der gemeinsamen Währung inzwischen bewusst geworden, liegen sie doch im Grunde klar auf der Hand: Wie angenehm ist es doch, im Urlaub mit gewohntem, heimischem Geld bezahlen zu können oder in Spanien und Irland die Preise nicht umrechnen zu müssen und so sehr viel leichter den Überblick über die eigenen Ausgaben zu behalten.

Eine Währung, die verbindet

Die Eurofamilie wächst kontinuierlich. Am 1. Mai 2004 traten zehn neue Länder der Europäischen Union bei, und am 1. Januar 2007 folgten zwei weitere. Von all diesen Ländern wird erwartet, dass sie an der Wirtschafts- und Währungsunion teilnehmen und den Euro einführen, sobald sie die sogenannten Konvergenzkriterien, womit vor allem ein hoher Grad an Preisstabilität gemeint ist, erfüllen.

Seit dem 1. Januar 2007 bezahlen die Slowenen mit dem Euro. Damit ist Slowenien das erste der zwölf neuen Mitgliedsländer, das den Euro als offizielles Zahlungsmittel eingeführt hat. Am 10. Juli 2007 bestätigte der Rat der Europäischen Union, dass auch Zypern und Malta die Konvergenzkriterien inzwischen erfüllen und damit den Euro einführen dürfen. Außerdem hat sich eine ganze Reihe von Ländern über Wechselkurssysteme an den Euro gekoppelt, sodass insgesamt 36 Staaten den Euro oder eine vom Euro abhängige Währung nutzen. Sogar einen internationalen Preis hat der Euro bekommen: Für seine Verdienste um die Europäische Einigung wurde er 2002 mit dem Internationalen Karlspreis zu Aachen ausgezeichnet. Die Aufmerksamkeit galt dabei weniger der Währung selbst als vielmehr der politischen Vision, der sie ihre Existenz verdankt und deren Symbol sie geworden ist. Wie kein anderer Integrationsschritt zuvor befördert der Euro die Identifikation mit Europa und leistet damit einen wichtigen Beitrag für das weitere Zusammenwachsen der Völkerfamilie.

Nun können die reisefreudigen Deutschen ihren Cappuccino auch auf dem Markusplatz in Venedig mit der gemeinsamen Währung Euro bezahlen.

Ein Deutscher gelangt auf den Heiligen Stuhl

2005
19. APRIL

Nach kurzem Konklave wählte das Kardinalskollegium überraschend Kardinal Joseph Ratzinger zum neuen Papst. Der Deutsche setzte sich zum Ziel, den Dialog der Religionen zu fördern.

> *„Ich möchte auch sagen, dass der Papst kein Orakel und nur in den seltensten Fällen unfehlbar ist.“*
>
> [Ansprache Papst Benedikts XVI. an den Klerus, 25. Juli 2005]

Am Abend des 19. April 2005 kurz vor 18 Uhr ging auf dem Petersplatz in Rom das große Raunen durch die Masse: War das etwa weißer Rauch, der da aus dem Kamin der Sixtinischen Kapelle stieg? Die Menschen rätselten und richteten ihre Blicke auf den Balkon des Petersdoms. Die Medien überschlugen sich mit Eilmeldungen. Nur rund 26 Stunden hatten die 115 Kardinäle aus aller Welt gebraucht, um einen der ihren zum neuen Kirchenoberhaupt zu wählen. Noch eine knappe Stunde dauerte es, bis sich die roten Samtvorhänge auf dem Balkon öffneten und der Name des neuen Papstes bekannt gegeben wurde. Doch dann war für viele die Überraschung perfekt: Kardinal Joseph Ratzinger, der inzwischen mächtigste Mann in den Kulissen des Vatikans, war nach Hadrian VI. der zweite Deutsche auf dem Heiligen Stuhl, und das nach nicht weniger als 482 Jahren. Die Schlagzeilen der deutschen Medien lauteten „Habemus papam!" und „Wir sind Papst!" Zwei Wochen nach dem Tod von Johannes Paul II. hatte die katholische Kirche, die weltweit größte Religionsgemeinschaft, ein neues Oberhaupt. Ratzinger wählte den Namen Benedikt XVI. Damit knüpfte er an seinen unmittelbaren Namensvorgänger Benedikt XV. an, der als Friedenspapst galt. Vor mehreren 100 000 Gläubigen sowie Kirchenführern und Staatsdelegationen aus der ganzen Welt wurde am 24. April 2005 die Amtseinführung des neuen Pontifex mit einem feierlichen Gottesdienst auf dem Petersplatz begangen.

Professor auf dem Heiligen Stuhl

Ratzingers Aufstieg an die Spitze der katholischen Kirche verlief anfangs in akademischen Bahnen und später im Innern der römischen Kurie. Nach seiner Amtszeit als Erzbischof von München und Freising leitete er seit 1981 die Katholische Glaubenskongregation in Rom, die Nachfolgeorganisation der Heiligen Inquisition. Mit der Wahl Ratzingers zum Papst kürten die katholischen Kardinäle einen äußerst konservativen Dogmatiker zu ihrem neuen Oberhaupt. Der Deutsche hatte sich bisher vor allem durch seine strenge Haltung gegenüber kritischen Theologen, seine Ablehnung von Frauenrechten und seine rigide Sexualmoral einen Namen gemacht. Viele Menschen hofften, dass Papst Benedikt seine konservativen Ansichten, die er als Bischof und Kardinal vertrat, überdachte und im Amt des Petrus-Nachfolgers nicht fortführte.

Leitthema des Pontifikats

Die positiven Zeichen ließen nicht lange auf sich warten: In seiner ersten programmatischen Rede bekannte sich Benedikt zur

Kardinal Joseph Ratzinger wurde von 115 teilnehmenden Kardinälen am 19. April 2005 nach nur 26 Stunden Konklave als Benedikt XVI. zum Papst gewählt.

Fortsetzung des Ökumene- und Dialogkurses, den sein Vorgänger begonnen hatte. Wenige Monate nach seinem Amtsantritt empfing er den katholischen Kirchenkritiker Hans Küng, dem der Vatikan 1979 die Lehrbefugnis entzogen hatte, zu einem mehrstündigen Gespräch. In seiner ersten Enzyklika widmete sich Papst Benedikt dem Thema der Liebe zu Gott und den Menschen. Seine Stärke ist sein überragender theologischer Intellekt, die wissenschaftlichen Publikationen des Dogmatikprofessors haben einen sehr guten Ruf. Die Wahl des Deutschen zum Papst adelte somit auch die deutsche Universitätstheologie.

Dialog der Religionen

Auf seiner ersten Auslandsreise, die Benedikt in seine Heimat Deutschland zum Weltjugendtag 2005 nach Köln führte, gewann der neue Papst schnell die Herzen der jungen Menschen. Er beeindruckte durch sein demütiges Auftreten, das ganz ohne Eitelkeit und Wichtigtuerei auskam. Das verlieh ihm Glaubwürdigkeit. Im tiefgläubigen Polen strömten Millionen Katholiken zu den Gottesdiensten des Pontifex, als Benedikt dem Heimatland seines Amtsvorgängers einen Besuch abstattete. Mit seiner Reise in die Türkei und dem Zusammentreffen mit Vertretern des Judentums sowie muslimischer Gemeinden setzte der Papst Zeichen für den Dialog mit anderen Religionen.

Besuch in der Heimat

Während seines umjubelten Bayernbesuchs im September 2006 hielt der Papst eine Vorlesung an seiner Heimat-Universität Regensburg, in der er immer noch als Honorarprofessor geführt wird. Die Thematisierung des Verhältnisses von Religion und Gewalt und seine Kritik am Heiligen Krieg, die sich auf ein Zitat des byzantinischen Kaisers Manuel II. Palaeologos aus dem Jahr 1391 bezog, löste in der islamischen Welt einen gewaltigen Proteststurm aus. Der Dialog der Religionen war damit in vollem Gange, wenn auch un-beabsichtigt mit heftigen Gefühlsausbrüchen als Begleiterscheinung. Benedikts Ansichten zu Gewalt und Vernunft in Bezug auf den Islam, die manchen nur aus Presseausschnitten bekannt

waren, wurden als „einseitig, voreingenommen, feindselig und provozierend" interpretiert und mit dem Verweis auf das 14. Jh. als Aufruf zum Kreuzzug gegen den Islam verstanden. Bestürzt über die verletzten Gefühle der muslimischen Gläubigen, veröffentlichte der Vatikan eine Stellungnahme, die den Konflikt entschärfte. Benedikts anschließende Reise in die Türkei zeigte einmal mehr, dass dem neuen Papst der offene Dialog mit den Muslimen wichtig ist.

Benedikt-Bier und Benediktweg

Seit ein Deutscher auf dem Heiligen Stuhl sitzt, entfaltet sich ein in Deutschland zuvor gänzlich unbekannter Papstkult. Die Versteigerung von Joseph Ratzingers altem Golf durch ein bekanntes Internet-Auktionshaus war ein voller Erfolg und erzielte einen Rekorderlös. Schnell wurden Wallfahrten auf dem neu angelegten Benediktweg zu seinem Geburtshaus in Marktl am Inn zu einem touristischen Höhepunkt. Die Dorfläden verkauften Papstgelee, Vatikanbrot und süße Benediktschnitten. Eine Brauerei in Ratzingers Geburtsort wartete sogar mit einer neuen Sorte, dem Benediktbier, auf. Gemeinsam mit den erfahrenen polnischen Kollegen aus dem Geburtsort Papst Johannes Pauls II. erarbeitete die Gemeinde Marktl, die demnächst ein Papstmuseum eröffnen will, ein neues Tourismuskonzept.

Bei seinem Besuch in Deutschland feierten zahlreiche Gläubige mit Papst Benedikt XVI. einen Gottesdienst auf dem Islinger Feld bei Regensburg.

Die Vermarktung des Papstkults in Deutschland, speziell in seiner bayerischen Heimat, treibt zum Teil recht bunte Blüten.

Die *kursiv* gesetzten Seitenzahlen verweisen auf eine Bildunterschrift. Die Umlaute ä, ö und ü werden wie a, o und u behandelt.

Umschlag: l.o. akg; l.u. akg; M. akg/AP; r.o. ullstein – Sven Simon; r.u. akg/ Erich Lessing

Innenteil: 2 akg; 5 akg; 6 o. akg; 6 u. Cordula Schaaf; 7 o. ullstein – Ritter; 7 u. Andrew Cowin, Travel Ink/Corbis; 8 akg/Picture Alliance, Hubert Link; 9 Jon Hicks/Corbis; 10 akg; 12 Krause, Johansen/Corbis; 13 akg; 14 akg; 15 o. Adam Woolfitt/Corbis; 15 u. akg/British Library; 16 akg; 17 o. akg; 17 u. akg; 18 o. akg; 18 u. akg/Bildarchiv Monheim; 20 akg; 21 o. akg; 21 u. akg/Bildarchiv Monheim; 22 o. akg/Erich Lessing; 22 u. akg; 23 akg; 24 akg; 25 o. Stift Klosterneuburg; 25 u. akg/Stefan Drechsel; 26 l. akg; 26 r. DHM; 26/27 akg/British Library; 27 o. akg/British Library; 27 u. akg; 28 akg; 29 o. akg; 29 u. ullstein bild – Kucharz; 30 akg; 31 o. Domschatz im Historischen Museum der Pfalz Speyer; 31 u. bpk; 32 akg; 33 o. akg; 33 u. akg; 34 bpk; 35 akg; 36 akg; 37 o. ullstein – GRANGER; 37 u. bpk/Hansen; 38 o. akg/Electa; 38 u. akg; 39 akg; 40 ullstein bild; 41 akg; 42 l. akg/Erich Lessing; 42 r. akg/Heiner Heine; 42/43 DHM; 43 Werkstatt für historische Zupfinstrumente Berlin; 44 akg; 45 o. akg/Erich Lessing; 45 u. Staatsarchiv Würzburg, Kaiserselekt 707a und akg (Siegel); 46 akg/Bildarchiv Monheim; 47 o. Stadtarchiv Würzburg, Ratsbuch 412, fol. 131r; 47 u. akg; 48 akg; 49 ullstein – Archiv Gerstenberg; 50 Cordula Schaaf; 52 akg/Erich Lessing; 53 akg; 54 akg; 55 o. akg; 55 u. bpk/Kunstbibliothek, SMB/Knud Petersen; 56 ullstein – Archiv Gerstenberg; 57 o. Gnadenbild Unserer Lieben Frau von Ettal, Tino da Camaino (ca. 1285–1337), Schüler des G. Pisano, © Kunstverlag der Benediktinerabtei Ettal; 57 u. akg; 58 l. akg; 58 r. akg/Cameraphoto; 58/59 akg; 59 o. akg; 59 M. akg/VISIOARS; 59 u. akg; 60 ullstein bild – GRANGER; 61 akg; 62 akg; 63 o. akg; 63 u. akg; 64 Institut für Stadtgeschichte Frankfurt/Main; 65 o. akg/ Erich Lessing; 65 u. akg; 66 bpk; 67 l. akg; 67 r. Sotheby's/akg; 68 bpk/Lutz Braun; 69 akg; 70 akg; 71 o. akg; 71 u. akg; 72 ullstein bild – histopics; 73 o. bpk; 73 u. akg; 74 akg/Erich Lessing; 75 akg/Erich Lessing; 76 o. akg/Hedda Eid; 76/77 ullstein bild – histopics; 77 o. akg; 77 u.l. akg; 77 u.r. akg; 78 akg/VISIO-ARS; 79 o. Gutenberg-Museum Mainz; 79 u. Gutenberg-Museum Mainz; 80 ullstein – cw.fotodesign; 81 o. Bettmann/Corbis; 81 u. Gutenberg-Museum Mainz; 82 akg/Erich Lessing; 83 akg/Erich Lessing; 84 o. akg; 84 u. ullstein – Rufenach; 85 akg/Rabatti – Dominigie; 86 akg; 87 Privatsammlung/Fotograf Jochen Beyer/ © Arte.info; 88 l. akg; 88 r. ullstein bild – Imagno; 89 akg; 90 akg/Erich Lessing; 91 o. akg; 91 u. Landesbibliothekszentrum Rheinland-Pfalz, Pfälzische Landesbibliothek Speyer; 92 o. akg; 92 u. akg/Jost Schilgen; 93 FORUM 1499; 94 ullstein – Ritter; 96 akg; 97 akg; 98 akg; 99 akg; 100 akg; 101 o. akg/Erich Lessing; 101 u. Fuggerarchiv Dillingen; 102 akg/Erich Lessing; 103 o. J. C. Kanny/Lorpresse/Corbis Sygma; 103 u. akg/Erich Lessing; 104 akg; 105 akg; 106 akg; 107 o. ullstein bild; 107 u. akg/Erich Lessing; 108 bpk/Alfredo Dagli Orti; 109 o. akg/Erich Lessing; 109 u. ullstein bild – Imagno; 110 bpk/SBB/Ruth Schacht; 111 DHM; 112 akg; 113 o. akg/Erich Lessing; 113 u. akg; 114 akg; 115 o. akg/ Gilles Mermet; 115 u. akg; 116 o. bpk/Staatsarchiv, Siena/Scala; 116 u. akg; 117 Elio Ciol/Corbis; 118 akg; 119 o. Bayerische Staatsbibliothek München, 2 J.publ.g.11 (Beibd. 1), Titelblatt; 119 u. Historical Picture Archive/Corbis; 120 akg; 121 o. akg; 121 u. akg; 122 l. Bayer & Mitko/Artothek; 122 r. Bayer & Mitko/Artothek; 123 o. Stapleton Collection/Corbis; 123 u. Blaine Harrington III/Corbis; 124 akg; 125 o. akg/Nimatallah; 125 u. akg; 126 akg; 127 o. Universitätsbibliothek Heidelberg; 127 u. ullstein – Archiv Gerstenberg; 128 akg; 129 o. akg; 129 u. akg/Schütze/Rodemann; 130 akg; 131 o. akg; 131 u. akg; 132/133 ullstein – Archiv Gerstenberg; 133 akg/Erich Lessing; 134 akg; 135 o. akg; 135 u. akg; 136 o.l. akg; 136 o.r. Kölner Gymnasial- und Stiftungsfonds; 136 u.l. ullstein bild – imagebroker.net; 136 u.r. DHM/© Stadt Veringenstadt; 137 akg; 138 akg/Erich Lessing; 139 Sotheby's/akg; 140 o. akg; 140 u. bpk/Kunstbibliothek, SMB/Knud Petersen; 141 Westfälische Nachrichten Münster; 142 Andrew Cowin, Travel Ink/Corbis; 144 Museen der Stadt Regensburg – Historisches Museum; 145 Fürst Thurn und Taxis, Zentralarchiv; 146 bpk/Dietmar Katz; 147 o. Deutsches Hugenotten-Museum; 147 u. akg; 148 DLM Deutsches Ledermuseum/Schuhmuseum Offenbach; 148/149 akg; 149 ullstein bild – Ihlow; 150 akg; 151 akg; 152 Badisches Landesmuseum Karlsruhe/Thomas Goldschmidt; 153 akg/Jérôme da Cunha; 154 o. Niedersächsisches Landesmuseum Hannover; 154 u. akg; 155 o. akg; 155 u. akg; 156 akg; 157 akg; 158 o. akg; 158 u. bpk; 159 akg; 160 akg; 161 o. akg; 161 u. ullstein – Lammel; 162 ullstein bild – KPA; 163 o. Sotheby's/akg; 163 u. akg; 164 bpk; 165 o. Arte & Immagini srl/Corbis; 165 o. ullstein – Zentralbild; 166 o. bpk/Stiftung Preußische Schlösser und Gärten/Jörg P. Anders; 166 u. akg/L. M. Peter; 167 akg/Nimatallah; 168 ullstein bild – Imagno; 169 ullstein bild – Sülflow; 170 o.l. Adam Woolfitt/Corbis; 170 o.r. akg; 170 u. bpk; 171 o. akg/Jost Schilgen; 171 u. akg; 172 akg; 173 o. DHM; 173 u. akg/Nimatallah; 174 akg; 175 o. akg; 175 u. DHM; 176 akg; 177 akg; 178 l. Public Domain; 178 r. Johann Andreas Schneck: Ziehung der Lotterie im Schwörhaus in Ulm, Ulmer Museum/Ingeborg Schmatz; 179 akg; 180 akg; 181 ullstein – Archiv Gerstenberg; 182 o. akg; 182 u. ullstein bild – GRANGER; 183 akg; 184 o. akg; 184 u. akg; 185 akg/Heiner Heine; 186 o. akg; 186 u. akg; 187 Christine Buchner/Österreichische Post AG (Ausführung); 188 akg/Erich Lessing; 189 akg/Erich Lessing;

190/191 akg; 191 o. akg; 192 o. akg; 192 u. akg; 193 akg; 194 DHM; 194/195 DHM; 195 o. Harald Lange/zefa/Corbis; 195 M.l. DHM; 195 M.r.; 195 u. akg; 196 Stadtarchiv München; 197 o. Koenig & Bauer AG Würzburg; 197 u. akg/Erich Lessing; 198 akg; 199 o. DHM; 199 u. akg/Erich Lessing; 200 akg/ Picture Alliance, Hubert Link; 202 akg; 203 o. akg; 203 u. DHM; 204 o. Bayerisches Nationalmuseum München; 204 u. akg; 205 o. akg; 205 u. Westfälisches Schulmuseum Dortmund; 206 akg; 207 o. akg; 207 u. akg; 208 akg/Erich Lessing; 209 o. akg; 209 u. bpk; 210 o. akg; 210 u. akg; 212 o. akg; 212 u. bpk; 213 akg; 214 akg; 215 o. akg; 215 u. ullstein bild – imagebroker.net; 216 bpk; 217 o. bpk; 217 u. ullstein – Archiv Gerstenberg; 218 DHM; 219 o. akg; 219 u. akg; 220 akg; 221 o. Deutsches Zollmuseum; 221 u. akg; 222 Deutsche Post; 223 o. ullstein bild; 223 u. akg; 224 akg; 225 o. akg; 225 u. akg; 226 ullstein bild – Haeckel; 227 o. akg; 227 u. akg; 228 o.l. akg; 228 o.r. ullstein – CARO/Hoffmann; 228 u. bpk; 229 o. bpk; 229 M. akg; 229 u. ullstein – Oberhäuser/CARO; 230 bpk/ Kupferstichkabinett, SMB/Jörg P. Anders/© VG Bild-Kunst, Bonn 2007; 231 Trachtenmuseum Westerburg; 232 akg; 233 o. bpk; 233 u. DHM; 234 o. akg; 234 u. Bildquelle: akg/Bildrechte: Hans Mocznay/DHM; 235 DHM; 236 o. akg; 236 u. akg; 237 bpk/Herbert Fiebig; 238 akg; 239 www.militaria-online.de; 240 akg; 241 o. akg; 241 u. akg; 242 DHM; 243 o. akg; 243 u. DHM; 244 o. akg; 244 u. akg; 245 o. DHM; 245 u. ullstein bild – ddp; 246 akg; 247 o. akg; 247 u. DHM; 248 o. akg; 248 u. akg; 249 ullstein bild – GRANGER; 250 akg; 251 o. akg; 251 u. DHM; 252 akg; 253 o. akg; 253 u. akg; 254 bpk/Bischof; 255 o. DHM; 255 u. akg; 256 o. akg; 256 u. akg; 257 akg; 258 akg; 259 o. Reader's Digest; 259 u. akg; 260 o. Deutsches Patent- und Markenamt; 260 u. akg; 261 o. akg; 261 u. akg/AP; 262 o. akg; 262 u. akg; 263 ullstein bild; 264 o. DHM; 264 u. akg; 265 akg; 266 akg; 267 o. bpk/Friedrich Schroeder; 267 u. Fischhandel & Räucherei Henry Rasmus Stralsund; 268 o. ullstein – Schnellbacher; 268 u. Fotoverlag C. H. Beck; 269 www.bildpostkarten.uni-osnabrueck.de; 270 o. akg; 270 u. ullstein bild; 271 akg; 272 akg/Jean-Pierre Verne; 273 o. Zeppelinmuseum Meersburg/Heinz Urban; 273 u. akg; 274 akg; 275 o. akg/Erich Lessing; 275 u. akg; 276 akg; 277 o. DHM; 277 u. www.bildpostkarten.uni-osnabrueck.de; 278 l. akg/Picture Alliance, Costa; 278 r. akg; 279 l.o. akg; 279 l.u. akg; 279 r. ullstein – Schütze (Logo) und akg/Picture Alliance, 91050/KPA/TopFoto; 280 l. akg; 280 r. akg/Jean-Pierre Verne; 281 akg/Erich Lessing; 282 DHM; 283 o. akg; 283 u. Cinetext/RR; 284 akg; 285 o. akg; 285 u. ullstein bild – GRANGER; 286 Jon Hicks/Corbis; 288 o. akg; 288 u. akg; 289 akg; 290 akg; 291 o. DHM; 291 u. akg; 292 akg; 293 o. akg; 293 u. akg; 294 akg; 295 o. DHM; 295 u. DHM; 296 akg; 297 o. akg/Erich Lessing/© VG Bild-Kunst, Bonn 2007; 297 u. akg; 298 akg/© The Heartfield Community of Heirs/VG Bild-Kunst, Bonn 2007; 299 o. bpk; 299 u. akg; 300 o. akg; 300 u. DHM; 301 akg; 302 o. akg; 302 u. akg; 303 akg; 304 DHM/Orgel-Köhne; 305 o. DHM; 305 u. Cinetext/RR; 306 l. akg; 306 r. Ira Nowinski/Corbis; 307 ITS Bad Arolsen/Konzentrationslager-Dokumente (2007); 308 akg; 309 o. ullstein – Falk; 309 u. Hulton-Deutsch Collection/ Corbis; 310 akg/Hans Asemissen; 311 o. ullstein bild – H. Schmidt-Luchs; 311 u. ullstein bild; 312 o. akg; 312 u. akg; 313 akg; 314 akg; 315 o. DHM; 315 u. DHM; 316 akg; 317 o. akg; 317 u. akg; 318 o. ullstein bild; 318 u. ullstein bild; 319 DHM; 320 akg; 321 o. akg; 321 u. akg; 322 o. DHM; 322 u. ullstein – LEONE; 323 akg; 324 o. ullstein – WITTENSTEIN; 324 u. ullstein bild; 325 o. DHM; 325 M.l. akg; 325 M.r. ullstein – dpa; 325 u. akg/© VG Bild-Kunst, Bonn 2007; 326 akg; 327 o. akg; 327 u. bpk/Kunstbibliothek, SMB/Bernard Larsson; 328 o. akg; 328 u. Bildarchiv Pisarek/akg; 329 DHM; 330 akg; 331 akg; 332 o. akg/Erich Lessing; 332 u. akg; 333 DHM; 334 l. akg; 334 r. ullstein – Gisbert Paech; 335 Haus der Geschichte, Bonn; 336 akg; 337 o. akg; 337 u. ullstein – Historisches Auge; 338 akg; 339 o. akg; 339 u. akg/Peter Leibing; 340 akg; 341 o. ullstein – Sven Simon; 341 u. ullstein – Oed; 342 o. akg; 342 u. ullstein – ecopix; 343 ullstein bild – imagebroker.net; 344 l. akg; 344 r. akg/Picture Alliance, Gert Schuetz; 345 akg; 346 akg; 347 o. akg; 347 u. akg/Picture Alliance, Jens Büttner; 348 akg; 349 o. ullstein bild – Röhrbein; 349 u. Matthias Kulka/zefa/Corbis; 350 o.l. Deutsche Sisi-Werke Gmbh & Co. Betriebs KG; 350 o.r. ullstein – Schöning; 350 u. akg/Picture Alliance, Wolfgang Weihs; 351 o.l. akg/Picture Alliance, Matthias Hiekel; 351 o.r. Haus der Geschichte, Bonn; 351 u. DHM; 351 u.r. DHM; 352 ullstein – dpa; 353 ullstein bild – R. Dietrich; 354 o. ullstein – BPA; 354 u. DHM; 355 o. Wolfgang Hicks (Künstler), Haus der Geschichte, Bonn; 355 u. Willy-Brandt-Archiv (WBA), Bonn; 356 ullstein bild – dpa; 357 o. akg; 357 u. akg/Picture Alliance, Nordisk; 358 bpk/Abisag Tüllmann Archiv; 359 o. akg/Picture Alliance, DB AFP; 359 u. ullstein – dpa; 360 o. ullstein – Grabowsky; 360 u. bpk/Peter Strack; 361 o. akg; 361 u. akg/AP; 362 akg/AP; 363 o. ullstein – dpa; 363 u. ullstein – ADN-Bildarchiv; 364 Haus der Geschichte, Bonn; 365 akg/Picture Alliance, Arno Burgi; 366 ullstein bild – Pusija; 367 o. ullstein – LS-PRESS; 367 u. akg/Picture Alliance, Bernd Wüstneck; 368 ullstein – vario images; 369 o. ullstein bild – ddp; 369 u. ullstein bild – ddp; 370 ullstein – Fotoagentur imo; 371 o. ullstein – Poly-Graph; 371 u. akg; 372 ullstein – Breuel-Bild; 373 o. ullstein bild – superclic; 373 u. Max Power/Corbis; 374 ullstein – ecopix; 375 o. ullstein bild – ddp; 375 u. ullstein bild – imagebroker.net

akg = Archiv für Kunst und Geschichte, Berlin **bpk** = Bildarchiv Preußischer Kulturbesitz, Berlin **DHM** = Deutsches Historisches Museum, Berlin